# GRAMMAIRE
# DE LA LANGUE D'OÏL

OU

GRAMMAIRE DES DIALECTES FRANÇAIS

AUX XII<sup>e</sup> ET XIII<sup>e</sup> SIÈCLES

SUIVIE

D'UN GLOSSAIRE

CONTENANT TOUS LES MOTS DE L'ANCIENNE LANGUE QUI SE TROUVENT DANS L'OUVRAGE

PAR

## G. F. BURGUY.

DEUXIÈME ÉDITION.
TOME I.

BERLIN, 1869.
W. WEBER.

PARIS,

CH. REINWALD,  A. FRANCK,
RUE DES SAINTS-PÈRES 15.  RUE RICHELIEU 67.

# PRÉFACE.

On donne le nom de *langue d'oïl* aux divers langages parlés en France, au nord de la Loire, dans une partie de la Belgique et de la Suisse, depuis le IX<sup>e</sup> jusqu'au XIV<sup>e</sup> siècle. Ces divers langages ou dialectes, qui vivent encore plus ou moins dénaturés dans nos patois, sont la vraie source du français. Tous l'ont enrichi de leurs dépouilles; et, à ce titre, leur étude est indispensable à qui veut approfondir la langue littéraire.

Malgré cette importance de la langue d'oïl, la France ne possède encore aucun ouvrage complet, propre à faire connaître les lois qui la régissaient. C'est une lacune dans notre littérature grammaticale que je me suis proposé de remplir, sauf à m'égarer quelquefois au milieu de ce large espace plein de difficultés.

Rechercher dans les textes écrits en langage français des XII<sup>e</sup> et XIII<sup>e</sup> siècles les lois grammaticales qui s'y laissent apercevoir; classer les formes variées qui prêtent souvent aux dialectes de la langue d'oïl un attrait de jeunesse et d'originalité qu'on serait tenté de ne demander qu'aux langues primaires; remonter, autant que possible, aux radicaux primitifs et indiquer les changements qu'ils ont subis avant de se constituer définitivement: tel est le but de ce travail.

Mon livre est sorti tout entier des sources originales. Cependant je dois beaucoup à quelques-uns de nos savants modernes. C'est un devoir pour moi de le dire, c'est un bonheur pour leur disciple de nommer les maîtres qui lui ont servi de guide. Les amis de la mémoire de ceux qui ne sont plus voudront bien agréer pour eux ce faible témoignage de ma reconnaissance. Les profonds travaux de W. DE HUMBOLDT; les immenses, les admirables recherches de MM. J. GRIMM et F. BOPP: voilà les ouvrages qui ne m'ont jamais quitté. Après ces illustres linguistes, c'est à A. FUCHS et à G. FALLOT que j'ai les plus grandes obligations. En me basant sur les données de FUCHS, j'ai essayé d'élargir une partie du nouveau chemin qu'il a frayé à l'étude des langues romanes. FALLOT m'a fourni le fil qui a dirigé mes premiers pas dans le labyrinthe des formes dialectales. Enfin les consciencieux ouvrages de M. F. DIEZ m'ont été de la plus grande utilité pour la partie étymologique et historique.

J'ai profité sans scrupule des travaux de mes prédécesseurs; mais les noms ne m'en ont point imposé, je suis resté partout fidèle à mes convictions personnelles. Toutefois, qu'on le croie bien, les opinions que je heurte, je ne veux pas les blesser. Ceux qui ne pensent pas comme moi, ne savent pas la vérité, que je ne sais pas non plus.

Je cherche comme eux, voilà tout. La critique la plus sévère m'accordera, je pense, que j'ai cherché de bonne foi ; je n'en demande pas davantage.

Je ne me suis pas servi, pour la distinction des dialectes de la langue d'oïl, de textes d'ouvrages, parce que les lieux où les livres ont été composés sont presque toujours incertains, et que le plus grand nombre des copies qui nous en sont parvenues datent d'une époque où les dialectes étaient déjà fort mélangés. J'ai eu recours à des chartes en langue vulgaire du XIIIe siècle ; et après les avoir longuement étudiées, j'ai comparé leurs formes avec celles de nos patois ; puis j'ai classé les textes d'ouvrages et fait un triage des formes qu'ils présentent.

La plupart des nombreuses citations de ce livre sont extraites de textes d'ouvrages publiés ou de chartes imprimées comme preuves à la suite de plusieurs de nos grandes histoires des provinces et des villes. J'ai évité de citer beaucoup de manuscrits, afin que chacun soit à portée de recourir aux originaux, soit pour vérifier l'authenticité des citations, soit pour s'assurer de la justesse de mes interprétations, en rapprochant de leur entourage ces morceaux détachés.

Quelque imparfait que soit mon livre, il ne sera pas sans utilité pour le grammairien et les amateurs de notre archéologie nationale. Pourquoi ne le dirais-je pas ? Je voudrais qu'il encourageât le public à l'étude de ces belles épopées aux formes natives, de ces intéressantes chroniques, de ces curieuses traditions ; la plupart oeuvres d'un siècle si brillant, si fécond en merveilles de tout genre, et dont l'influence politique et littéraire se fit sentir pendant plus de trois cents ans dans toute l'Europe. Cette étude servirait à entretenir et à ranimer chez nous l'antique amour de la patrie: telle est du moins la pensée qui m'a soutenu dans ma pénible tâche. Puisse mon espérance n'être pas déçue!

13 Décembre 1852.

# TABLE

DES PRINCIPAUX OUVRAGES SCIENTIFIQUES CITÉS DANS
LA GRAMMAIRE DE LA LANGUE D'OÏL.

Ampère. — Histoire de la Littérature française au moyen-âge par J. J. Ampère. Paris, 1841.

Bopp. — Vergleichende Grammatik des Sanskrit, Zend, Griechischen, Lateinischen, Litthauischen, Altslavischen, Gothischen und Deutschen von Franz Bopp. Berlin, 1833—49. I—V.

Bopp. — Ueber die Verwandtschaft der malayisch-polynesischen Sprachen mit den indisch.-europäischen von Fr. Bopp. Berlin, 1841.

Dictionnaire roman, wallon, celtique et tudesque, par un religieux bénédictin (D. J. François). Bouillon, 1777.

Diez. — Grammatik der romanischen Sprachen von Friedrich Diez. Bonn, 1836—44. III vol.

Diez. — Die Poesie der Troubadours. Nach gedruckten und handschriftlichen Werken derselben dargestellt von Fr. Diez. Zwickau, 1826.

Du Cange. — Glossarium ad scriptores mediae et infimae Latinitatis, auctore Carolo du Fresne, domino du Cange. Paris, 1768.

Fallot. — Recherches sur les formes grammaticales de la langue française et de ses dialectes au XIII° siècle, par G. Fallot; publiées par P. Ackermann. Paris, 1839.

<small>(Ouvrage inachevé; outre l'introduction, il ne contient que des recherches sur l'Article, le Substantif et le Pronom.)</small>

Fuchs. — Ueber die sogenannten unregelmässigen Zeitwörter in den romanischen Sprachen von August Fuchs. Berlin, 1840.

Fuchs. — Die romanischen Sprachen in ihrem Verhältnisse zum Lateinischen von. A. Fuchs. Halle, 1849.

Grimm. — Deutsche Grammatik von Jakob Grimm. Göttingen. IV vol.

Histoire littéraire de la France, in-4°.

Humboldt. — Ueber die Kawi-Sprache auf der Insel Java, nebst einer Einleitung über die Verschiedenheit des menschlichen Sprachbaues und ihren Einfluss auf die geistige Entwickelung des Menschengeschlechts von Wilhelm von Humboldt. Erster Theil. Berlin, 1836.

Kelkam. — Dictionary of the Norman or old French language by R. Kelkam. London, 1779.

Lacombe. — Dictionnaire du vieux langage françois par Fr. Lacombe. T. I, II. Paris, 1765. 1767.

Le Gonidec. — Dictionnaire celto-breton ou breton-français par J. F. M. Le Gonidec. Angoulême, 1824.

Ménage. — Dictionnaire étymologique ou Origines de la langue françoise par Gilles Ménage. Nouv. éd. par A. F. Jault. T. I, II. Paris, 1750. II Part. du t. II. Borel, Diction. des termes du vieux français.

Orell. — Alt-Französische Grammatik, worin die Conjugation vorzugsweise berücksichtigt ist. Von Conrad von Orell. Zürich, 1830.

(L'ouvrage de M. Orell est le seul complet, à ma connaissance, qui jusqu'à présent ait été imprimé sur la grammaire de la langue d'oïl. Je ne prétends pas nier le mérite de cet ouvrage, mais les personnes qui le connaissent verront tout d'abord qu'il ne pouvait m'être d'une grande utilité. En effet, M. Orell embrasse, sous le nom de vieux français, le langage qui a été en usage au nord de la Loire depuis le XIIe jusqu'au XVIIe siècle; et il indique pêle-mêle, sans aucune distinction, ni de lieu, ni de temps, toutes les formes grammaticales qu'il a observées dans ce long espace. Enfin M. Orell n'a consulté, relativement parlant, qu'un assez petit nombre de textes imprimés, et encore n'a-t-il pas toujours eu en main les meilleures éditions.)

Pott. — Etymologische Forschungen auf dem Gebiete der Indo-Germanischen Sprachen von A. F. Pott. Lemgo, 1833. 1836. II vol.

Pott. — Indischgermanischer Sprachstamm von A. F. Pott, dans: Allgemeine Encyklopädie der Wissenschaften und Künste, herausgeg. von Ersch und Gruber. II Sect. 18 Th. Leipzig, 1840.

Raynouard. — Choix des poésies originales des Troubadours par M. Raynouard. Paris, 1816—1821. VI vol.

Raynouard. — Grammaire comparée des langues de l'Europe latine, dans leurs rapports avec la langue des Troubadours, par M. Raynouard. Paris, 1821.

Raynouard. — Lexique roman ou dictionnaire de la langue des Troubadours... par M. Raynouard. Paris, 1838—1844. VI vol.

Roquefort. — Glossaire de la langue romane... par J. B. B. Roquefort. Paris, 1808. II vol. Supplément. Paris, 1820.

Schneider. — Ausführliche Grammatik der lateinischen Sprache von Konr. Leop. Schneider. Berlin, 1819. III vol.

# TABLE
## DES ABREVIATIONS.

A. et A. — Amis et Amiles und Jourdains de Blaivies. Zwei altfr. Heldengedichte des Kerlingischen Sagenkreises, herausgeg. von Dr. Conrad Hofmann. Erlangen, 1852.

Apoc. — Apocalypse. Manuscrit sur parchemin, en ma possession. C'est une apocalypse historiée. Le texte commence au f. 2. r. par le 12ème v. du chap. 1. XIIIe siècle.

Ben. ou Chr. d. D. d. N. — Chronique des Ducs de Normandie par Benoit, publ. p. Fr. Michel. Paris, 1836. 38. 44. 3 vol.

Brut ou R. d. B. — Le Roman de Brut, par Wace, publ. p. Le Roux de Lincy. Rouen, 1836—38. 2 vol.

C. d. C. d. C. — Chansons du Châtelain de Coucy, publ. p. Fr. Michel. Paris, 1830.

Ch. d. R. — La Chanson de Roland ou de Roncevaux, du XIIe siècle, publ. p. Fr. Michel. Paris, 1837.

Ch. d. S. — La Chanson des Saxons par Jean Bodel, publ. p. Fr. Michel. Paris, 1839. 2 vol.

Charl. — Charlemagne an anglo-norman poem of the twelfth century, now first published ... by Fr. Michel. London and Paris, 1836.

Chast. — Le Chastoiement d'un père à son fils, traduction en vers français de l'ouvrage de Pierre Alphonse. 2e partie. Paris, 1824.

Chev. a. C. — Le Chevalier au Cygne et Godefroid de Bouillon, poème historique, publ. p. le Baron de Reiffenberg. Bruxelles, 1846. 2 vol.

Chr. d. Tr. — Du roi Guillaume d'Angleterre par Chrestien de Troyes. p. 39—173 du t. III des Chr. A. N.

Chr. A. N. — Chroniques Anglo-Normandes. Recueil d'extraits et d'écrits relatifs à l'histoire de Normandie et d'Angleterre pendant les XIe et XIIe siècles, publ. p. Fr. Michel. Rouen, 1836—40. 3 vol.

Cfr. — Confer, c'est-à-dire comparez, consultez.

Dol. — Dolopathos. Voyez R. d. S. S. d. R.

Du Chesne (André) — Histoire généalogique des maisons de Guines, d'Ardres, de Gand et de Coucy. Paris, 1631. Preuves.

E. l. M. — Roman d'Eustache le Moine, pirate fameux du XIIIe siècle, publ. p. Fr. Michel. Paris, 1834.

## TABLE DES ABRÉVIATIONS.

Eul. ou Elu. — Elnonensia. Monuments de la langue romane et de la langue tudesque du IXe siècle, découverts par Hoffmann de Fallersleben, et publ. p. J. F. Willems. Gand, 1845.

Fabl. inéd. — Robert, fables inédites des XIIe, XIIIe et XIVe siècles.

F. et Cont. ou Fabl. et Cont. — Fabliaux et Contes anciens des poètes français des XIe, XIIe, XIIIe, XIVe et XVe siècles, etc., publ. p. Barbazan; nouv. éd. p. Méon. Paris, 1806. 4 vol.

Fl. et Bl. — Flore et Blanceflor, altfr. Roman, herausgeg. v. Immanuel Bekker. Berlin, 1844.

Frg. d. Val. — Fragment de Valenciennes, publié par E. Génin, dans son éd. de la Chanson de Roland. Paris, 1850.

G. d'A. — Gautier d'Aupais, le chevalier à la corbeille, fabliaux du XIIIe siècle, publ. p. Fr. Michel. Paris, 1835.

G. d. V. — Gerars de Viane, publ. p. Immanuel Bekker, dans la préface de Der Roman von Fierabras. Berlin, 1829.

G. l. L. — Li Romans de Garin le Loherain, publ. p. Paulin Paris. Paris, 1835. 2 vol.

H. d'A. — Mémoires concernant l'histoire ecclésiastique et civile d'Auxerre, par l'abbé Lebeuf. Paris, 1743. 2 vol. Preuves.

H. d. B. — Histoire générale et particulière de Bourgogne, etc. par un religieux bénédictin. Dijon, 1739. 4 vol. in-f°. Preuves.

H. d. Bl. — Histoire de Blois, par J. Bernier. Paris, 1682. Preuves.

H. d. C. — Histoire de Cambray et du Cambresis, par Jean le Carpentier. 1664. 2 vol. Preuves.

H. d. L. — Histoire ecclésiastique et civile du diocèse de Laon, par Lelong. Châlons, 1783. Preuves.

H. d. Meaux. — Histoire de l'église de Meaux, p. D. Toussaints du Plessis. Paris, 1731. Pièces justificatives.

H. d. M. — Histoire de Metz, par dom N. Tabouillot et dom Jean François. 5 vol. Preuves.

H. d. V. — Henri de Valenciennes. Voy. Villeh. I et II.

H. d. Ver. — Histoire ecclésiastique et civile de Verdun, par un chanoine de la même ville (Roussel). Paris, 1745. Preuves.

J. d. B. — Jourdains de Blaivies. Voy. A. et A.

Jordan Fantosme. — Chronique de la guerre entre Henri II et son fils aîné en 1173 et 1174. composée par Jordan Fantosme. App. IV du t. III. de la Chr. d. D. d. N.

J. v. H. — La Chronique de Jan van Heilu, publ. p. Willems. Bruxelles, 1836. Preuves.

L. d. G. — Lois de Guillaume le Conquérant, d'après la version donnée par Reinhold Schmid dans: Die Gesetze der Angelsachsen. 1 Th. Leipzig, 1832.

L. d'H. — Lai d'Havelok, par Geoffroi Gaimar, publ. p. Fr. Michel. Paris, 1833.

L. d'I. — Lai d'Ignaurès, en vers, du XIIIe siècle, par Renaut, suivi des lais de Melion et du Trot, en vers, du XIIIe siècle; publ. p. L. J. N. Monmerqué et Fr. Michel. Paris, 1832.

L. d. M. — Lai de Melion. Voy. L. d'I.

L. d. T. — Lai du Trot. Voy. L. d'I.

L. F. d. D. d'A. — Li Fablel dou Dieu d'Amours, publ. p. A. Jubinal. Paris, 1834.

M. d. B. — Mémoires pour servir de preuves à l'histoire ecclésiastique et civile de Bretagne, par D. H. Morice. Paris, 1742. T. I.

M. d. F. — Marie de France. Ses oeuvres publ. p. B. de Roquefort. Paris, 1819. 2 vol.

M. d. G. — La mort de Garin de Loherain, publ. par Edélestand Du Méril. Paris, 1846.

M. et D. ou M. et D. i. — Mémoires et Documents inédits pour servir à l'histoire de la Franche-Comté, publ. par l'Académie de Besançon. T. I. Besançon, 1838.

M. s. J. — Moralités sur Job. Voy. Q. L. d. R.

M. s. P. — Mémoires historiques sur la ville et la seigneurie de Poligny, par F. F. Chevalier. Lons-le-Saulnier, 1767. 2 vol. Pièces justificatives.

N. F. et C. ou N. R. F. et C. — Nouveau recueil de Fabliaux et Contes inédits, publ. par M. D. M. Méon. Paris, 1823. 2 vol.

O. d. D. — La Chanson Ogier de Danemarche, par Raimbaut de Paris. Paris, 1842.

P. d. B. ou Part. — Partonopeus de Blois, publ. par G. A. Crapelet. Paris, 1834. 2 vol.

Phil. M. ou Ph. M. — Chronique rimée de Philippe Mouskes..., publ. par le Baron de Reiffenberg. Bruxelles, 1836—8. 2 vol. Supplément. Bruxelles, 1845.

Poit. ou R. d. C. d. P. — Roman del Comte de Poitiers, publ. par Fr. Michel. Paris, 1831.

Q. L. d. R. — Les Quatre Livres des Rois, traduits en français du XIIe siècle, suivis d'un fragment de Moralités sur Job et d'un choix de Sermons de saint Bernard, publ. p. Le Roux de Lincy. Paris, 1841.

R. d'A. — Li Romans d'Alixandre par Lambert li Tors et Alexandre de Bernay. Herausgeg. von Heinrich Michelant. Stuttgart, 1846.

R. d. C. — Li Romans de Raoul de Cambrai et de Bernier, publ. par Edw. Le Glay. Paris, 1840.

R. d. C. d. C. — Li Roumans dou Chastelain de Coucy et de la Dame de Fayel, publ. par G. A. Crapelet. Paris, 1829.

R. d. H. — Roman de Horn, publ. par Fr. Michel. Paris, 1837.

R. d. l. M. — Roman de la Manekine par Philippe de Reimes, publ. par Fr. Michel. Paris, 1840.

R. d. M. — Le Roman de Mahomet, publ. p. Fr. Michel et Reinaud. Paris, 1831.

R. d. M. d'A. — Roman du Meunier d'Arleux par Enguerrand d'Oisy, publ. par Fr. Michel. Paris, 1833.

R. d. R. — Le Roman de Rou et des Ducs de Normandie, par Robert Wace, publ. par Fréd. Pluquet. Rouen, 1827. 2 vol.

Roman de la Rose par Guillaume de Lorris et Jehan de Meung, publ. p. M. D. M. Méon. Paris, 1814. 4 vol.

R. d. S. — La Résurrection du Sauveur, fragment d'un mystère inédit, publ. p. A. Jubinal. Paris 1834.

R. d. S. G. — Roman du Saint-Graal, publ. p. Fr. Michel. Paris, 1839.

R. d. S. S. — Li Romans des Sept Sages, en vers, publ. p. A. Keller. Tübingen, 1836.

R. d. S. S. d. R. — Roman des Sept Sages de Rome, en prose, avec une analyse et des extraits de Dolopathos, publ. p. Le Roux de Lincy. Paris, 1838.

R. d. l. V. — Roman de la Violette ou de Gérard de Nevers, publ. par Fr. Michel. Paris, 1834.

Ren. — Le Roman de Renard, publ. par M. D. M. Méon. Paris, 1826. 4 vol. Supplément publ. p. P. Chabaille. Paris, 1835. 1 vol.

Romv. — Romvart. Notices et extraits de manuscrits inédits des bibliothèques de Venise, de Florence et de Rome... p. Ad. Keller. Paris et Mannheim, 1843.

Rut. ou Rutb. — Oeuvres complètes de Rutebeuf, publ. p. Achille Jubinal. Paris, 1839. 2 vol.

Rym. — Foedera, Conventiones, Literae, etc. accurantibus Thoma Rymer et Roberto Sanderson. Hagae Comitis, MDCCXLV. in-f°. T. I. P. II, III, IV.

S. d. S. B. — Choix de Sermons de saint Bernard. Voy. Q. L. d. R.

St. N. — Maistre Wace's St. Nicholas. Ein altfr. Gedicht d. XII. Jahrh. herausgeg. v. Dr. Nicolaus Delius. Bonn, 1850.

S. v. — Sub verbo.

Th. Cant. ou Th. Cantb. — Leben des h. Thomas von Canterbury, herausgeg. v. J. Bekker. Berlin, 1838.

Th. N. A. — Thesaurus novus Anecdotorum p. DD. E. Martène et Durand. Lutetiae Parisiorum, 1717. in-f°. t. I.

Trist. — Tristan, Recueil de ce qui reste des poèmes relatifs à ses aventures, publ. p. Fr. Michel. Londres et Paris, 1835. 2 vol.

V. d. S. Th. — Vie de St. Thomas, archevêque de Canterbury. App. II du t. III de la Chr. d. D. d. N.

Villeh. — I. La Chronique de Villehardouin, continuée par Henri de Valenciennes. Éd. M. J. J. Brial, dans le Recueil des Historiens de France, t. XVIII. Paris, 1822.

Villeh. — II. De la Conqueste de Constantinoble par Joffroi de Villehardouin et Henri de Valenciennes. Ed. Paulin Paris. Paris, 1838.
<small>(J'indique la page et le paragraphe, en chiffres romains, pour les citations empruntées à cette édition.)</small>

V. s. l. M. — Vers sur la Mort, publ. p. M. D. M. Méon. Paris, 1835.

W. A. L. — Altfranzösische Lieder und Leiche aus Handschriften zu Bern und Neuenburg. Mit grammatischen und litterarhistorischen Abhandlungen von W. Wackernagel. Basel, 1846.
<small>(Les savantes comparaisons avec les idiomes germains mises à part, on trouvera quelque ressemblance entre les dissertations (p. 128—157) de M. Wackernagel et mon travail sur les voyelles. Je n'eus cependant connaissance de son ouvrage qu'en 1849, après la publication du livre d'Auguste Fuchs: Die romanischen Sprachen, etc., et alors mon travail était depuis longtemps achevé. L'exactitude avec laquelle j'ai indiqué les emprunts que j'ai faits, me dispenserait de rien ajouter à cette assertion; toutefois quelques-uns de mes amis pourraient, au besoin, en attester la vérité. Je dois quelques remarques à M. Wackernagel, voilà tout.)</small>

Z. F. — Zwei Fabliaux aus einer Neuenburger Handschrift, herausgeg. von A. Keller. Stuttgart, 1840.

# INTRODUCTION.

1. Les langues sont une fonction organique; les mots sont l'expression organique de l'idée, et chaque forme grammaticale et logique est l'expression particulière d'une idée ou d'une pensée.

2. L'homme parle parce qu'il pense; il parle avant qu'un besoin extérieur le pousse à parler, et la pensée même n'est véritablement pensée que quand on l'exprime. Or la langue étant l'expression *organique* de la pensée, l'idée, telle qu'elle se forme dans l'esprit, est représentée aussitôt dans le mot avec une *nécessité organique*, et si même on ne prononce pas le mot, il se présente toujours à l'esprit à l'instant où l'idée naît. L'homme donne un nom aux choses qu'il a perçues par les sens, dès qu'il s'en est fait une idée et selon qu'il se l'est faite.

3. La langue, c'est-à-dire l'expression organique et immédiate de la pensée, est donc, de sa nature, susceptible d'un développement continu et d'un mouvement progressif vers la perfection, aussi longtemps que l'esprit qu'elle sert a vie et mouvement. En effet, l'esprit de l'humanité, pris dans son ensemble, va sans cesse en se perfectionnant; il ne reste stationnaire et il ne s'éloigne de son but qu'en apparence; de même le développement de la langue ne peut être interrompu ou tout à fait arrêté dans sa marche qu'en apparence; il doit au contraire être continu et organique. Il suit de là que la structure et le génie d'une langue ne varient pas dans leur ensemble, même lorsque des influences étrangères viennent l'entraver dans son cours, et les changements qu'elle éprouve n'ont d'autre raison que la tendance à une adaption aussi parfaite que possible des formes de la langue à la pensée. Enrichissement du vocabulaire,

détermination plus exacte de la signification des mots et essais réitérés de leur donner un son plus expressif et plus conforme à la pensée, tendance à la simplification des formes et à la souplesse des constructions: tels sont les changements qui d'ordinaire s'opèrent d'une manière normale dans les langues. (Cfr. Fuchs, Rom. Sprach. p. 2.)

4. Ces changements, il est vrai, sont quelquefois si divers et importants après un certain laps de temps, que les langues paraissent être d'une tout autre nature qu'auparavant; mais lorsqu'il est possible de remonter à leur origine et de poursuivre leur histoire, on s'aperçoit bientôt qu'elles n'ont fait que se développer d'une manière organique.

Tel est le cas pour les langues romanes, qu'on a longtemps regardées comme dérivées du latin, tandis qu'elles n'en sont qu'une continuation et un développement. Une étude tant soit peu approfondie des monuments littéraires du moyen-âge montre que dans le fond ces langues sont identiques, qu'elles ont le même génie et la même structure que le latin, c'est-à-dire que le latin vulgaire et non pas le latin classique; car c'est de celui-là et non du dernier que se sont dégagées les langues romanes.

5. Cette théorie si naturelle de la formation des langues romanes est cependant loin d'être généralement admise; on a exposé sur cette matière des systèmes plus ou moins plausibles qu'il convient avant tout d'examiner, pour en faire ressortir les défectuosités ou le mérite. Je me réserve toutefois de n'entrer dans quelques détails qu'en ce qui concerne le français.

6. Les langues romanes peuvent dériver de trois sources, à savoir: 1°. La langue des aborigènes; 2°. celle que les Romains introduisirent après la conquête; 3°. celle des peuples qui se partagèrent les débris de l'empire romain. De là trois opinions principales parmi les savants. Il y en a une quatrième, d'après laquelle le roman serait un mélange formel des trois langues nommées ci-dessus.

7. Quelques écrivains ont encore cherché l'origine du français dans le *grec* et l'*hébreu*; mais leurs travaux, dépourvus de toute base historique, sont tout à fait oubliés de nos jours, et je ne mentionne les principaux que pour mémoire.

J. Périon publia en 1554 un ouvrage intitulé: „Joachimi Perionii Dialogorum de linguae gallicae origine, ejusque cum graeca cognatione libri quatuor." Ce serait peine perdue que de donner un résumé de cet énorme fatras.

Bientôt après Henri Estienne publia son „Traicté de la conformité du langage françois avec le grec" etc. Henri Estienne, savant distingué, fait preuve, il est vrai, de beaucoup plus de jugement que Périon; néanmoins on trouve dans son „Traicté", à côté de fort bonnes observations, de grandes absurdités, excusables en partie peut-être à une époque où la science étymologique était encore dans les langes.

Guichard [1] et Thomassin [2] font dériver le français de l'hébreu. Rien de plus ridicule, sans doute, qu'une pareille idée; cependant l'action de l'hébreu sur le français n'est pas tout à fait fantastique. Dès les premiers temps de l'établissement des Francs dans les Gaules, quelques Juifs jouissaient d'un grand crédit près des rois et des dignitaires ecclésiastiques (Grég. de Tours, Hist. eccles. Franc. VI, 5; IV, XII, col. 152). Au milieu du IXe siècle, les Juifs étaient devenus assez nombreux pour que Charlemagne (Pertz, Mon. t. III, p. 144 et 194), et le concile de Meaux, tenu en 845, s'en soient occupés d'une manière sérieuse; et sous Charles-le-Chauve, ils paraissent avoir acquis une véritable importance. Plusieurs des savants des XIe et XIIe siècles qui concoururent le plus à la réhabilitation des lettres étaient des israélites (Fabricius, Bibl. graeca l. XII, p. 254); on se les associa pour faire des traductions de l'Ancien-Testament, et au XIIe siècle l'hébreu était devenu familier dans presque toutes les abbayes (Hist. litt. t. IX, p. 140). Bien plus, les cours publics qu'on faisait de cette langue, en avaient tellement répandu l'usage, qu'on eut des craintes pour la foi, et en 1240 une commission de théologiens condamna le Talmud et d'autres livres rabbiniques à être brûlés.

Le français eut donc des rapports assez directs avec l'hébreu pour en avoir reçu des mots et des tournures de phrases; mais le nombre en fut bien limité [3]. On ne peut y rattacher que ceux qui n'ont d'analogues dans aucun des idiomes en contact avec le français, et encore n'est-on pas

---

(1) Harmonie étymologique des Langues, par Estienne Guichard.
(2) Glossarium universale hebraicum.
(3) Les racines hébraïques qui se trouvent dans le français n'ont pu être admises que par les classes lettrées; le grossier fanatisme des masses se serait opposé à tout emprunt de ce côté, si même leur profonde ignorance ne leur en eût pas ôté le pouvoir.

assuré d'être toujours dans le vrai; car les racines qu'on croit retrouver dans l'hébreu pourraient avoir existé d'abord dans les dialectes celtiques.

8. Revenant aux opinions qui s'appuient sur l'histoire, j'examinerai d'abord la première, c'est-à-dire que la langue des aborigènes est la base des langues romanes.

Les idiomes celtiques étaient dominants dans les Gaules, à l'exception du sud-ouest, ou l'on parlait ibérien ou basque, et de Marseille avec ses environs immédiats, où le grec était en usage en même temps que la langue celtique. Les savants à portée de faire des études sur ces idiomes celtiques s'en sont fort peu occupés jusqu'à présent, et ce point très-important de notre histoire nationale est malheureusement enveloppé d'épaisses ténèbres. Quoi de plus naturel qu'on ait mis à profit le mystère qui les couvre? Les uns en ont fait la langue primitive, les autres ont dérivé de là tous les mots dont ils ne pouvaient découvrir l'origine.

Duclos (Mém. de l'Ac. d. Inscr. et B.-L. t. XV) fut le premier à avancer que le français était un mélange de celtique et de latin. La Ravalière (Pierre Alexandre Lévesque de) adopta cette idée, et, selon lui, le latin a été enté, pour ainsi dire, sur le celtique. La Ravalière admet que le latin n'a jamais été parlé dans les Gaules que par les gens instruits, tandis que le français, c'est-à-dire le celtique mélangé de latin, a toujours été le langage du peuple; mais Charlemagne, en favorisant le latin aux dépens de *sa langue maternelle*, la fit tomber en discrédit, et le latin conserva le dessus. La Ravalière pensait en effet que le français était la langue maternelle de Charlemagne, et très-souvent après lui on a répété cette erreur. Elle provient d'une fausse interprétation du mot *francisca, francica lingua*, qui signifie *langue franque*, c'est-à-dire, *allemande*, et non pas française. La langue des Gaules porta le nom de *lingua romana, gallica, gallicana*, aussi longtemps que l'allemand *(francisca, francica)* y fleurit, et ce ne fut qu'après l'extinction de ce dernier dans les Gaules (au VIIIe siècle à peu près) que le français hérita de ce nom.

Antoine Court de Gébelin, esprit très-original, dériva aussi le français du celtique.

En 1841, M. Bruce-Whyte[1] reprit cette idée et la poussa beaucoup plus loin que ses prédécesseurs. Les idiomes cel-

---

(1) Histoire des langues romanes et de leur littérature depuis leur origine jusqu'au XIVe siècle.

tiques, selon lui, ont été parlés dans tous les pays soumis à la domination romaine, et „Rome, même au faîte de sa „puissance, n'avait pas les moyens suffisants, lors même „qu'elle en eût la volonté, de réduire au silence les pa- „tois des paysans de tout son gigantesque empire." Ainsi le peuple, même sous la domination romaine, continua de parler „son patois"; peu à peu, à la vérité, les mots latins introduits par les vainqueurs finirent par prendre le dessus, mais ils furent modifiés conformément au génie de la langue mère de chaque peuple. Enfin, après le démembrement de l'empire, „ces dialectes, homogènes dans leur caractère et leur struc- „ture générale, mais différents entre eux de formes et de dé- „tails, reçurent un grand nombre d'additions et de modifica- „tions tirées des idiomes des peuples qui s'établirent successive- „ment en Italie et dans les provinces; mais ils furent appelés „romans, parce qu'en substance ils furent transmis par les Ro- „mains, en comprenant sous ce nom tous ceux qui avaient ob- „tenu le droit de citoyens." M. Bruce-Whyte ne se contente pas d'attribuer aux langues romanes une base celtique et un matériel latin prépondérant; il admet un mélange complet de langues en leur supposant encore d'une manière toute gratuite des formes en grande partie allemandes. Un pareil système n'a pas besoin de réfutation.

9. En 1848, M. Fr. Wey publia une „Histoire des révolutions du langage en France", dans laquelle on lit (p. 14): „Les colons qui s'installèrent dans les Gaules dès „les temps de Jules-César, y apportèrent leur langage et leur „civilisation, qui devint prépondérante, parce qu'ils fondèrent „des villes et une administration régulière, au lieu de se „disperser. Les Gaulois, qui reculèrent (?) devant eux jus- „qu'au delà de la Manche et aux confins de l'Armorique, *ne* „*purent leur imposer leur dialecte,* ni leurs moeurs. Les Ger- „mains, les Franks, durant cette première époque qui embrasse „presque tout l'empire, introduisirent peu d'éléments nouveaux. „Nulle force humaine ne saurait contraindre un peuple à changer „son langage: les Gallo-Romains ont donc gardé le leur dans „notre patrie. Cependant nous voyons qu'à la fin de l'empire, ce „langage, *latin d'origine,* était devenu *sans intervention étrangère* (?), „un dialecte romain qui différait du latin par des caractères „essentiels. *Le germe de ce dialecte est donc arrivé des diverses* „*contrées de l'Italie avec les vainqueurs.*" Ainsi, selon la théorie de M. Wey, le français et l'italien devraient être identiques.

10. Une opinion diamétralement opposée à la première veut que les langues romanes soient nées entièrement ou en partie des langues des conquérants de l'empire romain. Les plus importants et le plus grand nombre de ces derniers étaient de race allemande; aussi, dès le XVIIe siècle, chercha-t-on à prouver que les langues romanes dérivent de l'allemand. Cette opinion n'est pas du tout soutenable, car si les langues romanes avaient l'allemand pour base, elles cesseraient par cela même d'être langues romanes. Cependant on ne peut révoquer en doute l'influence des dialectes allemands sur le matériel des langues romanes; mais cette influence ne causa aucun dérangement essentiel dans leur organisme. On y rencontre, il est vrai, quelques dérivations et compositions formées à la manière allemande, et la syntaxe des idiomes germains a sans doute réagi assez fortement sur celle du latin; mais ce sont des particularités qui disparaissent dans l'ensemble [1]. Schlegel [2] et Sismondi sont, en France, les principaux défenseurs de cette théorie.

11. La dernière opinion, c'est-à-dire que les langues romanes dérivent du latin, compte le plus grand nombre d'adhérents; mais ils sont loin d'être d'accord sur la manière dont elles se sont formées et en quel rapport elles se trouvent avec le latin.

Raynouard chercha à prouver que les langues romanes ne dérivent pas immédiatement du latin, et qu'il y a eu une langue intermédiaire, leur type commun, qu'il nomma *romane* ou *langue des Troubadours* (v. Gramm. c. d. l. d. l'Eur. lat. p. I et suiv. p. III et tous les ouvrages de R.). Schlegel s'éleva contre cette opinion, tout en accordant, mais à tort, que la langue romane „soit, pour ainsi dire, la fille aînée de la langue latine.[3]" „On ne peut, strictement parlant, attribuer à aucune langue une plus haute antiquité qu'à une autre, et l'on confond trop souvent l'âge d'une langue avec celui de ses monuments écrits." M. Ampère a consacré aussi un chapitre de son „Histoire de la littérat. franç." à la réfutation de Raynouard, et l'on peut regarder la cause de ce savant distingué comme tout à fait perdue.

Ceux enfin qui font immédiatement dériver les langues romanes du latin, forment deux classes bien distinctes: les uns veulent qu'elles soient une mutilation et une corruption du latin

---

(1) Diez, Grammatik der romanischen Sprachen, I, p. 57.

(2) On sait que Schlegel écrivit en français et publia à Paris son ouvrage sur la Littérature provençale.

(3) Hist. de la litt. et de la lang. prov. p. 5.

classique; les autres, qu'elles soient un dégagement de l'ancien idiome vulgaire latin.

La première de ces suppositions n'a pas, que je sache, de représentant en France; car M. Ampère admet une mutilation et une décomposition des formes grammaticales latines, et en même temps une organisation nouvelle. „Le chan-
„gement, dit-il, qui dénature les mots s'étend aux formes
„grammaticales, ce qui est plus important, car les formes
„grammaticales sont l'âme des langues, les mots n'en sont
„que le corps. Avec le temps on confond ces formes entre
„elles, on les néglige; on les emploie hors de propos, ou
„on cesse de les employer. De là résulte un langage mu-
„tilé, semblable à un corps privé de ses organes. Pour que
„ce langage reprenne une nouvelle vie, il faut qu'il reçoive
„une organisation nouvelle. C'est alors que se manifeste l'ac-
„tion d'un principe régénérateur. L'antique synthèse grammati-
„cale est détruite; les flections grammaticales sont perdues."
„La langue latine, dit-il plus bas, s'est transformée d'elle-même
„dans les idiomes néo-latins, en vertu de lois générales, et non
„par suite d'événements particuliers;" puis: „On découvre les
„rudiments de ces diverses tendances dans la langue latine à son
„état le plus ancien."

Reste l'opinion de ceux qui regardent les langues romanes comme un dégagement *des idiomes populaires latins;* c'est celle de Fallot[1]. On a vu plus haut que je m'y range.

12. Le peuple de chaque pays a un langage qui lui est propre; c'est une règle générale, fondée sur la nature. Quelques philologues ont néanmoins soutenu que les Latins n'avaient jamais eu d'idiome vulgaire. Ce serait là, comme l'a fort bien dit M. Diez, une exception unique et tout à fait inexplicable, pour laquelle on serait en droit de demander des preuves, qui n'ont jamais été fournies et qu'il est impossible de fournir. L'existence d'un idiome vulgaire latin, au contraire, a été prouvée par des citations tirées des écrivains classiques eux-mêmes.

Le latin écrit et le latin vulgaire furent, il est probable, identiques dans les commencements; mais à dater des conquêtes romaines hors de l'Italie, époque à laquelle se séparèrent d'une manière tranchante les degrés divers de la hiérarchie sociale, il s'établit entre eux une différence fort mar-

---

(1) MM. J. Grimm, Diez et Fuchs sont, en Allemagne, les principaux représentants de cette théorie.

quée, qui alla toujours en augmentant. Plus on cultiva la langue latine, plus on l'écrivit, plus on sentit le besoin d'en perfectionner les formes. Les grands envoyaient leurs fils en Grèce pour y étudier, pour s'y former le goût, et le langage écrit dut se ressentir de ce contact: il se polit et devint plus savant, tandis que l'idiome vulgaire suivait nonchalamment sa voie large et commode. Bientôt la culture et la formation de la langue furent le partage de quelques hommes éminents; elle passa dans les mains des poètes et des rhéteurs, et alors on parla d'une langue vulgaire et d'une langue savante. Aussi longtemps que ces deux contraires restent dans leurs rapports normals, dit W. de Humboldt [1], ce sont deux sources pour la langue commune qui se suppléent mutuellement: la vigueur et l'épuration; la langue vulgaire fournit la vigueur et la richesse, les savants épurent. Tel ne fut pas le cas à Rome; les écrivains ne cherchaient pas la vigueur et la richesse dans l'idiome du peuple, qu'ils méprisaient; ils allaient faire des emprunts au grec, et l'abîme qui séparait l'idiome vulgaire de la langue savante devint infranchissable. Ajoutons à cela que l'habitude contractée par le peuple romain de s'exprimer autant que possible d'une manière simple, précise et déterminée, donna de bonne heure naissance à des mots, à des expressions conventionnels, qu'on ne pouvait employer d'autre façon sans pécher contre les lois de la langue. La désignation conventionnelle d'idées differenciées conventionnellement donna à la langue, il est vrai, une plus grande précision; mais d'un autre côté cela lui fit beaucoup de tort. Nombre de mots racines furent, pour cette raison, éliminés peu à peu, l'emploi libre des mots admis fut trop restreint quand il s'éloignait de celui fixé conventionnellement, et par conséquent il fut impossible, pour ainsi dire, de faire de nouvelles créations; enfin les différences dialectales furent presque entièrement bannies du langage écrit. Telles sont les causes principales de la prompte décadence de la langue latine [2].

La langue écrite était celle de la cour, des grands et des tribunaux; son siége principal était à Rome et son règne devait durer aussi longtemps que Rome commanderait. L'idiome vulgaire était la langue du peuple proprement dit, et par consé-

---

[1] W. v. Humboldt, Ueber die Verschiedenheit des menschlichen Sprachbaues und ihren Einfluss auf die geistige Entwickelung des Menschengeschlechts.

[2] Les remarques qui précèdent s'appliquent malheureusement aussi au français, en grande partie du moins, et il serait temps que nos écrivains prissent à cœur les sages conseils de Ch. Nodier (v. ses Notions de linguistique).

quent de la majorité de la nation. L'une se transplantait d'elle-même, se développait d'une manière normale et populaire, l'autre devait être étudiée ou apprise par l'usage ; l'une portait en elle-même son principe vital, l'autre était l'œuvre de quelques savants qui la façonnaient selon leur bon plaisir.

Les Romains imposèrent leur langue à tous les peuples vaincus, et il est bien naturel que ce ne fut pas la langue savante, mais l'idiome vulgaire, qui prit, cela s'entend de soi-même, de nombreuses teintes dialectales. La nature du sol, la configuration du pays, le degré d'extension qu'acquit la langue latine savante, la prononciation de la langue des vaincus, le rapport de la population indigène à celle des vainqueurs, contribuèrent principalement à modifier l'idiome vulgaire latin.

Ces dialectes conquirent chaque jour plus de terrain sur la langue latine, et l'on peut dire que vers l'an 300 ap. J.-C., celle-ci était presque disparue du commerce de la vie. En effet, la langue savante se modelait de plus en plus sur le grec ; les écrivains étaient maniérés, ampoulés, obscurs à dessein ; les grands se servaient du grec dans la conversation, ils étaient plus grecs que romains dans leur genre de vie ; le cercle des idées s'était agrandi avec l'empire, on créa des expressions pour les rendre, et, dans cette opération, l'influence étrangère fut prédominante ; le latin se corrompit au point que le sentiment de la signification propre des mots et du sens des formes grammaticales de la langue latine s'était tout à fait émoussé et obscurci parmi le peuple. Le latin devait avoir moins de vie encore pour les étrangers qu'on forçait à s'en servir. De plus, les pères de l'église, qui voulaient exercer leur influence sur le peuple, puisaient à pleines mains dans les dialectes ; ils augmentaient le vocabulaire, remettaient en honneur la poésie populaire, et l'idiome vulgaire osa se montrer à côté de la langue savante. Puis au démembrement de l'empire, lorsque fut rompu le lien spirituel et moral qui réunissait entre elles les diverses provinces, et que chaque partie forma un tout séparé, l'idiome vulgaire de chaque pays acquit plus d'indépendance et de valeur. Il y eut alors une époque de transition. D'un côté, on voit quelques savants se cramponner à la langue écrite, qui avait encore un appui dans la justice et l'école ; de l'autre, l'idiome vulgaire lève fièrement la tête, et une lutte désespérée s'engage. Elle dura des siècles, il est vrai ; mais l'issue fut tout en faveur des idiomes populaires ; car pour ceux-là même qui le défendaient, le latin savant était une langue morte. Au IXe siècle, quelques-uns de ces dialectes étaient parvenus à l'état de langue propre et distincte, et dès lors ils doivent perdre le nom de dialectes latins pour prendre celui de *langues romanes* et de *dialectes romans*. Je date l'histoire des langues romanes de cette époque, parce que les premiers monuments écrits qui nous en sont parvenus ne remontent pas plus haut. (Cfr. Schoell, Hist. abrégée de la littér. romaine; Diez, Poesie der Troubadours p. 285 et suiv.; Fuchs, Rom. Spr. p. 35 et suiv.)

13. Concluant de ce qui précède, je répète que les langues romanes sont un développement organique du vieil idiome latin vulgaire [1], et que de plus elles doivent être considérées comme un progrès, sinon total, du moins partiel, par rapport à la langue latine. Cela est facile à concevoir. „L'histoire de l'hu„manité, prise dans son ensemble, se perfectionne sans cesse," c'est là un fait que personne n'attaque plus aujourd'hui; „chaque „partie de cette histoire doit donc naturellement suivre la même „marche progressive, quoique le progrès ne soit pas également „sensible partout. La partie la plus importante de l'histoire „d'un peuple est sans contredit l'histoire de sa langue; car la „langue étant l'expression *corporelle* des pensées (qu'on me passe „l'expression), elle doit avoir une histoire, c'est-à-dire qu'elle „se développe continuellement dès qu'elle est parlée par un „peuple constitué, qui par conséquent fait partie du domaine „de l'histoire." (Fuchs, Rom. Spr. p. 52.)

L'humanité, il est vrai, semble quelquefois s'arrêter, néanmoins elle n'est pas immobile; elle range, ordonne ce qu'elle a acquis et recueille de nouvelles forces pour entreprendre un nouveau voyage. Il en est de même de la langue. Je prends le français dans un de ces moments de passage, qui correspond aux XIIe et XIIIe siècles, et je veux chercher à faire connaître les règles grammaticales qui le régissaient alors. C'est une page de l'histoire de notre langue que je hasarde, comme dit Fallot. Je me fonderai sur les monuments écrits du temps, je n'inventerai rien, je ne supposerai rien. Je justifierai les règles que j'établirai par des exemples suffisants tout à la fois pour faire comprendre ces règles et pour leur servir de preuves.

---

(1) On trouve encore une preuve de l'étroite liaison qui existe entre les langues romanes et le vieil idiome vulgaire latin dans le genre des substantifs, où les premières ont souvent conservé celui que le peuple latin leur donnait d'abord et que les écrivains changèrent plus tard; ainsi *frons*, le front, est masculin dans Plaute; *pulvis*, la poudre, féminin dans Ennius; *cupressus*, *laurus* etc., masculins dans Ennius etc.

14. J'ai à traiter avant d'entrer spécialement dans l'exposé des règles grammaticales, quelques questions dont l'éclaircissement est indispensable à l'intelligence de ce qui suivra.

15. Outre l'idiome latin vulgaire qui, comme je l'ai dit, a donné naissance au roman, on trouve dans le matériel de ses divers dialectes d'autres éléments que le grammairien ne peut passer sous silence. Ces éléments sont, pour le français: le *grec*, l'*allemand* et le *celtique*.

16. Abstraction faite des mots grecs qui se trouvent déjà dans le latin, il s'en rencontre fort peu en français [1], et le plus grand nombre y a sans doute passé au temps des croisades.

17. Le français est de toutes les langues romanes celle qui a fait le plus d'emprunts aux idiomes allemands.

L'admission des mots dérivant immédiatement [2] des idiomes germains commença avec l'invasion des peuplades teutones et ne cessa que lors de la disparition de l'allemand dans les Gaules, c'est-à-dire dans la première moitié du VIIIe siècle. C'est à cette époque qu'eut lieu le mélange définitif des deux peuples germain et roman, mélange où la partie romaine bien supérieure en nombre conserva le dessus.

On peut diviser en trois grandes classes les mots d'origine germaine admis dans le français, et les savantes recherches de M. J. Grimm permettent de fixer à peu près l'époque de leur admission. Les premiers dérivent du gothique et ont été introduits au VIe siècle au moins; les seconds sont empruntés au haut-allemand. Les mots de la troisième classe sont ceux introduits par les Normands lors de leur invasion dans le nord-ouest de la France. Ces peuples, il est vrai, oublièrent très-facilement leur langue, car sous le second duc de Normandie, Guillaume I, on ne la parlait déjà plus que sur les côtes (voy. Rom. de Rou t. I, p. 126, note 3, et Chronique des Ducs de Normandie t. I, p. 479, v. 11520 et suiv.); néanmoins elle laissa de nombreuses traces dans le français [3].

---

(1) Je ne compte pas ici les expressions introduites plus tard dans la terminologie des sciences.

(2) Je dis *immédiatement*, parce que quelques-uns passèrent d'abord dans le latin, d'où les langues romanes les ont repris.

(3) Je profite de cette occasion pour protester contre ceux qui veulent que l'aplatissement des formes, un des caractères du français, soit un résultat de la conquête normande. Les Serments de Strasbourg, le fragment de Valenciennes, le Chant d'Eulalie, sont une preuve du contraire.

18. En réfutant ceux qui veulent faire du français une langue celtique, je n'ai pas entendu dire que le celtique n'eût eu aucune influence sur notre langue ; j'ai seulement repoussé un système basé sur un faux point d'honneur national, et dont ont habilement profité de prétendus savants pour cacher leur ignorance sous les faux dehors d'une profonde érudition. Sans doute l'élément celtique est représenté dans le français, mais à quel point? Voilà la question qu'il s'agit de résoudre.

Les Celtes habitant les Gaules appartenaient, on le sait, à deux familles différentes, quoique venant également de l'Asie. La première, qui s'établit dans le centre et à l'ouest de la Gaule, entre la Seine et la Garonne, est celle des Gaulois proprement dits. Ils avaient d'abord habité l'Allemagne et furent chassés de leurs demeures par la seconde famille, qui, partant du Volga[1], et suivant les côtes de la mer Baltique, vint se fixer enfin dans la Belgique ; ce sont les Belges. Les Gaulois et les Belges avaient chacun leur langue, dont jusqu'à présent on n'a découvert aucun texte suivi. On n'en connaît que quelques mots épars ; des noms de lieux, de provinces, de fleuves, de montagnes, etc. ; enfin des dénominations ayant rapport à la vie commune, aux mœurs et aux coutumes, explicables seulement à l'aide des langues celtiques encore vivantes. On s'étonnera peut-être qu'une langue parlée sur une si vaste étendue de pays ait laissé de si faibles traces. Trois causes y ont concouru : 1°. Les Druides écrivaient peu et enseignaient oralement ; 2°. les Romains traitaient les Gaulois et leur langue avec le plus grand mépris ; 3°. la conquête allemande força vainqueurs et vaincus à admettre une langue commune, et le choix ne pouvait tomber que sur le latin qui, comme je l'ai déjà dit, était la langue d'état et de l'église. Au témoignage de Grégoire de Tours (de vit. patr. ch. 12) et de Fortunatus (I, 9, 9), le gaulois ne se parlait déjà plus que dans quelques cantons au VIe siècle, et dès la fin du VIIe il avait entièrement disparu.

La part légitime du celtique dans le vocabulaire français doit donc être fort petite. Les dialectes qui en sont dérivés ont subi des altérations profondes ; beaucoup de racines ont disparu et des corruptions successives en rendent un grand nombre méconnaissables. De plus, il a fallu suppléer à ces disparitions en empruntant aux idiomes voisins tous les mots nécessaires aux besoins de la langue, et en passant dans

---

(1) C'est du moins à partir de là que nous pouvons les suivre.

leur nouvelle patrie, ils ont pris un caractère qui ne permet plus de les distinguer des autres. Ce rapport naturel du celtique avec les autres idiomes qui ont concouru à la formation du français, couvre son action d'un voile impénétrable. Pour être juste, la critique doit écarter toutes les racines qui ont pu entrer dans le français par l'intermédiaire du latin ou de l'allemand, et n'accepter comme celtiques que celles dont l'origine s'appuie sur de nouvelles présomptions. Mais si les idiomes celtiques n'ont exercé aucune influence sur les formes de la pensée, ni par conséquent sur l'ensemble de la langue, leur action a dû être assez considérable sur la prononciation et sur la forme que celle-ci imprime aux mots.

19. Pour compléter ce que j'avais à dire sur les éléments constitutifs de la langue française, je citerai encore *l'arabe* et *l'ibérien* ou *basque*, comme lui ayant fourni quelques mots. M. Mary-Lafon (Tableau hist. et litt. de la langue ... romano-provençale. Paris 1842), il est vrai, en cite un assez grand nombre qui, selon lui, proviennent de ces deux sources; mais il n'est pas très-heureux dans ses dérivations.

20. Il est très-probable, grammaticalement parlant, qu'il y eut d'abord dans les Gaules une seule et même langue, avec des nuances diverses toutefois selon les localités. Dès la fin du IXe siècle, nous y trouvons deux langues fort distinctes: le *Provençal* au sud et le *Français* proprement dit au nord. Le premier est encore connu sous les noms de langue d'*oc*, de langue *romane*, de langue *occitanienne*; le second est désigné aussi sous le nom de *romane* ou de langue d'*oïl*. Je n'ai rien à dire ici de la langue d'*oc*; elle a été l'objet des savantes recherches de l'illustre Raynouard.

21. J'ai dit ci-dessus qu'on rencontre dans le français quelques dérivations et compositions formées à la manière allemande, et que la syntaxe des langues germaines a sans doute réagi assez fortement sur celle du latin; puis j'ai ajouté que ces particularités disparaissent dans l'ensemble. Mais si l'action des idiomes germains n'a causé, en dernier résultat, aucun dérangement essentiel dans l'organisme de la langue romane, elle a été au contraire très-considérable sur la prononciation et sur la forme des mots. La prononciation ger-

maine et la prononciation celtique ont donc dénaturé le latin en France; c'est de ces deux prononciations que sont venues les plus notables différences par lesquelles les mots français se distinguent dans leur forme et leur contexture, des mots latins correspondants. Il est arrivé de là que les différences dialectales qui, comme je l'ai fait observer, ont marqué, dès l'origine, le langage de nos provinces, existent principalement dans la prononciation et dans la forme des mots. J'aurai donc avant tout à classer par dialectes les formes de la langue d'oïl.

## 22. CLASSIFICATION DES DIALECTES DE LA LANGUE D'OÏL.

G. Fallot[1] fut le premier qui essaya de débrouiller le chaos des formes dialectales de la langue des trouvères; par malheur pour la science, la mort vint le surprendre au milieu de ses travaux et son ouvrage resta imparfait. Néanmoins ses données sont en général fort exactes, et j'en ai souvent profité.

Les règles grammaticales étaient les mêmes pour tous les dialectes de la langue d'*oïl*: tous, sans exception, étaient régis par la même grammaire.

Après avoir posé cette règle générale, Fallot divise le vieux langage français en trois dialectes[2] principaux, qu'il nomme non point du nom d'une province dans laquelle ils fussent exclusivement parlés, mais du nom de celle dans le langage de laquelle leurs caractères se trouvent le plus saillants, le mieux réunis et le plus complétement en relief: *normand, picard, bourguignon.*

(1) En 1841, M. G. H. F. de Castres de Tersac publia à Hambourg un ouvrage intitulé: Grammaire Polydidactique de la langue française, etc., dont la partie la plus intéressante et la plus neuve est sans contredit le chapitre: „*Langue française*" (p. 200-294), qui contient des recherches sur la vieille langue. Ces recherches que M. de Castres de Tersac donne pour *siennes*, ne sont qu'une *traduction très-fidèle* des Recherches sur les formes grammaticales de la langue française et de ses dialectes au XIIIe siècle, par Gustave Fallot; publiées par Paul Ackermann. Paris, 1839. Une seule fois, par mégarde sans doute M. de Castres de Tersac écrit le nom de son original (voy. p. 228 à la note). Un pareil plagiat est d'autant plus méprisable que M. de Castres de Tersac fait partout preuve de la plus profonde ignorance en ce qui concerne le vieux français. A la p. 267 p. ex., M. de Castres de Tersac se permet une note de sa façon, et il prend le nom d'un Roman, qu'*il* cite des centaines de fois, pour celui d'un auteur; Gerars de Viane, selon lui, est un poète dont M. Bekker a publié les oeuvres, parmi lesquelles se trouve un Roman intitulé Fierabras, en vers du plus pur bourguignon. Cette bévue est assez significative pour me dispenser d'en relever d'autres; du reste, en écrivant ces lignes, je n'avais d'autre but que de rendre à Fallot l'honneur qui lui appartient.

(2) Fallot et beaucoup d'écrivains emploient indifféremment les mots: *dialecte* et *patois*. Il y a cependant une distinction à établir entre ces deux expressions. On se servira de *dialecte* quand il s'agit des différences de langage d'un pays où il n'y a pas de langue fixée et officielle généralement admise; dans le cas contraire, on parle de telle ou telle langue et de ses *patois*. Ainsi, au XIIIe siècle, il n'y avait en France que des dialectes; plus tard il y a une langue française et des patois.

On a prétendu que cette division était beaucoup trop générale; quant à moi, je n'ai rien trouvé qui pût justifier ce grave reproche. Fallot, ne l'oublions pas, avait l'intention d'écrire une grammaire générale des dialectes français et non pas d'un dialecte particulier; il a donc été obligé de généraliser autant que possible, s'il ne voulait pas accumuler une masse de particularités locales et secondaires, qui auraient fait de son travail une indigeste composition. Sans doute, le dialecte de chaque province, de chaque canton même, mériterait un traité à part et en fournirait aisément la matière; j'espère que le jour n'est pas éloigné où nous posséderons cette collection aussi intéressante qu'utile. Fallot avait reconnu que les caractères distinctifs du dialecte de telle province se retrouvaient, avec quelques différences secondaires, dans les dialectes de plusieurs autres; il a fait de celui-là une espèce de type auquel il a rapporté les autres. Je me range à sa manière de voir, et j'ajoute avec lui que les limites des trois dialectes *picard*, *normand* et *bourguignon*, ne correspondaient point avec exactitude aux limites politiques des provinces dans lesquelles on les parlait [1].

Cela posé, je passe à la classification que je crois pouvoir assigner aux provinces de la langue d'oïl.

Le *dialecte normand* avait son siége principal dans la Normandie; puis il s'étendait sur la plus grande partie du Maine, et sur la Bretagne jusqu'à une ligne qu'on pourrait tracer de St. Quay à St. Nazaire, laissant à l'ouest Lanvollon, Quintin, Uzel, et passant près de Loudeac, Rohan, Questembert, la Roche-Bernard. Au nord, il suivait le littoral de la mer; mais de ce côté il avait subi l'influence du dialecte picard, auquel „il „se mélangeait entièrement dans les environs d'Abbeville. A „l'est, ses limites étaient à peu près celles qui séparent la Nor-„mandie de l'Ile-de-France: cependant, dans le commencement „du XIIIe siècle, il a étendu son influence jusqu'au coeur de cette „dernière province, et les formes qui lui sont propres se sont „introduites jusqu'à la rive droite de l'Oise, et même jusqu'à „Paris." (Fallot, Recherches p. 17.)

Le *dialecte picard* étendait ses limites au nord aussi loin que la langue française, c'est-à-dire jusqu'à une ligne partant des environs de Gravelines et descendant vers Aire, puis remontant

---

(1) Il y a des nuances de langage de village à village; mais, semblables à des couleurs qui se confondent, ces nuances ne sont pas tranchées, elles sont à peine sensibles; et l'on passe ainsi sans s'en apercevoir d'un dialecte à l'autre. Voilà ce que j'ai jugé nécessaire de faire remarquer, pour qu'on ne me mécomprît pas sur l'idée que je me fais d'une ligne de démarcation entre les divers dialectes, laquelle, en outre, ne peut s'imaginer sans une foule de sinuosités plus ou moins considérables.

à Armentières, Courtray, et se dirigeant de là presque directement vers Liége. Malmédy, St. With, Bastogne, Arlon et Longwy formeraient à peu près la frontière de l'est. Il embrassait la partie septentrionale de la Champagne et s'élargissait sur une partie de la Lorraine. „Du côté du midi, le langage picard „s'étendait environ jusqu'au cours de l'Aisne; il embrassait ainsi, „jusqu'aux confins du langage normand, à l'ouest, une vaste „portion de l'Ile-de-France; on peut même dire que sur toute „l'étendue de cette province, jusqu'à la rive septentrionale de la „Seine et de la Marne, il se retrouvait plus ou moins atténué „par le mélange des formes bourguignonnes." (Fallot, Recherches p. 18.)

On ne manquera pas de me reprocher d'avoir encadré dans le dialecte picard le langage des Wallons, descendants des Celtes belges. Je l'ai fait à dessein, parce que, jusque vers Liége, le picard et le wallon avaient et ont encore les mêmes caractères, dans les villes du moins. „Le Wallon", dit M. Grandgagnage, „s'arrête à peu près exactement aux limites de la province de Limbourg. Le pays intermédiaire entre cette province et la Meuse (formant les limites sud et est) se nomme la Hesbaie. A l'exception de quelques mots et de quelques formes, ce dialecte n'a rien de particulier; dans un certain rayon autour de Liége, c'est du liégeois; en s'approchant de Namur, il devient namurois."

Le *dialecte bourguignon* est celui de l'est et du centre de la France. „La portion de territoire sur laquelle ce langage était „parlé avec le plus de pureté, où ses caractères dominants se „rencontrent de beaucoup le plus nombreux et le plus en relief, „se pourrait circonscrire à peu près dans une ligne tirée d'Autun, „et y revenant par Nevers, Bourges, Tours, Blois, Orléans, „Sens, Auxerre et Dijon. Il embrassait ainsi, dans sa pureté, „le Nivernais, une partie du Berry, de la Touraine, de l'Orléa-„nais et presque toute la Bourgogne. Cette dernière province „étant la plus considérable de celles dont je viens de parler, „j'ai cru convenable de donner son nom au dialecte, qui d'ailleurs „y était peut-être encore un peu plus net que dans aucune des „autres." (Fallot, Recherches p. 19 et 20.)

A l'est, les limites du dialecte bourguignon seraient à peu près sur une ligne partant des environs de Delémont et descendant vers Biel, Neufchâtel et le cours de l'Orbe. Au nord, il empiétait sur la Lorraine jusqu'aux environs de Nancy, puis „à „la hauteur de Bar-le-Duc, de Rheims et du cours de la Marne, „il se partageait la Champagne avec le picard. Il redescendait

„par Paris vers Chartres, et côtoyait le langage normand, en „empiétant, à l'ouest de l'Orléanais, sur la lisière du Maine." (Fallot, Recherches p. 20.) Il embrassait une partie de l'Anjou. Au midi, à partir de l'Angoumois, le dialecte bourguignon longeait le Limousin, l'Auvergne, le Lyonnais, comprenait les environs de Mâcon, et, remontant un peu au nord, il atteignait de nouveau le cours de l'Orbe en suivant une ligne à peu près directe au sud de Lons-le-Saulnier.

Les dialectes de la plus grande portion du Poitou, de la Saintonge et de l'Aunis, quoique faisant partie de la langue d'oïl, ne peuvent être compris dans aucune des divisions ci-dessus. Au nord, dans cette partie qui aujourd'hui forme à peu près le département de la Vendée, le poitevin avait une forte teinte normande; au sud, le poitevin, et les dialectes de la Saintonge et de l'Aunis avaient déjà, à cause de leur position géographique, des mots tout à fait romans, et les formes dialectales du gascon et du limousin ont eu la plus grande influence sur celles des provinces qui nous occupent. Le dialecte poitevin affectionnait les combinaisons *au* et *oe*.

Résumant ce que je viens de dire, on aura à peu près le tableau suivant:

| NORMANDIE. | PICARDIE. | BOURGOGNE. |
|---|---|---|
| Maine. | Artois. | Nivernais. |
| Bretagne. | Flandre. | Berry. |
| Perche. | Bas-Maine. | Orléanais. |
| Poitou. | Champagne. | Touraine. |
| Anjou. | Lorraine. | Bas-Bourbonnais. |
|  | Hainaut. | Anjou. |
|  | Namur. | Ile-de-France. |
|  | Liége. | Champagne. |
|  | Brabant mérid. | Lorraine. |
|  |  | Franche-Comté. |
|  |  | Vaud. |
|  |  | Neufchâtel. |
|  |  | Berne. |

„Les caractères fondamentaux des trois dialectes étaient les „suivants:

| NORMAEDIE. | PICARDIE. | BOURGOGNE. |
|---|---|---|
| e | oi, ai, ie | oi, ai, ei, ie |
| ei | oi, ai | oi, ei, ai |
| u | o, ou, eu | o |
| ui | i, oi, oui | ui, oi, eui, oui. |

„Le *langage normand* se distinguait de notre langue française:
„1°. Il rejetait l'*i* de la plupart de nos syllabes en *ie, ier, ai,*
„*air*, et écrivait ces syllabes par un *e* pur, soit en perdant tout
„à fait cet *i*, comme dans *derrere, lesser, plere*, soit en le ren-
„voyant dans une syllabe précédente, comme dans *primer*. En
„d'autres termes, le langage normand substituait des formes
„sèches, c'est-à-dire sans *i*, à la plupart des formes mouillées
„des autres dialectes." (Fallot, Recherches p. 25 et 26.) Il
écrivait donc par un *e* simple beaucoup de syllabes en *ie, iel,
ien, ier, ies, ieu*, des autres dialectes; et presque toutes les syllabes en *ai* et en *ei*.

2°. „Généralement on écrivait, en Normandie, par un *u* simple
„la plupart de nos syllabes en *o, ou, u, eu, oi, on, or*, et même
„quelques syllabes que nous avons en *a*." (Fallot, Recherches
p. 26.)

„Il faut d'ailleurs bien se garder de croire que l'*u* normand,
„dont on faisait un si grand usage, eût toujours, bien fixe et
„bien déterminée, la prononciation de notre *u* français. On
„s'en servait pour la voyelle *ou* comme pour la voyelle *u*;
„l'usage seul pouvait déterminer, en chaque cas, sa prononciation
„précise[1]." (Fallot, Recherches p. 27.)

3°. Les diphthongues se simplifient dans le dialecte normand,
et l'on ne rencontre que *ei, ui (ue)*; plus tard *ou*.

La combinaison *oe*, qu'on trouve dans quelques textes, n'est
pas du langage pur de la Normandie.

4°. Les nasalisations s'affaiblissent, souvent même disparaissent entièrement.

5°. Les contractions sont plus rares que dans les autres
dialectes.

6°. Notre *t* final est remplacé par *d*.

Le caractère principal du *dialecte picard* est le *ch*, qu'il substitue constamment à notre *s* et à notre *c* faible; mais, en
compensation, où nous avons *ch*, il place presque toujours *k*
ou *q*, sans d'ailleurs mettre, en général, *ch* où nous mettons *k*
ou *q*. Ex. *canchon, ichi, chiel, kanoine* ou *canoine, commenchier,
kachier* = chasser, *quenu, vacque* etc. On trouvera plus bas
l'explication de cette particularité.

2°. Le picard aime le *c*, le *ch* et le *g* final.

3°. Il substitue la diphthongue *ou* à notre *o* et à notre *eu,
eu* à notre *ou, oi* à notre *ei*.

---

(1) *Eu* sourd, quand il représente notre *eu*; *ou*, quand il représente notre *o* et notre *ou* (?).

4°. *E* s'y rencontre souvent pour *ai*, et *ai* pour *e*.

5°. La lettre *r* se change souvent en *s*.

6°. Notre *s* avec le son accidentel *ze* y est ordinairement remplacé par deux *s*, et réciproquement nos deux *s* par *s* simple.

7°. Il ajoute *i* devant *e* ou le substitue à cette dernière lettre.

8°. Le *y* est substitué à notre *j*.

9°. Il change l'*o* et l'*a* bourguignon en *e* muet.

Le *dialecte bourguignon* ajoutait un *i* à presque toutes nos initiales, médiales ou finales, en *a* ou en *e* fermé pur. C'est là son caractère principal.

2°. L'*o* pur français, excepté le cas où il était suivi d'un *r*, était en *oi* dans ce dialecte.

3°. La lettre *g* servait quelquefois à marquer la nasale *n*.

4°. Le *g* et l'*s* avec le son naturel y sont remplacés par *z*.

5°. Dans quelques contrées, *l* mouillé est exprimé par deux *l*, par *lh* ou *lg*.

J'ai déjà fait observer qu'il y avait des différences de langage de province à province. J'insiste là-dessus, et, comme Fallot, j'ajoute que, dans l'étendue de provinces assignée à chacun des trois dialectes, je n'ai rien vu d'assez marqué, d'assez précis et d'assez distinct pour autoriser à faire du langage de la province où ces différences se trouvent un dialecte séparé de celui où je l'ai classé. J'indiquerai du reste en leur lieu les plus considérables de ces variations.

---

Le texte le plus ancien que nous possédons en langue d'*oïl*, est celui des serments de Louis-le-Germanique et des seigneurs français, sujets de Charles-le-Chauve, prononcés à Strasbourg en 842, lorsque Louis et Charles se liguèrent contre leur frère Lothaire. Ce texte ne se trouvant nulle part, pour ainsi dire, reproduit de la même façon, j'ai jugé à propos d'insérer ici la leçon qui me paraît la seule bonne.

### Serment de Louis-le-Germanique.

Pro Deo amur et pro christian poblo et nostro commun salvament, d'ist di in[1] avant, in quant Deus savir et podir me dunat, si salvarai eo cist meon fradre Karlo et in adjudha et in

---

(1) Je lis *in* et non *en*, comme on le fait ordinairement, parce que *in* est la seule forme qui se trouve dans ces serments, et qu'en outre l'*e* du manuscrit est barré de façon à former un *i*.

caduna cosa, si cum om per dreit son fradra salvar dift[1], in o quid il mi altresi fazet; et ab Ludher nul plaid nunquam prindrai, qui, meon vol, cist meon fradre Karle in damno sit.

### Serment des seigneurs français, sujets de Charles-le-Chauve.

Si Lodhuwigs sagrament, que son fradre Karlo jurat[2], conservat, et Karlus meos sendra de suo part non lo stanit, si io returnar non l'int pois, ne io, ne neuls, cui eo returnar int pois, in nulla adjudha contra Lodhuwig nun li iuer[3].

(1) Toutes les leçons portent *dist*, et M. Diez lui-même reconnaît cette forme (Gramm. II, 184). Malgré tout le respect que j'ai pour les décisions de cet illustre savant, je suis obligé de dire qu'en cette occasion il n'a pas fait preuve de sa sagacité ordinaire. Que *dist*, *ocist* etc., soient quelquefois présents, c'est ce que personne ne lui contestera; mais que *dist* soit ici le présent *debet*, cela ne se peut. De tous les verbes en *oir*, il n'y en a pas un seul, que je sache, qui intercale un *s* devant le *t* à la 3e p. s. du prés. de l'ind.; le prétendu *dist* formerait l'unique exception à cette règle. C'est sans doute faute d'avoir remarqué cette particularité, que M. Diez s'est laissé induire à reconnaître l'authenticité de la forme *dist* = *debet*, *doit*. — Outre que le manuscrit porte tout aussi bien *dift* que *dist*, le changement de *debet* en *dift* est très-naturel et très-facile à expliquer: *debet*, *devet*, *divet*, *dift*. (Cfr. au surplus Diez, Gramm. I. 181. 3.)

(2) Raynouard traduit *jure*; M. Diez pense que c'est une faute et qu'il faut traduire *jura* (II. 194). *Jurat* pourrait sans doute être un défini, mais comme *conservat* est certainement un présent, je ne vois pas pourquoi on admettrait le défini pour *jurat*. De tout temps, le français a employé le présent lorsqu'il s'agit de rappeler des faits qui, à la vérité, appartiennent au passé; mais qu'on place dans le présent de la personne qui parle, soit par suite de leur liaison immédiate avec lui, soit qu'en effet ils s'étendent jusque dans le présent ou qu'au moins leurs conséquences s'y continuent. La version allemande porte, il est vrai, *geswuor*, c'est-à-dire un temps passé; mais elle n'est pas assez parfaitement semblable pour qu'on puisse s'en autoriser dans ses interprétations d'une manière absolue.

(3) Raynouard lit *iuer*, qu'il traduit par *j'irai* (Lex roman. II, p. XX). — Roquefort lit *juer!* — Grimm est d'avis de lire: *iu er* (ego ero) (Monum. Germ. II, 666). — Diez (Gramm. II, 188) se range à la même opinion, parce qu'il ne peut admettre une extension de la forme *ier*. — Je pense que ces derniers ont raison.

# DÉRIVATION.

Les matières que je vais traiter paraîtront sans doute sèches et ennuyeuses à nombre de personnes; mais mon plan ne comportait rien autre chose que le rudiments étymologiques nécessaires à l'intelligence de mon travail. Je sais fort bien que pour faire pénétrer la lumière dans le chaos des étymologies, il faut ramener les lois particulières que j'indique à des lois positives, qui sortent du développement naturel de toutes les langues, ou du caractère particulier de la prononciation des différents peuples; je sais encore que les changements de la signification des mots ont leur base dans l'histoire, et qu'on ne s'explique que par la situation intellectuelle et les rapports historiques des peuples les influences si diverses des langues, le plus ou le moins de facilité qu'elles trouvent à s'établir et à se conserver intactes, et les faits par lesquels leur action se produit. Ainsi entendue, la philologie devient une science vivante; elle sert de preuve à l'analogie qui existe entre l'action de la nature et celle de l'esprit humain, elle montre l'homogénéité avec laquelle Dieu agit sur l'un et sur l'autre, et s'y révèle. Les philologues allemands, il faut le dire à leur gloire, ont été les premiers à sentir toute l'importance de la philologie; et, s'ils n'ont pas atteint à la perfection, leurs profondes recherches ont du moins jeté déjà d'éclatantes lumières sur la marche de la civilisation.

---

Les désinences latines se simplifièrent peu à peu, on le sait, et, dès le XIVe siècle, les noms n'eurent plus qu'une seule forme dans toutes les langues romanes. On a donc avant tout à se demander: *Quelle est la forme latine à laquelle se rattachent les noms romans?* Au nominatif pour l'italien, dit Sismondi, à l'accusatif pour l'espagnol, et, pour le français, ni à l'un ni à l'autre de ces cas, mais à une composition; Denina pense que les noms français ont été formés indifféremment de tous les cas latins; Raynouard et M. Diez admettent le nominatif et principalement l'accusatif; Schlegel les dérive surtout de l'ablatif ou d'un cas oblique quelconque. M. Pott, au contraire, pense que les langues romanes n'ont formé leurs noms d'aucun cas déterminé de la langue latine, qu'elles ont seulement transplanté la racine [1]. Je me range à cette dernière opinion. Il n'y a en effet aucune raison intrinsèque pourquoi on aurait donné à l'accusatif ou à l'ablatif la préférence sur tout autre cas, et, comme dit Schlegel en réfutant Raynouard, il me paraît difficile de prouver que *caritat* vient plutôt de *caritatem* que de *caritate*; j'ajouterai que de *caritatis* ou de *caritas*. En faisant passer la racine simple du mot latin dans le roman, il dut naturellement en résulter des duretés, que chaque langue s'efforça d'adoucir; d'ordinaire en ajoutant une voyelle aux terminaisons en consonne ou en retranchant la consonne finale. Le français cependant les conserva généralement pour l'oeil et les fit disparaître dans la prononciation.

Les Latins ont suivi la même marche. Ils avaient p. ex. les racines *ment*, *sort*, *bov*; voulaient-ils former le nominatif, il eût été trop dur à l'oreille de prononcer *ments*, *sorts*, *bovs*; et ils eurent recours à deux moyens pour éviter de pareils sons: ou ils ajoutèrent une voyelle et obtinrent les vieilles formes *mentis* (Enn. dans Prisc. et Varr.), *sortis* (Plaute), *bovis*; ou ils rejetèrent la consonne finale de la racine et ils eurent les formes usuelles *mens*, *bos*, *sors*. Nous avons d'autres exemples où le latin vulgaire, celui du moyen-âge surtout, chercha à faire ressortir davantage la racine des mots, ainsi: *vasum* pour *vas* (qui se trouve déjà dans Plaute, Catulle ap. Gell), *ossum* pour *os* (Varr. dans Char.), etc. etc. (Cfr. Fuchs, Rom. Sprach. p. 328.)

Le dialecte de Milan vient encore à l'appui de l'opinion de Pott; on y trouve très-souvent le radical simple des noms latins, sans la moindre terminaison; p. ex.: *popol*, peuple; *nott*, nuit; *personn* (et *personna*), personne; *coss*, chose, etc. (Francesco Cherubini, Vocabulario milanese-italiano. Milano 1814.)

---

(1) Abbeugung durch Casus widerstrebte dem, aus altem Materiale ein neues Gebäude sich zimmernden Sprachgeiste —; er führte daher die Nomina, welche er vorfand, gleichsam auf den Standpunkt der Flexionslosigkeit, d. h. auf die Grundform wieder zurück. Dies ward dadurch erreicht, dass er sich aus sämmtlichen Casus, welche ein Wort in der Muttersprache besessen hatte, dessen wesenhafte Gestalt, d. h. entkleidet von den Casusanhängseln, heraushorchte, und nun wieder in seiner Nacktheit hinstellte. (Pott, Aug. Fried., Etymologische Forschungen auf dem Gebiete der Indo-Germanischen Sprachen.)

## I. VOYELLES ET DIPHTHONGUES.

Pour simplifier la variété de la quantité et des accents des langues anciennes, et pour établir un balancement entre eux, les langues modernes allongent les voyelles brèves qui ont un accent fort, accourcissent les longues qui sont sans accent, et privent de l'accent les brèves qui en ont un faible.

La langue latine, on le sait, fixa d'abord la longueur des syllabes surtout d'après leur importance interne et leur accentuation. Cette dernière avait une influence prédominante sur la prononciation et, dans la plupart des cas, l'accent tombait sur les syllabes longues (la voyelle pouvait néanmoins être brève: *bónus*). Plus tard on voulut introduire à Rome la prosodie grecque, qui part d'un tout autre point de vue; mais le peuple n'adopta pas ce changement et transmit sa méthode aux nations romanes.

L'accentuation vulgaire exerça son influence non-seulement sur la quantité, mais encore sur la qualité des voyelles. Ainsi, on commença de bonne heure à allonger les voyelles accentuées et à accourcir les inaccentués, de façon que p. ex. le mot *bonos*, qui, dans la poésie savante, avait le premier *o* bref et le second long, était prononcé par le peuple *bônŏs*.

Cette influence de l'accentuation se retrouve dans le français. Notre vieux langage diphthongue les anciennes brèves devant une consonne simple aussitôt qu'elles ont l'accent; les longues sont moins sujettes à ce changement, et, devant plusieurs consonnes, il conserve également les voyelles brèves [1].

Cette règle n'était cependant pas également observée dans tous les dialectes; aussi, dès les temps de leur mélange, y trouve-t-on de nombreuses exceptions; puis on en perd peu à peu le sentiment, et le français moderne, dans les flexions surtout, ne la connaît plus. Je remonterai donc au langage de Bourgogne, qui l'applique d'une manière constante; ensuite j'indiquerai les différences que présentent les autres dialectes. Une comparaison avec la langue fixée se fera d'elle-même.

### A. RENFORCEMENT DES VOYELLES [2].

*I. A* bref devient *ai*: (P. d. B. 1766) — *sua*, *sai* (Dun. 621) — *jam*, *jai* (S. d. S. B.) — *pastor*, *paistres*. — Puis par extension

---

(1) L'accentuation et le désir de distinguer les nouvelles longues des longues primitives, ont contribué, comme on voit, à la création des diphthongues.
(2) On verra plus bas que, pour les verbes, la terminaison a eu la plus grande influence sur la voyelle radicale.

aux syllabes inaccentuées: *baitel, esbaihis, chaipel*, etc. —; aux *a* longs: *lai*, là; *cai*, çà; *prelait*, etc.

*A* long se change du reste en *ei: clavis, cleif* (S. d. S. B. 523), *suavis, soeif*. Infinitifs en *are, eir: donare, doneir* (S. d. S. B. 564) — *habitare, habiteir* (ib. 562) — *stare, esteir* (ib. 567). Participes en *atus, eit* (sujet singulier et régime pluriel *eiz*): *esquareit* (G. d. V. 363) — *clameiz* (ib. 685) — *parleit* (ib. 679). Substantifs en *tas, teit* (s. s. et r. p. *teiz*): *citeit* (M. s. J. 446), *majesteit* (S. d. S. B. 531) — *poosteit* (id. 536) — *veriteit* (Dol. 243).

Les dialectes picard et normand emploient souvent *a* pur au lieu de *ai*: (Ch. d. R. 45, LXXXVIII) — *sua, sa*; en Picardie, même *se* — *jam, jà*, etc. — *batel, prelat*, etc. — De même simplement *e* au lieu de *ei: clefs, cles* (Ch. d. R. 106. Chr. d. Tr. III, 81) — *soef*. Infinitifs *ier, er: donier* (St. N. 917), *duner* (L. d. G. 180, 18) — *ester* (Th. Cant. 65, 29. 30). Participes et substantifs en *et, ed, e, presentede* (Encl. 11) — *gred* (Charl. 34) — *virginitet* (Eul. 17) — *chrestientet* (Ch. d. R. 27, LIII), etc.

*II. E* bref devient *ie: brevis, brief* — *bene, bien* — *eram, erant, iere, ierent* — *febris, fievre* — *es, ies* — *pĕd* (pes), *pied* — *melius, miels*, etc.

*E* long devient *oi, oe: poena, pena, poene, poine* — *me, te se, moi, toi, soi* (cfr. cependant le chap. des pron.) — *haeres, heres, hoirs* — *serum, soir* — *tres, troi, trois* — *volere, voloir*.

*Ie* était commun aux dialectes de Bourgogne et de Picardie; en Normandie cette diphthongue était remplacée par *e: ped* (Charl. 175), etc.

Du reste l'emploi de la diphthongue *ie* était très-étendu en Picardie; on l'y rencontre souvent où nous n'avons qu'une simple voyelle.

*Oi, oe*, voy. plus bas.

*III. I* bref devient *oi: bibere, boivre* (Dol. 168) — *mirabilis, mirabilia, mervoille* (S. d. S. B. 518) — *consilium, consolz* (ib. 543), *consoilz* (Ch. d. S. 155) — *via, voie*, etc.

*I* long reste *i*.

D'où nous vient la diphthongue *oi*, inconnue aux autres langues romanes? L'attribuera-t-on à l'influence celto-belge? *Oi* répond en effet au gallois *wy*, qui s'emploie également pour *e* long et *oe* latin que nous traduisons par *oi*; de plus la diphthongue *oi* a été prédominante dans le nord de la France, au sud de la Belgique et un peu plus tard dans la Bourgogne proprement dite, contrées habitées par les Celtes belges. Je crois néanmoins qu'il ne faut pas chercher une origine étrangère à la diphthongue *oi;* elle est aussi organique que les autres. Je n'accorde pas, comme on le fait ordinairement, une plus haute ancienneté à l'*ei* qu'à l'*ai*, en ce sens que *ei* aurait été d'abord employé pour *oi*, où l'on trouve aujourd'hui ce dernier. Ni le Chant d'Eulalie, ni le fragment de Valenciennes, etc., ne nous permettent de tirer une telle conclusion; parce qu'on ignore par qui et où ont été écrits les manuscrits qui nous en sont parvenus. Les monuments postérieurs, chartes, romans, nous montrent partout l'*oi* et l'*ei* en parfait accord avec la vocalisation de la province à laquelle ces monuments doivent être rapportés [1].

La diphthongue *oi* appartenait donc aux dialectes de Picardie et de Bourgogne; elle avait *ei* (ou *e*) pour correspondante dans la Normandie [2], *ai* en Touraine, dans une partie de l'Anjou et du Poitou. Ex.: *veit* (Charl. 196), *vait* (Trist. II, 98), *beivre*, *beire* (Ben. II, 8735. Chr. d. J. F. 26), *baivre* (Trist. II, 120), *trei*, *tres* (Charl. 4), *mei* (Q. l. d. R. II, 169), *mai* (Trist. II, 101.)

IV. *O* bref et *u* deviennent *ue* et *oe*: *illuc, iluec, illuec, illoec — boe* (bos), *buef* (M. s. J. 475) — *dolus, duel* (Ch. d. S. II, 138), *doel* (G. d. V. 1360) — *comes, quens, cuens* (G. d. V. 370. 726), *coens* (M. s. P. I, 365), *cor, cuers* (M. s. J. 454), *sonus, suens* (S. d. S. B. f. 51), *oculus, oez* (M. s. J. 504). (Cfr. Verbes, Trouver.)

La diphthongue *ue* n'est cependant pas constante; elle est souvent remplacé par *eu: locus, li leus* (Ch. d. S. 1, 159), *focus, li feus* (S. d. S. B. 538). L'*eu* devint d'autant plus fréquent que le langage picard gagna de terrain [3].

Lorsque *eu* est une forme bourguignonne, le picard a ordinairement *u* ou *iu*, plus tard *ieu: focus, fu* (R. d. M. d'A. 5), *li lius* (Ph. M. I, 2579), *jocus, li jeus* en Bourg. (N. R. d. F. et C. II, 286), *gius* (Part. 1512). On conserve même l'*o* et alors on obtient la diphthongue *ou: li fous* (M. s. J. 450. Ch. d. B. 151), *en mainz lous* (Dupl. II, 761), *dol* (Ben. II, 13986) et, avec un *i* préposé, *diols* (Ph. M. II, 28806).

J'ai dit plus haut que le français moderne ne s'était pas astreint, comme l'ancien langage, à la règle de diphthongaison, surtout en ce qui concerne les terminaisons. Celles des sub-

---

(1) Cfr. Verbes, Considérations préliminaires, 2).

(2) Je comprends ici sous le nom de Normandie, la Normandie propre et les provinces à dialecte mixte, c'est-à-dire celles où, d'un côté, se mélangeaient les dialectes picard et normand, de l'autre, les dialectes bourguignon et normand.

(3) Le renversement de *ue* en *eu* était très facile; *u* dans les deux cas donnait à l'*e* un son sourd et parfaitement semblable, ainsi que le prouvent les orthographes de la rime: on trouve très-souvent des mots en *ue* et en *eu* qui riment ensemble. Ce son tenait le milieu entre *e* et *u*.

stantifs en *eur*, des adjectifs en *eux*, et les mots qui ont à peu près les mêmes sons finals, sont particulièrement incorrects; p. ex.: *douleur, chaleur, créateur, douloureux, envieux, leur, heure, peu*, etc. D'où provient cette irrégularité? Le langage de Bourgogne avait *o* dans tous les cas: *de ton creator* (S. d. S. B. 565), *lor* (Villh. 435<sup>d</sup>), *po*, etc., même où, par suite de la contraction, nous écrivons correctement *eur: salvator, salvaor* (S. d. S. B. 544), *sauveur; peccatores, pecheors* (M. s. J. 451), *pécheurs*, etc. Or, *eor, os*, étaient remplacés, en Picardie, par *eur, our, ous: diseur* (J. v. H. 424), *bienfeteur* (ib. 354), *jongleur* (Ph. M. I, 6298), *leur* (R. d. S. G. 234), *lour* (R. d. l. M. 2120), *veneour* (Chr. A. N. I, 56), *picheour* (Rutb. II, 7). La Normandie avait *u: lur, pescur* (Archaeol. XXII, 318), *donur* (A. R. 381). Ces faits notés, la question se résout d'elle-même; les formes en *eu*, qui devinrent de jour en jour plus communes, s'introduisirent avec le langage picard dans l'Ile-de-France et prirent enfin droit de bourgeoisie dans la langue fixée.

### B. AFFAIBLISSEMENT DES VOYELLES.

Les cas que je viens de parcourir nous montrent un renforcement de la voyelle; il y en a d'autres où, au contraire, elle s'affaiblit. L'*e* muet à la fin des mots en est l'exemple le plus frappant. Des citations seraient ici superflues; je ferai seulement observer qu'encore inconnu aux Serments, l'emploi de l'*e* muet est déjà devenu règle dans le Chant d'Eulalie et le fragment de Valenciennes.

L'affaiblissement d'une voyelle pleine en *e* se trouve aussi au milieu des mots, mais d'une manière beaucoup moins constante: *caballus, chevals* (G. d. V. 3285) — *auscultare, escouteir* — *finire, fenir* et *finer* — *nulli huic, neluy* (S. d. S. B. 552), etc.

Cet aplatissement des voyelles pleines en *e* se rencontre dans plusieurs langues modernes[1], et en latin déjà *a, i, ei, o*, se changeaient en *e*. Quintilien (I, 7, 23. 24. 25) dit à ce sujet: Quid non Cato Censorius *dicam* et *faciam, dicem* et *faciem* scripsit? Eundemque in ceteris, quae similiter cadunt, modum tenuit? quod et ex veteribus ejus libris manifestum est, et a Messala in libro de *S* litera positum. *Sibe* et *quaese* scriptum in multorum libris est; sed an hoc voluerint auctores nescio: T. Livium ita his usum, ex Pediano comperi, qui et ipse eum sequebatur: haec nos *I* litera finimus. Quid dicam *vortices* et

---

[1] En allemand, p. ex.; mais, qu'on ne l'oublie pas, l'aplatissement s'y fit trois siècles plus tard que dans le français.

*vorsus*, ceteraque ad eundem modum, quae primo Scipio Africanus in *E* literam secundam vertisse dicitur.

Les futurs et conditionnels doivent être rangés ici. Dans les futurs et les conditionnels, l'accent du verbe auxiliaire fait que la terminaison de l'infinitif devient inaccentuée, et, par suite de cet abaissement de ton, elle éprouve des syncopes: quelquefois même le radical s'accourcit. Ex.: *savoir*, *saverai* (Charl. 51), *sarai*, *saroie* (R. d. l. V. 554. L. d. 80) — *fallir*, *falir* (Cast. pr. 180. M. s. J. 504), *falrai*, *faurrai*, *faurai*, *falroie*, *fauroie* (Brut. 8452. R. d. l. V. 5491. Ch. d. S. II, 184. O. d. D. 4934. G. l. L. I, 111) — *voloir*, *vouloir* (P. d. B. 6348. C. d. C. d. C. 42), *volrai*, *voudrai*, *vodrai*, *vorrai*, *vorai*, *volroie*, *voroie* etc. (R. d. l. V. 1744. Ben. II, 8232. Ch. d. S. II, 20. O. d. D. 12443. G. d. V. 209. P. d. B. 7139. G. d. V. 984) — *faire*, *fere* (S. d. S. B. 554. Ruth. I, 14), *ferai* (P. d. B. 6799), *frai* (Q. l. d. R. I, 77), etc.

### C. HIATUS.

Le français moderne cherche à éviter le hiatus[1], c'est-à-dire la rencontre de deux voyelles provenant de deux syllabes différentes qui viendraient à se réunir par suite de la syncope d'une consonne. Nos pères n'avaient pas l'oreille si susceptible.

On a recours à deux moyens pour faire disparaître le hiatus: 1°. On syncope la première voyelle: *bibere*, part. vfr. *beüt*, *boüt*, (Ch. d. R. 96), *bu* — *fecimus*, *feïsmes*, *feïmes*, *fimes* — *redemptio*, *raanson*, *rançon* — *cadere*, *chaoir*, *cheïr* (Villh. 446°. L. d. M. 66), *chaïrent* (Ch. d. S. II, 83), *cheïrent*, etc., *choir*, etc. — 2°. On fait une synérèse: *judaeus*, *judeus* (Ch. 129), *jueus* (Q. l. d. R. IV, 397), *geus* (S. d. S. B. 555), *gyu* (R. d. M. 16), *giue* (R. d. C. 51), *juif*, *juif* — *regina*, *roïne*, *reïne*, *reine* — *pavor*, *paor*, *peor*, *peur*, etc.

Du reste, la syncope et la synérèse sont déjà employées dans le vieux français; mais, jusque vers la fin du XIIIe siècle, ce n'est le plus souvent que pour satisfaire aux exigences de la mesure.

### D. DIPHTHONGAISON, SUITE DE LA DISPARITION D'UNE CONSONNE.

Les cas où la disparition d'une consonne donne naissance à un hiatus, sont peu nombreux en comparaison de ceux où la

---

[1] Je suis de l'avis des grammairiens qui pensent, contre l'autorité de beaucoup de bons auteurs et de l'Académie, que l'*h* de ce mot est aspiré, et qu'il faut écrire *le hiatus*. Cuvier ne prononçait jamais autrement. Cette prononciation fait du mot une heureuse onomatopée.

disparition de la consonne cause la diphthongaison de la voyelle précédente.

1°. Les deux voyelles qui étaient séparées par la consonne se réunissent (il faut remarquer que *e* est ici égal à *i*; les Romains les employaient déjà l'un pour l'autre): *amavi, amai* (P. d. B. 6009) — *cogitare, cuider, cuidier* — *hodie, hui, ui, oi* — *habuit, out.* — Cependant il n'est pas rare que la diphthongaison ne se fasse pas où *a* et *u* viennent à se réunir; on emploie un son médial entre *a* et *u*, c'est-à-dire *o, font,* etc.

Au lieu de la diphthongue, le dialecte normand a presque toujours une voyelle simple, ou bien, quand il emploie une diphthongue, c'est la grêle.

2°. Si *g* se syncope, qu'il appartienne à la racine ou qu'il provienne d'un *c* latin, on diphthongue avec *i*: *paganus, pagiens* (Eul. 12. 21), *païens* — *leg* (lex), *loi* — *reg* (rex), *roi* — *regalis, regiel* (Eul. 8), *roial* (royal) — *sacramentum, sagrament* (S. d. Str.), *sairement, serment.* On diphthongue encore avec *i* après la syncope de *c, d, m, p, t*: *factum, fait* — *lact* (lac), *lait* — *directum, dreit, droit* — *noct* (nox), *nuit* — *octo, huit, oit* — *partellum, praiel* — *latrones, lairons* (S. d. S. B. 523) — *pater, frater, peire, freire* (G. d. V. 5453; ib. 2095) — *captivus, chaitis* — *spada, spede* (Eul. 22), *espeie* — *sum, sui.*

On voit, en comparant ces exemples, que le français moderne a tantôt conservé, tantôt rejeté la diphthongaison. Le dialecte normand n'a que son *ei*, ailleurs il met une simple voyelle.

## E. ASSIMILATION.

Les voyelles éprouvent en outre des changements qui sont fixés par la nature des sons voisins; c'est ce qu'on appelle *assimilation*. L'assimilation se fait de trois manières: le son influent est 1°. *immédiatement avant la voyelle*, 2°. *après la voyelle*, 3°. ou enfin *dans la syllabe suivante*. Le son qui précède ou suit immédiatement doit être une consonne *demi-voyelle*, pour que l'assimilation puisse avoir lieu; dans le troisième cas, ce doit être une *voyelle*.

1°. Après *l, r* et les consonnes sifflantes, l'*e accentué* qui suit se diphthongue avec *i*: *coelum, ciel* — *laxare, laissier* — *caput, chief* — *capra, chievre* — *seculum, siecle* — *propianus, prochien,* etc. A quelques exceptions près, le français moderne a repoussé ces assimilations, que le dialecte picard favorisait extrêmement, tandis que celui de Normandie ne les connaissait pas du tout [1].

2°. Ici la diphthongaison peut avoir lieu pour les voyelles *accentuées* et *inaccentuées*, même lorsque plusieurs consonnes suivent. C'est là ce qui établit une différence entre ce genre d'assimilation et le renforcement de la voyelle dont il a été question ci-dessus, lequel n'a lieu que pour une voyelle *accentuée* placée devant une consonne simple. Les consonnes en question sont *ch*, *l*, *n* nasal, *r*, *s*: *brachium*, *brais* — *vascellum*, *vaissel* (Villh. 447) — *potio*, *poison* — *(re)cognosco*, *reconois* (S. d. S. B. 566) — *possum*, *puys* (ib. 549) — *uxor*, *oissor* — *anima*, *airme* — *repairier*, etc. Et quelquefois *ei* pour *a* devant *r*: *mare*, *meir*; d'où nous sont venues nos formes en *e* pur. *Fingere*, *faindre* — *vincere*, *vaincre*, *veincre* (P. d. B. 2421) — *ante*, *ains*, *ainçois*, *einçois* — *manag*, *mainz*, *maintes* (Ch. d. S. II, 99. S. d. S. B. 568), etc.

Il me reste à parler de l'assimilation devant *l*, ou plutôt à rechercher s'il y a vraiment assimilation ou bien diphthongaison pure et simple par suite du changement de la liquide. Les formes *faillir*, *fallere* — *queil*, *qualis* — *hospitale*, *hosteil* (H. d. M. 199), *talis*, *teil*, etc., sont bien des assimilations; mais celles-ci: *fallit*, *faut* (C. d. V. 1730), *solalis*, *solaus*, *solous*, *soleus* (Part. 13. 5199. G. d. V. 1970), *aliquis unus*, *aucun* (Dol. 233); *ecce*, *illud*, *ceu*, etc., n'en sont certainement point. On trouve il est vrai *valet*, *vault* (H. d. V. 170), *falsus*, *fauls*, *altus*, *hault*, etc., qui, au premier coup d'œil, semblent prouver l'assimilation. Il n'en est rien cependant; ce sont des orthographes fautives. Les mots *faut*, *solaus*, *soleus*, etc., ont pour formes primitives *falt* (M. s. J. 197), *sololz*, *soloz* (S. d. S. B. 527), *solals* (Aim. 179), *soleilz* (St. N. 1183), *alquens* (L. d. G. 175. 4), *valt* (S. d. S. B. 534), etc.; c'est-à-dire que la lettre *l* y est encore constante. Il en est de même de la forme *ell*, qui devient *el*, *ial*, puis *iaul*, *eaul*, quand aucune voyelle ne suit; p. ex. primitivement: *castellum*, *chastials* (Villh. 472ª), *agnellus*, *aignels* (S. d. S. B. 552), *aignials* — *ecce-illos*, *ceols* (G. d. V. 64), *cealz* (ib. 139), *ceelz* ou sans *l* *ceos*, *ceas*, fem. *celei* (M. s. J. 196), *illos*, *ols* (S. d. S. B. 521), *als*, *els* (Villh. 455ᶜ, 446ᵇ), *eus* (L. d. G. 39) *chastiaus* (Villh. 484ª), *chasteaus* (Ben. 28144), etc. etc.; et ce n'est que vers la fin du XIIIe, au commencement du XIVe siècle, que *l* reparaît à côté de l'*u*, c'est-à-dire à une époque de décadence,

---

(1) Il ne faut pas rapporter à l'assimilation la terminaison *ier* des verbes, tels que: *cominitiare*, *comancier* = commencer — *pretiare*, *preisier* = priser, etc.; où l'*i*, que nous avons aussi rejeté à tort, se trouve déjà dans la racine.

de passage, où l'on ignorait d'où venait cet *u*. Plus tard ces orthographes avec *l* sont les seules en usage, et le français moderne en a même conservé quelques-unes. (Voyez particulièrement le Chap. des substantifs.) Je conclus. A l'exception des cas en *i*, la lettre *l* ne fait pas assimilation; elle s'aplatit en *u* et il se forme une diphthongue.

3°. On assimile les syllabes accentuées à l'*i* et à l'*u* d'une syllabe suivante inaccentuée, c'est-à-dire qu'on transpose l'*i* et l'*u* dans la syllabe accentuée, soit *avant* soit *après* la voyelle, et il se forme une diphthongue: *primarius*, *premier* (S. d. S. B. 566) — *tertius*, *tierz* (S. d. S. B. 538) — *varius*, *vairs* — *toti*, *tuit* (S. d. S. B. 539) — *viduus*, *veu*, *veude*, etc.

La transposition de l'*i* avant la voyelle était surtout usitée en Picardie.

Les terminaisons verbales *omes*, *um*, *ons* [1], de *amus*, font exception à cette règle.

---

J'ai encore à faire sur les voyelles quelques remarques qui n'ont pu trouver place dans ce qui précède.

*O* long reste devant *m* et *n* dans le français moderne. L'ancien langage le conservait presque toujours aussi; cependant, à dater de la fin de la première moitié du XIIIe siècle, le dialecte picard le remplaçait souvent par *ou*, qui est un assourdissement de cette lettre. L'anglo-normand avait aussi cet *ou*, mais ici c'était la traduction de l'*u* normand. J'ai déjà fait observer que dans les cas où nous écrivons *eu*, le bourguignon avait *o* pur: *heure*, *hore*, *ore*; et le normand *u*, le picard *ou* et *eu*.

*E* long devient quelquefois simplement *i*, sourtout dans le dialecte du nord-est de la Picardie. Le français moderne a conservé de nombreux exemples de cette transformation.

*A* et *e* long s'assourdirent en *o* dans quelques provinces du centre.

*U* long reste en français, mais il prend une prononciation toute particulière; c'est un fait digne de remarque, et qui mérite une explication. Le son *u* (y), ou tout au moins un son à peu près semblable, se trouve déjà dans la langue latine; p. ex. dans *optumus*, *lacruma*, *existumo*, *clupeus*, *inclutus*, *finitumus*, *decumus*, et dans beaucoup d'autres mots, que plus tard on écrivit en partie avec un *i*. Quintilien parle de ce son et le décrit: Medius est quidem *u* et *i* literae sonus, non enim sic

---

(1) *Omes*, *um*, *ons* ne furent pas restreints à la forme *amus*, ou les employa pour les verbes de toutes les conjugaisons latines.

*optimum* dicimus ut *opimum* (I, 4, 7). Ce son moyen entre *u* et *i* était celui de l'*υ* grec (voy. Schneider, Latein. Gramm. I, 19 et suiv.). Comment se fait-il donc que toutes les langues romanes ne l'aient pas admis? „Je suppose qu'à l'époque où „les Gaules furent latinisées, l'orthographe de beaucoup de „mots était encore indécise entre *u* et *i*, et qu'ainsi ce son *u* y „prit droit de bourgeoisie, tandis qu'en Italie, p. ex., après le „siècle d'Auguste, les grammairiens tracèrent des limites telle-„ment distinctes à l'emploi de l'*u* et de l'*i*, que le son médial „disparut tout à fait. On ne doit du reste pas s'étonner du dé-„veloppement que l'*u* a acquis en français; on trouve dans toutes „les langues des apparitions analogues." (Fuchs, Die roman. Sprachen, p. 306.)

## II. CONSONNES.

Je rangerai les consonnes d'après les organes qui servent à les produire, pour ne pas séparer l'un de l'autre les éléments affiliés, ce qui arriverait, si je suivais l'ordre alphabétique. Je les considérerai sous trois rapports: *au commencement, dans l'intérieur* et *à la fin* des mots.

### P.

*P* au commencement des mots reste en français: *prunier, pruneus — poulain, pullanus — poussin, pullicenus*. Les exceptions à cette règle sont très-rares: *bruine, pruina — bocal, poculum*.

Dans l'intérieur des mots, *p* se change en *v* et quelquefois en *b: louve, lupa — chevron, capro — poivre, piper — ouvrir, aperire — oeuvre, opus — savoir, sapere — chèvre, capra — abeille, apicula — double, duplus (dovule* quelquefois en vieux français. H. t. M. t. III, p. 179) — *ciboule, caepula*, etc. Cependant le *p* reste dans quelques mots, surtout dans ceux de nouvelle formation: *vapeur, capitaine, peuple*, etc.

Le changement du *p* en *b* se faisait déjà en latin: *Poplicula*, plus tard *Publicola*.

A la fin des mots, nous avons *p* dans *loup, lupus — cap, caput — f* dans *chef, caput*.

*Pp* reste *p*, qui se redouble rarement: *cep, cippus — nappe, mappa — chape, cappa — étoupe, stuppa — troupe, troppus*.

*Ps* reste: *psaume*[1], *psalmus*, ou devient *ss: cupsa, caisse*.

---

(1) Dans la vieille langue: *seaume, sautier* (Rom v. p. 560, v. 11).

*Pl* initial et médial perd le *p*: *tisane, ptisana* — *acheter, acceptare* — *recette, receptare* — *route, rupta* (sc. via) — *chétif, captivus.* Aux XIVe, XVe et XVIe siècles on conservait le *p* dans ces mots, tandis qu'aux XIIe et XIIIe siècles on le retranchait déjà. Nous avons du reste gardé le *p* en quelques cas, mais il est presque toujours muet: *baptême, accepter, prompt.*

## B.

*B* initial reste toujours; médial, il se change en *v.* Cet adoucissement du *b* en *v* se rencontre déjà sur de vieilles inscriptions latines (v. Schneider 227), et dans la basse latinité *b* et *v* ne faisaient qu'un pour ainsi dire; de sorte qu'Adamantius Martyr (ap. Cassiodore p. 2295—2310) dressa une liste des mots qui devaient s'écrire par *b* ou par *v*. Cette particularité est commune au grec moderne où *b* (β) est devenu tout à fait *v*; on a recours à μπ pour désigner le son de *b*.

Ex.: *fevre* vfr., *faber* — *ivre, ebrius* — *devoir, debere* — *lèvre, labrum* — *cervelle, cerebellum* — *canevas, cannabis* — *avoir, habere* — *livre, libra* — *prouver, probare.*

Ce changement n'est cependant pas une règle générale; le *b* est constant dans nombre de mots: *habit, habitus* — *aube, albus* — *barbier, barbarius,* etc.

*B* se change en *m*: *corme, sorbus* — *samedi, sabbathi dies.*

Il y a synérèse du *b* dans: *taon, tabanus.*

Le *b* des compositions *bv, bt,* se syncope: *souvenir, subvenio* — *dette, debitum* — *doute, dubito* — *soudain, subitaneus* — *probus, prouesse* — excepté: *subtil, subtilis,* en vfr. *soutil.*

*Mb* reste dans *lambeau* et perd le *m* dans *délabrer,* qui viennent tous deux du latin *lambero,* qu'on rencontre déjà dans Plaute. Le vieux français avait *andui, amdui (ambo duo),* à côté de *ambedui,* etc.

Les vieux mots: *diaule, diable* — *foiaule, estaule* (J. v. II. p. 475, 451), *ouuliees* (Th. fr. au m. â. p. 57), etc., rentrent dans la règle générale; j'y vois un *v* et non pas un changement immédiat du *b* en *u*[1].

## F. Ph.

*F* et *ph* ont absolument la même prononciation, et nous exprimons *ph* par *f*. Il en était déjà ainsi dans le vieux français, p. ex. *fisicien.*

---

(1) Confr. ce passage de Martene, Thes. 3, 1035: Indigena, Abraham nomine, quem rustici Aurannum nuncupabant.

On sait que très-souvent, en latin, il ne restait de la lettre *f* que l'aspiration; il est prouvé, p. ex., que *hordeum, hircus, trahere, vehere,* etc., viennent du vieux latin et du sabin: *fordeum, fircus, trafere, vefere,* etc. Le français présente quelques cas de ce changement: *hors* (v. fr. *fors*), *foras* — *habler, fabulari,* dans Plaute *fabularier.*

Le vieux français connaissait le changement de *ph (f)* en *v*: *Steven, Stephanus, Estiefne,* aujourd'hui *Etienne.*

## V.

Au commencement et au milieu des mots, le *v* se change en *b*: *brebis, vervex* — *bariolé, varius* — *courbe, curvus.*

Ce changement du *v* en *b* existe déjà dans le vieux latin; au moyen-âge il devint très-fréquent: *Besontio* pour *Vesontio,* Besançon. (Bréq. I, 221.)

Le *v* se syncope: *paon, pavo* — *peur, pavor,* etc.

A la fin des mots *v* se change en *f*: *bref, brevis* — *nef, navis* — *oeuf, ovum.* On verra plus bas que le vieux français retranchait ce *f* dans certains cas.

Le *v* éprouve encore un changement tout à fait propre aux langues romanes, c'est celui en *gu* ou *g*.

Cette transformation a une double origine: le celto-belge et l'allemand. En gallois et en breton le *v* latin devient *gw*: *vicus, gwik* (bret.) — *vinum, gwin* (gall.); ou bien le gallois met simplement *w*, ce qui explique parfaitement les formes du vieux français *gu (g)* et *w* pour rendre le *v* latin. Ces formes se rencontrent surtout dans les provinces habitées autrefois par les Belges, et les Wallons, leurs descendants, ont encore le même *w*. Les autres provinces, qui, avant le mélange des dialectes, emploient constamment *gu* ou *g*, semblent avoir confondu le *v* latin et le *w* allemand, lequel devient toujours *gu* ou *g* en français (voy. Diez I, 293 et suiv.). Une nouvelle raison d'admettre la double influence celto-germanique, est qu'on ne trouve pas le *w* pour notre *v* dans les provinces dont il a été question en dernier lieu.

Ex.: *gâter, vastare* — *guêpe, vespa* — en vfr. *werpil, goupil, vulpes,* etc.[1]

---

(1) Si le mot *wiquet* venait de *vicus*, comme le pense Roquefort, il trouverait sa place ici; mais il vient du celte *wic*, qui signifie lieu sûr, enfermé, ville, place forte. *Wiquet*, diminutif de *wic*, signifie *petite ville*, et se disait par dénigrement.

## M.

Initial, médial et final, le *m* se change quelquefois en *n*: nèfle, *mespilum* — nappa, *mappe* — daine, *dama* — airain, *aeramen*.

Il est inutile de s'étendre ici sur la prononciation nasale que prend *m* à la fin des mots et devant les consonnes (voy. *n*). Ce son est aussi vieux que la langue; c'est ce que prouvent les nombreuses orthographes en *n* au lieu de *m*. J'aurai plus tard l'occasion de revenir sur ces doubles orthographes, et je me contenterai de faire observer ici que le dialecte picard favorisait surtout le *n*, tandis que la Normandie affectionnait *m*.

Les combinaisons *ml*, *mr*, intercalent un *b* euphonique. Cette addition du *b* se trouve déjà dans le latin du moyen-âge: *Camariago vel Cambariaco* (Bréq. 104). La lettre *l* de la combinaison *ml* se change quelquefois en *r*, et le *m* de *mr* en *n*; mais dans ce dernier cas, le *b* euphonique devient *d*. Ex.: comble, *cumulus* — en combrer, *in cumulare* — sembler, *simulare* — marbre, *marmor* — chambre, *camera* — craindre, *tremere*, en vfr. *crimbre*, *criembre*; geindre et *giembre*, *gemere*, etc.

*Ml* devient *nt*: tante, *amita* — sentier, *semitarius*. Nous avons cependant conservé comte, *comes*, pour le distinguer de conte.

## C. (K.)

Le *c* devant *a*, *o*, *u*, initial et médial, se change en *g* ou se syncope (voy. l'article voyelles). Ex.: gras, *crassus* — gond, *contus* — gonfle, *conflo* — figue, *ficus* — seigle, *secale* — aveugle, *aboculus*[1]. — A quelques exceptions près, le français rejette le *c* final: feu, *focus*, vfr. *fuec*, *feuc*, *foc* — lieu, *locus*, vfr. *luec*, etc. — lac, *lacus* — estomac, *stomachus*.

En latin déjà, le *c* s'adoucit peu à peu en *g*, qui ne fut cependant introduit dans l'écriture que 220 av. J.-Chr., bien que certainement il ait été longtemps avant dans la prononciation. On écrivait p. ex. *leciones* et on prononçait *legiones*; *Cnaeus* et *Gnaeus*, etc. (Cfr. Quintilien Inst. 1, 7, 28). Cet adoucissement devint très-fréquent dans le latin des Gaules; on trouve *Cambariaco* et *Camariago*, *Sacebaro* et *Sagiharo* (Bréq. I, 104), *elogare* pour *elocare* (Loi salique 30, 2), etc., et même un exemple de la disparition du *g*: *siutius*, *segusius* (ib. 6, 1).

---

(1) Le mot *second* fait exception à la règle; mais le *c* s'y prononce *g* conformément à l'ancienne orthographe bourguignonne: *segont*.

*C* devant *a* latin devient un son sifflé qui s'indique par la combinaison *ch*: *chaîne, catena* — *chair, caro* — *chambre, camera* — *chenu, canutus* — *cheveu, capillus* — *chevron, capro* — *chou, caulis* — *coucher, collocare* — *bouche, bucca*, etc. Les exceptions à cette règle sont des débris des vieux dialectes qui repoussaient le son *ch* là où l'admettaient ceux qui ont eu le plus d'influence sur la formation de la langue actuelle (voy. Introduction). Ex.: *cable, capulum* — *caisse, capsa* — *campagne, campania*, vfr. *champaigne* (Ch. d. S. II, 79) et *Champagne* (prov.), etc. — Devant les voyelles qui proviennent d'un *o* ou d'un *u* latin, le *c* conserve sa prononciation gutturale: *colère, cholera* — *couver, cubare* — *coussin, culcitum*, etc. — Le dialecte picard employait *ch* devant ces mêmes voyelles.

Quelle est l'origine de ce *ch*? M. Diez (Gram. I, 195, 196) dit qu'elle se perd dans la nuit des temps, et que l'emploi du *ch* remonte bien plus haut que tous les monuments écrits de la langue française. Il a raison en cela; mais la manière dont il propose d'expliquer son introduction dans notre langue me paraît dénuée de tout fondement. Les Francs, continue-t-il, ne pouvaient prononcer purement le *k* gothique; ils le confondaient avec l'aspirée et prononçaient *chalo, calvus* — *chamoera, camera* — *chafsa, capsa*, etc. Sans doute ils en faisaient de même pour le *k* roman; mais comme les organes des peuples néolatins ne s'accordaient pas à l'aspiration, cette prononciation a produit chez eux le son sifflant affilié *sch (ch)*. — On pourrait admettre cette explication si le *ch* s'était développé à peu près également dans les provinces gauloises où les Francs ont pénétré. Mais il s'en faut de beaucoup qu'il en soit ainsi; on a vu dans l'Introduction que le dialecte picard place constamment *ch* où nous mettons *c, s*, et que, où nous avons *ch*, ce même dialecte emploie *q. k*, de préférence. Or les Francs firent un long séjour en Belgique et dans le nord de la France avant de pénétrer au centre de la Gaule, comment donc expliquer cette particularité? Comment expliquer à la façon de M. Diez l'emploi de *ch* pour *qu*, p. ex. *dusch'à* pour *jusqu'à, de usque ad*? (Cfr. Gram. I, 214.) Le changement de *c* en *g, ch* est organique; on le rencontre dans plusieurs langues indo-germaniques et dans les sémitiques. Je pourrais m'en tenir à cette assertion; mais les différences dialectes mentionnées ci-dessus ne seraient pas expliquées. D'accord ici avec M. Diez, je vois dans ces formes dialectales une influence étrangère; cependant elle est plus ancienne que l'invasion des Francs; il faut la chercher dans les langues celtiques.

L'irlandais place souvent un *s* devant *c* et *g* au commencement des mots: *caitheach*, *scaitheach*, *destructif*. Le *s* a le son de *sch (ch)* devant les voyelles grêles et, par suite de l'usage, même devant les graves [1]. Ce son correspond exactement à celui du *ch* français, et l'affinité des deux langues permet de supposer avec une grande apparence de vérité que le *ch* français s'est formé du *c* latin de la même façon et sous la même influence.

En outre, au milieu et à la fin des mots, le *c* latin devient en irlandais *gh* ou *ch*, reste *c* ou change avec *g*, parce que le *g* latin peut devenir *c* en irlandais [2]. Ces changements donnent en partie l'explication de l'emploi de *ch* ou de *c* au milieu et à la fin des mots de la langue fixée et des dialectes bourguignon et normand.

Pour retrouver l'origine des différences dialectes des provinces picardes, il faut remonter au gallois. Ici le *c* latin reste d'ordinaire au commencement des mots. Il en est de même en picard où nous avons *ch*, excepté qu'on rencontre quelquefois *k* au lieu de *c*, comme dans le vieux gallois où *c* et *k* pouvaient s'employer indifféremment l'un pour l'autre au commencement et au milieu des mots.

Au milieu des mots, le *c* latin entre deux voyelles devient *g* en gallois: *securus*, *segur*; cfr. le vfr. *segur*, *sëur*, *sûr*.

Le double *c* au milieu des mots latins devient *ch*: *siccare*, *sychu*, *sécher*. — Il en est de même lorsque *cc* ou *c* deviennent finals en gallois. Cette règle encore s'applique au picard.

*Q* latin devient *c* au commencement, *ch* à la fin des mots: *torques*, *torch* — *quaerela*, *cweryl* — cfr. le vfr. picard: *dusch* pour *jusque* — *cerquer* p. *chercher*.

On m'objectera sans doute que la forme de beaucoup de mots picards est inexplicable par les règles ci-dessus, les contredit même dans quelques cas; p. e. *vacque*, *attaquie*, *bouce*, etc., pour *vache*, *attaché*, *bouche*, etc. Les deux premiers et semblables n'ont rien d'exceptionnel, le *ch* du nouveau gallois est souvent représenté par *ck (cq, q)*, *cc* dans la vieille langue. A l'égard des autres, il faudrait peut-être admettre que le *c* a eu aussi dialectalement la valeur de *ch*, au milieu et à la fin des mots; ce qui expliquerait le *c* simple final qu'on trouve

---

(1) Il faut admettre qu'il devrait y avoir un *k* devant la voyelle grêle, qui, avec le *s* préposé, forme le son sifflé *sch*.

(2) Ces oscillations de la prononciation ne sont pas contre ce que je veux prouver; elles ont leur source dans les dialectes et montrent seulement que l'emploi des gutturales, au milieu et à la fin des mots, était très-arbitraire. Peu importe du reste la prononciation.

quelquefois pour *ch* dans le dialecte picard. Cette supposition se fonde sur l'emploi du *c (k)* dans le vieux gallois, où le nouveau mot *ch: kylc*, aujourd'hui *cylch*, *progrès* — *acaus*, aujourd'hui *achaws*, *cause*.

Peut-être rencontrera-t-on encore dans quelques textes des formes qui ne concordent pas avec ce que je viens de dire. Ces exceptions disséminées ne doivent pas étonner à une époque où l'orthographe était si vacillante et la prononciation si peu fixée. Il est possible aussi que des influences locales qui échappent à nos recherches, des confusions de formes dialectales, dues à l'ignorance des copistes, qu'enfin la diminution de l'influence celtique aient contribué à brouiller l'emploi du *c*, du *k* et du *ch*.

Devant *e*, *i*, *y*, *ae*, *oe*, le *c* devient lingual; il prend un son particulier qui se rapproche beaucoup de celui du *s*. M. Diez (Gramm. I, 196 et suiv.) donne l'histoire détaillée de ce son. Aussi longtemps, dit-il entre autres, que dura l'empire d'occident, le *c* devant toutes les voyelles fut égal au $\varkappa$ grec. Il est impossible de déterminer d'une manière précise l'époque où se fit le changement. Le *c* devant *i* suivi d'une voyelle doit avoir été le premier à prendre le son du *z* allemand *(ts)*; car *ci* en semblable position se trouve souvent confondu avec *ti* dans les plus anciennes chartes: on écrivait *solacio*, *perdicio*, *racio*, *precium* et *solatio*, etc., et ce *c* ou ce *t* était rendu par les lettres grecques $\zeta$ ou $\tau\zeta$. La plus ancienne donnée certaine que nous avons de la prononciation du *ti* latin dans ce cas, remonte au commencement du VIIe siècle; elle se trouve dans Isidore (Orig. I, 26, 28): Cum *justitia* sonum z literae exprimat, tamen quia Latinum est, per *t* scribendum est, sicut *militia*, *malitia*, *nequitia* et cetera similia.

En vieux français, on trouve aussi *ci* au lieu de *ti*: *persecucion*, *destrucion*. (Rom. d. Rou 131, 132.)

*C* suivi de *e* et de *i* se change encore en *s*: *gésir*, *jacere* — *voisin*, *vicinus*. Le *s* fort ou *s* redoublé ne sont qu'une autre orthographe pour *c*: *sangle*, *cingulum* — *poussin*, *pullicenus*.

Le changement de *c* en *s* se trouve déjà dans la basse latinité: *Tucione vallis*, et *Tusone vallis*. (Bréq. I, 325, 342.)

Le français moderne n'a que rarement le son sifflé *che*, *chi* au lieu de *ce*, *ci*: *chiche* ($\varkappa \iota \varkappa \varkappa o \varsigma$, enveloppe du grain de la grenade, de là *ciccus*, chose de peu de valeur, bagatelle, racine du mot français), *farouche*, *ferox*, *ōcis*.

Le dialecte picard du vieux français, au contraire, a toujours *che*, *chi* pour *ce*, *ci*: *forche*, *chervele*, *chertainement*, *rechevoir*, *chiteit*, *chi*, *chet*, etc.; il emploie même *ch* pour nos deux *ss*, dans la terminaison *esse* répondant au latin *itia*: *proeche*, *hauteche*, *vielleche*, *jouencche*, *rikeche*, etc., pour *prouesse*, *hautesse* (hauteur), *vieillesse*, *jeunesse*, *richesse*. Les formes *chi*, *chet* et semblables s'expliquent par les règles données ci-dessus; la racine contient deux *c* au milieu du mot et ces deux *c* deviennent *ch*: *ecce hic*, *ecce iste*, etc. Quant au *ch* des autres mots cités, je ne saurais l'expliquer d'une manière plausible. Peut-être n'est-ce qu'une extension inorganique de ce son; l'habitude où l'on était de prononcer *ch*, où nous avons *c* faible, et *c* fort (*k*, *q*), où nous avons *ch*, l'a fait adopter aussi dans ce cas.

Le *c* de la combinaison *ct* se syncope, *roter*, *ructare*. Comparez le latin *artus* pour *arctus*.

Dans les combinaisons *dc*, *nc*, *rc*, *tc*, le *c* se change ordinairement en *g*, et les lettres *d*, *t* de *dc*, *tc*, se syncopent: *sauvage*, *silvaticus* — *voyage*, *viaticum* — *juger*, *judicare* — *manger*, *manducare* — *venger*, *vindicare* — *clergé*, *clericatus*. En vieux français le *c* de *lc* subissait quelquefois le même changement: *delgie*, *deugie* (Th. fr. au m. â 57), *deuge*, *delicatus*.

*C* entre deux voyelles, dont la seconde est *e*, se syncope souvent: *dicere*, *dire* — *faire*, *facere* — *taire*, *tacere* — vfr. *loire*, *licere*. (Comp. Voyelles D. 1º.)

## Q.

Pendant tout le moyen-âge on écrit déjà *c* pour *q* en quelques mots: *condam* pour *quondam*, *cottidie* pour *quotidie*, *cocus* pour *coquus*, etc.; on ne s'étonnera donc pas de trouver un *c* en français où le latin a *q*. L'*u* qui suit se retranche alors ou est muet.

*Q* ou le son de cette lettre reste au commencement des mots: *car*, *casser*, *quatre*, *comme*.

Médial, *q* se change quelquefois en *g*: *égal*, *aequalis* — ou se retranche: *sequi*, *suivre*, en vfr. *sevre*, *sivir*, *suire*, etc. — *cuire*, *coquere*.

Devant *e* et *i* le *q* (*qu*) se change en *c*, *s*: *cinq*, *quinque* — *cercelle*, *querquedula* — *cuisine*, *coquina*, cfr. le breton *kegin* — *cinquante*, *quinquaginta*.

Quelquefois cependant le *q* reste, mais l'*u* se retranche ordinairement: *question*, *quaestio*.

## G.

*G* reste au commencement des mots: *géant, gigans — goût, gustus.*

*G* latin devant *a* devient *j*: *jaune, galbinus — joie, gaudium.*

Devant *e* et *i* le *g* se syncope: *froid, frigidus — lire, legere — reine, regina.*

## H.

Cette lettre, chez les Romains, était un signe de forte aspiration; cependant dans nombre de mots ils étaient déjà eux-mêmes indécis s'il était plus juste de la prononcer ou de la retrancher (voy. Quintil. I, 5, 21); p. ex. *hedera, edera — halucinor, alucinor — ahenum, aënum,* etc. Les plus anciennes chartes gauloises mettant ou retranchant cette lettre arbitrairement, il est permis de supposer que de suite après la chûte de Rome, le *h* était un signe mort. Nous l'avons conservé partout à l'exception des mots *avoir, habere — on, homo — orge, hordeum;* mais nous ne le prononçons qu'en quelques cas et encore très-faiblement.

## J.

Ce son, qui n'était ni voyelle ni consonne, est devenu tout à fait consonne en français: *juge, judex — joindre, jungere — jeune, juvenis.*

Cependant *j* a conservé sa prononciation latine dans quelques mots: *mai, majus mens — maire, maior,* etc.

Il se syncope dans *aider, adjutare,* en vfr. *aidier.*

## T.

*T* initial reste partout; médial il se change quelquefois en *d*, mais le plus souvent il se syncope: *chaire, cathedra — chaîne, catena — saluer, salutare — fade, fatuus.*

Le *t* reste dans les mots: *tout, toute — bette, beta — carotte,* et quelques autres.

*Estrade, salade,* etc., sont des mots étrangers.

Final, le *t* reste dans les monosyllabes, mais il est souvent muet; il disparait dans les polysyllabes (noms, participes): *fat, fatuus — tout, totus — lit, lectus — fut, fuit — gré, gratus — été, aestas (aestat) — vertu, virtus (virtut),* etc. *Salut* et quelques autres mots ont conservé le *t*. C'est une exception qui provient d'un usage de l'ancienne langue, usage dont j'ai déjà dit quelques mots et que j'aurai l'occasion d'expliquer plus tard.

Le *t* de la combinaison *tr* se syncope toujours: *frère, frater — père, pater — pierre, petra.*

## D.

*D* initial est constant; médial, il se syncope ordinairement: *Dieu, Deus — ouïr, audire — hui, hodie — sueur, sudor.* — Les mots *odeur, nudité* et quelques autres font seuls exception à cette règle.

*D* final se syncope ou reste, mais alors il est muet: *noeud, froid, cru, foi,* etc.

Le *d* de la combinaison *dr* se syncope comme le *t* de *tr*: *rire, ridere — croire, credere.*

Le *d* est remplacé par *l* dans le mot *cigale, cicada.*

## S.

Cette lettre éprouve peu de changements, si l'on en excepte sa prononciation quand elle est médiale et entre deux voyelles.

*S* devient quelquefois *r*: *orfraie, ossifragus* — en vfr. *varlet* pour *vaslet, valet, vassallus — dervé* et *desvé, enragé,* etc.

*S* final reste: *ris, risus — cas, casus,* etc. *X* et *z* le remplacent souvent, p. ex.: *nez, chez, deux,* etc.; ces exceptions sont des orthographes fautives qui nous sont restées du vieux français. J'en parlerai plus bas.

Nous adoucissons les combinaisons *sp, sc, st* en leur préposant un *e* euphonique: *escalier, scala — écrire, scribere.* Ici et presque partout nous syncopons le *s*, qui était constant dans la vieille langue; le hasard seul fait qu'il s'est conservé en quelques mots: *espoir, esprit, estomac,* etc. Les mots de nouvelle formation rejettent l'*e*: *stupeur, statue,* etc., que le peuple prononce presque toujours *estupeur, estatue,* etc. Je dois cependant faire remarquer que l'on trouve en quelques textes de la vieille langue des exemples où l'adoucissement n'a pas lieu; mais ils sont en petit nombre. — Le nouveau français rejette aussi en général le *s* de ces combinaisons, ainsi que de *sm, sl, sn,* quand elles sont médiales, et il indique l'existence de cette lettre en mettant un circonflexe sur la voyelle précédente: *évêque, episcopus — âne, asinus,* etc. — Le vieux français avait le *s* partout.

Lorsque *sr* viennent à se rencontrer par suite de la syncope d'une voyelle ou d'un *c* latin, on intercale un *t* entre *sr*: *connaître,* vfr. *conostre, conoistre, cognoscere — paître,* vfr. *paistre, pascere —* et les vieilles formes de la 3e p. pl. du p. déf. *fistrent, distrent, sistrent*, etc., pour *firent, dirent*, etc. — les anciens futur et conditionnel du verbe *issir: istrai, istras, istroit*, etc. — Le verbe coudre a *d* au lieu de *t*.

## N.

Cette lettre se change en *l* ou en *r*: *licorne, unicornus* — *Bologne, Bononia* — *orphelin, orphanus*, en vfr. *orphenin* (Romvart p. 641) — *diacre, diaconus* — *coffre, cophinus*. — Final, *n* se retranche après *r*: *jour, diurnum* — *hiver, hibernum* —; excepté *Béarn*.

*N* devient *nasal* à la fin des mots et devant une consonne.

De toutes les langues romanes, le français seul connaît les sons *nasals*: car les Portugais les ont reçus de nous. Cette particularité paraîtra d'autant plus extraordinaire que les Romains les avaient, au moins avec *c* et *g*. Priscien, s'en référant à Varron, dit: Sequente *G* vel *C* pro ea, i. e. litera *N*, *G* scribunt Graeci, et quidam tamen vetustissimi auctores Romanorum euphoniae causa bene hoc facientes, ut Agchises, agceps, aggulus, aggens, quod ostendit Varro in primo de origine linguae latinae his verbis: Ut Jon scribit, quinta vicesima et litera quam *agma* vocant, cujus forma nulla et vox communis est Graecis et Latinis, ut his verbis aggulus, aggens, agguilla, iggerunt. In hujus modi Graeci et Accius noster bina *gg* scribunt, alii *n* et *g*. quod hoc veritatem videre facile non est. — Aulu-Gelle (XIX, 14, 7) rapporte les paroles suivantes de Nigidius, qui sont encore plus claires: Inter literam *n* et *g* est alia vis, ut in nomine anguis, et angaria, et ancorae, et increpat, et incurrit, et ingenuus. In omnibus enim his *non verum*, sed *adulterinum* ponitur. Nam *n* non esse lingua indicio est. Nam si ea litera esset, lingua palatum tangeret.

Si *nr* viennent à se réunir, on intercale *d* entre ces deux lettres: *tendre, tener* — *gendre, gener* — *vendredi, Veneris dies* — *engendrer, generare*, etc. — et après la syncope du *g*: *peindre, pingere* — *éteindre, extinguere* — *joindre, jungere*, etc. — Nous avons cependant *tinrent, vinrent*, etc. — qqf. en vfr. *tindrent, vindrent*, etc. La vieille langue assimilait souvent *n* à *r*: *merra, dorra*, etc. (Voy. les verbes.)

*N* de la combinaison *ns* se syncope: *mois, île* (isle), etc. Cette syncope était déjà commune en latin.

## L.

Cette consonne est syncopée dans *once, lync (lynx)*.

*L* se change en *r* dans *rossignol*, *lusciniolus*, en vieux picard *louseignolz* (C. d. C. d. C. p. 49) — *chapitre*, *capitulum* — *apôtre*, *apostolus* — *esclandre*, *scandalum* — en *d*: *amidon*, *amylum* ou *amulum*.

J'ai déjà eu occasion de faire remarquer l'aplatissement de *l* en *u*, qui est très-commun en français. A l'article des substantifs, j'expliquerai en détail la formation de nos finales *au*, *eau*, *eu*, *ou*; je dirai seulement ici que *l* s'aplatit en *u* devant toutes les consonnes: *aube*, *albus* — *dauphin*, *delphinus* — *alter*, *autre*, etc. — mais qu'on le conserve dans les mots d'origine étrangère ou de nouvelle formation: *balcon*, *colporter*, *palme*, etc. Cependant, même devant une consonne, *l* se change quelquefois en *r*: *orme*, *ulmus* — en vfr. *corpe* pour *colpe*, *werpil*, *verpil*, etc.

Entre *lr* et *rr* on intercale un *d*: *moudre*, *molere* — *vaudra*, *valere* — et avec syncope du *g*, du *v* et du *q(u)*: *foudre*, *poudre*, *soudre*, *sourdre*, *tordre*, etc.

### R.

*R* se change en *l*: *Auvergne*, *Alvergne*, *Arvernia* — *autel*, *altar*.

Le français transpose souvent la lettre *r*; tantôt il la rapproche de la consonne initiale, tantôt il l'en éloigne: *fromage* de *forma* — *tremper*, *troubler*, en vfr. *tourbler*, *turbulare* — *brebis*, *vervex* — *kernel* et *crenel* en vfr. — *crénau*.

*R* du mot *dorsus* se syncope: *dos*.

Dans le vieux français, le *r* de la combinaison *rl* s'assimilait souvent: *paller*, *Challon*, etc.

## OBSERVATIONS SUR LES CONSONNES.

*I.* Lorsque les voyelles s'assimilent, il arrive quelquefois que la consonne suivante éprouve aussi un changement[1]:

*a.* On redouble *l* et *n* après un *a* ou un *e* assimilé: *talis*, *teil*, *teille* — *premerain*, *premerainne* — *humain*, *humainne*, etc.

*b.* On redouble *l* entre une voyelle assimilée et un *i* suivant: *saillir*, *salire* — *ailleurs*, *aliorsum*, etc.

*c.* Lorsque *n* ou *nn* est suivi d'un *i* ou d'un *g* (= j), on reporte l'*i* dans la syllabe précédente et il se forme une diphthongue, puis on écrit *gn*: *Champaigne*, *campania* — *compains*,

---

(1) Je suis obligé de remonter ici aux vieux français pour la raison que j'ai donnée à l'article Voyelles.

*compaignon, compaignie — plangere, plaindre, plaigne — attingere, ataindre, ataigne —* et par analogie: *prehendere, prendre, praigne, preigne — tesmoignier,* etc.

*II.* On ajoute souvent des consonnes au radical du mot, sans qu'il soit toujours possible d'en découvrir la raison. Les cas principaux où cette addition a lieu sont les suivants:

*G* donne plus de valeur à la racine dans le mot *grenouille, rana* (ranicula).

*L* est ajouté à *lierre,* dont la vieille forme était *ierre* (Romv. p. 583).

Le vieux français intercale souvent *s* devant *n, m, l* et *t*. Plus on s'approche du XIVe siècle, plus cette particularité devient fréquente: aujourd'hui nous remplaçons ordinairement le *s* par un circonflexe sur la voyelle précédente. Il serait inutile de citer des exemples.

*N* est ajouté dans *nombril, umbilicus,* et souvent devant les linguales et les gutturales: *rendre, reddere — jongleur, joculator — hante,* vfr. *hanste, hasta.*

*T* est ajouté devant le mot *tante, amita,* en vfr. *ante.*

Les lettres *b, c, d, t* et *f* s'adjoignent souvent un *r* qui ne fait pas partie de la racine: *nombril, umbilicus — encre,* vfr. *enche — trésor, thesaurus — fronde, funda — perdrix, perdix,* etc.

---

Avant de passer à la grammaire proprement dite, quelques mots encore de l'orthographe que j'ai suivie dans mes citations. On sait que la vieille langue ne connaît ni les accents, ni les apostrophes, que les copistes joignaient l'article, les pronoms, les prépositions monosyllabes, etc., au substantif ou au verbe suivant, etc.; mais qu'en compensation ils séparaient les prépositions du verbe avec lequel elles formaient un composé, et beaucoup de mots qu'on regarde aujourd'hui comme n'en formant qu'un seul: *men voia, en tor, en vers,* etc., pour *m'envoia, entor, envers,* etc. Il m'était d'autant moins possible d'observer ces usages orthographiques, que les exemples détachés sont déjà par eux-mêmes assez difficiles à comprendre. Aux accents près, j'ai donné en général une copie fidèle du texte que je cite. Je n'ai pas même relevé les erreurs qui peuvent s'y trouver, et cela pour deux raisons: 1°. En faisant des corrections, j'aurais dû les justifier, et la perte d'espace qui en serait résultée n'aurait pas été compensée par l'utilité qu'on pourrait retirer d'un travail si décousu; 2°. Je publierai prochainement un *Dictionnaire étymologique et comparé des dialectes de la langue d'oïl*, où l'on trouvera une critique de tous les textes dont je me suis servi, avec l'indication et la correction des fautes que je crois y découvrir. Chacun alors sera en état de faire dans les exemples cités ici les changements qui lui paraîtront convenables.

# CHAPITRE PREMIER.

## DE L'ARTICLE.

Le peuple aime à désigner les choses de la vie commune d'une manière claire et précise; c'est, je pense, dans cet usage qu'il faut chercher l'origine de l'article, car il est impossible qu'on l'ait créé pour désigner le genre et le nombre, puisqu'il est aussi défectueux dans sa flexion que les autres mots [1]. On trouve en effet que les dialectes emploient souvent l'article là où la langue écrite ne l'admet pas.

Notre article déterminant dérive du pronom latin *ille*. Raynouard (Choix I, 39, 43) a prouvé que dès le VIe siècle ce pronom servait déjà souvent d'article; mais il y a tout lieu de croire que longtemps auparavant il remplissait cette fonction dans le langage du peuple. Voici ce qui me porte à le supposer: Plaute, Térence, Cicéron etc. emploient *unus* comme article non-déterminant; or on sait que partout [2] l'article déterminant a précédé le non-déterminant; il n'est donc pas probable que le latin ait suivi une marche différente dans la création de ses articles.

## A. ARTICLE DÉTERMINANT.

Je passe à l'exposition des formes de l'article déterminant des dialectes bourguignon et normand au XIIIe siècle.

---

(1) La signification fondamentale de l'article est d'individualiser, et par conséquent de distinguer un objet d'autres objets de la même espèce, ou aussi une espèce entière d'autres espèces (p. ex. l'homme (l'espèce) est mortel). Cette individualisation peut être de deux sortes: on peut individualiser un objet déterminé, déjà connu; ou un objet indéterminé dont on indique seulement l'unité. De là deux articles: un article *déterminant* et un article *non-déterminant*.

(2) Dans le grec ancien, dans le gothique, p. ex.

## SINGULIER.

| | MASCULIN. | FÉMININ. |
|---|---|---|
| *Sujet:* | li, l' | li, la, lai. |
| *Régimes indirects:* | { del, deu, do, dou, du<br>{ al, au, ou, el, eu (u, o, on) | de la, de lai.<br>à la, à lai, ai lai. |
| *Régime direct:* | lo, lou, le, lu | la, lai. |

## PLURIEL.

| | | |
|---|---|---|
| *Sujet:* | li | les, li. |
| *Régimes indirects:* | { des<br>{ as, es, aus (ens) | des.<br>as, es. |
| *Régime direct:* | les (los) | les. |

Le dialecte picard n'a point de formes distinctes pour les deux genres, le même article, comme le dit déjà Fallot, y est à la fois masculin et féminin.

### ARTICLE PICARD POUR LES DEUX GENRES.

SINGULIER. *Suj.:* li, le. *Rég. ind.:* del, de le; al, à le, el. *Rég. dir.:* le.

PLURIEL. *Suj.:* li. *Rég. ind.:* des; as, es. *Rég. dir.:* les.

### I. SINGULIER.

1. *Li*, à l'époque qui nous occupe, était la forme du sujet masculin singulier, du sujet masc. et quelquefois fém. plur.; mais il paraît qu'autrefois en Bourgogne même, *li* avait été aussi employé comme sujet fém. sing.: les Sermons de St. Bernard n'offrent guère que *li* pour les deux genres, et cet usage se retrouve encore dans les écrits et surtout dans les chartes de la seconde moitié du XIIIe siècle.

Ex. Nen est mies venuiz oysousement *li* sainz qui neiz est de Marie. (S. d. S. B. p. 542.)

Molt estoit petite *li* lumiere de la conixance de Deu, et *li* felonie estoit si habondeie, ke *li* charitez estoit assi cum tote refroidieie. (Ib. p. 527.)

A tant desliad *li* prophetes sun chief e ostad la puldre de sun vis, e *li* reis le cunut. (Q. L. d. R. p. 329.)

  *Li* feme à son baron ne porte loiaute,
  Et *li* homs à sa feme ne amor ne bonte. (Rutb. I, 243.)

.... Par les usaiges de Borgoingne qui dient que *li* femme apres la mort de son mari doit avoir la moitie des biens du mari. (1261. H. d. B. II, XXVI.)

Raynouard (Gr. c. d. L. d. l'E. l. p. 3-4. Obs. s. l. R. d. Rou p. 44-45) dit que les articles *el, lo (lou), le*, ont été employés, bien que rarement, comme sujets sing., dans le vieux français.

*Lo*, forme du sujet de l'article provençal, se rencontre il est vrai employé de la même manière dans la langue d'*oïl*, mais ce n'est que dans les provinces limitrophes de la langue d'*oc*. On doit regarder comme fautes de copistes les rares exemples de *lo* sujet, qu'on trouve dans des textes qui portent constamment *li*. P. ex.:

C'est *lo* crit (?) des tres gries lous et de la barbix qui entre ous bahaleivet. (S. Bernard. V. Roq. Bahaleiver.)

Tant fu *lo* chaitis deceus
Et forsenes et mescreus,
La loi laissa al saveor
Et si laissa la paienor. (Brut. 13941-44.)

Quant à *el*, que Raynouard établit même comme rég. dir. sing., M. Orell a déjà déclaré qu'il devait être réputé fort douteux dans l'un et l'autre cas. Je n'hésite pas à le rejeter tout à fait. Raynouard citait à l'appui de son opinion cet exemple pris de la chronique de Villehardouin: „Quant eles (les chartes) „furent faites et seelees, si furent apportees devant le duc, *el* „gran palais, où *el* grant conseil ere et li petiz." (17. p. 12, ed. du Cange.) Mais, comme dit Fallot, cette leçon de l'édition de du Cange, que l'incorrection et le rajeunissement notoires de tout le texte suffiraient déjà pour rendre suspecte, a été reconnue fausse et corrompue; dom Brial a rétabli ainsi ce passage, d'après l'autorité des meilleurs mss.: „... devant le duc, „*el* gran palais, où *li* grant conseil ere et li petiz." (Villh. 436ᵇ.) L'édition de Villehardouin publiée par M. P. Paris porte aussi: „Quant les chartres furent faites et seelees, si furent aportees „au grant palais devant le duc, où *li* grans consaus estoit et „li petis." (p. 9, XIX.)

Pour ce qui est de *le*, voy. III.

*Li* et son élision *l'*, qu'on employait ordinairement devant une voyelle, sont donc jusqu'au XIIIe siècle les formes de sujet masc. sing. de l'article bourguignon et normand. Le chant d'Eulalie, qui remonte au commencement du Xe siècle, sert de preuve à ce que je viens de dire; les formes de l'article y sont: *S. suj.* li, *rég.* lo; *Pl. suj.* li, *rég.* les; *fém.* la. (Le pluriel manque.)

2. La forme primitive du rég. ind. formé au moyen de la préposition *de*, a été *del*; et elle est restée en usage dans le vieux français jusque vers la fin du XIIIe siècle.

Ex. Trespasserai ju chaitis el corps *del* maligne espirit, trenchiez *del* cors *del* Salvaor? (S. d. S. B. p. 562.)

E dist li reis qu'il se tapireit as champaignes *del* desert.
(Q. L. d. R. p. 176.)

Hauce le poig, tel cop li vait paier
Ke le maistre os *del* col li fist brisier. (G. d. V. v. 1366. 7.)
La joie *del* pere et *del* fil fut mult grant. (Villh. 454ᵇ.)

Raynouard (Gr. c. d. L. d. l'E. I. p. 3, note) cite la forme *deu* comme intermédiaire entre *del* et *du*. Fallot veut restreindre l'usage de *deu* à quelques localités, mais à tort. Cette forme a existé dans tous les dialectes; elle est très-authentique: rien n'est plus naturel que le fléchissement de *l* en *u*. Je ne pense cependant pas que *deu* soit une forme intermédiaire entre *del* et *du*, c'est-à-dire que *deu* se soit contracté en *du*. *Du* s'est formé sur les confins de la Normandie et de l'Ile-de-France, d'où il a pénétré dans les autres dialectes; c'est l'orthographe normande de *dou*, *deu*.

Ex. E d'une rien ne vos mervilliez
Si *deu* rei n'i faz mention
Qui en cel tens Charle aveit non. (Ben. v. 4004-6.)
Od ceus qu'il out en sa compaigne
Depart la presse *deu* tornei. (Ib. v. 5418. 19.)
A lui tramist li reis Guillaume
Por mostrer l'ovre *deu* reaume. (Ib. v. 36790. 91.)
Et Seneheus se rest molt afichie
Que s'ele voit *deu* soleil la raie
Au Borgignon iert s'amor envoie. (Romv. p. 242. v. 3.)
Dire vos doi *deu* Bourgignon Aubri. (Ib. ead. v. 8.)
Demande s'a novele oïe
*Deu* rei qui ert en Normendie,
*Del* ost de France, cum li vait,
S'a oi ce que l'em retrait. (Ben. v. 16900 3.)

Et si le dit Robert duc de Borgogne moroit sans hoirs de son cors, tous li heritages ainsi que il a o auroit de la descendue et de la succession o *deu* don de nostre chier pere Hugues... retorneroit anterement sans contredit à nostre chier frere Robert. (1276. H. d. B. II, 44.)

*Deu* devant dit nostre pere. (Ib. ead.)

Et par mi chei est bone pais *deu* dit duc de Braibant, des siens et de ses aiwes de une part, et *deu* conte Guelre, des siens et de ses aiwes d'autre part, de toute chose qui pour ceste werre est esinent jusques au jour dui (1284. J. v. H. p. 431.)

Les formes *do*, *dou*, sont composées de *de lo*, *de lou*; la première, qui est purement bourguignonne, se trouve beaucoup plus rarement que *dou*.

Ex. Le premier jor de mai, à l'entree *do* mois. (Ch. d. S. I, 57.)
Les langues *do* penon li batent à la manche. (Ib. II, 28.)

Cil qui a tenra la tor de la Fontaine Benoite se puet estendre de Fermet... tant que à quarante piez *do* vergier au tresorier de Besançom. (1262. H. d. B. II, 28.)

Et s'il avenoit que... li hom ou la femc qui venroit ester, disoit qu'il ne fut de mes viles, ou de mes fievez, ou de mes gardes, il seroit esclairie à ma volente *do* retenir ou *do* refuser. (1231. H. d. M. p. 127.)

... Il sera quite *do* serement et de la prisie de cele anee vers moy. (Ib. ead.)

Seignor, acompaignie estes à la meillor gent *dou* monde. (Villh. 440ᵉ.)

Ce dist *dou* leu e *dou* aignel. (M. d. F. II, p. 64.)

Et tuit li autre *dou* concile
Ont conmenciee la vigile. (Ren. II, v. 10101. 2.)

Bien le cuida adomagier
Par ses paroles et vengier
*Dou* col qui li fu estanduz
La où il fu par lui panduz. (Ib. II, v. 19407-10.)

Les formes *del*, *dou*, *du* se trouvent usitées simultanément dans les mêmes textes pendant tout le cours du XIIIe siècle, les deux dernières prévalant toujours sur la première.

Voici quelques exemples de *du*:

Qu'il n'ot vertu fors *du* bras destre. (Ren. II, v. 15024.)
Ki *du* conte de Flandres orent mult grant loier. (R. d. R. v. 2959.)
Ci nus racunte *du* liun. (M. d. F. II, p. 296.)

Il me reste enfin à parler de la forme *dau*, pour *do*, qui est restreinte à quelques cantons du Poitou et commune au singulier et au pluriel, comme l'a déjà fait observer Fallot.

Ex. Ge, frere Foques de saint Michea, comanderes adonques *dau* maisons de la chevalerie *dau* Temple en Aquitaine.... ob l'otrei e ob la volunte *dau* freres de nostre maison... de frere P. *dau* Bois e *daus* autres freres de la dite maison... qui est pres de la chenau *dau* II. molins. (Charte de 1250. Poitiers ou la Rochelle.)

Ces exemples sembleraient prouver que *dau* s'écrivait *daus*, au pluriel, devant les mots commençant par une voyelle.

*Dau* palefroi descent, ançois q'il la reqiere. (Ch. d. S. II, 87.)

Cette forme *dau*, si elle n'est pas une faute dans ce texte qui emploie souvent *do*, permettrait de tirer la conséquence que *dau* se prononçait simplement en voyelle à notre manière.

3. Le régime indirect formé au moyen de la préposition *à*, est *al*, qui a produit *au*, comme *del*, *deu*. *Au* a eu cours de très-bonne heure.

Ex. Meies sanciz vos mismes, car tels ockesons est molt gries dampnacions *al* prelait, et molt granz perdicions az sosgeiz. (S. d. S. B. p. 570.)

Nen à ceste ficie ne mist mies li Peires en resprit la torture, cum faisoit *al* Fil. (Ib. p. 523.)

La nuvele vint *al* rei Salomun que Adonias fud *al* tabernacle, e volait que li reis Salomun li jurast que il ne l'ocireit pas. (Q. L. d. R. p. 226.)

David parlad à nostre Seignur *al* jur qu'il l'out delivred de tuz ses enemis e de Saul, si dist.... (Ib. p. 205.)

Dunkes par tant ke la nue de nostre corruption soi met davant, *al* esgardement del rait del deventrien soloilh; et cele lumiere.... (M. s. J. p. 479.)

Tuit cil ki desirent faire ce ke *al* munde atient, font alsi com voilier. (Ib. ead.)

E sis peres le fist *al* ostel porter, si murut. (Q. L. d. R. p. 357.)

Et fu enterre *al* mostier des Apostres à grant honor. (Villh. 464[b].)

Au leon vunt, si li unt dit
K'il avcient le leu eslit. (M. d. F. II, p. 186.)

Fallot prétend que *el* est la plus ancienne forme du datif, et il établit une distinction tout à fait arbitraire entre *el* et *al*, en disant que *el* était proprement la forme du datif (?) et que *al*, n'étant pas une forme simple, devrait s'écrire *à l'*: enfin que *al* ne se rencontre guère que devant les mots commençant par une voyelle (?). M. Orell (p. 2) pense que *el* est une forme dialecte de *al*, et qu'il peut être employé comme datif. Il a raison en cela; mais il aurait dû faire remarquer que le vieux français a deux formes *el*: l'une, qui est une contraction de *en le*; l'autre, datif, qui est une forme picarde-normande dégénérée de *al*; *a* se changeait souvent en *e* dans le Picardie. Voici des exemples des deux espèces d'*el*:

Apres si est paisiule, car ele nen habondet mies en son sen, anz se croit plus *el* consoil et *el* jugement d'altruy. (S. d. S. B. p. 538.)

*El* chief est li planteiz de la grace de cuy nos avons tuit receut ceu ke nos en avons. (S. d. S. B. p. 562.)

Cant la severiteiz de le deventrienc visitation enflammet l'afflite pense encontre soi mimes, et quant ce de mal ke *el* cuer naist est par continueie destrenzon retrenchiet, si avient à la foiz ke la pense plus haitie soi joindet un pau plus largement *al* rait de son esgardement... (M. s. J. p. 484.)

E de cez duze pierres le altel redrescad *el* enur nostre Seignur. (Q. L. d. R. p. 317.)

Et prist le tresor del temple et del palais real, e la riche vaissele que out fait li reis Salomun *el* temple. (Ib. p. 433.)

Et l'emporterent *el* halt palais de Blaquerne. (Villh. 153[c].)

Onques plus grant joie ne fu faite *el* munde. (Ib. 454[a].)

La tierce seur Mahaut out nun;
Dunee fu *el* (= au) conte Odun. (R. d. R. v. 5426. 27.)

*El* rei Swein alerent dire. (Ib. 6394.)

*El* = *al, au*, est du reste très-rare et ne se rencontre pas en Bourgogne.

Comp. les exemples suivants à ce qui précède:

*Al* nuefme an lu rei Sedechie, *el* disme meis, *el* disme jur del meis, vint Nabugodonosor li reis de Babilonie à tute se ost à Jerusalem. (Q. L. d. R. p. 434.)

*Al* trente setme an puis que li reis de Juda Joachin fud menez en Babilonie, *el* duzime meis, *el* vinte setme jur del meis, le fist Evilmeredac li reis de Babilonie, l'an que il cumenchad à regner lever de chartre. (Ib. 437.)

*El* a produit *eu*, comme *al, au*.

Ex. Itant saches e creies bien,
Ne t'en fereie nule rien
Qui *eu* munt soit, c'en nest (lis. est) la fins. (Ben. v. 11770-72.)
A Baiues e *eu* pais
S'aresterent cil de Paris. (Ib. 14756. 57.)
Desus le gue de Alne *eu* rivage
S'estut li dus ... (Ib. 21380. 81.)

La forme de rég. ind. *ou* est mitoyenne entre *au* et *eu*; elle a eu cours depuis la fin du XIIe siècle jusque dans la seconde moitié du XIVe.

Ex. XX. m. chevalier en iront *ou* rivage. (Ch. d. S. I, 101.)
Ce fu *ou* tans d'este que chantent oiselon,
Que les dames se furent logies *ou* sablon. (Ib. 109.)
*Ou* monde n'avoit home de vostre leaute. (Ib. II, 98.)
Et quant il furent arme, il vinrent *ou* camp. (Cité d. Phil. M. I, p. 473.)
Toute la terre que il a de par son pere *ou* reaume de France. (1279 Rym. I, 2. p. 179.)
Et lors vi un aingle estant *ou* soloil. (Apoc. f. 36. r. c. 2.)
Car ce qui est *ou* cuer, homme ne le dit mie.
Bertr. du Guesclin. 109. 41. (XIVe siecle.)

*U* pour *ou* = *au*, est une orthographe rare et propre aux provinces de l'ouest, où le son de *u* s'est fixé très-tard.

Ex. Tant com il furent *u* sablon
N'i fist Artus se perdre non. (Brut. 13513. 14.)
La pucele entre *u* palais. (M. d. F. Lanv. I, 595.)

*O* pour *au* est un tâtonnement d'orthographe.

Ex. Quanque ele avoit es molins do Mex, qui sient sur la riviere de Nevre, et quanque ele avoit *o* disme de vin de Nannai, sau ce que li moine de S. Nicholas pres d'Entraiem y doivent prendre chacun an .... senz nul contredit en la cue et *o* pressoi dis muis de vin. (1250. H. d'A. p. 55.)

Enfin, une dernière forme de régime indirect masculin, *on*, se trouve usitée dans les textes des diverses provinces de la langue d'oïl. Cependant jusqu'à la fin du XIIIe siècle, *on* n'a jamais été employé pour *au*, mais par contraction pour *en le*, *dans le*. Plus tard quelques auteurs, Rabelais surtout, ont remplacé abusivement *au* par *on*.

Ex. *On* nom de sainte Triniteis. (Pr. d. l'h. de Metz III, 164.)

*On* tesmoignage de laquele chose gie lui fait sceiler ces leitres de mon propre sciau. (1294. H. d'A. p. 82.)

Devant Vanduel, logent *on* pre flori. (G. l. L. I, 216.)

*On* chastel. (Ib. I, 243.)

4. Les formes de régime direct *lo*, *lou*, *le* n'ont pas subi beaucoup de variations dans toutes les provinces de la langue d'oïl. En Normandie seulement on a écrit *lu*; ce qui n'est qu'une simple variante d'usage orthographique. Ces formes se sont succédé dans l'ordre que j'indique.

Ex. Mais ne te samblet il dons ke novele chose soit ceu ke nos disons c'un oignet *lo* chef en la geune? (S. d. S. B. p. 565.)

Si s'esfiche as estriers, *lo* fer en fet ploier. (Ch. d. S. II, 80.)

Et cil qui Empereres seroit par l'eslection de cels, si aroit *lo* quart de tote la conqueste. (Villh. 459ᵈ.)

*Lo* n'a pas duré longtemps dans nos provinces, à l'exception de celles du dialecte bourguignon limitrophes de la langue d'oc.

Et dist, qui est dignes d'ouvrir *lou* livre. (Apoc. f. 9. r. c. 1.)

Com li nobles barons Hugues ... ait pris *lou* signe de la crois por aler ou servise Dieu ou secours et ou recouvrement de l'empire de Constantinople ... (1265. H. d. B. II, 29.)

Vindrent à Jerusalem pur faire lur sacrifise e lur oblatiuns, e esforcierent *lu* regne de Juda. (Q. L. d. R. III, 294.)

Si deit vers *lu* jofne rei tenir sun serrement. (Ben. 3. p. 542.)

Et salua molt douchement
*Le* conte et tous les chevaliers. (R. d. l. V. p. 36.)

Raynouard cite encore *li* comme rég. dir. masc. Wace (Rom. de Rou) est le seul auteur un peu ancien qui offre en assez grand nombre des exemples de cet emploi de *li*; mais le langage du texte que nous possédons est évidemment rajeuni et incorrect; on n'y remarque pas l'observation rigide des règles qui caractérisent les bons manuscrits. D'autres textes, je le sais, pourront encore fournir quelques rares exemples de *li* rég. dir. masc.; ce sont des fautes de copistes qui datent d'une époque où l'on n'avait plus connaissance des lois qui régissaient la langue dans les bons temps. Je pense que *li* comme rég. dir. masc. sing. doit être réputé fort douteux jusqu'à ce qu'on ait fourni des exemples plus authentiques de son emploi; et, pour en finir, j'en dis autant de *li* rég. dir. masc. et fém. plur., que Raynouard établit d'après la même autorité.

5. Les formes de l'article féminin sing. n'ont guère varié; depuis les textes les plus anciens jusqu'aux plus récents, pour toutes les provinces, excepté la Picardie et la Champagne picarde, elles présentent une grande uniformité.

J'ai dit plus haut que primitivement la forme *li* servait au sujet masc. et fém. sing. Cet emploi de *li* dura jusque vers la fin du XIIe siècle en Bourgogne, et jusqu'au commencement du XIVe en Picardie et en Lorraine. A dater de ces deux époques, l'usage de rendre le sujet fém. sing. semblable au rég. direct, devint prédominant dans ces provinces. Les textes les plus anciens de la Normandie montrent les formes du féminin toujours bien distinctes de celles du masculin.

Au lieu de *la*, pendant tout le XIIIe siècle, et plus tard encore, on a presque toujours écrit *lai* en Bourgogne, dans l'est de la France et en Suisse. J'ai déjà fait remarquer que le dialecte de Bourgogne ajoutait un *i* à nos finales en *é* et *a* pur. (Cfr. Dérivation.)

Ex. De ceste seye espeie ocit om jai l'anemin, ensi ke *li* force mismes *de la* tribulation dont il nos soloit tempteir sormontet anzois les temptacions et amanrist ke ceu k'ele les acraisset. (S. d. S. B. p. 572.)

Et si redotteiz furment *la* compaignieie de ceos ki *la* salveteit des ainrmes encombrent. (Ib. 555.)

Par mi lo plorement est demostreie *la* picteiz, et *la* discretions par mi lo detrenchement des vestures, li deseiers par *la* purriere del chief et *la* humiliteiz par mi *la* session. (M. s. J. p. 454.)

*La* dame fist si (ainsi), e vint e demurat grant tens en terre de Filistiim. (Q. L. d. R. p. 374.)

Lores eissid li poples *de la* cited. (Ib. 373.)

Onques nus *de la* terre et del païs ne fist semblant que il se tenist à lui por *la* tremor et por *la* dotance de l'empereor Alexis. (Villh. 449ᵈ.)

Nous creons que Deus li peires ansamble avec lou fil et lou saint espir fist lou ciel et *lai* terre. (Apoc. f. 54. r. c. 2.)

## II. PLURIEL.

Les formes du pluriel, presque en tout semblables dans les deux genres, n'ont que peu varié et ont été communes à toutes les provinces.

6. Dans les bons textes du XIIIe siècle, excepté ceux du langage picard, la forme de sujet pluriel *li* est exclusivement

masculine, et *les* sert pour le sujet féminin, comme pour le régime direct des deux genres.

Ex. Lors descendirent à terre *li* conte et *li* baron. (Villh. 447ᵈ.)

*Li* Grieu et *les* dames de Constantinople alerent encontre lor amis à grant chevauchies, et *li* pelerin ralerent encontre les lor. (Ib.)

Sire huem Deu, nen aies pas en despit ma anme ne *les* anmes à ces tes serfs ki od mei sunt. (Q. L. d. R. p. 346.)

Li feus del ciel ad devured *les* dous cunestables le roi et lur cumpaignuns. (Ib.)

Il vivoit ancor quant om li forat et *les* mains et *les* piez. (S. d. S. B. p. 540.)

En garde vous soient baillies
*Les* choses, *li* enfant, *les* femmes,
*Les* damoisieles et *les* dames. (R. d. M. v. 1705-1707.)

On trouve dans quelques chartes de la fin du XIIIe siècle et du commencement du XIVe la forme de sujet pluriel *lis*. On doit d'autant moins douter de son authenticité qu'elle s'est conservée dans plusieurs patois, en Lorraine surtout.

Ex. Et *lis* dessus dit monseigneur le conte et madame la contesse … (1301. M. et D. p. 468.)

7. La forme primitive du régime indirect *des* paraît avoir été *dels*. Je ne connais qu'un seul exemple de la forme *dels*:

En une *dels* maisons l'evesque à la volente l'evesque. (1240. H. d. Verd. p. 14.)

Raynouard (Gr. d. c. L. d. l'E. 1. p. 7) cite les deux suivants:

Apud villam *dels* Glotos. (Charte de Louis IX, de l'an 1260.)

Es cambres *dels* reis meesmes. (Trad. du Ps. 104.)

La forme *des* s'est fixée invariablement de très-bonne heure; elle était commune aux deux genres.

Ex. Il se combat jai encontre tes anemins, jai forchauchet les cols *des* orguillous et *des* esleveiz, si cum vertuiz et sapience de Deu. (S. d. S. B. p. 537.)

Or eswardeiz si nule persecutions puest estre plus gries à celui qui est li salveires *des* ainrmes? (Ib. 556.)

*Des* hiaumes font voler le fu. (R. d. l. V. v. 5603.)

8. Les primitifs de *as*, *es*, ont été *als*, *els*.

Ex. Johannis les fist eissir forz et logier les lui *als* champs.
(Villh. 479ᵃ.)

Et il li rendroit toz ses prisons qui avoient este pris à cele desconfiture et *als* autres leus. (Ib. 489ᵉ.)

Herbes aport des dezers d'Ynde.
Et de la terre Lincorinde

Qui siet seur l'onde
*Elz* quatre parties dou monde,
Si com il tient à la roonde. (Ruth. 1, 253.)

La meilleur herbe qui soit *elz* quatre parties dou monde, ce est l'ermoise. (Ib. I, 257.)

De même que *el* a d'abord signifié simplement *en le*, puis *au*, *es* a signifié *en les*, et, par extension, *à les, aux*. Cependant, il faut dire que *as* a toujours été plus commun que *es* dans la Bourgogne, et que ce dernier semblerait n'y avoir pas été connu avant les dernières années du XIIe siècle. La version française des sermons de S. Bernard emploie toujours *ens* au lieu de *es* et dans le même sens.

Ex. Il vient del soverain ciel *ens* basses parties de la terre. (S. d. S. B. p. 525.)

Ekevos ke cist vient saillanz *ens* montaignes et trespassanz les tertres! (Ib. p. 528.)

Et cil ki welent devenir riches chieent *ens* temptacions et *el* laz del diaule. (Ib. p. 568.)

Et quant il pensent queilz cez choses sunt cui il tinent *es* basseces et queilz celes cui il encor ne voient *es* halteces, queilz celes sont ki ci les stancennent en terre et queilz celes cui il ont perdues *es* cielz, si les remort la dolors de lur prosperiteit. (M. s. J. p. 464.)

*Es* estriers s'afiche et estent. (R. d. l. V. p. 130.)

A paine se tient *ens* arçons,
Son ceval fiert des esporons. (P. d. B. v. 3031. 32.)

Quelle est l'origine de *ens*? Vient-il de *intus* et signifie-t-il simplement *dans, en* (voy. les Prépositions); ou bien est-ce une contraction de *en els, en als = en les*? *En* ou *dans* ne suffisent pas au sens dans les exemples où *ens* se trouve employé; l'article y est tout aussi nécessaire que dans les phrases avec *es = en les*. Je crois donc que *ens*, en ce cas, ne dérive pas de *intus*, mais que c'est une forme composée de régime indirect, comme *el, es*. Le troisième exemple tiré des sermons de St. Bernard, où *el* et *ens* sont en regard, vient à l'appui de ma supposition.

La forme *aus*, dérivée de *as*, qu'elle a fini par remplacer, ne se montre que fort tard. Le singulier *au* était déjà très usité lorsqu'on commença à se servir du pluriel. Villehardouin est un des premiers écrivains qui emploie quelquefois *aus*.

Je ferai enfin observer qu'on a souvent écrit *az, ez* au lieu de *as, es*; que *es* se conserva beaucoup plus longtemps que *as*, mais que, dès le XIVe siècle, il fut consacré à certaines locutions particulières, comme nous l'avons encore à présent.

Ex. A quel gent ferons nos semblanz les hommes de ceste generation ou à quel gens ewerons nos ceos cui nos veons estre si ahers et si enracineiz *ens* terriens solaz et *ens* corporiiens k'il departir ne s'en puyent? (S. d. S. B. p. 521.)

E fist tuz les enchanturs e les devinurs par deable remuer, ki les reis de Juda ourent assis *es* muns par les citez de Juda e entur Jerusalem pur sacrefier, e ki encens ofrirent à Baal, e *al* soleil, e à la lune, e *as* duze signes, e *as* esteiles del ciel. (Q. L. d. R. IV. p. 426.)

Mais vos, chier freire, à cuy Deus revelet si cum à ceos ki petit sunt, celes choses ke reveleies sunt *as* saiges et *as* senneiz, vos soiez entenduit.... (S. d. S. B. p. 522.)

Car quant il at congiet, si lo commencet *az* menors choses et parvient *az* plus granz. (M. s. J. p. 449.)

Cil ki à son frere dist sanz cause folz, cil soi met *es* fous d'infer. Maintes fois cil ki sont *es* poesteiz lo vergent *es* choses cui il ne loist mie, quant il soi ne sevent retenir des choses cui bien loist. (Ib. p. 472.)

Et li Apostoles dit *aus* messages. (Villh. 445ᵇ.)

Des formes semblables à la suivante sont incorrectes et n'appartiennent pas au XIIIe siècle.

Nous volons que li moitiet des biens demeurent à la femme et *auls* enfans. (1312. J. v. H. p. 553.)

(Cfr. Substantifs *G*.)

9. J'applique au rég. dir. plur. *los* la remarque que j'ai faite touchant le sujet sing. *lo*. *Les*, voy. 6.

### III. ARTICLE PICARD.

J'ai dit au commencement de ce chapitre que les formes de l'article picard avaient été complètement identiques pour les deux genres. Cependant, dans la première moitié du XIIIe siècle, les formes *du, dou, au, ou*, se sont introduites en Picardie, et elles y ont été réservées au masculin, comme dans les autres dialectes; sans que, pour tout autant, les véritables formes picardes aient cessé d'être confondues. Aujourd'hui encore les patois des provinces picardes offrent les mêmes particularités.

L'emploi de *le* pour *la* ne provient que d'une permutation régulière de l'*a* final français en *e* picard, permutation dont on trouvera de nouveaux exemples dans les pronoms. Du reste, l'*e* féminin picard conserve quelque peu la nature ou les propriétés de l'*a* qu'il remplace; il est plus ferme et moins sujet à l'élision que l'*e* muet du masculin. De là ces formes *de le*, à qui sont plus fréquentes au féminin qu'au masculin.

Si l'on m'objectait que peut-être les mots qui, dans notre langue, sont féminins, étaient masculins dans le dialecte picard;

je renverrais aux exemples suivants, où souvent le mot féminin accompagné d'un article dont la forme est pour nous masculine, est accompagné en même temps d'un adjectif, qui alors est toujours écrit au féminin.

> Ex. *Li* cuens. (Th. N. A. I, 1083.)
> *Li* contesse. (Ib. 1083.)
> *Li* chevauchie. (J. v. H. 540.)
> *Li* ducesse. (Ib. 558.)
> *Li* bos et *le* terre. (Ib.)
> Fu *li* pais creantee. (Brut. 14949.)
> Que *li* roïne est delivree. (R. d. l. M. 2978.)

Donnees en l'an *del* incarnation Nostre Signeur 1283. (J. v. H. p. 421.) *Del* eglise devant dite. (Ib.) *Del* acat *de le* vile devant dite. (Ib. p. 467.) En *le* devant dite vile, *le* quele vile. (Ib. 407.) *De le* conte (du comte). (Ib. 157.) *De le* obligance ... deseur nomee. (Ib. 408.) *De le* mort *le* contesse de Gheldre. (Ib. 422.) *Le* veritei enquise. (Ib. 423.) *Le* dite somme. (Ib. 435.) Toute *le* haute justice. (Ib. 460.) Toute *le* terre *le* conte de Gheldre. (Ib. 482.) *De le* court l'empereur. (Th. N. A. I, 1136.) Apries *le* dechies de madame *le* contesse devant dite. (Ib. 1080.) Par *le* volentet. (Ib. 1050.) Contre *le* pais devant dite. (Ib. 1083.) *De le* rente devant noumee. (Ph. M. suppl. t. 2. p. 28.)

> Droit à cele eure oï *le* bruit,
> Vit *le* clarté, oï *le* vois. (Chr. d. Tr. Chr. A. N. III, 44.)
> Et, se Diex ait de m'ame part,
> *Le* corone que jou li gart,
> Et *le* roiaime li rendroie. (Ib. ead. 28.)

Le *le*, sujet de l'article picard, est peut-être ce qui induisit Raynouard à admettre la forme *le* comme ayant été généralement sujet masc. sing. Mais, jusqu'à la fin du XIIIe siècle, tous les bons textes, ceux de la Picardie exceptés, distinguent précisément *li* comme sujet et *le* comme régime direct; ce n'est qu'à l'époque où un nouveau système grammatical s'établit dans la langue, au XIVe siècle, que *le* remplaça definitivement *li*. Si on trouve la forme *le* comme sujet dans les textes du XIIIe siècle, il y a lieu de suspecter la fidélité ou au moins l'ancienneté de la copie qui la présente.

## IV. OBSERVATIONS SUR L'EMPLOI DE L'ARTICLE.

*a.* L'article dérivant du pronom démonstratif, on ne s'étonnera pas d'en voir la *forme* employée où plus tard nous avons décidé que le pronom démonstratif doit seul trouver place. Je dis la *forme*, parce que je crois qu'il faut faire une différence entre *li*, *la*, article, et *li*, *la*, tenant lieu de notre pronom démonstratif. *Li*, *la*, démonstratif, devait avoir un accent, comme le pronom démonstratif espagnol *el*, *la*, *lo*, qui se décline de la même façon que l'article, mais dont il se distingue par l'accent [1].

Ex. Por la terre *la* rei, et *la* monsire Edward garder.
(Act. Rym. I, 339.)

E sewid les males traces sun pere, e ne fud pas sis cuers parfiz devant nostre Seignur, si cume fud *le* David. (Q. l. d. R. III, XV. p. 297.)

Vienge li reis, vienge Huun,
N'i troveron(t) defension
Fors sol *la* Deu; e si cel unt... (Ben. v. 14722-24.)

Home qui plaide en curt, à qui curt que ço seit, fors *la*, où le cors le rei est, e home.... (L. d. G. p. 182, 28.)

A Partonopeus est venus;
Car il s'est bien aperceus
Qu'il par fuissent honi enfin,
Ne fust se lance et *la* Gaudin. (P. d. B. v. 8931-34.)

Baudamas, neveu de Guiteclin (Widekind), se bat avec Baudoin, neveu de Charlemagne:

Des lances s'entreficrent, ce ne fu mie à gas.
La lance au Saisne froisse, et vole par esclas;
*La* Baudoin fu roide, si li fist l'escu qas. (Ch. d. S. I, 179.)
Sire, droiz ampereres, dit Sebile au vis fier,
Par icel saint Seignor qi tot a à baillier,
A la cui loi m'estuet venir et aprochier,
Et *la* Mahom de Meques de tot antrelaissier!
.j. don vos qier.... (Ib. II, 89.)

Li rois les oi volentiers
Et fist trois seremenz entiers,
L'ame Urpandagron son pere,
Et *la* son fil et *la* sa mere,
Qu'il iroit.... (Romv. p. 537. v. 5-9.)

Maint pavillon i ot et maint bon tre,
*Le* Garin tendent en un vergier rame. (G. l. L. I, 97.)

Voy. encore: G. l. L. I, 111. — Rutb. II, 59. — G. d. V. p. XLI, v. 2893. — R. d. R. vv. 2416. 9764.

Ces exemples suffisent pour prouver qu'il faut voir ici, non pas l'article, mais un véritable pronom démonstratif.

b. Un substantif qui en régit un autre avec un rapport de possession, de dépendance, etc., le lie à lui, dans la langue actuelle, par la préposition *de*. Dans le vieux français, tout

---

(1) Cfr. l'allemand *der, die, das*, article, et *der, die, das*, pron. démonstratif.

substantif en modifiant un autre, ou régi par un autre substantif, rejetait la préposition *de* et prenait par conséquent la forme de régime directe, tant pour lui-même que pour son article.

Ex. E qui enfraint la pais *le* (du) Rei en Merchenclae, cent solz les amendes. (L. d. G. p. 174, 1.)

Icez plaiz afierent à la coronne *le* Rei. (Ib. p. 175, 2.)

La fu trovee la suer *le* roi de France qui avoit este Empererix, et la suer *le* roi de Hongrie. (Villh. 462°.)

Li uns des messages fu uns chevaliers *le* conte Looys de Blois et fu apeles Begues de Fransures. (Ib. 97. CXXIII. Ed. P.)

Amasa partid de cur pur faire le cumandement *le* rei. (Q. l. d. R. p. 197.)

E se dignent al deis *la* reine Jezabel. (Ib. p. 315.)

    Desuz le punt, ce dist l'escrit,
    E cil qui od ses oils le vit,
    Se combateit li nies *le* rei,
    Qui merveilles faiseit de sei. (Ben. 18738-41.)

Bien semblez home del tens *le* roi Artus. (Cité d. Ben. p. 561. Not. col. 2.)

    Li parement *le* rei refurent
    Si bel, si gent, comme estre durent. (R. d. l. M. v. 2251. 52.)

Le seel vi *le* (du) senescal. (Ib. v. 4425.)

Selonc le dit *le* roy de France. (J. v. H. p. 511.) Dou conseal *le* duc. (Ib. 449.)

    Ja l'eust mort et confondu,
    Ne fuissent li sergant *le* roi,
    Qui là vindrent à grant desroi. (L. d. M. p. 63. v. 494-6.)

Il suit de là qu'on devait aussi supprimer souvent la préposition *de*, lorsque l'article ne se trouvait pas dans la partie de la phrase que cette préposition régit.

Ex. Faire la *volenteit son peire*. (S. d. S. B. p. 559.)

Cume li *message Absalon* vindrent à la maisun. (Q. l. d. R. p. 183.)

E ele vint al hostel *Amon sun frere*. (Ibid. p. 163.)

Apres *la mort Saul*, David returnad de la descunfiture et l'ocisiun d'Amalech. (Ib. p. 120.)

Li reis David esmut e vint à Jabes Galaad, e prist là le *ossement Saul e sun fiz* Jonathan. (Ib. p. 203.)

    La siet à *la destre son pere*. (Ben. 24160.)

Et ce ai je reçu sauf lou droit cz hoirs Agneas *la femme mon pere*. (1233. M. s. P. I, 342.)

Je vos envoierai le *frere ma femme*. (Villh. 443ᵈ.)

C'est ici le lieu de rappeler les inversions, où le substantif régi se place sans préposition entre l'article et le nom régissant:

E jo m'en vois à tant, respunt *li Deu amis*. (Th. Cant. 28, 20.)

Et si faisoient *le Dame-Dieu* mestier. (R. d. C. p. 52.)

*c.* On trouve très-souvent la forme du régime indirect *al, au, as,* employée dans des cas où nous mettons exclusivement *de.* Ce vieil usage, d'employer la préposition *à* au lieu de la préposition *de,* pour indiquer un rapport *d'appartenance,* se rencontre encore dans les écrivains de la Renaissance, et s'est transmis jusqu'à nous dans quelques vieilles locutions populaires consacrées: *la vache à Colas, la poule à ma tante*[1], etc.

Ex. Les lettres *al* viel rei *al* jouene rei porterent. (Th. Cant. 115, 12.)

Il entrerent hastivement en une maisun *à* un humme de Baurim. (Q. l. d. R. II, 183.)

    Tant rout ja sejorne li reis
    Cel tor en la terre *as* Engleis
    Que les Roveisons aprismierent. (Ben. 38479-81.)
    Neiz suix de Genes, filz *au* comte Rainier. (G. d. V. v. 91.)
    La mere *à* l'enfant. (Rym. I, 2. p. 43.)
    En la terre *al* cunte Huun. (R. d. R. 7345.)
    Fille estoit *au* duc de Cartage. (R. d. S. S. v. 162.)
    La mere *au* roi leur cuer connut. (R. d. l. M. 1802.)
    La fille *au* borgois. (R. d. l. V. 2348.)

*d.* On supprimait souvent aussi la préposition *à:*

Ex. Et por o fut presentede (à) *Maximiien.* (Ch. d'Eul. v. 11.)
    Ne placet *damne Deu* ne ses *angles*
    Que ja pur mei perdet sa valur France! (Ch. d. R. p. 43.)
    Mon chastel ert *mon filz l'ainz ne,*
    Qui ja n'iert pris par home ne;
    Mes tors, mes autres forteresces
    Lerai *ma fame* as cortes tresces. (R. d. Ren. v. 11721-24.)

*e.* L'emploi de l'article était beaucoup plus libre qu'à présent. Je ne puis mentionner ici que les différences principales, dont on trouvera dans la suite un grand nombre d'exemples.

Lorsqu'il était question de l'espèce en général, la vieille langue employait quelquefois l'article avec les mots qui signifient une quantité, tandis que la langue actuelle met ordinairement *de:*

    Et trova *des* pelerins asseiz. (Villeh.)

L'article partitif était très-peu en usage:

    *Granz colps* receivent, *granz colps* dunent. (Ch. d. R.)
    *Pain* et *vin*, *car*, *tarte* et *poisson*
    Orent assez à grant fuisson. (R. d. M. d'A.)

---

(1) C'est le datif anglais avec *to*. Nos romanciers cherchent à le remettre en vogue. — Nous disons généralement encore *fils à putain*. — *Fil à putain, ce dist li desreez.* (R. d. C. p. 51.) Le mot *putain* avait autrefois une autre acception:
    Feme n'est pute, s'ele n'a home tue,
    Ou son enfant mordri et afole. (Cité d. le T. F. a. M. A. p. 68.)

Pareillement après la négation, lors même qu'elle était renforcée par un substantif:

> Suz ciel n'a *hume* que voeillet haïr. (Ch. d. R.)
> *Ne* desprisiez *pas* povre gent. (Ch. d. D.)

Les substantifs qui expriment un genre, une espèce, rejetaient souvent l'article:

> *Femme* ne puet tant aimer l'omme, com li hons fait la femme. (Rutb.)

Les substantifs abstraits prennent presque toujours [1] l'article déterminant; la vieille langue ne l'employait pas. Ainsi les noms des vices, des vertus, des passions, des arts étaient ordinairement sans article.

> Car *amors* ne se puet celer. (Trist.)
> *Sens* et *honor* ne puet nus maintenir.

Dans les comparaisons, après *com*, *que*, etc., après *si*, on omettait l'article:

> Blanche com lis; si granz chagrins, etc.

Les mots *diable*, *nature*, *soleil*, s'employaient également bien sans ou avec l'article.

Quand nous joignons une épithète à un nom de personne, nous lui donnons l'article: *le sensible Henri*; la vieille langue le rejetait souvent: *bele Aude*. (G. d. V.) Il en était de même avec les substantifs attributifs: *rois*, *empereres*, *quens*.

Les noms propres de pays, de provinces, et, dans la poésie surtout, les noms de peuples s'employaient sans article.

## B. ARTICLE NON-DÉTERMINANT.

J'aurais ici à faire remarquer la différence entre *uns*, sujet, et *un*, régime; mais cette loi de la flexion devant être traitée au chapitre des substantifs, je me borne à y renvoyer.

Au lieu de *un*, on a souvent écrit *ung* vers la fin du XIIIe siècle, et cet usage s'est conservé jusqu'au XVIe dans nombre de localités.

> Ex. *Ung* jolis escuiers en est venus à ly,
> Qui longement avoit à la dame siervi.
>     (Le Chevalier au cygne, v. 560. Ed. Reiffenberg.)
> Et Matabrune avoit *ung* traître pulent. (Ib. v. 1020.)

*Un* se mettait au pluriel, quand il se rapportait à un nom qui s'exprimait spécialement par ce nombre.

---

(1) En poésie, on le retranche souvent.

Ex. Ja soit ce ke il par cors soit encor el munde, s'ellieve ja par pense fors del munde la chaitiviteit del exil cui il soffret, et al halt païs soi somont par *uns* aiguilhons de dolor ki unkes ne cessent. (M. s. J. p. 493.)

Od *uns* chevols longs e creuz
Od une barbe flocelee
Plus blanche que neifs sur gelee.. (Ben. II, 1488 - 1490.)
Par fei, fait il, veiz *unes* genz
Dunt mult i a milliers e cenz
A pie le plus e à cheval. (Ib. 5123 - 25.)
D'*unes* fauses armes l'arma
Li rois, ki molt petit l'ama. (R. d. l. V. 1789. 90.)
Watiers i fu de Fourmesieles
Armes d'*unes* armes novieles. (Phil. M. 21017. 18.)

Là nous moustrames *unes* lettres lesqueles la contesse de Flandres avoit à nous envoiies. (1253. Th. N. A. I, p. 1051.)

Faites moi tost *unes* forques lever,
Pendus sera; ne le voil respiter. (O. d. D. v. 9523. 24.)
*Uns* granz sollers aveit, ke uns freres li presta;
Entur le col del pie à nuals les laça. (Th. Caut. 34, 14. 15

(Comp. les Pronoms indéfinis.)

# CHAPITRE II.

## DU SUBSTANTIF.

Les peuples romans, en rejetant la déclinaison latine, n'ont pas passé brusquement au mode actuel de flexion de leurs substantifs, comme on serait peut-être tenté de le croire. La déclinaison ayant pour but d'exprimer les rapports où sont entre eux les objets, il est clair qu'à mesure que ces rapports se multiplièrent, on dut inventer de nouvelles dénominations pour les exprimer. Ces rapports ne suffirent plus à la fin ; on eut alors recours aux prépositions, qu'on plaça devant les substantifs. Les écrivains de la bonne latinité se servent souvent déjà d'une préposition où un cas aurait suffi, et cela par la seule raison que les prépositions rendent l'idée d'une manière plus claire et plus précise. L'emploi de cette espèce de mots alla en augmentant avec le temps, et rien n'est plus logique que la conséquence des peuples romans, qui désignent tous les rapports au moyen des prépositions. Il serait inutile de rappeler ici que plus les prépositions gagnèrent de terrain, plus les désinences perdirent de leur valeur, et que par suite les prépositions régirent indistinctement, pour ainsi dire, tous les cas, qu'enfin la forme des désinences perdit de sa fixité ; aussi ne doit-on pas être surpris de voir les noms romans adopter jusqu'à un certain point une seule et même forme pour tous les cas. Il n'y a dans la méthode des populations romanes aucun bouleversement grammatical ; c'est le résultat d'un changement graduel, lent, mais continu. Cela est si vrai, que les langues d'oc et d'oïl, les premières qui furent écrites, distinguèrent encore jusqu'au XIVe siècle le nominatif et l'accusatif [1], par l'addition d'un *s* final au thème du mot.

(1) On ne peut pas dire qu'il existe des *cas* dans les langues dont les substantifs ne varient pas leurs désinences d'une manière qui désigne ces cas ; voilà pourquoi

La lettre *s* ajoutée au thème des noms n'a donc pas toujours servi à marquer uniquement le pluriel; ce n'est guère que depuis le milieu du XIVe siècle qu'elle a été réduite à cet usage. Jusque-là et dès les temps primitifs de la langue, l'emploi du *s* final avait été réglé de la manière suivante:

Les noms prenaient un *s* final, lorsqu'ils étaient sujets de la phrase au singulier, et lorsqu'ils étaient régimes au pluriel [1].

Ils s'écrivaient sans *s* final, c'est-à-dire en leur forme de thème pur, lorsqu'ils étaient sujets au pluriel et régimes au singulier.

En d'autres termes, le français avait alors rangé presque tous ses noms sous la règle simplifiée de la deuxième déclinaison latine; car le *s* du sujet singulier et du régime pluriel repose sur les terminaisons *us*, *os*.

Cette industrie grammaticale, pour me servir d'une expression de Raynouard, avait de grands avantages sur notre méthode actuelle: les changements de la forme des mots donnaient au discours une harmonie qu'il n'a pas aujourd'hui; ils le rendaient clair et précis, puisque les désinences permettaient de discerner sur le champ les sujets des régimes, et ces régimes les uns des autres: enfin ils favorisaient les inversions. Quand l'ordre direct n'est pas nécessaire, dit Raynouard (Choix I, 48), le déplacement des divers mots de la phrase, loin de nuire à la clarté, ajoute quelquefois à la clarté même, en permettant de les disposer de manière qu'ils présentent une gradation de nuances; alors leur place, habilement assignée, concourt à la perfection et à l'effet de l'image.

La règle fondamentale que je viens de donner est caractéristique de la première époque de la langue française: oubliée dès le temps de son abolition, elle a été retrouvée par Raynouard. Sa découverte nous a rendu l'intelligence trop longtemps perdue de la grammaire de notre ancien langage.

On voit cette règle observée dès les premiers monuments écrits de la langue d'oïl, tous les textes en prose et en vers, jusqu'à la fin du XIIIe siècle, y sont assujétis: il n'est pas une charte, pas une pièce, pas le moindre contrat écrit dans le plus petit village de la plus reculée de nos provinces, pendant le XIIIe siècle, où elle ne se retrouve d'une manière évidente

---

il m'a paru plus simple et plus convenable de les distinguer dans la suite en *sujets* et en *régimes*.

(1) Voy. ci-dessous les exceptions à cette règle générale.

et avec une constance qu'il est impossible de ne pas remarquer.

On s'est demandé d'où venait que l'emploi du *s* a pris tant d'extension en français, et, sans pouvoir fournir aucune raison, l'on a attribué cette particularité à une influence des idiomes germains. Pour moi, j'y vois une influence celto-belge. Il est prouvé que les Belges avaient, au singulier, des désinences en voyelles ou en consonnes autres que *s*, mais par compensation beaucoup de pluriels en *s*; et le sentiment de la fonction primitive du *s*, qui était de désigner le pluriel, ne se perdit sans doute jamais chez les populations des provinces qu'ils avaient habitées. La connaissance du latin devenant de plus en plus rare à mesure qu'on avance dans le moyen-âge, on n'aura pas de peine à croire que les règles qui découlaient de cette langue furent de jour en jour appliquées avec moins d'intelligence, et qu'on les oublia enfin, parce qu'on ne les comprenait plus et qu'on ne pouvait se rendre compte des causes qui les avaient produites. Il y eut un moment d'arrêt, de confusion; puis on donna à la lettre *s* la fonction qu'elle a encore aujourd'hui. A l'époque de ce changement, le dialecte picard surtout et le bourguignon étaient dominants dans la langue d'oïl; or les provinces où ils s'étaient formés avaient été habitées par les Belges, et la réhabilitation du *s* comme simple désignatif du nombre pourrait bien être une réminiscence de temps plus anciens.

Je passe aux preuves de la règle fondamentale énoncée ci-dessus:

*Angele, aingle, angle, engele* = ange [1].

SING. *Sujet:* Uns *angeles* Diu li envoia.
Ki la verite li conta. (R. d. M. p. 13, v. 269. 70.)
Li premiers *engeles* se volt esleveir à ma hautesce, et si ot grant compaignicie ki à lui consentit. (S. d. S. B. p. 524.)
Et dist li *aingles*, n'aies paour, bairon;
Dex le vos mande de son ciel lai amon. (G. d. V. v. 3040. 41.)

*Régime:* Quant li baron orent l'*aingle* escouté. (Ib. v. 3053.)
Mais oies que Dex m'a mande,
Et par son *angele* commande. (R. d. M. p. 38, v. 862. 63.)

PLUR. *Sujet:* Il savoit bien ke li *angele* ne pooyent mais repairier à la voie de paix. (S. d. S. B. p. 524.)
Li *engele* nen apparoient mais, ne li profete ne parlevent plus. (Ib. p. 527.)
Ceo est avis qui l'ascute qu'il seit en paraïs,
Là ù li *angle* chantent suef e seriz. (Charl. v. 376. 77.)

---

(1) Le sujet et l'attribut étant soumis aux mêmes règles grammaticales, j'ai cru inutile de les distinguer; on trouvera donc souvent des attributs parmi les sujets. — Je ne sépare pas, pour la même raison, les régimes directs des régimes indirects.

*Régime:* O naissance plaine de sainteit... niant encerchaule as *angeles* por la parfondesce del saint sacrement.
(S. d. S. B. p. 530.)

Et ce est bien figureit par Jacob ki en la voie dormit, ki une piere mist desoz son chief; si dormit sus et vit une eschiele dès la terre juske al ciel; et nostre Sanior apoiet sor l'eschiele et les *angeles* montanz et descendanz.
(M. s. J. p. 480.)

### *Mur.*

SING. *Sujet:* N'en torneront nul jor de lor aeiz,
S'iert la vile arse et li *murs* crevanteiz. (G. d. V. v. 3383. 4.)
V. Villeh. 452ᵇ.

*Régime:* Et Aude fuit desus le *mur* antif. (G. d. V. v. 877.)
V. Villeh. 452ᵇ.

PLUR. *Sujet:* Tant entendirent al ovrer
Que li *mur* i furent si haut,
De nule part ne dote assaut. (Ben. 37046-48.)
V. Rutb. II, 31.

*Régime:* Les pareiz furent cuverz de tables de cedre, dedenz par tut, si que pierre n'i aparut e as columpnes rundes de spur ki furent *as murs* justees, furent les tables juintes et afermees. (Q. L. d. R. III, p. 247.)

### *Cuer* = coeur.

SING. *Sujet:* Se li *cuers* soi duelt vraiement, li visce n'ont encontre point de lengue. (M. s. J. p. 454.)

*Régime:* Mien essiant n'eust le *cuer* sic lie
Comme dou comte qu'il ait jus trebuchie
En l'ile soz Viane. (G. d. V. v. 2448-50.)
Enjosk' à la conponction del *cuer* et la confession de la boche vai encontre luy... (S. d. S. B. p. 528.)

PLUR. *Sujet:* Li *cuer* des renfuseiz sunt ensi tempteit ke il i consentent. (M. s. J. p. 452.)

*Régime:* Ceu si avons nos dit de celuy avenement, dont il les *cuers* daignet enlumineir par sa niant visible poixance.
(S. d. S. B. p. 528.)

### *Roi.*

SING. *Sujet:* Li *rois* l'oit, toz li sanz li mua. (G. d. V. 1534.)

*Régime:* E por ceu covient perir ceos ki repentir ne se welent, kar li amors del Peire et li honors del *roi* aimmet lo jugement. (S. d. S. B. p. 524.)

PLUR. *Sujet:* Là vinrent acesme antor lui à lor lois
Li *roi* et li soudant por aqiter lor fois.
(Ch. d. S. I, LIX, p. 97.)

*Régime:* Ceste apparicions Nostre Signor clarifiet ui cest jor, et li devocions et li honoremenz des *rois* lo fait devot et honraule. (S. d. S. B. p. 551.)
N'atargent gaires quant il virent
Les . ij . *rois* et les gens apres.
(Chr. d. Tr. Chr. A. N. III, 160.)

En Normandie, conformément à la vocalisation de cette province, la forme du mot *roi* était *rei*.

Ex.: E li *reis* amad Maacha la fille Absalon sur tutes ses femmes et sur tutes ses suinnantes. (Q. L. d. R. III, 294.)
Semeias uns prophetes vint devant lu *rei* Roboam. (Ib. ead. 295.)
Et dist al *rei*: Ore ne vus esmaiez. (Ch. d. R. III, p. 2.)
Poi unt li *rei* à lor partie
Des qu'il unt perdu Normendie. (Ben. v. 35209. 10.)
As *reis* deivent tres bien li prelat obeir. (Th. Cant. p. 57.)

*Chien.*

S. *Suj.:* Li *chiens* gardoit par le donjon,
Qar mis estoit à grant freor. (Trist. 1, p. 71.)
Mais Ernous, li feus, li *chiens*,
Vint desor l'eve de Corbie
Od merveillose compaignie. (Ben. v. 12262-4.)

*Rég.:* Laisent le *chien*, tornent ariere (Trist. 1, p. 75.)
Du cri au *chien* li bois tenti. (Ib. ead.)

P. *Suj.:* Li *chien* i vienent à grant brui,
Qui del saingler voellent lor frui. (P. d. B. v. 603. 4.)

*Rég.:* Li rois li dist qu'il ne demort,
Mais ost les *chiens*, et s'en retort. (Ib. v. 613. 14.)
A grant honte la fist traitier,
Qu'il comandait au panetier
Que del pain as *chiens* fust peue,
Trop fut en grant vilteit tenue. (Dol. p. 275.)

Voilà la règle en son application simple et directe. Les exemples qui servent à l'établir sont si nombreux dans les bons textes, qu'il serait superflu d'en réunir ici un plus grand nombre. Les substantifs féminins qui appartenaient à la première déclinaison latine, et dont la terminaison française est *e* muet, y font seuls exception. Le paradigme de ces mots est le même que celui du français moderne:

SING. *Sujet:* voie      PLUR. *Sujet:* voies
*Régime:* voie      *Régime:* voies.

Ex.: Nen est mies molt granz li *voie* c'um te mostret. (S. d. S. B. p. 528.)
Mais il me plaist assi eswardeir la *voie* de son avuert avenement. (Ib. ead.)
Car ses *voies* sunt *voies* beles et totes ses sentes paisiules. (Ib. ead.)
Nos ne conoissons les *voies* nostre Salvaor. (Ib. ead.)

Li *ire* ki est de visce avoglet l'oelh. (M. s. J. p. 516.)

Quar cum plus fremist li *unde*, plus obscuret en soi la bealtet de la semblance. (Ib. cad.)

La *rie* de la char est la santeiz del cuer. (Ib. p. 517.)

Mais les *awes* nen ont mies solement cest usaige. (S. d. S. B. p. 538.)

Li premiere *fontaine* si est à toz commune. (Ib. p. 539.)

Vos puyxerez les *awes* en joie des *fontaines* lo Salvaor. (Ib. cad.)

Je ferai observer qu'il est à croire que le *s* final n'était jamais muet dans l'origine; il s'agissait donc de faire accorder sa prononciation avec celle de la syllabe finale du thème auquel on l'appliquait et d'éviter toute cacophonie ou même toute prononciation impraticable. Cela a donné lieu à diverses règles ou usages qui sont tous dérivés de la règle générale, et qui ont eu beaucoup d'influence sur la formation de notre langue. Je vais donc les passer en revue et chercher à en donner l'explication.

*A.* L'addition du *s*, au sujet singulier, occasionnait dans beaucoup de mots une contraction du radical. Des mots de toutes les terminaisons sont soumis à cet usage de formes contractes; cependant je pense, comme Fallot, que les premiers dans lesquels elles ont eu lieu, étaient terminés au radical par un *e* muet ou par la syllabe *on*. Je ne sais pas de règle à laquelle on puisse les ramener, et je ne puis citer aucune classe de mots comme y étant particulièrement sujette. Il est impossible de faire connaître les exemples qu'on en trouve autrement qu'en les rapportant.

Dans tous les mots de ce genre, la forme contracte est exclusivement celle du *sujet singulier;* les régimes du pluriel se forment régulièrement par l'addition du *s* à la forme pure du radical.

Ainsi les mots sujets à la contraction se réglaient de la manière suivante:

1°. *Singulier sujet*, contraction;

2°. *Singulier régime* et *pluriel sujet*, forme pure du radical;

3°. *Pluriel régime*, forme régulière en *s* final.

*Quens* ou *cuens* = comte.

Ex.: S. Suj.: Dex, dist li *quens*, paires de maieste,
S. Morise biau sire, vostre home secoure.
(G. d. V. v. 570. 1.)

Et messires Phelipes et li bons *cuens* d'Artois,
Qui sunt preu et cortois et li *cuens* de Nevers
Refont en lor venue à Dieu biau serventois. (Rutb. I, 138.)

*Rég.*: Sainz Jorges et la douce Dame
Vuellent prier le sovrain maitre
Qu'en cele joie qui n'entame,
Senz redouteir l'infernale flame,
Mete le boen *conte* à sa destre. (Ib. ead. 56.)
Or l'ait done (le hauberc) Olivier le vaillant,
Au gentil *conte*, le hardi conbatant,
Le fil Rainier de Genes. (G. d. V. v. 2114-16.)
Le *conte* Huon trovent an son palais marbrin. (Ch. d. S. I, 151.)

P. *Suj.*: Sire, dient li *conte*, nos ferons vos commans. (Ib. ead.)
Mais se li *conte*, *conte* fussent
Et li baron lor dreit eussent,
. . . . . . . . . .
Ço saciez vos, jo n'en parlasse. (R. d. R. v. 12417. 18. 21.)

*Rég.*: Robert, li duc de Normendie,
. . . . . . . . . .
A ses *contes* e ses barons
E ses princes trestoz par nons
Fait batizer e s'autre gent. (Ben. v. 6861. 67-69.)
Qant Karles va en ost, n'i va si povremant,
Q'il n'ait .xiiij. rois de son droit chasemant,
Et bien .xi. dus et *contes* plus de .c. (Ch. d. S. I, p. 94.)

Dans la Touraine, en Franche-Comté, on a souvent écrit *quons, cons, coens*, au lieu de *quens, cuens*. Voy. Ben. v. 8316. 9864. 9937. 26246, et M. s. P. I, 341 et 365.

Les substantifs li *contes*, le *conte*, et li *contes*, le *compte*, suivaient la règle générale.

Ex.: Or dist li *contes* et retrait
Que.... (R. d. l. M. v. 3997.)
Mais à tant se taist ore li *contes* de ceste matere. (H. d. V. 513ᵉ.)
Quar jou dirai, et bien lor poist,
Tant com jou puis et il me loist,
Un *conte* bel et delitable. (R. d. l. V. v. 32-34.)
Quant cele feste fu finee,
Li rois departi l'assemblee
Des rois et des ducs et des comtes,
Dont assez etoit grans li *contes*. (Brut. I, XXVI.)

*Gloz, glous*, en Normandie *gluz* = *glouton*.

Ex.: S. *Suj.*: Li rois estort son cop, et li *gloz* est versez.
(Ch. d. S. I, p. 257.)
Car tant fist en nostre os li *glos*,
Con cil qui ert sire de tos. (P. d. B. v. 3787. 8.)
Tant but li *glous* qu'il s'enyvra. (R. d. l. M. v. 3405.)
Morz est li *gluz* ki en destreit vus teneit. (Ch. d. R. p. 134.)

*Rég:* Pendre feriez as forches cel *glouton*. (G. d. V. v. 1349.)
P. *Suj.:* Mais li *gloton* connoissent celes,
Et jugent dames solonc eles. (P. d. B. v. 8389. 90.)
Nos avum dreit; mais cist *glutun* unt tort. (Ch. d. R. p. 48. XCI.)
*Rég.:* Por son servise ait or laides bonteiz,
Kant si tost fuit devant vos ramponeiz
De ces *gloutons* ki aient . c. deheiz. (G. d. V. v. 1404-6.)

On trouve anciennement un féminin *gloute*, pour *gloutonne*, qui paraît avoir été formé du sujet singulier *glous*.

Ex.: Che dist li uns: Des ordes *gloutes*
Ont creantet à juner toutes
Duske à cele eure c'on sara
S'il ert mors u eschapera. (Loi d'Ign. p. 25.)
Ainz va par meir requerre cele chiennaille *gloute*. (Rutb. I, 137.)
Or ai je dit que fole *gloute*,
Que fame ne doit pas proier. (Ib. I, 310.)

Et encore dans Rabelais (Pantagruel III, 27):
Et quand ma femme future seroit aussi *gloutte* du plaisir...

La Fontaine emploie le substantif *glout:*
Donnez-lui, fourrez-lui, le *glout* demande encore: (Le Florent.)

*Sires = seigneur.*

S. *Suj.:* Li *sires* commence à fronchier
Por le larron mieuz desveier. (Chast. XXI. v. 95. 96, p. 149.)
Li valles, sans nul autre plait,
Ce que ses *sires* volt a fait. (L. d. Tr. p. 73, v. 47. 48.)
*Rég.:* Enjosk'à ti mismes vai encontre Deu ton *signor*.
(S. d. S. B. p. 528.)
Devant son *segnor* l'a mene (le cheval). (L. d. Tr. p. 73.)
Li baron descendirent à la tante tot droit
Où la bele Sebile molt doucement ploroit
Et les faiz son *signor* sovant amentevoit. (Ch. d. S. II, 86.)
P. *Suj.:* ... Tuit ont apres lui but,
Par ordre, si com chascuns dut,
Li grant *signor* premierement
Et li autre darrainnement. (R. d. M. p. 61, v. 1470-73.)
*Rég.:* Et nos promettons de venir en le cort de nos *seignours*.
(Th. N. A. 1293.)

La forme du sujet singulier *sires*, n'a point varié; elle est la même dans tous les dialectes; mais celles des régimes singulier et pluriel, et du sujet pluriel ont eu bien des variations. On trouve en Picardie:

A mon signeur (1248. Th. N. A. 1, 1008), à son signour (R. d. M. p. 1 v. 15), le segneur (1248. Th. A. 1, 1031), mon singneur (J. v. H. 468), au segneur (ib. 407), mon seigneur (H. d. V. 212. XXIV.), en le cort des signeurs (1238. Th. N. A. 1008).

en Bourgogne:

De son sanior (M. s. J. p. 464), mon senor (1245. H. d. B. II, 17), à lor chier senhor (1280. Rym. I, 2. p. 186).

en Normandie:

Vostre sennur (Trist. II, 108), li seignur (Ben. I, 1374), les seignurs (Ch. d. R. 115. CCX).

Bers [1] = baron.

S. *Suj.:* Li bers i entre tout en apert. (L. d'I. p. 15, v. 258 [2].)

Uns bers fu ja en l'antif pople Deu e out num Helcana.
(Q. L. d. R. I, p. 1.)

Eykevos uns bers vient et Orianz est ses nons.
(S. d. S. B. p. 550.)

*Rég.:* Dist li Juis, car armes cel bairon. (G. d. V. v. 2070.)

P. *Suj.:* Forment se laidangerent ambedui li baron. (Ch. d. S. II, 6.)

*Rég.:* Toz mande à armes les barons. (Ben. v. 30880.)

En Normandie:

Li mul e li sumer sunt garniz et trusset,

E muntent li barun, el chimin sunt entret. (Charl. p. 10.)

Desuz un pin en est li reis alez,

Ses baruns mandet pur sun cunseill finer. (Ch. d. R. p. 7.)

Maires = maire.

S. *Suj.:* Et dist li maires: Mort l'ont cil paltonier

Que vos vees à ces creniaus puier. (O. d. D. v. 3857. 8.)

(Cfr. Th. N. A. 1, 1295. — Rym. 1, 2. 181.)

*Rég.:* Li dux apele le maieur sans targier

Et les jures, ses prist à araisnier. (O. d. D. v. 3851.)

P. *Rég.:* Nos maieurs. (J. v. H. p. 554.)

En Franche-Comté:

Li maires (1275. M. s. P. II, 585), un meour (ib. ead.), devant lou maour (1242. Ib. II, 637).

En Lorraine:

Li maires (H. d. M. p. 178), Pl. *suj.:* li maiour (ib. ead.).

Gars, guars = garçon.

S. *Suj.:* Uns garz les vit, si l'nunciad à Absalon. (Q. L. d. R. II, 183.)

Biaus nies, fait il, envers moi entendeiz;

Ki est cil guars? guardeiz, nel me celeiz. (G. d. V. v. 171. 72.)

*Rég.:* De l'ost de France en issi un garson. (Ib. v. 189.)

Enfes = enfant.

S. *Suj.:* Est dons cist enfes Deus? (S. d. S. B. p. 550.)

Li enfes fait ke Job en plorant rezoivet ses filz. (M. s. J. p. 505.)

---

(1) Il ne faut pas confondre cette forme avec le mot bers, biers, racine de notre mot berceau. Voy. s. s. li biers (R. d. S. S v. 1284), s. r. le biere (ib. v. 1257), desoz le bierch (ib. v. 1351), et le diminutif le bercuel (ib. 1353).

(2) Les vers de ce texte sont mal numérotés; je rétablis l'ordre dans mes indications.

Li *enfes* a moult grant peor. (P. d. B. v. 677.)
Guarins li *anfes*, ke bien fu ses amins,
Li ait renduit son boin destrier de pris. (G. d. V. v. 1445. 46.)
Uns petis *enfes* espia
Desous le lit . j . cor d'ivoire,
Que li rois, ce conte l'estoire,
Soloit tos jors en bos porter. (Chr. d. Tr. Chr. A. N. III, 55.)
Mais qant est li *anfes* de pasmisons venuz
L'escu a ambracie et broche le crenu. (Ch. d. S. II, 134.)

*Rég.*: Respundi la mere al *enfant*. (Q. L. d. R. IV, 359.)
E clost l'us sur sei e sur l'*enfant*. (Ib. ead.)
E cest mien batun sur la face del *enfant* metras. (Ib. ead.)

P. *Suj.*: Çà outre nel redotent nes li petit *anfant*. (Ch. d. S. I, 163.)
Ki ne croit mies ke li *enfant* ki regenereit sunt en Crist
par lo baptisme soyent nombreit entre los esleiz.
(S. d. S. B. p. 543.)

*Rég.*: Tu parfesis la loenge de la boche des *enfanz*[1] et des
allaitanz. (Ib. ead.)
Si ocit les *enfanz* ki gardes crent al espeie. (M.s. J. p. 500.)

*Monde.*

La forme primitive de ce mot, en Bourgogne du moins,
paraît avoir été *munde*.

Ex.: Vraiement il est morz al *munde*, mais li *mundes* n'est encor
mie morz à lui. (S. d. S. B. p. 548.)

Mais, au XIIIe siècle, on trouve toujours une forme contracte pour le sujet singulier, de sorte que ce mot rentre dans
la classe de ceux que je viens de traiter.

S. *Suj.*: Et enqui le feist mener et saillir aval, voiant tote la gent,
que si halt justice devoit bien toz li *monz* veoir. (Villeh. 469e.)
Lors li fu bien avis que toz li *monz*[1] i vaigne. (Ch. d. S. I, 193.)
S'en doit li *mons* estre plains d'ire. (Phil. M. v. 23925.)

*Rég.*: Là fu Villains du Nuilli qui ere un des bons chevaliers del
*monde*. (Villeh. 439e.)
Car cascune selonc lui a
L'omme el *monde* que plus ama (L. d. Tr. p. 80, v. 243. 4.)

En Normandie :
Cum si li *munz* fust esturmiz. (M. d. F. II, 443.)

On rencontre aussi le régime écrit sans *e* muet, de la ma-
nière suivante :
Li rois ot molt riche maisnie ;
Par tot le *mont* estoit proisie
De cortoisie et de proece. (L. d. M. p. 43.)

---

(1) Voy. ci-dessous l'explication de cette orthographe en *z*.

Beaus fils, fait ele, nus del *mont*
De tos cels qui furent et sont,
N'aiment rien tant com mere fis.  (P. d. B. v. 3855 - 7.)
Kar que est ceo que l'om i trove
Qui el *mund* seit qui ne se move?
Del *mund* ne de tant cum il dure
N'a nus ne numbre ne mesure.  (Ben. 1, v. 17 - 20.)
Ke si tut li home del *munt*...  (M. d. F. II, 443.)

Ces formes ont certainement été occasionnées par la contraction du sujet singulier; la terminaison *z* a fait penser que le radical pur était en *t*, *d*. (Voy. ci-dessous.)

Il ne faut pas confondre le sujet singulier *monz*, *munz*, signifiant *monde*, avec *monz*, *munz*, signifiant *mont*, *montagne*, dont on trouvera les formes plus bas.

*B*. Les substantifs masculins en *or*, *eor* final, répondant à la désinence latine *tor*, avaient aussi trois formes:

1°. L'une, pour le *sujet singulier*, en *ieres*, *erres*, *eres*;

2°. La seconde, pour le *régime singulier* et le *sujet pluriel*, était le radical pur;

3°. La troisième, pour le *régime pluriel*, était formée régulièrement par l'addition d'un *s*.

Ainsi, p. ex.:

SING. *suj.* empereres     PLUR. *suj.* empereor
      *rég.* empereor            *rég.* empereors.

Les formes picardes qui, comme je l'ai dit dans l'introduction, étaient en *eour*, *eur*, et celles de la Normandie en *ur*, au lieu de *or* et *eor*, suivaient les mêmes règles.

Ex.: Li *lechierres* s'en vout fuïr,
Mes n'out par où... (Chast. VIII, 30. 31.)
Et li *lichierres* l'espousa, si la prist. (R. d. C. p. 278.)

Dans l'Ile-de-France:

Mais moult nos menti li *lecieres*. (P. d. B. v. 2495.)

Poor ont, s'en la chambre entrast,
Que son *lecheor* n'i trovast. (Chast. VIII, 43. 44.)
Où tuit s'esteient assemblé
Li *lecheor* de la cité. (Ib. VI, 5. 6.)
Quant pres furent de la maison,
Si oïrent une chançon
Que un des *lecheors* chantout. (Ib. ead. 19 - 21.)
Li *lerres*, quant veit l'autre pendre,
Por ce n'en est sis voleirs mendre
D'embler, de prendre quant qu'il puet. (Ben. v. 20517-19.)

Je sui plus mors et plus honis,
Et plus tues et plus traïs,
Que n'est li *leres* cui on pent,
Car il passe son duel briement. (P. d. B. v. 4791-94.)
Diex dist en l'Ewangile : Se li prendons seust
A queil heure li *lerres* son suel chaveir deust,
Il veillast por la criente que dou *larron* eust. (Rutb. I, 137.)

Et tu assi, ô tu hom, tu vois lo *lairon* et si cours ensemble lui. (S. d. S. B. p. 523.)

Mais li reubeur et li *larron*
Vorrent bien la mort del baron. (Phil. M. v. 27523. 4.)
Autresi est cum des *larrons*... (Ben. v. 20513.)

Por veriteit nostre prince furent inobedient et compaignon de *lairons*. (S. d. S. B. p. 523.)

En Normandie :

*larrun* (L. d. G. 45. M. d. F. p. 307).

Vraiement par dous voies entret li *pechieres* en la terre. (M. s. J. p. 494.)
Car Jhesu Criz ne het nului,
Ainz li poise mout quant il set
Que li *pechierres* si se het. (R. d. S. G. v. 3896-8.)

Dont uns sages dist bien : Guai al *pecheor* entrant en la terre par dous voies ! (M. s. J. p. 494.)

Tems est ke li jugemenz commencet à la maison Deu, et se li justes serat ainsunkes salz ù apparront li fel et li *pecheor*. (Ib. p. 474.)

Ce est la hontouse assembleie des *pecheors* ki malement est à lui conjointe. (Ib. p. 451.)

Uns *veneres* siolt un saingler. (P. d. B. v. 585.)
Comme sangles feru d'espie,
Que li cien ont asses cacie,
S'enbat contre le *veneor*. (Brut. v. 11908-10.)
Li *veneor* qui l'ont parfait. (Trist. I, 83.)
A un des *veneurs* li (= du) Cunte. (R. d. R. v. 5720.)

Tot ceu soffret li *Salveires*, et si n'en fait mies lo semblant.
(S. d. S. B. p. 556.)

Obliez, inobedienz
Des glorios comandemenz
Que li *Sauverres* li out faiz. (Ben. v. 23817-19.)

Li avuerte raisons nos at ensaigniet k'encombrer la salveteit d'altrui, est porseure lo *Salvaor*. (S. d. S. B. p. 557.)

Et deproions al *Salveor*
Qu'il nous maintigne et dont vigor
Contre cels qui en Deu ne croient. (Brut. v. 8721-23.)
L'*empereor* de France tant servi
Que l'*empereres* li a del tot meri. (R. d. C. p. 3.)

Quant li *empereres* oï chou, si fu moult dolans. (H. d. V. p. 218. XXVIII.)

Si ont là trouve l'*empereour* et l'ost qui illuec sejornoit. (H. d. V. p. 219.)
Li *empereour*. (Ph. M. v. 3270.)
Car ce n'est mies digne chose ke li *creeres* de purteit entroit en teil lieu. (S. d. S. B. p. 528.)

    Kar li hauz *crierres* des genz,
    L'*ordeneres* de elemenz,
    Iceste eslut et ceste ama. (Ben. v. 26016 - 18.)

Ensi que tu devant les oylz des homes ne quieres mies ta propre glore, mais la glore de ton *creator*. (S. d. S. B. p. 565.)

    Por amor Deu le *criator*. (Trist. I, 179.)
    Mere et fille porta son *creatour*. (Rutb. II, 8.)
    Li *fablerres* qui li contout,
    Les cinc fables finees out. (Chast. X, 12. 13.)
    Li reis esteit acostumez
    De son *fableor* escouter
    Chescune nuit apres soper. (Ib. ead. 1 - 3.)
    Tant ont li *conteor* conte,
    Et li *fableor* tant fable,
    Por lor contes ambeleter,
    Que tout ont feit fables sanbler. (Brut. v. 10040 - 3.)

Quar alsi com en une obscurteit est dont repuns tot ce ke li *jugieres* ne rapelet mie à sa ramembrance. (M. s. J. p. 457.)

    Juges qui prent n'est pas *jugerres*,
    Ainz est jugiez à estre lerres. (Rutb. I, 287.)

Ke ce ke droit semblet devant les hommes soit malmis devant l'esguard del deventrien *jugeor*. (M. s. J. p. 444.)

    Celui seul tieng à mon ami,
    Que qu'en dient li *jugeor*. (Part. d. B. v. 6706. 7.)
    Entre moi et ces *jugeors*. (Ib. v. 9479.)
    Veit cels de France e tuz les *jugeurs*. (Ch. d. R. p. 145.)
    Ja nuls vilains *jugleres*[1] de ceste ne se vant. (Ch. d. S. I, 1.)
    Bertolais dist que chançou en fera,
    Jamais *jongleres* tele ne chantera. (R. d. C. p. 96.)
    Et s'amaint son plus chier ami,
    . . . . . . . . . .
    Et son miax vaillant *jugleor*. (Dol. p. 199.)
    Li *jogleor* i font grant noise et grant tempier.
      (Roman du Chevalier au Cygne. Cité d. Ch. d. R. p. 199. 2. c.)
    Li *jougleour* vont vielant. (R. d. S. S. v. 696.)
    Que il ert dex des *jogleors*,
    Et dex de tos les *chanteors*. (Brut. v. 3775. 6.)
    Des *jugleors* i ot il tant. (Dol. p. 199.)

---

(1) On trouve les *reconteres* (M. s. J. p. 442), *jougleres* (L. d'I. v. 30), au pluriel régime; mais c'est évidemment une faute.

Il ne faut pas confondre ce mot *joglerres*, *jugleres*, etc., venant de *joculator*, qui est toujours pris en bonne part dans la vieille langue, avec *jangleur*, *gengleour*, répondant au provençal *janglaire* [1] = *moqueur, railleur, médisant, bavard, babillard, escamoteur*.

> Géars de Nevers, voyageant seul,
>> Cies une femme, dame Marche,
>> Qui femme etoit .j. *jougleour*.
>> Qui onques n'ama *gengleour*,
>> Est hebregies tout coiement. (R. d. l. V. v. 1336-9.)

Cfr. v. 6168. 9, et M. d. F. I, p. 48; le mot *gangle* (prov. *jangla*, *médisance, caquet, facétie*):

>> Certes, dist Dos, tu te vas trop vantant;
>> Mais se Diu plaist, le pere omnipotent,
>> Ta *gangle* ira auques mult abaissant. (O. d. D. v. 10003.)

Enfin le verbe *jangler* (prov. *janglar*):

>> Si doit aler paisiblement
>> Ne mie *jangler* à la gent
>> Qu'il trovera par les cemins. (Ren. v. 20593-5.)
>> Li *pescheres* vit les dras bons. (Trist. II, 98.)
>> Un *peschur* vait ki vers lui vient. (Ib. cad.)
>> Ensi dient li *pescheur*. (R. d. l. M. v. 4837.)
>> As *pescheurs* dist sans demeure. (Ib. v. 4924.)
>> De Noiron ki tant fu *pecierres*,
>> Ki fut sor toz fel et *lechierres*,
>> Fu penes me sire sains Pierres,
>> Et plus eut deseur toz dehuns
>> Cil sains, et quant il fu *peschierres*
>> Et puis qu'il devint *preeschierres*
>> Fu tous jors des meilleurs li uns. (V. s. l. M. p. 38.)

On voit dans cet exemple la forme *pecierres*, c.-à-d. *pécheur*, bien distincte de *peschierres*, c.-à-d. *pêcheur*. Ce sont des formes de l'Ile-de-France et de la Picardie. (V. ci-dessus.)

Il serait superflu de multiplier davantage les exemples détaillés; je me contenterai d'indiquer encore quelques mots qui prenaient la même forme, pour montrer combien la règle *B*. avait d'extension dans le vieux français:

---

(1) *Jengleur, gengleor*, etc., ont été formés par analogie à *jogleor*, et dérivent du latin *caucaulator*, joueur de gobelets. — La musique était, dans le principe, le seul art qu'exerçaient les jongleurs; plus tard ils furent eux-mêmes poètes et chanteurs. Pour mieux gagner la faveur de la foule, ils se mirent encore à escamoter, ce qui les rabaissa beaucoup dans l'esprit du public; et on finit par ne voir en eux que des *gangleors*, tout en leur laissant le nom de jongleurs. De là, en partie, l'acception défavorable que le mot de *jongleur* prit dans la langue fixée. Je dis en partie, parce que les trafics infâmes auxquels se livrèrent ensuite les sociétés de jongleurs rendirent leur profession tout à fait méprisable. (Voy. sur *caucus, caucaulator*, le travail aussi intéressant qu'ingénieux du Dr. M. Sachs, intitulé: Beiträge zur Sprach- und Alterthumsforschung.)

Li conseillieres (1287. J. v. H. p. 449) — disieres (ib. p. 474) — misieres (ib. 424) — miseres (Th. N. A. I, 1184) — li sainnieres, le saigneur (R. d. S. S. v. 2764) — li commandeires (H. d. M. 245) — tricherres (Ben. II, 7427) — li defenderes (S. d. S. B. p. 572) — nostre rachateres (M. s. J. p. 449) — cil mimes conforteres (ib. 477) — li tempteres (ib. 500) — menteires (S. d. S. B. 523) — porseueres (ib. 556) — li venqueres (Ph. M. 6023) — li puinneres (Ch. d. R. 117) — uns parlieres (R. d. S. S. p. 2) — uns gabieres (ib. ead.) — uns versefierres (Chast. III, v. 1) — li mentierres (M. d. F. I, p. 389) — uns beveres (R. d. l. M. Préf. VIII) — uns dormieres (ib. X) — fauchierres, faucheur (Ch. d. S. II, 118) — vengieres (M. s. J. p. 516).

De nostre rachateor (M. s. J. 477) — un altre conforteor (ib. ead.) — au sainneor (R. d. S. S. v. 2756) — le vengeor (Ph. M. 10090) — enchanteor (Trist. I, 258) — harpeor (ib. 233) — son tailleor (Chast. XXVI. 2).

Li autre versificor (Chast. III, 7) — li correor (Villeh. 490ᵇ) — li ancissor (Brut. v. 646) — li conteor (ib. v. 10040) — mi ancesur (Ben. II, 634) — li detraior (S. d. S. B. 557) — li caceor (Chr. d. Tr. III, 147) — li oeor (Ben. I, 2153) — li noble poigneor (Ch. d. S. I, 221) — li vangeor (ib. II, 94).

Des luiteors (M. s. J. p. 442) — as menteors (Rutb. I, 336) — as bons troveors (ib. ead.) — les correors (Villeh. 490ᶜ) — des porseuors (S. d. S. B. p. 557) — les poigneors (H. d. V. 495ᵃ) — ses sages devineors (Brut. v. 120) — les porteors (Th. N. A. 1013) — à ses angigneors (Ch. d. S. p. 18. IX), etc. etc.

Le mot suivant, tout en se rapportant à la même règle, présente néanmoins une anomalie dans son singulier sujet:

La puciele seule trouva
Li *trahitres*, se li rouva.... (R. d. l. V. v. 3967. 8.)
Il est provez *traïstres*, mez jà nel traïron. (R. d. R. v. 4188)
El *traïtor*[1] unt otrie
Sa felonie e sa faintie. (Ib. v. 631. 2.)
Or oies dou mal *trahitour*. (R. d. l. V. v. 302.)
Li *traïtor* s'assistrent lez à lez. (Ch. d. R. Intr. XXVII.)
Segnor, font li troi *trahitour* à nos chevaliers. (H. d. V. 209.)
Garde que tu ne soies dou lignage Judas,
Qui traï son seignor tantost eneslepas
As felons *traïtors* qui ne l'amoient pas. (Ch. d. S. II, 164.)
Il porra les *trahitours* suire. (R. d. l. V. v. 4475.)

Il en est de même du mot *pastres, paistres — pastor, pastors*.

C. Les substantifs dont le radical se terminait en *m*, *me*, ou *mp*, perdaient leur *e* muet ou leur *p* final, et *m* se changeait en *n* devant le *s* du singulier sujet; mais au pluriel régime ceux

---

(1) Il ne faut pas confondre, comme l'a fait Fallot (p. 88, lignes 3 et 5), la forme *traïtor, traïtre*, et *traitor*, répondant à notre mot *seau*, qui se trouve Chast. XX, v. 188. 196. 221. 224. 240.

en *me* ajoutaient simplement un *s* au radical, et ceux en *m* ou *mp* éprouvaient le même changement qu'au singulier sujet.

Cette règle ne s'applique qu'en partie au dialecte normand; il aimait beaucoup la lettre *m*, comme j'ai déjà eu ossasion de le faire observer, et il la conservait même devant le *s* du singulier sujet et du régime. Ex.:

*Fum = fumée.*

S. *Suj.*: E li *fums* en soleit amunt lever. (Q. L. d. S. III, 249.)
Si com li *funs* passe les vanz. (Brut. I, XXXIX.)

*Rég.*: Qui est ceste ki montet par lo desert, si com vergele de *fum* des especes de myrre et d'encens et de tote purriere de pigment? (M. s. J. p. 447.)

Que del grant *fum* de feu ardant... (Ben. v. 39303.)

*Nom.*

Et por ceu ke li *nons* et li malice des porseuors soit lonz de nos, si vos prei ju, chier frere, ke nos ades soyens sueyf et benigne li uns envers l'atre. (S. d. S. B. p. 557.)

Et por ceu prions nos en la Pater nostre ceste grace desoz lo *nom* del pain chaskejornal. (Ib. p. 540.)

Avec cels s'en ala mult grant plente de chevaliers et serjans dont li *nom* ne sont mie en escrit. (Villeh. 439°.)

Puis à la France d'oir en oir,
Dont on ne puet les *nons* savoir. (Part. d. B. v. 395. 6.)

En Normandie:

E ù fust reclamez mis *nums*. (Q. L. d. R. III, 260.)
U recevront saint baptestire
El *num* del filz, de Jesu Crist. (Ben. II, v. 2044. 5.)

Teus fu l'entosche e li *venims*,
Morir l'estut... (Ben. v. 36952. 3.)

Li *venims* espant par tut le cors. (Trist. II, p. 50.)

Mais Rustebues à ce respont
Qui la char du serpent espont
C'est li *venins* qu'ele maintient. (Rutb. II, 35.)

Nuls nel puet del *venim* garir. (Trist. II, 50.)

De même:

Cil grans fluns (H. d. V. 499ᵇ.) — el flum (Chr. A. N. I, 5) — li flum (H. d. V. 498ᵈ.) — es fluns (ib. 497ᶜ.).

Sur les confins de la Normandie, les formes de ce mot étaient:

Li fluies (Bén. II, 3022) — le fluie (ib. 6363) — al fluie (ib. 9321) — de fluies (ib. 6356) [1].

Chascuns rains, rameau (Rutb. II, 121) — à ungros raim (Ben. 40812) —

---

[1] La forme *fluive* paraît avoir été aussi employée; on la trouve une ou deux fois dans les Sermons de St. Bernard, et souvent dans le Livre de Job, p. ex. p. 447 li *fluives*.

maint raim (S. d. S. B. 554) — les rains (P. d. B. 5889) — de rains (Chr. d. Tr. III, 67); — la fains, faim (P. d. B. 996) — en la faim (S. d. S. B. 565).

  Mult fust ainceis li *chans* finez;
  Mais mult greja les noz le jor. (B. d. S. M. 1, 203.)
  Norcis idunc le *champ* venquirent. (G. Gaimar I, 5.)
  D'Avalois furent trestuit li *champ* covri. (M. d. G. p. 54.)
  Dunt sanglant sunt li *champ* erbu. (Ben. 16425.)
  Li prodons qui es *chans* esteit. (Chast. VII, 11.)
  Li *hons*, quant se repentiroit . . . (R. d. S. G. v. 188.)
  La ire del *homme* ne fait mie la justice Deu. (M. s. J. p. 513.)

Si ont grant paur et mult sunt turbeit li saint *homme* cant il voient ke la prosperiteiz de cest munde lur creist. (Ib. p. 463.)

Glore soit à Deu ens haltismes, ce dient li engele, et en terre paix as *hommes* de bone volenteit. (S. d. S. B. p. 543.)

En Normandie:
  Quels *huens* estes, por quel mellee
  Avez atraite vostre espee? (Chast. IX, 50. 51.)

En l'ajurnee, cume li servanz al *hume* Deu levad, eissit fors e vit tut cel ost . . . . (Q. L. d. R. IV, 367.)

Cume li *hume* le rei Achis virent David, distrent entre sei. (Q. L. d. R. I, 84.)

  De dulce France, des *humes* de sun lign. (Ch. d R. p. 92.)

Les composés suivaient la même règle:

Nus prodons (R. d. 1. R. II, 354) — al prodome (Villh. 432ᵉ.) — li prodome (ib. 467ᵈ.) — les prodomes (Ch. d. S. II, 90).

En Normandie:

Prozduem (B. d. S. M. I, 232) — li pruzdum (Q. L. d. R. IV, 366).

En Picardie:

Uns preudons (Rutb. I, 237) — par devant les proudoumes (1283. J. v. H. p. 421) — li preudoume (Phil. M. v. 16098).

Le mot *dame*, répondant à *dominus*, a une double forme, suivant qu'il se trouve devant les noms propres d'hommes ou le mot *Dieu*.

### PREMIÈRE FORME.

S. *Suj.:* Puis cil de la cited manderent à la reine Jezabel cume
  il ourent uvered e què *danz* Nabotz fud si ultre.
             (Q. L. d. R. III, 331.)
  Si li nuncierent tutes les paroles que out parled *danz*
  Rapsaces. (Ib. IV, 411.)
  Par la presse chevauche .i. vassax adurez,
  *Danz* Bernarz de Clermont, .i. chevaliers osez. (Ch. d. S. II, 136.)
  Sire, fait il, bien a parle
  *Dans* Loemers, et sermone. (P. d. B. v. 2409. 10.)

De même:

  Dans Bernars (G. l. L. I, 190) — danz Oliver (Ch. d. R. 54, CV.) —

dans Gerars (G. d. V. 1798) — dans Lowis (Ben. 15776) — dans rois (Trist. I, 179) — dans quens (R. d. R. 15138), etc.

*Rég.*: Karles a apele Naymon et *dant* Raimont. (Ch. d. S. II, 55.)
C'est Durendart m'espee à poig d'ormier,
Don je vos cuit ancui si justicier
Ke *dant* Gerars en ferai courecier. (G. d. V. v. 2896-8.)

De même:
Dant Renaut (G. I. L. I, 185) — dant Harnaut (G. d. V. 1688), etc.

Et sans *t:*
dan Gerard (G. d. V. 2560) — dam Geifert (Ch. d. R. p. 147).

### SECONDE FORME *(Dominus Deus).*

S. *Suj.*: Jai *damedeus* ne li face garant. (G. d. V. v. 1706.)
Là crut guerre senz amur, *Damnes Deus* la maldie!
(Chr. d. D. d. N. t. 3, p. 532.)
*Dannes Deus* mal te duinst! (Ch. d. R. p. 74.)

*Rég.*: Et (li rois) *dame Dieu* rent graces qui li consent à faire.
(Ch. d. S. I, 136.)
Del mestier *Damne Deu* oïr. (Ben. v. 39450.)
Prient *dampne Deu* qui (?) de eauls ait pited. (Charl. v. 782.)
Oez, seignors, de *dam le De*... (Trist. I. 46.)

Ces formes sont tellement distinctes l'une de l'autre, que je ne conçois pas comment Fallot (p. 89, 90) a pu les confondre et les faire rentrer dans la règle *C.*, en mettant *dans* sur la même ligne que *hons*.

### OBSERVATIONS.

*a.* Dans les deux premières classes de substantifs dont je viens de parler, et dans le mot *homme*, la forme du sujet singulier étant fort distincte de toutes les autres, on avait pensé qu'il n'était pas nécessaire de lui donner toujours le *s* caractéristique. Dès le commencement du XIIIe siècle, on avait donc pris l'habitude de ne point donner de *s* au sujet singulier du mot *homme*, et alors la lettre *m* reparaissait ordinairement au lieu de *n*; mais ce ne fut que vers la fin de la première moitié du même siècle, que l'on écrivit fréquemment le singulier sujet des deux autres classes sans le *s* final.

Li emperere (Charl. p. 9.) — li baratere (Phil. M. v. 25245) — li governere (P. d. B. 7591) — li trechiere (R. d. l. V. 956) — li ber (Charl. 864) — li hom est paouros (M. s. J. p. 482) — li hom tient (S. d. S. B. p. 532) — nuls huem (Th. Cant. 83, 9) — uns hoem (R. d. R. 12639), etc.

*b.* Le changement de *m* en *n* au singulier sujet et au pluriel régime des substantifs dont le radical se terminait en *m*, a donné lieu à nombre d'orthographes en *n* pur. Elles étaient surtout en usage dans le dialecte picard vers la fin du XIIIe siècle.

c. Quelques substantifs en *i* pur prenaient un *n* final, qu'ils n'avaient certainement pas eu dans leur formation primitive, car ils continuaient, écrits ainsi, à figurer à la rime parmi les mots en *i* pur. P. ex. *amins* en rime avec *jantis*, *paradis* (G. d. V. p. XXXIII. 1. c.), *devins* avec *tot dis* (Ch. d. S. I, 87). Quoi qu'il en soit, ce *n* additif ne se trouve qu'en Bourgogne, et semble marquer un accident de prononciation dans le langage de cette province au XIIIe siècle.

Ex.: amins (G. d. V. 3162) — mes anemins (G. l. L. II, 120) — d'un amin, por mon ami (G. d. V. 3253. 1836) — de vostre anemi (Villeh. 468ᵃ.) — mi mortel anemin (G. l. L. II, 49), etc. — li roncis (Part. d. B. 777) — à mon roncin (Rutb. I, 258) — roncinz (Villeh. 448ᶜ.); — sor un sor ronci (L. d. Tr. p. 79) — .j. ronchi (Chr. d. Tr. III, 104) — sour .i. ronci (Ph. M. I, 4483) — sor noirs roncis (L. d. T. p. 77) — sur un de lor roncis (Chr. d. Tr. III, 100).

*D*. Les substantifs en *t* final perdaient invariablement leur *t* devant le *s*, et pour en marquer la suppression, on écrivait un *z* au lieu du *s* du singulier sujet et du pluriel régime. Cet usage est aussi ancien que la langue et les textes le suivent avec beaucoup de constance. Ex.:

*Li osz = le camp, l'armée.*

S. *Suj.*: Se en autre sen ne vos defendez,
Ainz que li granz *osz* seit venuz
Nos auront toz les ches toluz. (Ben. v. 18841-3.)
Par la terre al conte Huon
Ala li *osz* tot à bandon. (Ib. v. 29633. 4.)

*Rég.*: Le petit pas vienent vers l'*ost*. (Ib. v. 5255.)

P. *Suj.*: Li *ost* d'ambes .ij. parz s'arrotent anz as prez.
(Ch. d. S. II, 81.)

*Rég.*: Mais buenement e senz tarjance
Semondra les granz *osz* de France. (Ben. 33174. 75.)
E li reis semonst son reaume
Baniement od granz esforz,
Si asembla totes ses *osz*. (Ib. 33183-5.)

(Cfr. ib. v. 3734. 8612. 4602. 3982.)

Telle est la forme primitive de ce mot; on la simplifia ensuite en écrivant:

Li *oz* fud anumbrez en Bezeca. (Q. L. d. R. I, 37.)
Li *ost* sont assamble deles un sapinois. (Ch. d. S. II, 187.)
Dunc enveierent, si enporterent l'arche del aliance Deu ki sires est des *oz* e siet sur Cherubin. (Q. L. d. R. I, 14.)

(Cfr. Ch. d. R. p. 24, XLIV, et voy. ci-dessous la remarque *a*.)

*Li deleiz = le plaisir.*

S. *Suj.:* Si ke ja soit ce ke li *deleiz* mordet la pense, nequedent ne flechet mie juske à la molece del assentement. (M. s. J. 449.)

*Rég.:* Par lo jor puet l'om alsi lo *deleit* del pechiet et par la nuit l'avoglement de la pense entendre. (Ib. p. 455.)

P. *Rég.:* Nequedent les plaies des *deleiz* devons nos terdre par la spiriteit de penitence. (Ib. p. 449.)

De même:

Quant li *jugemenz* fu e faiz e recordez. (Th. Cant. p. 27, 11.)

Alez al *jugement*, fait il, senz targeisun. (Ib. ead., 2.)

Et en ceste chose est anzois li *prelaiz* obediens à lui, k'il ne soit à son *prelait*. (S. d. S. B. p. 568.)

Li *prelaz* d'Eurewic, cil de Lundres ... (Th. Cant. 26. v. 26.)

Se ne peust le rei el pais trover,

Le *prelat* esteust à la justice aler. (Ib. 45. v. 6. 7.)

Celui durent al rei li *prelat* justisier. (Ib. 48. v. 5.)

Tels i out des *prelaz* parla si egrement

Que la pape li dist, fratre, tempreement. (Ib. 40. v. 11. 12.)

E bien mustrad li reis que li *serpenz* fud araim e ne mie Deu. (Q. L. d. R. IV, 406.)

Ki par lo consoil del *serpent* ... (S. d. S. B. p. 523.)

Car cil qui murmurarent perirent par les *serpenz*. (Ib. p. 568.)

Li *monz* si est nostre contemplations en cui nos montons por ke nos soiens elleveit por veir cez choses ki sunt desor notre floibeteit. (M. s. J. p. 487.)

Si li mandad par desdein que tant out gent en se ost, que si chascuns ruast plein puin de terre deled les murs de Samarie, plus serreit halt li *munz* que li murs. (Q. L. d. R. III, 325.)

Là ù la Scriture dist que Moyses montat el *mont* et nostre Sires i descendit. (M. s. J. p. 487.)

Si 'n alerent en Ofir ù sunt li *munt* de or. (Q. L. d. R. III, 271.)

Vraiement li espirs abat devant lo Sanior les *monz* et contrieblet les pieres. (M. s. J. p. 487.)

Pur ço nus venquirent quant nus nus cumbatimes as *munz*. (Q. L. d. R. III. 326.)

S. *suj.* li parlemenz (Bén. 16240) — pl. *suj.* li parlement (ib. 24640); — li argenz (Q. L. d. R. IV, 423); — les cumandemenz (ib. IV, 406); — les elemenz (R. d. S. G. 369); — li plaiz (Ch. d. S. p. 55. Ch. d. R. p. 148. Ben. v. 26191) — le plait (Ch. d. R. p. 147) — les plaiz (Chast. XXII. 12.) — de lur plaiz (Chr. A. N. 1, 61); — cist moz (S. d. S. B. p. 532) — ciz moz (M. s. J. p. 480) — chascun mot (Trist. II, 63) — li mot (Th. Cant. p. 11, 3) — les moz (Ch. d. S. II, 24. Ben. II, 1009); — li vaslez (Ch. d. S. I, 171); — li vallez (R. d. S. S. d. R. p. 7) — à un varlet (J. v. H. 549) — li vallet (Brut. 4589) — de ses valez (Chr. A. N. I, 44); — li guez (Ch. d. S. II, 4. Ben. 21526) — lo weit (S. d. S. B. p. 569) — les guez

(Charl. v. 773) — as guez (Ch. d. S. I, 160); — li venz (St. N. 856. Charl. v. 473. Ben. 15686. 25041) — par le vent (Charl. v. 478) — li vent (Chr. A. N. I, 243) — des granz venz (Ben. 1, 42) — les venz (Ch. d. R. p. 98); — li vertuz (S. d. S. B. p. 531) — de la vertut (Ch. d. R. p. 120) — par vertuit (S. d. S. B. p. 530) — des vertuiz (ib. 559); — li escuz (Ch. d. S. I, 234. II, 81) — sis bons escuz (Ch. d. R. p. 49); — sur son escut (G. d. V. v. 770) — li escut (ib. 2491) — des escuz (Ben. 18552); — li nuiz, la nuiz (S. d. S. B. p. 527. Ch. d. S. I, 174) — de la nuit (M. s. J. p. 461) — les nuiz (R. d. S. G. 2087. Ben. 22636); — li morz (St. N. 798) — le mort (ib. 797); — li ponz (Ch. d. S. II, 48) — le pont (Ben. 19262) — as ponz (ib. 16810), etc.

Les substantifs qui, dans le langage de Normandie, avaient un *d* final au lieu du *t* du dialecte bourguignon, étaient naturellement soumis à la même règle. Ex.:

*Li siez = le siége.*

Une riche maisun refist u fud li *siez* reals. (Q. L. d. R. III, 266.)
Jo frai le *sied* real de Israel permanable à teid e as tuens. (Ib. III, 268.)
Si l'aseez al *sied* real sun pere. (Ib. IV, 380.)

BOURGOGNE.
Ensi c'uns chascuns de nos preist ensemble la prophete ke li *piez* d'orgoil ne nos vignet. (S. d. S. B. p. 567.)
De la plaie del *piet* juske al chief.
(M, s. J. p. 449.)
A force Baiart broche des esperons des *piez*. (Ch. d. S. II, 15.)

NORMANDIE.
Tant ke li *pez* li escapa.
(M. d. B. I, 384.)
Un des clous averez que il out en sun *ped*. (Charl. v. 175. p. 8.)
E de granz peus de martre joskes as *pez* trainanz. Ib. p. 11.)

C'est à la même règle qu'il faut rapporter les substantifs des deux genres et les participes ou adjectifs verbaux qui sont aujourd'hui en *é*, et qui étaient en *eit* dans le dialecte bourguignon; dans le dialecte picard, en *et;* dans celui de Normandie, en *ed*.

Ex.: Li *poosteiz* requiert la subjection. (S. d. S. B. p. 536.)

Car la *posteiz* de la divine aïue ne laisset nostre entencion. (M. s. J. p. 450.)

Li Geu si estoient appresseit de la *poosteit*. (S. d. S. B. p. 536.)

Appressanz par ton jugement tote la terre et les *poosteiz* de l'air. (Ib. ead.)

Li *majesteiz* (requiert) la miseration. (Ib. ead.)

Nen est mies oysouse ceste neissance, ne senz fruis li dignations de si grant *majesteit*. (Ib. p. 531.)

La *citez* est assise, molt desplaist à François. (Ch. d. S. II, 122.)

Et quant cil vinrent enmi la *citeit*. (M. s. J. p. 446.)

Tierz jur devant ço que David revenist à sa *cited* Sicelech, ces d'Amalech la *cited* assaillirent devers le sud, si la pristrent. (Q. L. d. R. I, 114.)

E rendirent les *citez* que pris ourent sur Israel des Acharon jesque Gieth. (Ib. I, 25.)

        Carles li magnes ad Espaigne guastede,
        Les castels pris, les *citez* violees. (Ch. d. R. p. 28.)

De même:

S. s. li charitez (S. d. S. B. p. 527) — la temporaliteiz (ib. cad.) — li salveteiz (ib. p. 531) — li riches parenteiz (G. d. V. 1215) — li pechiez (Ch. d. S. I, 212), etc. — r. à sa volenteit (S. d. S. B. p. 532) — à tot la salveteit (ib. p. 531) — de veriteit (J. v. H. p. 470) — la veriteit (Dol. p. 243) — mun gred (Charl. 34) — de lor greit (M. s. J. p. 465) — por la chrestientet (Ch. d. R. p. 27), etc. — P. r. les pechiez (R. d. S. G. 369) — les moies richeteiz (G. d. V. 784) — les grez (Ch. d. S. II, 96), etc.

Cette règle était rigoureusement observée dans les dialectes bourguignon et normand, mais celui de Picardie n'a jamais admis le $z = ts$ comme désinence de flexion au lieu de $s$. Dans cette dernière province, le $t$ se retirait devant le $s$, et l'on écrivait, p. ex.:

        Li rois en seant descendi,
        Mais il fu remontes si tos
        Qu'a painnes s'en perciut li *os*. (Phil. M. 22168-70.)
        Li rois de France fist engiens
        Et moult i fist en l'*ost* de biens. (Ib. 19568. 9.)
        Si semonst li soudans ses *os*. (Ib. 26853.)
        Lors pensa et fu en esfroi
        Que li *serpens* eust occise
        Cheli qui là gist en tel guise. (R. d. l. V. p. 59.)
        Voit la dame, voit le *serpent*. (Ib. cad.)
        Ensi devroit li *plais* aler. (P. d. B. II, p. 59.)
        Li rois a mis en un respit
        Le *plait* de Mares, de sa mort. (Ib. I, p. 128.)
        Qant li termes et li jors vint
        Que li baillius les siens *plais* tint. (R. d. M. d'A. p. 13.)

De même:

Li varles (R. d. l. V. 337. 2417. R. d. S. S. v. 704) — à un varlet (J. v. H. p. 549) — li vallet (P. d. B. 7409); — li provos, li prevos (Brut. 7591. R. d. l. M. 1199) — al provost, le prevost (Brut. 7587. R. d. l. M. 1229) — cfr. li provoz (St. N. 541) — al provost (ib. 519); — li lis (R. d. M. d'A. p. 5) — del lit (P. d. B. 1089) — li lit (R. d. l. V. 5832. R. d. S. S. d. R. p. 45) — les lis (R. d. S. S. v. 1573); — li mos (Ph. M. 15456) — les mos (R. d. l. V. 5642); — li marceans (Chr. d. Tr. III, 72. Fl. et Bl. v. 432) — au marceant (Chr. d. Tr. III, 74) - li marceant (ib. 73. Fl. et Bl. v. 517) — les marceans (Chr. de Tr. III, p. 158); — li serghans (R. d. S. S. v. 2556) — un sergant (ib. v. 2548) — li sergant, li siergant (R. d. l. V. 1561. Ph. M. I, p. 41, note, col. 1.) — les deus siergans (ib.

ead.) — as serghans (R. d. S. S. v. 2454). — Cfr. li serjanz (S. d. S. B. p. 557) — de son serjant (ib. 578), etc.

## REMARQUES.

*a.* Au singulier sujet et au pluriel régime des mots qui avaient un *s* avant le *t* final, ou supprimait ordinairement le *s*, comme on l'a déjà vu pour le mot *osz*, *ost*.

Ex.: Li fuz [1], le bois, le bâton (Ch. d. S. II, 4), del fust, le fust (Ben. II, 5351. Ch. d. R. p. 62), li plain fust (Ben. 19979), les fuz (ib. 21653).

*b.* On étendit souvent la règle de la position du *z* hors de ses limites et l'on écrivit, par analogie, en *z*, des mots dont la consonne finale n'était pas *t*. P. ex. *ses trez* (Villeh. 465$^b$), *riches trez* (Ch. d. S. I, 11), du thème *tref*, tente.

*c.* L'habitude d'écrire par un *z* final tous les mots dont la finale avait été en *t*, s'est maintenue fort longtemps; et c'est par suite de cette vieille règle oubliée, que, jusqu'à la fin du XVIIe siècle, les substantifs et les participes en *é* se sont écrits par un *z* au pluriel.

*F.* Dans les commencements de la langue, les substantifs terminés en *c, d, f, p,* formaient régulièrement leur singulier sujet et leur pluriel régime par la simple addition du *s;* mais, dès les premières années du XIIIe siècle, les consonnes *c, d, f, p,* se retirèrent régulièrement devant le *s* [2].

Ex.: Jo tis *serfs* des m'enfance, ai crieme oud de nostre Seignur. (Q. L. d. R. III, 314.)

Ore sunt mult munted li *serf* ki fuient lur seignurs. (Ib. I, 97.)
Pur laver les piez des *serfs* mun seignur. (Ib. p. 102.)
Li *sancs* tuz clers par mi le cors li raict. (Ch. d. R. p. 77.)
Et de sa teste li voit le *sanc* raier. (R. d. C. p. 69.)

    Ainz mainte feiz as plus amors
    Espandeit l'om des *sancs* del cors. (Ben. v. 41661. 2.)

Granz fut li *colps*. (Ch. d. R. p. 133.)
Al secund *colp* k'il out done. (R. d. R. v. 13176.)
De ci que le braz li fud endormiz des granz *colps* que il out dunez. (Q. L. d. R. II, 212.)

De même:

Sis chefs (Ben. 24816) — por le chef (Ben. d. S. M. I, 206) — les chefs (Ch. d. R. 81) — les chiefs (Q. L. d. R. IV, 380); — li ducs (Ch. A. N. I, 125. 122) — au duc (ib. I, 174); — des nefs (Ch. d. R. 108); — li halbercs (Q. L. d. R. I, 61) — li bons osbercs (Ch. d. R. 50) — li

---

(1) De là le verbe *fuster* (R. d. S. G. v. 785), qui nous manque aujourd'hui.
(2) Vers la fin du XIIIe siècle, on retrancha quelquefois le *r*; mais il ne paraît pas que ce soit une règle fixe et constante.

hobercs (Charl. v. 536) — l'osberc (Ch. d. R. 50); — sis niefs (Ben. 18536) — son nief (G. d. V. 714); — li hanaps (St. N. 866. 871) — le hanap (Brut. v. 671) — li hanap (R. d. S. S. v. 2710) — as gros hanaps (Ben. III, p. 569), etc.

Telles sont les formes primitives; on écrivit plus tard:

Li granz et li petiz sunt là et li *sers* delivres de son sanior. (M. s. J. p. 464.)

Et por kay il prist la forme del *serf*. (S. d. S. B. p. 535.)

Il virent que li *serf* amenerent le vallet. (R. d. S. S. d. R. p. 15.)

Et quant li empereres fu levez, si apela ses *sers*. (Ib. ead.)

Au Saisne saut li *sans* et par boiche et par nez. (Ch. d. S. II, 81.)

    De la pierre adonc li membra
    Qui fendi quant li *sans* raia
    De sen coste, où fu feruz. (R. d. S. G. v. 559-61.)

Li *sans* en court aval la pree;

Del *sanc* des mors sont taint li fier. (R. d. M. v. 1780. 1.)

C'est li premiers *cols*[1] de la guerre. (P. d. B. v. 2182.)

Par totens doblent li felon encontre eaz mimes, par mi l'aoisement de lur malisce, les *cols* dont il bleciet chaent en la parfundece d'enfer. (M. s. J. p. 509.)

Au XIIIe siècle, ce mot avait encore deux autres formes; l'une où l'on retranchait le *l*:

li cops (R. d. l. V. 4882) — li cop (ib. 5542) — les grans cops (O. d. D. 1819);

l'autre où l'on retranchait le *l* et le *p*:

li cos (H. d. V. 215. XXVI. Ph. M. v. 7206) — le cop (ib.) — devant ses cos (Phil. M. v. 7311).

De même:

Li chies (Villeh. 486[h]) — al chief (ib. 438[e]) — les chies (G. d. V. 1871) — en lor chies (L. d. Tr. p. 74); — li dus (G. d. V. 2653. Ch. d. S. 1, 29) — le duc (Villeh. 437[a]) — li duc (R. d. l. M. v. 165) — les dus (Ch. d. S. II, 38) — en Picardie: contre le duch (1289. J. v. H. p. 482); — li haubers (G. d. V. 2091) — le hauberc (Brut. 10334) — les haubers (G. d. V. 486); — mes nies (R. d. C. 27); — li cleis (S. d. S. B. 523) — la cleif (ib. ead.) — ses cles (Chr. d. Tr. III, 81) — cfr. la vieille forme; les clefs (Ch. d. R. p. 106); — li beaus hanas (Th. Cant. 98, 21) — le hanap (ib. ead.) — li hanap, li henap (R. d. S. S. v. 2710. Romv. 458, 12) — à copes, à hanas (Brut. 10754); li bleis (H. d. M. 245) — *li blez* (St. N. v. 306) — del blef (Dol. p. 284) — en bled (H. d. C. 44) — en bleis (1284. J. v. H. p. 574); — li cerfs (Ch. d. R. p. 73) — li cers (Ch. d. S. II, 36) — le cerf (ib. ead.) — de cerfs (Ben. 9822) — de cers (Brut. v. 140), etc.

---

(1) Il ne faut pas confondre cette forme avec li *cols* (O. d. D. 6824), signifiant le *cou*, à son *col* (G. d. V. 2163), os *cols* (Brut. 9121).

*F.* Les substantifs en *l* final prenaient régulièrement le *s* au singulier sujet et au pluriel régime; mais, au XIIIe siècle, on les soumit quelquefois à la règle *E.*, c'est-à-dire qu'on retrancha le *l* devant le *s*.

Ex.: Grans fu li *duels* por l'amor de Bernier. (R. d. C. p. 331.)
Levez i est li *dues*, jamais tel ne verrez. (Ch. d. S. II, 156.)
Qui lor a fait le *duel* et la plainte laissier. (Ib. 138.)

En Normandie et en Picardie, ce mot avait encore les formes:

Li dols (M. d. F. II, 224) — li doels (ib. 139) — li diols (Ph. M. v. 28806) — li diels, li dials (Villeh. 472[b]. [c].).

Cette manière de former le singulier sujet et le pluriel régime des substantifs à terminaisons en *l (al, el, eil, oil, ol)* ne fut cependant pas très-usitée, et longtemps avant qu'on l'eût employée, c'est-à-dire vers la fin du XIIe siècle, on avait eu recours à un autre moyen pour éviter le groupe final *ls*: on changeait le *l* en *u* devant le *s*, et on conservait la forme en *l* au singulier régime et au pluriel sujet.

La règle que je viens de donner était commune à tous les dialectes; mais elle était surtout observée dans les provinces picardes où elle a pris naissance. Du reste, quoique généralement connue, elle ne fut jamais strictement employée et les noms en *l* avaient les deux formes *(ls, us)* répandues dans l'usage. Ainsi les mots en *ol, oil* eurent leur singulier sujet et leur pluriel régime en *ols, oils* et en *ous (os, oz)*; ceux en *el*, en *els, eus*, dans la Picardie, *us*, dans la Normandie; ceux en *al*, en *als, aus (as)*. — Les terminaisons *iel, ial, iol* donnèrent naissance aux mots en *ieus, iaus, ious*: *eal*, forme picarde-normande pour *ial*, répondant à *iel, el*, aux noms en *eaus*. Cette terminaison *eal* ne paraît pas être des premiers temps de la langue; mais son emploi prit tant d'extension au XIIIe siècle, qu'elle finit par remplacer exclusivement, dans quelques contrées, celles en *ial, el, iel*. La forme *eal*, permutable en *eaus*, est la racine immédiate de nos mots en *eau*. La finale *il* resta pour l'ordinaire intacte dans les provinces bourguignonnes et normandes, quelquefois seulement on retrancha le *l*, d'où la forme *is*; en Picardie, le *l* suivant plus régulièrement sa loi de fléchissement, les singuliers sujets et pluriels régimes de cette finale furent en *ius*. Ex.:

*Li solols = le soleil.*

Car li *soloz* de justice s'estoit jai petit à petit sostraiz. (S. d. S. B. p. 527.)

Li *solals* (Aim. 179) — li *solas* (Apoc. fol. 2. r. col. 2).

E li mareschal devant ço que li *soleilz* escunsast, alerent par cel ost. (Q. L. d. R. III, 339.)

Bels fut li vespres e li *soleiz* fut cler. (Ch. d. R. p. 7.)

Et li *selous* commença à raier. (G. d. V. v. 1970.)

Li *solaus* traioit à declin. (R. d. M. d'A. p. 3.)

C'est li *soleus*, c'est la clartés. (P. d. B. v. 5199.)

Dou *soloil* et des armes fiert ensemble li rais. (Ch. d. S. I, 71.)

Il fist le ciel et le *solel*. (P. d. B. v. 1547.)

De ces .ij. *solaus*. (Ph. M. v. 16052.)

Ceu fu li *consolz* de Deu. (S. d. S. B. p. 543.)

Puis passeront à Rune, li *consoilz* en est pris. (Ch. d. S. I, 155.)

Altre jor at la sapience, et altre li entendemenz, et altre li *conselz*. (M. s. J. p. 497.)

Iteus fu li *conseilz* doncz
E de trestoz agraantiez. (Ben. II, 2997. 8.)
Li dux respont: Se j'en cre escoutes,
Li miens *consals* vos scroit bons doncs
Que au Danois vos fussies acordes. (O. d. D. v. 4805-7.)
Li *consous*. (H. d. M. 252.)
Suer, fait la dame, cis *conseus*,
Qui l' poroit faire, est bien feeus. (P. d. B. 4961. 2.)
Mais li *consaus* ne li pot preu aidier. (R. d. C. p. 61.)
De tes barons croi le *consoil*. (Rutb. I, 285.)
Volentiers ton *conseil* querrai. (R. d. M. p. 22.)
Dou *conseal*. (J. v. H. 449.)
Quant jo istrai de vos *consels*,
Ja puis ne m'en ert nus feels. (P. d. B. 9379. 80.)
Si tu'n creiz nos *conseilz*. (Ben. 6137.)
Bien doi de vos *consaus* savoir. (P. d. B. 3870.)

Icil *chastials* [1] les travailla tant et mult longuement. (Villeh. 472ª.)

Ensi fu li *chastiaus* de Galathas pris et li porz gaigniez de Constantinople par force. (Ib. 451ª.)

Forz fu li *chasteaus*, granz e hauz. (Ben. 28144.)

En Picardie:

Li *castiaus* (Ph. M. v. 16479) — li *casteaus* (P. d. B. v. 945. 1731.)

Ensi par le *chastiel* disoient. (R. d. l. V. v. 1956.)

Et desos le *castel* après. (L. d. Tr. p. 72. v. 21.)

Et toutes les cites se tinrent à lui, et li *chastel*. (Villeh.p. 137. CLVII.)

Assez en remanoit par les *chastials* où l'empereres passoit. (Vill. 467ᶜ.)

Tos ses *castials* li a fait escillier. (O. d. D. v. 3357.)

Par li *casteals* k'ele gardout. (R. d. R. 7703.)

---

[1] Il ne faut pas confondre les formes de ce mot avec *chatel, catel*, signifiant biens meubles, revenus en denrées: cis *cateus* (Chr. d. Tr. III, 139), lor *chatiel* (St. N. 1181), de mon *chatal* (R. d. S. S. v. 2288), ses *catex* (R. d. l. M. 5074), de vos *chatels* (Q. L. d. R. III, 323).

Od quanqu'il porent arramïr
Vindrent les *chasteaus* assaillir. (Ben. 38937. 8.)
Li unt puis les *chasteiaus* gerpiz. (Ib. 40066.)

Ces exemples suffisent pour prouver que les variations des mots à terminaison en *l* étaient fort nombreuses; elles s'accroissaient beaucoup encore lorsque le thème du mot changeait lui-même.

Afin de donner une idée de ces variations excessives, qu'il serait impossible de réunir toutes, puisque chaque texte en fournit une multitude, je vais rapporter les formes les plus ordinaires du mot *oylz*, *oils* = oeil.

*Li oylz* (S. d. S. B.) est la forme la plus ancienne; on trouve plus tard:

Li dois siolt estre à le dolor,
Et li *iols* tos jors à l'amor. (P. d. B. v. 3137. 8.)
Ja deust estre li *olz* à Carrion. (R. d. I. V. v. 1417.)

Mais de ce ke li *oez* de le pense est à la foiz enclos par ignorance ... (M. s. J. p. 504.)

Il at mis el soleil son tabernacle, por ceu qu'il receleiz ne soit, nes al *oil* ki torbeiz est. (S. d. S. B. 547.)

Teus rit au main ki au soir pleure,
Et si redist on moult souvent
Cascuns ne set c'à l'*oel* li pent. (Renart le Nouvel. v. 3250-2.)
Qui de boen *uel* esgarderoit. (Ben. 3. p. 528. v. 602.)

Il fu ferus parmi l'*ueil* et fu mors à la mellee. (Villeh. p. 28.)

A ci dolor dolente et dure,
Qu'à miedi m'est nuiz obscure
De celui *oeil*. (Rutb. I, 14.)
Tant ad seinet ke li *oil* li sunt trublet. (Ch. d, R. p. 77.)
Et li *oel* sont mout convoiteus. (R. d. l. M. v. 1434.)

E qui est cil vers qui il ad cried, e les *oilz* par orguil levez? (Q. L. d. R. IV, 414.)

Qui avoit à son frere trait les *ials*. (Villeh. 470ᵇ.)

Prist l'empereor Alexis, celui qui avoit à l'empereor Sursac traiz les *iauls*[1]. (Ib. 469ᵈ.)

Pleure des *iols*, ne set que faire. (P. d. B. v. 659.)
Les *oelz* ot vairs, la face colorie. (G. d. V. v. 1774.)

Quar tant come on pooit voir aus *iels* ne paroient fors voiles de nes et de vaissiaus. (Villeh. 37. LX.)

C'unques mais de ses *elz* ne vit
Nul pre faukie si igaument. (M. d. F. II, p. 380.)

Biens ki defors soit faiz ne valt riens, se li sacrefices d'innocence n'est par dedenz, devant les *oez* Deu, por lui sacrefiez en l'alteir del cuer. (M. s. J. p. 447.)

(1) Ces formes en *ul* sont fautives. Voy. p. 94.

Que sovent veeit od ses *oiz*. (Ben. 32099.)
Les .ii. *ious* li fisent crever. (Ph. M. v. 4269.)
Male goute lor criet lor *ieus!* (R. d. l. V. v. 31.)
Guignout et si feroit du pie,
Des *iuz* lermout. (Trist. I, 71.)
Tendrement des *euz* plourad. (Ben. III, p. 622. col. 1.)
Les dous purneles de ses *uiz*
Ne gardout pas plus cherement. (Ib. v. 12724. 5.)
Des *eulz* pleure moult durement. (Ib. v. 5377.)
Et out les *ieulz* plus vers que .i. faucon muez.
(R. d. S. S. d. R. p. 3.)
En lor *iouls*. (H. d. V. 511 ª.)

(Voy. ci-dessous les formes contractes.)
De même :

Li ciels (P. d. B. v. 15) — li ciez (M. s. J. p. 484) — li cieus (Ben. 23629. 31096) — du ciau (R. d. l. R. I, 37) — li ciel (S. d. S. B. p. 573) — des cius (R. d. M. 14) — en sains ciaux (Rutb. I, 59) — es cious (Ph. M. 8319) — es ciels (Ben. 12468) — az ciez (M. s. J. p. 485) ;

en Picardie :
chiel (R. d. l. V. 5190) ;

en Normandie :
li cels (Q. L. d. R. III, 261) — li clers ceus (Ben. 1, v. 113) — le cel (Ch. d. R. 29) — ceil (Charl. 9) — es cels (Ch. d. R. 93) — es ceus (Ben. 20254. 25669).

Li chevol, cheveux (Ben. 25240) — si chevoel (Ch. d. R. 39) — si cheveil (Rutb. II, 121) — si kavel (R. d. l. M. 2244) — les cevels (P. d. B. 6193) — des chevels (Ch. d. R. 91) — des chevols (Charl. p. 8) — les chevols (Romv. 469, 33) — les chavolz (G. d. V. 1364) — les cavels (O. d. D. v. 5667) — lur chevoilz (Chr. A. N. I, 56) — de ces chevous (R. d. S. G. v. 248) — les caviaus (R. d. S. S. v. 746) — par les ceviaus (Ph. M. v. 9193) — lor cheveus (Ben. II, 954) — un des cheveuls (R. d. R. 2752) — les caveus (O. d. D. 11726) ; — li aignels (S. d. S. B. p. 552) — li aignez (M. d. F. fab. 2) — li aigniaus (ib., Apoc. fol. 10. r.) — dou aignel (ib. cad.) ; — li oisels (G. d. V.) — uns oisiaus (Ph. M. 6476) — l'oisiel (R. d. l. V. 3903) — son oisel (G. d. V. 1923) — li oisel (Trist. I, 87) — li oisiel (Ph. M. v. 7496) — entre les altres oysels (S. d. S. B. p. 552) — des oisiaus (R. d. S. S. v. 4779) — as oiseals (Ben. I, v. 114) — de ses oiseaus (P. d. B. 1893) — d'oiseus (ib. 4489) ; li damoiselz (G. d. V. 52) — li donzelz (ib. 1153) — li dameiseils (Chast. XI, 299) — li damoiseaus (P. d. B. 1565) — li damoisiaus (R. d. S. S. v. 527) — li damiseaus (Ben. 8106) — li dameiseaus (ib. 15790) — li dameseaus (Chast. XI, 119) — li danziaus (R. d. S. S. v. 1718) — li danzeaus (Ben. 13658) — li danzeas (M. d. F. Am. v. 124) — li damiseas (ib. v. 141) — el damoisel (P. d. B. 564) — dou damoisiel (L. d'I. p. 27) — del damisel (Ben. I, 700) — le danzel (Ch. d. S. I, 130) — del dauncel (Ben. II, 7974), etc. ; — li duels (Ch. d. S. II,

186) — li diels (Ph. M. 28806. P. d. B. 4249) — li dols (M. d. F. Am. 224) — li doels (ib. Chait. 139) — li dious (Ph. M. 23848) — li dous (Ben. 38922) — ses diaus (Ch. d. R. Intr. XXXVII) — le duel (Ch. d. S. II, 138) — le deol (M. d. F. Eq. 209) — le dol (Ben. 5196. 13986) — doel (L. d'I. p. 25) — du duil (R. d. R. 664); — desoz un chol (Ren. 5055) — des chous (Ben. 12656), etc.

De la forme *li cols* pour *colps* = *coup*, dont j'ai déjà fait mention, on forma: *li cous* (R. d. l. V. 3796), pl. r. *teus cous* (Ben. 19992); mais le singulier régime et le pluriel sujet ne changèrent pas. En Picardie: *li caus* (L d. d'L. 187), *le caup* (M. d. F. II. p. 270), *les caus* (R. d. l. V. 2846).

## REMARQUE.

On aura sans doute observé que beaucoup de ces noms en *l* ont un *z* au lieu du *s* de flexion. Cette orthographe s'est introduite de bonne heure dans les langages de Bourgogne et de Normandie; le dialecte picard au contraire a toujours employé *s*, comme pour les substantifs dont le thème était au *t* final. Il est assez difficile de donner une raison grammaticale de ces usages orthographiques; cependant l'emploi continuel du *s* dans les provinces picardes et celui du *z* dans celles de Bourgogne et de Normandie, là même où il ne paraît pas motivé, me porte à supposer que le son du *s* final n'était pas le même dans les trois dialectes de la langue d'oïl. La prononciation pesante et ferme du langage picard lui donnait le son propre *se*, qui convenait à l'ensemble de sa vocalisation; tandis que le son *se*[1] répondait mieux à celle des deux autres provinces, et l'on écrivait *z* au lieu de *s* pour peindre d'une manière plus exacte le son qu'on entendait. Cette supposition acquerra un haut degré de vraisemblance, si l'on remarque que beaucoup de mots qui, en Bourgogne et en Normandie, avaient pour finale un *z* ou un *s*, prirent *x* lorsque le dialecte picard fut prédominant dans ces provinces. *X* équivalait alors à *ss*. (Cfr. les règles suivantes.)

G. J'ai dit plus haut que tous les substantifs en *l* final, permutable en *u*, formaient quelquefois leur singulier sujet et leur pluriel régime en rejetant le *l*. Ils se terminaient alors en leur voyelle pénultième, à laquelle se joignait le *s* de la flexion; et, comme on avait besoin de distinguer les sujets et régimes ainsi formés de ceux des mots qui avaient primitivement une voyelle pour pénultième de leur thème, on imagina de rem-

---

(1) *Z* avait, au XIIIe siècle déjà, le son doux qu'il a aujourd'hui; c'est ce que prouvent les orthographes en *z* pour notre *s* avec le son accidentel *z*: *rozee* pour *rosée*, *ozeir* pour *oser*, etc.

placer le *s* par *x*, de telle sorte que les syllabes finales *ax*, *ex*, *ix*, *ox*, représentaient une forme contracte de *als*, *ails*, *els*, *eils*, *ils*, *ols*, *oils*.

Ces formes contractes ont pris naissance dans l'Ile-de-France, le Maine, l'Anjou et l'Orléanais, vers la fin du XIIe siècle. Elles s'étendirent rapidement dans les autres provinces, à l'exception de la Bourgogne proprement dite, où elles ne pénétrèrent que fort tard. On en faisait un usage très-fréquent au milieu du XIIIe siècle; au commencement du XIVe, elles s'étaient multipliées jusqu'à l'abus.

Ex.: Cent plaies li unt fait mortals:
Sempres fu morz li bons *vassals*. (Ben. II, 869, 70.)
Que issi a li *vassaus* quise. (Ib. 15614.)
Li *vassax* se tint bien, la lance brise an trois.
(Ch. d. S. I, 200.)
Si se partirent li reis e li *seneschals* pur aviruner e esquerre tut le païs. (Q. L. d. R. III, 313.)
Li *senescals* dist que sa foy
Veut avoir que ja nus par soi
Ne saura çou que il dira,
Et que au faire li aidera. (R. d. l. M. v. 945-8.)
Li *seneschaus* a la table pasce,
En sa main destre une verge pelee. (R. d. C. p. 188.9.)
Li *seneschax* foui hors de la terre. (R. d. S. S. d. R. p. 41.)
Li *senescax* prist parcemin,
Qui savoit roman et latin,
Tant que il seut mout bien escrire. (R. d. l. M. 2993-5.)
Car certes ses *fils* n'ert il pas. (P. d. B. v. 300.)
Vos *fius* sui. (Chr. d. Tr. III, 152.)
Et li *fix* fu nes salvement. (Brut. v. 134.)
L'espee trait li *fiex* au roi Kallon. (O. d. D. v. 1903.)

De même:

Li solax[1] (Brut. v. 11561. M. d. F. f. p. 275); — P. r. mes consox (R. d. C. p. 66) — les consax (Brut. 14502); — li chastiax (Brut. v. 214. Ch. d. S. p. 26) — li castiax (Brut. v. 8923) — à lor chasteax (Ruth. II, 483); — des icx (R. d. M. d'A. p. 3) — des ix (R. d. l. M. v. 1307) — des ex (ib. 1438); — li ciex (Chr. d. Tr. III, 131) — des ciex (Ruth. I, 399) — des cix (R. d. l. M. 7733); — par chavox (Dol. p. 261) — les cavex (R. d. l. M. 1580) — à ses chevex (P. d. B. 5722) — quels caviax (Chr. d. Tr. III, 95); — li chevalz (G. d. V. 712) — li noirs cevals (P. d. B. 3065) — li chevaus, li cevaus (R. d. l. V. 5572. Ph. M. v. 2422. 18404) — li chevax (Ch. d. S. I, 118. 140) — es chevals, les cevals (Ch. d. R. 107. P. d. B.

---

(1) Comme on a déjà vu les formes primitives de la plupart des mots dont je vais noter les contractions, je les omettrai ici afin d'être plus court.

7289) — as chevaus (Ch. d. S. I, 194) — as chevax, sor lor cevax (Ch. d. S. I, 63. Brut. v. 11293); — as cols = coups (R. d. l. M. 2752) — les cox (ib. 2819); — as colz = cous (Ch. d. R. 28) — à lor cox (Ch. d. S. I, 71); — li fols (O. d. D. 10155) — li fous (Ben. 27309) — fox (Ren. 3901) — del fol (M. s. J. 513) — les fols (Ch. d. R. p. 10) — de fox (Rutb. I, 246); en Picardie: faus (R. d. l. M. 455) — fax (ib. 4535), etc.

De ces trois formes, celle en *ls* est donc la primitive; les deux autres en dérivent et se placent sur la même ligne: l'une est régulièrement formée par la permutation de *l* en *u*; elle est avant tout picarde: la dernière est une contraction de *ls* en *x*, et appartient à l'Ile-de-France. Après le mélange des dialectes, cela s'entend, on voit ces trois formes employées indifféremment dans le même texte.

## OBSERVATIONS.

Les règles que je viens de donner sur les changements de la consonne *l* datent des bons temps de la première période de notre langue; vers la fin du XIIIe siècle, elles étaient tombées en oubli et on ne les observait plus que par une tradition vague et aveugle. On ne sera donc pas étonné de voir les copistes de cette époque de décadence les appliquer à faux ou en étendre abusivement l'emploi. Ainsi, ils donnèrent un *x* à des substantifs en voyelle pénultième, qui avaient quelque analogie avec les formes picardes permutées de *l;* mais ils firent subir en même temps une contraction au radical. Voici, je pense, ce qui les fit tomber dans l'erreur. Les formes picardes, qui alors gagnaient déjà le singulier régime et le pluriel sujet, étaient prédominantes dans tous les dialectes; les formes primitives avaient disparu, pour ainsi dire, et les copistes regardaient les permutations comme telles. Ils ignoraient que le thème du mot était en *l* final, que *x* était une contraction de *ls*, et *u*, une permutation de *l*. En comparant les formes en *x* à celles en *aus*, *eus*, etc., ils trouvèrent donc (et cela était très-juste selon leur point de départ) que la pénultième de ces dernières était une voyelle, qu'il y avait eu contraction, et ils en affectèrent par conséquent les noms qu'ils rangeaient dans la même classe.

Ex.: Idunkes fu ocis e al *coeu* fu livrez;
Li *keus* mania le cuer. (Th. Cant. 12, 1. 2.)
Por ce vous di je quar li hon
Qui est ses *kex* a assez paine. (Rutb. II, 39.)
Begues l'oït, de mautalent rogit,
Le *queu* apelle... (G. l. L. II, 18.)

Ja avoient li *keu* le mangier apreste. (Ch. d. S. I, 147.)

Les *qeuz* et les serjanz auront à lor devins. (Ib. I, 87.)
Il aiment miex les eschançons
Et les *kex* et les bouteilliers
Que les chanters ne les veilliers. (Ruth. II, 51.)

De même:

Deus (S. d. S. B. p. 545) — Dex (Ch. d. S. I, 120) — de Deu (S. d. S. B. p. 546);

en Picardie:

Dius (R. d. M. d'A. p. 5) — Dieus (ib.) — Dix (Ruth. I, 242. M. d. F. Yw. 534) — Diex (R. d. S. G. 593) — par Diu (O. d. D. 4375) — par la grasce Dieu (J. v. H. 404).

Li clou (Ch. d. R. 138) — ens clous (Chast. XVII, 146) — clox (R. d. C. p. 194).

On ne s'arrêta pas là. Une fois l'habitude des orthographes en *x* bien établie, le langage picard qui n'abandonna jamais ses lourdes terminaisons, commit une seconde faute en remplaçant le *s* de flexion par *x*; car *u* ne pouvait amener que *s*.

Ex.: Li solaux (Ruth. II, 14) — les chatieux (H. d. M. 207) — tex consoux (R. d. C. p. 79) — des coutiaux (V. s. l. M. 28) — ces chastiaux (1286. J. v. H. 438) — d'oisiaux (Chr. d. Tr. III, 116).

Enfin le *l* lui-même reparaît entre l'*u* et le *x*:

Coutiaulx (J. v. H. 550) — (caveaulx ib. 549) — les yaulx (Villeh. 441 [a]) — les dix set *saulx* paresis (H. d. C. 29), etc.

Cette faute se propagea et s'établit si bien, qu'elle est devenue loi dans notre langue jusqu'au XVIIe siècle; et aujourd'hui encore nous écrivons par un *x* final la plupart des mots où cette lettre s'était introduite abusivement comme flexion à la fin du XIIIe siècle.

*II.* Il paraît que dans les premiers temps de la langue, on avait pris en Bourgogne l'habitude d'écrire en *x* final tous les mots qui dérivaient d'un primitif latin ayant cette terminaison: *berbix* (S. d. S. B. p. 526), *croix* (ib. 540), et par analogie, d'autres mots en *oi* et en *ai*, *ui*: *palaix* (S. d. S. B. p. 536); cela s'étendit même jusqu'aux formes des verbes: *Reconoix* com chier il te fist (S. d. S. B. p. 547), ju *remplix* (ib. 535), etc. La forme de ces mots était donc ainsi réglée: S. *suj.*: *li voix* (S. d. S. B. p. 530), *rég.*: *de la voix* (ib. 555); — S. *suj.*: *li temporels paix* (ib. 527), *rég.*: *de la paix* (ib. 524).

Cet usage ne subsista pas longtemps; dès avant la fin du XIIe siècle, on avait ramené tous les substantifs de cette espèce à une forme unique en *s* final dans la Picardie et en *z* dans la Bourgogne et la Normandie, qu'ils gardaient invariablement dans tous les cas: *à halte vuiz* (Trist. II, 25), *en paiz* (Ben. II, 130), etc. Cette orthographe régna pendant tout le XIIIe siècle et jusque dans le XIVe; ce n'est que tard, et vers le commencement du XVe, que les notions d'étymologie reprenant quelque crédit dans la langue française et les usages particuliers des âges précédents s'étant perdus, on revint peu à peu à l'habitude, qui nous est restée, d'écrire en *x* final quelques mots dérivés de primitifs latins en *x*.

Cependant, jusque vers 1250, on retrouve en Bourgogne quelques traces de l'ancien emploi du *x;* il était p. ex. resté du bon usage d'écrire par un *x* la première personne du présent de l'indicatif du verbe *être,* et de même je *puix,* etc.

C'est ici qu'il faut rapporter l'orthographe: *li dux* (Villeh. p. 435[b]) pour *li ducs,* qui a été souvent usitée (1289. J. v. II. p. 497).

*I.* Les substantifs des deux genres, qui avaient un *s* final au thème du mot, le gardaient partout.

Ex.: C'est li *cors* nostre Signor Jhesu Christ. (S. d. S. B. 534.)

Quant nos avons demostreit coment il lo chief signifiet, or enseignons coment il lo *cors* ki no somes expresseit. (M. s. J. p. 493.)

Devant le jugement quant li *cors* resordront. (Ruth. I, 404.)

Les *cors* lur perce e les corailles. (Ben. II, 1261.)

Le mot *li cors,* instrument de musique, s'écrivait:

    Par tel covent que tu diras
    En quel liu li *cors* fu troves. (Chr. d. Tr. III, 122.)
    Li demanda que il voloit
    Faire del *cor* que il tenoit. (Ib. ead.)

Li *cor* de l'ost comencent à corner. (O. d. D. v. 8924.)
Li sun des *cors.* (B. d. S. M. I, 200.)

*à l'ues, à l'oes* = *à l'usage, au service, au profit de.*

E ore ai fait temple à tun *ues* ù tu purras, si tes plaisiers est, habiter en sied estable parmanablement. (Q. L. d. R. III, 259.)

    En cel point qu'il avoit tel pris
    L'ot amours ja à son *oes* pris. (R. d. C. d. C. v. 78.)
    A nostre *oes* et à *oes* nos heirs. (1288. J. v. H. p. 461.)
    Si ne me veult à son *eus* retenir. (C. d. C. C. p. 52.)
    Et en une pierre le mist
    Qu'il à son *ues* avoit eslist. (R. d. S. G. v. 577. 8.)
    Fai à tun *oues* le pain garder. (M. d. F. II, 154.)
    As *us* et as coustumes. (Villeh. 466[c].)
    Kar nos volum conquerre France
    A ton *os* quite, s'il te plaist. (Ben. 23550. 1. cfr. 29940.)

Les formes: à ton *euls* (R. d. R. 5133) et à *oels* le signeur (J. v. H. 551), sont fautives.

Il ne faut pas confondre ce mot avec *li oes*, l'oeuf (M. d. F. II, 316), *uns oes* (Phil. M. v. 19579), *l'oef* (M. d. F. 316), *les oues* (ib. II, 327).

>Por son cuer qui est si penssis,
>Que li premiers *mes* soit mengiez. (Rutb. I, 310.)
>Et si servoit le roi del *mes* premier. (O. d. D. 4120.)
>Et li biau *mes* devant iaus mis. (R. d. S. S. v. 2689.)
>Ne sai porqoi vos devisasse
>Toz les *mes*, ne porqoi musasse. (Dol. p. 159.)
>Li mengiers fu riches et grans,
>Des *mes* ne serai ja contans. (R. d. C. d. C. v. 1913. 4.)

L'influence de la règle *E*., par laquelle on retranchait certaines consonnes devant le *s* de la flexion, accrut, vers le milieu du XIIIe siècle, le nombre des mots qui conservaient partout le *s*. On s'habitua naturellement, lorsque quelque analogie de dérivation, ou toute autre, y conduisait, à maintenir ce *s* comme terminaison unique de beaucoup de mots qui auparavant en avaient eu d'autres: *apres le dechies* (Th. N. A. p. 1078). En Bourgogne et en Normandie, on employait *z* dans ce dernier cas: *li niez* (G. d. V. 2288), *seur lor chiez* (Rutb. I, 257).

*J.* Le *z* final tendit toujours de plus en plus à usurper, dans les dialectes de Normandie et de Bourgogne surtout, la place du *s*: il se mettait, vers la fin du XIIIe siècle, sans règle et sans suite en une multitude de cas où on ne l'avait pas employé dans les époques précédentes.

Les exemples de ces orthographes vicieuses se trouvent par centaines:

Li anz (Ch. d. S. II, 158) — des jorz (ib. II, 100) — li besoinz (II, 109) — lez octavez (H. d. M. III. 189), etc.

*K.* L'état d'incertitude, de mobilité continuelle où la langue était alors, permettait l'introduction de beaucoup de formes, et il n'est pas rare d'en trouver plusieurs pour le même mot dans un seul et même texte. Cette espèce de confusion provenait du mélange des dialectes; elle n'a rien d'arbitraire, et il est toujours facile de remonter aux formes du radical qui ont donné naissance à ces irrégularités apparentes.

Prenons pour exemple le mot *brans* = *lame* (Romv. 223), qu'on trouve écrit aussi *branz* (Ch. d. S. II, 82). L'un équivaut à *brancs*, l'autre à *brants*, comme le prouvent les formes suivantes:

Del brant (P. d. B. 2235) — à mon brant (Charl. 742) — le brant (Chr. A. N. I, 26) — le branc (Ch. d. S. II, 82. v. 18) — ou branc (R. d. l. V. 1054).

De même:

Li haubers (G. d. V. 2091), *de* li hoberes (Ch. v. 536), *et* li hauberz (Ch. d. S. I, 118. 142) — le hauberc (Brut. 10354) — nul haubert (Chr. A. N. I, 24); — li escus (G. d. V. 1811) — l'escu (ib. 826) — li escuz (Ch. d. S. II, 81) — li escut (G. d. V. 2491); — mes fies, *mon fief* (C. d'A. 303), *et* li fiez (Perreciot II, 30) — son fief (H. d. V. 511ᶜ) — dou fied (Dunod II, 30) — en leur fies (1284. J. v. H. 431) — an noz fiez (Ch. d. S. II, 96), etc.

*L*. Le vocatif avec le *s* de flexion est très-ordinaire; mais les exemples où il ne l'a pas sont tout aussi nombreux. Ces exceptions à la règle générale proviennent sans doute de l'influence qu'exerça la forme latine de ce cas (2e déclinaison), à laquelle on remonta au XIIIe siècle.

*M*. Les noms propres prenaient également un *s* final comme sujets, et ils le perdaient comme régimes. Ainsi:

S. *suj.* Jehans (J. v. H. p. 469), *rég.* Jehan (ib. 470); *suj.* Hues, Godefrois, Ernous, Robers, Gerars (ib. 470), *rég.* Hue, Godefroi, Ernout, Robert, Gerart (ib. ead.). — Ansials (Villeh. 477ᵈ), Ansiaus (1256. Th. N. A. I, 1083), Ansiel (H. d. V. 217), Pinabiaus (Ph. M. 9504), Pinabiel (ib. 9514), Daniaus (1287. Th. N. A. I, 1229), Daniel (Ph. M. 12918), Gabriaus (R. d. M. p. 43), Gabriel (ib. 43), Gabriax (Agol. 434).

Ces derniers exemples prouvent que les noms propres n'excluaient ni la permutation de la consonne *l*, ni les formes contractes.

Quelques noms se montrent indéclinables, leur *s* final étant considéré comme radical; p. ex. *Loys* (Villeh.), avec ces formes:

Looys, Loweis (Ben. 15874), Lowis (ib. 26144), Loewis (ib. 26204).

Les noms propres dont le radical était en *m*, formaient leur sujet par le changement de *m* en *n* et l'addition de *s:*

Adans (Rutb. I, 133), *rég.* Adam;

ou bien on élidait le *m* devant *s:*

Joachis (G. d. V.), Joachim (ib.), Joachins (ib.).

On suivait la même règle pour les noms en *n* final:

Ysengris, Ysengrin (Chast. XX.).

Les noms propres formaient une quantité de dérivés au moyen de suffixes, et l'on combinait quelquefois les primitifs et les dérivés entre eux pour composer une espèce de déclinaison. Le thème simple, p. ex., prenait le *s* final et était exclusivement forme de sujet, tandis que l'un de ses dérivés était employé pour lui servir de forme correspondante de régime.

Ex.: Nos *Odes*, arcevesques de Besançon, et nos *Othes*, cuens palatin de Borgoigne. (1279. M. s. P. II, 566.)

De notre tres noble prince *Othon*. (Perreciot. 348.)

Nos avons prie... le honorable pere en Jesu Crist *Odon*. (1277. M. s. P. II, 584.)

Nous *Guis*, cuens de Flandres. (1284. J. v. H. p. 430.)

Par la main noble home nostre chier signeur *Guion*, comte de Flandres. (1286. Ib. p. 440.)

Bauduins de Soriel s'est adrecies à *Pierron* Vent, et *Pierres* vers lui. (H. d. V. 507[a].)

---

Telles sont les règles auxquelles étaient soumis les substantifs aux XIIe et XIIIe siècles. Passé 1280 ou 1290, elles ne furent plus observées que par une tradition ignorante, c'est-à-dire que les personnes qui les appliquaient ne pouvaient plus se rendre compte des causes qui les avaient produites. Qu'on se rappelle en outre que, vers ces mêmes années, le mélange des dialectes produisait et entremêlait sans cesse beaucoup de formes, et l'on concevra que les copistes dussent éprouver des embarras et des incertitudes dans l'application des règles qu'ils ne comprenaient pas.

Le XIVe siècle s'est écoulé en grande partie dans ce pêle-mêle de règles anciennes tombées en oubli, sans qu'on soit parvenu à leur en substituer définitivement de nouvelles. Et comme, par malheur, la plupart des grands ouvrages de l'âge d'or de notre vieille langue ne nous sont parvenus que dans des copies retouchées du XIVe siècle, on ne s'étonnera pas que l'on ait été si longtemps dans l'ignorance des véritables lois de la langue d'oïl aux XIIe et XIIIe siècles, et qu'aujourd'hui encore il y ait un petit nombre de personnes qui ont des doutes sur la nature et l'existence même de ces lois.

## REMARQUES.

*a.* L'emploi de *à* avec les substantifs, dans le sens instrumental et causal, était beaucoup plus en usage qu'aujourd'hui:

Et *as* mains le traist à soi. (Ruth.)

Ils le battront *as* bastons. (Chr. d. P.)

*b.* L'emploi de l'*accusatif absolu*, s'il m'est permis de m'exprimer ainsi, au lieu de l'ablatif absolu des latins, est aussi vieux que la langue:

Quant le voit l'ampereres, n'i ot qu'eleecier;

*Jointes ses mains* commença Jhesu Crist à proier,
Quar fiance a ancor bien se porra aidier. (Ch. d. S. II, 181.)
La contesse mua color,
*Jointes mains* li caï as pies. (Poit. p. 24.)
Pepins l'en a dounc le don,
*Voiant maint prince et maint baron.* (Poit. v. 1227. 8.)
Furent andoi si bien apris,
Que bien sorent parler latin,
Et bien escrire en parkemin,
Et consillier, *oiant la gent*
En latin, que nus nes entent. (Fl. et Bl. v. 268 - 72.)
Li prelaz d'Eurewic, cil de Lundres, ço qui,
Conseil li unt dune priveement andui
Que, *veant si grant gent*, ne li fesist anui.
(Th. Cant. p. 26. v. 26 - 28.)

## DIMINUTIFS.

Les formes diminutives étaient à peu près les mêmes au XIIIe siècle qu'aujourd'hui: *iau, eau, el, ele, ait, et, ete, ate, ot, on*. Ainsi:

Li oisilon (H. d. V. 494$^e$) — oiselon (Ch. d. S. I, 109) — li oiselet (R. d. R. 3924); — li vasletons (Ben. 10759) — don valeton (R. d. S. S. v. 905); — enfancegnon (S. d. S. B. p. 550) — enfançon (Rutb. I, 347) — enfançunet (Q. L. d. R. II, 160); — li gourpillons (Fab. inéd. II, 538); — li clerjon (R. d. R. 1626) — un des clerjons (ib. 503); — li aignoles (M. d. P. fab. 2) — l'aignelait (Fab. inéd. II, 461); — el jardinet (R. d. C. d. C. v. 3483); — uisset, *de uis* (ib. 2253); — vilate (S. d. S. B. 550) — par mi ii villetes petites (Dol. p. 225) — une vilete (Rutb. II, 194); — j. venteles (Chr. d. Tr. III, 133); — un anelet (H. d. V. 504$^e$); — le castelet (Brut. 12044); — leuncels (Q. L. d. R. III, 274); — ursetel (ib. II, 181); — une petite fenestrele (R. d. S. G. v. 999); — uns angelos (P. d. B. 5562); — singos (Fab. inéd. II, 514) — singetiaus (M. d. F. fab. p. 288); — li piniaus, *petit pin* (R. d. S. S. d. R. p. 13); — d'un bastoncel (Romv. p. 209); — une viellete (Rutb. I, 234. II, 190); — mesonete (ib. II, 53); — pucelete (ib. II, 161); — canconnete (R. d. l. V. 200); — chaenetes (P. d. B. 10625) — les autres chaenetes (Dol. p. 278); — famete (ib. 254); — maisonete (ib. ead.), etc. etc.

Et les adjectifs:

(Il ot) la barbe .i. po rossete (Ch. d. S. II, 96); — en l'eve chadete l'a mise (Dol. p. 164); — petitet, petitete (ib. 225), etc.

# CHAPITRE III.

## DE L'ADJECTIF.

L'adjectif, comme le substantif, était soumis à la règle générale de la position du *s*, et toutes les règles secondaires qui dérivent de celle-là lui étaient applicables en tous points et à tous égards.

Ex.: Mais li cuers ki *feaules* est en petit de chose, est *dignes* de plus grant don. (S. d. S. B. p. 563.)

    Mult ert li don et *biaus* et *genz*. (Rutb. II. 181.)
    *Buens* est l'ores et *drois* li vens. (P. d. B. 6311.)
    *Granz* esteit ja li dameiseaus
    E *proz* e *forz* e sage e *beaus*. (Ben. 15790. 1.)
    Cum *jusz* e *verais* crestiens
    Fist tantes ovres e tanz biens. (Ib. 24750. 1.)
    Mais des or vos seront meri
    Li *grunt* bien que vos lor avez fait. (Ib. 16361. 2.)
    *Sain* vos voi et *gai* et *jouli*. (R. d. C. d. C. 1178.)
    Las sunt e *vain* e *faible* e *pale*
    Del sanc qui des cors lor devale. (Chr. A. N. 1, 210.)

Kar ço fud aidunc li plus*halz* lieus à faire sacrefises. (Q. L. d. R. III, 234.)

    Quant li *beals* jorz fu ajornez. (Ben. 2478.)
    Li orez e li tens fu *beaus*. (Ib. 3920.)
    Quant li *noviax* rois ot conquis
    Et torne à soi le païs. (Brut. 7849. 50.)
    Païen lor *fax* dex apeloient. (Ib. 7961.)
    Li tans est *soes* et sieris. (P. d. B. 6321.)
    Entoies est d'un drap de soie,
    Del plus *soef* que ja hom voie. (Ib. 10361. 2.)

Il serait superflu de multiplier ces exemples, qui n'apprennent rien de nouveau.

Raynouard (Gr. c. d. L. d. l'E. 1. pag. 98) divise avec raison les adjectifs en deux grandes classes. La première comprend ceux qui, soit au singulier, soit au pluriel, prennent la désinence caractéristique du genre *(e)*, quand ils se rapportent à un substantif féminin.

La seconde, ceux qui, invariables, quant au genre, ne changent point leur désinence, quel que soit le genre auquel ils se rapportent.

Ces derniers dérivent surtout d'adjectifs latins en *is*, *es (e)* et *ns* [1].

Ex.: *Granz* est voirement, chier freire, li sollempniteiz ki ui est de la nativiteit Nostre Signor, mais li bries jors nos destrent ke nos abrevions nostre sermon, ne nen est mies merveilles si nos *brief* parole faisons. (S. d. S. p. 535.)

Il ne fu mies neiz en Jherusalem qui est la citeiz *roials*. (Ib. 532.)

Est il dons rois? où est li *roials* sale et li sieges royals? (Ib. 550.)

Dormir en la piere est cesseir el trespassement de ceste *temporeil* vie del amor des *temporeiz* choses. (M. s. J. p. 480.)

*Temporels* chose ne foisonne. (Rutb. II, 197.)

Pour Diu! ne me refuses mie
Que je suis asses *gentils* fame. (R. d. l. V. 2192. 3.)

Prince premier qui ne savez
Combien de terme vos avez
A vivre en ceste *morteil* vie... (Rutb. I, 112.)

Kar sainte dame ert e *leial*. (Ben. 38842.)

Qu'à *vil* chose li semblereit. (Ib. 38862.)

Giers li forz venz dehurtet les quatre angles de la maison, quant la *forz* temptations loget par repuns movemenz les quatre vertuz. (M. s. J. p. 503.)

An la terre de Franec, qi *granz* est et pleniere. (Ch. d. S. I, 84.)

La sale ere molt *granz* et pleniere. (Romv. 437, 35.)

*Grant* poor ot tout sanz faintise. (Ren. II, p. 301.)

Od noveles *granz* e petites. (Ben. 38325.)

Od contenance *monial*
Est ales à la cort roial. (Brut. 8465. 6.)

Il paist gisanz les engeles en cele *permenant* bienaurteit, car il ressaziet de sa *permenant* vision. (S. d. S. B. p. 528.)

Et de toutes choses devant dites devons nous faire seurteit *soffisant* au dit conte de Flandres à sa volente. (1289. J. v. H. p. 483.)

D'or e de pierres precioses,
*Resplendissanz* e merveilloses,

---

(1) De tous les adjectifs primitivement invariables, dit Raynouard (ib. p. 103), *grand* est un de ceux qui ont laissé des traces les plus remarquables de la communauté d'origine. Ce n'est que tard qu'il a été soumis aux règles grammaticales relatives au genre; pendant assez longtemps les écrivains français ont employé tantôt *grand*, tantôt *grande*; on le trouve ainsi dans les auteurs du XVIe siècle. Uni à divers substantifs, il est resté invariable; on dit encore: grand mère, grand route, etc. On ne devrait donc pas marquer d'une apostrophe la consonne finale de *grand* ainsi employé.

> Fu le jor sis chefs aornez
> E beneeiz e coronez. (Chr. A. N. I, 249-52.)

De là ces formes:

Cele *vious desloiaus* sorciere Prise fu (Phil. M. 28939) — à chanter messes *festivaus* (Ben. 26095) — les dolors *infernaus* (ib. 26041) — dunt l'um fist chaisubles *reiaus* (ib. 26094), etc.

Nous avons conservé la dernière dans l'expression *lettres royaux*.

Cette invariabilité de la forme, quant au genre, n'empêchait pas, comme on voit, les adjectifs de prendre le *s (z)* de la flexion, soit au singulier sujet, soit au pluriel régime. On trouve, il est vrai, quelques exceptions à cette règle; mais ce sont des fautes éparses qui proviennent de la négligence des copistes. Voy. p. ex. R. d. R. v. 2030. Villeh. 454ᵉ. Ben. 17325.

## REMARQUE.

Le féminin des adjectifs, dérivés d'une forme latine en *us, a, (um)*, faisait seul exception à la règle de la position du *s*. Il était soumis à la même loi que les substantifs féminins en *e* muet empruntés à la première déclinaison latine; c'est-à-dire que le singulier sujet ne prenait pas le *s*, tandis que le pluriel sujet en avait un.

## COMPARATIF ET SUPERLATIF.

Le vieux français formait ordinairement le comparatif et le superlatif de la même manière que nous, c'est-à-dire au moyen de *plus, le plus*.

Cependant il employait quelquefois, pour le comparatif, la terminaison *or*, du latin *ior;* mais, dans les bons temps, elle ne servait que pour les régimes singulier et pluriel, et le sujet pluriel; le singulier sujet avait la terminaison *res, re*.

P. ex de *grand:*

S. *suj.:* Asses iert *grandres* et plus longor avoit
> Que n'iert Ogier qi en ceval seoit. (O. d. D. 11236. 7.)
> En toute l'ost n'ot chevalier si grant,
> Ne homme nul que Raous doutast tant;
> Asseiz fu *graindres* que Saisnes ne gaians. (R. d. C. p. 107.)
> Karlemaines fud *graindre* plein ped e .iij. pouz. (Charl. v. 811.)
> Un autretel serpent eu faut
> Qui *graindes* est et qui mielz vaut
> Que ne fet cist qu'il m'a rendu:

*rég.:* Le *graignor*[1] en a retenu. (Chast. XV. 75-8.)

---

(1) De là le verbe *engraigner* (R. d. C. p. 138), augmentatif de grandir.

El tens de la *graignor* chertie
Quant *graindre* vente fu de ble. (St. N. 284. 5.)

En Picardie et dans l'Ile-de-France:

Car Dix me veut par vous oster
Le *grignour* duel, la *grignour* paine
Qui onques fust en car humaine,
Sans mort. (R. d. l. M. 6362-5.)
La dame a le frere apele,
Puis li dist devant son seignor
Si grant honte c'onques *greignor*
Ne fu mes à nul home dite. (Rutb. I, 268.)
Si sachies tout certainement
Que nulz avoir joie ne peut
*Greingneur* que li chastelains eut. (R. d. C. d. C. v. 3222-4.)
Dont valt mix qu'en pais me tiengne,
Que *grigneur* mal ne m'en aviegne. (R. d. l. M. v. 1725. 6.)

En Normandie:

Onc *graignur* duil n'ot à nul jur. (R. d. R. 9275.)
*Greignur* louer, *greignur* merite
Devez aveir, k'avez eslite
Nostre estre e nostre compaignie. (M. d. F. II, 444.)
Ne serroit truvez en nul païs
Nul chevaler de *greinur* pris. (Trist. II, 117.)

P. rég.: Une des *graignors* dolors et des *graignors* domages qui avint à cel jor, et des *graignors* pitiez qui onques avenist à la chrestienté de la terre de Romenie, fu à perdre tant de bone gent. (Villeh. 481ª)

De même:

ancianor[1] (R. d. R. v. 14.) — li juvenur (ib. 7689) — le sordeior (Ben. 16107), etc.

Ces comparatifs avaient quelquefois la signification du superlatif:

Là ot grant discorde de la *graindre* partie des barons et de l'autre gent (Villeh. 440ᵉ);

et dans ce cas on trouve toujours la forme du singulier sujet.

Les comparatifs irréguliers correspondants à ceux du latin sont:

Maires, maire, major, majour, majeur, maür.

Le positif *magnes*, *magne*, se trouve souvent dans la Chanson de Roland, des Saxons, etc.

Mialdres, mioldres, mieldres, mildre, miaudres, miadres, mioudres, mieudres, meidre, meaudres, meudre, meillor, meilleur, millor, milleur, meillur, mellour, etc.

(1) Ce n'est pas, comme le dit l'éditeur, une terminaison forgée à cause de la rime.

Pire, pejor, pejour, pior, piour, pieur, puire (rime, Ben. v. 33001), peor, piur, poior.

Manre, menres, mendre, meindre, menor, menour, meneur, menur.

Quoique les formes en *res*, *re* soient particulièrement réservées au sujet singulier, le comparatif *maire* se trouve encore aux singulier et pluriel régimes.

Ex.: Ocist li *maires* le menour. (Brut. p. 72. v. 1503. cfr. p. 305.)
N'ert mie pres li dux Richarz,
N'onques li *maires* ne li mendre
D'un sol jor ne li vout atendre. (Ben. 27218-20.)
Fors del secund frere e del *maire*. (Ib. 39488.)
Lor granz mises, lor granz afaires
E lor ovres, totes les *maires*,
Achevoent e fornisseient
Des granz aveirs qu'il en aveient. (Ib. 35211-14.)

(Cfr. Ben. v. 16039. 16289. 18069. 18230. 18554. 19851. 31432. 38044, etc.)

E prent conseil od sa gent
Od ceus de *major* escient. (Ben. II, 2983.)
Dunt a Tristan si grant dolur
Unques n'od u aurad *maür*. (Trist. II, 82.)

Et quant cil fu morz, qui fu li *mialdres* d'aus toz, si furent li autre mult effree. (Villeh. 179ª.)

Cis est vostre amis li premiers,
Et est li *mioldres* cevaliers
Et *li plus* beaus qui soit el mont. (P. d. B. 5001-3.)

Et por ce ke ire nel tariet mie si tost, quidet ke il *mieldres*[1] soit ke li irous. (M. s. J. p. 451.)

Agolans avoit oï dire,
Ke Karlemaine iert partout sire,
Comme li *mioudres* rois del mont. (Phil. M. 4432-4.)
Ja este(s) vos, ç'oi dire, li *miaudre* escuz de France. (Ch. d. S. II, 28.)
Ainz *miadres* chevaliers ne nasqi de noz lois. (Ib. II, 44.)
E miauz li saura conseiller
Au besong s'il est entrepris
Que li *meaudres* de ses amis. (M. d. F. f. 17.)
Ici fenist li *meidre* estore
Qui onques fu mise en memore. (Brut. 1, XXIII.)
Bone est la pais apres la guerre,
Plus rice et *mildre* en est li terre. (Ib. v. 11045. 6.)
Li flateres de pute estrace
Fait cui il vuet vuidier la place:
C'il vuet, li *mieudres* est li *pires*. (Rutb. I, 22.)

(1) Cfr. *amieldriz* (P. d. B. v. 5134).

A son col .j. mantel d'ermine:
Ainc *meillor* n'afubla roïne. (L. d. M. p. 46.)
Mil en reprent li rois de France
De ceus ù a *mellor* fiance. (P. d. B. 2943. 44.)
A tant monta, k'il ne pot ains,
Od lui si *mellour* cevalier. (Ph. M. 8523. 4.)

Se nous poons monstreir, par chartres ou autrement, ke nous y ayens *milleur* droit ke nostres sires et freres devantdit n'ait, il le nous doit rendre sans contredit. (1283. J. v. H. 422.)

Un des *meillors* barons et des plus larges, et des *meillors* chevaliers qui fust el remanant du monde. (Villeh. 491ᵇ.)

Que il en a par le païs
D'aussi bieles et de *millors* (femmes). (R. d. l. V. 1245. 6.)
Des *meillurs* nefs unt sis choisies. (R. d. R. 6314.)
Bers fu Maugers e patriarche
Avers que celui dunt voil dire;
Vils fu Maugers; mais cist est *pire*,
E quant plus vit e plus avile. (Ben. 35130-3.)

Il ne chaloit à cels qui l'ost voloient depecier du meillor ne du *pejor*, mais que li ost se departit. (Villeh. 455ᵉ.)

N'auras *pior* voisin de moi. (Rutb. II, 94.)
Qu'ele n'eust *pieur* hostel. (R. d. l. M. 6184.)
Estes venuz pour la roïne
Entre ceste gent sarrazine
*Poior* que sarrazin ne sont. (Romv. 490, 33-35.)

Mais en ayer ols est ceste cusenzons li *menre*, et de la salveteit des ainrmes est en lor cuer li dairiene pense. (S. d. S. B. 556.)

Iert dons *manre* li pitiez de Crist ke li malices Herodes. (Ib. 543.)
Puis fu mandez li *menres* Loeys;
Ce fu li *meudres* des .iiij. Herbert fix. (R. d. C. p. 82.)
Tant vous di n'i a pas grant ale,
Mes *mendre* que je ne creusse. (Rutb. II. 25.)
Altre corone *menor* prist
Et la roïne ansement fist. (Brut. 10719. 20.)
Mais ne r'a pas *meneur* anui. (R. d. l. M. 1679.)

David demostreit ke li trebuchemenz des *plus granz* soit voisdie des *menors*. (M. s. J. p. 506.)

Cest essample nus dist de cax
Qui mesprisent les *menurs* d'ax. (M. d. F. f. p. 245.)
etc.     etc.     etc.

Le Roman de la Manekine (v. 7228) fournit le régime pluriel *des menres;* la Chron. des D. de Normandie (II, 403), *al mendre*, etc.; ce sont des fautes auxquelles la rime a donné lieu.

Outre le superlatif ordinaire, la langue d'oïl avait conservé beaucoup de traces du latin *issimus*.

Ex.: Mis peres vus batid de verges deliees, mais jo vus baterai de *grandimes* balains ki serunt dures e espinus. (Q. L. d. R. III, 282.)

Car cil soi repentent vraiement de lor trespasseiz forfaiz, ki el blandissont enhortement aparzoivent les aguaiz del *maltime* enginior. (M. s. J. p. 462.)

A poi de ure este vus li ciels devint tut obscurs, e leverent nues e ventz, e chaïd une *grandime* pluie. (Ib. ead. 319.)

    Puis sunt muntez sus el paleis *altisme*. (Ch. d. R. 105.)

Jo en prirai le *hautisme* roi
Que vengeance prenge de toi. (St. N. v. 504. 5.)

*Cherismes* dux, noble vassal,
Cum a ici fiere novele! (Ben. 31609. 10.)

Des portaus lancent pex aguz
E *grandimes* caillous cornuz
Dunt il les funt aval descendre. (Ib. II, v. 4027-9.)

    De ç'out novele
La *saintime* Virge pucele
Par angelial nontiation. (Ben. 23983-5.)

Et dedenz cel sejor lor avint une mesaventure qui fu *pesme* (de pessimus) et dure. (Villeh. 146ª.)

Vit les lermes e les miseres
E les *pesmes* dolurs ameres. (Ben. v. 31-5.)

Et celui-ci enfin formé de *miels*, *mels* = mieux:

Or est bien, dit Renart, issi,
Trai tei en sus, si li dirai
Del *mellesme* que je saurai. (Chast. XX. 114-6.)

## REMARQUES.

*a*. Roquefort indique le mot *merme*, moindre, qu'il dérive de *minimus* ou de *minor*. M. M. Orell (p. 38) et Diez (II, 59) se décident pour le superlatif, et je crois qu'ils ont raison; car la terminaison *me* est superlative.

Mais se il avient que celui qui requiert heritage a este *merme* d'aage en tant que l'autre l'a tenu... (Assises de Jerusalem, ch. 37. Cité d. Roquefort.)

De là le verbe *mermer*, que M. F. Michel explique peu exactement par *ôter, dépouiller*:

Ne vout plain pic de s'onnor
Que tenissent si anceisor
Fust ne *mermez* ne retailliez. (Ben. 30808-10.)

(Cfr. v. 39378.)

*b.* On renforçait quelquefois le superlatif par le mot *très*, de la façon suivante:

Tant le (le fruit) porta qu'ele enfanta,
Et *le plus tres bel* enfant a,
Fil, que onques feist nature. (R. d. l. M. 2971-3.)
Si fu *li plus tres beaus* armez
Que l'om trovast en tot le munt (Ben. v. 18727. 8.)

cfr. Qui en sa *tres plus* grant honor (Ib. v. 28038.)
(Cfr. Adverbes.)

Au lieu de *que*, on employait *de* après le comparatif.

Ex.: Nos ne poons avoir envie se sor ceas non cui nostre estre quidons en alcune chose *meilhor de* nos. Dunkes petiz est cil cui li envie ocit, quar il tesmonget que il *menres* est *de* celui cui il portet envie. (M. s. J. p. 517.)

Et si dou tout à meschief fui,
Que ge fui *plus petis de* lui,
Et ses chevax *maires dou* mien. (Romv. 532, 5-7.)
Se ciz bers, qui est *mieudres d'*autres,
Muert sanz hoir... (Ib. 579, 26. 7.)
Les ex roelle, sorciux prent à lever:
Par contenance fu *plus fiers d'*un sengler. (R. d. C. p. 140.)

Et bien tesmoignent cil qui là furent, que onques mès cors de chevaliers *mielz* ne se defendi *de* lui. (Villch. 475ᵇ.)

Li François sont ci en lor terre,
Et sevent *plus de* nos de guerre. (P. d. B. 2381. 2.)
Par tant sui *plus* rice *de* vous,
Et si n'en sui mie jalous. (Poit. p. 4.)
Se vous estes *de* moi *plus* biele. (R. d. l. V. p. 150.)
Ne truis que dune fust princes nez
Qui *meins de* lui en fust blasmez. (Ben. v. 41709. 10.)
Tels t'a argent en paume mis
Qui est assez *plus* fols *de* toi. (Rutb. I, 215.)
Et cil ki li plus haut estoient
*Plus des* autres s'umelioient. (R. d. M. p. 42.)

Et par analogie avec le latin *alter, alius*:

Une *autre de* vous amera
Et de vous cure n'avera. (R. d. M. p. 19.)
Aies mon regne, jol t'ottrei:
Eir nul *autre* n'en faz *de* tei. (Ben. 12357. 8.)
Miex volsisse estre ou arce ou desmembree
D'*autre de* vos fuse ja mariee. (R. d. C. p. 225.)

*Plus*, adverbe de quantité, était suivi de la préposition *de*, comme aujourd'hui:

Griffuns i ad *plus de* trente millers. (Ch. d. R. p. 98.)

# CHAPITRE IV.

## DES NOMS DE NOMBRE.

### I. NOMBRES CARDINAUX.

La partie du discours qui se montre la plus fixe dans ses formes, celle qui a le moins changé pendant toute la durée de la langue française, celle dont les changements ont le moins altéré la contexture interne de ses mots, ce sont les noms de nombre. On peut dire qu'ils n'ont point varié en français, depuis le XIIIe siècle; car toutes les orthographes des noms de nombre cardinaux, tels que nous les employons aujourd'hui, se trouvent usitées et fixées dans les textes dès le premier tiers du XIIIe siècle.

Cette particularité rend assez difficile une division de leurs formes dans les trois dialectes de la langue, d'autant plus que le mélange des dénominations picardes se fait sentir partout de très-bonne heure. Je vais donc, pour rester aussi près que possible de la vérité, rassembler, d'après les chartes surtout, les variétés des formes des noms de nombre cardinaux dans les différentes provinces de la langue d'oïl.

BOURGOGNE: *Uns, une, un — doi, dous* (S. d. S. B. 537), *does* (1279. H. d. B. II, 47), *deus — troi* (S. d. S. B. 550), *trois* (M. s. J. 504) — *quatre* (M. s. J. 503) — *cinc* (H. d. B. II, 43) — *seix* (M. s. P. 1257), *six, sex* (ib. 64), *sat* (M. s. P. 350), *set* (M. s. J. 454) — *oit* (S. d. S. B.) — *nuef* (H. d. B. II, 24) — *deix* (M. et D. 468), *dex* (1233. ib. 342), *dis* (M. s. J. 446), *dix* (H. d. B.) — *unze, onze — doze — treize, treze* (H. d. B.), *treize* (M. s. P. I, 378) — *quatorze — quinse, quinze* (H. d. B.) — *seize, seze* (M. s. P. II, 601) — *dis et set — dis et oit — dis et nuef — vint — vingt cinq* (Villeh. 451[d]) — *trente* (S. d. S. B. 551) —

*quarante et cinc* (H. d. B. II, 17) — *cinquante et un* (ib. 19) — *sexante* (ib. 45), *soixante, soxante* (M. s. P. II, 595), *sezante* (1262. H. d. B. II, 26), *sexante et un* (ib. 26) — *sexante et treze* (ib. 39) — *quatrevinz* (M. s. J. 445), *oitante, octante* (M. s. P. 557), *huitante* (ib. 562) — *quatrevinz et dis* — *cenz, cent, cens* — *cinc cenz* (H. d. B. II, 43).

PICARDIE: *Uns, un, une* (plus tard et fort longtemps, on a écrit *ung*: orthographe qui s'est propagée en Bourgogne) — *doi* (R. d. M. 12), *dei* (J. v. H. 430), *deus, diaus, deux, deuls* (1277. Ph. M. t. 2, CCCIX) — *terois, troi, trois* — *katre, quatre* — *chiunck, ching, chuinc* (ib.), *cienc* (J. v. H. 557) — *seis, sis, siis* (ib. 446) — *siet* (ib.), *set, sete, sept* (H. d. V.) — *wict, wicht, wit* (J. v. H. 450) — *nuef* — *deis, dis* — *douze* — *treize, treise* — *katorse, quatorze* — *kuinse, quinze* — *seze* — *disset, dis et siet* — *dis et wit* — *vint* — *terente, trente* — *quarante* — *chiunkante* (Ph. M. 11262), *chuinquante* (Ch. d. T. P. M. 2. CCCX) — *sissante, sessante, soissante, sesante* — *quatre vins* (J. v. H. 511) — *quatre vins e dis, nonante* (ib. 530, 537).

NORMANDIE: *Uns, une, un* — *dui, dus* (Rym. 115), *deus* (ib. 45) — *trei* (Charl. 4), *treis* (ib. 20), *treiz* (Q. L. d. R. 341), *tres* (Rym. 179) — *quater, quatre* — *cink, cinque* — *sis* — *set* (Ch. d. R. 1) — *vit, oit* (B. d. S. M. 217) — *nof* (Ben. 937), *noef* (Th. C. 51, 11) — *dis* (R. d. S. 32), *diz* — *unze* (Q. L. d. R. 351) — *duze, dusze* (Charl. Ben. 2295) — *tresze, trese* (ib. 18241) — *quarante, quaraunte* (Rym. 169) — *cinquante* (ib. 109), *cinquaunte* (ib. 169) — *seisante* (Ch. d. R. 82) — *setaunte* (Rym. I, 160) — *vitante* (ib.).

Remarquez encore les formes *dues* (H. d'A. II, 82) — *doux* (1282. M. et D. 461) — *huit* (1278. M. s. P. 552. Dunod. 603) — *dez* (*10*) (Ploermel 1286. M. d. B. 1079).

De ces noms de nombre cardinaux, *un*[1] prenait le *s*, quoique assez irrégulièrement, lorsqu'il était sujet masculin, et le perdait quand il était régime; *dui, doi, troi*, au contraire, suivaient exactement la règle des substantifs au pluriel, c'est-à-dire qu'étant sujets, ils rejetaient le *s*, et le prenaient aux régimes.

Ex.:  Et li *dui* roi le vont menant. (P. d. B. 10775.)
      Et si sont ensamble acorde
      Que sour iaus *deus* se meteroient,
      Et chou quo cil *doi* en diroient
      Sera tenu tout plainnement. (R. d. l. V. p. 253.)

---

(1) On trouve ce mot écrit *hun*, dans la Franche-Comté et les provinces avoisinantes.

>Nus ne puet à *dous* saniors servir. (M. s. J. p. 481.)
>Concorde firent entr' eus *dous*. (Ben. v. 40029.)
>Nous avons pris *deus* hommes. (J. v. H. p. 438.)
>Là s'adentent teus cent Franceis
>Dunt ne releverent pas *li trei*. (Ben. 16333. 4.)
>Nous sommes tuit *troi* pesceur
>Et de pissons engigneur. (R. d. l. M. p. 164.)
>Li *troi* conte ne demorerent. (St. N. v. 586.)
>Fist puis prendre les *trois* barons. (Ib. v. 455.)

Les formes *dui*, *doi*, employées uniquement comme sujets, servaient pour les deux genres, ainsi que les régimes *dous*, *deus*, etc. Il paraîtrait cependant que la Bourgogne réservait, dans les premiers temps, la forme de régime *does*, *doex* (M. s. P. I, 361) pour le féminin: Par *does* fois l'an (M. s. P. II, 637), es *does* paires de lettres, en icelles *does* paires de lettres (1279. H. d. B. II, 47); mais cette distinction tomba de bonne heure et *does* fut aussi employé au masculin (H. d'A. II, 55).

J'ai déjà noté, en Picardie, une forme *deuls*: l'Ile-de-France en fournit une tout aussi bizarre: *dels* (P. d. B. v. 1853. 3768. 9879. 10488. Brut. 11431. 14866). Elles sont de la fin du XIIIe siècle, ainsi que la contraction *dex* (Brut. 2226).

Lorsque ces nombres étaient combinés avec d'autres, ils conservaient toujours leurs formes en *s*: Mil et *deus* cent et trente et *trois* (M. s. P. I, 342).

*Vint* changeait lorsqu'il était précédé d'un nombre qui le mettait au pluriel; alors on écrivait *vinz* ou *vins*. On le trouve cependant invariable dans les textes de la fin du XIIIe siècle.

Ex.: Li un apelent le peis de cinquante livres un talent; e li Rumain le peis de *treis vinz* livres e *duze*; e li altre le peis de *siz vinz* livres apelent un talent. (Q. L. d. R. III, p. 244.)
(Cfr. ib. I, 23. III, 300. IV, 380.)

Et envoia li cuens Loeys de ses homes por sa terre conquerre bien *six vingt* chevaliers. (Villeh. 469b.)

L'orthographe *vingt* ne devient fréquente que dans le dernier tiers du XIIIe siècle.

>Et *sept vins* toises a de haut. (P. d. B. 819.)
>Pour *VIII vinz* et IX liv. de Provenisiens. (1231. H. d. M. 127.)
>*Nuef XX* et VII en i ot ars,
>Qui là vinrent de toutes pars. (Ph. M. 30529. 30.)

*Onze vint* (G. l. L. II, 143) — *quatorze vint* (ib. I, 216) — *seize vint* (ib. II, 269).

>*Quinze vins* nes et *quatre* furent
>Quant del port de Gresse s'esmurent. (Brut. 615. 6.)

Toutes ces locutions sont restées en usage jusqu'après le XVe siècle; quelques-unes même jusqu'au XVIIIe. Nous avons conservé *quatre-vingt*, et *quinze-vingt(s)* comme dénomination d'un hôpital fondé à Paris par saint Louis, en 1254, pour 300 gentilshommes qu'il avait ramenés de la terre sainte, et à qui, dit-on, les Sarrasins avaient crevé les yeux. D'autres prétendent qu'il fut fondé en 1260, pour 300 pauvres aveugles mendiants.

*Cent* changeait quelquefois aussi, dans le même cas et de la même façon que *vint* :

Cinc *cenz* mile merciz l'en rent (Ben. 17334). De sis *cenz* mars de rente (1274. Rym. I, 2. p. 140). Por los dites cinc *cenz* livrees de terre (H. d. B. II, 43). En l'an de grace mil dous *cenz* quatre vins et un (ib. II, p. 50).

Cependant *cent* se trouve souvent invariable :

Les XVI *cent* marc avaunt dis (1268. Rym. I, 2. p. 109.) Ce fut fait en l'an de l'incarnation nostre Seignor mil dous *cent* et sexante et dous (H. d. B. II, 28). Mil douz *cent* octante et huit (M. s. P. II, 557.)

*Mille* s'écrivait *mille*, *mile* ou *mil*, ce dernier principalement dans les nombres d'années ou les dates :

*Mil* deus cens sessante et dis et siet, el mois de march (Ph. M. 2. CCCXX). L'an de grace N. S. J. C. qui corroit per *mil* et dous cent sexante sex le lundi apres les octaves des apostres (M. s. P. II, 629). *Mille* deux cents nonante et trois (ib. 632). *Mil* dous cent nonante et deux (ib. 559). *Mile* vint e sis anz acomplis (Ben. 29853). La part Guelfe de Orbevite de Seune deus *mil* florins (1274. Rym. I, 2. p. 139).

Tous les autres noms de nombre cardinaux étaient invariables.

Au lieu de dire, comme aujourd'hui, un *à* un deux *à* deux, etc. on unissait ces nombres distributifs par la conjonction *et* :

Et cil .xij. tuit *doi et doi*. (R. d. l. M. v. 249.)

E! Dex! con il biel lor avint

A venir .ij. *et* .ij. ensamble! (R. d. l. V. 708. 9.)

Doy *et* doy s'en vinrent chantant. (R. d. C. d. C. v. 1887.)

(Cfr. Conjonctions.)

Toutes le provinces de la langue d'oïl avaient une locution qui se rattachait immédiatement au latin *ambo*; c'était *ambes*, signifiant *tous deux, les deux, tous deux ensemble*.

Ex.: D'*ambes* parz i fu granz l'asemblee. (Ben. 16152.)

Sa barbe blanche cumencet à detraire,

Ad *ambes* mains les chevels de sa teste. (Ch. d. R. 113.)

Or est tornee ta rouele,

Or t'est il cheu *ambes* as,

Or te tien à ce que tu as,

Qu'à ma baillie as tu failli. (Ruth. II, 93.)

Mult en i caï d'*ambes* pars. (Brut. 9286.)

Ce mot se joignait ordinairement au nombre *deux*, et se contractait avec lui de manière à former les locutions suivantes: en Bourgogne: suj. *ambedoi, andoi, andui*; rég. *ambedous, andous, andouz*; en Picardie et en Normandie: suj. *ambedui, ambdui, amedui, amedoi, amdui, andui, endui*; rég. *ambedeus, amdeus, ambedous, andeus, ansdous, embedeus*, etc.

Ex.: Forment se laidangerent *ambedui* li baron. (Ch. d. S. II, 6.)
*Ambedui* s'antracolent par *andeus* les costez. (Ib. I. 173.)
*Andui* monterent el grant palais anti. (R. d. C. p. 39.)
Endormi erent *amedoi*. (Trist. I, 82.)
Si q'amont en tornerent *amedui* li talon. (Ch. d. S. I, 142.)
A tant s'en turnerent *ambdui*, e vindrent eu la cite. (Q. L. d. R. I, 30.)
Et alerent s'en *endui*. (Ben. I, 75.)
A Roem vindrent cist *amdui*. (Ib. II, 10166.)
Cuntre le ciel *ambesdous* ses mains juintes. (Ch. d. R. 78.)
Mais clops fu de *ambedous* les piez. (Q. L. d. R. II, 151.)

Et mestiers fut ke ele *andous* cez choses conjoinsist ensemble. (M. s. J. p. 442.)

Ne mais porchaçons coment nos les reteignons *embedeus*. (Villeh. 463º.)
*Andeus* ses mains torna vers oriant. (O. d. D. 2893.)
*Ansdous* les oilz en la teste li turnent. (Ch. d. R. p. 78.)
*Andouz* ses brais lor ait à col pandus. (G. d. V. 43.)

Et les contractions: *andex* (Brut.), *andox* (Ch. d. S. II, 69), etc.

On trouve cependant quelquefois les deux mots séparés, p. ex.:

Ja avez vos *ambs dous* les braz sanglanz. (Ch. d. R. 67.)

Les exemples qui précèdent montrent que ces locutions se construisaient avec un substantif ou séparées du substantif auquel elles se rapportaient, et que, dans le premier cas, elles se mettaient toujours avant l'article et les pronoms.

## REMARQUE.

Les textes normands fournissent quelques exemples d'une forme *ambure, ambur*, qui a la même signification que les locutions précédentes. On serait tenté de croire qu'elle a été calquée sur le latin *amborum*.

Si vait ferir celui ki le dragun teneit,
Qu'*ambure* cravente en la place devant sei
E le dragun e l'enseigne le rei. (Ch. d. R. p. 137.)
(Cfr. ib. p. 62. 64.)

A ceste saint iglise rent tut son tenement,
*Ambure* à l'arcevesque e à tut le covent.
(Th. Cant. 163, 11. 12.)

Cist amena riches compaignes,
Fieres, hardies e griffaines,
Chevaliers e serganz *ambore*. (Ben. II, 5535-7.)
Ceo esteit par ces compainnonz,
*Ambur* conte e barons,
 Qui od li erent. (Ben. t. 3. p. 488.)
Si est tel custume en France, à Paris e à Cartres,
Quant Franceis sunt culchiez, que se guiunt e gabent,
E se dient *ambure* e saver e folage. (Charl. p. 27.)

## II. NOMBRES ORDINAUX.

1. Li *primiers*, la *primiere*, en Bourgogne et en Picardie :

Li *primiers* de cez trois trespesset à neif (S. d. S. B. 666). Li *primiere* fontaine si est à toz commune (ib. 539);

et quelquefois déjà *premier* dans les mêmes sermons et d'autres textes:

Maldehait ait qui *premiers* requerra (R. d. C. p. 96).

En Normandie: *primers, premers, primere, premere*, et quelquefois *prime* [1] pour les deux genres; *prime* se disait aussi dans les autres provinces. Cette dernière forme paraît être la première qui soit dérivée de *primus:*

Ferrez i, Francs! nostre est li *premers* colps (Ch. d. R. p. 48). Ja ne verrez cest *premer* meis passet | Qu'il vous suirat en France le regnet (ib. p. 28). La *premere* est de cels de Butentrot (ib. 124). Cil qui *premer* sunt assemble | Ne furent mie desarme (Ben. II, 5261. 2). Et al *primer* si parlerent (R. d. S. p. 28). Treis parties i asignerent | Dunt la *primere* Asye apelerent (Ben. I, 217. 8).

De *primier, premer*, on forma *primerains, primeraine, premerains, premeraine, premierains*: Voy. R. d. M. p. 40. R. d. C. p. 96. Ben. v. 5158. Ph. M. v. 83. Ch. d. R. Int. LIV. Des *primieremes* venues (1289. J. v. H. p. 530).

2. Li *seconz*, le *secont*, la *seconde* (qu'on trouve souvent écrit *segont* [2], Ben. v. 19996) en Bourgogne et Picardie; en Normandie *secunz, secund, secunde* (Rym. 1270. I, 2. p. 115).

Li *seconz*, del primier et del *secont* (S. d. S. B. p. 566), en la *seconde* (ib. p. 553), li *secunz* (Ben. I, p. 79 et v. 24912), al *secund* an (Q. L. d. R. IV, p. 395).

3. Li *tierz*, la *tierce*, le *tiers*, en Bourgogne; li *tierch*, la *tierche*, la *terche*, li *tierc*, le *tierc*, en Picardie; li *terz, terce*, en Normandie.

---

(1) On trouve aussi *prim*, *prin* (Ph. M. 24181).
(2) C'est de là sans doute que nous est restée la prononciation *ce-gon*.

Li *tierz* usaiges des awes est li arrosemenz (S. d. S. B. p. 538). Et en la *tierce* apparut bien k'il estoit vrais Deus (ib. 553).

Et fu li *tiers* feu en Constantinople desque li François vindrent el païs. (Villeh. 462ᵇ.)

> D'un tronchon revait al *tierch* poindre,
> C'à terre dou cheval le porte. (R. d. l. V. p. 132.)
> Et la *tierche* si l'alaita. (R. d. S. S. v. 1225.)
> Al *tierc* jour k'il est enfouois
> Fu Cildebiers, ses freres, rois. (Ph. M. 1686. 7.)
> La *tierce* fille al roi Henri. (Ib. v. 18247.)
> Li *terz* esteit un bacheler. (Ben. t. 3. p. 492.)
> Et deistes qu'il avoit dit
> Qu'au *terz* jour resusciteroit. (R. d. S. G. 1916. 7.)
> L'altre est de Hums e la *terce* de Hungres. (Ch. d. R. p. 126.)

Toutes ces formes, qui dérivent de *tertius*, restèrent en usage jusqu'au XVIe siècle, de même que le *quart;* néanmoins *tresime, troisieme* se rencontrent déjà au XIIIe siècle.

4. Li *quarz*, le *quart*, la *quarte*.

Li *quarz* out num Adonies. (Q. L. d. R. II, 129.)

Al *quart* an le rei Ezechie... vint Salmanassar. (Q. L. d. R. IV, 406.)

Cuydes tu c'un puist ancor atroveir la *quarte* fontaine. (S. d. S. B. 539.)

5. Li *quinz*, le *quint*, la *quinte*.

Li *quinz* out num Saphatiel, e fiz fud Abigail. (Q. L. d. R. II, 129.) — Por la *quinte* (S. d. S. B. p. 540.)

Cependant on trouve *cinquime* quelques lignes plus bas, et très-souvent à la fin du XIIIe siècle: mi *chincquime*, nous *chinquime* (1285. J. v. H. p. 434. 5).

6. Li *sistes*, la *siste*, dans la Bourgogne propre *sixte*. Plus tard *sesime, sisime*. En Normandie, quelquefois *sime*.

> Li *sistes* out num Jethraam. (Q. L. d. R. 129.)
> Ne vos cont pas ne ne retrai
> La *siste* part de la dolor... (Ben. 19009. 10.)
> L'an de nostre regne *sime*. (1278. Rym. I, 2. p. 168.)

7. *Septime* (Villeh. 450ᵃ), *sietme* (Phil. M. 13643), *sietime* (ib.), *sedme* (Ch. d. R. p. 125), *setme* (Q. L. d. R. II, 160), *setyme* (1277. Rym. I, 2. 160).

Les formes *sieme* (P. d. B. 7361), *seme* (Brut. 12784) ont été très-peu usitées.

8. En Bourgogne: *oytisme* (S. d. S. B.), *huitisme* (Villeh. 450); en Picardie: *witisme* (J. v. H. p. 537), *oitauve* (H. g. d. D. d. B. p. 138), *uitisme* (R. d. S. S. v. 590), *uitime* (Rutb. II, 17); en Normandie: *uitme* (Q. L. d. R. III, 266), *oitme*, *oidme* (Ch. d. R. 125. str. 233. 5), *oisme* (R. d. R. 14348), *oime* (Ben. II, 7882),

*uime* (Brut. 12788), *utime* (1259. Rym. I, 3. 162), *utisme* (1280. Ib. I, 2. 188).

9. *Noveme* (Th. N. A.), *nuevime* (Rutb. II, 18), *noevime* (R. d. l. M. 1169), *nuevisme* (Ch. d. R. Int. XXVIII), *neuvisme* (Ph. M. 3599), *nuefme*, *nofme* (Q. L. d. R. 434), *nofime*, *newyme* (1269. Rym. I, 2. 113), *novime* (1280. Ib. I, 2. 194) et *nueme* (P. d. B. 10355. Chr. d. Tr. III, 169).

10. *Disme* (Ben. 7862), *dixme* (M. s. P. II, 553), *diesme* (Chast. XIII, 241), *dizeime* (Rutb. I, 147), *disimes* (Ch. d. S. I, 199), *dezime* (Rym. I, 3. 89), *decieme* (dans une charte de Montbéliard. M. et D. p. 468).

11. *Onzime* (Ph. M. 3602), *unzime* (Rym. I, 2. 220).

12. *Douzime* (Ph. M. 1564), *dudzime* (L. d. G. 16), *duzime* (Q. L. d. R. 401), *dousieme* (1286. M. s. P. II, 662).

13. *Trezime* (Ph. M. 3605), *treszime* (Ben. II, 11020), *treezime* (Charl. 117).

14. *Quatorzime* (Q. L. d. R. 407).

15. *Quinzime* (Rym. I, 2. 109. Q. L. d. R. 302).

16. *Seisime*, *sezime* (Rym. I, 2. 109), *sezzime* (1271. Ib. I, 2. 118), *sezme* (Ben. 39208), *saizime* (Ph. M. 1694).

17. *Disetisme* (Brut. 15269), *disietime* (Ph. M. 3610).

18. *Disutime* (1272. Rym. I, 2. 123), *dis et witisme* (Ph. M. 3612).

19. *Dis e nofme* (Q. L. d. R. IV, 435).

20. *Vintime* (1274. Rym. I, 2. 140. Q. L. d. R. 269. 395.)

21. *Vintunisme* (H. d. M. 177), *vyntysme premer* (1292. Rym. I, 3. 115).

24. *Vint et quart* (Rym. I, 3. 162).

26. *Vint et sisme* (1296. Rym. I, 3. 162. Q. L. d. R. 306), *vintesisisme* (H. d. C. 1300).

28. *Vint utime* (1296. Rym. I, 3. 162).

30. *Trentisme* (S. d. S. B. 553), *trentime* (Q. L. d. R. 303).

36. *Trente siste* (L. d. G. 17).

37. *Trente setme* (Q. L. d. R. 437).

38. *Trente uitme* (Q. L. d. R. 392).

39. *Trente nuefme* (Q. L. d. R. 393).

40. *Quarantime* (Q. L. d. R. 173).

42. *Quaraunte secund* (Rym. I, 2. 109).

50. *Cinquantime* (Q. L. d. R. IV, 394), *cinquantieme partie* (M. s. P. II, 553).

55. *Cinquante quinte* (Rym. I, 2. 118).

60. *Sissantisme* (O. d. D. 3977).

et ainsi des autres.

Il faut venir jusqu'au XIVe siècle, pour trouver employée fréquemment et avec quelque régularité notre terminaison *ième;* les deux orthographes *ime* et *isme* ont été les seules bien autorisées dans toutes les provinces, au XIIIe siècle. *Ime* a toujours prévalu dans la Normandie, *isme* en Picardie, où il a pris naissance.

## REMARQUE.

La Chronique des Ducs de Normandie offre, pour les noms de nombre ordinaux 7, 8, 9, 10, 13, une forme en *ain*, que je n'ai retrouvée nulle part.

    Sol doze abez e sis evesques
   E li *setains* li arcevesques
   Furent à son enterrement. (Ben. 39781-3.)
   De ci qu'au rei Henri l'*oitains*. (Ib. 39819.)
   Dreit à l'*uitain* jor de decembre. (Ib. 42282.)
   Dreit au *novain* jor de fevrer. (Ib. 41520.)
   E li *dizains* fust sol demis. (Ib. 34083.)
   Dreit au *disain* jor de septenbre. (Ib. 39639.)
   Dunt la *disaine* legion. (Ib. 23763.)
   La setme part e la *disaine*. (Ib. 26100.)
  Martius, qui, sei *trezains*, vint au duc de Peitiers. (Ib. I, p. 462.)

Ces formes ont-elles été calquées sur *premerain*, ou dérivent-elles directement des adjectifs latins en *anus?*

Les exemples suivants peuvent encore servir de termes de comparaison:

à nos *devantrains* = devanciers, prédécesseurs (1286. J. v. H. p. 442) — li *derrains* (dernier) paemens (ib. 408) — *daarain* (Brut. 4684) — *derreain* (Ch. d. S. I, 165) — *deerrain* (Dol. p. 201), etc.

en Bourgogne:

li *dairiene* pense (S. d. S. B. p. 556) — *devantrien* (ib.).

On employait ordinairement les noms de nombre ordinaux pour désigner la suite des princes de même nom:

Charles li *quarz*, qui fu li maires. (Ben. I, 806.)

Montaigne même se sert encore, dans ce cas, des nombres ordinaux.

Au lieu de *lui*, on employait *soi* avec les nombres ordinaux:

Il va avant, *soi tierz*, por pesoier. (Ch. d. R. Int. p. XLI.)
   ... S'en retorne lues droit arriere,
   Par une anciene charriere,
   *Soi tierz* de chevaliers riant. (Romv. 581.)

Cependant le XIIIe siècle fournit déjà quelques exemples de *lui:*
   Quant, à l'entree d'une angarde,
   *Lui dissime* nos corrut soure. (Dol. p. 240.)

Dans les serments on trouve: *soi quarte*, *quinte main*, etc.
Si s'en escondirad sei *dudzime main*. (L. d. G. 16. p. 179.)
Sci *trentesiste mein*. (Ib. 17.)

## *III.* NOMBRES MULTIPLICATIFS.

De toutes nos formes: *double*, *triple*, *quadruple*, etc. les seules dont je puisse citer des exemples, appartenant au XIIIe siècle, sont les suivantes:

*Dovule* tesmognage. (H. d. M. p. 179.)
U ferions payer à *doble*. (J. v. H. p. 552.)
Qui por Deu à ce se veut metre,
Qui bien veut faire et mal demetre,
Cil puet *dobles* henors conquerre,
L'une el ciel, et l'autre sor terre. (Chast. p. 2. v. 21-24.)
Se vos avez sa rente eue,
Al *doble* li sera rendue. (Ben. 16438. 9.)

Ce avons nos dit par *treble* entendement, ke nos à l'anoiouse anrme metissiens devant diverses drecies, et de ce ke miez li sembleroit en elluist. (M. s. J. p. 448.)

N'est pas ensi, ce dist Rollans,
Quar il n'est qu'un seus Dieux poisans,
Et si est *trebles* en personnes,
Et si te dirai par qeus coses. (Phil. M. 5974-7.)
Et si ne resai par quel iestre,
La *treble* cose puist une iestre. (Ib. 5986. 7.)
En non de Dieu l'esperite
Qui *treibles* est en unite. (Rutb. I, 158.)

## *IV.* NOMBRES COLLECTIFS.

Les noms de nombre collectifs avaient, au XIIIe siècle, la forme que nous leur donnons aujourd'hui:

Dedans la *quinzaine* que je en serois semons (1267. H. d'A. II, 64.)
Par trois *quinsaines* (J. v. H. p. 553).

A moins d'une *qinzaine*. (Ch. d. S. II, 97.)
Par vinz, par *trentaines*, par cenz
Unt tenuz plusurs parlemenz. (R. d. R. 5983. 4.)
Et puis s'en issent tuit ensanble
Por souffrir et travail et paine
Par les desers la *quarentaine*. (Rutb. II, 129.)
Li *cent* de queurs (cuirs). (H. d. M. p. 172.)

E li prince de Philistiim en veneient od *centeines* e od *milliers* de cumbaturs. (Q. L. d. R. I, 112.)

Moerent paien à *millere* e à *cent*. (Ch. d. R. 46, cfr. CX.)

Ces mots servirent à en former de nouveaux: *dizainier*, *quinzenier*, etc. Voy. Roquefort, Gloss. sub verb.

## V. NOMBRES FRACTIONNAIRES.

Le seul nombre fractionnaire qui ait eu, au XIIIe siècle, une forme propre, est:

*Mei*, *meie*, en Bourgogne; *mi*, *mie*, en Picardie; ou bien: *demei*, *demeie*; *demi*, *demie* (dimidium).

*Mei*, *meie*, exprimait l'idée de *milieu*; *demei*, *demeie*, au contraire, signifiant proprement en deux parts égales, emportait le sens de *moitié*. Le premier ne s'employait jamais que joint à un substantif, qu'il précédait immédiatement, au lieu que *demei* pouvait s'ajouter à un nombre pour indiquer que sa quantité était augmentée de la moitié.

A l'ore de *meie* nuit (S. d. S. B.). Ains que passat la *mie* nuit (R. d. S. G. v. 3752), le jor de *mi* quarresme (1281. R. I, 2. p. 190). XLIX arpens et *demi* (1290. H. d'A. II, p. 294).

Se nus de vous me savoit dire
Pour coi cil oisiel ont tel ire,
Il auroit *demi* m'iretaige
Et ma fille au clair visaige. (R. d. S. S. 4792-5.)
De no tresor, mentir ne vos en quier,
Tenroit il s'ost *demi* an tot entier. (O. d. D. 10616. 7.)
An pert aune et *demie*. (Ch. d. S. II, 12.)
Ançois que soit passee la lunoisons *demie*. (Ib. II, 47.)
Quant li vassax l'oï, n'i ot que effreer;
An *demie* liuee ne pot il mot soner. (Ch. d. S. II, 95.)
Grant colp li done sor l'escu au lion,
Qui lui trancha son ermin peliçon
*Demi* le foie et *demi* le poumon. (R. d. C. p. 130.)

L'expression *demi un* (Chast. I, 20), pour signifier *un demi*, est très-rare.

Le substantif répondant à *mei*, était *mez*, *mey*, qui fut bientôt remplacé par le composé *meilleu*, *mileu*. Le substantif de *demei* était *meitie*, *moitiet*, *meitez*. Voy. Ch. d. R. 47. Ben. 16642.

Les autres nombres fractionnaires s'exprimaient le plus souvent par le nom de nombre ordinal et le mot *part*, *partie*: la *tierce partie* = le tiers (1262. M. s. P. I, 352), la *quarte part* (Rutb. I, 401). Ce n'est qu'au XIVe siècle que l'usage d'exprimer les fractions par un seul mot a tout à fait prévalu.

Au lieu de dire le *quart*, on avait dit aussi un *quartier*; mot qui nous est resté dans les *quartiers* de la lune.

De *quart*, on avait formé les noms de certaines mesures de capacité pour les grains:

Sur dex *quartalx* de froment (1294. M. s. P. II, 685). Cil qui tiendra les devant dites choses devra paier ... dous *quartaux* de froment, et dous *quartaux* d'avoine (1280. Ib. II, 662). Au four doit on cuire la *quartrunche* (le quart du quartal) pour un denier (1288. Ib. II, 553). et le substantif *lou quairtage* (H. d. M. III, 189), qui signifie mesurage de grains, mesurage en général.

On a dit aussi de fort bonne heure *disme*, absolument, pour le *dixième*.

> Merveillos furent li suen fait;
> Sol la *disme* n'en est retrait. (Ben. 24982. 3.)
> A tierce et à *dyme* lou reste. (1290. H. d'A. II. 294.)

Les deux genres, le *disme* et la *disme*, étaient également usités; depuis on n'a conservé que le féminin.

Encor retenons lo *dixme* des vignes (1288. M. s. P. II, 553). Apres la collecte *du dixme* (ib. end.). *Diesme* (1268. Ib. I, 366).

Rutebuef I, 235. 236 emploie *disimes*.

De *disme* on a fait *redisme*, *dismer*, *redismer*. Voy. Q. L. d. R. I, 27. R. d. R. 9847-54, 12570 et seqq.

## APPENDICE.

Je crois utile de citer ici encore quelques mots qui, sans être noms de nombre, tiennent à ces derniers par leur dérivation. Nos ancêtres divisaient le jour[1] de la manière suivante:

> Treschà demain *prime* sonnant. (R. d. S. S. v. 2093.)
> Endroit le *prime*, quant solaus fu leves. (O. d. D. v. 7627.)
> Li pueples qui là demoura,
> A l'eure de *tierce* assena
> Car quant à ce Graal iroient
> Sen service l'apeleroient. (R. d. S. G. 2679-82.)
> Ce prochain mardi dedens cure de *nonne* (3 h. apr. midi).
> (J. v. H. 476.)
> Quant *none* suna. (R. d. R. 9433.)

*Primsoir*, *prinsoir*, ou l'*anuitant*, l'heure de la tombée de la nuit, le commencement de la soirée. Voy. R. d. R. 9436.

*Prinsome*, *primson*, l'heure du premier sommeil, entre dix heures et minuit. Voy. Tristan I, p. 34, v. 622.

---

(1) Autrefois on se servait des nuits pour compter le temps, et non des jours, comme nous les faisons maintenant. Cette manière de compter s'est même conservée dans les usages judiciaires. On lit dans César: Spatia omnis temporis non numero dierum sed noctium finiunt. (De Bello gallico, l. VI.)

*Mienuit* (Villeh. 457ᵉ).   *Miedi* (Rutb. II, 131).
L'*ajornée* (M. d. M. p. 49).

On rencontre très-souvent dans la formule finale des actes de Lorraine et du comté de Bourgogne l'expression *milliaire*, qui équivalait à peu près à la nôtre: le *millésime*, et qui ne signifiait pas autre chose que la date, l'année du siècle, ou bien les mille ans, la révolution de mille ans, en un sens indéterminé.

Ces lettres faites l'an que li *milliaire* de l'Incarnation N. S. J. C. corroit per MCC et LXXV (M. s. P. II, 587). Ci (?) roumanz fu faiz l'an de graice nostre signour quant *li milliaires* (corroit) par mil .CCC. et vint et quaitre le samedi apres le saicrement (Romv. 365).

# CHAPITRE V.

## DU PRONOM.

### A. DES PRONOMS PERSONNELS.

Aux XIIe et XIIIe siècles, les pronoms personnels avaient pour formes:

SINGULIER.           PLURIEL.

*Première personne:*

*Suj.* ju, jeu, jou, jo, jeo, je, ge, gie    nos, nous, nus, no
*Rég.* me, mi, moi, mei, mai.        nos, nous, nus.

*Seconde personne:*

*Suj.* tu                           vos, vous, vus
*Rég.* te, ti, toi, tei.             vos, vous, vus.

*Troisième personne:*

MASCULIN.

*Suj.* il                            il
*Rég. dir.* lo, le, lu, lou         les, ols, als, els
*Rég. indir.* li, lui (loi).         lor, lour, leur, lur.
                                  ols, als, els
                                  ous, aus, eus.

FÉMININ.

*Suj.* ale, ele, el, eille          eles, els
*Rég. dir.* la, lai, lei, lie, le    les, eles
*Rég. indir.* li.                    lou, lour, leur, lur
                                  eles.

PRONOM PERSONNEL RÉFLÉCHI DE LA TROISIÈME PERSONNE POUR LES DEUX GENRES:

se, soi, sei, si.

*a.* Le sujet singulier de la première personne a été primitivement: en Bourgogne *ju*, en Picardie *jou*, en Normandie *jo*, *jeo*. Il n'y a point de texte, il est vrai, qui emploie régulièrement une seule de ces formes; mais moins elles sont mélangées, plus les textes où elles se rencontrent sont anciens et purs.

Ces formes primitives ont de bonne heure produit *je*, qui se montre déjà de loin à loin dans les Sermons de saint Bernard. *Je* a prévalu en Bourgogne dès la première moitié du XIIIe siècle, tandis que, dans la Picardie, la forme *jou* se trouve employée avec *je* jusque dans le XIVe.

Ex.: Ke feroie *ju* se desperer non, quant *ju* oroie dire ke cil vient cuy loi *ju* ai si griement trespasseit? (S. d. S. B. p. 548.)

Dame, *jou* ne l'os refuser,
Ne *jou* ne puis ne *jou* ne doi. (Chr. d. Tr. III, 49.)

Mais *jo* irrai là ù *jo* purrai. (Q. L. d. R. II, 175.)

E si *jo* l'aim, *jeo* ferai mal. (M. d. F. Eq. p. 118.)

*Je* ne puis faire nul greinur sens. (Trist. II, p. 98.)

Quelques textes picards écrivent *jous*, sourtout devant une voyelle. Cette variante orthographique n'a pas été fort répandue.

A la forme *je* s'est mêlée la variante d'orthographe *ge*, qui paraît née en Champagne vers la fin du premier tiers du XIIIe siècle. Les premiers textes où elle se trouve, sont, en Bourgogne, les Moralités sur Job, en Normandie, le Roman de Charlemagne.

Ex.: *Ge* ai scellé ces lettres de mon seal. (1233. M. s. P. I, 342.)

*Ge* suis tenu tenir en pax cele terre. (Ib.)

*Je* se trouve dans la même charte.

*Ge* roverai le pere et li vos donrat un altre conforteor. (M. s. J. p. 477.)

A *ge* se rapporte *gie*, qui se rencontre d'abord dans la partie de l'Ile-de-France qui avoisine la Champagne, puis dans le comté de Bourgogne, la Lorraine et le Poitou.

Et s'il estoit pris ou arrestez por autre chose, *gie* lui sui tenu à aider a delivrer à buene foi. (1231. H. d. M. p. 128.)

*Gie* Ottes, dux de Mirane et cuens de Borgoigne Palazins faz à savoir à tos ces qui verrunt ces lettres, que *gie* ay cex covenances à Hugom le duc de Bourgoigne que se *gie* li requier *gie* ou mes comandans, etc. (1242. H. d. B. II, XV.)

Au lieu de *jeo*, la Normandie a eu la variante *jeu*, qui ne paraît pas avoir été souvent employée.

*Jeu* Belot Taillefer... ai recheu... (M. d. B. p. 1177.)

Deables dist: Tu me faiz tort,
Ke me tout l'alme ke *jeu* port. (R. d. R. 5542. 3.)

De ce que j'ai assigné ci-dessus la forme *jo* à la Normandie, il ne s'en suit pas, à beaucoup près, qu'on ne la rencontre que dans cette province. Les textes picards et champenois du XIIIe siècle en font souvent usage.

La lettre *i* de ces différentes formes de notre pronom *je* s'est-elle toujours prononcée en consonne? Pour ce qui est de *je*, l'orthographe *ge*, ne laisse aucun doute sur sa prononciation; quant à *ieo, ieu, io, iu*, il est assez difficile de décider la question. L'analogie de l'italien *io* et de l'espagnol *yo*, les formes *io, eo* des Serments, sont en faveur de la voyelle; mais dès la fin du XIIe siècle l'*i* de *ieo, ieu, io, iu* doit avoir pris le son chuintant, car alors on trouve ces formes à côté de *je*, et il n'est pas probable que l'on ait prononcé les unes en voyelle et l'autre en consonne. Je n'entends pas dire, du reste, que le changement de l'*i* en *j* se soit opéré partout à la même époque; on ne peut révoquer en doute que l'*i* avait, depuis longtemps le son de *j* dans certaines localités, qu'il se prononçait encore en voyelle dans d'autres.

*b*. Les deux formes primitives des régimes du singulier du pronom de la première personne ont été, en Bourgogne: *me*, régime direct ou régime des verbes; *mi*, régime indirect ou régime des prépositions.

Ensi, chier sire, saine *me* et si serai saneiz; fai *me* salf et si serai salveiz, glorifie *me* et si serai glorious. (S. d. S. B. p. 531.)

Apele *me* el jor de tribulation. (Ib. p. 539.)

Tuit ont de *mi* envie, mais ju envois et si *me* demosterrai teil à ols, ke ... (Ib. p. 524.)

De tant est li plus chiers à *mi*, de tant cum est il plus vils por *mi*. (Ib. p. 547.)

Cil, dist il, ki nen est ensemble *mi*, est encontre *mi*, et cil ki avoc *mi* n'est assemblet, despart. (Ib. 557.)

Cette règle n'était observée ni en Normandie, ni en Picardie.

La forme *me*, dit Fallot, n'est même point du langage picard, et si elle y a jamais existé, ce n'a pu être que fort tard et d'emprunt. La raison en est fort claire à donner: l'*e* muet picard valait notre *a* primitif bourguignon et nullement notre *e* muet; partout où celui-ci est primitif en Bourgogne, il est remplacé, dans le picard, par des syllabes primitives en *oi* ou en *i*; ainsi le *me* primitif de Bourgogne n'a pu être en Picardie que *moi* ou *mi*.

Les chartes prouvent, en effet, que la Picardie septentrionale n'a eu primitivement, pour le pronom personnel régime de la première personne, qu'une seule forme *mi*, employée dans tous les cas. Cet usage se conserva même dans les chartes jusqu'à la fin du XIIIe siècle. La forme *moi*, née dans cette partie des provinces picardes qui avoisine l'Ile-de-France, s'employait tout à fait comme *mi*. *Moi* passa de bonne heure dans le langage de Bourgogne, où il remplaça bientôt *mi*.

Ex.: Et toutes ces choses devant dites tient il de *mi* en fie et en homage lige. (1238. Th. N. A. I, 1007.)

Et si le wel et otrois por *mi* et por mes hoirs. (1256, Ib. I, 1080.)

Oblige *mi* et les miens. (1266. H. d. L. p. 610.)

Ne ne reclamerai à tousjours, ne par *mi* ne par autrui. (Ib. p. 610.)

Et de chou faire et remplir oblege jou *mi* et men hoir à monsegneur l'evesque. (1277. Ph. M. t. 2. Intr. CCCIX.)

Rien ne demanderay par *mi* ne par autrui. (Ib. ead.)

De ce oblige je *mi* et mes hoirs à luy. (1289. J. v. H. p. 496.)

Tu *moi* livras l'occasion de pechiet cant tu *moi* donas la femme. (M. s. J. p. 462.)

Totes choses loisent à *moi*; mais totes choses ne *moi* sont mie besoniables. (Ib. p. 472.)

Mais en ce ne sui je mie justifiez, mais cil ki *moi* juget, ce est nostre Sires; alsi com se il disoit overtement: Et bien *moi* ramembret ke je droites choses ai fait, et nekedent ne *moi* fi mie de mes merites. (Ib. 482.)

Lor chevetaine ont de *mi* fait. (Brut. v. 235.)

Sire, dit il, por saint Simon !
Car faites .j. markiet à *mi*. (R. d. M. d'A. p. 8.)

Ma damoisiele, que aves,
Par cele foi que *moi* deves,
Que si vous voi et pale et tainte? (R. d. l. V. 3383-5.)

S'aves en *mi* tel paine mise,
Que vous, si com je sai or primes,
M'aves rendu à *moi* meismes. (Chr. d. Tr. III, 101.)

Parlez à *moi*, amis, se faire le poez.
Vos me proiastes ja tex jors fu ajornez:
S'adonques vos oï, la bonde *me* randez. (Ch. d. S. II, 155.)

On voit, dans cet exemple, *moi* remplacer *mi*, et *me* conserver son emploi auprès du verbe.

Résumant ce que je viens de dire, on remarquera que *moi* avait, dans les dialectes de Picardie et de Bourgogne, vers le milieu du XIIIe siècle, un usage opposé: dans le premier, il tenait lieu de *me*, et s'employait comme régime des verbes; dans le second, il tendait à remplacer *mi* et il servait de régime aux prépositions. *Mi* devenait chaque jour plus rare en Bourgogne, et *me* s'introduisait en Picardie, pour accompagner les verbes.

Par cele foi ke *moi* deves
Moles mon ble, si *me* hastes
Que je *m*'en puisse repairier. (R. d. M. d'A. p. 2.)

La Normandie n'a pas connu *mi*; elle avait *me* et *moi*, qu'elle écrivait *mei*.

Et tu m'as oïd e delivreras *mei*, tue ancele, de tuz ces ki *mei* e mun fiz voleient oster del heritage nostre Seignur. (Q. L. d. R. II, 169.)

Tu as sewid les malvaises traces Jeroboam, e as fait pecchier cez de Israel pur *mei* atarier. (Ib. III, 306.)

    Sire, jo plur pur nostre amur,
    Qui *mei* revert à grant dolur. (M. d. F. Eq. 213. 4.)
    *Mei* est vis que trop targe. (Ch. d. R. 26.)
    Eissi le voil à mes eirs gerpir,
    Qui apres *mei* sunt à venir,
    Que si le tiengent d'or en avant. (Chr. A. N. I, 287.)
    E de ço ne *me* poez enplaider. (L. d. G. 184, 38.)

On trouve *de mu* dans la Ch. d. R. p. 92, CLXXIII; c'est certainement une faute.

En Touraine, on avait la variante orthographique *mai*:
    Il dit: Ore vai un bon sergant,
    Fetes le *mai* venir avant. (Trist. II, 101.)
    K'en avez fet? Mustrez le *mai?* (Ib. 132.)

c. Les pluriels de la première personne étaient: en Bourgogne *nos*; en Picardie: suj. *no, noi, nou*; rég. *nos, nous*; *nus* en Normandie. La forme *nous* s'introduisit dans le langage de Bourgogne vers le milieu du XIIIe siècle.

La forme de ces pronoms personnels existant en même temps comme celle des pronoms possessifs, les dialectes bourguignon et normand avaient pris l'habitude, pour les distinguer, d'écrire par un *s* final le pronom personnel, et par un *z* le pronom possessif.

*Nos* avons de la fontaine de misericorde les awes de remission por laveir *noz* colpes. (S. d. S. B. p. 539.)

Pur quei *nus* ad Deus à cest jur si descunfiz? fachun venir l'arche Deu de Sylo, e seit od *nus*; que Deus *nus* salved de *noz* enemis. (Q. L. d. R. 1, 14.)

Sire, quant *nos nos* rendimes à toi, et *nos nos* revelames contre les Francs, tu *nos* juras que tu *nos* garderoies en bone foi et salveroies. (Villeh. 482 ᵈ·ᵉ·)

    Et garnissons *noz* viles, *noz* chastiax, *noz* citez:
    Se Karles *nos* essaut, deffans li soit livrez;
    Miez *nos* vauroit il estre de *noz* alues gitez,
    Que dedanz remanoir por estre serf clamez. (Ch. d. S. II, 39.)
    Si resemblereit traïson,
    Qu'od *nus* vint ça senz sospeçon,
    Qu'il est des *noz* e devers *nos*. (Ben. 19532-4.)

Quant à la Picardie, la forme plurielle du pronom personnel de la première personne y était d'abord sans *s* final et invariable.

Puis on écrivit *nos, nous,* sans distinguer, comme dans les deux autres dialectes, le pronom personnel du pronom possessif. Cet usage s'introduisit en Bourgogne après le premier tiers du XIIIe siècle et y troubla la règle précédente; on la voit disparaître peu à peu, et après 1250, on trouve *nos, nos* écrits arbitrairement dans la plupart des textes. La forme *no* resta plus spécialement en Picardie, où elle se restreignit pour l'ordinaire à l'usage du pronom possessif.

Ex.: *No* aviemes, *no* poieons, etc. (H. d. C. p. 18.)
En oblijons de ce *nos* et *nos* hoirs. (1265. H. d. B. II, 29.)
Et de *nos* armes garnis et conreciz. (G. d. V. 1411.)

La forme *nous* était déjà très-usitée après le premier quart du XIIIe siècle.

*d.* La forme du singulier sujet de la seconde personne, *tu,* n'a jamais varié.

Les formes des régimes, *ti, te, toi,* et du pluriel *vos, vous,* en Normandie *te, tei* et *vus,* étaient de tout point soumises aux règles que j'ai données sur la première personne.

Ex.: Mais por ceu ke *tu te* conoisses, o tu sainte espouse, de *ti* est conforteie cele mervillouse visions. (S. d. S. B. p. 528.)
Ke wels *tu,* ce dist nostre Sires à cel aveule, ke ju *te* face? (Ib. p. 558.)
A *ti* n'est il mies espoentaules, à cui k'il lo soit. (Ib. 537.)
Oyng donkes ton chief, retornanz à celui ki desor *ti* est, tot ceu k'en *ti* est de devotion, de deleyt et d'affection. (Ib. 563.)
Quant li tems de sainte glise serat acompliz, et *tu toi* feras conissable en la dairiene esprovance, guerredone ensi les biens cui *tu* nos aras doneiz, ke *tu* ne requeres mie les malz cui nos arons faiz. (M. s. J. 461.)
Mors, *ti* suelent cremir li saige. (V. s. l. M. l.)
Or m'an vangerai je trestot à mon talant,
Coperai *toi* le chief à mon acerin brant. (Ch. d. S. II, 146.)
Mauderai *toi* par Perinis
Les noveles de la roi cort. (Trist. I, 136.)
Je t'ai leved del puldrer e rei *te* ai fait sur Israel. (Q. L. d. R. III, 306.)
Ami Rollans, de *tei* ait Deus mercit!
L'anme de *tei* seit mise en pareis!
Ki *tei* ad mort, France ad mis en exill. (Ch. d. R. p. 113.)
Vers *tei* ai la mort deservi. (R. d. S. p. 12.)
Si je *te* prennoie à signour... (R. d. M. 549.)
N'est pas avenant ke si *tei* plaist
Ke je sun regne issi *te* laist. (R. d. R. 12009-10.)

Si ke nos aiens glore en *vos* es eglises Deu por vostre patience et vostre foit en totes *voz* persecutions et *voz* tribulations cui *vos* soffreiz el exemple del droit jugement Deu. (M. s. J. p. 474.)

Amis,
En grant painne *vous* a cil mis
Qui de moi *vous* fist eslongier;
Mais *vos* anuis deit alegier
De chou que trouvee m'aves. (R. d. l. V. 5777-81.)

Cet exemple prouve qu'au milieu du XIIIe siècle, le dialecte picard distinguait *vous*, pronom personnel, de *vos*, pronom possessif.

Mais ore *vus* haitez, e seiez forz champiuns, Philistiim, que *vus* ne servez as Hebreus, si cum il unt servi à *vus*. (Q. L. d. R. I, 15.)

*Vus vus* tendrez âpaie. (1280. Rym. I. 2. p. 188.)

e. Le sujet masculin de la troisième personne, singulier et pluriel, était *il*, invariable.

J'ai cherché à savoir, dit Fallot, en feuilletant le recueil des Ordonnances des Rois de France, à quelle époque précise s'est introduit l'usage de donner à *il* un *s* au pluriel, et quelle a été l'époque où cet usage a prévalu. Or, le premier exemple que j'y aie trouvé de l'orthographe du pluriel *ils* est de 1305; il y en a même déjà plusieurs de cette année. Mais l'usage du pluriel *il* continue d'y dominer, non sans des exceptions toujours plus nombreuses, jusque vers 1340; ce n'est qu'entre 1345 et 1350 qu'on le voit tomber rapidement, et enfin, en 1354, se présentent des exemples de *il* pluriel: „qu'*il* auront, qu'*il* apporteront", qui sont à peu près les derniers: *ils* alors avait complètement prévalu.

Le sujet féminin singulier était *ele*, dont la forme primitive, en Bourgogne, paraît avoir été *ale*, qui se trouve quelquefois dans les S. d. S. B. *Ele*, du reste, s'est fixé de bonne heure dans toutes les provinces et n'a plus changé. Au pluriel, *ele* prenait un *s*, même comme sujet.

Il était permis, dans tous les dialectes, de supprimer le second *e*, et d'écrire *el*, *els*. Cette forme était surtout en usage dans le langage de l'Ile-de-France pendant la seconde moitié du XIIIe siècle.

Ex.: Et cil Hysboseth ne morust ja de ceste mort, se *il* n'oust une femme mise à la porte de sa maison. (M. s. J. p. 444.)

Alcune foiz dient li saint homme alcune chose dont *il* descendent az petiz; alcune foiz, alcune chose cant *il* esgardent les sovrainetciz. (Ib. p. 475.)

Pur ço cumandad Jeroboam à la reine que *ele* de sa vesture se deguisast e ki *ele* fust mult bien celast. (Q. L. d. R. III, 291.)

Car coment feroient *eles* à altrui ceu k'*eles* ne welent mies c'un facet a *ales*? (S. d. S. B. 564.)

Quant *ele* vient à sa seror,
*El* le reçoit à grant honor. (P. d. B. 6317. 18.)
... Et les vertuz sont essauciez
S'orrez comment *els* sont haucies
Et comment visce sont vaincu. (Rutb. II, 57.)

On trouve quelquefois *ile*, *il*, pour *ele*, *el*, dans la Picardie; mais les exemples de ces formes sont trop rares, pour qu'on puisse supposer que *ile* y ait été primitif de *ele*. Voy. G. d. V. v. 879. R. d. l. M. v. 2969.

En Lorraine, dans la Franche-Comté, et au sud de l'Ile-de-France, on a souvent écrit *eile* pour *ele*; dans quelques contrées de la Normandie, *eule*.

Or gardez l'ovre, à queu tend *eille*. (Ben. 15410.)

Toutes les choses dessus dites et checune d'*eulles* doivent demorer et demorent au dit vicomte. (1288. M. d. B. p. 1085 [Ploermel].)

Le Chant d'Eulalie a partout *elle*; mais cette orthographe fut bientôt abandonnée, à ce qu'il paraît, et elle n'a commencé à redevenir fréquente que tout à la fin du XIIIe siècle.

*f.* Les régimes du singulier du pronom de la troisième personne étaient au *masculin*:

*Lo*, *lou*, *le*, *lu*, pour le régime direct des verbes;
*Li* pour le régime indirect des verbes;
*Lui* pour le régime des prépositions.

Au *féminin*:

*La*, *lai*; de plus, en Bourgogne: *lei*; dans les autres provinces: *lie*; et encore *le* en Picardie; pour le régime direct des verbes;
*Li*, régime indirect des verbes;
*Lei*, *lie*, régime des prépositions.

Ex.: Por Deu, cher freire, fuyez orgoil et forment *lo* fuyez. (S. d. S. B. 523.)

Maiz ciz reboissemenz nos gardet l'entendement quant il *lo* nos tolt, car cant il abaisset *lo* cuer en un moment, si *lo* confermet il plus vraiement por entendre les haltes choses. (M. s. J. p. 504.)

Je boutai mon doit en ma boche
Si ke li anels fu dedans,
Tot par mi *lou* tranchai as dans. (Dol. p. 251.)

E li culverz mist sa une main vers la terre pur la spee lever, e l'altre main mist vers le mentun Amase; cum il *le* volsist baisier, e par la barbe *le* saisid, e del espee sudement *le* ferid. (Q. L. d. R. II, 198.)

Pechiet ai à *lui* sol; mais tot ceu ke cil pardonerat serat pardoneit, car il *li* loist faire tot ceu k'il welt. (S. d. S. B. p. 548.)

Il la dottevet totes voies (la vaine glore), mais ne mies por *luy*. (Ib. p. 553.)

Et quant li reis ventrad pur tei veer, si *li* dirras ... (Q. L. d. R. II, p. 163.)

Si aturnad un mol mangier devant *lui*, à sun oes. (Ib. ead.)

Lors *li* failli li cuers, chiet *li* li brans d'acier. (Ch. d. S. II, 146.)

Devant *lui* s'aresta, si le va regardant. (Ib. ead.)

  Mais li rois en fu si maris
  K'il n'ot en *lui* joie ne ris. (Ph. M. 24359. 60.)
  Papes Grigories *li* donna
  Del sien, et moult promis *li* a. (Ib. 29526. 7.)

Estudiez vos en humiliteit, ki est fondement et warde de totes vertuiz; enseuez *lai*, car ele sole puet salver voz aiurmes. (S. d. S. B. p. 535.)

Cette forme *lai* était aussi de la Bourgogne.

Orgoils est ki sofferz ne puet estre, ke lai soit emileiz et esleveiz li vermissels, lai où li divine majesteiz humiliat *lei* meismes. (S. d. S. B. p. 535.)

Ne laisset mie la pense la culpe estre senz penitence ke ele ne servet à *lei*. (M. s. J. p. 461.)

Quar la parfite pense est mult soniouse, ne mie solement ke ele ne facet mal, mais mimes ke ele terdet tot ce ke en *lei* at decorut par laiz penseirs. (Ib. 450.)

Quar la morz de celui donrat dont joie az justes ki *la* verront, cui vie cant il *la* soffrirent lur mut batailhe et cruciemenz. (Ib. 491.)

  Quant el fu hors, cil leva sus,
  Et soentre *lie* ferma l'us. (Chast. XII. v. 101. 2.)
  Qant la vielle dedenz entra,
  Li trichierres *la* salua
  Et celui qui o *lie* veneit. (Ib. XIII. 189-191.)

Celi que dame Marie eslira por *lie*. (1287. M. s. P. I, 363.)

Sis cenz mars de rente, que ele disoit qe nostre pere *ly* devoit. (1274. Rym. I, 2. p. 140.)

On trouve de bonne heure *li* et *lui* confondus et employés l'un pour l'autre; mais ce ne fut que vers la fin du XIIIe siècle, qu'on se servit de *li* de préférence à *lui* avec les prépositions, dans la Picardie, la Champagne et même en Bourgogne.

La forme de régime féminin *lei* n'eut pas cours très-longtemps, *lie* la remplaça bientôt; mais dès que *lie* fut généralement employé, les écrivains et les copistes ne distinguèrent plus *lie* régime des prépositions, de *li*, des deux genres, régime indirect des verbes, et ils écrivirent indistinctement *li* au lieu de *lie*. Cette faute était si générale, dès le milieu du XIIIe siècle, qu'elle fait autorité.

  Si je n'ai *li*, il sont fames asseiz. (G. d. V. 931.)
  Totes ores à *li* pansoit
  Et en travers *la* regardoit,

En regardant *li* sorioit
Et d'amor signe *li* faisoit,
Par ses prives *la* saluoit
Et son presant *li* envooit. (Brut. 8813-8.)
Pur la preere qu'ele me fait,
Vos rendrai à *li* quitement. (Ben. I, 2928. 9.)
Ou palais de Tremoigne a sa fame laissie.
Au departir de *li* l'a doucement baisie
Et ele lui ausi, par fine druerie. (Ch. d. S. I, 15.)

C'est dans la Picardie, je crois, que cette forme *li* pour *lie*, a pris naissance.

J'ai expliqué au chapitre de l'article la forme *le* pour *la*; je me contente donc de donner ici quelques exemples de *le* pronom personnel féminin, régime direct des verbes.

Sire, on me fait entendant que vous avez une fille ... Si vous prie, s'il vous plaist, que vous *le* me donnez. (H. d. V. 496 e.)

Clotaires, ki fu pius et sages,
L'a mandee (Brunehaut) par ses mesages,
Tout aussi que par consillier
Prendre *le* vosist à moullier. (Ph. M. 1232-5.)
Et li rois, qui lever *le* voit,
Li demande que ele avoit. (Chr. A. N. III, 48.)

La forme de régime indirect *lui* était d'abord exclusivement masculine; mais vers 1250 on la voit commencer à servir pour les deux genres.

Celes qui là devant s'en vont,
Entr'eles si grant joie font,
Car cascune selonc *lui* a
L'omme el monde que plus ama. (L. d. Tr. p. 80.)
Vit Melions une pucele
. . . . . . . .
Melion contre *lui* en va,
Molt belement le salua. (L. d. M. p. 46. 47.)
De *lui*, (en parlant d'une femme). (R. d. l. M. v. 2318.)

Si lad. notre fille, que ja n'aviegne, moroit avant que mariage fut fait de *lui* selon qu'il est dit ci dessus. (1292. M. s. P. I, 378.)

La royne gentilz des sains fons la leva
Et la retint o *lui* et forment l'enama.
(Bertr. du Guesclin. v. 7001. 2. XIVᵉ siècle.)

On trouve dans Tristan II, 96. 98; Ben. t. 3. p. 565, etc., la forme *lu* pour *lui*. Cette orthographe, bien qu'admissible, est très-peu autorisée et des bas temps. *Loi* (Ch. d. R. p. 54, CV; p. 140, CCLXIV), s'explique facilement. (Cfr. Verbes, *trouver*.)

*g.* Le régime direct pluriel *les*, pour les deux genres, n'a jamais changé dans la langue.

Le régime indirect des verbes était, au pluriel, *lor*, en Bourgogne; *lour, leur*, en Picardie et en Champagne; *lur*, en Normandie. Ce mot était invariable et servait pour les deux genres.

Et pristrent lor messages priveement de totes les citez de la terre, et *les* envoierent à Joan qui ere roi de Blaquie et de Bogrie, qui *les* avoit guerroiez et guerrooit tot ades. (Villeh. 472ᶜ.)

Et li dux dist qu'il en parleroit à la soe gent, et ce que il troveroit, il le *lor* feroit savoir. (Ib. 435ᵈ.)

Mout *lour* avoit bonne savour. (R. d. l. M. 2120.)

Jeroboam et tut li pobles vindrent al tierz jur devant le rei Roboam, e il *lur* fist dur respuns. (Q. L. d. R. III, 283.)

Pour régime des prépositions, la troisième personne avait au pluriel masculin *ols*, en Bourgogne; *als*, en Champagne, en Bourgogne et en Picardie; *els*, en Picardie et en Normandie.

Ces trois formes primitives produisirent d'abord, par le fléchissement de *l* en *u*, les dérivés *ous, aus, eus*, dont le dernier a fini par prévaloir dans la langue fixée. Ce pronom a eu en outre un grand nombre d'orthographes, dont je vais énumérer quelques-unes, en les classant d'après leur dérivation.

Et si aucune gens viennent à *ols* por *ols* à soscorre, si plongent ensemble *ols* ceos k'il puyent agrappeir, ensi k'il à *ols* ne à ceos ne puyent faire nule ajue. (S. d. S. B. p. 521.)

Ernaus les voit, vers *ous* broiche à bandon. (R. d. C. p. 116.)

Cil t'ont meffait, por *oux* l'amenderai. (Ib. p. 38.)

Piere d'Artois, ralez à *ox* corant. (Ib. p. 127.)

Por *ouls* et por lor hoirs. (H. d. Metz. p. 236.)

E à ce tenir ont obligé *els* e lor heirs, par lor lettres pendanz. (1259. Rym. I, 2. p. 51.)

Mais alons à *els* et lor crions merci. (Villeh. 446ᵇ.)

Eisi (Deus en ait les merciz!)
Sunt de *elz* eschapez e fuiz. (Ben. I, 959. 60.)

Mais de ceu toutes voies qu'il estoient si pres d'*eus*, ne se tenoient il mie pour sage, mais pour fols. (H. d. V. 506ᵉ.)

Dunt haïnos e enemis
Lor devez estre à tuz jors mais,
Que od *euz* n'aiez trive ne pais. (Ben. 4992-4.)

L'universitei la dolante,
Qui se complaint et se demante,
Trueve en *eux* petit d'amistie,
Ce ele d'*ex* eust pitie,
Mais il se sont bien aquitie
De ce que l'Escriture chante... (Rutb. I, 167.)

Au terme que li jors fu pris de respondre, li uns d'*euls* parla. (R. d. S. S. d. R. p. 61.)

Unques entre *eulz* n'orent enfanz. (M. d. F. Yw. 42.)

Mais maugre *eulx* vous ai mon cuer donc. (C. d. C. d. C. p. 57.)

Il connurent bien que c'ere voirs que il disoit, et que c'ere mielz por l'empereor et por *als*. (Villeh. 455ᵉ.)

N'i orent compaignon ne per
Fors que *aus* trois tout seulement. (R. d. l. V. p. 76.)

Chascun d'*auz* broche le destrier arabi. (G. d. V. 2346.)

Davant *aux* voient Rune la parfonde bruant. (Ch. d. S. I, 90.)

Devant *iaus* s'asist à lor pies. (R. d. S. S. v. 506.)

Cette dernière forme a dû avoir un primitif *ials,* que je n'ai rencontré nulle part.

Je n'ai talent que jou mal face tant que puisse en avant; ançois lor voel faire bien et honnour, s'il ne remaint en *iaux*. (H. d. V. 500ᵃ.)

E nous y devons venir dedans le quinsaine que nous en serons semons d'*iauls* u de l'un d'*iauls*, par vive vois u par lettres.... Et se ne poons ne mengier ne dormir hors de le ville, dusques adont que me sire Jehans et me sire Bauduins, et li uns d'*auls* auroit amende ce qu'il auroit u auroient entrepris contre le païs devant dite. (1265. Th. N. A. I, p. 1083. 4.)

Ne de riens n'avoient loisir
Ne d'*iax* veoir ne d'*iax* oïr
Par mesage ne par serjant. (M. d. F. Ep. 165-7.)

Par saint Denise ja n'en porront joir,
Et se vers *ax* vos voliez tenir,
Et vos et *ax* feroie repentir. (M. d. G. p. 120.)

Les boinz escus ont par devant *ealz* mis. (G. d. V. 1485.)

Vraiement dont maldient il Deu, com il quident avoir d'*eaz* ce ke il sunt. (M. s. J. p. 444.)

Vers *eas* turna hastivement. (M. d. F. fab. 21.)

N'i out nul d'*eaus* si tres hardis
Qui là ne fust tuz esbahiz. (Ben. 8678. 9.)

Et se mes sires u ma dame de Flandres dessus dit n'i pooient estre andui ensemble, nous en devons et prometons à croire celui d'*eaux* deus, qui estre u pourroit, de tout ce qu'il en dira. (1286. J. v. H. p. 441.)

Des oiseax di qui s'assanblerent
A pallement, si esgarderent
K'entre *eax* deussent aveir rei. (M. d. F. fab. 22.)

Li barun chevaler
Prient dampne Deu qui (?) de *eauls* ait pited. (Charl. 781. 2.)

Et les formes normandes:

E pus ke nous veoin bien ke nous ne porom mie ateindre jeke à *oens*, nous tornames... (1256. Rym. I, 2. p. 13.)

Ou vers un de *oens*. (Ib. ead.)

Quant li empereres oï le mandement des Lombars, et l'orguel qui fu en *oes*, fu si esmeu d'ire et de rage, qu'il ne desist un tout seul mot, qui li donnast grant chose[1]. (H. d. V. 509 c.)

Sur *oes* (ib. 509 b). Pour *oes* (ib. p. 495 b).

Le féminin *eles* ne donne lieu à aucune observation.

> Entre *eles* est Luciniens. (Dol. p. 169.)
> A une d'*eles* s'en ala
> Asses l'acola et baisa. (L. d'I. v. 227. 8.)

On voit par les exemples précédents que la fonction ordinaire de ces pronoms était, comme je l'ai dit, de servir de régimes aux prépositions; mais qu'ils s'employaient fort bien aussi pour régimes directs des verbes.

### REMARQUE.

Les formes *als*, *els* ou leurs dérivés étaient presque inconnus dans le comté de Bourgogne; on se servait de *lour*, *leur* pour régime des prépositions, comme pour régime indirect des verbes. Cet ancien usage de *leur* est fort remarquable; et les restes qu'on en trouve dans les chartes et les textes des autres provinces, permettent de supposer que c'était un archaïsme conservé dans le comté de Bourgogne, mais qui auparavant avait eu cours dans toute la langue d'oïl.

Ex.: A regart ou à dit desd. arbitres, ou des quatre ou des trois ou des dous de *lour*. (1279. M. s. P. I, 367.)

Noz obligeons de paier à *lour* ou lour hoirs ou à lour comandemenz. (M. et D. i. p. 468.)

Et encour ont volu (le comte et la comtesse de Bourgogne) que noz metiens hun mahour ou dit Montbeliart, dois ceste Pasque procheinement venant jusques à quinze anz, por noz et por *lour*, selonc la forme qui est contenue en la lettre de la dite franchise que noz avons de *lour*. (Ib. p. 466. 7.)

(Cfr. encore Ib. 1282. p. 462. M. s. P. 1291. II, 626. — 1254. II, 631. — 1263. I, 355).

> E prient Deu del cel e la sue vertud
> Del rei Hugun le fort que il les garisset ui,
> Que encuntre *lur* est forment irascud. (Charl. v. 668-70.)

Cet emploi de *leur* s'est conservé fort longtemps dans quelques cantons de l'est; je le retrouve encore dans une charte de 1370. M. et D. i. p. 513: Entre moi d'une part et *lour* d'autre part.

*h.* Les pronoms réfléchis de la troisième personne *se*, *si*, *soi*, *sei*, des deux genres et des deux nombres, étaient réglés dans leur emploi comme ceux des deux premières personnes.

---

(1) Ce passage est fautif dans l'édition de M. P. Pâris. V. p. 221.

Mais li prelait ce sunt cil ki ens neis dexendent en la meir, et ki en maintes awes *se* travaillent. (S. d. S. B. p. 569.)

N'i a celui qui n'ait an *soi* grant poeste. (Ch. d. S. II, 33.)

Par tant covient ke la pense *soi* ellievet ensi de sa sainctait, ke ele soniousement *soi* abaisset en humiliteit. (M. s. J. p. 450.)

Dunkes en tant *soi* doit la pense par plus aigre main de penitence terdre ke plus ele *soi* voit par mi lo consentement enboeie de sordeilhes. (Ib. p.460.)

Por *si* trair à Dius no seigneurs. (H. d. C. II, 18.)

Atraeit à *sei* par ço les quers à ces de Israel. (Q. L. d. R. II, 173.)

En Touraine :

Vunt *sai* entrebaiser. (Charl. v. 253.)

Tristran, quant ot Ysolt numer,
Del quer cumence à supirer,
Purpenset *sai*[1] de une vaidie,
Cum il purrat veer sa amie. (Trist. II, 96.)

## OBSERVATIONS
### SUR LES PRONOMS PERSONNELS.

*a*. Les pronoms personnels se contractaient entre eux, avec les pronoms relatifs, les adverbes et la conjonction *si*.

Ex.: Itant la crei, que *jol* (= je le) sai ben. (Trist. II, 54.)

Car *jel* gre e voil e comant. (Ben. 17253.)

Mes enemis pursiwerai, *sis* (si les) descunfirai, e ne returnerai devant ço que *jos* (je les) destruie. E *jos* destruirai e tut depecerai si que il ne lievent mais. (Q. L. d. R. II, 209.)

S'oïr volez les lettres, *jes* vus sai tres bien dire. (Th. Cant. 114, 26.)

Il est question de prisonniers :

Soz ciel n'a homme se *mes* (me les) volloit tolir
Que ne l'ousasse de m'espee ferir (G. l. L. II, 194.)

Si *tus* (tu les) abaz de la montaigne. (Ben. II, 5606.)

Mes quant ço ert? Nus *nel* (ne le) savons. (M. d. F. II, 480.)

Herupois les esgardent, grant joie en ont eu ;
Par ce q'il *nes* (ne les) connoissent, *nes* ont reconeu. (Ch. d. S. I, 205.)

Chantant s'en torne, *sil* (si le) laissa. (Chast. XIX. 151.)

Prens, fet la reine, cel filet,
*Sel* (si le) li fort à ton gairet. (M. d. F. II, 72.)

Vint as barons, *ses* (si les) a araisones. (O. d. D. 10389.)

De là, par suite du fléchissement de *l* :

E por ce que li quens Alains
Fu vers lui eschis e vilains,
Qui de Bretaigne *neu* (ne le) serveit
Ne qui à sa cort ne veneit. (Ben. 30812-5.)

---

(1) M. Fr. Michel lit *s'ai*, c.-à-d. *s'est*, prenant *purpenset* pour un participe. C'est le présent de l'indicatif.

*Jeu* (Ben. 39218). *Siu* (Agolant. v. 1003).

Ne set ù vait ne n'a *quil* (qui le) maint. (Ben. 16536.)
Dunt vus vient il, *kil* vus dona,
Kar me dites, *kil* vus bailla! (M. d. F. I, 170.)
Ne quida *quel* (que le) volsissiez de rien contralier.
(Th. Cant. 72, 11.)

Brutus *quis* (qui les) encalça as dos
En a en l'eve maint enclos. (Brut. 281. 2.)
Si con il durent descendre du rochier,
Les gardes salent, *ques* (qui les) virent aprocier.
(O. d. D. 8212. 13.)

Ainceis lor fait dire e semundre
Qu'à lui viengent en bone pais,
Senz crieme nule e senz esmais:
*Eissis* (ainsi les) adoucist e apele. (Ben. 37660-3.)
A Everwic vindrent Daneis;
*Làs* (là les) amenierent li Engleis. (Ib. 38931. 2.)
*Làs* sopristrent si faitement. (Ib. 39290.)

Les formes suivantes sur l'authenticité desquelles on a élevé des doutes, sont tout aussi naturelles que les autres; il faut seulement se souvenir que *lu* était primitivement la forme de régime direct du pronom de la troisième personne dans le langage de Normandie, et *lo*, *lou*, celles du même pronom dans le dialecte bourguignon.

Dei jo ceste gent ocire, bel pere? — *Nu*[1] (ne le) fras, respundi li prophetes. (Q. L. d. R. IV, 368.)

Bien set li rois fort le menace,
Ne laira pas qu'il *nu* defface. (Trist. I, 19.)
Li rois vait molt le nain querant,
*Nu* puet trover, si en a duel grant. (Ib. ead.)
Dist Pilates delivrement:
„Alez le penre (le cors de Jhesu) isnelement."
— Sire, unes granz genz et forz sunt
Bien sai penre *nou* (ne le) me leirunt. (R. d. S. G. 467-470.)

(Cfr. Ib. v. 541. 544. 1320. 1855. 1952.)

Le loial jugement del regne
En feroie sans demouranche;
*Nou* lairoie pour toute Franche. (R. d. S. S. v. 4203-5.)
Mult criem, fait cil, je m'en repente.
— *No* fereiz veir, ainz seiez fiz
Qu'enorez estes e gariz. (Ben. 16749-51.)
.I. mes an vint à Karle, *sou* (si le) trueve an son palais.
(Ch. d. S. I, 71.)

(1) La forme *nul* (Trist. II, 119.) est nécessairement fautive; il faut lire ou *nu* ou *nel*.

Où que il voit le roi, *sou* prant à arraisner. (Ib. II, 153.)
N'aimme pas son neveu, *qou* (qui le) met an tel randon.
(Ib. II, 7.)

*b.* On apocopait quelquefois le pronom *vos*, *vous*, surtout après *que* et *si*.

Dunc recomença la meslee
Sor ceus dedenz, *nos* (ne vos) sai plus dire. (Ben. 18861.2.)
Ahi! douz amis compaignons,
Cum huntoses dessevreisons!
*Nos* verrai ja mais ne vos mei. (Ib. II, 5457-9.)
Demande li: Ce *quos* (que vos) parleiz
E que vos ci m'aseurez
Puet estre issi? puis le je creire? (Ib. 23173-75.)

*Les* est de même apocopé dans l'exemple suivant:
Brochons à eus, si les prenons.
— *Quies* (qui les) nos porra, fait li rois, prendre,
Molt nos aura servi à gre. (Trist. I, 193.)

*c.* Au lieu de *moi*, *moi-même*, *toi*, *toi-même*, etc., on se servait, pour relever l'expression, de la tournure suivante, à peu près comme nous employons aujourd'hui le mot *personne*.

Baron, dist Kalles, faites pais, si m'oies;
Menes en fuere trente mil chevaliers,
*Mes cors meismes* conduira les forriers. (O. d. D. 336-8.)
Bien vuel que vos aiez voir *à mon cors* joste. (Ch. d. S. II, 33.)
Je vuel bien sostenir vo premiere anvaïe,
Contre *ton cors* n'iert ja place voidie. (Ib. II, 27.)
Sebile li a dit: Ja ne vive plus jor
Que je de ceste chose querrai conseilleor
Autre que *votre cors* et de la gent francor. (Ib. II, 88.)
J'ameroie mieux estre ocis
Que *vos corps* fust par moy traïs. (R. d. C. d. C. v. 5292.3.)

*d.* Le vieux français employait, soit comme sujet, soit comme attribut, la forme inaccentuée du pronom personnel,[1] même lorsque celui-ci était accentué, et où nous mettons toujours la forme plaine.

Ex.:   Autant voel qu'en aiies
Com *je*. (Rom. de l. M. v. 4833. 4.)
Car ele avoit droit, et *je* tort. (Ib. v. 6749.)
Bernier descent, *il* et si chevalier. (R. d. C. p. 72.)

---

(1) Il est du reste très-probable que ces formes étaient originairement aussi peu inaccentuées que les formes latines correspondantes qui, même comme sujets, avaient toujours une certaine accentuation. Quelques phrases du style de pratique que nous avons conservées, servent de preuve à ce que j'avance: *je soussigné avoue*, etc.

Quant por coart m'en avez aati,
Ains en seront .m. hauberc dessarti,
Que *jë* ne *il* soions jamais ami. (Ib. p. 86.)
Et *je* qui la mort redoutoie
De maintes choses m'an pansoie. (Dol. p. 247.)
Tot furent mort, et *il* et lor destrier. (O. d. D. v. 8309.)
Rois, saces bien, *tu* et tes gens,
Que se par tans ne t'en repens,
Mors en seras de mort sobite. (Ph. M. v. 17790-2.)
Dex! dist la damoisele, com il a bien josté!
*Il* et li nies Karlon en ont le pris porte. (Ch. d. S. I, 146.)
Lors a Gerart reconneu:
Par mon chief! c'est *il*, dist li rois,
Et c'est s'amie à ces conrois
Qui tant li sient bielement. (R. d. l. V. v. 6147-50.)
Chevaliers, *tu* qui ez mes ostes. (Romv. p. 460, 24.)

Cependant, vers la fin du XIIIe siècle, on trouve déjà des exemples de l'emploi du pronom accentué. (V. Diez II, p. 89.)

*e.* Les exemples suivants donneront une idée de la place des pronoms régimes dans la vieille langue, qui différait beaucoup en ceci de la langue actuelle:

Onques nus tant ne me forfist,
Se il por Deu merci me quist,
Que por Deu, si com il est droiz,
Merci n'en eusse une fois;
Et ausi aurai je de toi
Car refuser ne *la te* doi
Des que... (Romv. p. 455 et 456.)
Quant l'amiraus entendit des François,
Si li demande: Sorbrin, dis *me tu* voir? (O. d. D. v. 1015. 6.)
Quides *me tu* escaper ne fuir? (Ib. v. 2933.)
Or m'aves pris, rendres *me vos* au roi? (Ib. 9358.)
Et dit: Or ai ge grant envie
Que ge seusse vostre non
Et direz *le me vos?* Je non,
Fet li chevaliers, par ma foi. (Romv. p. 484.)
Chevauche il as premerains?
Ne sez *m'en tu* faire certains? (Ben. v. 21338. 9.)
Va, dist *li il* cum que t'en prenge. (Ib. v. 32010.)
Voles *le vous* donc? dist la dame. (R. d. S. S. v. 1557.)
Sire, voles *me vous* honnir? (Ib. v. 1538.)
Où est il ore? Sez *le tu?* (R. d. S. G. v. 282.)

Cil de Ceila liverunt *me il* as mains Saul, e vendra si Saul, si cum jo tis serfs l'ai oïd? (Q. L. d. R. I, 90.)

Sire cumpain, faites *le vos* de gred? (Ch. d. R. p. 78.)
Vuez *te tu* plus combattre? vis m'est que tu recrois. (Ch. d. S. II, 161.)
    Et moult souvent à aus parloit
    Et disoit *leur* çou qu'il voloit. (Ph. M. v. 26183. 4.)
Là *en y* ot assez de morz et de pris. (Villeh. 451ᵃ.)
Seignors, je avoie de ceste ville plait à ma volente, et vostre gent *le m'*ont tolu, et vos m'aviez convent que vos *le m'*aideriez à conquerre; et je vos semont que vos le façois. (Villeh. 442ᵈ. 443ᵃ.)
E certes, sire, si plus tost le eusse seu, plus tost vus eusse envoye mes messages, pur dire *vus* la verite. (1281. Rym. I, 2. p. 197.)

*f.* L'emploi du pronom sujet est aujourd'hui de rigueur, excepté dans quelques phrases consacrées ou populaires. Dans l'ancienne langue, au contraire, qui se modelait encore sur le latin, on retranchait très-souvent ce pronom. Il serait inutile de citer des exemples, on en a déjà vu et on en verra encore un assez grand nombre.

## *B.* DES PRONOMS POSSESSIFS.

Les formes des pronoms possessifs étaient très-nombreuses au XIIIe siècle, et il est fort difficile de jeter quelque lumière dans le chaos de leurs thèmes et de leurs dérivations. Les difficultés qu'on éprouve à les classer proviennent surtout de ce que beaucoup de ces pronoms étaient défectifs, ou au moins nous paraissent tels, parce que leurs flexions, abandonnées de bonne heure, se sont perdues sans laisser de traces. Il est possible aussi que la plupart n'aient jamais été complets: on avait tiré du thème primitif les formes les plus convenables à l'harmonie du langage qui les employait, et on avait rejeté les autres. Il est arrivé de là, qu'on compléta ces pronoms les uns par les autres; on rapprocha les formes qui se ressemblaient le plus, on fit servir p. ex. un pronom qui n'avait point de formes du féminin avec un autre qui n'était que masculin, etc. On s'habitua promptement à fondre ainsi ensemble tous ces pronoms, et il en sortit des pronoms possessifs qui présentent un ensemble complet de formes. On pourrait donc croire qu'en laissant de côté les formes isolées qui se présentent dans les textes, on rétablirait sans trop de peine les divers arrangements des pronoms possessifs au XIIIe siècle. Loin de là cependant; car à l'époque où la fusion se fit, les formes des trois dialectes s'étaient déjà mélangées, et même, en quelques cas, substituées complètement l'une à l'autre. Il s'agirait en conséquence de remonter non seulement aux thèmes primitifs, mais de débrouiller en outre les formes dialectales. Ce double travail est impossible; je me contenterai d'indiquer dans les tableaux suivants, en les classant par dialectes, les divers arrangements des pronoms possessifs au XIIIe siècle:

### a. SINGULIER.

#### MASCULIN.

| BOURGOGNE. | PICARDIE. | NORMANDIE. |
|---|---|---|
| *Suj.* mes; tes; ses. | mis; tis; sis. | mes; tes; ses. |
| *Rég.* mon; ton; son. | men; ten; sen. | mun; tun; sun. |

ANGLO-NORMAND:
moun; toun; soun.

#### FÉMININ.

| | | |
|---|---|---|
| *Suj.* ma, mai; ta, tai; sa, sai. | me; te; se. | ma; ta; sa. |
| *Rég.* ma, mai; ta, tai; sa, sai. | me; te; se. | ma; ta; sa. |

### PLURIEL.

#### MASCULIN.

| | | |
|---|---|---|
| *Suj.* mei, mui, mes; tei, teu, tes; sei, sui, ses, seu. | mi; ti; si. | mes; tes; ses. |
| *Rég.* mes; tes; ses. | mis; tis; sis. | mes; tes; ses. |

#### FÉMININ.

| | | |
|---|---|---|
| *Suj.* et *Rég.* mes; tes; ses. | mis; tis; sis. | mes; tes; ses. |

### REMARQUE.

Les formes picardes des sujets singulier et pluriel: *mis, tis, sis; mi, ti, si;* passèrent de bonne heure dans les deux autres dialectes, et au XIIIe siècle, ils les employaient aussi fréquemment que *mes, tes, ses*, etc. Par compensation, le langage picard se servit au pluriel des formes *mes, tes, ses*, etc.

### b. SINGULIER.

| | MASCULIN. | FÉMININ. |
|---|---|---|
| | BOURGOGNE. | |
| 1. *S.* | li miens, mieus | — —[1] |
| *R.* | lou mien, mien | — — |
| 2. *S.* | li tuens, tuens | — — |
| *R.* | lou tuen, tuen | — — |
| 3. *S.* | li suens, suens | — — |
| *R.* | lou suen, suen | — — |
| 1. *S.* | — — | la meie, meie. |
| *R.* | — — | la meie, meie. |
| 2. *S.* | — — | la teie, teie. |
| *R.* | — — | la teie, teie. |
| 3. *S.* | — — | la seie, seie. |
| *R.* | — — | la seie, seie. |

(1) Le trait — indique que la forme manque.

|  MASCULIN. | FÉMININ. |
|---|---|
| **PICARDIE.** | |
| 1. *S.* li miens, miens. | — — |
| *R.* le mien, mien. | — — |
| 2. *S.* li tiens, tiens. | — — |
| *R.* le tien, tien. | — — |
| 3. *S.* li siens, siens. | — — |
| *R.* le sien, sien. | — — |
| 1. *S.* et *R.* — — | li, le moie, moie, moe, miue, mieue. |
| 2. *S.* et *R.* — — | li, le toie, toie, toe, teue. |
| 3. *S.* et *R.* — — | li, le soie, soie, soe, soue, sue, seue, siue. |
| **NORMANDIE.** | |
| 1. *S.* li mens, mens, muns. | — — |
| *R.* le men, men. | — — |
| 2. *S.* li tuns, li tuens, li toens. | — — |
| *R.* le tun, le tuen, toen. | — — |
| 3. *S.* li suns, suens, soens, li sens. | — — la sene. |
| *R.* le sun, suen, soen, le sen | — — la sene. |
| 1. *S.* et *R.* — — | la meie. |
| 2. *S.* et *R.* — — | la teie, la toue, toue, tue. |
| 3. *S.* et *R.* — — | la seie, la soe, soe. |
| **PLURIEL.** | |
| *S.* li mien. | — — |
| *R.* les miens. | — — |
| *S.* — — | (li) les meies. |
| *R.* — — etc. | les meies. etc. |

REMARQUES. α. Les formes de Bourgogne *meie, teie, seie,* ne furent pas de longue durée; *moie, toie, soie,* du langage picard, les remplacèrent dès le commencement du XIIIe siècle.

β. Toutes les formes masculines de ces pronoms, à l'exception du normand *sen,* n'ont pas de féminins correspondants, et vice versâ; mais, comme je l'ai dit plus haut, on fit servir les secondes aux premières, et on obtint les thèmes suivants:

| BOURGOGNE. | PICARDIE. | NORMANDIE. |
|---|---|---|
| miens — meie. | miens — moie, etc. | mens — meie. |
| tuens — teie, toie. | tiens — toie, etc. | tuens, toens, tun — toue, tue, teie. |
| suens — seie, soie. | siens — soie, etc. | suens, soens, sun — soe, seie. |

et ainsi des autres.

γ. On trouve, à la fin du XIIIe siècle, en Picardie surtout, quelques exemples de nos féminins *mienne, tienne, sienne;* mais ce ne fut que plus tard qu'ils prévalurent.

### c. SINGULIER.

| MASCULIN. | FÉMININ. |
|---|---|
| **BOURGOGNE ET NORMANDIE.** | |
| 1) *Suj.* noz, li noz. | — — |
| voz, li voz. | — — |
| *Rég.* — — | — — |
| — — | — — |
| **PICARDIE.** | |
| 2) *Suj.* nos, li nos. | nos, no. |
| vos, li vos. | vos, vo. |
| *Rég.* no, nou. | no, nou. |
| vo, vou. | vo, vou. |

### PLURIEL.

| | |
|---|---|
| 1) *Suj.* — — | noz. |
| — — | voz. |
| *Rég.* noz, les noz. | noz. |
| voz, les voz. | voz. |
| 2) *Suj.* no, nou. | no. |
| vo, vou. | vo. |
| *Rég.* nos, les nos, nous. | nos, nous. |
| vos, les vos, vous. | vos, vous. |

### d. SINGULIER.

**DANS LES TROIS DIALECTES.**

| | |
|---|---|
| *Suj.* nostres, li nostres. | (la) nostre. |
| vostres, li vostres. | (la) vostre. |
| *Rég.* nostre, le nostre. | (la) nostre. |
| vostre, le vostre. | (la) vostre. |

### PLURIEL.

| | |
|---|---|
| *Suj.* nostre, li nostre. | (les) nostres. |
| vostre, li vostre. | (les) vostres. |
| *Rég.* nostres, les nostres. | (les) nostres. |
| vostres, les vostres. | (les) vostres. |

### REMARQUE.

Dans les langages de Bourgogne et de Normandie, les pronoms *noz, voz, nostre, vostre* se complétaient mutuellement; plus tard ils adoptèrent les formes *no, vo,* du singulier régime et du pluriel sujet du dialecte picard. Le fragment de Valenciennes (30 V°) apocope *vostre* en *vost*. On trouve de même *nos* pour *nostres* dans la chanson de saint Alexis 105. 3.

Il y a lieu de douter, du reste, que les pronoms *noz, voz, nostre, vostre*, soient primitifs en Normandie; leurs formes ne sont guère normandes. Cependant ils se sont introduits de très-bonne heure dans le langage de cette province, et j'ai dû les admettre, puisque les textes normands n'en présentent point d'autres.

### e. SINGULIER ET PLURIEL.

| BOURGOGNE. | PICARDIE ET CHAMPAGNE. | NORMANDIE. |
|---|---|---|
| *Suj. et Rég.* lor. | leur, lour. | lur. |

et avec l'article, toujours invariable, conformément à sa dérivation (illorum). Ce n'est que fort tard dans le XIIIe siècle que le régime pluriel a pris un *s*.

Quant aux exemples qui justifient les citations que j'ai faites de ces pronoms, ils sont très-nombreux; je vais en rassembler quelques-uns pour montrer leur emploi.

*a.* Cist est, dist il, *mes* chiers filz en cuy est *mes* plaisirs. (S. d. S. B. p. 552.)

*Mes* cuers est eschaufiez dedenz mi, et en *ma* meditation embraserat li feus. (Ib. 539.)

Qant tu averas saneit totes *mes* enfermeteiz et *mon* desier raemplit en bien. (Ib. 531.)

*Mis* sires est *mis* fundemenz e *ma* fortelesce, *mis* salveres. (Q. L. d. R. II, 205.)

Va là, e jo *mun* brief te durrai que al rei de Israel pur tei enveierai. (Ib. IV, 361.)

  E si sachez ben pur veir
  Honur ws (vous) frai à *moun* poueir
   Saunz mentir. (Ben. t. 3. p. 620. c. 2.)

*Mai* suers. (Dunod. II, 622.)

De *ten* service te paia
En ce que *men* cors te douna. (R. d. S. G. 823. 4.)

E de *me* car e de mon sanc. (Chr. d. Tr. III, 60.)

Et se tu trueves Peronncle,
*Me* compaignesse, si l'apele. (Th. Fr. M. A. p. 110.)

Ke *mei* filh par aventure n'aient pechiet, si aient Deu benit en lor cuers. (M. s. J. p. 447.)

Et connois que je tout mond. partaige tien et doi tenir ligement je et *muy* hoir de lui et de ses hoirs. (1279. M. s. P. I, 368.)

*Mi* fil, *mes* filles estes tuit. (R. d. S. G. 3238.)

Et *mi* housel sont desquire. (Th. Fr. M. A. p. 110.)

Juda, dist il, *tei* frere te loeront; *tes* mains seront enz cerviz de *tes* anemins. (S. d. S. B. p. 533.)

Longement t'as coisiet, et molt longement, à moens or t'at doneit *tes* Peires congiet de parler. (Ib. 552.)

Pres est li parole en *ta* boche et en *ton* cuer. (Ib. 528.)

Ui mustre que tu es Deu Israel e que jo sui *tis* serfs. (Q. L. d. R. IV, p. 318.)

 Car j'oi dire qu'il vaut ier
 Peronnele *te* sereur prendre. (Th. Fr. M. A. p. 128.)
 Diex! qui ore eust du bacon
 *Te* taiien, bien venist à point. (Ib. p. 108.)
 Tu et *ti* oir et *ta* lignie,
 Tout ce qu'est ne et qui neistra
 De *ta* sereur, sauf estera. (R. d. S. G. 3400-2.)
 *Tes* hom serai par amur e par feid,
 A *tun* plaisir te durrai *mun* aveir. (Ch. d. R. p. 150.)
 Kar en *toun* sanc ert glorifie. (Ben. t. 3. p. 622. c. 1.)
 L'ame de *ten* pere et de *te* mere. (Auc. et Nicol.)

Quant ele vint à Acre, si n'y ot gaires este que la novele li vint que Constantinople ere conquise et *ses* sires ere empereres. (Villeh. 470<sup>c</sup>.)

E mist chevalerie en tutes les citez de Juda e as citez de Effraim que *ses* peres out cunquis. (Q. L. d. R. III, 333.)

De *sai* graice. (Apoc. fol. 1. r. c. 1.)

Et *sui* oil (furent) come flame de feu. (Ib. f. 2. r. c. 1.)

Un jor quant *sei* filh et *ses* filhes mangievent et bevoient vin en la maison de lur aneit frere, vint uns messages à Job. (M. s. J. p. 499.)

Qui *sua* soror avoit à fame. (Villeh. 446<sup>a</sup>.)

Reout prise *sa* corune, en croiz signat *sun* chef. (Charl. v. 2.)

Cil ke tot ad en *soun* poin clos. (Ben. t. 3. p. 620. c. 2.)

Et mist li cuens de Ghelre, par devant nous et en la presence des devant noumeis, *sen* saiel, *sen* cors, *se* tiere, *se* delivrance, *sen* honeur, et tout quanqu'il avoit et a, en la main men segnour de Flandres. (1288. J. v. H. p. 475.)

Et volons... qu'il et *si* hoir le tiegnent de no en fief. (1265. H. d. B. II, 29.)

 Dient *seu* home, tot à vostre commant. (G. d. V. v. 460.)
 ... En unt porte al evesquie
 U *sis* sarqueus e *sis* tombeaus
 Ert aparillez, gent e beaus. (Ben. 1690-4.)
 Manda *sa* gent e *sis* amis. (Chr. A. N. I, 14.)

## REMARQUES.

1. On trouve *mi*, *ti*, *si*, dans quelques textes, comme sujets (attributs) singuliers:
 Se *mi* senz est humles e petiz. (Ben. I, 2127.)
 Por ço qu'il est *si* cumpainz. (Ch. d. R. p. 13.)
(Cfr. Ch. d. R. p. 25. 67. R. d. R. 4077. etc.

2. En Bourgogne, au lieu de *mon, ton, son*, on a écrit quelquefois *mun, tun, sun* (S. d. S. B. p. 539.), comme en Normandie; mais

dès avant la fin du XIIe siècle, ce pronom avait pris invariablement la forme que nous avons conservée. (Cfr. les Serments.)

3. *Mon, ton, son*, formes du régime, se trouvent quelquefois comme sujets. Ces exceptions aux arrangements donnés plus haut ont d'autant moins de valeur, que les exemples qu'on en peut citer sont empruntés à des textes du reste très-maltraités. Je les regarde comme des fautes de copistes ou autres.

4. L'usage d'employer le masculin *mon, ton, son* devant les substantifs féminins commençant par une voyelle n'était pas encore introduit, ou du moins était fort rare; pour éviter le hiatus, on élidait l'a de *ma, ta, sa: s*'espee, *m*'espee (Ch. d. R. p. 88. Ch. d. S. II, 9) *t*'amie (ib. II, 27) par *s*'auctorite (Villeh. p. 1) *t*'ame (Brut. 8088) *s*'ymage (Rutb. I, 138) *m*'amour (R. d. l. M. 4140), etc. etc. Cependant ce n'était pas une règle générale; on trouve *ma, ta, sa* non apostrophés:

   Dunc se purpense de *sa* amie. (Trist. II, 97.)
   Cil qui ad malvais pere, malvais est *sa* eritez.
               (Th. Cant. 124, 22.)
E si cume jo ai ui magnified *ta* anme en mun quer. (Q. L. d. R. I, 106.)
Il la devoit soffrir el duirieu tens de *sa* incarnation. (M. s. J. p. 475.)

*b.*   Se Saisne le m'ocient, *suens* en iert li pechiez,
   Et *miens* en iert li diax et li domages griez. (Ch. d. S. I, 243.)
   Mais j'ai .j. manoir pres de chi
   A une liue, voire à mains;
   Sel garde *uns miens* cousins germains. (R. d. l. V. p. 216.)
   Chi ai perdu *un* millor *mien* ami. (O. d. D. 7773.)
   Comment ce veissel ci eus
   Et *le mien* sanc y receus. (R. d. S. G. 3029. 30.)
   *La meie* mort me rent si anguissus. (Ch. d. R. p. 85.)
Va sur *ceste meie* terre, si la destrui. (Q. L. d. R. IV, 409.)
Car convenaule chose est et digne ke ju quiere et face ta volenteit, ne mies tu *la meie*. (S. d. S. B. p. 558.)
Deus nostre Sires dit: *Les meies* leis guardez. (Th. Cant. 68, 21.)
Vous saves bien, fait il, que la cites est *moie*. (H. d. V. p. 232.)
Pour *la moie* amour desservir. (R. d. l. M. v. 1656.)
Ce ne fu pas *es moies* malvaisties. (O. d. D. v. 4405.)
*La moe* pere (paire) de molins. (1251. M. s. P. II, 594.)
Avoir voel de vo gent ou vous aures *la mine*. (Ben. t. 2. p. 516.)
Pur ço vus envei *un mun* clerc mult prive. (Th. Cant. 117, 21.)
Mais nel ferez par *le men* loement. (Ch. d. R. p. 25.)
   Mult par poaient estre dolenz
   Chaistif Jueu, *li men* parenz. (R. d. S. p. 22.)
   Gloriox sire Peres, de cui je sui aidiez,
   Ensi com por vos sui sovant travailliez

## DU PRONOM.

Por porchacier que fust *li tuenz* nons essauciez,
Si me garde hui cest jor que ne soie abaissiez. (Ch. d. S. I, 254.)

E tu e *li tuen* verrunt lur adversarie el temple. (Q. L. d. R. I, 10.)

Nen est il dons cil qui par mei les paroiz del ventre de sa mere et de *la teie*, te reconnut… (S. d. S. B. p. 551.)

(Por toi) Daigna *li tiens* gloriex filz
A nous faire ceste bonte. (Rutb. II, 116.)

Or te proi je, par la *toie* merci.

C'Ogier me rendes et sain et sauf et vif. (O. d. D. 2948. 9.)

Ha, Dex! dist Karlemaines, verais peres Jhesuz,
Tu soies aorez et *les toes* vertuz! (Ch. d. S. I, 172.)

Lors envoias tu à la table
La *toe* grace esperitable
Dou saint esperit enflamee. (Rutb. II, 22.)

*Tue* serrad des ore e à tun lignage la seignurie de Israel. (Q. L. d. R. I, 31.)

Si l'en retiens e si le nues
Que ses dous mains metra *es tues*
Pur fei porter, por tei servir. (Ben. II, 6457-9.)

Et la leur terre dois à *la teue* ajoindre. (Ph. M. Int. CLXII.)

Tu menz, *li tuns* (fiz) est morz e li miens vit. (Q. L. d. R. III, 236.)

Les citez que mis peres prist sur *le tun*, jos de rendrai. (Ib. 328.)

Cunfundu as ui tuz tes humes ki unt ta vie guardee, e la vie *as tuns* e à tes filles… (Ib. II, 190.)

Qu'en fine paiz e en remire
Remaigne *li toens* sers vers tei… (Ben. II, 13500. 1.)

Apaie t'ire e asuage,
Si ne lur faire plus damage,
Kar il sunt *toen*, la terre *tue*. (Ib. 8790-2.)

Li meschies en est *suens*, ne le puet amender. (Ch. d. S. II, 107.)

Si destrier soient *suen*, je n'an ai pas anvie. (Ib. I, 175.)

Se *li suens* quors en fu destreiz
Ceo n'estuet mie demander. (Ben. II, 2766. 7.)

*Les suens* a fait à sei venir. (Ib. 1799.)

*Siens* sui liges et ses feels. (P. d. B. 3429.)

De .iij. manieres de pechiez
I fu *li siens* cors entechiez. (Rutb. II, 107.)

De ceste *seye* espeie ocit om jai l'anemin. (S. d. S. B. p. 572.)

Mais li sapience ki de Deu est, primiers si est chaste, car ele ne quiert mies celes choses ki *seyes* sunt, mais celes choses k'apartienent à Jhesu Crist. (Ib. 538.)

De ce est ke il à droit giut un jor et douz nuiz el sepulcre, car il ajoinst az tenebres de nostre doble mort la lumiere de *la sue* simple. (M. s. J. 458. 9.)

Puis se culchad sur l'enfant, e sa buche mist sur *la sue*, e ses oilz sur *les suens*, e ses mains sur *les sues*, e son cors sur *le suen*. (Q. L. d. R. IV, 359.)

>Adonc ha sen pere proie
>Que il, pour *la seue* amistie,
>Envoiast là en cele terre. (R. d. S. G. v. 1203-5.)

Done... Johans Moschet *le siue* maison ki siet en le rue de Pont. (1230. Charte de Tournay, dans Ph. M t. 2. suppl., 25.)

>Et eles pour *la sieue* amour
>Se mirent en plus bel atour. (R. d. l. M. 6491. 2.)
>M'espee a, *la soue* me lait,
>Bien nos peust avoir ocis. (Trist. I, 101.)
>Ses haus omes que moult ama
>Manda, et asamble concille
>En *une soie* boine vile. (Phil. M. 11509-11.)
>Ore eurent il moult de lor buens
>Quant el fu *soie* et il fu suens. (P. d. B. 9949. 50.)

Et quant li dus leur livra *les soies* chartres, il s'agenoilla tout plorant. (Villeh. p. 9. 10. XIX.)

>*Li soens* orgoilz le devereit ben cunfundre. (Ch. d. R. p. 16.)
>Pent à sun col *un soen* grant escut let. (Ib. p. 122.)
>Artus honora tos *les soens*. (Brut. 10453.)
>Il ot *une soe* serur. (M. d. F. Yw. 33.)

Nostre Sires enveiad *un sun* prophete à Salomun. (Q. L. d. R. III, 276.)
Mais errannent s'enturt, que il e *li sun* ne seient suzpris. (Ib. II, 183.)
Une *sene* fille (1262. Lois de Hovel. p. 67). Les *senes* (1269. Rym. I, 2. p. 113.)

On trouve de plus les formes suivantes en Normandie:
>Taunt ke ele avera *seon* plein. (1268. Rym. I, 2. p. 109.)
>Fere *seon* testament. (Ib. I, 2. p. 115.)
>E touz les *seuns*. (Ben. t. 3. p. 621. col. 2.)

## REMARQUES.

1. On voit que tous ces pronoms s'employaient: 1° comme attributs sans article, 2° avec l'article, de la même façon que leurs formes correspondantes actuelles, ou avant les substantifs, surtout lorsqu'on voulait appuyer sur la personne qui possédait quelque chose. On remarque en outre qu'ils pouvaient être précédés de l'article non-déterminant et du pronom démonstratif *ce*. Les locutions auxquelles l'article *un* et les pronoms possessifs donnaient lieu, eurent cours jusqu'au XVIIe siècle; il nous en est même resté quelques-unes dans le langage familier.

2. On trouve très-souvent les pronoms *mon, ton, son* employés avec l'article, tout à fait comme nous mettons *le mien, le tien, le sien*. Il faut bien se garder de croire que se soient les formes régimes de *mes, tes, ses*, correspondantes à *mon, ton, son* d'à présent; ce sont des formes du langage de Touraine, et,

par suite, de l'Ile-de-France, qui équivalaient aux bourguignonnes *li miens, tuens, suens*, et aux normandes *li mens, tuns, suns*. Dans le langage de ces provinces, la syllabe *on* représentait le *ien* picard, le *uen* de Bourgogne et le *un* normand.

  Ex.: Beneeit seit, Deus, *li tons* nons,
    E li tuens biens e li tuens dons! (Ben. 25754-55.)
    Trestuz comanablement
    Sunt *al ton* comandement. (R. d. S. p. 24.)
    Garis mon cors par *le ton* saint comant. (O. d. D. v. 11671.)
    Mult est *li sons* cors esjoïz
    Quant il se veit de li saisiz. (Ben. 4151. 2.)
    Par *un son*[1] bon familier,
    Fist à Londre faire un celier. (Brut. 1423. 4.)
    Nuls n'i a mais rien, senz mentir,
    Qui *son* seit quite senz tolir. (Ben. II, 90-94.)
    Il enveia *un son* baron. (St. N. 1376.)

Selonc la fourme de la pais, qui jadis fu fete entre nostre pere e *le son* de noble remembrance. (1279. Rym. I, 2. p. 179.)

3. Les pronoms possessifs masculins de cette classe s'employaient déjà substantivement, comme aujourd'hui, pour désigner *mon, ton, son bien*.

    Cil ki vit hui morra demain,
    S'ira *li siens* en autrui main,
    Ne riens od lui n'enportera,
    Fors que l'aumosne k'il fera. (Ph. M. II, 12649-52.)

(Cfr. Pron. indéf. 5.)

  c. d. Li empereres *nos* sires vous salue. (H. d. V. 500ᵇ.)

Chier freire, cist est li hoirs, recevons lo devotement, et ensi iert assi *nostres* li heritaiges. (S. d. S. B. p. 532.)

Fasons savoir à tous ciaus qui sunt et qui venrunt que *nostres* sires *nostres* peres Gautiers... a doné... (1238. Th. N. A. I, 1008.)

Et ce que vos m'en volroiz doner de la conqueste, je tendrai de vos, si en serai *vos* hom liges. (Villeh. 471ᵈ.)

    Mais sacies bien que toute voie
    Serai jou *vostres* ù que je soie. (Chr. A. N. III, 101.)

Ourent le en despit, ne li dunerent *del lur* ne poi ne grant. (Q. L. d. R. I. p. 36.)

Li devantdis sires d'Audenarde ne puet faire nule pais à *no* oncle devant nommei. (1282. Th. N. A. I, 1187.)

(Il) quite à mi et à mes oirs toute la terre qui nos vient de par *no* pere et de par *no* mere. (1238. Ib. I, 1007.)

Devons warder le conteit de Ghelre et toute la terre le comte de Ghelre, où k'il l'ait, à *nou* loial pooir et en bone foi. (1289. J. v. H. p. 482.)

---

(1) M. Leroux de Lincy met, je ne sais pourquoi, une virgule après *un*.

Tant ai de vous aillours que chi
Oï parler de *vo* samblanche,
De *vo* biaute, de *vo* vaillanche,
Que prisant aloit tous li mons . . . (R. d. l. V. 372-5.)
Or i parra *vo* boine fois. (Ph. M. v. 875.)
S'eslisez .iij. messages an *ceste vostre* gent
Qui facent *vo* besoigne bien et hardiemant. (Ch. d. S. p. 37. XXI.)
*No* François qi s'an fuient l'oent communement. (Ib. 11, 112.)
*No* baron entrent en lor cemin plenier. (O. d. D. 10649.)
Ja *vostre* deu ne vos erent garant. (Ch. d. R. 136.)
*Nostre* anceissour plus anciien
  Les avoient faites pour bien (les églises). (Ph. M. v. 17788. 9.)
En la manere ke *nostre* ancessour l'ount fait. (1279. Rym. I, 2. p. 181.)
Quar dont conissons nos vraiement de cui *nostre* bien sont. (M.s.J. p.503.)
  Et segnor prendres, c'est la somme,
  Car si le vuellent tuit *vostre* home. (P. d. B. 5019. 5020.)

De cet nostre testament nos fassons et ordenons *nostres* executours nostre chier seigneur et pere en J. C. l'archevesque de Besancon, et nostre chier fil etc. (1277. M. s. P. I, 361.)

Et est à savoir, ke nous evesques et dus devantdis devons jurer seur sains, ou creanteir par *nous* fois, ke nous prenderons preudommes et loiaus. (1283. J. v. H. p. 424.)

  Treu voelent par iretage
  La honte *as nous* et le damage. (Brut. 11124. 5.)

Come *nos* droites oevres ne vinent mie de droites penses. (M. s. J. p. 444.)

Car *nostre* contemplations aovret à *noz* desiers la sovraine lumiere et manes la repunt à *noz* floibeteiz. (Ib. p. 483.)

De *voz* saintes reliques, si vus plaist, me douez. (Charl. v. 160.)

Dunt bien purrez *vuz*[1] soldeiers luer. (Ch. d. R. 6. IX.)

Lor gent s'en alla par devers la montaigne, et la *nostre* retourna vers l'ost. (H. d. V. 493ᶜ.)

E *dou nostre* estat . . . sache *vestre* amite, que nos sommes sain e haitie de cors, la merci Dieu. (1280. Rym. I, 2. p. 188.)

Volenteres, dist li quens, tut *al vostre* plaisir. (Charl. 592.)

Li *nostre* de ça ne furent que XXV. (H. d. V. 495ᵉ.)

*Li vos* haubers n'a pas mon colp tenu. (O. d. D. 11375.)

  Qui iroit enquerre et savoir
  De quel part *les noz* genz se tienent. (Romv. p. 497, 28. 29.)

Par l'aïe de Dieu ne perdirent noiant *les nos*, fors que une nef de Puisiens qui ere plaine de marcheandise. (Villeh. 458ᵃ.)

  Repairerom od tant *dez noz*,
  Que si nos i trovum *les voz* . . . (Ben. II, 15152. 3.)

---

(1) Voyez la remarque p. 142. Cette forme *vuz* me paraît la véritable forme normande; mais c'est là le seul exemple que j'en connaisse, et encore n'est il pas certain.

Lor cheval sont tuit las, escauchic et redois. (Ch. d. S. II, 110.)
Tant soffris, com aigniax c'on doit sacrefier,
Et lor faiz et lor diz sanz peril resoignier. (Ib. 145.)
A ce tens teu coustume avoient
Li chambrelein que il prenoient
La disme de quanque on donnoit
A *leur* seigneurs, et leur estoit. (R. d. S. G. v. 231-4.)

E tutes *lur* citez e *lur* fermetez prendrez e destruirez . . . . . ; e tutes *lur* funteines estuperez; e tuz *lur* champs de pierres enverez. (Q. L. d. R. IV, 353.)

Et *li lor sires*, qi a à non Braihier. (Od. d. D. 10242.)
Mes tant ont à antandre cele françoise gent
A *la lor mesestance*, q'il n'an oent neant. (Ch. d. S. II, 143.)
Mult en sont lie tout cil qui l'oent
Que li rois est entalentes
De faire *les lor* volentes. (R. d l. M. v. 638-40.)
(Deus) De terre fist quanque a sos ciel,
Mais *les lor cuers* (des dames) fist il de miel. (P. d. B. 7101. 2.)
A cest mot ont joste et li nostre et *li lor*. (Ch. d. S. II, 67.)
Gaifiers cil de Bordele va *as lor* assambler. (Ib. 72.)

## C. DES PRONOMS DÉMONSTRATIFS.

Tous nos pronoms démonstratifs sont des compositions de *ille, iste, hoc*, et de *ecce: cil, icil, celui*[1] — *cist, icist, cestui* — *aezo* (ecce hoc) (Eul. v. 21), plus tard *iço, çeo, ço, ceu*, dont nous avons fait *ce*.

Je vais donner les paradigmes de ces pronoms dans les trois dialectes.

### I. BOURGOGNE.

|  |  | *Mascul.* | *Fémin.* | *Neutre* |
|---|---|---|---|---|
| a. | SING. | *Suj.* cil, ciz, cis (celui-ci) | cele | ceu, ceo, çou. |
|  |  | *Rég.* cel | cele | ceu, ceo, çou. |
|  | PLUR. | *Suj.* cil | celes. | |
|  |  | *Rég.* cels, celz | celes. | |
| b. | SING. | *Suj.* cist (celui-là) | ceste. | |
|  |  | *Rég.* cest | ceste. | |
|  | PLUR. | *Suj.* cist | cez, ces. | |
|  |  | *Rég.* cez, ces. | cez, ces. | |

---

(1) Sur la terminaison *ui*, voy. Diez II, 66.

150 DU PRONOM.

|  | | *Mascul.* | *Fémin.* | *Neutr.* |
|---|---|---|---|---|
| c. SING. | Suj. | celui | celei. | |
| | Rég. | celui | celei. | |
| PLUR. | Suj. | — | — | |
| | Rég. | ccolz, ccos | — | |
| | | cealz, ceaz, ceas | — | |
| | | ceelz, ceus | — | |
| d. SING. | Suj. | cestui | cestei. | |
| | Rég. | cestui | cestei. | |

## II. PICARDIE.

|  | | *Mascul.* | *Fémin.* | *Neutr.* |
|---|---|---|---|---|
| α. SING. | Suj. | chil | chele | chou, cho, chei, che. |
| | | chis | | |
| | | chius | | |
| | | chicus | | |
| | Rég. | chel | chele | chou, cho, chei, che. |
| PLUR. | Suj. | chil | cheles. | |
| | Rég. | chels | cheles. | |
| | | cheus | | |
| β. SING. | Suj. | chist | cheste. | |
| | Rég. | chest | cheste. | |
| PLUR. | Suj. | chist | chestes, ches. | |
| | Rég. | ches | chestes, ches. | |
| γ. SING. | Suj. | chelui | cheli. | |
| | Rég. | chelui | cheli. | |
| PLUR. | Suj. | chiau | — | |
| | Rég. | chials | — | |
| | | chiaus | — | |
| | | cheaus | — | |
| | | chaus [1] | — | |
| δ. SING. | Suj. | chestui | chesti. | |
| | Rég. | chestui | chesti. | |
| PLUR. | Suj. | chestui | | |

Les mêmes formes se rencontrent aussi écrites sans *h;* on les trouvera dans les exemples.

### NORMANDIE.

La Normandie n'a eu, pour les pronoms démonstratifs *cil, cist,* que peu de formes distinctes des formes de Bourgogne; ce sont *cost,* (L. d. G.), neutre de *cist, ço* neutre de *cil,* et *til* pour *cil.* A l'exception de *celoi,* les formes en *ui* furent

---

(1) On trouvera dans les exemples d'autres variantes de ces formes.

d'abord identiques à celles du dialecte bourguignon; ensuite on voit les formes picardes sans *h* s'introduire peu à peu dans la Normandie et devenir enfin prédominantes.

Les formes avec la préfixe *i: icil, icist,* etc. étaient les mêmes que les simples, dans les trois dialectes.

Je passe aux exemples et aux observations sur l'emploi des pronoms démonstratifs.

*a. b.* Et si saiches ke *cist* est *cil* ki lo povre lievet fors del brau et ki salvet et les hommes et les beestes. (S. d. S. B. fol. 44 r.)

*Cil* messages avoit nom Nicolas Rous. (Villeh. 448<sup>e</sup>.)

*Cil* est uns quens, si est la citet sue. (Ch. d. R. p. 36.)

*Cil,* telle est la forme primitive du singulier sujet; mais comme elle était semblable à celle du pluriel sujet, on la distingua de celle-ci en donnant le *s* final à la première: *cils;* ou bien, ce qui était de beaucoup le plus ordinaire, en remplaçant le *l* par *s: cis. Cis* n'exclut néanmoins pas *cil;* les deux formes restèrent en usage pendant tout le XIIIe siècle.

E Ysaias requist nostre Seignur, e si cum *cils* requist, l'umbre de soleil fist ariere turner. (Q. L. d. R. IV, 417. 8.)

A bon droit se doit *cils* douloir
Qui sarvit par son vouloir. (Z. F. p. 7.)

Et tant assalt il plus durement la fin ke il voit ke *cis* lius solement li est remeiz à dezoivre. (M. s. J. p. 446.)

Ensi fu *cis* plais requis. (Villeh. 440<sup>e</sup>.)

Pus si m'en irrai là fors en *cel* plain. (Charl. p. 19.)

Il se vestit assi cum d'une lanterne, quant il prist *cel* tres glorious cors et tres pur de totes taiches. (S. d. S. B. p. 526.)

Et *cil* de la cite vindrent encontre et lor rendirent la ville, si com *cil* qui ne l'osoient defendre. (Villeh. 447<sup>b</sup>.)

Ensi dient et *cil* et *celes*. (R. d. l. M. 2341.)

Pour enchanteeur le tenoient
*Cil* et *celes* qui le veoient. (R. d. S. G. v. 1475. 6.)

Dunc agreva Deus sa main sur *cels* de Azote et de la cuntree, e forment les descunfist. (Q. L. d. R. I, 18.)

Moult fu granz desconforz as pelerins et à tos *cels* qui devoient aler el service Dieu. (Villeh. 438<sup>c</sup>.)

Molt s'entremet de destorbier
Tuz *cels* qui volent Deu amer. (St. N. 1228. 9.)

*Ceste* est vrayement *cele* tres legiere et tres clere nue sor cuy... (S. d. S. B. p. 527.)

Mais entre *cez* choses fait soniousement à savoir que altre est li irors cui impatience somunt et altre *cele* cui fervors formet: *cele* vient de visce et *ceste* de vertut. (M. s. J. p. 515.)

Si veit venir *cele* gent paienur. (Ch. d. R. p. 40.)

Entre *celes* images si en avoit une qui ere laboree en forme d'empereor. (Villeh. 469ᵈ.)

Lonz soit, chier frere, ades de nos *cist* tres pesmes chaigemenz, et *cist* tres horribles endurenienz de cuer! (S. d. S. B. p. 562.)

Et Job, ki droituriers despensiers fut de la sustance de *cest* munde, signifiet lo feaule peule ki est en mariaige. (Ib. 566.)

*Cest* jor de prosperiteit avoit *ciz* prophetes despeitiet quant il disoit. (M. s. J. p. 455.)

*Cist* vraiement laissent dedenz eaz lo fembrier d'umiliteit. (Ib. p. 450.)

Com firent grant pechie *cist* qui *ceste* mellee fisent! (Villeh. 466ⁿ.)

*Cez* laz esgardevet li prophetes estre mis à sa fin, cant il disoit. (M. s. J. p. 446.)

Et por ceu covient il ke *cez* trois choses soient ajointes ensemble. (S. d. S. B. p. 508.)

Ses amis apela et *cez* où plus se fie. (Ch. d. S. II, 7.)

Ainsi réglés, ces pronoms se maintinrent pendant la plus grande partie du XIIIe siècle sans subir aucun changement dans leurs deux éléments principaux: *l*, dans le corps du mot, marque distinctive du sujet masculin des deux nombres; *e*, marque du régime des deux nombres et du féminin. Ce ne fut qu'à la fin du XIIIe siècle que les formes *cis*, *cil*, *cel*, *cels*, *cist*, *cest*, commencèrent à se confondre.

Vers 1250, la forme picarde *ceus* s'introduisit dans le dialecte de Bourgogne et tendit à y remplacer *cels*.

Nos Baudoins... faisons à savoir à tous *ceus* qui ces presentes lettres verront. (1265. H. d. B. II, 29.)

A la fin du XIIIe siècle, la prononciation de la forme *ceus* s'atténuait tellement, qu'on la trouve souvent écrite *ces* dans les chartes:

Nos quittons la gagerie de Champlite à *ces* qui sont de droit hoir. (1277. M. s. P. I, 361.)

A tous *ces* qui verront ces presentes lettres. (H. d'A. II, 59.)

*Ceus*, *ceuz* eut cours de très-bonne heure en Touraine:

La nuit a mande sun conseil
E *ceus* qui plus li sunt feeil. (Ben. I, 1549. 50.)

On trouve même *ceu* pour le régime singulier *cel*:

Cist out dous fiz
Qui à *ceu* tens erent petiz. (Ben. 31024. 5.)
Si departi *ceu* plait. (Ib. 38712.)

*c. d.* Quar une culpe ne trespercet mie les cuers des hommes: *cestui* enlacet orguez, *cestui* pues cel estre sorplantet irors, *cestui* cruciet avarisce, *celui* enflammet luxure. (M. s. J. p. 451.)

Ceu si avons nos dit de *celuy* avenement, dont il les cuers daignet enlumineir par sa niant visible poixance. (S. d. S. B. p. 528.)

Li tierz usaiges des awes est li arrosemenz, et de *cestui* ont mestier les noveles plantesons. (Ib. p. 538.)

Li uns geunet par estude de vanitet, et à *cestui* dist om k'il sa fazon levet. (Ib. p. 565.)

Por Dieu te volons proier que tu preigne la croiz et socor la terre d'outremer en leu *cestui*. (Villeh. 438ᵇ.)

Ma char receut, ne mies la char Adam, mais *celei* cui Adam est davant la colpe. (S. d. S. B. p. 565.)

Et quant nos ce faisons soniousement si nos enforzons nos ke nos par mi *celei* discretion soiens ajoint az angeles. (M. s. J. p. 496.)

Et de *cestei* fontaine avoit grant soif li profete, quant il disoit. (S. d. S. B. p. 540.)

Ou fut onke mais oye tels chose, ou quant receut onkes li mundes chose ke semblanz fust à *cestei?* (Ib. 530.)

Lo tierz ordene, c'est de *ceos* ki en mariaige sunt, trescorrai ju or briement. Si cum *ceos* ki tant nen apartienent mies à nos cum li altre. (Ib. p. 566.)

Por coi est doneie la lumiere al dolant et vie à *ceaz* ki en amertume d'anrme sont. (M. s. J. p. 465.)

Quar nostre rachateres, ki vraiment est forz par main, tornet à la foiz à son amor *ceaz* cui il voit despitiez de la glore del munde. (Ib. 511.)

    Por amor *ceolz* de France. (G. d. V. v. 64. XIII.)

    Voiant *ceulz* de Viane. (Ib. v. 139. XIV.)

    Li emperere de France feit cunreer sa gent
    E *ceols* qui alerent od lui cunreat gentement. (Charl. p. 4.)[1]

    Distrent que mult se merveillerent
    Que *ceos* qui lur seignur coronerent
     Out contredit. (Ben. t. 3. p. 484.)

La forme du féminin *celei* passa de bonne heure; elle fut remplacée par une forme picarde *celi*, dérivée de *celie*, comme *li* de *lie*, qui fut d'abord exclusivement du genre féminin.

    Que por *celie* (meschine) ert si soupris. (Chast. II, v. 67.)

    De *celie* li balla saisine. (Ib. XI. 373.)

Et li Grieu en (des batailles) avoient bien soixante, que il n'y avoit *celi* ne fust graindre que une des lors. (Villeh. 453ᶜ.)

    Femme ot biele, sage et gentil,
    Et de *celi* si ot un fil. (Phil. M. I, 276. 7.)

    U contre aucun article de *celi* pais. (1256. Th. N. A. I, 1083.)

    Avoit donc en mariage à *celi* Isabiau. (1250. H. d'A. 55.)

    Lucinien fiot halt lever, | Et les piez et les meins laver
    De *celi* eve ki fu froide. (Dol. p. 163.)

---

[1] Je place ces exemples normands parmi ceux de Bourgogne, parce que, comme je l'ai dit, les formes étaient les mêmes dans les deux dialectes.

La même remarque s'applique à *cestei*, seulement je ne connais pas de féminin picard primitif *cestie;* mais il est probable qu'il a existé.

Et sachiez que si halte convenance ne fu onques mes offerte à gent. Hé! n'a mie grant talant de conquerre, qui *cesti* refusera. (Villeh. 444ª.)

Pour souvenance de *cesti* chose. (1251. Ch. de Tournay. Ph. M. t. 2. p. 26. suppl.)

Quelques textes de Bourgogne, de Franche-Comté et de Lorraine ont une forme particulière pour le regime masculin des pronoms *celui, cestui: celu, cestu.*

De *celu* duc (1252. H. d. B. II, XX). A *celu* duc (1259. Ib. II, XXIV). Por le meillor de France n'estuet *cestu* changier. (Ch. d. S. I, 112.) Sires, dist li dus Naymes, *cestu* avons perdu. (Ib. 139.)

α. β.     Je ne suis mie en mer sans mast.
*Chil* est sans mast ki est amis... (R. d. l. V. v. 212. 3.)
Con *chil* qui molt estoit senes. (Ib. 1403.)

Nous aiderons, conseillerons et conforterons loialment l'un l'autre... ensi com *chius* de nous, ki besoing en ara, en requerra l'autre... et s'il avient ke aucuns de nous fait aiuwe à l'autre par host, *che* sera sans le frait de celui qui on aidera, et se on fait aiuwe par chevauchie, *chis* qui on aidera pourverra et estoffera le chevauchie à son frait. (1291. J. v. H. p. 540.)

*Chius* ou celle averoit fourfait corps et avoir. (1312. Ib. p. 551.)

Et quant *chieus* ahyretemens fu fais. (1277. Chart. de Tournay. Ph. M. t. 2. Intr. CCCXIII.)

Qui là sus est en *chel* palais plenir. (O. d. D. v. 3962.)

Et *chil* l'assallent qui male mors cravente! (Ib. 3949.)

Cele nuit se herbregea à la Rousse, et i sejorna lendemain toute jour por atendre *chels* qui venoient d'errer. (H. d. V. 192. XIV.)

Sacent tous *cheus* ki sunt et ki à venir sunt. (1296. Th. N. A. I, 1281.)

    *Chele* le baise qui mult l'ot ename. (O. d. D. v. 84.)
    Mais je revoi de l'autre part
    Mon sauvement là où j'esgart,
    En *chele* petite estoilete. (R. d. S. S. v. 541-3.)
    Ains en seront mil home detrenchies
    Et *chist* païs et ars et escillies. (O. d. D. 4945. 6.)
    Et qant nus ne nus deffendiens
    Verz *chest* homme qui à grant tort
    Nus a tus pris e trait à mort. (M. d. F. f. 45. p. 224.)
    Si voirement que nos *iche* creons
    *Cheste* parole que dit ichi avons... (O. d. D. 257. 58.)

El tiesmongnaige de *ches* cozes ai jou à ces presentes lettres pendut men saiiel. (1277. Ch. de Tournay. Ph. M. t. 2. Intr. CCCLX.)

γ. δ.   N'i a *chelui* n'eust vaincu
Par son cors seul tornoiement. (R. d. l. V. p. 180.)
*Chelui* qui tenoit le chastel. (R. d. l. V. p. 180.)
De prendre *chelui* à mari. (Ib. p. 83.)
La fille au duc Milon Aiglente,
*Cheli* ot faite la puison. (Ib. p. 196.)
N'est merveille se j'afoibli
Quant *cheli* ai mise en oubli
Ki par s'amour me fait valoir. (Ib. p. 115.)
Quant Gerars coisist l'aatine
De *chiaus* de dens à *chials* de fors. (Ib. p. 136.)
Car en la fin point ne se cele
Teus traïsons, ains se revele
Pour *chiaus* honnir qui faite l'ont. (R. d. l. M. 3971-3.)

Faisons savoir à tos *cheaus* ki ces presens lettres verront et orront. (1284. J. v. H. p. 426.)

*Chaus* comant l'ost que il le gardent bien. (O. d. D. v. 341.)
A *chestui* dist qu'il fait desroi. (M. d. F. fab. p. 298.)

Vers le milieu du XIIIe siècle, on commence à voir usurper *cheli*, au lieu de *chelui*, au masculin:

*Cheli* puet on tenir pour fol. (R. d. l. V. p. 277. v. 5929.)

Cet abus se propagea, et à la fin du XIIIe siècle, les textes fournissent de nombreux exemples de *celi* masc., au lieu de *celui*. Voici des exemples des mêmes formes picardes sans *h*.

Diex, dist la dame, que dist *cius*[1] renoies. (Romv. 226, 15.)
*Cieus* sains homs, bien seigneur, dont vous m'oes conter
Pieres l'ermite ot non, bien le puis afremer. (Chev. au Cygne.)

Se *cius* à la requeste del autre partie ne le voloit faire. (1283. J. v. H. p. 434.)

Sire, *cil* Dex qui fist le mont,
Il vous envoit hounor et bien! (R. d. l. V. p. 81.)
Qu'à *cestui* jugement se tiennent. (R. d. l. V. p. 257.)
Retenus fut Antigonus
Et de ses homes tot le plus;
*Cals* anmena Brutus à soi
Pris et loies et mis par foi. (Brut. 303-6.)
A *cals* qui erent escillie. (Ib. 4273.)
Quar cil deriere ne pooient
*Caus* aidier ki devant aloient. (Phil. M. v. 3146. 7.)

---

[1] „C'est à ces formes picardes sans *h* que se rapporte *cies*, sing. suj. fém. de *cius*:
En Asie sist la rice Troie:
Si fu *cies* d'Aise et flors et voie. (P. d. B. 143. 144.)
„Cette forme est rare, et peut-être a-t-elle été mal lue." (Fallot. Rem. p. 299.)
Cette forme a été fort bien lue; seulement ce n'est pas un féminin de *cius*, comme le pense Fallot, mais le substantif *chief*, en forme picarde sans *h*. Si fu cies et flors et voie d'Asie; voilà comme il faut construire le vers.

A tous *ceaus* qui ces presentes lettres verront et orront. (1285. J. v. II. p. 434.)

On trouve quelquefois *chile* (H. d. C. II, 42), *ciste* (Ch. d. Tournay. 1251. Ph. M. 2. p. 26.) etc., pour *chele*, *ceste*. Ces *i* au féminin, sont characteristiques du langage picard.

*III.* Les formes normandes que j'ai à noter sont les suivantes:

*Cost* est la custume en Merchenelac. (L. d. G. p. 175. 4.)

Nul ne receit home ultre III nuis si *til* ne li command, od qui il fust ainz. (Ib. p. 187. 46.)

Je voil que *til* que y vendront... cient autant de poer de sommeir les bosoignes... (1278. Rym. 2. p. 165.)

Je ne saurais affirmer que cette forme *til* pour *cil* soit exacte; cependant on lui trouve des analogies, *veintre* pour *vaincre* (Voy. les verbes), et je n'ai pas cru devoir la passer sous silence.

N'i ad *celoi* ki mot sunt ne mot tient. (Ch. d. R. p. 17.)

N'i ad *celoi* al altre ne parolt. (Ib. p. 70.)

Les féminins suivants sont empruntés de la Picardie:

*Cestes* viles ourent ested anciennement en pais. (Q. L. d. R. I, 107.)

Brun, l'arcevesque de Coloigne,
Qui por le pro de ta besoigne
Est en *cestes* terres venuz,
Te mande amistiez e saluz. (Ben. 20665-8.)

## REMARQUES.

1. Tous les pronoms dont il vient d'être question avaient des formes contractes en *x*.

Ex.: Et *cix* a apres rechene
Sa feme des mains .j. abe. (Chr. A. N. III, 91.)
S'iert *ciex* si de tous biens estruis. (Rutb. I, 343.)
Ensi prent congie la roïne
A *ciax* qui, sans nule haïne,
Le metent en peril de mort. (R. d. l. M. v. 3871-3.)
Se je *cax* truis que nos requerre alons. (R. d. C. p. 163.)

En telle maniere que se aucuns de *cax* de Collomiers mesfeisoit à aucuns de *cax* que je retieng... (1231. H. d. M. p. 127.)

Car nus de *cox* ne me venoit à gre. (R. d. C. p. 226.)

*Cox* est la forme contracte correspondante de *cous*, usitée dans la Lorraine, la Touraine et la Normandie:

Ço ne sout nul ki fust el mund,
Fors vus treis de tuz *cous* ki sunt. (Trist. II, 121.)

Et ceu est la manne coverte à *cous* qui per chasteit refraignent lor char. (Apocal. fol. 4. r. col. 2.)

Nos Jehans cuens de Borgoingne et sires de Salins facons savoir à tos *cex* qui verront ces presentes lettres. (1262. H. d. B. II, 26.)

A celui ou à *cex* qui avoir le doient. (1265. M. s. P. II, 599.)

Ces dernières formes étaient sourtout usitées en Franche-Comté, où on les employait même au féminin.

Por *cex* convenances et por *cex* bontez que nos facons à (?) communalx dou commun d'Arbois. (1282. M. et D. i. p. 463.)

Totes *cex* devant dites choses. (1262. H. d. B. II, 27.)

A *cex* qui verront et ourront *cex* lettres. (1293. Ib. II, 631.)

2. On a écrit *ceile* (1289. J. v. H. p. 530) en Picardie et en Franche-Comté; *celle*, dès la fin du XIIIe siècle, dans tous les dialectes.

En Franche-Comté, on trouve *cettui*, *cetui* pour *cextui*: Nos declarons *cetui* article en cette meniere que… (M. s. P. 1292. II, p. 558). Les exemples de cette forme sont trop nombreux, pour qu'on y voie une faute de lecture.

3. Comme pour les substantifs à terminaison en *u*, on voit, dans la seconde moitié du XIIIe siècle, reparaître ici le *l* à côté de l'*u*, puis le *x* remplacer le *s* de flexion. Ainsi: *chiauls, cheauls, chauls* (1312. J. v. H. 549. 552. 553) *ceuls* (R. d. S. S. d. R. p. 89. App.) *ceulx* (1294. H. d. V. p. 16) *ceaux* (1288. J. v. H. p. 460) celui ou *celx* (1301. M. et D. i. p. 468) *ceux* (1294. Rym. I, 3 p. 123), etc.

4. On trouve dans les Serments le primitif simple de *cist*, *ist*: *d'ist* di in avant.

FORMES NEUTRES DU PRONOM DÉMONSTRATIF *cil, chil*; FORMES DES PRONOMS DÉMONSTRATIFS AVEC UNE AFFIXE.

Pour le genre neutre, que nous désignons aujourd'hui par *ce*, la vieille langue avait: *ceu, ceo, çou*, en Bourgogne; *chou, cho, chei, che*, en Picardie; *ço, ceo, ce*, en Normandie.

Toutes ces formes, comme je l'ai déjà fait remarquer, dérivent des mots latins *ecce hoc*, qui produisirent d'abord, en provençal, *aisso, so*; en vieux français, *aezo*, puis *iço, ceo, ço* etc. J'appuie sur ce fait, parce que Fallot a répandu l'opinion que les formes avec affixe n'étaient point primitives, ce qui est tout à fait dénué de fondement.

*Aezo* nos voldret concreidre li rex pagiens. (Eul. v. 21.)

*Ceu* est constant dans les Sermons de St. Bernard:

*Ceu* est *ceu* por kai s'umiliat. (p. 535.)

Cette forme primitive de Bourgogne fut souvent remplacée, au XIIIe siècle, par *ceo, ceou, çou*.

*Se ceou* ne faites. —(G. d. V. v. 1332.)

Pour *çou* que lid. Huedes ne dotoit dois en avant. (1293. M. s. P. II, p. 632.)

Que mangerons nous au souper?
Sire, *chou* dist la dame, asses. (R. d. M. d'A. p. 4.)
Tout *cho* ke ses maistres pensoit. (Ib. p. 3.)
*Che* dist li rois, laissies ester. (R. d. l. V. v. 270.)

Et sour *chei* et pour *chei* grans guerres et grent besteng eussent este et fussent entre iauls. (1284. J. v. H. p. 431.)

Et sans le *h*:

Pour raison de *çou* que li cuens de Cleves. (1279. Ib. p. 404.)
*Cau* set on bien. (Phil. M. v. 19649.)

*Ceo, ço* sont les formes normandes:

Si *ço* avent que alquen colpe le poin à altre u le pied, si li rendra demi were, suluc *ceo* que il est. (L. d. G. p. 178. 13.)

L'orthographe *ceo*, aussi fréquente que *co*, permet de supposer que ce dernier se prononçait toujours comme s'il eût été écrit *ço*.

*Ce* est déjà très-fréquent au XIIIe siècle.

On voit en outre que *ceo, ceu,* etc. s'employaient comme sujets ou régimes, et sans être en rapport avec un pronom relatif.

Les formes avec une affixe sont en tout semblables aux autres: *Icil* leus (Ben. II, 69. 36), *Icis* Raoul (R. d. C. p. 3), *icist* (Rutb. I, 127), *icest* (G. d. V. 1484), *icele* (Ch. d. S. II, 7), en *iceles* parties (Villeh. 150. CLXVII), d'*iceste* bataihe (M. s. J. p. 461), d'*iceax* (Ib. 464), *icist*, p. s. (Ph. M. 25535), *iceus* (Chr. A. N. I, 4), *icous* (S. d. G. 186. 41), *Icesti* perte (O. d. D. 3203), *iceo* (1271 Rym. I, 2. p. 118), *iche, ichou* (R. d. S. S. 1423. 3635) *icestui* convenant (Villeh. 454ᵈ), etc. etc.

## REMARQUES.

1. La fixation des paradigmes de ces pronoms démonstratifs, telle que nous l'avons à présent: *ce, cet, cette, ces; celui, celle, ceux, celles,* est postérieure au XIIIe siècle.

2. C'est aussi après le XIIIe siècle qu'est venu l'usage de donner avec quelque régularité à ces pronoms les adverbes *ci* et *là,* en manière de suffixes; *cist* et *cil, icist* et *icil,* suffisaient, en effet pour exprimer l'idée de proximité et d'éloignement.

On en trouve cependant des exemples:

De *chiaus là* vous redirai gie. (R. d. l. V. v. 5937.)

3. Il n'était pas rare qu'on employât l'article devant les pronoms démonstratifs.

Ex.: Et pour chiaus ki awech moi et en mon nom furent en la dite bataille, dont li non de chiaus sont chi apres nommet, c'est à savoir *es ciaux* de Muchclais, Bcuckins, etc. (J. v. H.)

  Où vos terres de la chevalerie
  Ou as François ou *as chaus* de Persie? (O. d. D. 1789. 90.)
  *As ciax* ki erent en la coe. (R. d. R. 10340.)

4. Je ferai enfin remarquer la locution:
  Il s'en ala avant, ne *dist ne ço ne quei*. (Th. Cant. 29. 30.)
qui signifie *sans rien dire du tout*.

## D. DES PRONOMS RELATIFS.

L'ancienne langue n'avait, comme celle d'à présent, que deux pronoms relatifs: *qui*, *quel*.

1. Le premier a été identique dans tous les dialectes; mais son règlement n'a pas toujours été le même aux différentes époques de la langue. Voici celui qu'il eut pendant le XIIIe siècle.

| | | |
|---|---|---|
| *Suj*. | ki, qui, qi. | ⎫ |
| *Rég. dir*. | ke, que, qe. | ⎪ |
| *Rég. indir*. | cui. | ⎬ formes communes aux deux genres. |
| *Rég. des prép*. | cui. | ⎪ |
| *Génitif* [1] | dont. | ⎭ |
| *Rég. des prép*. | coi. | |

Le classement de ces formes est loin d'être le primitif; celui qui avait cours à la fin du XIIe siècle, en Bourgogne, du moins, est basé, pour les genres, sur la distinction qu'on a déjà vue en d'autres pronoms, de *i* lettre masculine, et de *e* lettre féminine; c'est:

| | | | | |
|---|---|---|---|---|
| SING. | *Suj*. | *Masc*. ki, qui. | | *Fém*. ke, que. |
| | *Rég. ind*. | cui. | | cui. |
| | *Génitif* | dont. | | de cui, dont. |
| | *Rég. dir*. | cui. | | ke, que. |
| | *Rég. des prép*. | coi. | | |
| PLUR. | *Suj*. | ki, qui. | | ke, que. |
| | *Génitif* | dont. | | de cui (dont). |
| | *Rég. ind*. | cui. | | cui. |
| | *Rég. dir*. | cui. | | ke, que. |

Ex.: Cil plorent lo grief jug *ki* est sor tos les filz Adam. (S. d. S. B.)
La science *ke* meye est volt ausi entrepenre li hom. (Ib. p. 524.)
Car dons quant li sas fut trenchiez, gitat il fors la pecune *ke* receleie estoit el preix de nostre rachatement. (Ib. p. 541.)

---

(1) Qu'on me passe ce terme, pour éviter des circonlocutions.

Ne ne puet nuls dotter de la veriteit *ke* dedenz luy se mist par ambedous les fenestres des oylz et des oroilles. (Ib. 555.)

Ce suelt om dire: Cist hom se fait dolant, ou cist hom se magnifiet, et tels choses semblanz *ke* ne vienent mies de veriteit, mais de fointise. (Ib. 564.)

Ces profecies et les altres qu'aemplies sunt en Crist, et *ke* de lui furent anoncieies, davant nos ramoinet en nostre memore ceu c'un dist en Belleem Jude. (Ib. 533.)

Cuydiez vos, chier freire, *ke* poc me deust graveir, se ju savoie *ke* ceste parole, *ke* ju or parole à vos, duist perir en vos cuers? (Ib.)

Wai à vos, riche home, *ki* aveiz vostre solaz. (Ib.)

Qui est nuls de si dur cuer *cui* ainrme ne soit remise en ceste parole? (Ib. 530.)

Vos quereiz lo tresor, mais tant deveiz plus ardanment foir ke vos fount estes parvenut pres de l'or *cui* vos quereiz. (M. s. J. p. 467.)

Car li enfes qui naist est Deus, et li meire de *cuy* il naist est virgine. (S. d. S. B.)

Cist sunt li vaissel d'or et d'argent *dont* om aministre ni à nos besognols en la taule nostre signor. (Ib.)

Car ele (la misericorde) nen aidat mies solement à ceos *cuy* il atrovat dons presentaulement. (Ib. 538.)

Il esgardent ke li permanable bien *cui* il desirent soient. (M. s. J. p. 463.)

Voy. plus bas des exemples sur *coi*.

La distinction de *qui*, *ki*, sujet, et *cui* ou *cuy*, régime, a été observée pendant tout le XIIIe siècle; celle de *qui*, *ki*, masculin, et *ke*, *que*, féminin, au contraire, n'a pas été longtemps suivie avec exactitude. On employa d'abord *qui* pour sujet féminin au pluriel, puis *que* comme régime direct du masculin singulier; ensuite on se servit de *qui* comme sujet des deux genres, de *que* comme régime direct des deux genres, réservant *cui* au régime indirect, avec ou sans préposition.

Les Sermons de S. B. offrent déjà quelques exemples de *qui*, sujet féminin, au pluriel; les Moral. s. Job ont souvent *ki* au sujet féminin des deux nombres; Villehardouin enfin emploie aussi *qui* pour sujet des deux genres, et *que* pour régime masculin.

Et mult fait à noter ke cil voit dormanz les angeles *ki* en la piere met son chief; car vraiement cil cessanz des deforiencs oevres trespercet les deventrienes choses *ki* par ententive pense, *ki* est la principalz partie del homme, gardet les traces de son rachateor. (M. s. J. p. 480.)

Et quant ce virent li Grieu, si recomencierent la ville à rehorder endroit als, *qui* mult ere ferme de halt murs et de haltes torz. (Villeh. 459°.)

L'empereres Alexis de Constantinople prist de son tresor *ce qui* il en pot porter. (Ib. 453ᵈ.)

Et cil ne volt mie venir à son commandement, que il ere saisi de Corinthe et de Naples, deux cites *qui* sor mer sient des plus forz desos ciel. (Ib. 468ᵈ.)

En parcourant les chartes picardes, j'ai cru remarquer que l'emploi de *qui* et de *que* n'a jamais été réglé aussi nettement dans les provinces du nord de la langue d'oïl qu'en Bourgogne, et il n'est pas rare de trouver *que* sujet, au masculin comme au féminin; confusion qui se propagea en Bourgogne vers le milieu du XIIIe siècle.

Par quei li maires e les eskevins de la comune de Rue, *ke* est nostre ville, nos demandassent serement.... (1279. Rym. I, 2. p. 181.)

A tous ceus *ke* ceste lettre verront. (1290. Ib. 3. p. 72.)

Edward...., à tous ceaus *que* cestes presentes lettres verront. (1291. Ib. p. 88.)

A la même époque, à peu près, *cui* perdait la fonction de régime direct, et ne gardait que celle de régime indirect, masculin et féminin, des deux nombres. On commençait même à l'employer plus rarement sans préposition, si ce n'est quand il signifiait proprement *à qui*.

Voici de nouvelles preuves de l'emploi de ces pronoms relatifs:

Car Criz meismes montat en ciel, ki en dexendit por ceu k'il tot à fait aemplissest *de cuy* est escrit. (S. d. S. B. p. 525.)

La femme *cui* tu moi donas à compangne m'en donat, si en manjai. (M. s. J. p. 462.)

De ce penset chascuns humlement il doit ce *ke* il bien entent dire à ceaz *de cui* il prent exemple de bien vivre, se sainz Paules soi mist par humle voiz desoz ceaz *cui* il avoit elleveiz à vie. (Ib. 476.)

Vraiement la culpe li ovrit les oez à la convoitise *cui* li innocence tenoit clos. (Ib. 480.)

Perisset li jors *en cui* je fui neiz et la nuiz *en cui* fut dit: Conciez est li hom. (Ib. 451.)

*Cui* cousins germains il ere. (Villeh. 467ᵈ.)

  Que plus m'aimme que nule rien
  Cele *de cui* me sui vantes,
  Qui tant a sens et loiautes. (R. d. l. V. 228 - 30.)

Ne sorent la corone *cui* done ne baillier. (Ch. d. S. I, p. 6.)

Mes cil en ait l'onor *cui* Dex vodra aidier. (Ib. I, 8.)

Saisnes, dit l'ampereres, saches du voiremant
Il n'a baron en l'ost *cui* li rois aint itant. (Ib. I, 162.)

Lors nos seront livre li traïtor renois
*Par cui* nos somes or en ire et en effrois. (Ib. I, 57.)

  Meismement les povres gens
  *Cui* ele donnoit vestimens

>Furent plain de doleur et d'ire. (R. d. l. M. v. 865-7.)
>Artus li bons rois de Bretaigne
>La *cui* proeche nous enseigne
>Que nous soiens preu et cortois. (Chev. au Lion. Brut. I, LVI.)
>Od moi ne ruis fors que mon camberier,
>A *cui* je puisse parler et consillier. (O. d. D. 8886. 7.)
>Et riche *qui* art et escume
>Seur le poure *cui* sanc il hume. (V. s. l. M. p. 37.)
>Le fait garder à recelee
>A gens en *cui* molt se fie. (L. d'I. v. 512. 3.)
>Cil *ke* chasserent an la salve ramuc. (G. d. V. v. 3707.)
>Gloriouz peires *ke* soufris passion. (Ib. 2402.)
>Cil dient cil *que* l'voient, q'ainz plus bel ne vit on. (Ch. d. S. I, 182.)

Dans toutes les provinces, mais principalement en Normandie, en Champagne et dans l'Ile de France, on a écrit *qi, qe* au lieu de *qui, que:*

>L'un dit al autre, *qi* ceo veit. (Chr. A. N. I, 8.)
>A Jhesu se commandent, *qi* fu mis en la crois. (Ch. d. S, I, 200.)
>Un fil avoie, Bauduinet *qe* j'oi chier. (O. d. D. 6092.)

En Touraine, dans le Poitou, on trouve l'orthographe *queu* pour *que*.

L'*i* de *qui, ki,* s'élidait souvent devant les voyelles:

>Qu'à l'arme vuet doner santei
>Oie de Puille l'errement. (Rutb. I, 149.)
>Et saisist le cheval par le froin *q*'est dorez. (Ch. d. S. II, 98.)

*Dont,* dérivé du latin *de unde,* signifia d'abord *d'où* (Voy. les Adverbes), et, à l'époque où furent écrits les S. d. S. B., il commençait seulement à passer de son sens primitif d'adverbe, à celui de pronom relatif; il était peu usité, *cui* le remplaçant dans beaucoup de phrases. Cependant, dès le XIIIe siècle, *dont* avait tous les emplois que nous lui avons conservés et quelques autres, qu'on apprendra à connaître par les exemples ci-dessous.

*Dont* se trouve écrit *dont, don,* en Bourgogne; *dont, donc,* en Picardie; *dund, dunt, dunc, dun,* en Normandie.

Ex.: Que il lor donroient navie à bone foi, sans mal engins, *dont* il porroient aller en Surie. (Villeh. 446ᵉ.)

*Dont* signifie ici *avec, au moyen de laquelle.* L'éd. de M. P. Pâris (p. 37. LXIX) porte *par laquele*.

>C'est une cose *dont* Turpins l'avoit chier. (O. d. D. v. 9704.)
>Olivier fut prous et amanevis,
>Prant le destrier *don* li donzels chaï. (G. d. V. 855. 6.)
>Apanre vos voloie le ver d'une chançon,
>*Don* li diz est cortois, et doz an est li son. (Ch. d. S. I. 259.)

(N'a) N'acost ne apui ne amor
*Dund* deffendre peust s'onor. (Ben. 17745. 6.)
Apres la mort *dunt* je vos retrai,
*Dunt* li dux out dol e esmai. (Ib. 24806. 7.)
Alez, dist il à ses servanz
*Dunc* iloc aveit ne sai quanz. (R. d. R. 7217. 18.)
Mainte femme consselle à feire
Ce *dunt* miex li vausist retreire. (M. d. F. II, 273.)
Et si parlez d'une aventure
*Donc* onques ne puis avoir cure.
Urake dit: N'est pas amoire
*Donc* je parole, mais chose voire. (P. d. B. 6691 - 4.)

*Coi* paraît n'avoir été primitivement qu'une forme de régime de *qui*; il n'a jamais pris aucune marque ni de genre ni de nombre.

Il se trouve écrit *kai, koi, coi, quoi,* en Bourgogne; *koi, quoi, qoi,* en Picardie; *kei, quei, qei,* en Normandie; *quai* en Touraine.

*Coi* ne s'employait jamais que comme régime des prépositions. On le fit d'abord rapporter à un objet déterminé, mais peu à peu on prit l'habitude de le mettre absolument, et au XIIIe siècle, il devint une sorte de neutre de *qui*.

Ex.: Vers lui adresse le cheval sor *coi* sist. (G. l. L. II, 169.)
Tuit sont remes li plait de *qoi* s'aloit vantant. (Ch. d. S. II, 30.)
Tu anportes l'anel de *qoi* ai grant anvie. (Ib. 27.)
Mes qui m'enseignast la medicine
Par *quei* ele fust asourdee
Je l'en donasse grant soudee. (L. Chev. à l. C. p. 37.)

Il eswardent, et esleisent de *kai* il vuelent estre obedient, mais anzois de *kai* il covignet ke lor prelaiz soit obediens à lor volenteit. (S. d. S. B. p. 559.)

Certes, granz est voirement li chose por *kai* il fist ceu. (Ib. p. 526.)

Je ne dois faire chevauchee par sa terre, ne retraire chose de *quoi* ge le mette en guerre. (1233. M. s. P. I, 342.)

Cil ne pooit pas tant attendre
Cele eure à *qoi* l'en soloit rendre
Aus povres l'aumosne commune. (Rutb. II, 187.)
Mes or me dites la reson,
Et si me contez l'achoison
Pour *coi* li païs est gastes. (R. d. l. V. v. 4686 - 8.)

S'il i avoit aucune deffaute en tout ou en partie par *coi* li dis premiers paiemens n'i poist suffire, nous volons... (1286. J. v. H. p. 441.)

Bien d'une grant liuee ne dist ne ce ne *coi*. (Ch. d. S. I, 189.)

De *coi* ris tu ore, lechiere?
Ichi a malvais entremes.
Bien sai de *coi* tu t'entremes. (L. d'I. v. 392 - 4.)

Quant en haute mer nus meimes
Bien vus dirrai *quai* nus feimes. (Trist. II, 111.)
E dit al rei: De *quei* avez pesance? (Ch. d. R. p. 33.)

## REMARQUES.

1. Nos écrivains modernes se servent quelquefois de *qui* — *qui* au lieu de *l'un* — *l'autre*, *celui-ci* — *celui-là*; c'est un usage qui remonte à la première période de la langue française.

Pluisor altre fui en sunt,
*Qui* bois, *qui* plain, *qui* val, *qui* mont. (Brut. 8037. 38.)

Montaigne, Amyot, Rabelais emploient souvent ce *qui* — *qui*.

2. On trouve *qui* au lieu de *si l'on*; *quoi*, *que* au lieu de *ce que*, *à ce que*; *qui* au lieu de *ce qui*.

Ne quit c'un sol mot responsist
*Qui* en la place l'oceist. (Ben. 16444. 5.)
*Qui* vos direit par cum grant ire
Normanz les alerent ocire...
Merveilles porriez oïr... (Ib. 22362. 3. 6.)
Toute l'eussent derompue
*Qui* ne lor eust desfendue. (Rutb. II, 221.)
Il respondent que il feisoit
Les plus granz miracles dou munde,
*Qui* le penroit à la roonde. (R. d. S. G. v. 1472-4.)

Voirement la boche fait une crior, mais li sens ne seit *que* la boche dist. (M. s. J. p. 514.)

Nos entendons bien *que* vos dites. (Villeh. 441 ᵈ.)
Ne me chaut *que* nul de vous die. (R. d. S. p. 18.)
Amperere, fait il, pren garde *que* tu fais. (Ch. d. S. I. 71.)
Anviron soi esgarde, pansa *que* ne dist mie. (Ib. II, 160.)
Mais or vous voel jou demander
*Que* çou est que vous voles faire. (R. d. l. M. 2488. 9.)
Ç'avum à dire
Tot *queu* te mande nostre sire. (Ben. 13557. 8.)
Prenons conseil *quei* là ferons. (Ib. 22229.)
Kar ele ne saveit *quai* fere dut. (Trist. II, 122.)

Cet emploi de *que* s'est conservé jusqu'au XVIIe siècle:

Ex.: Ces ambassadeurs entendirent incontinent *que* vouloit dire ce traict de mocquerie. (Amyot. Hom. Ill. Caius Marius.)

(Il dict) qu'il entendit qu'on l'appelloit à haulte voix, et qu'il se tourna pour voir *que* c'estoit. (Ib. ead. Furius Camillus.)

(Les Romains) estimoyent estre plus expedient pour le bien de leur chose publique, que leurs officiers et magistrats eussent en reverence les ceremonies du service des dieux, que *qu*'ils vainquissent en bataille leurs ennemys. (Ib. ead. M. C. Marcellus.)

3. On retranchait souvent le pronom relatif *qui:*

N'i a un | ne face samblant
Que il en ait joie moult grant,
Et si ont il veraiement. (P. d. B. 10429 - 31.)
N'i a nul d'els | pitie n'en ait
Del angoissus dol qu'ele fait. (Ben. II, 2827. 8.)

*II.* Le second pronom relatif, *quel*, dérivé de *qualis*, n'a eu primitivement, comme les adjectifs *generis communis*, qu'une seule forme pour les deux genres; mais, dès le premier quart du XIIIe siècle, on trouve de nombreux exemples du féminin.

*Quel* s'employait avec et sans article. Ses formes étaient:

|   |   | BOURGOGNE ET NORMANDIE. | | PICARDIE. | |
|---|---|---|---|---|---|
| SING. | *Suj.* | li quels | li, la quele. | li queils | li queile |
|  |  |  |  | li quils | li quile |
|  |  |  |  | li queus | li quele. |
|  |  |  |  | li queis |  |
|  |  |  |  | li ques |  |
|  |  |  |  | li quieus. |  |
|  | *Rég.* | lo quel | la quele. | le quil | le quile |
|  |  |  |  | queil | la queile, queu |
| PLUR. | *Sing.* | li quel | les queles. | li queil | les queiles |
|  |  |  |  | li quel | les queles |
|  |  |  |  | li quil | les quiles |
|  |  |  |  |  | les queus. |
|  | *Rég.* | les quels | les queles. | les queils | les queiles |
|  |  |  |  | les quels | les queles |
|  |  |  |  | les queus | les queus |
|  |  |  |  | les quieus | les quieus |
|  |  |  |  | les ques | les ques |
|  |  |  |  | les quils | les quiles. |

Les formes normandes furent semblables à celles de Bourgogne, jusqu'à l'époque où le langage de Normandie se mélangea de picard; dès lors on trouve dans les textes normands un alliage toujours croissant de formes de Picardie jointes à celles de Bourgogne.

Le Poitou avait ses formes en *au:* li *quaus,* li *quau,* les *quaus,* communes aux deux genres. En Lorraine, et dans tous les dialectes, on redoublait souvent le *l* au féminin: *queille, quelle.*

Dans la Franche-Comté, les formes en *lx* furent en usage dès 1260 environ.

Il faut ajouter aux formes précédentes, les contractions *quex, quiex.*

Exemples: (Voy. les pronoms interrogatifs.)

Li quils sereit meuz à amer. (M. d. F. Chait. 52.)
Mais ço ne set liquels veint ne quels nun. (Ch. d. R. p. 99.)
Ne sai li queus fu premerains,
Mais cascuns i vint enforcis. (Ph. M. 24184. 5.)
Puis demanda Rou l'arcevesque
Et à Ebar, d'Evreus le vesque,
Les queus glises de la contree
Ierent de plus grant renommee. (Ib. 13613-16.)
Quieus hom estoit li quens Huons! (Chr. A. N. I, 14.)
Chascun jor font fourches drescer
Es quieus pendront li chevalier. (Ib. 32.)

Si s'armerent et envoierent savoir quex gens ce estoient. (Villeh. 476$^b$.)

Ou bois dou Foillas a Iix arpens et demi desquiex il doit cheoir v arpens pour places et pour voyes. (1290. H. d'A. II, 294.)

Dieux le tanta par maintes fois
Por connoistre queiz est sa fois. (Rutb. I, 52.)
(Il savoit)
Ques ans fust plentuis de forment. (R. d. M. v. 52.)
Oiez, seignor, (Deus vos croise bontey)
Kels anconbriers et quelle adversitey
Avint au conte Olivier le manbre. (G. d. V. 563-5.)
Ne ne savons kel voie il ait tenue. (Ib. 3721.)

La queil somme de deniers il nous devoit payer. (1286. J. v. H. 440.)

En tesmongnage des queils choses nous avons ces presentes lettres saellees. (1287. Ib. p. 454.)

Ensorquetot ge voil e comant que totes les issues de ma*terre, en quau que manere qu'eles issent, les quaus ge retenc et prenc e establis jusqu'à treis ans. (Charte de Poitou.)

Ou tesmoignage des quez choses nos avons mis nostre seiaul es presentes lettres. (1276. H. d. B. II, 39.)

Lesquex chastiaus et lesquex apandises nos volons et otroyons que nostre enfant que nos avons de la comtesse Ysabel... ayent et tiegnent por lor partie. (1262. Ib. 27.)

En testimoniaunce de la queu chose. (1272. R. I, 2. p. 123.)

Sour divers houmages desqueis li eveske et li eglise de Liege dient... (1283. J. v. H. p. 421.)

Et en tiesmoingnage de ces choses avons nous pendu nostre sayel à ces presentes lettres, lesquiles furent donees à Roegnies, l'an de grace mil deus cens quatre vins et wict. (Ib. 471.)

Liquex Poncat li demandoit la maitie de une vigne. (1292. M. s. P. II, 562.)

Lesquelles je li ai assises sur quant que je hai à D. et ou territoire et es appendices desd. leus, liquelx sont de mon propre aluf. (1268. Ib. 600.)

Bien porrom veer e aprendre
Liquel auront major poeir. (Ben. 24564. 5.)

  *As ques* de vous touz plus pesoit...
  Et *li ques* l'en fist pour ce pis. (R. d. S. G. 1817. 20.)
  Sanz doute savoir couvenra...
  En *queu* terre aler le couvint,
  Et *ques* oirs de li peut issir,
  Et *queu* femme le peut nourrir,
  Et *queu* vie Petrus mena,
  Qu'il devint n'en *quel liu* ala,
  En *quel* liu sera recouvrez. (Ib. 3463. 6 - 71.)

*Lesquaulx, desquaulx.* (1301. Arcère, Hist. de la ville de la Rochelle.)

## E. PRONOMS INTERROGATIFS.

Les pronoms interrogatifs ont toujours été les mêmes que les pronoms relatifs: *qui, que, quoi, quel, lequel;* et l'on observe, dès les plus anciens temps, que la construction servait surtout à marquer l'interrogation.

 Ex.: *Quels* chose puet estre plaine de plus grant pitiet, ke ceu est ke li filz de Deu devint foens por nos? (S. d. S. B. p. 547.)

 Dunkes *queil* chose conut Eliphas quant il fut raviz en contemplation, se ce non ke li hom ne puet estre justifiiez à la semblance de Deu? (M. s. J. p. 488.)

 *Quiex* hom es tu? or me di *quiex?* (Rutb. I, 332.)
 *Qel* consoil as tu pris? (Ch. d. S. II, 161.)
 Q'est-ce...? (Ib. II, 160.) — *Que* puet ce estre? (Ib. 168.)
 A *que* faire te vas en la cite muçant? (Ib. 158.)
 *Que* as que plores devant moi? (St. N. 1018.)
 Et dist Braiher: Fols! *que* c'est *qe* tu dis? (O. d. D. 11316.)
 Quar *ke* est la vertuz se mezine non? (M. s. J. p. 508.)
 Et tu *qi* es, *qi* a si beles armes? (O. d. D. 8734.)
 Cheir freire, ceste generation *ki* reconterat? (S. d. S. B. 531.)
 Et por *kai* devint li filz de Deu hom, si por ceu non k'il facet les hommes filz de Deu? (Ib. ead.)
 Por *coi* est la lumiere doneie al dolent? (M. s. J. 464.)
 La reine Jezabel entrad en la chambre u li reis ert, e enquist pur *quei* il fud deshaited e pur *quei* ne manjast? (Q. L. d. R. III, 330.)

  *Ques* viles, *ques* castials, *ques* bors
  Aroit il à vous et *quel* rente? (R. d. l. V. 3018. 9.)

 *Li qex* est li nies Karle don tant parlames ier? (Ch. d. S. I, 102.)

## F. PRONOMS INDÉTERMINÉS.

### 1. *Al, El* (aliud): *autre chose.*

Ce pronom, qui existe dans le provençal, l'espagnol et le portugais, ne paraît pas avoir été souvent employé en Bourgogne et en Picardie avant le milieu du XIIIe siècle; mais il est aussi ancien que la langue dans le dialecte normand.

*Al* était la forme du sud-est de la Normandie, du Poitou et de la Touraine; *el*, celle du reste de la langue *d'oïl*.

> Si pais e trive requereit,
> Ceo que conseil nos en dureit
> En ferion e neient *al*. (Ben. 11952-4.)
> Point dreit à eus, kar d'*al* n'a soing. (Ib. 33468.)
> Mais ainz qu'il vient avesprer,
> Les covendra d'*al* à parler. (Ib. 34471. 2.)

Li reis jurad que devant le vespre ne gustereit de pain ne d'*el* (aliud quidquam). (Q. L. d. R. II, 133.)

> Ensi parlant et d'un et d'*el*. (Chr. A. N. III, 158.)

Cette dernière expression, qui signifie *parler de choses et d'autres*, est très-ordinaire au XIIIe siècle.

> L'iermites iert devant l'autel;
> Si prioit Dieu et d'un et d'*el*. (Phil. M. 3956. 7.)
> Assez font *el* que il ne dient:
> Prenez i garde. (Rutb. I, 206.)
> A tant s'en tut, et d'*el* parla. (R. d. C. d. C. v. 4145.)
> Si m'aïst Diex, je ne desire *el*. (R. d. C. p. 313.)

Puis, par suite du fléchissement de *l: au, eu*.

> Mais *au* demande que tençons. (Ben. 16059.)
> Od des meillors de son lignage
> Furent ocis, ne sai *au* dire. (Ib. 33643. 4.)
> Qui d'*eu* ne s'esforcent ne peinent. (Ib. 8519.)

*El* s'employait substantivement:

Respundi Saul: Mened les unt (les berbiz e l'almaille) de Amelech; le mielz e le plus bel qu'il i truverent al oes nostre Seignur guarderent, *le el* (reliqua) ocistrent et desbaraterent. (Q. L. d. R. I, 55.)

Cfr. *al* de la langue provençale (Raynouard. Lex. rom. II, 44).

2. *Alcuens, aucuens, aucuns* (aliquis unus): *quelqu'un, quelque*.

Le thème primitif de ce pronom a été, en Bourgogne:

*Suj. Masc.* alcuens    *Fémin.* alcune
*Rég.*    alcun      alcune [1]

Dès le commencement du XIIIe siècle, ce règlement s'oblitéra: l'*e* du sujet masculin disparut d'abord, puis *l* se changea en *u*, et le thème, que nous avons conservé, fut:

*Suj. Masc.* aucuns    *Féminin.* aucune
*Rég.*    aucun      aucune.

---

(1) On lit dans les dialogues de St. Grégoire: Ge n'oi pas cestui avoir esteit disciple d'alcunui. Je n'ai retrouvé nulle part cette forme. Cfr. *Altrui, Nului*.

Dans la Touraine et le Poitou, la diphthongue *uen*, de la Bourgogne propre, et *un* se changeaient en *o*, et l'on avait ce règlement :

*Masc. Suj.*     alcuns, alquuns, plus tard, aucuns
     *Rég.*     alcun, alquun,     —     —     aucun
*Fém. S. et R.* alcune, alquune,  —     —     aucune.

En Normandie, les formes de Bourgogne et de Touraine se rencontrent presque indifféremment dans les textes les plus anciens ; mais la première finit par remplacer tout à fait l'autre.

On disait *acuns, akuns, acun, acune* dans le nord de la Lorraine et dans les provinces picardes avoisinantes. Le reste de la Picardie avait les formes en *ch: auchuns, auchun, auchune*.

*Aucuens* seroit par aventure ki ensi seroit enstruiz et warniz par la semonce nostre Signor. (S. d. S. B. p. 556.)

*Aucuens* est par aventure que cuidet... (Ib. p. 533.)

Om ravist *aucune* creature en bone volenteit, et k'ancor nen est mies parfaite ne convenaule de sostenir martyre. (Ib. 544.)

*Alcuns* s'aparchut que li poples se arestut pur veer Amasam ; pur ço remuad le cors des le chemin jesque al champ. (Q. L. d. R. II. 199.)

Dunkes cant *alcune* pense de male temptacion vient al cuer, si curt alsi cum fors de la plaie li venins. (M. s. J. p. 449.)

E se *alquuns* meist main en celui, qui la mere Yglise requireit... (L. d. G. p. 174. 1.)

Se *alquens* est apeled de larcin u de roberie. (Ib. p. 175. 4.)

    Son frere volt par traïson
    Ou par *alcun* engin ocire. (Brut. 2198. 9.)
    Dont lor pria k'il apresissent
    *Aucun* mestier, kel k'il vossissent,
    Et tel art par coi il seussent
    *Aucun* bien et preudome fussent. (Dol. p. 233.)
    S'avint par aventure un jour
    C'*aucune* dame de valour
    Le chastelain forment plaingnoient
    De ce qu'elles ouy avoient
    Qu'il estoit malades.... (R. d. C. d. C. v. 2781-5.)

Cet exemple prouve que *aucun*, qui n'avait point de forme de pluriel, n'avait pas toujours la valeur d'un singulier, quoique ce fût l'ordinaire.

Et se la temptacions ravit *alcune* foiz la pense juske al delit, isnelement sunt hontous del engin del delit. (M. s. J. p. 452.)

Cette expression *aucune fois*, au sens de *quelquefois*, se trouve souvent encore dans Amyot.

Et se *akuns* discors avenoit en la citeit. (1286. J. v. H. p. 442.)

Se nous ou nostre oir aquerons lavowerie Baudewin de Beaumont, en *akun* tans.... (Ib. cad.)

> Senz muement d'*aucon* voleir. (Ben. 24056.)
> Ne volent pas qu'il s'entrasenblent,
> Que d'*aucone* ovre ne contendent. (Ib. 10279. 80.)
> Et par no consel espousaisses
> La fille d'*aucun* rice roi. (Fl. et Bl. v. 1072. 3.)

E par quei *alchuns* d'els ne fust dunc suspenduz. (Th. Cant. 125, 10.)

> Ja ne lairai pour mon travail
> Que je ne die *auchun* biel mot;
> Et se *auchuns* mesdisans m'ot.... (R. d. l. V. 21-23.)
> Ses oncles, qui volsist sans faille
> Qu'il fust en *auchune* bataille
> Occis, puis si aroit sa terre. (Ib. 1783-5.)

En Franche-Comté:

Et se par aventure *aulcuns* tiroit lesd. bois. (1282. M. et D. i. p. 462.)

*Aucun* a conservé cette valeur indéterminée et affirmative jusque bien après le XIIIe siècle, lorsqu'il n'était pas accompagné d'une négation. Cependant on trouve déjà au XIIIe siècle quelques exemples de *aucun*, ayant une valeur négative.

3. *Alquant, alkant, auquant* (aliquantus): *quelques, quelques-uns*.

Ce pronom s'employait avec ou sans article; il était fort usité dans les premières années du XIIIe siècle, mais il commença de bonne heure à vieillir. Vers 1250, comme le fait remarquer Roquefort, il commençait à perdre son acception primitive: on lui faisait signifier de personnages inconnus, des gens de rien, de hasard, un quidam.

*Alkant* sunt ki solement ne laissent mie à plorer ce ke il ont fait, anz lo loent et defendent. (M. s. J. p. 461.)

*Li alkant* sunt ki grandes choses quident d'eaz mimes, ja soit ce ke il petites choses facent. (Ib. 450.)

*Des alquanz* hommes sunt li pechiet aovert et ki davant s'en vont al jugement et des *alquanz* siwent. (Ib. 511.)

*Li auquant* d'aus sor les cevaus salirent. (O. d. D. v. 1185.)

Ço que li reis volt est leis, ço dient *li alquant*. (Th. Cant. 19, 19.)

E sunt alez as porz, cha li un, là *alquant*. (Ib. 134, 9.)

Car des *auquans* le puet on bien veoir. (R. d. C. p. 226.)

> *Auquant* des païens s'enfuïrent
> Et li autre se conviertirent. (Ph. M. 6068. 9.)

*Alquant* avait un féminin régulier:

> Li emperere par sa grant poestet
> Vii. anz tuz pleins ad en Espaigne estet;
> Prent i chastels e *alquantes* citez. (Ch. d. R. p. 101.)

>   Mult par i ot nes perillies
>   Et mescines à dol noies;
>   *Alqantes* qui en escaperent... (Brut. 6204-6.)
>   Quer si iteles (fames) sunt *auquantes*,
>   Mout en trove l'en de vallantes. (Chast. XII, 257. 8.)

En Normandie: le *l* éprouvait une mutation en *s*:
Del vin et del claret *li asquanz* furent ivres. (Charl. v. 685.)
Sur les piz *des asquanz* seient. (M. d. F. II, 450.)

Quelquefois *alquant* prend la signification de: *beaucoup, un grand nombre.*
La fors sunt curuz li *plusurs* e *asquanz*. (Charl. v. 339.)
*Pluisor* l'oirent, et *auquant*. (R. d. S. S. v. 4831.)
Voy. *Pluisor*.

La forme *alqunt* (L. d. M. p. 55. v. 310) est certainement fautive:

>   Car gent i ot à grant plente,
>   Ki portent haces et maçues,
>   Et li *alqunt* espees nues.

Il en est de même de *alquens* dans les vers suivants:

>   Tos les avoie desconfis et vencus,
>   E *les auquens* avoie retenus. (O. d. D. 834. 5.)

4. *Alques, alkes, auques* (aliquid): *quelque chose.*

*Alkes* a d'abord signifié *quelque chose*, puis *quelque peu d'une chose*, enfin *un peu, assez*. Primitivement pronom, ce mot fut ensuite employé comme adverbe et on le joignit aux adjectifs, de la même manière que nous y joignons l'adverbe *assez: assez mal*. (Voy. Adverbes.)

Ju ki ne sai assi cum niant et ki *alkes* cuyde savoir, ne me puys coisier, anz m'abandone et mat avant effronteiement et sottement. (S. d. S. B. p. 553.)

>   (Fortune) Cui tu veus de bon oil veoir
>   Tost l'as monte en grant avoir,
>   Et des que tu tornes ton vis,
>   Tost l'as d'*auques* à neant mis. (Brut. 1971-4.)
>   Li baron qui *alques* pooient
>   En Escoce od le roi estoient. (Ib. 9484. 5.)

*Alkes* avait un diminutif: *auquetes.*

>   De ceo que Huun r'a trove,
>   Qu'il li r'a dit e graantie,
>   Fu totes veies resjoïz
>   *Auquetes* li ques de Saint-Lis. (Ben. 14642-5.)

5. *Altre, autre: altrui, autrui* (alter).

Le règlement de ce pronom était, dans les trois dialectes:

|  | | Masc. | Fém. |
|---|---|---|---|
| SING. | *Suj.* | li altres, autres | li altre, autre |
|  | *Rég.* | altre, autre | altre, autre |
| PLUR. | *Suj.* | altre, autre | altres, autres |
|  |  | altres, autres | altres, autres |

*Altre, autre,* s'employait avec ou sans article.

Outre ces formes, il y en avait encore une: *altrui: autrui* (= un autre), en Bourgogne; *altri, altrei, altroi,* en Normandie; qui ne s'employait qu'en certains cas. Elle servait surtout comme régime d'un substantif, et on l'accolait à ce dernier sans l'intermédiaire d'aucune préposition.

*Autrui* avait toujours un sens absolu et indéterminé; de là cette locution: *l'autrui,* pour dire *le bien d'autrui* (Cfr. Pron. poss. *b.*, Rem. 3. p. 147).

       Mais cil n'eire pas sagement
       Qui tant done qu'il s'en repent,
       E tant vout le suen departir
       Que *l'autrui* li estoet tolir. (Ben. 41221-4.)
       Li emperere d'Alemaigne
       Qui volentiers *l'autrui* gaaigne
       L'a bien mostre à sa maisnie. (P. d. B. 8667-9.)
       Vos despandeiz et sens raison
       Vostre tens et vostre saison,
       Et *le vostre* et *l'autrui* en tasche. (Rutb. I, 115.)

Assi vint cum *uns altres* del peule ki sols entre *les altres* estoit senz pechiet. (S. d. S. B. p. 551.)

Respundi *li altres:* Si veirement cume Deu vit e tu, ne m'en partirai de tei. (Q. L. d. R. IV, 348.)

    Tuit *li altre* chairent as piez le grant abe. (Th. Cant. 87, 7.)
    Sur tuz *les altres* est Carles anguissus. (Ch. d. R. 33.)
    *L'autres* le voit, en fuies turne. (R. d. l. V. 4559.)
    Li un plorent, *li autre* rient. (Brut. 10352.)
       *Altres* terres et *altres* fieus
       Li graanta en plusurs lieus. (R. d. R. 16314. 5.)

La Normandie avait aussi la forme de masculin *alter, altere:*
Si home occit *alter* — que si *alter* veinged. (L. d. G. 8. 16.)

Hom ki traïst *altere,* n'en est dreiz qu'il s'en vant. (Ch. d. R. p. 154.)

*Ostres* (H. d. C. p. 34), *outre* (1283. J. v. H. p. 424), étaient des formes picardes peu usitées — *atre,* en Lorraine (1282. H. d. M. III, 225).

    Hom ne puet mie *autrui* cuer enprunter,
    Le sien meïsme estuet cascun porter. (O. d. D. 4403. 4.)
    Qui ambler vuelt *autrui* avoir,
    De barat li covient savoir. (Dol. p. 235.)
    François, dit Fieramor il est granz estoutie

D'ome qi a assez, et il li prant anvie
D'*autrui* terre gaster par fole lecherie. (Ch. d. S. II, 141.)
Senz raisun unt enpris en *autrui* poeste
A faire *autrui* mestier; mais chier l'unt compere. (Th. Cant. 56, 1. 2.)

Et ensi avient ke la lumiere de son propre jugement est toloite à la pense, cant ele eist fors por dejugier *les altrui* choses; et com plus en nonchaloir gettet les siens malz, plus durement est orgailhouse encontre les *altrui*. (M. s. J. 451.)

Et n'en laisset par la trop grant cure d'*altrui* la songe de soi, ne por lo sien prout met arrier l'*altrui*. (Ib. p. 502.)

Ki hume traïst, sei ocit e *altroi*. (Ch. d. R. p. 153.)

Si les seignurages ne facent *altri* gainurs (colons) venir à lour terre, la justice le facet. (L. d. G. 184. 33.)

Les enfances de Jhesu Crist
Leur aconta toutes et dist
Trestout ainsi comme il les seut
Et que d'*autrui* oï en eut. (R. d. S. G. 1295-8.)

En Bourgogne, on trouve *autru*, employé comme nous avons vu *cestu*, *celu*:

Por nos ne por *autru*. (1252. G. d. B. II, 20.)

Le pronom *autrui*, par ce sens indéterminé et cet emploi absolu qui lui était propre, tendait de plus en plus à se séparer de son primitif *altre*, et à se faire considérer dans la langue comme une forme à part; c'est en effet ce qui est arrivé et déjà au XIIIe siècle:

Moi et *autrui* deussies deproier
Que vers le roi vos alast apaisier. (O. d. D. 4431. 2.)

6. *Chasque* (quisque), *chascun* (quisque unus).

Le pronom simple *chasque*, venu de *quisque*, dont il est la dérivation directe en langage de Bourgogne, n'a pas été usité longtemps seul; on lui joignit de bonne heure l'article *un*, et la nouvelle forme qui en résulta fut beaucoup plus usitée que la simple.

*Chasc'an*. (1244. H. d. M. III, 196.)

E fist ke *kaske* hom fera. (R. d. R. 10433.)

*Chesque* d'els par n'un l'apeloit. (St. N. 486.)

*Chascun*, qu'on employait souvent avec l'article non-déterminant, avait pour formes:

| EN BOURGOGNE. | EN PICARDIE. | EN NORMANDIE. |
|---|---|---|
| chascun, chascune | cascun, cascune | chescun, chescune |
| | chaschun, chaschune | |
| | cescun, cescune | chaucun, chaucune. |

EN TOURAINE: chascon, chescon, chascone.

Ensi *c'uns chascuns* ne facet mies jai sa volenteit, anz eswarst quels soit li volenteiz de Deu. (S. d. S. B. p. 538.)

Mais ce samblet ke les trois de ces quatre fontaines apartignent proprement à trois ordenes de sainte eglise, *une chascune* fontaine à *un chascun* ordene. (Ib. p. 539.)

Li jor de cest an, ce sunt *cascunes* vertuz. (M. s. J. p. 461.)

Si compaignon le voient, *chascuns* en est iriez,
*Chascuns* en a tel duel, à po n'est anragiez. (Ch. d. S. I, 256.)

E par tut le pople alez, si lur dites *chaschuns* meint chà l'almaille, e le multun qu'il volt tuer. (Q. L. d. R. I, 50.)

*Cascuns* devroit, pour Dieu le voir,
Docement maintenir sa gent. (Ph. M. v. 3555. 6.)
Ensi de *cascune* maniere
Fist li rois tos biens amenbrer. (Ib. 3701. 2.)
*Chaucuns* portout une branche d'olive. (Ch. d. R. p. 9.)
Que ces trois persones sunt une
Et persone entiere est *chaucune*. (R. d. S. G. v. 877. 8.)
*Chescuns* choisoit tres bon cheval. (Chr. A. N. I, 19.)
Dist a e preie à *chescun*. (R. d. R. v. 11283.)
*Chescune* nuit eissi feseit. (Chast. XII, 73.)
Empres la mort, de lor enor,
N'out *cescuns* fors sa lunguor. (R. d. R. 55. 6.)
*Cescun* jour. (1288. J. v. H. p. 550.)
... S'ala *chescons* sa partie;
*Chescons* se treist à son manoir. (Romv. 416. 24. 5.)
*Chascons* d'assaillir s'aparaille. (Ben. 34516.)
Qui à *chascon* an t'iert rendu. (Ib. II, 13480.)
Que cil de *chascone* contree. (Ib. 26768.)
*Cascons* un grant glaive tenoit. (R. d. S. S. v. 1280.)

Les Q. L. d. R. fournissent quelques exemples d'une forme *cheun*:

Samuel fud juges sur le pople, tute sa vie, e alad *cheun* an environ Bethel, e Galgala, e Masphat. (I, 26.)

Rei nus dunc ki sur nus ait poested, si cume est usages en *cheun* regne. (I, 26.)

On lit dans Tristan, II, 63:
Les diz Tristran escute et ot,
Ben ad entendu *cha(sc)um* mot.

M. Fr. Michel rétablit *sc*, comme l'indiquent les crochets. J'ignore ci ces lettres sont effacées dans le manuscrit, ou s'il porte *chaum*.

On serait tenté de croire que *cheun, chaum* (?) sont des formes contractes de *chescun, chascun*; mais je ne le pense pas. Outre les dérivations de *quisque*, le roman avait un mot qu'il employait adjectivement et qui se joignait aussi à *unus;* c'est *cada*, qui se retrouve, soit simple, soit composé, en italien, en espagnol et en provençal [1]. Dans les Serments: *cadhuna* cosa. Le composé *cadun* une fois introduit dans la langue, on lui fit subir la syncope ordinaire du *d* médial (voy. Dérivation), et l'on eut les formes dialectales *chaun*, *cheun*.

### 7. *En* (inde).

*En* [2] a servi, dès les plus anciens temps de la langue française, à deux usages distincts: 1° Accompagnant les verbes, il leur sert de régime indirect, comme pronom indéterminé ou comme adverbe de lieu; 2° Particule explétive, elle n'ajoute rien au sens de la phrase, et ne s'emploie qu'en certaines locutions reçues par l'usage.

Ce mot dérive du latin *inde;* ses formes primitives ont été *int* (Serm.), *ent* (Eul. v. 15), *end*, puis *en*, qui prit, au XIIIe siècle, quelques orthographes dialectales assez insignifiantes: *an*, en Bourgogne et en Champagne, *em* devant *b* et *p* surtout, en Picardie, dans l'Ile-de-France et en Touraine. La forme *ent*, *end*, s'est conservée longtemps en Picardie et dans l'Ile-de-France.

Les plus anciens textes de la langue ne donnent point encore à *en* toutes les variétés de sens qu'on lui a vues depuis; on remarque entre autres que, accompagnant les verbes, c'est surtout aux verbes de mouvement qu'il se joignait d'abord.

Voici divers exemples de son emploi:

Li disciple l'*en* chalongent voyrement (Marie Madalene), mais li veriteiz respont por lei, k'ele bone oyvre avoit fait. (S. d. S. B. p. 562.)

Nos lairons cet empereor en bon estat, et nos *en* irons riches d'avoir et de viande, et pus non *en* irons en Surie. (Villeh. 455e.)

Nos vos *en* semonons. (Ib. 457.)

Poise l'*ent* moult et si à droit. (P. d. B. 712.)

Et disons aussi ke nobles princes me sires Guys... methe u fache metre en nos mains... Lembourgh, Rode... pour faire *ent* no volontei. (1288. J. v. H. p. 471.)

Fuit s'*ent* Ogiers par mi un val plenier. (O. d. D. 3323.)

Respondes m'*ent* vostre plaisir. (R. d. l. M. 2404.)

Les autres *end* a fait garnir. (L. d'I. v. 252.)

Là avons terre prise, ja *an* avons l'otroi. (Ch. d. S. I, 189.)

Tuit i morrez à honte, ja n'*an* eschaperois. (Ib. I, 200.)

... Tel *em* pesa
Qui autre semblant n'*en* mostra. (Ben. II, 6793. 4.)

---

(1) Dans le provençal moderne *cadun:* Amie de *cadun*, amie de degun. (Prov.) (Voyez le glossaire au mot chasque.)

(2) Le Fragment de Valenciennes donne aussi *ent*.

>  Tant *em* (des Romains) prisent com il volrent
>  Et tant com amener *em* porent. (Brut. 12644. 5.)
>  Tels m'*em* blasmera maintenant. (R. d. l. M. 1661.)
>  Ains seres en vilte tenue,
>  Et se vous *em* parles, batue. (R. d. M. v. 423. 4.)

L'*e* de *en* s'élidait souvent, en vers et en prose, après une voyelle:

>  Cil estout encuntre les Philistiens, *sin* (si en) ocist à glaive, et grant victorie lur dunad Deu, al jur, par lui. (Q. L. d. R. II, 212.)
>  Vien, *sin* irrum en l'ost des Philistiens. (Ib. I, 45.)
>  Sachiez que à grant enviz retrai
>  Ceo que *jeon* (je en) truis en que *jeon* sai,
>  Des abeies, des covenz.... (Ben. I, 1121-3.)
>  *Jon* (je en) ai el quer si grant dolur. (Trist. II, 45.)
>  Sire, ce dist li duc, *jan* (ja en) ores verite. (Charl. Préf. CX.)
>  A lui obeist France tote
>  Plus que à vos *quin* (qui en) estes reis. (Ben. 20429. 30.)
>  Quer oïr voleit
>  *Quin* ert le tort et qui le dreit. (Chast. XV. 107. 8.)

Lisez: *cuin .... cui.*

Raynouard (Langues de l'E. l. p. 178) dit qu'on a employé *ne* pour *en* en français, et il cite l'exemple suivant à l'appui de son assertion:

>  Ja l'este n'avera tel chalor
>  Que l'ewe *ne* perde sa freidor.
>  (Roman de Protheslaus, ms. d. l. b. du Roi.)

*Ne* pour *en* ne serait pas impossible; mais je pense qu'il faut restreindre cette forme *ne* aux provinces limithrophes de la langue d'oc.

### 8. *Hom, hum, hons, om, um, on*, etc. (homo).

Les grammairiens ont remarqué depuis longtemps que notre pronom *on* dérive du latin *homo*, c'est-à-dire que le substantif *hons, homme* a été pris dans une acception absolue et pronominale. [1]

Les formes primitives du pronom *on*, dans tous les dialectes, ont été les mêmes que celles du substantif *homme*. Ainsi, en Bourgogne *hom, hons, om*; en Picardie, *hons, hon, on*, puis *en*; en Champagne, *an*; en Normandie, *hum, huns, huem, um, un*.

J'ai déjà rendu compte de ces changements de forme.

Le dialecte de Touraine conservait ordinairement à ce pro-

---

(1) Cfr. l'allemand *Mann* et *man*.

nom son article de substantif, puis cet usage s'étendit à l'Ile-de-France et aux provinces avoisinantes.

La forme *en* pour *on*, en Picardie, est conforme à toutes les analogies de ce dialecte, qui changeait l'*o* et l'*a* de Bourgogne en *e* muet. Cette orthographe représentait la prononciation: *on*, en Bourgogne, était long; *en*, dans la Picardie, pour *on*, était bref.

*En* pour *on* a été usité aussi dans la Touraine, l'Anjou et le Poitou. L'orthographe *em* pour *on*, *on*, est très-ordinaire dans les mêmes provinces.

Le texte des Sermons de S. B. emploie ordinairement *om*, quelquefois *um* et *un*, comme en Normandie.

Aprenneiz, chier freire, por ceu cum droiturieres jugieres soit nostre Sires, ki ne prent mies warde à ceu k'*un* fait, mais de quel cuer *om* lo fait. (S. d. S. B. 557.)

Nen est mies molt granz li voie c'*um* te mostret. (Ib. 528.)

En vain fait l'*om* la bone oevre, se *om* la fait devant la fin de la vie. (M. s. J. p. 448.)

Giers ce ke l'*om* at de bien commenciet doit *om* toz jors faire ke la victore des biens soit cant l'*om* par batailhe renfuset les malz fermement par lo main de constance tenue. (Ib. ead.)

  Bien doit *hom* requerre et prier
  Le seint qui si bien puet aidier. (St. N. 1132. 3.)

Pur son seignor deit *hom* suffrir destreiz,
E endurer e granz chalz e granz freiz;
Sin deit *hom* perdre e del quir e del peil. (Ch. d. R. p. 40.)

  Volentiers devreit *hum* oïr
  Cose k'est bone à retenir. (M. d. F. Gug. v. 1. 2.)

*Hum* ne puet en la fin à humme plus doner
Que ço qu'il plus desire s'*um* li volt graanter. (Th. Cant. 120, 29. 30.)

A une vis par unt l'*um* muntad al estage meien e d'iluc al suverain. (Q. L. d. R. III, 247.)

Wart l'*un*, que l'*un* l'aume ne perde, que Deu rechatat de sa vie. (L. d. G. p. 185. 41.)

Envers humilitet se deit *eom* ben enfraindre. (Charl. v. 789.)

  Vien Roem assaer e prendre
  Qu'*oem* ne t'osera ja deffendre. (Ben. 18294. 5.)

*Hon* li amaine son boin destrier curant. (O. d. D. 9973.)

  L'*en* li amoine son roncin,
  Et las et maigre et miserin. (P. d. B. 5123. 4.)

N'aler trois pas s'*en* nel sostient. (Ib. 5387.)

Willame ke l'*en* dist Crespin. (R. d. R. 13564.)

  E de la grant terre pupleer
  Que l'*em* te done en eritage. (Ben. 6530. 1.)

Les mulz lur tint l'*em* as marbrins degreez. (Charl. v. 846.)

Les tables vi si encombrer
Que l'*em* nes pot onques nombrer. (Romv. 417.)

A cest consoil, dist Karles, est droiz que l'*an* s'apuit.
(Ch. d. S. I, 157.)

Lors porra l'*an* veoir qi aura bele amie. (Ib. II, 47.)

Li vilains dit an son resprit
Que tel chose a l'*an* an despit
Qui mult valt mialz que l'*an* ne cuide. (Brut I, XXXVII.)

On ne connaissait pas, au XIIIe siècle, l'emploi des lettres intercalaires pour sauver le hiatus, et le *l* qui accompagnait souvent *on*, n'a eu dans aucun cas l'usage que nous en faisons aujourd'hui.

Li vilains dist, e sil *veit l'om*,
Que aise fait sovent laron. (Ben. 25472. 3.)

E apres grant aversite
*Vient l'om* en grant prosperite. (Ib. 17345. 6.)

Gre l'en *deveit l'om* savoir grant. (Ib. 17074.)

*Treuv on* tost langue mal parliere. (R. d. l. M. Préf. VII.)

A *on* songie (Chast. XXIV. 55). *Crie on* (O. d. D. 11162).

Lors n'i a *il* celui qi d'ire ne se plaint. (Ch. d. S. I, 202.)

Ensi ra *il* de guerre, ne puet estre autrement. (Ib. II, 112.)

Qu'a *ele*? (R. d. l. M. 1034). *Puise il* (R. d. S. S. d. R. p. 25). *Quide il* (O. d. D. 11261). Amie a *il* (R. d. C. d. C. v. 3933), etc.

9. *Maint*[1] (goth. manags, v. haut-allemand manac).

Ce pronom était synonyme de *plusieurs*, mais il exprimait une quantité plus entendue et plus indéterminée. Il s'employait au singulier et au pluriel, sans que son acception changeât.

*Maint* était la forme de Bourgogne et de Picardie; *meint*, celle de Normandie. Toutes ses flexions se réduisaient à la distinction du sujet et du régime, comme pour les substantifs en *t* final, et à l'addition de l'*e* muet au féminin.

*Mainz* hom use son tans autresi et amplie
A mener fol usage et an musarderie
Com cil qi auques fait et san et cortoisie. (Ch. d. S. II. 99.)

*Mainz* bas hom a feru sor duc et sor princier. (Ib. II, 172.)

Deus, cum par est *mainz* huem pur le siecle avoglez. (Th. Cant. 116, 11.)

La gent Mahom *maint* cop lor rendent:
Mort pour mort s'achatent et vendent.
*Maint* escu, *mainte* targe fendent. (R. d. M. v. 1773-5.)

Si ai este en *mainz* empires. (Ruth. I, 251.)

Et ce ke nos quidons *maintes* foiz ke grasce soit est irors. (M. s. J. p. 471.)

(1) Cfr. le Glossaire touchant l'étymologie de ce pronom.

Car par *maintes* tribulations nos covient entrer el regne de Deu. (S. d. S. B. p. 568.)

    *Mains* gentils hom de grant emprise
    Vint au lundi apries sans faille. (R. d. l. V. 6291. 2.)
    De *meint* leu et de *meinte* terre. (St. N. 1080.)
    A eus parole en *meinz* endreiz
    De ovres, de enginz e de conseilz. (Ben. v. 3563. 4.)

Ore pert que folement l'ai fait, e que ne soi nient de *meintes* choses. (Q. L. d. R. 1, 105.)

*Maint* se plaçait quelquefois devant *plusieurs*:
*Maint plusur.* (M. d. F. II, 232.)

Et ainsi de *maint* et *plusours* aultres telz mos. (XIVe siècle. Q. L. d. R. Intr. XLII.)

Ce pronom avait un dérivé, que je n'ai rencontré que dans les auteurs picards-flamands: *tamaint*, composé sans doute de *tant* et de *maint*.

    Hues li mainnes, jel vous di,
    Fu arcevesques *tamaint* di
    De Ruem . . . . . . (Ph. M. v. 2810-2.)
    *Tamaintes* fois fu corecies
    Li rois . . . . . (Ib. 4020. 1.)
    Ki m'as Espagne retolue
    Dont j'ai *tamainte* paine eue
    Pour conquerre à l'ounor de Dieu. (Ib. 5282. 4.)

Froissart (né à Valenciennes vers 1333) fait souvent usage de *tamaint*. Il est resté dans le patois rouchi (Voy. le Dict. de Hécart 3e éd. p. 444).

### 10. *Même.*

*Même* est un composé de *ipse*. *Ipse* donna d'abord naissance aux formes simples: *esso*, en italien; *esse (eise)*, en portugais; *ese*, en espagnol; *eps* et plus tard *eis*, en provençal. Le français n'a pas de forme simple correspondante. Pour relever la signification de *ipse*, on fit des compositions; on joignit *semet* au superlatif *ipsissimus*, qui se trouve déjà dans Plaute, ou *ipsimus* (Voy. Grimm, Deutsch. Gramm. III, 647). De là les formes: *smetesme*, plus tard *medesme*, en provençal; *meseyme* (Raynouard II, 120), *ayme* (= ipsimus), dans le dialecte vaudois; *medesimo*, en italien; *mismo*, en espagnol; *mesmo*, en portugais; et les formes du vieux français qu'on va voir. (Cfr. Diez II, 370.)[1]

En Bourgogne, la forme la plus ancienne de ce pronom a

---

(1) Le roman a renversé la composition latine; ainsi *metipse* pour *ipsemet*, comme on disait *metsecundus*, etc.

été *misme*, *mime*, plus tard *meisme*, *moieme*. *Moieme* était très-répandu dans tout l'est de la France.

En Normandie, *meisme*, *meime*, *meesme*.

Les formes picardes étaient *meisme*, *meesme*, sur les frontières de la Normandie, *memme*.

Le pronome *même* perdit de bonne heure les formes dialectales qu'il avait eues d'abord, et la forme *meisme* devint presque universelle dans la langue d'oïl, dès le commencement de la seconde moitié du XIIIe siècle. Les textes de l'Ile-de-France, de la Champagne, qui remontent à l'année 1260, n'en connaissent plus d'autres.

Benoiz soit Deus ki teil engele nos at doneit de nos *mismes* ki paraemplist ceu ke cil ne dist mies. (S. d. S. B. p. 548.)

Et se li aministrations de cez *mimes* choses lur est doneie, manes laissent soi *mimes* et siwent cez fuianz temporeiz choses par cuers d'entencion. (M. s. J. p. 473.)

Ensi s'en vint devers l'ost, et descendi il *meismes* toz premiers à la terre. (Villeh. 453ᶜ.)

   En *meisme* cele semainne

   Esposua Gerars Euriaut. (R. d. l. V. p. 306.)

   Quant ce ot dit, plus ne demore;

   Ainz s'antorne; *meismes* l'ore

   Guerpi sa terre et son roiaume. (Trist. I, 220.)

Dunc en parti del ost uns del lignage Benjamin; e vint en Sylo, *meisme* le jur. (Q. L. d. R. I, 15. 16.)

On voit par ces trois derniers exemples, que *même* n'occupait pas toujours la place qu'on lui donne dans le français moderne.

   Il *meesmes* tot premerain

   Li asseura de sa main. (Ben. 36740. 1.)

   Voir, dist Raous, encore en ocirai:

   Ton cors *meesmes*, si aisement en ai. (R. d. C. p. 110.)

   De sa buche *meimes* l'orrai. (R. d. S. p. 20.)

   L'alme de lui en est perie,

   Quant sei *mesme* toli la vie. (Ib. p. 22.)

De chel *memme* droit (J. v. H.). Et tierce *mesme* por nous reserves (H. d. C. p. 34).

   Gerars *moiemes* serait toz demanbreiz,

   S'il est leans ne pris nen atrapeiz.

   Et vos *moiemes*, jai ne vos iert cele... (G. d. V. 3385-7.)

En Touraine, dans l'Anjou et le Maine, on a écrit *maimes*:

   En la plus halte tur lui *maimes* munter. (Charl. p. 23.)

REMARQUE. Au lieu de *même*, on employait quelquefois *propre* (proprius):

Où la nef estoit aprestee,
Cele *propre* où ele (la roïne) ert venue
Quant à joie fu retenue.
En celi *propre* le ront mise. (R. d. l. M. v. 3840-3.)

Voy. les Adverbes.

### 11. *Molt*, *mult* (multus).

Ce mot est proprement un adverbe, qui signifie *beaucoup*; mais je le rappelle ici, parce qu'on l'a fait varier quelquefois.

La forme primitive de Bourgogne a été *mult*, puis *molt*, qui ne dépassa pas la frontière de l'Ile-de-France et de la Champagne; en Normandie *mult*; en Picardie *moult*.

Au XIIIe siècle, on trouve quelques autres orthographes, qui servent à montrer ce qu'était alors devenue la prononciation: en Picardie, *mout;* en Normandie, *mul*, *mut*, et au régime pluriel *muz*.

E li reis creid à David, si dist: *Mulz* mals ad fait David encuntre sa gent e encuntre son pople. (Q. L. d. R. I, 108.)

E David e tuz ces de Israel juerent devant nostre Seignur od *multes* manieres d'estrumens ... (Ib. II, 139.)

*Multes* choses i unt parlees
E en maint sen devisees. (Ben. 14323. 4.)

Si que li regnes orfelins
En fu plus riches par *mulz* anz. (Ib. 32649. 50.)

Od *mulz* aveirs de grant maniere. (Ib. 28096.)

Cfr. encore Ib. 23651. 30460.

Ne di mie les merciz nostre Sanior sunt *multes*, ne soi ramenberrat mie de mes pechiez. (M. s. J. p. 506.)

Escuz unt genz de *multes* cunoisances. (Ch. d. R. p. 120.)

Pur sa pruesce iert *mut* amez,
E de *muz* princes honurez. (M. d. F. Mil. 19. 20.)

Voyez les Adverbes.

### 12. *Nesun, nisun*.

Ce pronom est composé de la particule romane *neis*, *nes*, *nis*, dérivée de *ne ipsum*, et de *unus*, *un*.

*Neis, nis*, signifiait d'abord *pas même*, de sorte que *nesun* avait le sens de *pas même un*.

*Nesun, nisun* prenait le *s* au sujet masculin.

Puis, si cume cil de Juda vindrent à la cave ki est encuntre le desert, par tuz les champs virent morz gesir e navrez si que *neis uns* ne pout eschaper. (Q. L. d. R. III, 341.)

A la cort n'ot baron *nesun*
Que ne desirast à savoir... (R. d. l. V. v. 694. 5.)

Li rois de Puille et de Sesile
Sera od lui en ceste vile
Et tuit li roi de son empire,
Si que *nesuns* n'en ert à dire. (P. d. B. 7195-8.)
Ne li lessa l'evesque seignorie *nesune*. (Ruteb. II, 105.)
La jambe li ambrace sanz *nesune* proiere. (Ch. d. S. II, 87.)
Si purpernez les deserz e les tertres
Que l'emperere *nisun* des soens n'i perdet. (Ch. d. R. p. 32.)
Nel peust soffrir à *nisun* fuer. (Ben. 15467.)
Car il ne trove ne lanche ne espiel,
Hauberc ne elme, ne escu de quartier,
Ne *nisune* arme dont il se puist aidier. (O. d. D. 8281-3.)
Prime parole ke Kallon a tenue
Chou fu d'Ogier sans *nisune* atendue. (Ib. 10287. 8.)

### 13. *Nuns.*

*Nuns* est composé de *ne* et *unus*, et a à peu près la même signification que *nesun*. *Nuns* était surtout en usage dans l'est, où l'on ne connaissait guère *nesun*, *nisun*, formes qui appartenaient à l'Ile-de-France, la Picardie et la Normandie.

Je suis apparoille de prenre droit par devant vous, se *nuns* vouloit rien me demander. (1301. M. s. P. II, 603.)

*Nuns* n'i fesoit droit ne justise (à Rome). (Dol. p. 196.)
Je di bien c'onkes ne trovai
Plus fin amiu, ne plus verai,
Ne *nuns* si com je cuide et croi. (Ib. p. 203.)

Mais *nuns* ne pooit ovrir lou livre, ne esgardeir ne an ciel ne au terre ne sor terre. Et il ploure mout fort por cen que il ne trueve *nuns* dignes d'ovrir lou livre ne de lui esgardeir. (Apocal. f. 9. r. col. 1.)

REMARQUES. 1. On trouve *nunlz* (H. d. M. III, 227) en Lorraine; cela vient de ce qu'on a écrit quelquefois *unl* (Ben. 23989), *li unlz* (Fab. inéd. II, 450).

2. Dans la Touraine, on a fait usage quelquefois d'un composé de *nec unus*, *negun*, qui était proprement une forme de la langue d'oc.

D'eus detrencher ne d'eus oscire
Ne cuide estre *negun* d'eus pire. (Ben. I, 167. 8.)
Ne son plaisir ne son comant
Ne fereient en *negun* leu. (Ib. II, 8467. 8.)
Qu'il ne s'en past par *negun* leu. (Ib. 16812.)

### 14. *Nul* (nullus).

On a vu qu'au XIIIe siècle, *aucun* commençait à peine à prendre le sens négatif; *nesun*, *nuns*, ont disparu promptement de la langue; *nul*, au contraire, a été de tous les temps et son acception n'a jamais varié [1].

*Nul* ajoutait d'abord régulièrement le *s* au singulier sujet masc.: *nuls*; mais on étendit bientôt à ce mot la règle de l'élision de la consonne finale devant *s*, et l'on eut la forme *nus*, qui, à la fin du XIIIe siècle, était aussi celle du rég. plur. masc. Au lieu de *nus*, on a écrit *nuz*.

(Cfr. *cis*, *ciz*, pour *cils*.)

*Nuls* ne doit souspicier ke li filz de Deu puist forlignier. (S. d. S. B. p. 522.)

Cil ne fist *nule* chose, *nule* male oyvre ne fist. (Ib. p. 523.)

*Nule* de cez trois choses ne puet soffrir li estrece del pont et li estroite voie ke moinet à vie. (Ib. p. 567.)

*Nuls* ne s'en fait sachant ne mestre,
Ne *nuls* ne seit que ce deit estre. (Ben. II, 1483. 4.)

Et abatirent les citez et les chastiax, e fisent si grant essil que onques *nus* hom n'oï parler de si grant. (Villeh. 482ª.)

Nous ne *nus* de par nous. (1289. J. v. H. p. 512.)

S'il avenoit ke nous conqueriemes chastel, ne vile, ne fortrece *nule* de le duchiet de Lembourg, nous le devons rendre. (Ib. p. 482.)

On voit ici le pronom *nul* placé après le substantif; cela arrive souvent dans la vieille langue.

Dame, veistes unkes hume *nul* de desuz ceil
Tant ben seist espee ne la corone el chef? (R. d. Ch. p. 1.)

*Nuz* ki servet à Deu ne soi emploiet es seculeirs negosces. (M. s. J. p. 481.)

Tant faz je les primes savoir
Que *nuz* n'a tresor ne avoir
S'il n'a justise et verite. (Brut. I, XLIX.)

Et enflammet de permanables desiers ke *nules* riens se les sovraines non ne li plaisent. (M. s. J. p. 477.)

Mais n'ot *nules* mains fors moignons. (R. d. l. V. v. 5237.)

.... Qu'il furent ensanle .x. ans,
Qu'avoir ne porent *nus* enfans,
Fors une fille seulement. (R. d. l. M. v. 63-5.)

REMARQUE. Dans la Franche-Comté, les pronoms *nuns*, *nul*, mouillaient le *n*: *gnuns*, *gnus* (M. s. P. I, 356. ann. 1263). Les patois de cette province ont conservé cette prononciation.

### 15. *Nelui*, *nului*.

*Nului* a sans doute été formé de *nul*, sur le modèle de

---

(1) Les plus anciens monuments donnent *uls*, *ule*, do *ullus*: *ne-uls* dans les Serments; *ni ule cose*, dans le Chant d'Eulalie, v. 9.

*autrui, cestui*, etc. Quant à *nelui*, usité en Bourgogne seulement, il dérive directement du latin.

Dans l'Ile-de-France et la Champagne, on disait, au milieu du XIIIe siècle, *nolui;* en Picardie *nulli, nullui, nului;* en Normandie *nului*. Cette dernière forme fut aussi employée en Bourgogne dans la seconde moitié du XIIIe siècle.

*Nelui, nului* servait pour les régimes des verbes, directs et indirects, et surtout pour les régimes des prépositions. On trouve cependant quelques exemples de *nului* sujet:

*Nullui* ne toille à soun seinour sun dreit servise. (L. d. G. 184, 34.)

  Oil, ce dist Gautiers, et a molt mains d'avoir
  Que *nului* ci entor. (G. d'Aupais, p. 9.)

Voici des exemples de son emploi ordinaire:
Il ne seyvent à *neluy* faire mal. (S. d. S. B. p. 552.)
A *nelui*, dist il, ne mattre tost ta main. (Ib. p. 560.)
  S'il en a la saisine (de la reine), ne plaint pas son labor;
  Ne la randroit *nelui* por chastel ne por tor. (Ch. d. S. II, 88.)
  Ainz ne vot à *nelui* les noveles conter. (Ib. II, 95.)
*Nului* n'i apelerent; *nuls* n'i volt aproscier. (Th. Cant. 108, 15.)
  Et cis rois n'ama tant *nului*. (Phil. M. 23596.)
  Si penroie ainz l'ame de de lui
  Plus tost, je cuit, que la *nului*. (Rutb. I, 66.)
  Che c'onques n'ot à nul jor de sa vie,
  Ne de *nului* qi fust de ma lignie. (O. d. D. 4387. 8.)
  Quant de la terre savaige
  Ne voi *nullui* retorneir
  Où cil est ki m'asuaige
  Son cuer, quant j'en oi pairler.
    (Lai dame dou Fael. R. d. C. d. C. xvij.)

Mais *nuli* ne ocistrent. (Q. L. d. R. I, 114.)

Si tost comme il porent apercevoir le jour, cueillirent leur voiles, et s'en allerent sans parler à *nulli*. (Villeh. p. 125. CXLVIII.)

  Ne savoit *nolui* retenir
  Qui puis denst de lui partir. (P. d. B. v. 457. 8.)
  N'esgarde *nolui* de mal oel. (Ib. 4316.)
  Bele suer, mais vos demandes
  Con ert des noveals adoubes,
  Se jo çaindrai *nolui* espee? (Ib. 7327-9.)

  16.  *Pluisor, plusor*, etc.: plusieurs.

Ce Pronom dérive d'un comparatif *plurior*, qui doit avoir existé dans le langage vulgaire et qui se trouve dans les écrivains de la basse latinité (Fulgent. Myth. praef.). Le vieux français fournit quelques exemples où le *r* médial s'est conservé: *pluriex* (Orell, A. f. Gr. p. 72 ad fin.); mais les orthographes en *r* ont été restreintes à quelques cantons et d'une époque peu étendue.

*Pluisor*, pluriel des deux genres, a eu de grandes différences dialectales, dont les principales sont: en Bourgogne, *pluisor, plusor*; en Lorraine, *pluxour*; en Touraine, *plosor*; en Normandie, *plusur, plusours*; en Picardie, *pluseur, pluiseur, pluisour, plusiour, plousour*.

Dans le vieux français, *pluisor* prenait fort bien l'article, et alors il avait le sens de *la plupart*.

Ce pronom suivait les flexions ordinaires du pluriel:

*Sujet:* li pluisor      *Régime;* les pluisors.

Cependant, employé sans article, on le rencontre souvent, dans les meilleurs textes, écrit invariablement *pluisors, plusors*, etc.

Quar *pluisor* sont ki sevent les permanables choses, mais nes puent mie entendre. (M. s. J. p. 497.)

Dont faisons nos lo tymiame confit de *pluisors* espezes, quand nos donons odor de *pluisors* vertuz en l'alteir de bone oevre. (M. s. J. p. 447.)

*Li plusor* furent si effree qui il fuient par devant als trosque enz ez paveillons et enz es hostiels. (Villeh. 475°.)

     Mais *plusiour*, pour pais et pour bien,
     Se fisent faire crestiien. (Phil. M. 6506. 7.)
     Ceste requeste oent *plosors*. (Ben. 15512.)
     *Plosors* e maint d'eus s'en esduient. (Ib. 16282.)

Prist femmes et suignantes *plusurs*; e out *plusurs* fiz e filles. (Q. L. d. R. II, 137.)

On lit dans le même texte: E clost viles *plusures* de mur (III, 334). Cet *e* ajouté à *plusurs* n'indique pas qu'il avait une forme particulière de féminin; c'est l'*e* normand que l'on a déjà eu occasion de remarquer dans les finales en *r*.

     *Li plusur* sunt pur lui dolant. (M. d. F. fab. 15.)
     S'en asemblerent *des plusurs*. (Ben. I, 2261.)
     Quant li *pluisur* entendent qu'um quist l'encombrement
     De Thomas l'arcevesque, mult en furent dolent. (Th. Cant. 24, 1. 2.)
     *As pluisours* tourne à grans anuis
     De chou qu'il fu si estourdis. (R. d. l. V. v. 6479. 80.)
     Li dus out genz de *plusors* parz. (R. d. R. 11504.)

Par *plousours* resons, e par *plousours* deffenses. (1279. Rym. 1, 2. p. 179.)

*Pluiseurs* (1288. J. v. H. p. 467).

Cum par *plusieurs* fois vous aie requis. (1264. Th. N. A. I, 1120. Bourges.)

REMARQUES. 1. *Plusieurs* est souvent précédé du mot *tout*, de la manière suivante:

Païen s'adubent des osbercs sarazineis,
Tuit li plusur en sunt Saraguzeis. (Ch. d. R. p. 39.)

2. Au lieu de *plusieurs* précédé de l'article, on employait *le plus*, dans le sens de *la plupart, la plus grande partie*.

Le plus de lor chevalerie
Aveient en lor compaignie. (Chr. A. N. I, 238. 9.)
Seignurs, ço est la verite: li plus furent telier,
Ne saveient porter armes à lei de chevalier.
(Chr. de Jord. Fantosme. v. 997. 8.)

17. *Quant* (quantus): *combien, en quel nombre*.

Ce pronom, fort usité au XIIIe siècle dans toutes les provinces de langue d'oïl, avait toujours une valeur de pluriel.

Jeo ne sai ne quanz anz ne quanz meis. (Ben. II, 9327.)
Ne sai quanz cenz ne quanz millers
Il pout aveir de chevaliers. (Ib. 29375. 6.)
Omes ont eslis malfaisans,
Ne vous sai dire quels et qans. (Brut. 9195. 6.)

Mais se nos avons oït de *quantes* proieres il at lo jor cui nos apelons deleit de pechiet maldit.... (M. s. J. p. 459.)

En *quantes* choses. (Ib. 479.)

En la ruee (roue) s'est li moieus,
Si sont li rai et si sont gantes,
Mais ne convient pas dire quantes,
Et tout est une seule roe. (Ph. M. 5995 - 8.)

*Quant* a formé divers composés.

18. *Quanque*: *tout ce que, tout, autant que, tant que*.

Ce mot s'est écrit *quant que, kanke, kanques, quanques, quanke, quanque*.

Et *quant ke* nos chiers sires .... en fera. (J. v. H. p. 446.)
Tot *quant* qu'il fait mais vait à perte. (Ben. 25506.)
E mult lur plout *quanques* il fist devant els. (Q. L. d. R. II, 133.)

Mult li dona chiens e oisels
E altres aveirs boens e bels,
E *kanke* il trover poeit
Ki à haut home cunveneit. (R. d. R. 10549 - 52.)
Entre la enz; ja ne istras
Que ne perdes *quanque* tu as. (R. d. S. p. 18.)
N'est pas tout or *quanqu*'on voit luire. (Rutb. 1, 79.)
Ce seit Diex, que ja li rendi
Tot l'aveir *quanque* g'en trovai;
Rien n'en retinc ne rien n'en ai. (Chast. XV. 134 - 36.)
Ne fust si lies por *cank*'il a sos ciel. (O. d. D. 11059.)

Unques de *quanke* cle ad veu
Ne fist semblant que li pesast. (M. d. F. Fr. 376. 7.)
Mors rent cascun ce qu'il desert,
Mors rent au povre *quanqu'*il pert,
Et tolt au riche *quanqu'*il hape. (V. s. l. M. XXX.)
*Kanc'*on alonge mors retaille. (Ib. XXXIII.)
Tuit *quanque* vos estes ici,
Saves bien que le voir en di. (P. d. B. 8993. 4.)

Voy. les Conjonctions.

### 19. *Quanconques.*

Formé de *quanque* et de *onques*, ce pronom avait le même sens que *quanque*; il était seulement plus absolu.

*Quanconques* était peu employé.

Qu'il lor toloit sains jugement
*Quanque* lui venoit à talent,
Et honissoit de sa parole,
Et getoit vilment en gaiole,
Et faisoit tot à volente
*Quanconques* li venoit à gré. (P. d. B. 2567-72.)
Si s'entredient baldement
*Quanconques* lor vient à talent. (Ib. 4045. 6.)

*Quanconques* plus amoient ont hui cest jor perdu. (Ch. d. S. II, 134.)

### 20. *Quelconques, quelconque.*

Ce pronom est une contraction de *quel que unkes* ou *onques*. Il ne paraît pas être des premiers temps de la langue, ou moins à cet état de composition; on trouve la forme *keil unkes ... ke* (qualis unquam), qui en tient la place.

Les formes de *quelconque* sont celles de *quel*: *quel, queil, quiex, quex, queus*. Il servait pour les deux genres, et se disait également bien des choses et des personnes.

Deus seit ke vostre oelh seront aovert *keil unkes* jor *ke* vos en mangereiz. (M. s. J. p. 480.)

En *quel onques* liu que je soie. (R. d. l. V. v. 829.)
E ce dit Dex et l'Escreture
Qu'en *quelcumqu'*eure gemira
Li pechierres, que saus sera.
(De monacho in flum. per. Ben. 3. p. 520.)
Eissi que nule creature,
*Queus que unques* seit sa nature
Sa force e sa grandite,
Ne sormunte sa poeste. (B. 23957-60.)
Ne en *quelconque* lieu que soie
Nul tel seigneur ne trouveray. (R. d. C. d. C. v. 7850, 1.)

En *quelconques* liu. (1289. J. v. H. v. 498.)

### 21. *Quelque.*

Des trois formes de notre pronom *quelque: quel que; quelque, quelques; quelque .... que;* la première et la troisième sont les seules qu'on trouve jusque vers 1250; l'autre, *quelque, quelques (aliquot),* ne s'est guère introduite que dans la seconde moitié du XIIIe siècle.

Au lieu de *quelque.... que,* on disait presque toujours *quel...que.*

Composé de *quel,* ce pronom en a reproduit toutes les variations.

Quele dessevrance puet ci avoir *kele ke* li sostance soit *c*'um desirt, puez que li cuers est ewalement corrumpuz, si de tant non ke ceu samblet estre plus soffraule chose, desirer plus ardamment celes choses ke de plus grant preis sunt, *quels* k'eles soient! (S. d. S. B. p. 568.)

E Deu guardad David *quel* part *qu*'il alast. (Q. L. d. R. II, 148.)

En *keil* maniere *ke* ce soit. (1288. J. v. H. p. 469.)

.... E tos les fiez que je tenoie de celu duc *queuque* part *que* il fussent.... (1259. H. d. B. II, 24.)

   Ele ot moult son ami irie,
   De soi vengier li quiert congie,
   Ne set conment veer li doie ;
   A *quel que* paine li otroie. (P. d. B. 9597-600.)
   De vostre ami, je di à droit,
   *Quels que* vostres corages soit. (Ib. 10199. 10200.)
   Pylates commanda et dist,
   En *quel* liu *que* on le meist,
   Par nuit et par jour le gueitassent,
   Que si deciple ne l'emblassent. (R. d. S. G. v. 583-6.)
   Là li covint foir *quelque* gre q'il en ait. (Ch. d. S. I, 170.)
   Tant chivauche arrier et avant
   Par la forest, à *quel ke* painne,
   Qu'il s'anbat sor une fontainne... (Dol. p. 265.)
   Mais, *queus que* seit or lor gaainz,
   Ja n'en serra Franceis compainz. (Ben. 21756. 7.)

*Quel* qu'il seient, serjant sunt en la Deu maisun. (Th. Cant. 10, 8.)

Et nostres tres dous peires dou ciel, ki voit et seit toutes choses an *kel ke* leu elles soient faites. (Apocal. fol. 1. r. col. 2.)

Par *quauque* cause ou raison. (1301. Hist. de la Rochelle p. Arcère.)

### 22. *Qui qui; qui que; que que; quoi que; qui qui oncques.*

*Qui qui*, sujet, *cui que*, régime, avaient le sens de *qui que ce soit qui,* et ne se disaient que des personnes.

Au XIIIe siècle, on forma, sur le modèle de ces combinaisons, les pronoms elliptiques: *Qui que, que que, quoi que.* Les deux derniers signifaient *quelque chose que*. Dans la Picardie et la Champagne, on rencontre *que que* pour *quoi que*.

On joignait souvent au pronom *qui qui* l'adverbe *oncques*, d'où se formèrent: *qui qui oncques, qui oncques, qui oncques qui, quiconque.* (Cfr. Conjonctions.)

    A moi t'estuet joster, *cui q*'an doie desplaire. (Ch. d. S. I, 219.)
        Et bien comandeit li avoient
        Qu'ele mesist son anfant cuire,
        *Cui k*'il deust grever ne nuire. (Dol. p. 255.)
        S'en vait li dus, *cui qu*'en doie anoier,
        Droit à une eve dont parfunt sunt li bie. (O. d. D. 3332. 3.)
L'apostolies les leis idunc escumenia
E celui, *qui qu*'il seit, qui jamais les tendra. (Th. Cant. 43, 18. 9.)
        Et s'il ot mal dire d'autrui,
        *Qui que* il soit, ce poise lui. (Brut. I, LI.)
        Au maîns sera Diex au livrer
        De paradis, *qui que* le vende. (Rutb. I. 190.)
        Honnis soit il, *ki que* il soit,
        Qui en malvaise femme croit. (R. d. S. S. v. 2205. 6.)

Giers dont font convive li filh en la maison del anneit frere, quant les altres vertuz soi refont en la foit; et se ele premiers ne naist el cuer, *ke ke* apres vient ne puet estre biens, ja soit ce ke il lo semblet. (M. s. J. p. 499.)

        La ira il, *que que* nul die,
        Od de ses genz une partie. (Ben. 34447. 8.)
        Mais l'emperere, *que c*'on die,
        S'iert adont trais viers Lombardie. (Ph. M. 29406. 7.)
        Là le menrai à mie nuit,
        *Que qu*'il soit bel ne qu'il anuit. (R. d. l. M. 915. 6.)
    *Que que* li autre facent, li .iij. sont aloez. (Ch. d. S. I, 152.)
    *Qoi que* li cors deviegne, l'ame ne puet porir. (Rutb. I, 398.)
        Ou soit à tort ou soit à droit,
        Ades en dist on, *quoi que* soit. (R. d. l. M. Préf. VII.)
        Là vois jo, *quei que* m'en avenge,
        *Ki que* fole ou sage me tenge. (Trist. II, 152.)

Dunkes *ki unkes* est enfleiz en soi, cil soi at dedenz soi mis en halt. (M. s. J. p. 451.)

*Ki ki unkes* desiret les temporeiz et les defailhanz choses, cil vat vers occident, et *ki ki unkes* desiret les sovraines choses bien demostret ke il maint en orient. (Ib. p. 497.)

*Qui oncques qui* soit de la pais de Mes prant pan, et il non mest à justice. (H. d. M. III, 220.)

*Kiqunques* eschaperad de la spee Azael, Jheu l'ocirad. (Q. L. d. R. III, p. 322.)

        *Quicunques* t'en voudra aidier
        Si l' face, kar cel gre e voil. (Ben. 11785. 6.)

REMARQUES. 1. On trouve aussi *queconques*, qui est tantôt une forme de féminin de *quiconques*, tantôt une forme de régime des deux genres.

Par *queconkes* maniere ce soit. (1283. J. v. H. p. 422.)

D'autres choses *quecunques* k'elles soient. (1289. Ib. p. 495.)

2. Dans les textes de Franche-Comté de la fin du XIIIe siècle, on rencontre souvent *aconsques:*

Et si l'uns ou si doux desd. quatre proudomes estoient defaillans pour *aconsques* aventures, nos gens et ly communalx de nostred. ville pouent eslire en tos temps autres proudomes por cex qui seroient defaillans. (1282. M. et D. i. p. 461.)

### 23. *Seul* (solus).

Les formes dialectales de ce mot sont: en Bourgogne, *sol;* en Picardie, dans l'ouest et le nord, *seul,* sur les confins de la Champagne, en Lorraine et dans le comté de Bourgogne, *soul,* puis *seul;* en Normandie, *sul.*

Vers 1250, on remarque une tendance sensible de la forme *seul* à pénétrer dans toutes les provinces.

Le singulier sujet masculin conservait d'abord régulièrement le *l* devant *s;* dès le commencement du XIIIe siècle, il le perdit, et l'on ne trouve plus que les formes: *soz, sos, seus, sous,* et la contraction *sox.*

Dans l'Ile-de-France, au XIIIe siècle, on a écrit *sels,* d'où *sex.*

O enfantemenz *sols* senz dolor, *sols* senz taiche et senz corruption. (S. d. S. B. p. 530.)

Nos avons en saint Estevene l'oyvre et la volenteit ensemble del martre, en saint Johan la *sole* volenteit et ens Inocenz la *sole* oyvre. (Ib. 542.)

Et je *souls* en fui por ke je le toi nunzaisse. (M. s. J. 501.)

E si nuncet que ele *soule* est scapee. (Ib. 500.)

Une *soule* geline avoit. (Dol. p. 226.)

Quant li rois le vit *sol,* n'i ot que leecier. (Ch. d. S. II, 80.)

La truevent la roïne *sole* sanz compaignon. (Ib. II, 84.)

E à tuz jurs, si que li poples de tutes terres sache que il *suls* est Deu en ciel e en terre. (Q. L. d. R. III, 265.)

Donez mei *sul* le cors de lui. (R. d. S. p. 8.)

De eus remaindrunt lor femmes *sules*

E tuit lur eir deserite. (Ben. 4597. 8.)

Ki *seus* vait, *seule* voie tient. (R. d. S. S. v. 1869.)

En toi meismes, s'il te menbre,

S'est li cors, et l'arme et li menbre,

Et tout çou si est uns *seus* cors. (Phil. M. 6014-6.)

Toz *souz* en l'ile sor son destrier monteiz. (G. d. V. 2185.)

Il toz *sox* mist la sele sor le vair espaignois. (Ch. d. S. I, 229.)

Quatre cenz il *sels* en ocist. (Brut. 9590.)
Et con i vient tos *sels* et vait. (P. d. B. 4356.)
E pour chou que Gerars fu *sex*,
Fu au borgois tels ses consex... (R. d. l. V. 2516. 7.)

### 24. *Tant* (tantus).

Le thème de ce mot a toujours été commun à toutes les provinces. *Tant* était variable et le relatif de *quant*, c'est-à-dire que *quant* voulait dire *en quel nombre?* et que *tant* lui répondait et signifiait *en tel nombre*.

Par *tanz* tesmoignaiges est hui, chier freire, confarmeie nostre foiz; par *tanz* demostremenz est ui enforcieie nostre esperance et nostre chariteiz enflammeie par *tanz* embrasemenz. (S. d. S. B. p. 553.)

Lai veisiez meinte lance brisie
Et *tantes* selles de boin destrier vodie. (G. d. V. v. 1624. 5.)
Par *tantes* teres ad sun cors traveillet,
*Tanz* cols ad pris de lances e d'espiez,
*Tanz* riches reis cunduiz à mendistiet,
Quant ert il mais recreanz d'osteier? (Ch. d. R. p. 22.)
La veissies *tante* targe saisie,
Et por ferir *tante* lance brandie. (R. d. C. p. 93.)

Ker li altre altels de araim que Moyses out fait, ert petiz à *tanz* granz sacrefices e à teles oblatiuns. (Q. L. d. R. III, 266.)

Ne de *tans* si bons recovriers. (P. d. B. 9253.)

En anglo-normand, on disait: *taunt*.

*Tant* s'employait déjà à cette époque d'une manière adverbiale, et dès la seconde moitié du XIIIe siècle, on voit les formes variables devenir toujours de plus en plus rares. Le féminin seul se conservait régulièrement.

*Tantes* pertris et *tant* faisans
I ot, maint cisne et maint poon. (R. d. M. p. 33.)
Car de grans cols i ai *tant* receu. (G. d. V. 3176.)

Au lieu de *tant*, on trouve, dans beaucoup de textes du XIIIe siècle, une forme invariable *tante*. Ce n'est qu'une variante d'orthographe qui sert à indiquer que le *t* final se prononçait fortement.

E mult plus lez les piez d'un es
En *tante* sen formez e fez
C'oi ne vos sereient retrez. (Ben. I, 144-6.)
Por *tante* comme je vive. (G. d. V. 2269.)

L'emploi de *tant* avec les noms de nombre, pour signifier *fois autant*, est assez remarquable:

Mais au sien saut ne puet nus aprochier
Pres de .ij. *tans* sailli que li premier. (Romv. p. 209.)

Plus m'esjoïs de vostre bien
Cent *tanz* que je n'en faz del mien. (Ben. 24399. 400.)
Encor le doi ge mix amer
Mil *tans* que je ne fac sa mere,
Qui m'a faite desfense amere. (R. d. l. M. 1860 - 2.)

*Tant* avait divers composés pour exprimer l'idée de *juste autant*, ce sont: *altant, autant* (aliud tantum); *altretant, autretant* (alter tantus); *itant*, formé de *tant* et de la préfixe *i* (en provençal *ai*), dont on ignore l'origine. Tous ces composés s'employaient comme adverbes; *altretant* seul variait quelquefois.

D'un graisle cler racatet ses cumpaignz,
E si cevalcet el premier chef devant
Ensembl'od els .xv. milie de Francs,
De bachelers que Carles cleimet enfans;
Apres icels en i ad bien *altretanz*. (Ch. d. R. p. 123. 4.)

Cil de Arabie li dunerent par an set milie et set cenz multuns, e *altretanz* bues. (Q. L. d. R. III, 334.)

Je porterai encore l'attention sur le diminutif *tantel*:

E vei mei ci pur dous boisettes cuillir dunt jo aturne *tantel* de viande à mei e mun fiz. (Q. L. d. R. III, 311.)

Roquefort cite *tantet*, comme on disait *petitet* (Q. L. d. R. III, 311), etc.; et peut-être faudrait-il lire ici *tantet*.

Notez enfin *tous quanz*, où nous mettrions *tant*:

Encores grant honneur de par moi vous vendra,
Et à tous mes amis, *tous quans* qu'il en y a.
(XIVe siècle. Bert. du Guesclin. v. 131. 2.)

Voy. les Adverbes.

## 25. *Tel* (talis).

Les formes de ce mot ont été: en Bourgogne, *tel, teil*; en Picardie, *tiel*; en Normandie, *tal*.[1]

*Tels, teils*, flexions primitives du singulier sujet et du pluriel régime, ont produit régulièrement, par suite de l'élision de *l* devant *s*, les formes *tez, teiz*.

*Tiel, tel*, subirent la permutation régulière de *l* en *u*: de là *tieus, teus, tieu, teu*; puis on employa les formes contractes *tiex, tex* (Cfr. les substantifs en *l* final). *Tiels* a eu aussi un singulier sujet régulier: *tiez*.

*Tal* n'a pas été de longue durée; il fut remplacé par *tel* et

---

(1) On trouve, en Bourgogne, quelques traces de *tal*, ce qui permettrait de supposer que la forme primitive de ce pronom y a été semblable à celle de Normandie. Les analogies parlent encore en faveur de cette supposition; mais les plus anciens documents portant *tel*, j'ai dû indiquer cette forme comme primitive en Bourgogne.

*tiel;* mais il donna au Poitou, par suite du changement de *l* en *u*, la forme *tau*.

*Tel* est un des premiers mots qui admit le *x* et rétablit le *l* à coté de l'*u* : *telx, tielx, teux, tieux, tieulx*, etc., sont très-communs dès le premier tiers du XIIIe siècle.

*Tel* n'a eu d'abord qu'une seule forme, commune aux deux genres, et ce n'est que vers 1240 qu'on lui voit çà et là une forme particulière pour le féminin ; mais elle ne devient fréquente que dans les derniers temps du XIIIe siècle.

En *teil* maniere (1286. J. v. H. p. 440). *Teil* somme de deniers (ib. p. 441).

*Tels* reis ne fud nuls devant lui ki si se turnast vers Deu de tut sun quer e de tut sun curage e de tute sa force, sulunc la lei Moysi.... (Q. L. d. R. IV, 429.)

   *Teil* haine dont est venue? (Dol. p. 187.)
   *Tes* chevaliers ne fu ne n'iert ja mais. (O. d. D. 9243.)
De Riouf ke veinquit Willame out grant gloire,
Ki o treis cheriz armez out de *tal* gent victoire. (R. d. R. 2269. 70.)
Haches e gisarmes teneient,
Od *tals* armes se cumbateient. (Ib. 13735. 6.)
   Trestuit s'esmerveillent et dient :
   Dex! *tels* choses que senefient. (R. d. M. p. 54.)
Et fu *tiels* li consaus que il s'en istroient fors. (Villeh. 115. CXL.)
Et fu lor conselx *tielx* que il iroient combattre à els. (Villeh. 448ᵉ.)
*Telx* fu sa volente qu'il refusa. (Ib. 438ᵇ.)
   Onques mais *teus* estours ne fu. (R. d. l. V. 5602.)
   *Teu* noise i a e *teus* resons
   E des espees *teus* chapleisons
   Ceo est avis que terre funde. (Ben. 3963-5.)
   Li fist *teu* joie e *tel* honor
   Cum il li pout faire graignor. (Chr. A. N. 1, 170.)

Car *teiz* a un puis devant son huix, qui n'a pas .i. tonel de vin en son celier. (Rutb. I, 258. 9.)

Noun en faisons à savoir... que nous avons entre nous fait *teis* convenances et ordenances, ki chi desous sunt escriptes. (1286. J. v. H. 441.)

   *Tex* com li nature est en l'ome,
   *Tex* est li hom, çou est some. (Chr. d. Tr. III, 94.)
   Et nequedent de *tex* afaires | Sont li pluseur trop costumier.
      (De mon. in Hum. per. Ben. 3. p. 528.)
   Noces en firent *tex* com poes oïr. (R. d. C. p. 4.)
   Vos enterres en *teus* estris,
   En *teus* presses, en *tels* estors.... (P. d. B. 6846. 7.)
   C'om voit de *teux* à grant plantei
   Qui sont de bone gent estrait
   Dont on asseiz de mal restrait. (Rutb. I, 286.)

Il tienent ordre et ont tel riule
Qu'il ne prisent une *tiule* (?)
Cançon. (Ib. I, 347.)

(Nus) vos fesons à savoir, ma Dame, ke nus vus aiderons de nostre gent en *tieu* manere, ke vus vus tendrez à paie par reson. (1280. Rym. I, 2. p. 188.)

Nous fesons savoir à tous qc *teaus* sont les covenaunces du mariage entre.... (1278. Ib. I, 2. p. 166.)

Souvent compere autrui pecie
*Teuls* qui n'i a de riens pecie. (R. d. l. M. 409. 10.)
Eisi laiz faiz e si honiz
Que *teulz* pechel ne fu mais diz. (Ben. 13441. 2.)
Cil dont li angele font *tez* festes. (R. d. M. p. 39.)

De là la forme irrégulière *te*, régime, pour *tel*.

Les composés de *tel* ont été, comme pour *tant*: *altel, autel* (alius talis); *altretel, autretel* (alter talis), *itel*.

Guenes respunt: *Itels* est sis curages,
Jamais n'ert hume ki encuntre lui vaille. (Ch. d. R. p. 15.)
*Iteles* armes sont bien à sa mesure. (R. d. C. p. 19.)
*Iteus* fu li conseilz donez. (Ben. II, 2997.)
Dex me remaint à *iteus* caus. (L. d'I. p. 12.)
Un en connois qui est *itieux*. (Chast. pr. v. 63.)
Mult gentement li emperere chevalchet,
Desur sa bronie fors ad mise sa barbe;
Pur sue amor *altretel* funt li altre. (Ch. d. R. p. 121.)
El dos li vestent un hauberc jaserant
Fort et ligier, ainz ne vi moinz pesant:
*Autretelz* .iij. en portaist un serjant. (G. d. V. 2086-8.)
*Teus* cum li peres est, *autreteus*
Si est li fius, et tout .i. Dieux. (Ph. M. 5978. 9.)

Que tu *autretex* soies con tes bons peres fu. (Ch. d. S. I, 137.)
On requerroit le pere que il asseurat *altelx* convenances com li fil avoit faites. (Villeh. 454ᵃ.)

Esgardes quels caviax ci a!
Se cix nes a tos *autretes*.
Et *autex* iex et *autel* nes
*Autel* bouce et *autel* menton. (Ch. d. Tr. III, 95.)
*Auteu* semblant fait li vassaus
Cum se herbe portast à chevaus. (Ben. 14013. 4.)

En Picardie: *otel, ottel*:

Tout en *otel* maniere com il est dit dou winage de Avesnes. (1238. Th. N. A. p. 1008.)

Apres volons que tout li camp de bataille demuerent en *ottel* point que il ont estet jusques à orre. (1312. J. v. H. p. 553.)

26. *Tout* (totus).

Ce pronom avait les flexions suivantes:

|  |  | EN BOURGOGNE. | | EN PICARDIE. | | EN NORMANDIE. | |
|---|---|---|---|---|---|---|---|
|  |  | *Masc.* | *Fém.* | *Masc.* | *Fém.* | *Masc.* | *Fém.* |
| SING. | *Suj.* | toz, tos | tote | tous, touz | toute, toutte | tuz | tute |
|  | *Rég.* | tot | tote | tout | toute | tut | tute |
| PLUR. | *Suj.* | tuit | totes | tuit (tout) | toutes, touttes | tut, tuit, tuz | tutes |
|  | *Rég.* | toz, tos | totes (tottes). | tous, touz. | toutes. | tuz. | tutes. |

La forme de Picardie *tous*, pénétra en Bourgogne dans la prémière moitié du XIIIe siècle, sans toutefois y prévaloir entièrement sur *toz*.

*Tuit*, forme de pluriel sujet masculin a été commune à tous les dialectes, et est derivée directement de *toti* par transposition de l'*i* dans la première syllabe. Dans les provinces limitrophes de la Normandie, on a écrit *tout* pour *tuit*; c'est la forme normande *tut* représentée selon les usages orthographiques des autres provinces. *Tout*, plur. suj., s'est aussi introduit en Picardie dans la seconde moitié du XIIIe siècle.

*Toz*, *tuz*, formes de singulier sujet et régime pluriel masc., sont contractées de *tots*, *tuts*; de là le *z* (Cfr. Substantifs *D.*). *Tots* s'est même conservée jusqu'au XIIIe siècle dans les chartes du comté de Bourgogne et de Franche-Comté (Voy. M. s. P. entre autr. I, 367). Par suite de l'influence des orthographes picardes, on écrivit *tos* dans l'Ile-de-France et la Champagne.

Li premiere fontaine si est à *toz* commune, car *tuit* forfaisons en maintes choses, e mestier avons *tuit* de la fontaine de misericorde. (S. d. S. B. p. 539.)

Il sostient tote la terre, et *toz* li mundes est à lui apoiez; et s'il sostient *totes* les altres choses, lui endroit de lui ki sostient? (Ib.)

Ceu que je di à un je di à *toz*. (Apoc. f. 7. r. col. 2.)

*Tuit* li pire ont cheval, palefroi ou destrier,
Et *totes* riches armes qi à roi ont mestier. (Ch. d. S. I, 185. 6.)
Et qex que icist soit, ne le taig à lenier
Quant ancontre vos *toz* vient *toz* sox guerroier. (Ib. II, 10.)
  Voiant *tot* le barne. (G. d. V. 2599.)
  *Tous* li peules en fu goïs (réjoui). (Phil. M. v. 3429.)
  Li rois estoit sages et pius
  Et à *tous* les biens ententius. (Ib. 3706. 7.)
  *Tous* les enfans fist decoler,
  K'il pot par le regne trouver. (R. d. l. V. 5266. 7.)

Diex vos en gart *touz* et *toutes*. (Rutb. I, 257.)

*Touz* li mons qui l'empereour veoit errer par tel tans s'esmervelloit où il aloit. (H. d. V. 191. XIV.)

Or fu li sanz *touz* receuz
Et ou veisel *touz* requeilluz. (R. d. S. G. v. 573. 4.)

Jhesu prennent de *touz* costez. (Ib. v. 387.)

*Tout* leur home i furent vencu. (Ph. M. 19485.)

A ce conseil sunt acorde
*Tout* li josne et *tout* li barbe. (R. d. S. G. v. 661. 2.)

Li messagier unt entendu
Que Pilates n'a pas eu
Si grant tort comme *tuit* quidoient
Et cum les genz li tesmoignoient. (Ib. v. 1465-8.)

*Tout* furent de joie raempli. (H. d. V. 496ᶜ.)

Dont à *toute* l'ost fu moult biel. (Phil. M. 6063.)

Et amer se faisoit à *tos*. (L. d. M. v. 8.)

Li sancs *tuz* clers par mi le cors li raiet. (Ch. d. R. p. 77.)

*Tuz* est de sanc pleins li mustiers. (Ben. I, 1733.)

*Tuz* cez furent al cumandement lu rei Josaphat. (Q. L. d. R. III, 334.)

*Tuit* li prophete à une voiz annuncient al rei *tute* prosprete. (Ib. III, p. 336.)

E jo pur ço abaterai e destruirai *tuz* tes heirs e *tut* le tuen lignage e *tuz* cez de ta maidnee. (Ib. III, 306.)

Seignors barons, de vos ait Deus mercit!
*Tutes* voz anmes otreit il pareis. (Ch. d. R. p. 72.)

Ore jurez *tuz* sur cest escrit
De tenir quanque vous ai dist. (R. d. S. p. 32.)

Od li s'en veit, grant joie en funt
*Tut* si ami kant trove l'unt. (M. d. F. Gug. 645. 6.)

*Tutes* li femmes ki l'oïrent
Povres e riches l'en haïrent. (Ib. Fr. 55. 6.)

Je retrouve ces formes normandes dans une pièce de Bourges de l'année 1264:

A... Johan... archevesque de Borges.... Raol sires de Baugency saluz o *tute* reverence e o *tute* heuneur. (Th. N. A. I, 1120.)

Pour ajouter à la signification de *tout*, on disait *trestot*, *trestout* (provençal *trastot*):

Franc passent lor agait *trestot* à esciant,
Et paien vont apres *trestuit* communcmant. (Ch. d. S. II, 112.)

En mi *trestos* ses anemis. (P. d. B. 8605.)

Tenez, bel sire, dist Rollans à sun uncle,
De *trestuz* reis vus present les curunes. (Ch. d. R. p. 16.)

Li reis fait en sa cambre conduire sa fille;
Purtendue est *trestute* de pailles e de curtines. (Charl. p. 29.)

## 27. *Un.*

*Un* s'employait quelquefois absolument, comme sujet des verbes, avec la valeur de pronom indéterminé et le sens de *quelqu'un, un homme.*

*Uns* qui se jut el pavillon
(Mais ne truis pas escrit son nom)
Respondi orgoillosement
E auques felonessement. (Ben. 16042-5.)

*Uns* qui li porta grant envie. (Ib. 30335.)

*Uns* vint avant e estut devant nostre Seignur, si dist. (Q. L. d. R. III, p. 337.)

*Uns* del ost as Syriens traist un dart, e par aventure ferid le rei de Israel al polmun, e navrad le à mort. (Ib. III, 339.)

Dans l'exemple suivant, l'emploi de *uns* en opposition avec *autres* a quelque chose de semblable:

*Uns* i pert, *autres* i gaaigne. (R. d. l. M. v. 1483.)

L'article pluriel masc. élidait quelquefois son *i* devant *un:*

*L'un* sunt por lor cors garantir,
Li autre por eus envaïr;
*L'un* sunt por defendre lor terre,
Li autre la vienent conquerre. (Ben. 18614-7.)

# CHAPITRE VI.

## DU VERBE.

### CONSIDÉRATIONS PRÉLIMINAIRES.

1. M. J. Grimm a divisé les verbes allemands en deux grandes classes: les *forts* ou *primitifs* et les *faibles* ou *dérivés*. Il a choisi ces dénominations, parce que les premiers forment leurs temps par eux-mêmes, et que les seconds ont recours à des moyens externes de formation. Depuis, on a cherché à appliquer cette théorie à différentes langues; MM. Struve et Diez, entre autres, ont démontré que la troisième conjugaison latine était la *primitive* ou *forte*; celles en *āre, ēre, īre*, au contraire, *dérivées* ou *faibles*. Rien de plus naturel alors que d'établir la même division dans les conjugaisons des langues romanes; c'est ce qu'a fait M. Diez (Gramm. II, 112 et suiv.). Il range parmi les *forts* les verbes connus sous le nom d'*irréguliers*, et il appelle *faibles* ceux qu'on a considérés jusqu'ici comme *réguliers*.

La langue latine a sans doute une conjugaison *forte* et une conjugaison *faible*; mais ces deux formes ne se basent pas sur le même principe qu'en allemand, en sanscrit, etc. Ici, la marque caractéristique de la conjugaison forte est le changement de la voyelle du radical; en latin, elle ne consiste, pour l'ordinaire, qu'à joindre les terminaisons à la racine sans son intermédiaire. On compte donc parmi les faibles tous les verbes latins qui se terminent par une consonne, auxquels on a joint *a, e* ou *i* comme moyens de dérivation; parmi les forts, ceux dont le radical se termine par *u* ou une simple consonne. C'est en ce sens que M. Diez a conservé la dénomination de verbes *forts* dans les langues romanes. M. J. Grimm avait cependant fait observer que les langues romanes devaient avoir une conjugaison forte basée sur le changement de la voyelle radicale. Elles l'ont en effet.[1] (Cfr. Fuchs Sog. Zeitw.)

Renforcement de la voyelle radicale, telle est la caractéristique de la conjugaison forte. En français, *a*, *e* se diphthonguaient avec *i* : *ai*, *ie* et *ei*; *o* avec *u* : *uo*; mais *uo* répugnant, à ce qu'il semble, au génie de la langue, on changea *o* en *e*, d'où *ue*. On renversa de bonne heure cette dernière diphthongue: *eu*; et *o* s'assourdit la plupart du temps en *ou*. Souvent on ne renforça pas *ou* devant les terminaisons légères (voy. plus bas), ce qui fit passer plusieurs verbes de la conjugaison forte à la faible. Il en fut de même de beaucoup d'autres qui prirent partout *ou* = *(ue)*. (Cfr. Dérivation. A., et ci-dessous *trouver*).

On trouvera aussi des exemples où *o* se diphthonguait avec *i* postposé, au lieu de *u*. Les dialectes de certains cantones du nord-ouest de la Picardie diphthonguaient aussi *a* et *o* avec *i* préposé.

Quelles sont les formes où se montre ce renforcement de la voyelle radicale, et quelle en est la raison? On remarque que, pour un très-grand nombre de verbes, la diphthongaison se fait au présent de l'indicatif et du subjonctif, non-seulement dans les langues romanes, mais souvent aussi en sanscrit et en grec. Pott (I, 48. 59. 60.) explique ce fait de la manière suivante. En grec surtout, le présent, eu égard à la signification, se trouve en opposition directe avec les aoristes. Celui-là exprime, outre le présent, une *durée*; ceux-ci, quelque chose de *momentané*, de *passager*. De là, pour ces temps, des formes simples et courtes; pour le présent, une forme longue et forte. Même théorie dans des langues romanes, à la différence près toutefois, qu'aux raisons tirées du sens, il s'en est joint une autre purement phonique. En effet, le génie des peuples avait changé et la valeur primitive des voyelles s'était affaiblie (Voy. Fuchs, Lehrb. der span. Spr. 214); de sorte que quand les nations romanes voulurent exprimer une idée de durée, elles durent nécessairement renforcer la voyelle, surtout si le son radical était bref en latin.

Le renforcement de la voyelle, au *présent*, n'a cependant pas lieu à toutes les personnes; il ne se fait qu'au singulier et à la troisième personne du pluriel. D'où provient cela, si ce n'est de l'influence des terminaisons. Chaque langue est soumise à

---

(1) On trouvera quelques verbes *dérivés* parmi ceux de la conjugaison forte. Ces méprises des peuples romans sont excusables: leur langue se composait d'éléments si divers et les verbes forts latins étaient si peu distingués par la conjugaison, qu'il leur était difficile de discerner toujours le vrai.

la loi de l'unité et de l'équilibre; dès qu'un mot perd d'un côté quelque chose d'essentiel, il gagne de l'autre pour réparer cette perte, et, au contraire, s'il gagne d'un côté, il perd ordinairement d'un autre, afin qu'il n'ait rien de surchargé. Cette loi s'applique aussi aux verbes. On y observe de grandes différences dans les terminaisons, surtout entre celles qui forment le singulier et le pluriel. Les premières servent simplement à désigner les personnes, les secondes désignent la personne et le nombre; de là, en accord avec leur importance, une forme *légère* pour les unes, une *lourde* pour les autres.[1] Enfin, la voyelle radicale éprouve d'ordinaire, devant les terminaisons légères, un renforcement qui disparait devant les lourdes, selon la loi de l'équilibre mentionnée ci-dessus (Cfr. Bopp Vergl. Gramm. III, 480. Vocal. p. 13. Pott I, 47. Fuchs Sog. Zeitw. p. 16.).

On s'étonnera peut-être de trouver la troisième personne du pluriel au nombre des terminaisons légères. Primitivement elle était lourde, il est vrai; mais elle est devenue légère dans plusieurs langues par suite de la perte du *t*. (Cfr. Bopp Gramm. III, 459. 461.) Le *t* qu'on a conservé en français est simplement orthographique; toute la syllabe *ent* peut être considérée comme nulle. Je ne pense pas qu'il en fût toujours ainsi dans le vieux langage; quelques formes dialectales semblent du moins prouver le contraire.

Le présent de l'indicatif n'est pas le seul temps susceptible du renforcement de la voyelle radicale. Il se retrouve aussi au *parfait défini*, quoique en beaucoup moins de cas. On sait en effet que, dans le latin, le parfait est un temps composé, d'où il suit que les flexions sont lourdes et qu'ainsi elles ne permettent pas le renforcement de la voyelle radicale. Tel est aussi généralement le cas dans l'ancien et le nouveau français. Mais les verbes qui forment un parfait fort abrègent les terminaisons lourdes, et d'ordinaire le français les change alors toutes en légères, de sorte que le renforcement de la voyelle radicale a lieu à toutes les personnes.

On remarque surtout ici l'influence perturbatrice de l'*u* de la flexion latine *ui;* puis, après la mutilation des terminaisons, le parfait aurait souvent été semblable au présent, si l'on avait renforcé la voyelle radicale d'une manière régulière.

*L'imparfait* et le *futur* ne peuvent avoir de renforcement,

---

[1] Dans la vieille langue les deux premières personnes du pluriel sont constamment lourdes; mais, par suite de leur mutilation, le sentiment de leur valeur primitive s'est effacé peu à peu, et nous avons des verbes où on les considère comme faibles; quelquefois même la terminaison de la seconde personne est muette; *dites*, *faites*.

parce que ces deux temps sont composés: l'imparfait avec la syllabe $fu = \varphi v$, le futur avec *habere*, *avoir*. Ils ont donc des terminaisons lourdes.

Reste à savoir s'il est possible de reconstruire en français le système de la conjugaison forte, tel que je viens de l'indiquer. La langue actuelle, on le sait, ne dérive pas immédiatement du latin; elle s'est dégagée avec violence de tous les dialectes de nos provinces. Ce mélange de formes et les moyens (contraction, syncope, addition de lettres, etc.) qu'on employa pour lui donner de l'unité et la rendre harmonieuse, l'ont tellement éloignée de son état primitif, qu'on ne peut s'attendre à y trouver une conjugaison forte bien marquée. Mais si l'on remonte aux anciens dialectes, si l'on prend surtout celui de Bourgogne pour point de départ (Cfr. Dériv. p. 23), on retrouvera la conjugaison forte basée sur le changement des voyelles radicales *a*, *e*, *o*. De là trois classes de verbes forts, qui comprennent tous les *prétendus* verbes *irréguliers*. Je dis *prétendus* verbes *irréguliers*, parce que, comme on le verra, ils étaient pour la plupart *réguliers* dans le principe.

Malgré l'importance historique de cette classification, je n'ai pas cru devoir la suivre exactement dans mon travail; je craignais que la clarté n'en souffrît. J'aurais été obligé, entre autres choses, de négliger la distinction des conjugaisons; p. ex. *aller*, *aimer*, *avoir*, *savoir*, *faire*, *taire*, *craindre*, etc., se trouveraient réunis. Il m'a paru plus convenable de ranger les verbes forts dans la conjugaison à laquelle ils appartiennent par leur terminaison infinitive, et d'indiquer pour chacun les formes qui le font rentrer dans l'une des *trois* classes.

2. Les philologues modernes ont cherché à réduire le nombre des conjugaisons établies par nos vieux grammairiens. Les uns n'en veulent admettre que trois:

1. *er*. 2. *re*, avec la forme collatérale *oir*. 3. *ir*
latin: $\bar{a}re$ $\breve{e}re$ $\bar{e}re$ $\bar{\imath}re$;
les autres, deux: *er* et *ir*.

Je m'arrêterai d'autant moins à combattre l'opinion de ces derniers, qu'elle a peu de partisans, et que M. Orell l'a déjà réfutée d'une manière péremptoire (Voy. Hirzel, Gramm. 16º éd. p. 178. 179).

Je passe à la première classification, qui compte M. Diez parmi ses défenseurs (Gramm. II, 113 et suiv.). *Oir*, dit-on, répond au latin $\bar{e}re$, qui devint d'abord *er*, puis *eir* et enfin *oir*; *re* représente $\breve{e}re$. On fait ensuite observer que, dans le latin déjà, on confondait les formes *ĕre* et *ēre*, qu'en outre l'ancien français a connu les infinitifs ou *er*[1] pour *re*: et, pour toutes ces raisons, on conclut que *oir* et *re* doivent être considérés comme appartenant à la même conjugaison.

Tout ce raisonnement se base sur une erreur que j'ai déjà relevée (Dériv. p. 24.), à savoir que *oi* soit la plus moderne de nos diphthongues, et qu'elle dérive de l'*e* long par l'intermédiaire de l'*ei*. Je le répète, la diphthongue *oi*, pleine de *ei*, est tout aussi ancienne et organique que les autres.[2] Mais, m'objectera-t-on, *oi* ne se trouve ni dans les Serments, ni dans le Chant d'Eulalie. Que prouve cela? Rien; car le langage de ces anciens textes ne représente certes pas celui de tout le pays à la même époque. *Oi* était déjà prépondérant dans l'est, le centre et le nord de la langue d'oïl, qu'on écrivait encore *e* ou *ei* dans les autres provinces. Quelques patois ont même conservé cet usage orthographique. L'erreur que commettent les philologues en regardant *oi* comme une transformation au troisième degré de l'*e* long latin, ne provient pas seulement de ce qu'ils se sont beaucoup trop attachés au latin classique et aux analogies des autres langues romanes; ils n'ont pas vu ou voulu voir qu'en ce cas, comme en tant d'autres, les peuples de la Gaule avaient tenu une voie à eux (Cfr. la remarque[1] de la page 205), et surtout ils ont fait abstraction complète des dialectes, dont la distinction peut seule jeter quelque lumière dans le chaos de la langue d'oïl.[3]

Une prononciation défigurée de l'*e* et de l'*a* longs latins donna d'abord lieu au changement de ces voyelles, qui s'assourdirent en *o* pur dans la Bourgogne proprement dite, et surtout dans les provinces du centre et de l'ouest limitrophes de la langue d'oc. Le dialecte du sud de la Picardie et du nord de l'Ile-de-France, qui aimait les syllabes mouillées et sonores, diphthongua cet *o* avec *i*, d'où *oi*. La nécessité de distinguer les dérivés de *ēre* de ceux de *āre* (= *er*, *eir*, *ier* dans la langue d'oïl), fit que *ēre* fut probablement une des premières syllabes auxquelles on appliqua le changement de l'*e* long en *o*: *veor* (S. d. S. B. p. 562). Les peuples romans de la Gaule paraissent

---

(1) Comme en espagnol et en portugais.

(2) Il faut s'entendre sur ce qu'on appelle langue d'oïl, et ne pas restreindre ou étendre la signification de ce nom suivant les circonstances.

(3) Comment peut-on s'enticher d'une théorie qui ne produit aucun résultat scientifique, au point d'être inconséquent? On reconnaît des différences dialectales très-prononcées dans le latin; dès le IXe siècle, on admet deux langues fort distinctes dans les Gaules; et ensuite on vient nous dire que l'une de ces langues, celle d'oïl, a été identique depuis la Loire jusqu'à l'Escaut, depuis la Suisse jusqu'à la Bretagne !

avoir eu beaucoup de prédilection pour le son sourd *o*, car son emploi prit une grande et rapide extension. Plusieurs patois font, à l'égard de la langue fixée, un usage de l'*o (ou)* semblable à celui que je viens de signaler.

Les textes anciens de Bourgogne qui nous ont été conservés, fournissent comparativement peu d'exemples de la permutation des voyelles latines en *o* pur; ils datent d'une époque où *oi* s'était déjà fixé presque partout; néanmoins les S. d. S. B. et les chartes des cantons reculés de la province, où le mouvement de la langue était plus lent et où les nouveaux usages s'introduisaient avec difficulté, en donnent un assez grand nombre pour ne laisser aucun doute sur la manière dont l'*oi* s'est frayé la route dans le français.

Je reviens aux verbes en *oir*, et je pose d'abord en principe que *er*, *eir* étaient des formes dialectales correspondantes de *or* et de *oir*: la première normande; la seconde du langage des provinces où se mélangeaient, d'un côté, les dialectes normand et bourguignon, normand et picard de l'autre. Les quatre formes *er*, *eir*, *or*, *oir* étaient aussi correctes, aussi anciennes l'une que l'autre *dans la langue d'oïl*.[1]

La présence de deux formes latines dans une seule conjugaison française ne se restreint pas aux verbes en *ĕre* et *ēre*: le mélange des formes est général, comme on le verra, et il n'est pas même besoin de remonter toujours à la langue latine pour expliquer le passage de certains verbes en *ĕre* dans la conjugaison en *oir*; les formes dialectales du vieux français en fournissent quelquefois la raison. Les mots qui avaient pour finale un *e* muet précédé d'une consonne, et surtout de *l* ou de *r*, transposaient souvent l'*e* muet avant la consonne, qui devenait ainsi finale. De là p. ex. les formes *fevers* (1265. Archaeol. XXII, 318) *alter*, *altere* (voy. autre), pour *fevres* (Romv. p. 208), *altre*, etc.; et les verbes *render*, *vender*, etc. pour *rendre*, *vendre*, etc. Ces orthographes en *er* pour *re* ne se rencontrent guère que dans le dialecte normand, d'où elles passèrent dans l'anglo-normand, qui leur ajouta un *e*: *ere*.[2] *Er* et *ere* correspondaient,

---

(1) Les Serments fournissent une preuve sans réplique de l'erreur où l'on se trouve en admettant *er* comme primitif de *eir* et de *oir*. On y lit en effet *savir* et *podir*, c'est-à-dire une forme infinitive employée substantivement, de même qu'aux XIIe et XIIIe siècles: *saver*, *saveir*, *savoir*, *pooir*, *poer*, *poeir*, etc.; et depuis *savoir*, *pouvoir*. Ainsi, au lieu de *er*, *ir*, qui, quoi qu'on en dise, a une valeur égale aux autres formes de ce texte, sur lesquelles on s'appuie si souvent. *Ir* s'est en outre conservé dans le dialecte du nord de la Picardie pour *oir*. (Voy. ci-dessous.)

(2) Cette addition irrégulière d'un *e* muet était très-ordinaire en anglo-normand, et entre autres surtout encore dans les mots en *n* final: *noune*, nom (Archaeol. XXII. 317), *prisune*, prison (ib. 220), etc.

dans ces dialectes, à notre *oir* et à notre *re;* mais leur prononciation différait probablement selon qu'ils représentaient *ĕre* ou *ēre: ere, er* étaient inaccentués dans le premier cas, accentués dans le second.[1] (Cfr. *èr* et *er* de la langue roumane). Je suppose ces deux prononciations, parce que la Normandie a connu aussi de fort bonne heure *re* pour *ĕre*, tandis que le *er* venant de *ēre* ne subit d'autres changements que ceux qui s'opérèrent dans le dialecte de cette province par suite de l'influence picarde.

Au XIIIe siècle, on le sait, les formes du langage normand avaient pénétré jusque dans l'Ile-de-France, et le dialecte de cette province, qui eut une certaine prépondérance dans la fixation de la langue, admit des formes en *er*, qu'il orthographia à sa façon sans s'inquiéter des types primitifs. Le peuple, dont le sentiment instinctif était alors émoussé par le mélange désordonné des formes dialectales, n'aurait d'ailleurs pas su les retrouver.

En mentionnant ci-dessus les terminaisons *er, eir, oir,* je n'ai pas entendu dire que la dernière ait eu cours dans toutes les provinces de la langue d'oïl où *er* et *eir* n'étaient pas en usage; on verra à l'article *flexion* qu'il n'en était pas ainsi; mais les dialectes qui ne la possédaient pas la remplaçaient par une autre en accord avec leur vocalisation, de sorte qu'ils distinguèrent toujours aussi les dérivés de *ĕre* et de *ēre*.

Je conclus. Admettant (ce qui est juste) qu'avec le temps on ait confondu les formes *ĕre* et *ēre,* au point qu'elles furent réunies en une seule conjugaison dans les autres langues romanes; il est bien certain que cette confusion totale n'avait pas encore eu lieu à l'époque où la langue d'oïl était déjà parvenue à un degré de développement qui lui permettait de suivre sa propre marche sans le secours de la langue mère; ils est en outre constant que les dialectes du vieux français ont eu, de toute antiquité, deux formes distinctes pour *ĕre* et *ēre*.[2] Aussi, de même qu'on est obligé de distinguer en latin la conjugaison *ĕre* de celle en *ēre*, on doit le faire en français pour *oir* et *re;* car il n'y a aucun fait historique qui prouve que *re* et *oir* ou ses correspondants y aient jamais été confondus. L'analogie des

---

(1) La répugnance qu'avait le dialecte normand pour la diphthongaison, ne lui permettait aucun autre moyen de distinction.

(2) Si même ce que j'ai supposé de la prononciation de la finale *er*, dans le dialecte normand, n'était pas fondé en raison, on aurait une exception de peu de poids en présence des faits nombreux qui attestent que les terminaisons *re* et *oir* ou ses correspondantes ont toujours été bien distinctes.

autres langues romanes, qui ne connaissent que *ere*, *er* ou *re* ne peut faire pencher la balance; l'histoire parle plus haut qu'elle.[1]

M. Diez divise la 2ᵉ conjugaison (chez lui, la 3ᵉ) en deux grandes classes:

    1. verbes simples:        2. verbes inchoatifs:[2]
       *partir*.                     *fleurir*.

„Les derniers, dit-il, intercalent aux présents la syllabe *isc* „(*iss*, *is*, en français) entre le radical et la terminaison; p. ex. „ital.: *fior-isc-o*, et avec syncope de la voyelle, prov.: *fior-isc*, „franç.: *fleur-is*." Cette forme a été calquée sur les inchoatifs latins, sans que toutefois on lui en ait donné la signification. C'était, dans le principe, encore un moyen de renforcer le radical devant les terminaisons légères; car la 1ᵉ et la 2ᵉ pers. plur., dont les terminaisons sont lourdes, ne souffraient pas l'intercalation. Plus tard le français étendit l'emploi de *iss* à ces deux personnes et même à d'autres temps.

Cette division me paraît juste et nécessaire (Cfr. cependant la Seconde conjugaison).

## FORMATION DES TEMPS.

Les langues romanes ont abandonné plusieurs temps latins; mais, par compensation, elles en ont créé de nouveaux, soit composés, soit simples en apparence.

Le français à conservé, à l'indicatif: le présent, *amo*, *aime*; l'imparfait, *amabam*, *aimais*; le parfait, *amavi*, *aimai*;[3] au sub-

---

[1] On m'objectera peut-être encore que le dialecte bourguignon, qui me sert de base, a eu aussi des verbes en *ere* et *ēre* avec les terminaisons *oir* ou *re*; cela est juste. L'indépendance et le nombre des centres de population où s'élaborait la langue d'oïl, rendaient très-incohérent le langage de chacune de nos provinces; on observait, il est vrai, les lois générales de la dérivation, mais on ne se croyait pas obligé à suivre les voies de ses prédécesseurs ou de ses contemporains. On faisait des tâtonnements pour donner à son langage toute l'harmonie possible: l'un essayait de renforcer le radical, l'autre la terminaison; et la loi de l'équilibre dont j'ai parlé au commencement de ce chapitre se montre de nouveau ici dans tout son jour, et fournit en même temps l'explication des différences qu'on observe. Diphthonguait-on la voyelle radicale, le verbe prenait aussitôt la terminaison *re*; la voyelle radicale restait-elle simple, la terminaison devenait lourde: *or* dans le principe, puis *oir*, en Bourgogne. Ainsi, *recoivre* et *recevoir*, *muevre* et *movoir*, etc. Dans *muevre*, il y a diphthongaison régulière de la voyelle radicale (o bref = ue) et affaiblissement de la terminaison; dans *movoir*, où la voyelle radicale est conservée renforcement de cette même terminaison $(\bar{e})r(e) = oi(r)$. Pour ce qui est de *recoivre* et *recevoir*, l'*oi* du premier est la diphthongaison de l'*i* bref; et l'*oi* de *recevoir* un renforcement devenu d'autant plus nécessaire que l'*i* radical s'était aplati en *e*. Du reste, *capēre* est la forme commune romane. (Cfr. encore Infinitif.)

[2] M. Diez les nomme *gemischte Verben*.

[3] Dans le poème sur Ste. Eulalie, on trouve les formes *auret*, *pouret*, *furet*, *voldret*, *roveret*, pour signifier un passé. M. Diez les rapporte, à cause du *r* de la flexion, aux formes latines: *habuerat*, *potuerat*, *fuerat*, *voluerat*, *rogarat*. Toutes les langues

jonctif: le présent, *amem*, *aime*; le plusqueparfait, *amavissem*, *aimasse*; à l'impératif, la 2ᵉ pers. du sing., *ama*, *aime*; à l'infinitif, le présent; enfin le gérondif, dans le participe présent.

On forma de nouveaux temps au moyen de l'auxiliaire *avoir* *(habere)*, et deux d'entre eux prirent extérieurement la forme de temps simples: le *futur* et le *conditionnel;* le premier composé du radical du verbe et du présent de l'indicatif de *avoir;* le second, du radical et de l'imparfait de l'ind. du même auxiliaire. Raynouard, Schlegel, Bopp, Diez, Fuchs, etc. ont expliqué ce mode de formation d'une manière qui ne permet aucun doute. Il est prouvé, du reste, que l'emploi d'un auxiliaire pour la formation des temps ne se restreint pas aux langues romanes; l'albanais, le vieux slave (Voy. Bopp 659) forment aussi leur futur au moyen de *avoir*. La plupart des formes latines sont composées de la même façon avec un auxiliaire signifiant *être* (bhu, φυ, fu, fo et es); etc.

Ceux qui prétendent que notre *futur* dérive du *futurum exactum* latin, n'ont pas pris en considération les vieilles formes: provençal: *dar* vos *n'ai*, je vous en donnerai; *dir* vos *ai*, je vous dirai; *gitar* m'*etz*, vous me jetterez, etc.; espagnol: Non te diran Jacob, mas *decir* te han Israel; *Haber* les *hemos* como aleyosos perjurados (Voy. Raynouard, Gr. comp. p. 298); *predicarlo hedes* au lieu de *lo predicaredes*, *predicareis; decirté* au lieu de *decir te he, te dicé*, etc.; portugais: *Dar* vos *hey* conta de donde ella vem. (Voy. Rayn. ib.), etc. Ici les deux éléments du futur sont encore séparés par le pronom. Et puis, comment expliquer le *conditionnel*, qui, dans les langues romanes, a la plus grande affinité avec le futur? La contraction d'*aimeravais* en *aimerais* est certainement plus facile et plus simple que la dérivation d'un futur, où la voyelle inaccentuée *o* aurait produit une syllabe fortement accentuée, *ais*. D'ailleurs, on trouve aussi, au conditionnel, des formes semblables à celles dont je viens de citer des exemples pour le futur: *Dexar* me *ias* con el sola, cerrarias el postigo. Habria nuestra ira y *pechar* nos *ya* toda aquella pena (Raynouard, Gr. comp. p. 298).

Les temps périphrastiques se formaient de la même manière que dans la langue littéraire.

---

romanes, dit-il, ont ou avaient ce temps, et jusqu'ici la langue d'oïl était la seule à laquelle il parut manquer. Sa signification répond à celle du parfait défini ou de l'imparfait.

# FLEXION.
## INFINITIF.

Les formes des verbes étaient aussi mobiles et variées que celles des autres parties du discours; chaque dialecte avait les siennes en accord avec sa vocalisation.

1. Les verbes de la *première* conjugaison avaient une triple forme: *er, eir, ier*. *Er*, dérivation directe de *are*, (*ar*, en provençal) appartenait au dialecte normand. On trouve quelquefois aussi cette terminaison en Picardie et en Bourgogne, mais la véritable forme de cette dernière province était *eir: a* long y devenait régulièrement *ei* (Voy. Dériv. p. 24.). *Ier* était picard; cependant on le rencontre en Bourgogne, surtout après les linguales, dès le milieu du XIIe siècle (Cfr. Derivation p. 28. et la remarque p. 29). Au XIIIe siècle, les trois formes *er, ier, eir*, furent constamment mélangées, et le *ier* picard finit par remplacer presque partout *eir*, tandis que *er* pénétrait de la Normandie dans l'Ile-de-France.

La terminaison *er (eir, ier)* n'était probablement pas muette comme aujourd'hui, car on la trouve en rime avec des substantifs où le *r* s'articulait.

Ex.: Granz et senz mesure est Deus en la justice si cum en la misericorde, granz est por *pardoneir* et granz est por *vengier*. (S. d. S. B. p. 549.)

Et ki est ki *resteir* puist à sa volenteit? Si Jhesu Crist est ki justifiet, ki est ki *dampneir* puist? (Ib. p. 531. 32.)

Estroite est li voie, et cil qui *esteir* welt est à enscombrement à ceos qui welent *aleir* avant. (Ib. p. 567.)

La pense soi doit en totes choses soniousement *esgardeir* et en cel esgard *persevereir*. (M. s. J. p. 448.)

Veez ci celuy ki venuz est por *espurgier* nostre sentine. (S. d. S. B. p. 551.)

Quel merveille se li hom tramblet, et s'il lo saint chief de Deu nen oset *atochier*...? (Ib. ead.)

Coment puet nuls dire k'il soit si appresseiz de sa malvaistiet ki por bien à faire ne se puist *drecier*, quant... (Ib. 554.)

    Cil respondent: nus ne savon
    Quiel conseil *donier* te porron. (St. N. v. 966. 7.)

Cil qui custivent la terre ne deit l'um *travailer* se de lour droite cense. (L. d. G. 183. 33.)

Se il ne pot *derainer* per II entendable home del pleidant e veant. (Ib. 182. 28.)

    Culchet sei à tere, si priet damne Deu
    Que li soleilz facet pur lui *arester*
    La nuit *targer* ele jur *demurer*. (Ch. d. R. p. 95.)

2. La forme de la *seconde* conjugaison, *ir*,[1] est de tous les dialectes et de tous les temps.[1]

Ex.: Par tant ke nos parfitement ne poons *morir* al munde, se nos dedenz lo secreit de nostre pense ne nos repunons en sus des veables choses... (M. s. J. p. 467.)

Mais servise frunt à Sesac, que il sachent quel valt mielz à *servir* à mei u à Sesac. (Q. L. d. R. III, p. 296.)

Mais de s'espee ne volt mie *guerpir*,
En son puign destre par l'orie punt la tint. (Ch. d. R. p. 19.)
Et nous ne pourrions *soufrir*
Que il ne autres *seignourir*
Seur nous ne seur les noz peust. (R. d. S. G. v. 1437-9.)

Il faut cependant faire observer que quelques textes picards donnent souvent *ier* au lieu de *ir: ferier, tenier*, etc. pour *ferir, tenir*, etc. (Voy. 2ᵉ conjug.).

3. J'ai dit plus haut que la forme de la *troisième* conjugaison, *oir*, appartint d'abord au dialecte du sud de la Picardie, près de l'Ile-de-France; qu'elle avait pour correspondentes *er*, en Normandie, *eir*, dans les provinces où se mélangeaient, d'un côté, les dialectes normand et bourguignon, normand et picard de l'autre; et que la forme primitive de la Bourgogne propre avait été *or*. Le nord-est de la Picardie avait *ir;* mais plus on avance dans le XIIIe siècle, plus *ir* devient rare: vers 1280 ou 1290, *oir* l'avait remplacé dans la plupart des cas.

On trouvera ci-dessous des exemples de ces différentes terminaisons.

4. La forme de la quatrième conjugaison, *re*, était de tous les dialectes; la Normandie la remplaçait quelquefois par *er*.

Ex.: Mais jo te pri, otrei le mei que jo en puisse *faire* porter de ceste sainte terre le fais de dous burduns en mun païs. (Q. L. d. R. IV, p. 363.)

Si m'aist Deus, vos panseiz grant folie,
Ke cuidiez *panre* ceste cite garnie
Par tel essaut ne par tel envaïe. (G. d. V. v. 1757-9.)
Lors se leva,
Tantost à sa maisnie va,
Si commande la table à *metre*. (R. d. l. V. p. 26-27.)

---

(1) A prendre le latin pour point de départ, nos conjugaisons devraient avoir un tout autre ordre que celui que nous leur donnons habituellement; ainsi:

| 1ore conj. | 2e conj. | 3e conj. | 4e conj. |
|---|---|---|---|
| āre | ēre | ere | ire |
| er | oir | re | ir |

(Voy. ci-dessus 2.) Cependant je n'ai pas trouvé ces raisons historiques assez importantes pour m'autoriser à quitter un usage reçu depuis si longtemps. Il suffit, je pense, de noter le fait.

Voyez plus bas des exemples de *er*.

Les terminaisons *er* (= *are*), *re* et *ir*, d'une part, *oir* et ses correspondantes de l'autre, avaient un emploi bien distinct et bien réglé; néanmoins nombre de faits sembleraient prouver qu'il n'en était pas ainsi. On trouve des verbes avec des terminaisons non-analogues, c'est-à-dire que tous les dialectes ne rapportent pas le même verbe à la même conjugaison. Cela n'a rien d'extraordinaire. Il est certain que le latin vulgaire a eu, en bien des cas, une quantité et des formes différentes de celles des auteurs classiques (Cfr. Diez, Gramm. II, 116. 117). Ces anomalies s'accrurent avec le temps; puis le latin vulgaire, qui devint la langue des peuples vaincus, prit tout de suite des teintes dialectales plus ou moins fortes selon les localités (Voy. l'Introduction); et lorsque les peuples du nord se furent établis dans les anciennes provinces romaines, les modifications nouvelles qu'éprouvèrent les dialectes latins déjà fort dénaturés finirent par brouiller entièrement et la quantité et la vocalisation. Ces changements ne furent pas plus homogènes que ceux qu'avait d'abord subis le latin vulgaire : ici on créa de nouvelles formes, là on conserva la prononciation des Romains, en cet endroit on modifia la quantité, autre part on transforma les voyelles, etc. etc. De là confusion des conjugaisons latines, diversité des terminaisons, et formes non-analogues dans les dialectes de la langue d'oïl; puis, par suite du mélange de ces derniers, réunion de différentes formes latines en une seule conjugaison dans la langue fixée.[1]

REMARQUES. *a*. Je crois devoir mentionner ici un emploi de l'infinitif tout à fait perdu aujourd'hui : on le mettait souvent d'une manière elliptique au lieu de la 2° pers. sing. de l'impératif, quand celui-ci était dans une phrase négative. Le provençal avait aussi cette tournure, qui est encore en usage dans l'italien.

Ex.: E cum ele fud en la fort anguisse el muriant, distrent ki od li furent: *Ne te tamer*, tu auras enfant. (Q. L. d. R. I, 17.)

Chier filz, *ne t'acompaignier* mie
A home de malvese vie. (Chast. II, v. 319. 320.)
Mais Merlins le reconforta :
Uter, dist il, *ne t'esmaier*,
N'i a de mors nul recovrer. (Brut. v. 8532-4.)

---

(1) Roquefort, qui n'avait aucune idée des lois de la dérivation, crée pour chaque forme un nouvel infinitif. On sait aujourd'hui à quoi s'en tenir là-dessus, et ce serait peine perdue que de porter l'attention sur chaque erreur où il est tombé.

>Si pren conseil, si te porpense
>Coment tu en poras ovrer:
>Ne te *laissier* deseriter. (Ben. II, 6114-6116.)

>Biax fix Raoul, por Dieu *nel* me *noier;*
>Combien as gent por guere commencier. (R. d. C. p. 42.)

>A haute vois commenca à huchier:
>„Gentix hom, sire; por Dieu *ne le touchier!"* (Ib. p. 102.)

Reis, purpense te mielz; *ne creire* lur conseil. (Th. d. C. p. 9. v. 21.)
Dunc apela li reis frere Franc l'aumosnier:
Va tost à l'apostolie, fait il, *ne te targier.* (Ib. p. 39. v. 6. 7.)
Ber, lai mon fil, *ne l'ochire* nient. (O. d. D. 10880.)

>*Ne* me *faire* plus demorer,
>Doun moi del pein, les moi alier. (St. N. v. 1224. 5.)

Et uns des maiours li dist: *Ne ploreir* pas; veeis ci lou lion.... (Apoc. f. 9. r. c. 1.)

Sire, *ne* m'*arguer* en ta forsennerie, ne *ne* me *chastier* en ton iror. (S. d. S. B. p. 549.)

*b.* L'infinitif s'employait très-souvent comme substantif, avec l'article, et alors il prenait aussi le *s* de flexion.

>Ex.: *Li parlers* pas ne nous anuit. (Rutb. II, 220.)
>Li sans ki de moi avolloit.
>*Li geuners* et *li veilliers,*
>*Li pansers* et *li traveilliers*
>Me grevoient trop duremant. (Dol. p. 259.)

Se il de rien te heent, *l'atandres* est mauvais;
Miaz vauroit *li foirs* ancor fust il plus lais. (Ch. d. S. I, p. 71.)
*Mes plaindres* n'i vaudroit la monte d'un boton. (Ib. II, 91.)

>Mes d'itant sui esbahis
>Que j'ai si tres haut pense,
>Qu'a painne iert acomplis
>*Li servirs* dont j'atent gre. (C. d. C. d. C. p. 49.)

>Et je, qui sui *au morir,*
>Ne sai c'un mot, tant le desir. (Ib. p. 50.)

Or pansez *dou deduire,* et il *do conquester.* (Ch. d. S. II, 95.)

E sachiez que mainte lerme y fut ploree de pitie *al departir* de lor pais, de lor gens et de lor amis. (Villeh. 439ᵇ.)

*c.* L'infinitif s'emploie *absolument* pour exposer des faits d'une manière vive ou pour décrire un état, et alors il remplace le parfait; c'est l'infinitif historique des latins, qu'on a toujours cherché à expliquer par l'ellipse des verbes *se hâter, commencer.*

Et li sengliers se couche, et cil de *grater.* (R. d. S. S. d. R.)
Cfr. Et le citadin *de dire.* (La Fontaine.)

## PARTICIPES.

1. *Participe présent.* Notre participe présent réunit en soi la double nature du participe latin en *ans (ens)*, et du gérondif en *andum (endum)*, tandis que les autres langues romanes ont ou ont eu une forme différente pour ces deux temps. La langue actuelle a privé le participe proprement dit de son caractère verbal; il est devenu tout à fait adjectif. Le participe-gérondif du français moderne, dont la nature est verbale et adjective en même temps, est toujours invariable quand il a son caractère verbal, mais il varie en genre et en nombre lorsqu'on le considère comme adjectif.

Le participe présent des quatre conjugaisons a toujours eu la flexion *ant;* on rejeta sans doute *ent (= ens)* pour distinguer orthographiquement le participe de la 3ᵉ pers. pl. prés. ind., et parce que la prononciation de l'*e* devant *n* est la même que celle de l'*a*.

Dans les premiers temps de la langue, le participe présent prenait le *s* de flexion, quoique assez irrégulièrement, surtout s'il remplaçait une phrase incidente. Au lieu de *s*, les dialectes bourguignon et normand écrivaient *z*. (Cf. Ch. des Substantifs. D.).

Ex. Il, *eissanz* del alteil, tint la main del clop. (M. s. J. p. 478.)
    Se doi morir, je morrai *combatant*. (O. d. D. 6405.)
    Ne sui pas dignes de morir,
    Ainz doi toz jorz *morant* languir. (P. d. B. v. 5219. 5220.)

Jusqu'au XVIIᵉ siècle, on voit le participe varier; *étant* et *ayant* restèrent même très-longtemps soumis à la règle. „On „croit généralement que c'est à la publication des fameuses Let-„tres de Pascal, en 1659, qu'il faut reporter l'époque de la „fixation de notre langue à cet égard. Arnauld enseigna le „premier dans sa Grammaire générale, publiée en 1660, l'indé-„clinabilité du Participe en *ant;* et l'Académie prononça le 3 juin „1679: La règle est faite, on ne déclinera plus les participes „présents." (Girault-Duvivier, Gram. d. Gram., Article XVII, §. II.)

L'habitude de joindre ce participe avec la préposition *en,* est aussi vieille que la langue; elle repose sur le latin: Sed quid ego heic *in lamentando* pereo? (Plaut.). Stoici prudentissimi *in disserendo* sunt (Brut.). Cependant on retranchait souvent la préposition:

    Mais com prodome morons *en combatant*. (O. d. D. 8035.)
    Ensi tout *parlant* venu sont
    A Gant. (R. d. l. M. v. 2642. 3.)

2. *Participe passé.* Le participe passé des quatre conjugaisons eut d'abord un *t* final en Bourgogne et en Picardie, un *d* final en Normandie. Il prenait le *s* de flexion, qui devenait

régulièrement z en Bourgogne et en Normandie, lorsqu'il se rapportait à un sujet singulier; mais, comme pour l'adjectif, le substantif, le radical restait pur, quand il se rapportait à un sujet pluriel. (Cfr. Substantifs. *D*.)

Le participe passé de la première conjugaison avait naturellement une triple forme: *et*, *eit*, *iet*; *et* correspondait aux infinitifs en *er*; *eit* et *iet*, à ceux en *eir* et *ier*. (Voy. Infinitif.)

Ex.: Tuit, ce dist li Apostles, avons *pechiet*, et si somes besoignols de la glore de Deu. (S. d. S. B. p. 540.)

Cil puet dotteir que li enfant ke por Crist furent ocis ne soient *coroneit* entre les martres, ki ne croit mies ke li enfant ki *regenereit* sunt en Crist par lo baptisme soyent *nombreit* entre les esleiz. (Ib. p. 543.)

Quar maintes foiz avient que il *brisiet* par lur aversiteit, returnent à lur penses, et *repairiet* en eas mimes, esgardent com astoient vaines choses cui il querroient. (M. s. J. p. 510.)

De tenebres est li hom *avironeiz*, car il est *apresseiz* de le obscurteit de son nonsavoir. (M. s. J. p. 469.)

De treis altres murs fud li temples *avirunez*. (Q. L. d. R. III, p. 251.)

La fud *asembled* tut Israel ke iloc le feissent rei. (Ib. III, p. 281.)

Uns prophetes de grant eded mest en Betel; e ses fiz vindrent à lui e cunterent cum faitement li hoem Deu out en Bethel *uvered*, e cume il out al rei *parled*. (Ib. ead. p. 287.)

  Car se je sui ça fors *trouves*,
  Pendus serai et *encroues*. (R. d. S. S. v. 2272. 3.)
  Li rois Felipres et su gent
  Furent *armet* moult bel et gent. (Phil. M. v. 19488. 9.)
  Et li quens et (?) tous ses barnes
  S'en fu droit à Gadres *ales*. (Ib. v. 20385. 6.)
  Et li quens s'en est *courecies*,
  Par devant le roi s'est *drecies*,
  Si a pris congiet par courous. (Ib. v. 26195-7.)
  Cil sont laians comme moine *rueleit*,
  Et nos sa (ça) fors comme serf *esguareit*. (G. d. V. v. 362. 363.)
  Granz colz se donent sor les escuz *listeiz*;
  Les hanstes brisent des espiez *noeleiz*. (Ib. v. 691. 692.)

Et Lombart avoient envoiet lor espie un poi devant la mienuit en un lieu où quatre de nos barons estoient *herbergiet*. (H. d. V. 506°.)

Le participe passé de la seconde conjugaison était en *it*, *id* ou *ut*, *ud* (Voy. 2ᵉ conjugaison), celui de la troisième et de la quatrième en *ut*, *ud*.

Au lieu de *ut*, on trouve *uit* dans les plus anciens textes bourguignons et picards; mais l'*i* disparut avec le *t*.

  E dist al rei: Ben l'avez *entendud*,
  Guenes li quens ço vus ad *respondud*.
  Se veir i ad, mais qu'il seit *entendud*. (Ch. d. R. p. 10. XVI.)

Sus en la chambre ad doel en sunt *renut*. (Ib. p.109. CXCXVII.)
En Rencesvals en est Carles *renuz*. (Ib. p. 110. CCI.)
Tost fu le arcevesque *meuz*
E tost fu au rei *parvenuz*. (Ben. v. 4883. 4.)
Mais puis furent cil enroet (roués),
Boulit, *pendut* et traïnet. (Phil. M. v. 17900. 1.)

Quant *eissud* serrunt ces de la cited cume à preie, tuz vifs les prendrums, e en la cited enteruns. (Q. L. d. R. IV, 372.)

E cume ço out *veud*, sa vesture chalt pas desirad (déchira) e criad. (Ib. IV, 387.)

E Roboam murut et fud *enseveliz* od ses ancestres, en la cited David, e sis fiz Abia regnad pur lui. (Ib. III, 297.)

Et li borgois est *revenus*;
Au roi fu tos l'avoirs *rendus*. (Fl. et Bl. v. 529. 530.)
Icist messages li fu *faiz*
E *diz* e contez e *retraiz*. (Chr. A. N. I, 178.)
Se vus me avez *mentid*, vus le cumperez cher. (Charl. v. 24.)
Seignurs, dist l'emperere, mal nus est *avenud*. (Ib. v. 663.)
Si tost com il fud *veuz*
A grant joie i fud *receuz*. (Romv. p. 418.)

Mais por mi at *perduit* une grande partie d'engeles et toz les hommes. (S. d. S. B. p. 524.)

Mais por la quinte fut il trefforez el costeit, apres ceu qu'il ot ainrme *renduit*. (Ib. p. 540.)

Mais *venuit* somes enoytes as sacremenz de la passion. (Ib. p. 540.)

Coment sunt *devenuit* si sot si saige home ki un petit enfant aorent ki despeitaules est, et por son aige, et por la povertcit des siens? (Ib. 550.)

L'usage d'écrire par un *t (d)* final les participes passés dura pendant tout le XIIIe siècle, quoiqu'on trouve de nombreux exemples où il est retranché. Ces exceptions se rencontrent d'abord en Picardie, et, dès 1250 environ, la suppression du *t* est, pour ainsi dire, une règle générale dans le plus grand nombre des textes picards. Ces nouvelles orthographes passèrent dans les autres provinces avec les formes dialectales de la Picardie (Voy. le Chap. des Subst., où j'ai expliqué en détail comment le *t* s'était perdu peu à peu en Picardie, et pour l'emploi post. du *z*, *D. Rem. c.*).

Quant au féminin des participes, il paraît qu'on le forma d'abord par la simple addition d'un *e* muet au thème du mot:

E por o fut *presentede* Maximiien. (Eln. v. 11.)

mais, dès le XIIe siècle, on retrancha le *t (d)* devant l'*e* muet.

Ex.: Car dons quant li sas fut trenchiez, gitat il fors la pecune ke *receleie* estoit el preix de nostre rachatement. (S. d. S. B. p. 541.)

Li benignetciz et li humanitciz de Deu nostre salvaor est *apparue*. (Ib. p. 546.)

Quelques participes cependant conservèrent le *t*.

> Ainz que fust *lite* l'apeiaus
> Ne qu'oiz fust toz li escriz... (Ben. 22659. 60.)
> Ensi en chanter se delite,
> Que il cuidot avoir *eslite*
> Amie à son cois et amour. (R. d. l. V. 1275-77.)

Les participes en *iet*, plus tard en *ie*, ne redoublaient ordinairement pas l'*e*, qui aurait été inutile pour la prononciation:

> Et quant les nes furent *chargies*. (Villeh. p. 23. XLIV.)
> S'nne piere i trouves *drechie*,
> Dont ert no besongne *adrechie*. (R. d. C. d. C. v. 3179. 80.)

L'accord du participe passé avec le régime n'était pas soumis à la même règle qu'aujourd'hui; la place du régime était tout à fait indifférente.

> Ex.: Les portes runt *faites* ovrir. (Ben. 19101.)
> Quant od saintes devotions
> Out *fenies* ses oreisons
> Li dux, si se mist el repaire. (Ib. 31734-6.)
> Cil aveient por Deu *leissees*
> E lor terres et lor meisnees,
> E *enguagiez* lor heritages. (Romv. p. 421.)
> Cil a *saisie* .i. coupe d'or fin,
> Toute fu plaine de piument ou de vin. (R. d. C. p. 64.)
> Seignor baron, dist il, nobile chevalier,
> Je ai *faites* mes noces et *prise* ma moillier. (Ch. d. S. p. 12. VI.)
> Certes, biele amie Enriaut,
> Tant me sui d'amors aperchus
> Que bien cuidai estre dechus,
> Mais vo fois et vo loiautes
> A *sauvees* nos amistes. (R. d. l. V. 6623-27.)
> Biel sire, font il, nos avons *veues* vos lettres. (Villeh. 419\*.)

## INDICATIF.

1. *Présent*. La *première* personne sing. du présent ind. de la *première conjugaison*, qui aujourd'hui a un *e*, se terminait pour l'ordinaire par la consonne ou voyelle finale du radical.

Ex.: Ju *pens*, disoit il, penses de paix et ne mies d'affliction. (S. d. S. B. p. 546.)

> Fix, dist li peres, vos me covient laissier,
> Mais, ce (se) Dieu plaist, je vos *quit* bien vengier. (R. d. C. p. 101.)
> Ne cuidiez pas, dame, ce soit folors,
> Se je vous *aim* et serf et *lo* et pri(s). (C. d. C. d. C. p. 37.)
> De tes barons croi le consoil:
> Ce te loz je bien et *consoil*. (Rutb. I, 285.)

Je vos *conjur* en cele foi
Que buens fils à se mere doit. (P. d. B. v. 3866. 7.)
Ne plores mais, jo vos en *pri*. (L. d. M. p. 49. v. 154.)
Seignurs, fait il, j'*apel* ; kar mestier en ai grant. (Th. Cant. p. 23, 13.)

Les verbes de la *seconde*, de la *troisième* et de la *quatrième* conjugaison n'avaient point de *s* à la *première* personne du singulier.[1]

Ex.: E jeo ai dreit, bien *sai* e *vei*
Que mult as plus servi vers mei
Que jeo ne te puis mercier. (Ben. 4532-4.)
Je ne *dorm* que le premier somme. (Rutb. J. p. 26.)
Certes, dist la roïne, refuser ne le *doi*;
Mes durement me poise qant si arme vos *voi*. (Ch. d. S. I, p. 119.)
Un chardenal i out qui mult ameit le rei,
Wilaume de Pavie: einsi out nun, co *crei*. (Th. Cant. p. 42.)

Se nous coinençons guerre li uns contre l'autre, jou vous *di* et *fai* à savoir que toute la terre en sera destruite. (H. d. V. 501°.)

Par ce ke je de riens ne sui comsachables à moi, ne moi *croi* je mie estre justifiiet; car je *sai* ke cil ki moi doit jugier moi proverat plus subtilment. (M. s. J. p. 474.)

L'usage de donner régulièrement un *s*[2] à cette personne ne s'établit que bien après le XIIIe siècle, quoique, vers la fin de l'époque qui nous occupe, les différents dialectes, et surtout le picard, offrent un assez grand nombre d'exemples de cette première personne écrite avec *s*.

La *seconde* personne du singulier prenait *s* dans toutes les conjugaisons; mais au lieu de *s*, on écrivait *z* en Bourgogne et en Normandie, quand on syncopait la consonne finale.

Ex.: Hastenc, fait il, mult me merveil
Dunt tu ne *prenz* altre conseil. (Ben. v. 3673. 4.)
C'est merveille cum tu *viz* (= vifs) ore. (Ib. 3685.)

La *troisième* personne du singulier des verbes de la première conjugaison conserva, jusque dans le premier quart du XIIIe siècle, le *t* de la terminaison latine.

L'un et l'atre te *loet* en brief parole li apostoles. (S. d. S. B. p. 534.)
Quel merveille se li hom *tramblet*. (Ib. p. 551.)
Mais or ne se puet il mies receleir, lai où li peires lo *mostret* si avuertement. (Ib. p. 553.)
Plus *encombret* li honors de cest munde que li despiz, et plus *essalcet* la prosperiteiz ke n'*abaisset* li adversiteiz de le necessiteit. (M. s. J. p. 463.)
Sa unctions nos *ensenget* de totes choses, et ceste aspirations *ellievet* l'umaine pense cant ele l'*atochet*, et *rappresset* les temporeiz penses et

---

(1) On trouvera les exceptions à la conjugaison particulière.
(2) Ce *s* est celui de la seconde personne, qui devint première. Même remarque pour l'imparfait et le conditionnel, où *s* remplaça plus tard *e*.

*enflammet* de permanables desiers ke nules riens, se les sovraines non, ne li plaisent. (Ib. p. 177.)

REMARQUE. La consonne finale du radical subissait différentes modifications au présent de l'indicatif:

1. On rejetait souvent *d* final, quand il était précédé d'un *n*, et alors on le remplaçait par *s* dans le dialecte bourguignon de la seconde moitié du XIIIe siècle:

Ex.: Si jel *demans*, nel teneiz à folie,
Car nel *demans* por nule velonie. (G. d. V. v. 1788. 9.)

Le *s* provient ici de l'influence picarde et tient lieu du *c, ch,* du langage du nord de la langue d'oïl (Voy. plus bas, 4.).

2. En Bourgogne, le *d* se changeait ordinairement en *t*:

Ex.: Sire, fait il, je *entent* bien
Que ci ne puis gaaignier rien. (Ben. v. 14632. 3.)
Rollans l'*entant*, s'en ait .iij. ris geteiz. (G. d. V. v. 165.)
De tot vostre gaaig ne vous *demant* je mie,
Fors le cors Helissant, la bele, l'eschevie. (Ch. d. S. I, 15.)

3. Le *v* se changeait en *f* dans tous les dialectes:

Ex.: En tens e à cest ure se jo *vif*, tu iers enceinte de un fiz. (Q. L. d. R. IV, p. 357.)

Par cel apostre c'on quiert en noiron pre,
Se je *vif* tant ke je soie adoubeiz
Et je voz puix en bataile encontrer,
Tel vos donrai de l'espee dou ley
Ke mervelle iert si n'iestes aterreiz. (G. d. V. v. 160-164.)

4. En Picardie, le *t, d* se changeaient en *c, ch*:

Ex.: Mais tant i *mec* jou totes voies,
Se me sires li rois l'otroie. (Chr. d. Tr. III, 164.)
Je vous *commanch* en penitanche
Que vo dru nommes, biele amie. (L. d'Ign. p. 10, v. 128. 9.)
Se je *menc*, faites moi fenir
A tourment et à grant martyre. (R. d. M. v. 576. 7.)
Mais je *redouc* tant le cruel
Que je ne m'en os entremetre. (R. d. l. V. p. 84.)
Si jou or vostre dit endure
Et je ne vous *responc* laidure,
Sachiez c'est par me cortoisie. (Ib. p. 22.)
Et pour ço *commanc* je toi mesme
Que tu recoives st. batesme. (Ph. M. v. 5348. 9.)

Et je Marie Descontlans .... à toutes les cozes deseure dictes, de me boine volente *much* men consentement en men assens et *proumuch* par men serement ke ne par raison de douaire ne par aultre okison ne venray encontre. (Charte de Tournay. 1277. Phil. M. t. II. Introd. CCCIX.)

La *première* personne du pluriel du présent de l'indicatif avait pour terminaisons: en Bourgogne, *ons*, dès les plus anciens temps; en Normandie, *um;* en Touraine et dans les provinces limitrophes, *om;* en Picardie, *omes, ommes.* [1]

Au lieu de *om, ons,* on trouve souvent *on.*

Au XIIIe siècle, lorsque les usages orthographiques picards eurent pénétré en Normandie, on y écrivit souvent *ums, oms, uns,* pour *um.*

L'anglo-normand avait *oum oums, ouns.*

Ex.: Nos *entrons* hui, chier frere, el tens del saint quaramme, el tens de la cristiene chevalerie. (S. d. S. B. p. 561.)

Si nos cestui *assavorons* et nos ades lo *mattons* devant l'eswart de nostre cuer, dons *corrons* nos ligierement et tost trait par son odour. (Ib. p. 567.)

Nos *creomes* en Muhommet
Ki tous à sauveté nos met. (Phil. M. v. 5316. 17.)

Et si *avommes* autres dieux
Que nos *tenommes* moult à pricus. (Ib. v. 5322. 3.)

*Faisommes* nos tot no pooir,
Pour l'amour Jhesu Xrist avoir. (Ib. 5930. 31.)

Certes, nous ne *cuidommes* [2] mie
Qu'ele ait ceste mort desservie. (R. d. l. M. v. 3921. 2.)

Se nous *demenomes* ensi li un les autres, et *alommes* rancunant, bien voi que nous reperderons toute la tierre. (H. d. V. 139. XVIII.)

D'icest duc *sarum* certement
Qu'en tut le regne d'Orient
N'aveit nul home si vaillant. (Ben. II, v. 223-225.)

Les portes sunt uvertes, si n'en *poum* issir. (Charl. v. 391.)

Hui *devums* nus faire feste, barnage et grant deport. (Ib. v. 804.)

Nus *mandoms* ke al avant dit Johan la avaunt dite counte, ove ses apurtenaunsez rendez à tenir de nus. (1268. Rym. I. 2. p. 109.)

E les 1200 marc. que le roy de Fraunce paye chescun an pur la terre de Aginoys les queus nos *recevouns* de Johan de Britayne pur la conte de Richemund, que nous ly *rendouns.* (1268. Ib. ead.)

Itant *savom* bien qui li munz
Est tuz egaus e tuz roünz. (Ben. I, v. 29. 30.)

Mais primes à Deu *prometon*
Que vers lui nous amenderon,

---

(1) Cet *o* de *omes, ons* provient de l'assourdissement de l'*a* long en *o*, dont on a déjà vu et verra encore des exemples. *Omes, ons,* dérivé de *amus,* servit pour les quatre conjugaisons et pour tous les temps, à l'exception du parfait. — On trouve aussi les variantes *oumes, onmes.*

(2) Au lieu de *ons, ommes,* on a souvent écrit *onz, ommez,* à la fin du XIIIe siècle et plus tard. J'ai expliqué au chapitre des substantifs l'origine de ces orthographes fautives en *z*.

> Et del pechie que fait *avon*
> Penitence et pardon querron;
> Et *guerpisson* nos felonies
> Que fait avons, totes nos vies. (Brut. v. 8715-20.)

Encore une fois, et pour la dernière, je répète qu'en assignant telle ou telle forme à une province, je ne prétends pas en conclure qu'elle y ait été exclusive. Ainsi *ommes*, *omes*, en ce cas, est la véritable flexion picarde de la 1<sup>e</sup> pers. plur., ce qui n'empêche pas que *ons* ait été très-ordinaire en Picardie au XIIIe siècle. La forme *ommes* passa de bonne heure dans la Champagne et l'Ile-de-France, d'où elle se répandit dans toute la Bourgogne, où cependant son emploi fut toujours assez restreint.

En Bourgogne et en Normandie, la *seconde* personne du pluriel s'écrivait régulièrement en *z*, pour marquer la suppression du *t* latin *(tis*, en provençal *tz)*. Le picard avait ici, comme partout, son *s* final.

La terminaison entière de cette seconde personne était: en Bourgogne, *eiz*, et *eis* dans les cantons où l'influence picarde prédominait; en Picardie, *es*; en Normandie, *ez*.

Au nord-ouest de la Champagne, dans le sud de la Picardie et dans l'Ile-de-France, on trouve, au XIIIe siècle, *oiz*, *ois*, au lieu de *eiz*, *eis*.

> Ex.: Ceu *saveiz* vos bien. (S. d. S. B. p. 527.)
> Quant vous *poes* si revenes. (R. d. M. d'A. p. 9.)
> Et li dist: Bien me *deves* croire
> Se je vous di parole voire:
> Se vous me *voles* afranchir,
> Ne vos estuet de riens cremir. (R. d. M. p. 25.)
> Dame, asses plus de moi *savois*
> Et nequedent veu *avois*.... (Ib. v. 475. 76.)

Ne vus *asemblez* pas en bataille encuntre voz freres cez de Israel, mais chascuns de vus returnt à sun recet e à sa mansiun, kar ço que fait est, fait est par ma dispositiun. (Q. L. d. R. III, p. 284.)

La terminaison de la *troisième* personne du pluriel du présent de l'indicatif a toujours été *ent* dans tous les dialectes.

Voy. plus bas des exemples.

2. *Imparfait*. Pendant l'époque qui nous occupe, on trouve, pour l'imparfait de la *première* conjugaison, trois flexions différentes: *eve*, *oue*, *oe*, *oie* et sa correspondante *eie*. La première, *eve*, dérivation directe du latin *abam* (*ava*, en provençal) ne se présente, à ma connaissance, que dans les textes bourguignons.

Jusque vers 1230, on en rencontre des traces dans les chartes lorraines et franc-comtoises; mais, au centre de la Bourgogne, il paraît qu'elle avait cessé d'être en usage dès la fin du XIIe siècle. Les Sermons de St. Bernard ne la donnent déjà plus régulièrement; la forme *oe*, *oie*, qui était celle de l'imparfait des trois autres conjugaisons, y est déjà appliquée à quelques verbes de la première. Dès le XIIIe siècle, il n'y eut plus en Bourgogne qu'une seule forme d'imparfait par toutes les conjugaisons.

Les plus anciens monuments qui nous fournissent des exemples des flexions *oe*, *oue*, ne remontent pas au-delà des dernières années du XIIe siècle ou des premières du XIIIe. L'emploi de ces deux terminaisons fut constant en certains dialectes pendant le XIIIe siècle tout entier, et même plus tard, tandis que *eve*, comme on vient de le voir, était déjà en décadence vers la fin du XIIe siècle. Je n'en conclurai pas néanmoins que *eve* a précédé *oe*, *oue*; ces flexions ont existé simultanément sur différents points du territoire de la langue d'oïl; les dernières ont eu plus de durée que *eve*, parce qu'elles appartenaient à des provinces où le mouvement de la langue était lent et dont les populations respectaient davantage les usages reçus. *Oe* était surtout en usage dans la Touraine, la partie est de l'Anjou et au sud-est du Maine; *oue*, dans le reste de ce deux dernières provinces, la Normandie et le Poitou. *Oue*, *oe* sont formés du latin *abam (aba, ava)*; *oue*, par le changement de l'*a* long en *o* et du *b* en *v*, lequel se transforma en *u*; *oe*, par la syncope du *b (v)* et le changement de l'*a* en *o*. Le fréquent emploi de l'*o*[1] pour *a* et *e* s'est conservé jusqu'à nos jours dans plusieurs patois.

Les flexions *oie*, *eie* étaient, dans la Picardie, la Bourgogne et la Normandie, les dérivations naturelles du latin *ēbam*, par suite de la syncope du b (v): $\bar{e} = oi$ en Picardie et en Bourgogne; $\bar{e} = ei$ en Normandie (Cfr. Dérivation). Au XIIIe siècle, *eie* empiéta souvent sur *oe*, *oue*.

La troisième personne du singulier était: pour *eve* . . . *evet*
- *oue* . . . *out*
- *oe* . . . *ot* [2]
- *oie* . . . *oit*
- *eie* . . . *eit*

---

(1) On trouve même *ou* pour *a* et *e*.
(2) On trouve quelquefois *ot* en rime avec *out*, ce qui semblerait prouver que *oe* est une simplification d'orthographe pour *oue*, comme l'admettent quelques philologues; mais les exemples de *ot* en rime avec *out* sont des fautes de copistes: les anciens et meilleurs manuscrits emploient régulièrement l'une ou l'autre de ces formes.

La première et la seconde personne du pluriel ayant des terminaisons lourdes, les formes *eve, oe, oue* ne pouvaient s'employer à ces deux personnes, parce que l'accent de la flexion exigeait l'affaiblissement de la forme.

Ex.: Si granz est li grace de ceste parole k'ele aparmenmes eucomenceroit à avoir moens de savor si ju en *mueyve* nes un trait. (S. d. S. B. p. 530.)

En terre *habondevet* ceste espece (la poverteit), et si *surhabondevet*, mais li hom ne savoit mies de cum grant preis il estoit. (Ib. p. 533.)

Li Geu si estoient appresseit de la poosteit, et li glore *appresseyvet* les philosophes ki la majesteit *encerchierent*. (Ib. p. 536.)

Mais cil mismes les *ensaignievet* ki ameneiz les avoit, et cil mismes les *ensaignievet* par dedenz en lor cuer, ki par l'estoile les *semonoit* par defors. (Ib. p. 551.)

Li amors de la devantriene conpassion sormontat en luy lo sentement del corporiien torment, ensi k'il plus *dolosevet* lo malice de ceos k'il ne fesist la dolor de ses plaies. (Ib. p. 543.)

Por ceu *plorevent* li engele de paix amerement et si *disoient*. (Ib. p. 547.)

*Dottevet* dons nostre sires Jhesu Criz vaine glore quant il si longement se *coysievet* et il se longement se *recelevet*? (Ib. 553.)

Il se *coysievet* de boche, mais il nos *ensaignievet* par oyvre, et ceu *mostrevet* jai par example k'il apres ensaignat par parole. (Ib. ead.)

Et molt seroit ancor bien s'il ne *governevent* mais k'en ceste sole partie. (Ib. p. 556.)

Mais dous choses nous *encombrevent:* nostre oil si estoient chaceuols et oscur, et cil *habiteivet* en une lumiere où om ne puet aprochier. (Ib. p. 526.)

Li engele nen *apparoient* mais, ne li profete ne *parlevent* plus: il *layevent* lo parler assi cum vencut par desperacion, por la grant duresce et la grant obstination des homes k'il *veoyent*. (Ib. p. 527.)

Ceste nuit de tribulation *nuncievet* nostre Sire ke il la *devoit* soffrir el dairien tens de sa incarnation, quant il par mi le prophete . . . *disoit* . . . . . (M. s. J. p. 455.)

Vraiement il deussent penseir à cui et quant il *parlevent:* cil à cui il *astoient* venut eret justes et avironceiz de divines plaies. (Ib. p. 475.)

Par mi cez choses entendet cil ki alcune foiz sent droitement par com grant humiliteit li disciples doit parleir à son maistre, se il li maistres des paiens *proievet* si humlement ses disciples de ce ke il par auctoriteit lur *prechievet*. (Ib. p. 476.)

Et par cel chaïement est destruit mimes ce que l'om *quidievet* que par parfite oevre fust elleveit es altres faiz. (Ib. p. 517.)

Respundi li reis: Tant cume li enfes vesquid jo *esperoue* que Deu le guaresist, e pur ço *jeunowe* e *plnroue*. (Q. L. d. R. II, p. 161.)

Or me dites, sire crequet, | Dont vos serviez en este

Quant je *porchaceie* le ble?
Ce dist le crequet, je *chantoue*
Sor ma fosse et me *delitoue*. (Chast. Prol. v. 202-206.)
Jeo *quidoe*, fait il, seignor, | Que ceste vile e ceste honur
Fust Rome. (Ben. I, 1803-1805.)
Ci voil mostrer e que là pere
Saveir cum j'*amoe* le pere. (Ib. II. 13321. 2.)
Ces quatre chevaliers *amoue*
Et chescun por sei *cuveitoue*. (M. d. Fr.)
Remembre tei que tu *sunjoes*,
Quant el haut pui de France *estoes*. (Ben. II, 6399. 6400.)
Ne por la mort aveir ne prendre
N'i *osoes* ta main estendre. (Ib. 40701. 2.)
Cist *otriout*, cist ne *voloit*,
Cil *graantout*, cil *desdisoit*. (St. N. v. 136. 7.)
E si ert il d'iloc mult loin
Sor la mer en autre contree,
De Rome i out mainte jornee,
Mes angelinement *alout*
La où besoinos l' *apelout*. (Ib. v. 485-9.)
Li seinz hom al mouster *orout*,
Quant remes esteit, si *junout*. (Ib. v. 1476. 7.)
Et as salus et as presens
Le santi bien le quens et sot
Que li rois sa moillier *amot*. (Brut. v. 8825-7.)
Et il mena ses soldiers | Et le plus de ses chevaliers
A un castel fort que il ot
Qui le plus de son fiu *gardot*. (Ib. v. 8859-62.)
En Engletere un sul n'aveit
Qui plus *donot* ne plus *feseit*
    Endereit sei. (Vie de St. Th. de Cantb. v. 187—9. ds.
                                    Ben. t. 3. p. 467.)

Mult lur *doleient* piz e dos,
Si *desiroent* le repos. (Ben. II, 3911. 2.)
Sur les hauz princes qui esteient,
Qui *regnoent* et qui *viveient*,
Esteit il sur toz plus amez. (Ib. v. 8898-8900.)
Par les oiseals qui *avoloent*
Qu'en la fontaine se *baignoent*
E qui en paiz se *consenteient*,
Que orguil ne mal ne se *faiseient*,
Qui *pasturoent* à bandon,
E *manjoent* senz contençon,
Signefie poples e genz.... (Ib. II, v. 1573-9.)

*Tot ce oeient e escoutent*
*Li chevaler qui l'ost gardoent.* (Ib. v. 35517. 18.)
*La gent que en Deu ne creioient*
*Ne qui de Deu ne savoient,*
*Ymages peintes aorouent,*
*Lor nons el front lor escrivouent.* (St. N. v. 350-3.)

REMARQUE. Il ne faut pas confondre l'*oe* = *abam* avec l'*oe* de Bourgogne et de Picardie, qui était une variante orthographique de *oi* (oie). Voy. la Dérivation. La prononciation de *oe* = *abam* était beaucoup plus large que celle de *oe* = *oie*. De plus, *oe* = *abam* ne s'ajoutait, comme je l'ai dit, qu'aux verbes de la première conjugaison, tandisque *oe* = *oie* se joignait indistinctement à tous les verbes.

Ex.: Gie.... done et quite de ma bone volunte à mon chier senor Hugum duc de Borgoigne et es ses hoirs perpetuaument ce que gie *avoe* ou *devoe* avoir ou *pooe* em l'amenage de Dijon, laquel chose gie *tenoe* dou dit duc mon senor. (1245. H. d. B. II, XVII.)

Et se il nel faisoient ensi, comme dit est, se il n'*avoent* dont loial songe (= souvenir) il *seroent* privet de le vowerie Baudewin descurdite. (1286. J. v. H. p. 443.)

S'il avenoit cose ke li evesques ou les eglises de Liege, ou ambedui ensemble, ou aucun d'elles, ou des personnes des dites eglises, les *greroent* encontre ce que deseure est dit, nous aiderons.... (1286. J. v. H. 442.)

Je passe aux terminaisons *oie*, *eie*, dont on a déjà vu quelques exemples.

Sire, fait donques la dame, se jou m'*osoie* fier à vous, je vous diroie bien pourquoi je *obeissoie* dou tout à iaus, car il m'*avoient* ja si durement leve le pic que je n'*osoie* à iaus parler. (H. d. V. 503°. 504ª.)

Je nel *fasoie* fors por vos asaier. (G. d. V. v. 2984.)

Si m'aist Deus, jel vos *disoie* asseiz
Ke vers Gerard molt grant tort aviciz. (Ib. v. 3887. 8.)

C'est lo cors de cel homme qui peres est del primier, si du les oylz del cuer *avoies* enlumineiz, et si tu *savoies* eswarder espiritelment. (S. d. S. B. p. 562.)

Es tu ce Baudoins, que je voi là gisant,
Que noz fiez et noz terres *aloies* chalongant?[1] (Ch. d. S. II, p. 146.)

Et s'en tourne vers le bos droit,
Et tant et sus et jus et là
Que la damoiselle encontra,
Qui un gant la dame *queroit*,
Qui en la court cheus *estoit*. (R. d. C. d. C. v. 3006-10.)

---

(1) Vers la fin du XIIIe siècle, la seconde personne du singulier de l'imparfait et du conditionnel présent se trouvent déjà souvent écrites *ois* dans la pointe méridionale de la Champagne, l'Orléanais et la partie de l'Ile-de-France située au sud-est de Paris. On sait que c'est l'orthographe qui prévalut dans la suite.

> La pucele Aude au coraige vaillant
> *Estoit* remeise as fenestres plorant.
> Lai *regraitoit* son freire bellemant. (G. d. V. v. 437-9.)
> Nul mal en lui ne *laissoit* croistre,
> Ains se *batoit* dedens son cloistre,
> Où il *abitoit* trestous seus. (R. d. M. v. 111-113.)
> Lors *cuidoient* bien estre cerz,
> Que, quant li huis seroit overz,
> Que dedens celui troveroient,
> Que il por destruire *queroient*. (Romv. p. 550, v. 19-22.)
> Cist reaumes dunt reis *esteie* | E que jeo governeir *deveie*,
> Defist, perist, à neient torne,
> Eissi que jel part tot aorne. (Ben. v. 4897-900.)
> Bel hoste, dist il, jo voldreie
> El duc parler se jeo *poeie*. (R. d. R. v. 7153. 4.)
> Quant tu, fet il, riens n'en *saveies*,
> Ne sa parole n'*entendeies*,
> Ne niant n'esteit ses jarguns,
> Tu n'en dois ja avoir respuns. (M. d. F. II, p. 234.)
> E des quant de lui le *teneies*,
> E bien e fealment l'en *serveies*,
> Il le t'eust bien à defendre,
> E à delivrer e à rendre. (Ben. v. 11730-3.)

La reine le fist tut issi, e vint en l'ostel Ahie, en Sylo; mais Ahia ne *veeit* gute de viellesce. (Q. L. d. R. III, p. 291.)

Fesaunt à nus e noz heires les servises ke ses auncestres meismes cel duc en *soleient* et en *deveient* fere à nus, e à nos auncestres. (1268. Rym. I, 2. p. 109.)

> Il m'ert avis tot autresi
> Que dui Angre ceans *veneient*
> Qui entre lor bras me *preneient*;
> La terre encontre els s'*aovreit*,
> Les Angres et mei *receveit*. (Chast. XVII. v. 95-99.)

REMARQUE. Ce que j'ai dit plus haut des diphthongues *oi* et *ei* me dispense de toute observation sur l'authenticité et l'âge des flexions *oie*, *eie*; mais je dois faire remarquer que dans l'Ile-de-France, et à Paris surtout, la prononciation picarde, que représentait l'orthographe *oi*, fut de bonne heure abandonnée pour la prononciation normande, et que néanmoins on y a continué d'écrire par *oi* ces syllabes qu'on prononçait en *ei*.

Cette anomalie resta dans la langue fixée. Le premier qui proposa de la faire disparaître en écrivant les imparfaits de l'indicatif en *ai* ou *ei*, a été Nicolas Berain,[1] avocat de Normandie,

---
(1) Dans son livre intitulé: Nouvelles remarques de la langue française. Rouen, 1675.

qui sans doute ne savait pas être défenseur de l'ancienne orthographe de sa province. Ce n'est cependant qu'au commencement du XIXe siècle que la réforme à cet égard a commencé de prévaloir.

L'orthographe *ai*, que nous avons adoptée, est un terme moyen entre l'*oi* picard-bourguignon et l'*ei* normand; elle est due en grande partie sans doute à l'influence de la prononciation tourangelle *(ai)*.

Il me reste à parler des deux premières personnes plurielles de l'imparfait.

La *première* personne du pluriel avait, pour les quatre conjugaisons, la terminaison: *iens*, en Bourgogne; *iemes* [1], en Picardie; *ium (iums)*, en Normandie; *iom*, dans les dialectes mélangés entre la Bourgogne et la Normandie; dans l'Ile-de-France, *ions (ivn)*, qui devint la forme générale de la langue française.

Les terminaisons *iens* et *iemes* furent en usage pendant tout le XIIIe siècle, on les retrouve même encore dans les chartes de la fin du XIVe; mais *ions* [2] empiéta chaque jour davantage sur elles.

L'anglo-normand avait *ioum, ioums, iouns*.

Ex.: Bele, forment nos *entramiens*
Et en estrivant *consilliens*. (Fl. et Bl. v. 747. 48.)

Signour, jon ai une moie fille et li empereres a un sien frere qui a à nom Wistasse, et se nous ces doi *poiemes* ensemble joindre par mariage. dont primes seroit nostre païs legiere à faire. (H. d. V. 514ᵈ.)

(Nous) faisons à savoir..... ke comme aucun debat es descort cussent estei entre nos devantries.... et nous meismes et nostre reverent pere en Diu mon segnur Jehan.... sur ce ke nostre devantrier et nous *diesiemes* ke li haute justice de Huardes, etc. estoient nostres et ke nous et nostre devantrier *estiemes* en possession.... de faire.... (J. v. H. p. 460. an. 1288.)

Nous avons quittei et quittons... à nostre segneur l'eveske de Liege .... toute la haute justice que nous *aviens* en Huardes, en Bavenchien, etc. et tout le droit et toute la segnourie ke nous y *aviemes* ou avoir *poiemes* ou avons eus es dites villes. (J. v. H. 460.)

Or savons nos que tort *aviemes;*
Dusques ci mais nel *saviiemes,*
Ains *cuidiemes* grant droit avoir.
(Chr. d. Tr. Chr. A. N. III, p. 163 ). [3]

---

(1) Quelquefois *iemmes*. voy. Imparfait du Subjonctif.

(2) On trouve alors *iions* et à la 2e pers. *iies*, dans les textes picards, au lieu des véritables terminaisons *ions, ies*.

(3) Au lieu de *emes*, on trouve quelquefois *esmes*; la lettre *s* est simplement intercalaire. (Cfr. les vieux latin *tricesmos, poesnis*.)

> Por mort fuir e eschiver
> Nos *estium* mis en la mer
> Od dol, od ire e od contraire,
> Kar mult *savium* poi que faire. (Ben. II, v. 1701-4.)

Tant cume li enfes vesquid, quant nus en *parlium* al rei, ne nus diegnad oïr. (Q. L. d. R. II, p. 160.)

Nus voluns ke vous touz le sachez ke, cum nus n'ad geres di si greve maladie *esteiouns* suspris, ke de nostre vie, ne de nostre garesun ne fu nul espeyr, nous, ki *gardiouns* ke eyde de homme, ne nule teriene chose; fors sul Deu nus pout mester aver mesmes nostre espeyr... nostre creatur. (1271. Rym. I, 2. p. 118.)

> Vers la mer nous en *alions*,
> Encor pau de jour *veions*,
> Quant nous coisimes ceste nef... (R. d. l. M. v. 5045-7.)

Les textes du sud-ouest de la Picardie et du nord de l'Ile-de-France, qui ne remontent pas au-delà de 1250, emploient la flexion *iomes* pour *iemes, iens, ions*. Cette remarque s'applique au conditionnel et à l'imparfait du subjonctif.

Les terminaisons de la seconde personne plurielle: *ieiz, ieis, ies, iez*, ne donnent lieu à aucune remarque. (Cfr. Présent, 2ᵉ pers. plur.)

3. *Parfait défini*. Les terminaisons des trois personnes du singulier du parfait défini de la première conjugaison étaient: *ai, as,*[1] *at* et *a*, à l'ouest de la Bourgogne, dans l'Ile-de-France et en Picardie; *ai, ais, ait,* dans la Champagne, la Lorraine, et généralement tout l'est du dialecte bourguignon, au milieu du XIIIe siècle (Cfr. *avoir*); *ai, as, ad,* en Normandie.

Le *t* de la 3ᵉ personne avait déjà disparu, en Picardie, dans le premier quart du XIIIe siècle; il s'écrivit un peu plus longtemps en Bourgogne. Le *d* normand continua d'être en usage jusqu'à la fin du XIIIe siècle et au-delà.

Ex.: Par tuz les lieus ù jo *passai* od les fiz Israel e *parlai* jo nule feiz à alcune des lignees de Israel u *cumandai* que ele güardast mun pople de Israel u enquis de lui pur quei ne m'oust edified maisun de cedre? (Q. L. d. R. II, p. 143.)

> Je n'*amai* onques traïsson. (P. d. B. v. 6009.)
> Ceu *truvai* lisant en latin,
> Que li dux rout un suen cosin. (Ben. v. 34949. 50.)
> Des mains Herode les *sauvas*,
> Par autre voie les *menas*. (R. d. l. V. p. 245.)
> Gloriouz peires ke soufris passion,
> Et *suscitais* de mort S. Lazaron. (G. d. V. v. 2402. 3.)

---

(1) Le *t* latin est apocopé; le provençal le conservait: *est*.

Criz nostre Sires est fontaine à nos, par cuy nos sommes laveit, si cum escrit est: Qui nos *amat* et ki nos *lavat* de nos pechiez en son sanc. (S. d. S. B. p. 538.)

Ele *enportat* del fruit, si en *mangeat*, et si en *donat* à son baron, et cil en *manjat*. (M. s. J. p. 480.)

Et ce nos *mostrat* bien cele arche del testament ki s'*enclinat* cant li buef scancelhievent. (Ib. p. 475.)

Ne tint il dunkes saint Piere en la boche, quant il *renoiat?* Ne tint il dunkes David en sa boche, quant il se *plonchat* en si grant profundece de luxure? (Ib. p. 505.)

Ki ne nos defendit mie tant solement aleir en la boche de cest Leviathan, anz nos *otriat* ke nos repairier en poons. (Ib. p. 506.)

Uns angeles Diu li *envoia*
Ki la verite li *conta*. (R. d. M. p. 13. 14.)

Mais li reis ne *deignad* lur cunseil oïr, einz *parlad* as juefnes humes e as bachelers ki od lui furent nurriz. (Q. L. d. R. III, p. 282.)

Li reis Achab *enveiad* par tute Israel e pur cez prophetes, e al munt de Carmele les *assemblad*. (Ib. ead. p. 315.)

E malement vers Deu *uverad*, ne s'en sustraist pas des pechiez Jeroboam, ki fist pechier Israel, tant cume Manaen *regnad*. (Ib. IV, p. 393.)

E là les fist ocire li reis, e *jetad* cez de Juda hors de lur païs. (Ib. ead. p. 436.)

Par les enarmes ait son escu saisi:
Si le *dressait* li bers de sor son piz. (G. d. V. v. 481. 2.)
Les .ij. escus *persait* et les haubers rompi. (Ib. v. 486.)
Son nief *ostait* le hiaume qu'ait fandu. (Ib. v. 714.)
La bele anseigne avoit fait desploier,
Ke li *donait* la bele Aude au vis fier. (Ib. v. 1091. 2.)

Dans le Berry, l'Orléanais, le Nivernais, une partie de la Champagne et de l'Ile-de-France, on écrivait, au treizième siècle, *ei*, *e* pour *ai*.

Quant je l'eu mis ou monument,
A vos chevaliers le *leissei*
Et en ma meison m'en *alei*;
Ce sache Diex que puis nou vi,
Ne meis puis paller n'en oi. (R. d. S. G. v. 682-6.)
Et dist: Les lestres lutes ei,
Bien reconnois ce qu'i *trouvei*. (Ib. v. 1277. 8.)
Devant eus yauc *demandei*
Et erramment mes meins *lavei*. (Ib. v. 1345. 6.)

Cette terminaison est bien authentique; mais Raynouard a eu tort de dire que la troisième personne était quelquefois en *eit*. *Eit* n'a jamais appartenu qu'à l'imparfait, et les dialectes qui écrivaient *ei* pour *ai* ont toujours conjugué: *ei, as, a*.

Dedenz la virge s'*aümbra*,
Tele com la voust la *fourma*. (R. d. S. G. v. 31. 32.)

A lui dedenz la prison vint,
Et son veissel *porta*, qu'il tint,
Qui grant clarte seur lui *gita*,
Si que la chartre *enlumina*. (Ib. v. 717-720.)

En Bourgogne, la *troisième* personne du pluriel du parfait défini des verbes de la première conjugaison conservait d'abord la voyelle latine *a* : *arent*; mais dès la fin du XIIe siècle, on ne rencontre plus cette forme que dans les chartes de quelques cantons reculés: *erent* l'avait remplacée partout.

Ex.: Ju sai bien totevoies ke li orguillous engele sunt trespesseit en affection de malice et de felonie, et k'il par nonsachance ou par enfarmeteit ne *pecharent* mies. (S. d. S. B. p. 524.)

(Ne furent) escandaliziet de l'enfance del laitant, anz misent lor genoz à terre, si l'*onorarent* si cum roi et aorerent si cum Deu. (Ib. p. 551.)

Certes, molt est horribles cist sacrileges ki sormontet nes lo malice de ceos ki el Signor de majesteit *gittarent* lor escuminieies mains. (Ib. p. 555.)

Tei amin, chier Sire, et tei proïsme *aprocharent* est esturent encontre ti. (Ib. cad.)

Car il qui *murmurareut* perirent par les serpenz. (Ib. p. 568.)

Li boef aroient et les ahnesses paissoient deleiz eaz, si corurent li Sabeu, si *enmenarent* tot. (M. s. J. p. 499.)

Dunkes par mi lo pertuihs dele massele li furent cil sostraint ki apres l'oevre de si grant felonie *repairarent* à penance. (Ib. p. 505.)

Cette forme *arent*, qui s'était conservée dans certaines localités de la langue d'oïl, fut remise en usage par quelques auteurs du XVIe siècle. Rabelais, entre autres, s'en est constamment servi.

La *première* personne du singulier du passé défini des verbes de la 2e, 3e et 4e conjugaison ne prenait d'abord pas de *s*; ce n'est que dans la seconde moitié du XIIIe siècle qu'on lui en donna un assez fréquemment, surtout en Picardie. La règle observée aujourd'hui ne s'établit que beaucoup plus tard.

Ex.: Là vos *ri* jo devant le roi,
Qui vos amoit si comme soi. (P. d. B. v. 1373. 4.)
Si m'a li mals d'amer ataint
Puis que j'*oï* de vous parler. (R. d. l. V. p. 22.)

Respundi Saul: Pecchied ai en ço que n'ai tenu le cumandement Deu e tes paroles, pur ço que jo *cremi* e *obei* al pople. (Q. L. d. R. I, p. 56.)

Les Latins avaient déjà l'habitude de former un grand nombre de parfaits par l'intercalation d'un *s*: p. ex. *dilexi, intellexi, neglexi*. etc. pour *dilegi, intellegi, neglegi*, etc. Ce mode de formation paraît avoir été populaire; aussi plus on avance vers le moyen-âge, plus les exemples en deviennent fréquents, et les langues romanes en étendirent beaucoup l'emploi. Je donnerai ci-dessous la forme complète de ces parfaits (Voy. *Quérir*).

La terminaison latine *ui* fut admise dans la langue d'oïl, et on la donna même à des verbes qui ne l'avaient pas en latin. L'*i* de *ui* fut remplacé plus tard par *s*, d'où notre *us*. Voy. la forme complète de ces parfaits à la 3ᵉ conjugaison, au verbe *devoir*. Je ferai seulement remarquer ici que la terminaison *ui* occasionna de grands changements dans le radical latin: on retrancha la voyelle du radical et les consonnes finales *b, d, c, t*; le *v* devint *u*. Le radical ne reste intact que quand la consonne terminative est une liquide: *corui, molui* etc. En Bourgogne, la troisième personne du singulier de ces parfaits en *ui* conservait l'*i* devant le *t*.

Les verbes en *loir* et *toldre, soldre*, avaient, au parfait défini et à l'imparfait du subjonctif, une forme avec *s* intercalaire, qui a pris naissance en Picardie. (Voy. *faillir, chaloir, vouloir, valoir*.)

Comme pour la première conjugaison, la *troisième* personne du singulier du parfait défini de la 2ᵉ, 3ᵉ et 4ᵉ, prenait d'abord régulièrement le *t* ou le *d*. Au XIIIe siècle, on écrivit ou rejeta le *t* d'une manière tout arbitraire; mais les cas où le rejet a lieu sont de beaucoup plus nombreux que les autres. Le retranchement du *t* se fait d'abord remarquer en Picardie; et plus l'influence du dialecte de cette province devient générale, plus l'habitude de supprimer le *t* prend d'extension. Le *d* fut un peu plus fixe en Normandie. Le retour à l'orthographe correcte en *t* ne se fit que fort tard.

Ex.: Si com nos avons dist, la contreie des deserz ce est la degerpie assembleie des malignes espirs; car cant ele laissat la bieneurteit de son faiteor, si *perdit* ele alsi com la main de son ahanor. (M. s. J. p. 502.)

Li quens Oger cuardise n'out unkes
Meillor vassal de lui ne *restit* bronie.
Quant de Franceis les escheles *vit* rumpie,
Si apelat Tierri le duc d'Argone...
(Ch. d. R. CCLVIII, p. 136. 7.)

Naaman à tant vint à grant apareil od chevals e curres, e *atendid* à la porte de la maisun Helyseu. (Q. L. d. R. IV, p. 362.)

A tant le *ferid* liepre en cel vis devant les pruveires el temple deled l'autel. (Ib. ead. p. 392.)

E li reis Joachin *eissid* de la cited e vint devant le rei de Babilonie... (Ib. ead. p. 433.)

C'est cil qui *nasqui* sanz pechie;
C'est cil qui *soufri* atachie
Son cors en la crois et cloe. (Rutb. II, p. 142.)
En la quitaine un riche cop *feri*:

Les .ij. escus persait et les haubers *rompi*,
Tot en un mont illueckes *abati*.
De l'autre part son espie *recolli*,
Et de joster s'estoit amanevis. (G. d. V. 485-9.)
Mais par l'orgueil Luciabiel,
Qui pour sa biaute s'*orgilli*,
Vrais Dex, la gloire lor *failli*. (R. d. l. V. p. 242.)

Quelques parfaits définis ont une lettre intercalaire à la troisième personne du singulier; j'en parlerai plus tard.

Je passe à la *première* et à la *seconde* personne du pluriel du parfait défini.

Nous employons aujourdhui l'accent circonflexe lorsque la voyelle est longue, et qu'il y a suppression de lettre; or nous écrivons les deux premières personnes du pluriel du parfait défini avec un accent circonflexe, ce qui semble prouver que ces formes ont éprouvé la syncope d'une lettre. En est-il ainsi? A partir du latin, ce circonflexe, qui provient de la suppression du *s* en usage jusqu'au XVIIe siècle dans les terminaisons *asmes*, *ismes*, *usmes*, et *astes*, *istes*, *ustes*, serait déplacé dans les premières; car la lettre *s* n'y est nullement fondée en raison. Conformément à l'étymologie, les dialectes bourguignon et normand n'écrivirent d'abord non plus cette première personne avec un *s* médial; mais le dialecte picard, qui paraît avoir eu une grande prédilection pour cette lettre, l'intercala de bonne heure (Cfr. Dérivation), et les formes *asmes*, *ismes*, *usmes*, passèrent avec toutes celles de ce dialecte dans la Bourgogne et la Normandie, où elles remplacèrent, pour ainsi dire, les seules qui fussent correctes. Les flexions avec le *s* intercalaire devinrent prédominantes dès la seconde moitié du XIIIe siècle, favorisées qu'elles étaient peut-être par l'analogie de la seconde personne du pluriel, où le *s* était régulier.

Ex.: Car nos *pechames* tuit en Adam, en lui *receumes* tuit la sentence de dampnation. (S. d. S. B. p. 523.)

*Arivames* od grand dotance. (Ben. I, v. 1395.)

Orguillos *trovames* Franceis. (Ib. I, v. 1409.)

Nos *combatimes* od Franceis. (Ib. II, v. 9326.)

Mei e ceste femme *feimes* cuvenant. (Q. L. d. R. IV, p. 369.)

Certes, fait il, seignor, vers nos a tort li rois;
Qar ainz ne li *randimes* chevage nule fois...
(Ch. d. S. p. 56. XXXIII.)

Nel *lessasmes* pas por parece
Espoir, que nos ne nos *levasmes*,
Ou espoir, que nos ne *degnasmes*?
Par ma foi, sire, non *feismes*,

Mes pour ce que nos nel *veismes*

Ma dame, ainz fustes vos levez. (Romv. p.516. v. 10-15.)

N'i *venismes* nous mie ensamble comme compaignon? (H. d. V. p. 199. XVIII.)

Sire, dist Carlemaines, cr sair nus *herbergastes*,

Del vin e de el asez nus en *donastes*. (Charl. v. 652. 653.)

Vous l'en *rendistes* tel loier

Quant de cuer l'*oïstes* proier

Que vous *alastes*,

D'enfer sa chartre *raportastes*,

De l'anemi le *delivrastes*

Et de sa route. (Rutb. II, 3.)

On trouve quelquefois *emes* pour *ames* à la première personne du parfait défini de la première conjugaison:

S. d. S. B.: *eswardemes* (p. 526) *alemes* (ib.).

Cette forme n'eut pas longtemps cours, si ce n'est dans les provinces limitrophes du provençal.

REMARQUES. *a*. Aujourd'hui on emploie surtout le parfait défini pour indiquer un progrès dans le récit, et on ne se sert du parfait indéfini, au lieu du défini, que quand la personne qui fait le récit est impliquée dans les événements, ou quand on joint au récit des réflexions qui ont plus de rapport à la personne qui raconte et à son présent qu'à la nature de la chose racontée. Cependant le peuple se sert souvent du parfait indéfini au lieu du défini, parce que ne pouvant saisir les faits dans leur liaison objective, il les rapporte tous à soi. Rien donc de plus naturel que l'emploi ordinaire du parfait indéfini, pour le récit, dans nos vieux romans, dans nos fabliaux et contes.

*b*. L'ancienne langue était en général très-incertaine et beaucoup plus libre dans l'emploi du parfait défini que la langue fixée.

Ex.: Uns hom astoit en la terre Us, ki *out* num Job. (M. s. J. p. 441.)

Il *fut* une vile Venantii, ki jadis *fut* patrices es contreies de Samnii; en la queile vile ses ahancires *ot* un filh Honoreit par nom, ki des enfantilz ans arst par abstinence al amor del celeste pais. (D. de St. Gr.)

Mais David amad l'altre fille Saul, ki *fud* apelee Micol. (Q. L. d. R. I, p. 71.)

*c*. J'ajouterai ici quelques mots sur le parfait antérieur. On se sert de ce temps pour désigner une action que l'on veut représenter comme ayant été achevée dans le passé. De même que le parfait défini, il forme un anneau complet et distinct d'un enchaînement historique et se joint ordinairement au parfait défini. Le plusqueparfait, au contraire, désigne le passé complet, en tant que l'action en général apparaît comme achevée.

Le vieux français faisait un usage beaucoup plus étendu du parfait antérieur que la langue fixée, et peut-être d'abord s'en servait-on même pour exprimer aussi l'idée du plusqueparfait.

E Absalon ki nus *oumes receud* à rei, est morz en bataille. (Q. L. d. R. II, p. 191.)

Quant ele sot qu'il *fut venu*. (Gar.)

4. *Futur simple*. Les flexions du futur simple furent d'abord: en Bourgogne, *rai, ras, rat, rons, reiz, ront;* en Normandie, *rai, ras, rad, rum, rez, runt;* en Picardie, *rai, ras, rat, romes, res, ront*. Au milieu du XIIIe siècle, on écrivait à la 2ᵉ et 3ᵉ pers. du sing. *rais, rait*, au lieu de *ras, rat* (Cfr. avoir), dans le sud-est de la Champagne, en Lorraine et dans toute la partie est du dialecte bourguignon.

Dans le Berry, l'Orléanais, le Nivernais, et dans une partie de l'Ile-de-France et de la Champagne, on écrivait *ei, e* au lieu de *ai*.

Le *t* de la troisième personne du singulier disparut de bonne heure en Picardie et dans les formes bourguignonnes en *a* pur.

Je ne reviendrai pas sur les variantes de la flexion à la première personne du pluriel; ce que j'en ai dit au sujet du présent de l'indicatif s'applique de tout point au futur.

Au lieu de *reiz, reis*, on écrivait, au XIIIe siècle, *roiz, rois,* dans le nord-ouest de la Champagne, dans le sud de la Picardie et dans l'Ile-de-France.

Ex.: *Osterai* ju lo menbre de Crist et si en *ferai* menbre del diaule? (S. d. S. B. p. 562.)

Tous les jours mais que je *vivrai*. (R. d. l. M. v. 1911.)
Tu *troveras* le ciel olvert
Ou cil entre ki bien me sert. (Brut. 14211. 12.)

Voire, je le te lo, par mon chief, car tu ne *verras* ja si male vangance, ne si cruel come de viel home. (R. d. S. S. d. R. p. 47.)

Bienaureiz iert cil, ce dist li saiges hom, ki *demorrat* en sapience et ki sa pense *metterat* en justise. (S. d. S. B. p. 538.)

Altrement ne *porat* estre planteuouse nostre terre de teil maniere de semence, c'est de bonne conversation, anz *irat* legierement à mal et si *desacherat*, s'ele nen est soscorrue par assiduels arrosemenz. (Ib. p. 540.)

Tot ce ke nostre Sire, kant il al jugement *aparrat, blahmerat, esclarcistrat* il de lumiere. (M. s. J. 457.)

Quar la divine picteiz *repunrat* dont noz faiz, ja soit ce ke ele bien les sachet, quant ele nes *volrat* vengier. (Ib. ead.)

Uns jurs *vendrad* que l'um *prendrad* quanque ad en ta maisun, e quanque tes ancestres unt cunquis e mis en tresor jesque à cest jur, e tut iert en Babilonie ported, si que riens n'en *remandrad*,

Kar sil dit nostre Sires, e tes fiz que tu *engendreras* l'um les *prendrad*, e serrunt serjant el paleis lu rei de Babilonie. (Q. L. d. R. IV, 419.)

Comment connoistruns donc celui?
— Mout volentiers le vous *direi:*
Prenez celui que *beiserei*. (R. d. S. G. v. 310-12.)
Or le vous *leirei* en soufrance. (Ib. v. 814.)
Li pelerins, sanz demourer,
Ha dist: Volontiers i *irei*,
Quanqu'il *demandera*, *direi*. (Ib. 1108-10.)
Vespasyens dist: Jou *creirei*
Et mout volentiers l'*aourrei*. (Ib. v. 2081. 2.)
Tu t'en *iras*; je *remeindrei*,
Au commandement Dieu *serei*. (Ib. v. 3453. 4.)

Et promet en bonne foi que l'ordenance tele come il l'*envoyera* scellee de son scel je *tenré* et *garderé* à tous jors fermement sans rappeller de moi ne de mes hoirs ... (1269. H. d'A. II, 288.)

Je fais à savoir à tous que je tieng et *tenré* et *feré* tenir à ma femme et à Jehennot mon filz ... la pes. (1269. H. d'A. II, 288.)

Je suis pres et apparcille de fere vers vos quant je *devré* come vers mon seigneur. (1264. Th. N. A. I, 1120.)

Garins ce dist li rois molt seit bien menasier
Maix tu le *comparrais*, se Dex me veut aidier,
Ainz que complie sonne. (Romv. 352. v. 5-7.)

Ceus menace il que il *vandrait* à iauz come leires et lour *toudrait* les biens que il ont et *ocirrait* de mort perdurable. (Apocal. f. 5. v. c. 1.)

Adonc porons veoir et esguarder
Ke miex *saurait* ses garnemens porter. (G. d. V. v. 368. 369.)
Par desoz l'arbre fuit tapis l'escuier;
Les armes tient au prou conte Olivier:
*Bailerait* li, se il en ait mestier. (Ib. v. 1083-5.)
Aleiz en France à Rains ou à Paris:
O voz *irait* Dan Gerard le marchis,
En sa compaigne mil chevaliers de pris;
*Servirait* vos tot à vostre devis. (Ib. v. 1146-49.)
Sire, fait il, bataille *aurons*,
Et, se Deu plaist, bien le *vaincrons*. (P. d. B. v. 2379. 80.)
Ici de Guiteclin le *lairomes* ester,
Si *diromes* de Karle qui tant fait à loer. (Ch. d. S. I, 23.)
Si *regarderommes* coument
Porra venir à vous parler. (R. d. C. d. C. v. 4918. 19.)
Or n'i a plus, nos en *irommes*
Et les saintuaires *querromes*. (Ph. M. v. 11146. 7.)
Ne por aveir nel *recuverum*. (Ch. d. R. p. 147.)

E *porterum* ensemble les corunes à or. (Charl. v. 804.)
Ja en ton regne ne *forferom:*
Quor ne corage n'en *avom.* (Ben. II, 1779. 80.)
Kar en tuz leus vos *aideron,*
En tuz leus vos *maintendron.* (Ib. v. 311. 12.)

E si nous troums qe l'onur de Richemund vaille plus qe la terre de Aginoys, nous li *lerrums* de memes l'assignement de 800 marc taunt ke ele avera seon plein. (1268. Rym. I, 2. p. 109.)

(Nous promettons) que nous encontre le mariage et les convenaunces ne *iroms,* ne les *destorberoms,* ne *feroms* destorber par nous, ne par autri. (1278. Rym. I, 2. p. 166.)

E la dame lur fist cest respuns: Ço *dirrez* à celi ki cha vus enveiad. (Q. L. d. R. IV, p. 424.)

Seignors, fait li dux, nos vos *dirons* ce que nos avons pris à conseil, et vos vos *conseilleroiz* se vos le *porroiz* faire ne soffrir. (Villeh. 435ᵇ.)

Se vos tenez à lui, vos *feroiz* ce que vos *devroiz;* et si vos nel faites, nos vos *ferons* le pis que nos *porrons.* (Ib. 449ᵈ.)

Et ce que vos m'en *volroiz* doner de la conqueste, je tendrai de vos, si en serai vos hom liges. (Ib. 471ᵈ.)

Vous vous *devrois* par toute terre
Defféndre, se l'on vous fait guerre. (R. d. M. p. 68.)
Vos *areiz* pais itel com vos *vodrois,*
En douce France vostre commant *ferois.* (G. d. V. v. 3569. 70.)
Kant vos *vendrois* desoz Viane es preiz. (Ib. v. 2150.)
Vos *remaindrois* et g'irai en Espaigne. (Ib. v. 4022.)

L'ampereres lor dit que premiers *passeront,*
Là outre sanz demor la vangence *feront;*
Normant *iront* avant, d'ancesserie l'ont.... (Ch. d. S. II, p. 55.)
A ceus qui i *voldrunt* entendre,
Maint bon essample i *porrunt* prendre. (Ben. I, 2133. 4.)
E si oies con faitement
Les citez gastes e funducs
E les iglises abatues
*Restorerunt* tot de novel
E *fermerunt* maint boen chastel. (Ib. II, 1610-14.)
Que quanqu'il *ferunt* seit en stabilite. (Th. Cant. p. 40.)

Au lieu de *unt,* l'anglo-normand avait *ount.*

REMARQUES. *a.* Quelques auteurs anglo-normands des XIVe et XVe siècles ont des formes en *erount* qu'on pourrait regarder comme des futurs, tandis que très-souvent ce sont des parfaits définis imités du latin *erunt.* Je n'ai pas besoin d'ajouter que ces orthographes sont fautives.

*b.* Les dialectes de quelques cantons reculés de la Bourgogne retranchaient l'*i* de la prem. pers. du singul. du prés. de l'ind. du verbe *avoir*, et écrivaient par conséquent la prem. pers. sing. du futur en *a* pur:

Et *a* promis por moi et por mes hoirs que contre ceste vandue je ne *vandra* à nul jor por moi ne por autru, ne en fait ne en dit. (1259. H. d. B. II, XXIV.)

Qand je *montera* sur mer. (1277. M. s. P. II, 601.)
(Cfr. G. d. V. v. 379.)

Cette orthographe est également incorrecte.

 c. On trouve quelquefois *ay* au lieu de *ai*; de même au futur:

Et *paycray* chascun selon ce qu'il moldrait de blef. (1282. M. et D. I, p. 464.)

 d. La vieille langue employait le futur comme expression de modestie, de la même manière que les futurs grecs προθυμήσομαι, βουλήσομαι, etc. qu'on trouve si souvent au lieu du présent. Les expressions: or *vos voldrai dire*, or *en vaurai parler*, etc. se rencontrent à chaque instant dans les romans.

 e. Quand l'imparfait et le parfait défini se trouvent dans la phrase principale, on met aujourd'hui, dans les incidentes, le présent et le parfait indéfini. La vieille langue employait, en ce cas, le parfait indéfini d'une manière beaucoup plus libre encore, et même le futur simple.

Ex.: Riant à la comtesse *distrent* qu'ele *a perdu*. (Gar.)

Moult bon lechieres fu Boivins,
*Porpenssa* soi que à Provins
A la foire *voudra* aler,
Et si *fera* de lui parler. (Trouvères artésiens p. 56.)

5. *Conditionnel présent*. Ce que j'ai dit des terminaisons de l'imparfait: *oie, eie*, s'applique naturellement au conditionnel.

Ex.: Sire Deus de mon cuer, et ma partie Deus en permanant, si ju aloie or en mei l'ombre de mort ne *doteroie* je mies les mals, mais ke tu fusses ensemble mi. (S. d. S. B. p. 525.)

Ke *feroie* ju s'altrement estoit, quant ju *oroie* dire ke li Sires vient? (Ib. p. 548.)

Et por kai n'*apelcroie* ju onction ceu ke medecinet les plaies et assuaget les enaspries consciences. (Ib. p. 565.)

Mult m'en repenc, et si *vodroie*
Trop volentiers, se jou pooie
Qu'al roi n'euisse rien promis,
Quar vous iestes moult mes amis. (Phil. M. v. 14573-6.)

Seignors, uncore vos *preiereie*
E cherement vos *requerreie*
Que à ce vos peusse prendre

E amener à faire entendre,
Que vos granteisseiz ceste paiz. (Ben. v. 24143 - 7.)
Veiz tun regne saisir e prendre ....
Que tu *devreies* garantir. (Ib. v. 6079. 6081.)

Mais que tu me dunasses la meited de quanque ad en ta meisun, od tei ne *irreie*, ne pain ne *mangereie*, ne ewe ne *bevereie*. (Q. L. d. R. III, p. 287.)

Par le saint angele Gabriel
Mandas à la virge el canciel,
Dous Dex, k'en li *esconseroies*
Et humanite i *prendroies*. (R. d. l. V. p. 243.)

*Porroies* tu dont sans li vivre? (Fl. et Bl. v. 1629.)

Qar qi *donroit* à Karle .i. mui d'or espanois
Ne *tanroit* il le siege antre ci à .x. mois. (Ch. d. S. I, p. 105. 106.)

Por ung busuing aveit voe,

Ke por orer à Rome *ireit*,
De sis pechiez pardun *querreit*,
A l'Apostoile *parlereit*,
Penitence de li *prendreit*. (R. d. R. v. 10609. 13 - 16.)

Se vos ariere retorniez,
L'en direit ke vos *fuiriez*. (Ib. v. 12174. 5.)

Tuit cil qui se *croisieroient* et *feroient* le service Dieu un an en l'ost, *seroient* quittes de toz les pechiez que il avoient faiz, dont il *seroient* confes. (Villeh. 432ᵉ.)

Sevent merci ne *trovereient*
Vers eus, por neient la *querreient*. (Ben. v. 2551. 2.)

A cel jur jurerent à nostre Seignur que il le *servircient*, e furent joius e haitez tuz cez de Juda. (Q. L. d. R. III, p. 302.)

Les terminaisons de la première personne du pluriel du conditionnel étaient aussi absolument les mêmes que celles de l'imparfait. Voici des exemples de *iens* et de *iemes*.[1]

Se nos avons les biens recieuz de la main lo Sanior, por coi ne *sostenriens* nos les malz? (M. s. J. p. 452.)

Se tu te volois à moi acompaignier, je te porteroie mult bone foi et *conqueriens* assez de cette terre. (Villeh. 471ᶜ.)

Il est yvers entres, et nos ne poons mais movoir de ci tresque à la Pasque; car nos ne *troveriens* mie marchie en autre leu. (Ib. 443ᵇ.)

... Bien voi que nous perdrons toute la terre, et nous meismes serons perdus, se nous ensi faisons, et se en ce morons, car nos *moriemes* en haine mortel li uns envers l'autre. (H. d. V. 501ᵈ.)

Sire Cuenes, fait Aubertins, or sachiez bien que nous ne nous *assentiriesmes* point à nul conseil que nous vous laisomes point de la nostre terre .... (Ib. 502ᵃ.)

(1) Voy. Imparfait du Subjonctif.

Nous avons covenance faite .... en teil maniere ke se aucuns maufaitires del eveschiet et de la terre de Liege ki n'osast ou ne vosist droit attendre ... en la terre nostre tres chier signur li eveske devant dit, voloit estre ou demorer en nostre tere de la ducee de Braibant, ou desous nous, en quel lieu ke ce fust, nous tel homme ou tels ne *soufriemes* mie desous nous à demorer; ne ne lor *seriemes* de riens warant contre mon signour l'evesque devant dit, ne contre ses gens en nul cas, tant k'il seroient eskui de le terre et de l'eveschiet de Liege, si ke dit est. (1283. J. v. H. p. 423.)

(Nous) renoncons .... à tous autres drois ke nous *poriemes*, *devriemes* et *voriemes* clameir ou avoir. (1288. Ib. p. 460.)

REMARQUES. a. Au lieu de *oie*, on trouve aussi *oe* pour le conditionnel; mais, comme je l'ai déjà noté à l'occasion de l'imparfait, il ne faut pas confondre cet *oe* avec celui qui répondait au latin *abam*. *Oe* est toujours ici égal à *oie*, quand bien même on trouve quelques troisièmes personnes du singulier du conditionnel avec la terminaison *out*, *ot*, qui semblent prouver l'analogie de ce temps avec l'imparfait de la première conjugaison en *oe*. Les exemples très-rares de *out*, *ot*, au conditionnel, datent des plus bas temps de la première période de notre langue et ne se montrent que dans des textes très-maltraités. La rime a fait aussi créer quelques-unes de ces formes.

b. Au lieu de *ei*, on trouve souvent *e* dans Tristan, à la troisième personne du singulier de l'imparfait et du conditionnel.

Ex. Molt en *donet* à ses serjanz. (Trist. v. 2989. I, p. 145.)

Ne l'*oseret* neis porpenser. (Ib. v. 1003. I, p. 52.)

Cette orthographe n'a eu cours que dans quelques cantons du Poitou et du sud de la Normandie.

D'après ce que j'ai dit du mode de formation du futur et du conditionnel, on concevra sans peine qu'il y a entre eux non-seulement analogie de forme, mais encore de signification. En effet, le conditionnel désigne un avenir au point de vue du passé, comme le futur désigne un avenir au point de vue du présent (de la personne qui parle). C'est ce qu'on a méconnu jusqu'ici. En général, on regarde l'emploi du conditionnel dans les phrases hypothétiques comme la nature foncière de ce temps; de là le nom de conditionnel et la qualité de mode qu'on lui a attribuée. Supposons un moment que ce mode existe; il serait assez extraordinaire que les fonctions qui lui sont réservées, dit-on, pussent être transportées aux formes de l'indicatif et du subjonctif; il n'y aurait ainsi aucun signe caractéristique qui distinguât les conditionnels des subjonctifs et des indicatifs. De plus, l'emploi du conditionnel ne se restreint pas aux phrases hypothétiques, et il serait assez difficile d'expliquer comment ce mode pourrait, à son tour, servir à remplacer les autres.

Quelques philologues, trompés par les divers emplois des conditionnels, ont rangé ces temps parmi les formes du subjonctif. En agissant ainsi, on fait abstraction complète de l'analogie d'emploi qu'il y a entre les futurs et les conditionnels; car p. ex. si dans la phrase: J'ai appris que vous n'*iriez* pas à Paris, *iriez* est une forme du passé du subjonctif; dans celle-ci: J'apprends que vous n'*irez* pas à Paris, *irez* doit être une forme du présent du même mode.

## IMPÉRATIF.

Le singulier de l'impératif dérive directement du latin, et ce n'est que par hasard qu'il ressemble à la première personne du sing. du prés. de l'indicatif; le pluriel est emprunté de ce dernier temps. *Etre, avoir, savoir* et *vouloir* font seuls exception; ils ont pris leurs formes du présent du subjonctif. Les explications que j'ai données pour le présent de l'indicatif s'appliquent donc à l'impératif.

Sire, sire Deu de Israel! si tis plaisirs est, *fai* demustrance pur quei ne respundis iui (?) à tun serf? (Q. L. d. R. I, p. 51.)

Nen *pren* mie warde, ô tu hom, à ceu ke tu soffres, mais à ceu ke cil at soffert. (S. d. S. B. p. 547.)

*Prent* mon ceval pour le besoing. (Phil. M. v. 14198.)
*Fui* de ci, *fui! fui* de ci, *fui!* (Ruth. II, 220.)
S'ele ne s'en veut escondire,
*Lai* l'en aler de ton enpire. (Trist. I, p. 146.)
*Serf* nos e *aime,* si t'*acorde.* (Ben. II, v. 2941.)

Dunc apelad Helyseu Giezi, sun serjant, si li dist: *Fai* venir la dame, et ele vint devant lui. Et li prophetes li dist: *Pren* ci tun fiz. (Q. L. d. R. IV, p. 359.)

Celui *servuns,* celui *amons*
Qui m'a sauve, celui *creons!* (R. d. S. G. v. 2325. 6.)

*Traez* vus en sus, fist Saul à tut le pople, une part. (Q. L. d. R. I, p. 51.)

Dan Nichodem, *venez* od mei;
*Alum* despendere notre rei. (R. d. S. p. 18.)

## SUBJONCTIF.

1. *Présent.* Le présent du subjonctif se réglait, dans la vieille langue, plus exactement qu'aujourd'hui sur le présent de l'indicatif.

La *première* et la *seconde* personne du singulier de ce temps ne donnent lieu à aucune observation, si ce n'est qu'en poésie on retranchait quelquefois l'*e* de la première personne.

La *troisième* personne du singulier du présent du subjonctif prenait un *t* final, et cette lettre caracteristique, qui nous manque à la première conjugaison, s'y conserva jusque bien après le XIIIe siècle, pour distinguer la troisième personne de ce temps de celle de l'indicatif, où le *t* avait disparu dès le commencement du XIIIe siècle.

La Normandie avait son *d*.

Ex.: Por ceu par aventure ne soffret mies nostre Sires k'ele *vignet* en ceste grief temptation, k'ele ne *defaillet* et por ceu soit dampneie. (S. d. S. B. p. 544.)

Ci eswarst li hom cum grant cuzenson Deus ait de luy; ci eswarst quel chose il *penst* de luy ou quel chose il en *sentet*. (Ib. p. 547.)

Quels chose est ke plus *apraignet* la foit et *enforst* l'esperance et *enspraignet* la chariteit cum fait li humaniteiz de Deu? (Ib. p. 548.)

La purteit del cuer ait en ceu li prelaiz k'il *desirst*[1] l'esploit d'altrui et ne mies qu'il *voillet* estre sires sor altrui, ensi k'il en l'onor où Deus l'at mis ne *quieret* son propre prout, ne l'onor del seule. (Ib. p. 569.)

Par iror perd l'om la vie, ja soit ce ke il *semblet* que l'om *retenget* la sapience. (M. s. J. p. 513.)

Va e di à tun seignur que venuz est Helyes, que il me *ocied* quant il ne te truverad. (Q. L. d. R. III, p. 315.)

Deus ne se puet pas repentir de chose qu'il *faced*. (Ib. I, p. 54.)

E l'air, qui est entre ces dous (la terre et le feu)
Toute defent tut à estrus
Que la terre n'*alumt* ne arde. (Ben. 1, v. 101-3.)

On voit par ces exemples que, dans quelques cas, l'*e* se syncopait devant le *t*.

La *première* personne du pluriel du présent du subjonctif était: *iens*, en Bourgogne; *iomes*, *iemes*, en Picardie; *ium*, en Normandie, plus tard *iuns*, *iums*; *ions*, dans l'Ile-de-France; *iom*, dans les dialectes mélangés entre la Bourgogne et la Normandie.

Les terminaisons *iemes*, *ienmes*, étaient, à ce temps, beaucoup plus rares que *iomes*.

Au XIIIe siècle, on retranchait fort souvent l'*i* des terminaisons *iomes*, *ium*, *iuns*, *ions*, *iom*.

Ex.: Por ceu, chier frere, nos est mestiers ke nos chariteit *aiens*, et ke nos *enseuiens* les bones oyvres, ensi ke nos en nule maniere ne *mattiens* en negligence les pechiez d'enfermeteit et de nonsachance (S. d. S. B. p. 544.)

Por ceu mismes covient il ke nos assi n'en *faciens* nul semblant et

---

(1) Voy. plus bas l'explication de ce *s* additif.

ke nos or maismement nos *coysiens* de noz prelaiz et des maistres de sainte eglise. (Ib. p. 556.)

... Si vos prei ju... ke nos... *sorportiens* li uns de nos l'atre en tote pacience, ensi ke nos *encitiens* li uns de nos l'atre ades à meillor et à plus parfait estaige. (Ib. p. 557.)

Sire, font il à Joffroi le mareschal, que volez que nos *fuciens*; nos ferons quanque il vos plaira. (Villeh. 476ᶜ.)

Ne quider pas tort te *facum*. (Ben. II, v. 8504.)
Que son cors honurablement
*Facom* poser en monument. (R. d. S. p. 20.)
Asez est mielz qu'il i perdent les testes,
Que nus *perduns* clere Espaigne la bele,
Ne nus aiuns les mals ne les suffraites. (Ch. d. R. p. 3.)

Encore fut dit desd. arbitres et pronuntie que je led. R. et muy hoirs *teignons* et *reprenons*.... totes les choses qui me sunt devisees. (1279. M. s. P. I, 368.)

Voyez si-dessous d'autres exemples de ces diverses terminaisons.

L'*i* de la *seconde* personne du pluriel manquait souvent aussi, en Normandie surtout. La terminaison *oiz*, que nous avons vue à l'indicatif et au futur, se retrouve au subjontif:

Et puis qu'il aura toute la terre, moult li sera peu de vos, ne li chaudra quel part vos alliez, ne quel voie vos *teingnoiz*. (R. d. S. S. d. R. p. 33.)

REMARQUES. *a*. On emploie quelquefois le subjonctif dans les phrases principales destinées à exprimer un commandement, une exhortation, une invitation ou une défense; alors le subjonctif remplace l'impératif, quoique sous une forme adoucie. En ce sens, on ne se sert guère aujourd'hui que des 3ᵉ personnes, tandis que le vieux français, à l'imitation du latin, faisait usage de toutes les personnes du singulier et du pluriel.

Ex.: *Soies* tu seignors de tes freires, et *soient* li fils de ta meire devant toi curvet, si *soit* il maldit ki toi maldirat! (Gen.)

*Sovignet* te ke ceste parolle dist Nostre Sires. (S. d. S. B. p. 563.)

*b*. Le subjonctif dans les phrases concessives, p. ex. *Ecrive* qui voudra (Boileau); *Qu'il ait fait* telle chose, ou ..., n'est d'usage aujourd'hui qu'à la troisième personne; le vieux français l'employait ainsi à toutes les personnes.

Voy. Chast. XX. v. 50. Ch. d. S. II, 111.

2. *Imparfait*. Au milieu du XIIIe siècle, la flexion de ce temps était, pour la première conjugaison: *aisse*, dans la Bourgogne, l'Ile-de-France et le sud-ouest de la Picardie; *asse*, dans les autres provinces.

De même qu'on trouve quelques formes en *e*, au lieu de *a*, au parfait défini, on rencontre des imparfaits du subjonctif en *esse*, au lieu de *aisse* ou *asse*. Cette terminaison, qui est analogue à celle du provençal, ne fut pas de longue durée, et, au XIIIe siècle, on ne la voit que dans les textes des provinces où la langue d'oïl était en contact immédiat avec la langue d'oc.

Ex.: Quant tu repris fuz el larencin, por kai ne *dottesses* tu....? (S. d. S. B. p. 536.)

Bien poez veoir, chier freire, ke ne fut mies sens lo conseil de Deu ke vos en ceste citeit del signor des vertuiz *entrexiez* [1], lai où vos apresixiez la volenteit de Deu. Certes, cil ki la crimor de Deu te mist en ton cuer et qui te convertit por desirer sa volenteit, cil te dist ke tu *levesses* sus et que tu *entresses* en la citeit. (Ib. p. 559.)

Mais por ceu ke tu ne *pensases* ke ceu fust avenuit par aventure, si fut aparilliez aparmenmes li tesmoignaiges del Peires (?). (Ib. p. 552.)

Molt volentiers quesisse une religion
U je m'ame *salvaisse* en bonne entention. (Rutb. I, p. 238.)
Ainz ke m'i *cuidaisse* prendre. (Ch. d. S.)
Et quant vit venir cele beste
Lors me dist que je me *gardaise*;
Et à nul fuer je ne *quidaise*
K'il eut femme.... (R. d. l. V. p. 57.)
Sire, fait el, beau duz amiz,
Une chose vus *demandasse*
Mut volentiers si jeo *osasse*. (M. d. F. Bisc. v. 32-4.)
Je *chantasse* volentiers liement,
Se j'en *trouvasse* en mon cuer l'achoison. (C. d. C. d. C. p. 42.)
Je le *nomasse*, mes je n'os,
Car po se delite en grant los. (Chast. pr. v. 71. 72.)
Se tu veraiement l'*amasses* (Dieu)
De lui correcier te *gardasses*. (Ib. v. 133. 4.)

Le terminaisons des trois autres conjugaisons étaient, en général: *isse, usse*. [2]

La caractéristique de la *troisième* personne du singulier était, pour les quatre conjugaisons, un *s* avant la finale *t*. Nous avons remplacé le *s* par un accent circonflexe.

Ex.: Se il *trovast* lor amassee,
A grant dolor fust dessevree;
Ja tant cum *durast* lor ae
N'en assaillissent mais cite. (Ben. v. 38967-70.)

---

(1) *X* équivalait à un *s* prononcé avec un sifflement fort et égal à un double *s*.
(2) *Usse* avait plusieurs variantes; on les trouvera ci-dessous expliquées et classées. (Voy. *Devoir*, et cfr. *Avoir*, imp. d. subj.)

La nes en vait droit cele part
Con s'on le *conduisist* par art. (P. d. B. v. 769. 770.)

Et por kai fist il ceu, chier freire, ou quels fu li besoigne por kai li sires de majesteit s'*umiliest* et s'*abreviest* ensi, si por ceu non keu vos ensi faciez? (S. d. S. B. p. 535.)

Cant Olivier ait la parole oie
Dou duc Rollan qui ansi le mastrie,
Se il l'*osaist* faire sans velonie,
N'en *feist* plus por tot l'or de Pavie. (G. d. V, v. 2769-72.)

A la *première* personne du pluriel de l'imparfait du subjonctif, on retrouve *iens* en Bourgogne, et *iemes*, *ienmes* en Picardie.

Ex.: Et nos comanderent que nos vos *enchaissiens* as piez, et que nos n'en *leveissiens* desque vos ariez otroye que vos ariez pitie de la terre sainte d'outremer. (Villeh. 436ᵃ.)

... Que en tot est il mielx que nos metons toz nos avoir ci, que ce que il defaillist et que nos *perdissiens* ce que nos y avons mis, et que nos *defaillissiens* de nos convenances. (Ib. 440ᵇ.)

S'or avenoit que tuit vos *vosissiens* laissier,
Guiteclins auroit pais à vos, au mien cuidier. (Ch. d. S. I, p. 251.)

Et nos requist, ke nous *alissienmes* avant el dit compromis et *disissienmes* et *ordenissienmes* no volentei sour le peine de cent mil livres de par, contenue ou compromis. (1288. J. v. H. p. 479.)

De le quel chose le dis dus fu de Braibant del tout en defaute et est encore, ja soit ce chose ke nos l'*attendissienmes* al liu et au jour devant dis. (1288. Ib. p. 480.)

(Il) nos requist souffissanment ke nous *vosissienmes* aleir avant es dites besongnes, dont nous estienmes et sommes carchies, le plus hastivement que nous porienmes, et requist à mon segneur le evesque de Liege .... ke toutes ces choses devant dites *vosissienmes* tiesmoignier souffisanment par no saiel. (1288. Ib. p. 475.)

Comme au présent, les deux premières personnes du pluriel de l'imparfait du subjonctif rejetaient souvent l'*i* de la flexion.

Ex.: La n'*eussons* venjance prise
S'en *peussons* faire justise. (P. d. B. 3813. 14.)
Trop est de vos grant meschaance:
Ja ne *venissez* vos en France! (Ben. v. 13983. 4.)
I o*issez* tel chanteis,
L'un chantot bas, l'autre à hauz criz. (Chast. XIX. v. 15. 16.)

La loi de l'équilibre dont j'ai parlé dans les considérations préliminaires trouve son application à la *première* et à la *seconde* personne du pluriel de l'imparfait du subjonctif des verbes de la première conjugaison. La flexion très-lourde et accentuée a produit un raccourcissement de la forme; ainsi les dialectes qui avaient la terminaison *aisse*, retranchaient l'*i* à ces deux personnes.

Dans le nord de la Picardie, l'*a*, qui avait perdu son accent, fut remplacé de bonne heure par *i*, et ces formes en *i* passèrent rapidement dans tous les autres dialectes. Leur emploi était général vers le milieu du XIIIe siècle.

 Ex.: La cele est mise sor fauvel l'arabi.
   N'i monteries por l'onnor de Ponti,
   Por qu'*alissies* en estor esbaudi. (R. d. C. p. 90.)
   Si serre vont li baron chevalchant,
   Se *getissies* sor les hiaumes .i. gant,
   Ne fust à terre d'une louee grant. (Ib. p. 95.)
   En ta prison avons .i. chrestiien . . . .
   C'il ne t'aide, je ne sai qu'il an iert.
   Et dist li rois: car le m'*amenissies*. (Ib. p. 269.)
   Se sentissies les maus que sent,
   Vos *parlissies* tout autrement. (P. d. B. v. 4939. 40.)
   Nos amasmes Willame nostre boen avoe,
   E son filz *amison* s'il traisist à bonte. (R. d. R. v. 3368. 9.)
   Quidez, se vos l'*osissiez* emprendre
   Qu'il vos osassent sol atendre? (Ben. II, 9366. 7.)
   Mais se vos *amissiez* honeur,
   Et *doutissiez* la deshoneur,
   Et *amissiez* vostre lignage,
   Vos fussiez et preudome et sage. (Rutb. 1, 116.)

Voy. ci-dessus *alissienmes*.

Rabelais, Montaigne emploient souvent encore cette forme.

 La *troisième* personne du pluriel ne donne lieu à aucune remarque; les flexions étaient régulières: *aissent*, *assent*, *issent*, *ussent*.[1]

 Ex.: Mors, se rice home à ti *pensassent*,
   Ja lor ames la ne *cachassent*
   Où n'a mestier or ne argent. (V. s. l. M. XXXIX.)
   Sa macue a al col levee
   Qui mult estoit grosse et qaree;
   Dui païsant ne la *portaissent*,
   Et de terre ne la *levaissent*. (Brut. v. 11878-81.)
   Mais Deus voleit que cil *murussent*
   Et qu'autres genz le *sucurrusent*. (Romv. p. 413. v. 32. 33.)

 L'imparfait représente, au subjonctif, l'imparfait de l'indicatif et le parfait défini; et de même que le présent du subjonctif

---

(1) Au lieu des deux *s*, on trouve à l'imparfait du subjonctif, comme partout, des orthographes avec un seul *s*. Pendant la première période de notre langue et longtemps après encore, il y eut une grande confusion dans l'emploi du *s*; mais la prononciation n'en souffrait nullement, c'est ce que prouve l'usage qu'on faisait du *c* pour le *s*, et du *s* pour le *c*.

s'est approprié la sphère du futur simple, l'imparfait s'est approprié celle du conditionnel présent.

L'emploi que faisait l'ancienne langue de l'imparfait du subjonctif était beaucoup plus étendu qu'aujourd'hui; dans les phrases hypothétiques surtout, il était d'un usage général, soit dans la phrase principale, soit dans l'incidente. On abandonna le redoublement du subjonctif au fur et à mesure que le conditionnel fut admis dans la phrase principale. Des exemples seraient ici superflus, on en trouvera un assez grand nombre dans la conjugaison détaillée.

---

Avant de passer à la conjugaison proprement dite, j'ai encore à noter quelques faits qui n'ont pu trouver place dans ce qui précède.

*A.* Outre les contractions qu'éprouve *l'infinitif*, on intercale à cette forme un *t* entre *s* et *r*; ainsi de *crescere* on fit *croisre*, *croistre*, *croître*; et un *d* entre *l* et *r*, *n* et *r*: *remaindre*, *toldre*, *moldre*.

*B.* Au *futur*, on intercale de même *d* entre *l* et *r*, *n* et *r*: *voldrai*, *tendrai*.

*C.* On intercale souvent un *s* avant le *t* de la troisième personne de certains verbes: *dist*, *dust*; ce qui occasionnait une confusion entre le présent de l'indicatif et le parfait défini, d'un côté; entre l'imparfait du subjonctif et le parfait défini, de l'autre.

Voyez le verbe *quérir* pour le *s* de la troisième personne du parfait défini des verbes: *dire*, *mettre*, *prendre*, etc.

*D.* Le *présent* du subjonctif offre la flexion *ge*. Cette terminaison dérive primitivement des formes latines *eam*, *iam*; l'*i* prit le son de *j*. Le son de *j* s'exprimait souvent par *gn*, de là *gne*; mais quelques dialectes, le normand surtout, lui donnèrent une prononciation dure et sifflante, d'où *ge*. L'emploi du *g* pour marquer le subjonctif se propagea de proche en proche; et on finit par le donner à des verbes de la première conjugaison. Le dialecte normand était celui de tous qui faisait le plus fréquent emploi de ces subjonctifs en *ge*.

  Ex.: S'a si engages sa maison
    Qu'il ne rent conte ne raison
    De nule rien que il *despenge*.
    Ja ne quiert que conte l'en *renge*
    Li borgois, qui molt le creoit
    Por çou que loial le veoit. (Chr. A. N. III, 117.)

Ainceis qu'autre parole *torge*,
De Loewis, son cher serorge,
Li rent saluz e amistiez. (Ben. v. 18182-4.)

Cil ki prendra larun sanz suite e sanz cri, que cil enleist à qui il aurad le damage fait, e *vienge* poi apres, si est raisun que il *dunge* x solz de Hengwite. (L. d. G. p. 176, 5.)

Et, si aventure *avenge* ke nostre segneur rey, nostre pere, *murge* dedenz le age de nos enfauns (ke Deus defende), nos volons ke le reaume d'Engletere, e tutes les autres teres ke porrunt eschair à noz enfaunz, *demorgent* en les meyns de nos esseketeurs avaunt nomes. (1272. Rym. I, 2. p. 123.)

Mes qe totes les issues *demorgent* en les mayns les avaunt dit escheiturs, si com nous avoms avaunt dit, issi qe quele houre qe ele *murge*, ou tost ou tart, que la terre ne puisse demorer charge apres sa mort, qe de 10000 marc. (1268. Ib. I, 2. p. 109.)

REMARQUE. On trouve un *s* à la troisième personne du subjonctif de certains verbes, tels que: *donst, doinst, duinst; jeunst*, etc. Cette lettre a ici, je crois, quelque rapport avec le *g* du subjonctif. Les formes *donst, doinst, duinst*, p. ex., ont des premières et des secondes personnes correspondantes: *doinse* (Trist. II, 103), *duinse* (Q. L. d. R. III, 230), *duinses* (Ib. IV, 364); cela permet de supposer que le *g*, prenant dans quelques dialectes un son plus sifflé, est devenu enfin *s*. Cette particularité et le changement contraire (de *s*, *z* en *g*) se montrent ailleurs dans la vieille langue, et subsistent encore dans nos patois.

*E*. La vieille langue formait souvent, pour l'euphonie, le *futur* et le *conditionnel* des verbes dont la finale était *rer*, en *errai, erroie, erreie*, au lieu de *rerai, reroie, rereie*.

Ex.: Ens en son cuer bien aficha
Que cele nuit n'i *enterra*. (R. d. C. d. C. v. 2379. 80.)
Que se li sires revenoit
Adont n'i *enterroit* il mie. (Ib. v. 2532. 3.)
Quar lors ne se porront repondre
Ne gent clergies, ne gent laies,
Et Diex vous *monsterra* ses plaies! (Rutb. 1, 96.)

Tuz vifs les prendruns e en la cited *enteruns*. (Q. L. d. R. IV, p. 372.)
Quant d'iloc en irras, e al chaidne Thabor vendras, treis humes i *encunteras* ki en irrunt à Betel. (Ib. I, p. 33.)

Elle syncopait quelquefois, à ces mêmes temps et dans les mêmes verbes, l'*e* entre deux *r*: *jurra = jurera, plorres = ploreres*.

Les verbes de la première et de la seconde conjugaison qui avaient un *n* au radical, assimilaient souvent ce *n* au futur et au conditionnel.

Ex.: Pour çou les *merra* avoec lui. (R. d. l. M. v. 4584.)
Bien vos *merrai* à garison,
Sel vos plest, ennuit ou demain. (Romv. 565, v. 2. 3.)
Tant te *dorrai* or et argent
Com tu vondras. (Trist. I, 93.)

Voy. *tenir*, *venir*.

Les verbes de la seconde conjugaison retranchaient aussi, au futur et au conditionnel, la voyelle de la terminaison infinitive entre deux *r*, ou bien ils transposaient *r*.

Ex.: Dist Aiglente: Je me *ferroie*
El cuer, s'il vos voloit amer
Pour moi laissier. (R. d. l. V. v. 3027-9.)
Qar de son voisinage main ne soir ne *jorrez*. (Ch. d. S. II, p. 48.)
Ensi ont Mahom honore
Les foles gens et aoure;
Ensi le fait et le fera
Tant comme Diex le *soufferra*. (R. d. M. p. 82.)
Et *soufferai* chou k'i vaura. (R. d. M. d'A. p. 7. v. 167.)
Qant Baudoins est morz, bon pastor perdu as;
Jamais à jor vivant tel ne *recoverras*. (Ch. d. S. II, p. 186.)

Les verbes de la troisième conjugaison retranchaient, comme aujourd'hui, au futur et au conditionnel, la terminaison infinitive *oi(r)*.

*F.* Les verbes en *eiller*, *oiller*, *ailler*, *iller*, *oler*, formaient, au XIIIe siècle, leur troisième personne du singulier du présent du subjontif en *eut*, *out*, *aut*. L'*u* provenait de l'aplatissement de *l*. (Confr. Substantifs en *eil*, *ols* etc.)

Ex.: Uns preudom qui venir me vit,
Que Diex *conseut* se' encor vit,
Et s'il est mors Diex en ait l'ame,
Me prist par la main. (Rutb. II, 27.)
Ce est Gautiers, ice m'est bien avis;
Repairies est de la cort de Paris,
Pris a ces armes, chascuns en soit toz fis.
Cil nos *consout* qui pardon fist Longis! (R. d. C. p. 151.)
Or me *consaut* Diex ki tout set. (Ph. M. v. 9376.)
Se li dient que pour grevance
Ne laist que il ne voist en France
Et qu'il *baut* au roy cele lettre. (R. d. l. M. v. 3019-21.)

## CONJUGAISON DES VERBES AUXILIAIRES
## AVOIR, ETRE.

L'introduction des verbes auxiliaires dans les langues romanes ne doit pas être attribué, comme on l'a fait souvent, a l'influence allemande. L'emploi de *être* et *avoir*, qui sont les deux principaux, était déjà connu du temps de Cicéron et de César, et même de Plaute. (Cfr. Denina II, 18. Fuchs, Rom. Spr. p. 349 et suiv.)

*A.* AVOIR (v. fo.),[1] habere.

D'après ce que j'ai dit de l'aspirée *h* à l'article consonnes, on ne s'étonnera pas de trouver le verbe *avoir* écrit tantôt avec *h*, tantôt sans cette aspirée. Cette dernière orthographe est la plus généralement suivie dans les romans du XIIIe siècle; mais les chartes de certaines provinces, de la Franche-Comté p. ex., écrivent presque toujours *havoir*.

Les formes de l'infinitif étaient:

| BOURGOGNE. | PICARDIE. | NORMANDIE. |
|---|---|---|
| avoir. | avoir. | aver. |

et dans les dialectes mixtes[2]: *aveir*.

### INDICATIF.

#### Présent.

| | | |
|---|---|---|
| ai, | ai, | ai, |
| as, ais, | as, | as, |
| at, ait, | at, a, | ad, |
| avons, | avomes, avommes[3], | avum (ums, etc.), |
| aveiz, | aves, | avez, |
| ont. | ont. | unt. |

#### Imparfait.

| | | |
|---|---|---|
| avoie, | avoie, | aveie, |
| avoies, | avoies, | aveies, |
| avoit, | avoit, | aveit, |
| aviens (ions), | aviemes, avienmes (iomes), | avium, |
| avieiz, | avies, | aviez, |
| avoient. | avoient. | aveient. |

#### Parfait défini.

| | | |
|---|---|---|
| aüi, oi, o, | éui, euc, euch, | u, oui, ou, |
| aüis, ois, os, | éuis, éus, eus, | us, ous, |
| aüt, oit, ot, | éuit, éut, eut, | ut, out, |

---

(1) v. fo. signifie *verbe fort*.

(2) Encore une fois et pour la dernière, je répète que j'entends par là les provinces où se mélangeaient, d'un côté, le bourguignon et le normand; de l'autre, le picard et le normand.

(3) Pour ce qui concerne les variantes des terminaisons, je renvoie dorénavant à ce que j'ai dit de la flexion en général.

## DU VERBE.

| BOURGOGNE. | PICARDIE. | NORMANDIE. |
|---|---|---|
| aüimes, oimes, omes, | éuimes, éumes, eumes, | umes, oumes, |
| aüistes, oistes, ostes, | éuistes, éustes, eustes, | ustes, oustes, |
| aüirent, oirent, orent. | éuirent, éurent, eurent [1]. | urent, ourent. |

### Futur simple.

averai, averais, averas, averait, averat, averad, averons, averum, averomes, etc., avereiz, averez, averois, averes, averont, averunt.

| | | |
|---|---|---|
| aurai, arai | aurai, | aurai, |
| aurais, arais, | auras, | auras, |
| aurait, arait, | aurat, aura, | aurad, |
| aurons, arons, | auronmes, auromes, | aurum, |
| aureiz, areiz, | aures, | aurez, |
| auront, aront. | auront. | aurunt. |

### Conditionnel présent.

averoie, avereie, averoies, avereies, averoit, avereit, etc.

| | | |
|---|---|---|
| auroie, aroie, | auroie, | aureie, |
| auroies, aroies, | auroies, | aureies, |
| auroit, aroit, | auroit, | aureit, |
| auriens, ariens, | auriemes, aurienmes, | aurium, |
| aurieiz, arieiz, | auries, | auriez, |
| auroient, aroient. | auroient. | aureient. |

### IMPÉRATIF.

| | | |
|---|---|---|
| aie, | aie, | eie, aie, |
| aiiens, aiens, ayens [2], | aiemes, aienmes, aiomes, | eium, aium, |
| aieiz. | aies. | eiez, aiez, aez. |

### SUBJONCTIF.
#### Présent.

| | | |
|---|---|---|
| aie, | aie, | eie, aie |
| aies, ayes, | aies, | eie, aies, |
| ait | ait, | eit, ait, |
| aiiens, ayens, aiens, | aiemes, aienmes, aiomes, | eium, aium, |
| aieiz | aies, | eiez, aiez, aez, |
| aient, ayent. | aient. | eient, aient. |

---

(1) On trouve aussi eustrent. Voy. quérir.
(2) Les sermons de S. Bernard portent indifféremment y et i pour cette forme et les semblables. Du reste, à en juger par l'emploi de l'y dans un grand nombre d'autres mots y avait la même valeur que i.

| BOURGOGNE. | PICARDIE. | NORMANDIE. |
|---|---|---|
| | *Imparfait.* | |
| aüsse, éusse, | éuisse, éusse, eusse, | usse, ousse, |
| aüsses, éusses, | éuisses, éusses, eusses, | usses, ousses, |
| aüst, éust, | éuist, éust, eust, | ust, oust, |
| aüssiens, éussiens, | éuissiemes, éussiemes, eussiemes, | ussum, oussom, |
| aüssieiz, éussieiz, | éuissies, éussies, eussies, | ussiez, oussiez, |
| aüssent, éussent [1]. | éuissent, éussent, eussent. | ussent, oussent. |

PARTICIPE.
*Présent.*

| Aiant, ayant. | Aiant. | Eiant, aiant. |
|---|---|---|

*Passé.*

| Aüt, éut, éu, out. | Eut, éu, eu. | ud, u, oud. |
|---|---|---|

Le *présent* de l'*indicatif*, qui aujourd'hui n'appartient que par la première personne à la conjugaison forte, y appartenait régulièrement, au XIIIe siècle, par les trois personnes du singulier, dans les dialectes du sud-est de la Champagne, de la Lorraine, et de toute la partie est de la Bourgogne. Les sermons de St. Bernard ne diphthonguent pas.

A l'époque qui nous occupe, la troisième personne du pluriel avait déjà perdu, comme on voit, le radical latin tout entier. Au lieu de *ont*, on a écrit quelquefois aussi *unt*, en Bourgogne et en Picardie; mais, dès le XIIe siècle, l'orthographe *ont* était générale dans ces provinces. La variante *on*, qu'on rencontre souvent, est une licence poétique. L'anglo-normand avait *ount*.

Au lieu de *ai*, on écrivait *ei*, *e*, dans le Berry, l'Orléanais, le Nivernais, et une partie de l'Ile-de-France et de la Champagne. Cet *ei* n'est qu'une forme grêle de *ai*, et non pas, comme on l'a pensé quelquefois, ê long, c'est-à-dire $a+i$ et un redoublement de la dernière voyelle; ainsi $a+i+i$.

L'*imparfait* ne donne lieu à aucune observation.

La forme primitive du *parfait défini* doit avoir été, en Bourgogne: *aui*[2], *auis*, etc.; mais elle ne fut pas de longue durée et les plus anciens manuscrits n'en fournissent aucun exemple; elle n'était donc plus en usage dans la seconde moitié du XIIe siècle. *Oi* remplaça *aüi*. Cette forme *oi* provient de l'influence

---

(1) Les mêmes formes écrites avec un seul *s*, ce qui n'implique aucune différence comme je l'ai déjà fait observer. — Au lieu de *ss* on trouve aussi *z*, comme partout. Cfr. *entrexiez*, *apresixiez* (S. d. S. B. p. 559.)

(2) Cfr. Imparfait du subjonctif.

de l'*u* de la terminaison de *habui*, qui subit les transformations suivantes: *haubi*, *haui* ou *aui*, *hoi* ou *oi*.

*Oi*, monosyllabe, était surtout en usage dans le nord de la Champagne, l'est de la Picardie, et l'Ile-de-France; *o*, qui en dérive par la syncope de l'*i*, dans la Bourgogne. Au lieu de *oi*, on a souvent écrit *oe*, au sud de la Picardie, *ou*, au centre de la Champagne, dans la seconde moitié du XIIIe siècle. (Cfr. *euc*.)

Le dialecte picard eut, dès les plus anciens temps, une forme correspondante à l'*aüi* bourguignon: *euï*; il l'a toujours conservée et elle a passé dans la langue fixée. *Euï* est, d'après les explications que j'ai déjà données plusieurs fois, la seule forme pleine possible dans ce dialecte. La prononciation que l'on donne aujourd'hui à *eus* s'explique par la forme normande *u*. (Voy. l'Introduction.)

Au XIIIe siècle, on trouve ordinairement, en Picardie, *euc*, *euch*, au lieu de *euï*. Je m'explique le *c*, *ch*, de la manière suivante. L'*i* final de *euï* prit peu à peu le son chuintant, que le dialecte picard écrivit à sa façon: *c*, *ch*, lorsqu'il employa la forme *éui* comme monosyllabe, ce qui eut lieu très-souvent dès les premières années du XIIIe siècle [1].

Je dois encore faire observer que l'accent dont j'ai surmonté l'*e* de *euï* n'est nullement indicatif du son; il est destiné à montrer que l'*e* ne forme pas diphthongue avec *u*. Dans la Picardie, du moins, la prononciation de cet *e* doit avoir tenu le milieu entre notre *e* muet et notre *e* fermé. Eût-il été long, comme on l'a dit, on n'aurait d'abord pas manqué de le diphthonguer dans les provinces où les sons mouillés étaient prédominants, et on l'aurait même écrit par *ai* dans le Hainaut, au XIIIe siècle. On ne peut fixer la prononciation des divers dialectes de la langue d'oïl en se basant sur les formes dialectales de telle ou telle province; la rime était trop libre pour fournir un moyen sûr de la déterminer, et l'analogie avec les autres langues romanes donne encore moins de certitude. Du reste, ceux qui ont vu un *e* long dans la forme *euï*, en avaient besoin pour servir de preuve à leurs théories. Quant à moi, sans rejeter les principes généraux qu'on a donnés sur le mode de composition des voyelles longues, je ne puis les appliquer sans distinction à la langue d'oïl. L'oreille de nos ancêtres bourguignons

---

[1] En général, le changement de *éu* en *eu* monosyllabe est propre à la Picardie et à la Touraine; mais au XIIIe siècle, la prononciation de ces dialectes avait, à cet égard aussi, influé beaucoup sur la prononciation des autres provinces. — Quant à *eus*, on le trouve souvent encore dissyllabe jusqu'à la fin du XIVe siècle.

et picards ne s'offensait pas d'une accumulation organique de voyelles, et les écrivains se donnaient toutes les peines du monde pour modeler l'orthographe sur la prononciation. Aussi, dès que l'orthographe ne le représente pas, je n'admets aucun renforcement.

*Eui* s'est formé comme *aui*, après l'aplatissement de *a* en *e*: *habui, hebui, heubi, heui* ou *eui*. La syncope du *b* me paraît de beaucoup plus conforme au génie de la langue d'oïl, et surtout du dialecte picard, qu'une permutation du *b* en *v*, lequel serait devenu *u*; permutation qu'on admet ordinairement d'après l'analogie de l'italien *ebbi*.

La forme normande du parfait défini était proprement *ui, u,* qui devint régulièrement *oui, ou,* dans le Maine, l'Anjou, la Touraine et le Poitou. Au XIIIe siècle, *ou* (*oui* a toujours été très-rare) avait pénétré en Normandie et s'y employait plus fréquemment peut-être que *u*; voilà pourquoi je l'ai indiqué parmi les formes normandes.

La forme primitive du *futur* a été, dans tous les dialectes: *averai, averas*, etc., avec les variantes de terminaisons que l'on connaît. *Averai* resta en usage pendant tout le XIIIe siècle, en Normandie surtout, mais plus on s'approche du XIVe, plus il devient rare. Quant aux formes contractes *aurai (u=v) arai*, il est assez difficile de les classer; on les retrouve partout. Tout ce qu'on peut dire, c'est que *arai* était de beaucoup plus fréquent en Bourgogne que dans les autres provinces.

Dans l'Ile-de-France, on ajouta souvent, au XIIIe siècle, un *i* à la forme *arai: airai*. Le futur se terminait naturellement aussi en *ei, e*, (Voy. présent.)

Nulle part, pour *l'imparfait du subjonctif*, je n'ai rencontré une forme correspondante au parfait défini *oi, o*. Les textes bourguignons donnent toujours *aüsse, haüsse, eusse* et *ehusse*, forme qui nous indique la prononciation de *éusse* dans cette province. (Cfr. *devoir*, imp. du subj., pour la classification des variantes.)

Ex.: Mais mestiers est ke nos l'auvrement de si halt sacrement wardiens enjosk'à lo matin, car ceste matiere doit bien *avoir* son propre sermon. (S. d. S. B. p. 529.)

Que est *avoir* cotte jusko al talun, se *avoir* n'est esperance juske à la fin? (M. s. J. p. 448.)

  Jeo di les forz, les combatanz
  Qui poeient *aver* quinze anz
  U trente u plus. (Ben. 1, 555-7.)

Le mesaise esdrezce del puldrier; le povre sache del femier, od les princes le fait sedeir; chaere de glorie li fait *aveir*. (Q. L. d. R. I, p. 7.)

Deus, dist li dus, biau rois de paradis,
Se n'*ai* secors, com je suix mal bailis! (G. d. V. v. 7. 8.)
Vausaus, fait il, je *ai* non Olivier. (Ib. v. 90.)
A vois escrie: Chevaliers, où vais tu?
S'ensi t'en vais, tu *ais* le san perdu. (Ib. v. 310. 311.)
*Aïs* du mais ne peire ne meire? (Dol. p. 287.)

Asseiz malement se contienent assi li altre encontre Crist; et molt i *at* à nostre tens des antecriz. (S. d. S. B. p. 556.)

Et al evesque de l'englixe de Philadelphe escriveis, ce dist li sains li vrais qui *ait* lai cleif Deu. (Apocal. f. 5. v. c. 2.)

Et qui *ait* oreilles por oïr si oie, ceu que li esperis dit aus eglixes. (Ib. f. 6. v. c. 2.)

Et il se combait et sui oil sont come flame de feu, et *ait* an son chief maintes corones, et *ait* non escripture que nuns ne conoist se il non. (Ib. fol. 33. r. c. 2. v. c. 1.)

Quant li rois *ait* veu que Garins ne vanra,
Il *ait* pris .i. mesaige, à lui si l'envoia. (Romv. p. 345. v. 9.10.)

Je Gauchiers.... fax à savoir à tous caus qui sunt et qui seront que j'*ei* esleue ma sepouture en l'eglise dou Pont-Nostre-Dame. (1248. H. d. M. p. 151.)

Ou tesmoing de la quel chose j'*ei* feit sceller ces lettres presentes de mon sceel. (Ib. ead.)

Je la prendroie volentiers, se ele estoit quise et vos vos en voliez entremestre; que ausi n'e ge [1] que .i. hoir. (R. d. S. S. d. R. p. 5.)

Mais dis homme furent troveit entre ceaz ki dissent à Ismael: Ne nos ocire mie, car nos *avons* el champ tresors de frument, d'orge, de vin, et de oile, et de miel. (M. s. J. p. 446.)

N'y venimes nous mie ensemble comme compaignon, et y *avommes* aussi bien enduré les paines et les travaus pour Nostre Signour com vous avez. (H. d. V. 501 r.)

En tesmoignage de laquele chouse nos *havons* fait mettre es presentes lettres les seax. (H. d. B. 1273. I, cxj.)

Seignor bairon, *aveiz* vos esgarde. (G. d. V. v. 556.)

Et cant il *ont* les menbres covenables mostreiz à la batailhe, dont primes recontent les cols de lur grant force. (M. s. J. p. 442.)

Une puciele molt courtoise
L'*a* pris en cure pour garir. (R. d. l. V. p. 105.)

Purquei plures? purquei ne manjues? e purquei est tis quers en tristur? Dun n'*as* tu m'amur? dun n'*as* tu mun quer, ki plus de valt que si *ousses* dis enfanz. (Q. L. d. R. I, p. 3.)

Va, bone femme, as veies Deu; Deus, ki de tut bien faire *ad* poeste, furnisse en grace ta volente. (Ib. ead. p. 4.)

N'en *ad* vertut, trop *ad* perdut del sanc. (Ch. d. R. p. 86.)

N'*aves* vile, ne tenement,
Ne rente nule, ne tenanche,
Que jou ne sache de m'effanche. (R. d. M. p. 22. 23.)

(1) L'éditeur écrit *ege*.

Tresque sur les degrez del nort l'*unt* fait aler. (Th. Cant. 147, 1.)
He, glous, dist il, poi coi ne l'*ais* tue ?
Par ma foi, sire, dit Rollan li menbreiz,
Je n'i *avoie* nul garnemans porteiz,
Se jel ferise et il moi autre tel. (G. d. V. v. 177-180.)

*Avoies* tu paour que il ne feust envers toi un traitre ? (H. d. V. 500ᶜ.)
Kar me seit or dit et retrait
Quel tort jeo vos *aveie* fait. (Ben. II, v. 2883. 4.)
Li dus e enquiert e demande | Pur quoi tu li as retoleit...,
Ce dunt senz nul requerement
L'*aveies* saisi bonement. (Ib. v. 15259. 60. 62. 3.)
Dont à poi li cuers ne me part
Quant je n'*oi* de li mon voloir. (R. d. l. V. p. 75.)
Et amena de tel gent com il *oit*. (Villeh. 474ᵇ.)
Puis n'en *oimes* ne oie ne veue,
Ne ne savons kel voie il ait tenue. (G. d. V. v. 3720. 21.)
Lie miens parages est de grant seignorie ;
Ainz n'*o* seignor en trestote ma vie,
Ne n'aurai jai à nul jor ke je vive,
Se dans Gerars ne le veut et otric... (G. d. V. v. 1795-8.)
Où j'*ou* destampre ma colire. (Dol. p. 243.)
Par Dieu qui le mont establi
Onques nul jor n'*oc* part de li. (Poit. p. 36. cfr. p. 45.)
Adont i *ot* . m. chiens hues
Ki les leus *orent* tost troves. (L. d. M. v. 311. 12.)
Dites li qu'ore li suvenge
Des emveisures jurs e nuis
Qu'*omes* ensemble à granz deduiz. (Trist. II, 57.)
Car à ma femme *euc* enconvant
Que ja mais jor de mon vivant
Femme espousee n'iert de moi. (R. d. l. M. v. 227-9.)
J'*euch* à vostre mere enconvant. (Ib. v. 525.)

Et specialement de toutes les perdes que je *euch* et pouch avoir et rechevoir en la bataille ke fu àdevant Wrunch. (1289. J. v. H. p. 495.)

Cum tu *eus* comencement
E ù tu *auras* definement. (Ben. II, 6279. 80.)
D'autre tel lignage et grignor
*Eut* puis la contesse signour. (Ph. M. v. 29428. 9.)
Et là tout droit ù li Judeu | Crucifierent le fil Deu
Fu Adans, li premiers om, mis
Et entieres et soupoulis,
Et Eve, sa feme, avoec lui,
Par qui nos *euimes* l'anui
De la pume qu'Adans manga. (Ib. v. 10790-6.)

## DU VERBE.

Car ço que nus *eumes* ainceis al rei grante
E par obedience l'*eustes* comande
Or l'avez defendu. (Th. Cant. p. 25. v. 2. 3. 4.)

Si *eustes* voz joies ensemble. (R. d. S. S. d. R. p. 47.)

E s'*eurent* deniers li auquant. (Ph. M. v. 29218.)

Tul veis e grant joie en *ous*. (Q. L. d. R. I, 74.)

Phenenna *out* enfanz plusurs, mais Anna n'en *out* nul. (Ib. I, p. 1.)

Noz cumpaignuns, que *oumes* tanz chers,
Or sunt il morz. (Ch. d. R. p. 84. CLIX.)

N'en *ourent* pas tel bait en l'ost, ne hier, ne avanthier. (Q. L. d. R. I, p. 15.)

A tuz cels que *urent* mester
Envers le rei pocit aider;
Si fesait il. (V. d. St. Th. d. Ben. t. 3. v. 462.)

Car cil, ce dist nostre Sires, ki *averat* honte de mi davant les hommes, de celui *averai* ju honte davant les engeles de Deu. (S. d. S. B. p. 544.)

S'il voelt ostages, il en *averat* par veir.
Dist Blancandrins: Mult bon plait en *avereiz*. (Ch. d. R. p. 4. VI.)

Quant verrunt altre aveir la seignurie qu'il n'*averunt* mie. (Q. L. d. R. I, p. 10.)

Et tu, quant tout ce feit *aras*,
Dou siecle te departiras. (R. d. S. G. p. 143.)

Li kelz ke soit, i *arait* perde grant. (G. d. V. v. 471.)

Et cil qui vaincrait *aurait* pooir sor mescreans et li donrai l'estoille jornal. (Apocal. f. 5. r. c. 1.)

Grant raianson, s'il vos plait, en *areiz*. (G. d. V. v. 779.)

Randeiz le Karle: grant prou en *avereiz*. (Ib. v. 944.)

Ke à toz iors m'en *averois* plus chier. (Ib. v. 249.)

Car en la boe et en l'ordure
Et en la borbe de luxure
L'*aromes* nos tot prove pris.
Nos en *aromes* plus grant pris
De noz prevoz e de nos mestres
Que de cent bobelins champestres. (De mon. in flum. per. v. 115-120. ds. Ben. t. 3. p. 514.)

Si jeo vos ai ovre mustree | Ne chose dite ne loee
Que jeo n'os envaïr ne faire,
Vergoigne i *aurai* e contraire. (Ben. II, v. 5837-40.)

Les piez as seinz guvernerad, e en tenebres li fel tainrad, e nul par sei force n'*aurad*. (Q. L. d. R. 1, p. 7.)

Voire, fait Jakes entressait, | Mais meuture n'*aura* huimais
Elle ne ses peres ne sa gent. (R. d. M. d'A. p. 3. 4.)

Ce ne nos chaut, car ceo *aurum* cher
Qu'al fer trenchant e al acer
Porron conquerre e retenir. (Ben. II, v. 3355.-7.)

Respundi Samuel: Mar *aurez* pour. (O. L. d. R. I, 41.)

Chaitis est et sera toz dis,
Jamais n'*aurois* de lui soulaz tant com soit vis. (Th. F. M. A. p. 43.)

Et dedenz cel termine *aroie* ma terre si mise à point, que je ne la porroie reperdre, et vostre convenance seroit lors rendue que je *auroie* l'avoir receu qui me vendroit de par totes mes terres, et je seroie si atornez de navile de aller avec vos ou d'envoier, si com je le vos ai convent, et lors *ariez* l'este de lonc en lonc por ostoier. (Villeh. 455 c.)

Hunte i *aurion* e damage. (Ben. II, v. 4366.)

Seit ki l'ociet, tute pais puis *averiumes*. (Ch. d. R. p. 16. XXVIII.)

Ke ceste *aroit* à moilier et à per,
Bien poroit dire de bon ore fu neiz. (G. d. V. v. 741. 2.)

Ne ja à feme ne l'*aroit*
Tant con autre amie *averoit*. (Poit. p. 63.)

Se Dex denoit ke un des lor fust pris,
Per lui *rauriens* Dan Lanbert le marchis. (G. d. V. v. 802. 3.)

An fin *auriez* perdue m'amistie. (Ib. v. 420.)

Consilliez moi, et k'il vos vigne an gre
Qu'*aie* l'orgoil de cele gent mate,
Ki à tel tort sont an ma terre antre. (Ib. v. 3987 - 9.)

Jai Deu ne place, ke tot puet justicier,
Ke tu mais *aies* fiez ne terre à baillier,
Se ne vanges ta honte. (Ib. v. 3969 - 71.)

Sire, merci pur Deu, à ceste meie cumpaigne l'enfant dunez, mais que ne l'ociez. Respundi l'altre: Ne jo ne l'*aie* ne tu, mais entre nus seit partiz. (Q. L. d. R. III, 237.)

Jou te requier pour Diu le grant
K'*aies* pitie de ton enfant. (Fl. et Bl. v. 1047. 8.)

Rois et empereres poisans,
Tu *aies* l'ounour Cezari! (Ph. M. v. 4387. 8.)

...Et s'il *ait* hoirs de son cors propre il *ait* et tiegne hereditaublement à toujours mais... notre chatel et la ville de Lavans. (1278. M. s. P. I, 366.)

Ke il seit en alcune partie receu al servise de pruverage, k'il en *ait* la sustenance. (Q. L. d. R. I, p. 10.)

.xx m. chevalier en iront ou rivage,
Se li Saisne connoissent le gue et le passage
Et il se metent anz que nos *aiens* domage. (Ch. d. S. I, p. 101.)

Li rois de Ungrie si nos tolt Jadres en Esclavonie, qui est une des plus forz cites del monde, ne ja par pooir que nos *aions*, recovree ne sera se par ceste gent non. (Villeh. 440 d.)

Comment que *aiommes* grevances. (R. d. l. M. v. 3557.)

N'i a orgoil n'*aium* plaissie
E fait venir tresqu'à sun pie. (Ben. I, v. 1415. 16.)

Ne nos, n'eir mais que nos *aiom*. (Ib. II, v. 428.)

Et sour ce nous *aiemes* aucunes choses dites et ordenees, entre les quelcs nous par no dit et par no ordenance *aiemes* engoint au dit duc, k'il... nos delivrast et mesist en no main le devant noumei Renaut..., et *aienmes* requis à mon segneur de Liege... k'il... (1288. J. v. H. p. 481.)

>Bele fille, or ne vous desplace,
>Fait li rois, çou que vous voeil dire,
>Ne ja n'*en aiés* au cuer ire. (R. d. l. M. v. 510-12.)

E dist Hugun li reis: De tut iceo n'*aez* cure. (Charl. p. 13.)

Lui covient que li suen *aient* de li pour,
E pur ço volt mustrer e fierte e reidur. (Th. Cant. p. 100. v. 4. 5.)

>Car senz repentanz n'est reison | Que del mesfet *eient* pardon
>En nule guise. (V. d. St. Th. C. v. 994-6. ds. B. t. 3. p. 494.)

Cum ensi soit, que descors et debas *aent* eusteit entre nos et nos gens d'une part... (1284. J. v. H. p. 427.)

Fait il à l'arcevesque. *Aiez* de nus merci. (Th. Cant. p. 27. v. 7.)

>Je ne vodroie por l'onor de Paris
>Ke vos *ause* afole ne malmis. (G. d. V. v. 2316. 17.)

>S'il m'*aust* mort, France fust en error. (Ib. v. 2752.)

Si avoit tant de gent sor les murs et sor les tours, que il sembloit que il n'*aust* se là non. Ensi lor destorna Diex nostre Sires le conseil qui fut pris le soir de torner as ysles, ausi com se chascuns n'en *aust* onques oï parler. (Villeh. 448ᵃ.)

Apres ce com nos *haussiens* en memoire nostre darraynete et nostre fin en pensessiens de la salut de nostre arme, nos en nostre bon sens.... avons devise et deperti.... nos autres possessions.... à nos enfanz. (1262. H. d. B. II, 27.)

Et se il avenoit que nos *elussons* heirs d'autre femme. (1281. Ib. II, 50.)

>Je nel voroie por l'or de Monpellier
>Qu'en *eusiens* la monte d'un denier. (G. d. V. v. 984. 5.)

Et bien vos mandent il que il ne feroient ne à vos ne à altrui mal, tant que il l'*aussent* deffie. (Villeh. 457ᶜ.)

Sachiez que mult furent effree en Constantinople, et cuiderent por voir qu'il *aussent* la terre perdue. ·(Ib. 481ᵈ.)

Se li dit feiaul ou lor avancer *haussent* autrefois fait dus homaiges, nos recevriens les homaiges. (1279. H. d. B. II, 38.)

>Ne croire pas le traïtor
>Que envers lui *euisse* amor. (Poit. p. 19.)

>Signor, sacies tot voirement
>Que jou vos en sai mellour gre
>Que j'en *euisse* tout porte[1]. (Ph. M. v. 11099-11100.)

>Mais trop furent vilain Grijois | Ki ne s'acorderent anchois
>Qu'Ector *euist* pierdue vie,
>Ki flours iert de cevalerie. (Ib. v. 74 — 77.)

---

(1) Ce dernier vers signifie: Que si j'eusse tout emporté, accepté (les présents que vous m'offrez).

Et coume li devantdis cuens de Flandres nos *euist* mis en main pour faire no volente Lembourg .... et li dis dus par parole et par un want nos *euist* mis en main le devant dit conte de Ghelre, ja soit ce chose k'il en demorast saisis u al deseure de le saisine. (1288. J. v. H. p. 479.)

  Et si vous trop preus ne fusies,
  Ja si haut penset n' *euissies*.  (Ph. M. v. 17354. 5.)
  Qu'ar s'il ne l'eust deffendu,
  Moult l'*euissent* bien soucouru.  (Ib. v. 6054. 5.)
  Ceste cite, par St. Marcel,
  Vous *euissent* Gascoing tolue.  (Poit. p. 43.)

E pensai que il venissent sur mei, si que jo n'*ousse* fait ma oblatiun. (Q. L. d. R. I, p. 43.)

 E si tu ne l'*ouses* fait, Deu apareillast tun regne sur Israel permanablement. (Ib. ead.)

  Si il fust vif, jol *ousse*[1] amenet.  (Ch. d. R. p. 28. LIII.)

Respundi Joab: Si veirement cume Deus vit, si tu *ousses* par matin si parled, nus nus fuissums partiz e n'en *uissums* pas fait enchalz sur nostre frere Israel. (Q. L. d. R. II, p. 127.)

  Puis ne out nul suspeziun
  Ke entre nus *oust* si ben nun.  (Trist. II, p. 132.)
  Ja n'*ust* en sa compainnie | Home qui amat tricherie
   A escient.  (V. d. St. Th. v. 796-8. ds. Ben. t. 3. p. 487. 8.)
  Fusti li reis, n'i *oussum* damage!  (Ch. d. R. p. 44. LXXXV.)
  Ceste bataille *ousum* faite u prise.  (Ib. p. 67. CXXIX.)
  Einz qu'il *oussent* .iiii. lues siglet,
  Sis aquillit e tempeste e ored.  (Ib. p. 27. LIII.)

E ço ourent fait li Philistien que li Hebreu nen *oussent* espee, ne lance en bataille. (Q. L. d. R. I, p. 44.)

  Desleic, cuilvert, traïtor,
  (Qui vit mais ceo?) senz nul mesfait
  Que lor *eusse* dit ne fait
  Me sunt eisi reveit (?) sanglent
  E haïnos e mauvoillent.  (B. II, v. 9303-7.)
  Et se jou tel garde n'*eusse*
  Ja n'*eusse* mais jor sante.  (R. d. l. V. p. 107.)
  Ne quit que *cusses* en un jor,
  En leu, plus joie ne honor
  Que cil dedenz (Roem) t'i quident faire.  (Ben. v. 14812-14.)
  Autre fumes enserre,
  Pris, retenu e estupe
  Cum qui nos *eust* clos de mur.  (Ib. II, v. 1739-41.)
  Sa mie li voloit tolir | S'il en pooit en liu venir.

---

(1) Dans ce texte, la forme *ousse*, et le part. passé *oud*, *out*, sont souvent dissyllabes.

Il l'*eust*, ce disoit, euc,
Se par lui ne l'*eust* perdue. (Brut. v. 2501-4.)
Ne nos vout plus consentir l'onde,
Li flume ne la mer parfunde,
Que en eus *eussum* rentrement.
Repaire e trespassement. (Ben. II, v. 1733-6.)
Qui vos i *eussom* menez
Plus de trei mile chevaliers.
Garniz d'armes e de destriers. (Ib. v. 5002-4.)
Si sul dous jorz avant u treis
M'en *eussiez* conseil requis,
Jeo vos en deisse mun avis. (Ib. v. 3252-4.)
Se cil n'*eussent* autre esmai,
Poi preisassent les Peitevins. (Ib. v. 5672. 3.)
Li quens Lanbers en mit *out* sodee. (G. d. V. v. 1024.)
Mult ont *oud* e peines e ahans. (Ch. d. R. p. 11. XIX.)
Ramenbre toi, por Dieu de paradis,
Des grans pouretes qu'as *eues* tous dis. (Romv. v. 236.)

E cist sul enfes iert enseveliz en sepulchre de tute la maidnee Jeroboam, kar nostre Sires ad *oud* de li merci. (Q. L. d. R. III, p. 293.)

*Ravoir*, composé d'*avoir*, qui aujourd'hui n'est plus en usage qu'à l'infinitif, s'employait autrefois à tous les temps et à toutes les personnes. Je ferai observer en passant qu'il y avait fort peu de verbes qui, au XIIIe siècle, ne prissent pas la particule réduplicative *re*.

Ex.: E pur ço que tu as degete le cumandement nostre Seignur, il *rad* tei degete que tu ne seies rei. (Q. L. d. R. I, p. 56.)
Mais Oliviers le *rait* bien asene,
Sor son escut ke il li ait troe. (G. d. V. v. 769. 770.)
Et se tu Joseph nous rendoies,
Le cors Jhesu par lui *rauroies*. (R. d. S. G. v. 1909. 10.)

On trouve *se ravoir* dans le sens de *se retirer*, *se sauver*:
Sens me dona de decevoir
L'anemi qui me veut avoir
Et metre en sa chartre premiere,
Là dont nus ne se puet *ravoir*:
Por priere ne por avoir,
N'en voi nus qui reviegne arriere. (Rutb. I, p. 36.)

Cfr. à l'exemple précédent et à notre verbe familier *se ravoir*, cette phrase d'Amyot:
Apres que les Gaulois, qui avoyent prins Rome, en feurent chassez par Camillus, la ville se trouva si affoiblie, qu'a peine se pouvoit elle *ravoir* et remettre suz. (H. ill. Romulus.)

REMARQUES. *a.* Au XIIIe siècle et plus tard encore,

au lieu de *il i(y)a*, *il i avait*, etc. on employait simplement *a*, *avoit*, etc. ou *il a*, etc.

    Ex.:  Trois periz *at* en nostre sentier. (S. d. S. B. p. 567.)
          En icel tens dunt ci vos cunt,
          Si cum l'estorie me despont,
          *Aveit* en Engleterre un rei
          Qui mult par ert vaillant de sei. (B. II, v. 1651-4.)

A cel tens *ot* un Empereor en Constantinople qui avoit à nom Sursac.[1] (Villeh. 441ᵇ.)

          A icel tans que vos dire m'oies,
          *Ot* en Viane .ij. granz palais fondes. (G. d. V. v. 3352. 3.)
          Oïl, certes, *il ha* lonc tens. (R. d. S. G. v. 2405.)

*b.* On trouve souvent, dans les textes de la langue d'oïl, la formule: *m'est mestier*, *lui est mestier*, etc. qui signifie: *il me faut, j'ai besoin, il lui faut*,[2] etc. *Avoir mestier* a quelquefois le même sens; mais il s'emploie aussi pour dire: *être utile, servir à qqch., à qqn.*

    Ex.:  S'il vos tenoit, ne tenir ne baillier,
          Toz l'ors del mont ne vos *auroit mestier*,
          Ne voz pandist comme lairon forsier. (G. d. V. v. 414-416.)
    Mes que chaut as François? ne lor *aura mestier*. (Ch. d. S. II, 111.)
    Quant li fil Brunamont, le cuvert losangier,
    Orent meu la guerre por France chalongier,
    Tot lor tans la maintinrent; mes ne lor *ot mestier:*
    François se deffandirent com nobile guerrier. (Ch. d. S. I, p. 6.)

*c. Avoir*, à l'impératif, avec le participe passé d'un autre verbe, formait une expression impérative dont on ne retrouve aucune trace dans la langue moderne.

    Ex.:  Sire compains, ne soiez esperdus,
          Ostez vo dras, *aiez* les miens *vestus*. (A. et A. v. 1030. 1.)
          Quelle et la vostre loy? or le m'*ayez contee*.
              (Les quatre fis Aymon. Fierabras. p. X. v. 879.)
          Garde m'*aie menti*. (R. d. C. p. 267.)

## B. ESTRE (esse).

*Estre*, aujourd'hui *être*, ne dérive pas du latin *stare*, comme l'ont pensé Schlegel et Raynouard; la forme vulgaire romane *essere* ne pouvait produire qu'*estre* dans la langue d'oïl. (Cfr. *tistre* pour *tisre*, en italien *téssere*, de *texere*.) Les seuls temps de *esse* que le français a remplacés par leurs correspondants de *stare*, sont les participes et l'imparfait, bien qu'au XIIIe

---

(1) Isaac l'Ange.
(2) Que quanques *mestiers m'est* me donne. (R. d. l. M. v. 1889.)

siècle et même au commencement du XIVe, on fit souvent encore usage des dérivés de l'imparfait *eram*. Cet emploi de *stare* pour *esse* n'a du reste rien d'extraordinaire; car, en latin déjà, *stare* se rapprochait beaucoup de la signification de *esse*. Les Espagnols et les Portugais emploient aussi *estar*, dérivé de *stare*, soit comme auxiliaire, soit comme verbe propre.

Voyez la première conjugaison pour tout ce qui concerne le verbe *ester, stare*.

### CONJUGAISON DU VERBE *ESTRE*.

| BOURGOGNE. | PICARDIE. | NORMANDIE. |
|---|---|---|
| *INFINITIF.* | | |
| estre. | iestre. | estre. |
| *PARTICIPE.* | | |
| *Présent.* | | |
| estant. | estant. | estant. |
| *Passé.* | | |
| esteit. | estet, este. | ested, este. |
| *INDICATIF.* | | |
| *Présent.* | | |
| suys, sui, suix, seu, | sui, suis, | sui, |
| es, ies, iez, | ies, | es, ez, |
| est, | est, | est, |
| somes, sommes, | sommes, soumes, | sum, sums, sumes, |
| estes, esteiz, iestes, | iestes, estes, | estes, |
| sont. | sont. | sunt [1]. |
| *Imparfait.* | | |
| estoie, astoie, | estoie, | esteie, |
| estoies, | estoies, | esteies, |
| estoit, | estoit, | esteit, |
| estiens, | estiemes, estienmes(iomes), | estium, |
| estiez, estieiz, | esties, | estiez, |
| estoient. | estoient. | esteient. |
| *Parfait defini.* | | |
| fui, | fui, | fui, |
| fuis, fus, | fus, | fus, |
| fuit, fut, | fut, fu, | fud, |
| fuimes, fumes, | fumes, fusmes, | fum, fumes, |
| fuistes, fustes, | fustes, | fustes, |
| furent. | furent. | furent |

(1) En anglo-normand *sount*.

| BOURGOGNE. | PICARDIE. | NORMANDIE. |
|---|---|---|

*Futur simple.*

| | | |
|---|---|---|
| serai, | serai, | serrai, |
| serais, | seras, | serras, |
| serait, | serat, sera, | serrad, |
| serons, | seromes, serommes, | serrum, |
| sereiz, serez, | seres, | serrez, |
| seront. | seront. | serront. |

*Conditionnel présent.*

| | | |
|---|---|---|
| seroie, | seroie, | serreie, |
| seroies, | seroies, | serreies, |
| seroit, | seroit, | serreit, |
| seriens, serienz, | seriemes, serienmes, | serrium, |
| serieiz, | series, | serriez, |
| seroient. | seroient. | serraient. |

IMPÉRATIF.

| | | |
|---|---|---|
| sois, | sois, | seies, |
| soiens, soienz. | soiemes, soienmes, soiommes, | seium, seum, |
| soieiz, soiez. | soies. | seiez, seez. |

SUBJONCTIF.

*Présent.*

| | | |
|---|---|---|
| soie, | soie, | seie, |
| soies, | soies, | seies, |
| soit, | soit, | seit, |
| soiens, soyens, soienz, | soiemes, soienmes, soiommes, | seium, seum. |
| soieiz, soiez, | soies, | seiez, seez, |
| soient. | soient. | seient. |

*Imparfait.*

| | | |
|---|---|---|
| fuise, | fuisse, fuise, fuse, | fusse, |
| fuises, | fuisses, fuses, | fusses, |
| fuist, | fuist, fust, | fust, |
| fuisiens, fusiens, | fuissiemes, fusiemes, | fussum, |
| fuisiez, | fuissies, fusies, | fussez, |
| fuisent. | fuissent, fuseut. | fussent. |

Au milieu du XIIIe siècle, la forme picarde de l'infinitif: *iestre*, avait passé dans la Champagne, la Lorraine et le nord de la Bourgogne; néanmoins la forme *estre*, qui était la primitive de cette dernière province, continua d'y prédominer dans la partie méridionale.

L'orthographe primitive de la première personne du singulier du présent de l'indicatif a été *sui*, dans la Picardie et la Normandie. La Bourgogne proprement dite eut d'abord *suys*, tandis que les autres provinces du dialecte bourguignon avaient *sui*. Cette orthographe *suys*, qui est probablement une analogie de la forme *puys* (voy. *pouvoir*), ne fut pas de longue durée; on remplaça de bonne heure le *s* par un *x* irrégulier, dont j'ai déjà expliqué l'origine (voy. Subst. *II*.). Cette forme en *x* était très-usitée en Champagne vers 1250. Dans la seconde moitié du XIIIe siècle, on remplaça, au sud de la Picardie et dans l'Ile-de-France, le *x* de *suix* par *s*, et vers 1300, on rencontre souvent l'orthographe *suis*; néanmoins *sui* était encore prédominant. Les provinces de l'est avaient la variante *seu*.

La seconde personne du singulier du présent de l'indicatif a été d'abord *es*, en Bourgogne et en Normandie; mais dès le second quart du XIIIe siècle, on trouve fort souvent, en Bourgogne, la forme régulière picarde: *ies* *(ẽ = ie)*.

Les textes tourangeaux et angevins du XIIIe siècle présentent souvent les variantes *som*, *sons*, pour la première personne du pluriel du présent de l'indicatif. Ces orthographes sont une simple transformation des formes normandes *sum*, *sums*. A la fin de la même époque et au commencement du XIVe siècle, *sons* était fort commun dans l'Ile-de-France, le Berry et l'Orléanais. Est-ce ici un emprunt fait aux dialectes voisins ou une forme propre imitée de la terminaison ordinaire de la première personne du pluriel? Je penche pour la dernière alternative, parce que les poètes picards eux-mêmes contractaient *sommes*, *soumes* en *soms*, et que *m* en pareille position se changeait volontiers en *n*, partout ailleurs qu'en Normandie. En Bourgogne et en Picardie, on a écrit quelquefois *sumes*, *sunt*, comme en Normandie, mais c'est une simple imitation du latin.

Au lieu de l'imparfait *estoie*, on trouve *astoie* en Bourgogne, orthographe qui peut provenir de la confusion des verbes *esteir* et *asteir* (adstare); ou bien cet *a* tient à un usage bourguignon sur lequel je reviendrai plus bas. (Voy. *voir*, futur.)

La première personne du singulier du parfait défini a été *fui*, pour tous les dialectes, jusqu'après 1250, où l'on trouve *fu*, puis *fus* dans le sud de la Picardie, l'Ile-de-France et les provinces avoisinantes; bien que *fui* ait continué à être partout en usage, même encore au XIVe siècle.

*Fuis*, *fuimes*, *fuistes*, formes bourguignonnes, sont assez rares.

La troisième personne du pluriel du parfait défini n'a changé nulle part; elle a été *furent* dès les plus anciens temps.

Le futur *serai* nous reporte à la forme primitive de l'infinitif, *esser* avant l'intercalation du *t*. Au XIIIe siècle, on trouve même encore la forme complète *esserai*. (Voy. les exemples.)

Quant aux variantes orthographiques *serei*, *sere*, je renvoie à ce que j'ai dit pour le futur *d'avoir*. En Normandie, on redoublait toujours le *r* du futur et du conditionnel.

Une distinction des formes dialectales de l'imparfait du subjonctif est assez difficile à faire, soit à cause de l'influence des formes latines, soit à cause de la confusion de la prononciation du *s*, au milieu du XIIIe siècle. Tout ce qu'on peut dire, c'est que, vers 1250, *fuise* était l'orthographe la plus usitée en Bourgogne, *fuse* dans le nord-est de la Picardie, *fuisse* au sud-ouest de la même province et dans l'Ile-de-France. La véritable forme normande était *fusse*.

Au lieu du parfait défini *fui* ou *fus*, et de l'imparfait du subjonctif *fuisse* ou *fusse*, on trouve, vers la fin du XIIIe siècle, quelques exemples de *feus*, *feusse*, orthographes qui plus tard furent d'un emploi général. Ces formes paraissent calquées sur *eus*, *eusse*, et d'autres verbes à terminaisons semblables.

Ex.: Je nel laroie por l'or de .x. citeiz:
K'à couardie me *seroit* reproveiz.
Au fer des lances *serons* hue ajoste:
Le kel ke *soit*, convient *estre* mate. (G. d. V. v. 620-3.)

Car qui ci fera mauvais semblant, doit bien *iestre* banis de la gloire de paradis. (H. d. V. 495ᵃ.)

En sa cambre les apiela, (les .ii. sers)
Tant leur promist, tant i parla,
Qu'andoi li orent en couvent
Que Sigebiers tout voirement
Li ociront pour *iestre* franc. (Phil. M. v. 938-42.)

Ben deiz *estre* de mei receuz. (R. d. S. p. 6.)

Seignor, je *sui* emperere par Dieu et par vos. (Villeh. 455ᵇ.)

Mais en ce ne *sui* ge mie justifiiez. (M. s. J. p. 474.)

De ma terre *suys* degittiez par larencin, et ci innocenz *suys* mis en chartre; ne mies ke ju del tot *soie* innocenz, mais totevoies innocenz en aucune maniere, tant cum à celuy affiert ki me deceut. (S. d. S. B. p. 524.)

Deus, dist le dis, biau rois de paradis,
Se n'ai secors, com je *suix* mal bailis. (G. d. V. v. 7. 8.)

Vos *estes* dus, et je *suix* quens clameiz. (Ib. v. 685.)

Ke je *suis* rois de France le roion. (Ib. v. 1581.)

Mais se jo *sui* tuchiez,
A vus le comant que la justise en faciez.
(Thom. Cant. p. 23. v. 17. 18.)

Mais eswarde si tu parfeitement nen *es* delivreiz des periz de ceste meir, quant cez choses *sunt* ateiricies ensi cum eles doyent *estre*, c'est lo cuvise de la char, et lo cuvise des oylz et l'orgoil de vie. (S. d. S. B. p. 568.)

Si li distrent: Sire, huem *es* de grand eded, e tes fiz ne tienent pas tes veies, ne ta lealted. (Q. L. d. R. I, p. 26.)

*Ies* tu mesaiges, vallet nen escuier? (G. d. V. v. 76.)

Où *iez* Rollans, boins chevaliers hardis,
Ke de bataille et d'estor m'aaitis? (Ib. v. 513. 14.)

Cist livres *est* cum armarie des secreiz Deu; plein *est* de figure e de signefiance. (Q. L. d. R. I, p. 4. [2.])

Povre *sommes* et petit poons doneir; mais totevoies por cel petit mimes poons estre racordeit si nos volons. (S. d. S. B. p. 549.)

Li visce ki nos roubent, so nos malement *somes* liet, ne nos puent vencre, se nos bonement *somes* dolent. (M. s. J. p. 453.)

Or se nous *soumes* ici sans plus cinq jors sans viande ne sans autre secours, grans merveile *sera* se nous ne *soumes* pas ci tout mort de fain et de meschief. (H. d V. 502\*.)

Tuit *summes* d'un seignorement,
Tuit vivum per e igaument. (Ben. II, v. 3303. 4.)

Mais ore nus aïe, kar il en est mestier, e prest *sumes* de tei servir (Q. L. d. R. I, p. 39.)

A qui, dist li dus, *iestes* vous?
E cil disent: Nous *soms* à nous. (Ph. M. v. 14797. 8.)

.... Sire, nous *sons* en mise | Par le dit et par la devise
Que li prelat deviseront. (Rutb. I, p. 75.)

Et nos *sons* ausi com li viautre
Qui se combatent por .i. os. (Ib. p. 111.)

Car vos n'*iestes* froiz ne chauz. (Apoc. f. 6, v. 1ᵉ.)

Ki *esteiz* vos, pucele seignorie? (G. d. V. v. 1787.)

Dont *estez* vos et de kel parante? (Ib. v. 1810.)

Respundi li poples: Fais ne l'avez. Quites *estes*, e quites *seez*. (Q. L. d. R. I, p. 38.)

Comment vous *estes* contenus,
Que si tost *estes* revenus? (R. d. l. V. p. 76.)

Jou cuit qu'il *sont* procain parant:
Car à merveille *sont* sanlant. (Fl. et Bl. v. 1731. 2.)

Plus *sunt* malurez qu'altres genz. (R. d. S. p. 22.)

Ou bois *estoie* moi septimes antreiz. (G. d. V. v. 3871.)

Se del covant li *astoie* fauseiz
J'en auroie grant honte. (Ib. v. 2212. 13.)

A icest mot s'en sont tel .c. torney,
Ke tuit *astient* prince ou duc ou chasey. (Ib. v. 561. 2.)

Quar il soi *astoient* entrafeit ke il ensemble venroient, et si lo conforteroient. (M. s. J. p. 453.)

Cil à cui il *astoient* venut eret justes et avironeiz de divines plaies. (Ib. p. 475.)

Et se tu sans li i *estoies*,
Voelles u non, çà revenroies. (Fl. et B. v. 1627. 8.)

S'*estiens* ore dedans vostre ost antrey. (G. d. V. v. 3620.)

Je et vos gens *estiiens* hier
Sour la mer pour esbanoiier. (R. d. l. M. v. 1255. 6.)

Se *estiez* ambedui an ces preiz,
Jai de contraire n'i auroit mot parley. (G. d. V. v. 1263. 4.)

N'*estoient* pas viestu de pailes. (R. d. l. V. p. 80.)

Car bien sot qu'il *esteit* al rei forment metlez.
(Th. Cant. p. 19, v. 29.)

Entre lui e le rei resurst mult grant meslee
Des fous clers ki *esteient* par male destinee
Larrun e murdrisur e felun à celee. (Ib. p. 6, v. 26 - 8.)

Si cume *fui* à tun pere obeissant, tut issi obeirai à tei. (Q. L. d. R. II, p. 180.)

Qant *fui* chauz en cel torment. (Ren. I, p. 82.)

Aussi i *seit* cum jeo i *fui*. (Ben. v. 11534.)

Ces deux raisons ont fait que *fui*
Vostres, dame, que *serai* et *sui*. (R. d. C. d. C. v. 577. 8.)

Et si ne me soient celes
Li hostel où *fus* hosteles
Et au venir et al aler;
Pour tant te voel quite clamer. (R. d. l. M. v. 4397 - 4400.)

Des barons *fuit* la bataile fornie. (G. d. V. v. 3003.)

Là *fud* e out *ested* li tabernacles e li sanctuaries Deu, dès le tens Josue. (Q. L. d. R. I, p. 2. [1.])

Li secundz out num Cheliab; fiz *fud* Abigail ki out *ested* muillier Nabal de Carmele. Li tierz out num Absalon; fiz *fud* Maacha, ki *fud* fille Tholomeu le rei de Gessur. (Ib. II, p. 128.)

Quant la premiere parole del bieneurous Job *fut* terminee, si comencent sei ami. (M. s. J. p. 475.)

Gieres cele temptations ne *fut* mie devoremenz de visces, mais guarde de vertuz. (Ib. p. 508.)

Li lis *fu* fais dales le fu. (R. d. M. d'A. p. 5.)

Molt *fu* granz la cours à cel roy. (Romv. p. 104.)

Ja *fumes* nos né en un jor
Et en une nuit engenre. (Fl. et Bl. v. 718. 19.)

Tuit *fusmes* pris en petit d'oure. (Dol. p. 240.)

En North *fum* naiz. (R. d. R. v. 106.)

Et vous dist: Benedicta tu; | Et pour voir si *estoies* tu;
Avant que onques *fuissies* nee, | F*ustes* vous si boneuree
Que de tous pechies *fustes* monde. (R. d. l. M. v. 5673 - 7.)

> Ja *fustes* vous fix de m'antain
> Et fiex Huon de Pierelee! (Poit. p. 43.)
> Kant adoubei *furent* jone e chanu. (G. d. V. v. 3832.)

Kar ces ki morz ne *furent*, traveillez esteient d'itel anguisse e de langur que la plainte e li criz munta devant Deu jesque al ciel. (Q. L. d. R. I, p. 19.)

> Pour ce, vous di jou bien sans faille,
> Que Dieux ne volt mie sofrir,
> Que cil ne *fusent* vrai martyr
> Ausi comme li autre *furent*,
> Ki en la bataille morurent. (Ph. M. v. 5741-5.)
> Et se je ne *fuisse* en servage, | A nul homme de haut parage
> Ne porries miex estre donnee
> Estre qu'à moi, n'estre assenee. (R. d. M. v. 507-10.)

Respundi David à Micol: Si veirement cume Deus vit, jo juerai devant nostre Seigneur qui m'eslist e plus m'out chier que vostre pere e tut sun lignage, e cumandad que jo *fusse* dues sur tut le pople de Israel. (Q. L. d. R. II, p. 142.)

Jo te trais de là ù tu guardas les berbiz ke tu *fusses* dues sur mun pople de Israel. (Ib. ead. p. 143.)

De ce est ke li premiers hom, quant Deus li demandoit de la nuit de sue error, ne volt mie ke ele *fuist* soltaine. (M. s. J. p. 462.)

> Ja soit chou que il *fust* si sages,
> S'*estoit* il sers et ses linages. (R. d. M. p. 4. 5.)

Qui dont *feust* là, moult peust veir asprement paleter et bierser les uns contre les autres. (H. d. V. p. 171. II. Cfr. 172. IV.)

> Ainz ke François seuxent la veritey,
> Ke nous *fusiens* apaie n'acordey,
> *Serienz* nos ossis et afole. (G. d. V. v. 3621-3.)

E veirement le sai que si Absalon vesquist, tuz i *fussums* morz, e ço te plarreit. (Q. L. d. R. II, p. 191.)

> Bien savez, fait il, sans dotance
> Qu'à merveilles me sui penez | Cum hauz *fuissum* enurez:
> Par ceo sunt cent mil homes mors. (Ben. I, v. 1224-7.)
> Tant que nos *fuisson* tempeste. (R. d. l. M. v. 5562.)

Or, sire, regardez donques que si vous y *fussiez* par aucune mesaventure ou mors ou pris, ne *fusssiens* nous pas mors ou tout deshounoure? (H. d. V. 492ᵈ.)

> Ancor *fuisiez* autre .vij. anz passe,
> Ainz que *fussiez* ne pris nen afameiz. (G. d. V. v. 3647. 8.)
> S'il savoit c'arse ne *fuissies*,
> Sur moi en revenroit li mescies. (R. d. l. M. v. 997. 8.)

Dist des choses ki erent à venir alsi com eles *fuissent* ja trespasseies... (M. s. J. p. 458.)

Au rei loerent tuit ensemble
Que tute la gent qu'il aureit | Ne qu'il unques trover purreit
*Fussent* semuns, quis e baniz,
De batalle prez e garniz. (Ben. I, v. 1948-52.)
Li Francois *furent* plus estable
Et dient tout: Karles, bons rois, | Se vous *fusies* à ces conrois,
Pour ceul vostre cors le hardi
*Fusent* paien acouardi. (Ph. M. v. 7105-9.)

Mul s'acorderent li Venisien que les eschieles *fussient* drecies es nes, et que toz li assaus *fust* par devers la mer. (Villeh. 451ᵃ.)

Et quant cil les virent venir, si corurent à lor armes, que il cuiderent que cil *fuissient* Grieu. (Ib. 477ᶜ.)

De la quel peingne se li duc la voloit demandeir, et il meist raisons qui ne *fussient* raignaubles... (1269. H. d. B. II, 33.)

Li reis Saul enquist chalt pas quel des suens *fussant* partiz. (Q. L. d. R. I, p. 47.)

Les formes de ces quatre dernières citations semblent prouver, que la syllabe finale n'y était pas muette comme aujourd'hui. Les poètes de la seconde moitié du XIIIe siècle fournissent encore des exemples de *ent* accentué. Voy. *preïssánt* (J. d. B. v. 1241.)

Leas autres choses pourvera,
Quant lius et tans en *essera*. (Rom. d. M. p. 43.)
Mon tre tendez emmi liu del mostier,
Et en ces porches *esseront* mi sommier. (R. d. C. p. 50.)
Que je croi molt bien sans faille
Que par lui *esserons* delivre. (R. d. l. V. p. 84.)
Pour chou qu'ele ne me velt croire
Li dis que les tiesmoigneries
Et que mes tiesmoins *esseries*. (R. d. M. p. 48.)
De moi te mambre, *soies* boins chevalier. —
Se *serai* je, se Deus m'en veut aidier. (G. d. V. v. 229. 30.)
Si tu me crois, tu *serais* mon serjant. (Ib. v. 111.)
Par cel seignor ke l'on doit aorer,
Si or *estoie* as loges retorneiz,
Mors est Gerard et tos ses paranteiz,
Et tu *serais* tondus et bertoudeiz.
Tant te ferai par amor de bonteiz
Ke ne *serais* destruis nen afoleiz,
Por mon oisel k'ais rendu de boin grey. (Ib. v. 152-8.)
Or i parrait qui me *serait* aidant. (Ib. v. 454.)

Et lour nons ne *serait* pas osteis dou livre de vie. (Apocal. f. 5. v. c. 2.)

Ceu que il li promet que il *serait* aveuc lui an son trone senificit que il *serait* en char glorifieit si come est la soie char, que il *serait* à jugemant aveuc lui por jugier les autres. (Ib. fol. 7. r. c. 2.)

Iceste dame *sera* molt bien reposte. (R. d. C. p. 286.)

Mes Diex, qui *est* et qui *sera*,
S'il veut, en pou d'eure fera
    Cest bruit remaindre. (Rutb. 1, 84.)

Un ovre frai en Israel, e tele *serra* ke cornerunt li les orilles à celui ki l'orrad. (Q. L. d. R. I, p. 12.)

Ne vous *serrad* de ren le pis. (R. d. S. p. 22.)

Tu t'en iras; je remeindrei,
Au commendement Dieu *screi*. (R. d. S. G. v. 3453. 4.)

Di cum nos purrons contenir
Ne coment *serrum* rescus. (Ben. II, v. 3096-7.)

Et nous meismes *seromes* pierdu se nous ainsi morons. (H. d. V. 199. XVIII.)

Fous, fait il, tuz dis *fustes* e *estes* e *serrez*,
Quant vus l'espee traite de sur le rei venez.
                (Th. Cant. p. 20, v. 21. 22.)

Vers vos *seront* no prince fier et mantelantif,
A mort *seroiz* jugie, se je ne vos estrif. (Ch. d. S. I, p. 43.)

Là *seres* vous bien ostelee. (R. d. M. d'A. p. 4.)

Quant *serrunt* tuit aparcillie. (Ben. I, v. 1956.)

Dame, fist se Adonias, bien sez que miens fud li regnes, et tuit cil de Israel ont purposed que jo *serreie* reis. (Q. L. d. R. III, p. 229.)

Kar ne purreie pas suffrir tel verguigne, e tu *serreies* tenuz pur fol en Israel. (Ib. II, p. 164.)

Qui ci *serreit* par tut sachanz,
Mult li fereit buen demander
Buen aprendre, bon (?) escuter. (Ben. I, v. 254-6.)

Ki *seroit* ki de ceu ne *seroit* mervillous? (S. d. S. B. p. 531.)

Plus de .1.M. *seriens* d'adobez. (Ch. d. S. II, 50.)

Car qui perd un si preudome com il est, ceu est domages sans restorer, et mains en *seriomes* nous creuu. (H. d. V. 492e.)

Biaus sire rois, se Diex m'aït,
Nos ne *seriemes* sens (?) ne preus. (Ph. M. v. 8189. 90.)

Ke li dui mendre *serieiz* asanbleiz. (G. d. V. v. 614.)

Or vus prie e comant, tel conseil me doinsiez
Que jo ne *seie* à Deu ne al siecle avilliez. (Th. Cant. p. 18, v. 16. 17.)

Beau sire, ù que jeo *seie*,
Serai mais vostre chevaliers,
Mult vos servirai volentiers. (Ben. II, v. 2950-2.)

Se je vif tant ke je *soie* adoubeiz. (G. d. V. v. 161.)

Vrais Deus celestres, tu *soies* aore. (Ib. v. 3056.)

Mais li clergies a respondu: | Combat, sire, et fis *soies* tu
Que Dieu proierons jor et nuit,
Ja n'aies cose ki t'anuit. (Ph. M. v. 1780-3.)

Beneit *seies* tu de nostre Seigneur Deu, kar jo ai acumpli sun cumandement. (Q. L. d. R. I, p. 55.)

*Seit* arse ceste vile tute | Ainz que s'en parte nostre rute.
*Seient* en cil mene chaitif
Qui i serrunt bel trove vif. (Ben. I, v. 1833-6.)
Iceste terre *soit* huc jai confondue. (G. d. V. v. 3714.)
Faites la pais: si *soiens* bon ami. (Ib. v. 2315.)
Et ke nos trait *soiens* as mains. (S. d. S. B. p. 560.)
Signour, fait il, moult bon me sanble,
Que nous troi *soiommes* ensanble. (Phil. M. v. 7486. 7.)
N'iert pas ensi, dist Agoulans,
Que nos *soiemes* baptisie,
Ne vers Mahomet renoie,
Ainc nos combatrons par itant
Que se vous estes mious creant
Que nous, *soiiemes* li vencu,
Et fourjugiet et recreu. (Ib. v. 5353-9.)
Sus ciel n'est aveir delitus,
Beal ne riche ne precius,
Dunt si ne *seum* repleni [1],
Cumble e si enmananti
Que n'en porrum le tierz porter. (Ben. I, v. 1191-5.)

*Seit* mence aillurs l'arche al Deu de Israel e entur; que si par tut ù ele vendrad suive ceste pestilence e cest flael, *seium* certain ke par li nus est avenu cest mal. (Q. L. d. R. I, p. 18.)

Or *seiom* à ceo ententis,
Que ne *seiom* del tot sopris. (Ben. II, v. 9082-3.)
Et le martir issi entreamer,
Servir, requerer e honurer
Devotement,
Que de ces bens *seums* partener. (V. d. Th. de Cantb. v. 441-4.
ds. Ben. t. 3. p. 509.)

Et se vos por cestui message venez, n'y revenez altre foiz, ne *soiez* si hardi que vos plus y revegniez. (Villeh. 449ᵇ.)

E se ci muert et ci afine,
Eisi cum chacuns devine,
Misericorde aiez de lui,
Saluz li *seez* e refui. (Ben. I, v. 1487-90.)
Je *seie* reis, vos *seiez* dux. (Ib. II, v. 14460.)

E si jol puis conquerre e ocire, vus *seiez* à nuz serfs e obeissanz. (Q. L. d. R. I. p. 62.)

Et la forme poitevine:
En quelque lou que eles *sayent*. (1289. M. d. B. p. 1087.)

---

[1] On trouve, dans le R. do Rou, *soonz* (v. 2608. 9), forme barbare et incorrecte venant du mélange des formes picardes et normandes déjà altérées. J'hésite d'autant moins à regarder *soons* comme non authentique, que la partie du texte où il se trouve plusieurs fois est certainement une interpolation de l'ouvrage de Wace.

REMARQUES. 1. La *seconde* personne du singulier du *présent* de l'indicatif du verbe auxiliaire espagnol *ser*, *être*, est *eres*, au lieu de *es*, forme remarquable qu'on a crue jusqu'ici propre à la langue espagnole. Le vieux français avait aussi *iers* pour *es*, *ies*.

        Un médecin arrive:
Ex.: Quant or le voit, li a dit son plaisir.
      — Dont *iers* tu, mies? garde m'aie mentit.
      — Dame, dist il, de cel autre païs.... (R. d. C. p. 267.)
Chrestiiens, frere, molt *iers* grans et plaingniers;
Molt *iers* fornis, bien sanbles chevalliers,
Et je si ai d'aïde grant mestier. (Ib. p. 269. 271.)
Quant il vint pres, ci c'est haus escries:
Qui *iers* tu, n'a (?) garde de me celer?
*Iers* tu messaiges qui viens à moi parler? (Ib. 271.)
Chrestiiens, frere, pourquoi t'*iers* tu celet? (Ib. p. 299.)
Au departir le prist à apeller:
— Chrestiiens, frere, molt *iers* jantis et ber.
Tu et tes fis vos poes bien vanter
Li millors estes de la crestiiente,
Por grans fais d'arme suffrir et endurer. (Ib. p. 314. 315.)

L'éditeur de Raoul de Cambrai, M. Edward Le Glay, dit à la page II de son intéressante préface: „A partir de la page „204 du ms. correspondant à la page 244, v. 3., de notre texte „imprimé, l'écriture n'est plus la même: elle devient moins „régulière et plus *rustique;* l'orthographe subit aussi quelques „modifications." Et c'est précisément dans cette seconde partie que l'on trouve *iers* avec le sens du présent de l'indicatif; ce qui semblerait prouver que *iers* était une forme vulgaire que les Espagnols ont seuls conservée. Les exemples de ce *iers* sont du reste trop nombreux pour qu'on y voie une faute de copiste ou de lecture.

En quelques cas, on pourrait, à la rigueur, admettre un imparfait; mais il y en a tant d'autres où le présent n'est pas douteux, que l'on doit reconnaître l'authenticité de la forme.

2. Au lieu de *somes*, etc., on trouve quelquefois, à la première personne du pluriel du présent de l'indicatif, les formes *esmes*, *eimes*, *emes*, qui sont sans aucun doute dérivées d'une vieille forme latine *esmus*, *esumus*, pour *sumus* (ἐσμές, sanscrit *smas*), de *esum*, d'après Varron.

Ex.: Cele (l'arche) portent en un char, ço est en la fei de la sainte veire cruiz par unt *eimes* rechate, ne forsveient pur chose averse ne pur prosperite. (Q. L. d. R. I, p. 22.)

Pur ço requier que tes enfanz truissent grace envers tei, kar à bon tens *eimes* venuz à tei; içø que te plaist dune à nus tes serfs e à tun fiz David. (Ib. I, p. 97.)

   Veez l'ost le rei d'Escoce qui nus ad desfiez;
E nus *eimes* escharniz dedenz ces fermetez,
N'aurum sucurs n'aïe de nul de noz judnez. (Chronique de Jordan Fantosme v. 494-6. ds. Ben. t. 3. p. 550. 551.)

Nus n'*eimes* pas en cest païs venuz pur sujorner. (Ib. ead. v. 994. p. 570.)

E nus *eimes* ci dedenz serjant e soldeiers. (Ib. ead. v. 1230. p. 579.)

     Sire, ce dist il, nous *eimes* gent
     Ke devum servir lealment
       Nostre seignur. (Var. de la vie de St. Thom. ds. Ben. t. 3. p. 621. c. 1.)

    Altre foee vos face Diex plus lie;
    Car en tel leu sommes ci herbergie,
    Ou moi et vos n'*esmes* pas aesie. (Agolant. v. 499—501. Ed. Bekker.)

    Raïne, suvenir vus dait,
    Quant li rais congie me aveit,
    E je cre mult anguisus,
    Amie, de parler od (v)us,
    E quis engin, vinc el vergez
    U suvent *eimes*¹ enveisez. (Trist. II, p. 126.)

Le Chanson de Roland, p. 77, st. CXLV, donne la forme *ermes*:

    Sire cumpaign, à mei car vus justez;
    A grant dulor *ermes* hoi deseverez.

*Ermes* n'est qu'une variante d'*esmes;* le *s* s'est permuté en *r*.² M. Francisque Michel a eu tort de traduire *ermes* par *serons*.

3. Au lieu de la forme de l'imparfait dérivée de *stabam*, que j'ai donnée dans le tableau de la conjugaison du verbe *être*, la vieille langue en avait une dérivée de *eram*: *ere* d'abord en Bourgogne, puis, au XIIIe siècle, *iere*, forme propre de la Picardie, et *ere* en Normandie. La troisième personne du singulier faisait *ert*, *iert*, ou *ere*, *iere*.

Les mêmes formes représentaient aussi le futur primitif *ero*, au lieu de celui de *esser*; mais ici on ne les trouve qu'à la première et à la troisième personne du singulier, et à la troisième du pluriel.

   Ex.: Li loux li dit: jeo sai de voir,
     Ce meisme me fist tes peire,
     A ceste surce ù od lui *ere*. (M. d. Fr. II, p. 65. 66.)

---

(1) Dans son glossaire, M. Francisque Michel traduit *eimes* par *étions*. C'est une erreur; le dernier vers signifie: *où souvent nous nous sommes amusés*.

(2) Cfr. Diez I, 232.

Cil à cui il astoient venut *eret* justes et avironciz de divines plaies. (M. s. J. p. 475.)

E à Anne sa muiller, que il tendrement amad, une partie (del sacrefise) dunad, ki forment *ert* deshaitee, kar Deu ne li volt encore duner le fruit desired de sun ventre. (Q. L. d. R. I, p. 2.)

Vint s'en al tabernacle; truvad le vesche Hely al entree, ki assis *iert*, qu'il as alanz e as venanz parole de salu mustrast. (Ib. I, p. 3.)

Où porroit il trover ne querre | En qui il se fiast de guerre
Se mestier *iere?* (Rutb. I, 199.)

Li rois le voit, si li enquiert,
Quant du seneschal partit s'*iert*
Pour aler en France tout droit,
Par quel cemin ales *estoit*. (R. d. l. M. v. 4393-6.)

Totes estoient en bliaus
Sengles, por le tans qui *ert* chaus
S'en i ot de teles assez
Ki orent estrains les costes
De çaintures; s'en i ot maintes
Qui por le chaut *erent* descaintes. (L. d. T. p. 75.)

D'iqui apres à douze lieues seoit la cite de Rodestoc sor mer, qui mult *ere* riche et forz, e granz et garnie de Venisiens mult bien, et avec tot ce *ere* venue une rote de serjans à cheval et *estoient* bien deux mil, et *erent* venu altresi à la cite por garnir. (Villeh. 481[d].)

Li regnes nus esteit prumis:
De ceo *erium* certains e fiz
Que li dé le consentireient.... (B. I, v. 1397-9.)

Nos en vousimes repairer,
De ceo eumes grant desirer
Riches mult à nos naïtez
Dunt nos *erium* fors jetez. (Ib. ead. v. 1421-4.)

Mais malement fumes seur:
De mort *eriom* eschape
Pur restre mielz à mort livre. (Ib. II, v. 1742-4.)

Se issi li *eriom* estors,
Voluntiers li mettreie à lieu
Que tolir me voleit mon fieu. (Ib. ead. v. 14030-2.)

S'à eus *eriez* combatuz, | E vos les aviez vencuz,
Serreit as nefs lur repaire,
U il ne nus detereient gaires. (Ib. I, v. 1997-2000.)

Fait n'avez mie, fait il, bien
Dunc si vos estes combatuz
Que je n'ai este atenduz;
Kar de mei *eriez* certain
Que ci vos *esteie* prochain. (Ib. II, v. 5546-50.)

Trop *eriez* de grant vaillance
A faire teu chose de vos. (Ib. ead. v. 14637. 8.)
Del serrement e del emprise
Dunt sus l'autel de saint iglise
*Friez* entraseurez
Estes or fors e delivrez. (Ib. v. 15334-7.)

(O naissance plaine de sainteit) niant encerchaule as engeles por la parfondesce del saint sacrement, et mervillous en totes cez choses por la singuleir excellence de noveliteit, si cum cele c'unkes teile ne *fut*, ne jamais nen *iert*. (S. d. S. B. p. 530.)

Si je le teig, il n'*iert* huemais randus
Por amor ceolz de France. (G. d. V. v. 63. 64.)
Oliviers freires, où estes vos aleiz?
Jai m'an veut si li nies Karlon porter
En l'ost le roi por mon cors vergonder:
Moie *iert* la honte, vos *serait* reprove. (Ib. v. 656-9.)
Quant enbatuz s'*ierent* en vos
Tut folement e à desrei,
Dunc gait bien chascon endreit sei
Qu'il le face cum pur sa vie. (Ben. II, v. 2528-31.)

4. On a vu plus haut la forme du futur *esserai* formée directement de l'infinitif *esser*; on trouve encore *estrai*, *estroie*, qui paraissent être le futur et le conditionnel du même verbe, dérivant de la forme avec le *t* intercalaire.

Ex.: Tost voz auroit souduit et enchante
Et tel hontaige et tel blasme aleve
Qui n'*estroit* mie de legier amende. (A. et A. v. 1001-3.)
S'ainsi faites, ma fille *estres*;
Se nel fetes, vous comparrez. (Fabl. et Cont. IV. p. 373.)

Cependant la signification des verbes *estre* et *ester* se rapprochait tellement, qu'il est difficile de décider s'il faut voir ici *ester* (voy. plus bas) ou *estre*. Pour moi, je pense que ces formes sont presque toujours des contractions de *esterai*, *esteroie*, et qu'il faut les rapporter ordinairement à *ester*. Cfr.

Qui s'i parjure malement est baillis,
N'istra dou champ tant qu'*estera* honnis. (A. et A. v. 1392. 3.)
Quar Dieux dist, si est verites:
Ja n'*estera* bien couronnes
Ki loiaument ne combatra
Et ki ces vises ne vaincra. (Ph. M. v. 4990-3.)
Quar ja couronné n'*estera*
Ki loiaument ne combatra. (Ib. v. 5392. 3.)
Se vus murez, *esterez* seinz martirs. (Ch. d. R. p. 45.)

Cette phrase du Fragment de Valenciennes est encore plus significative :

Si *astreient* li Judei perdut, si cum il ore sunt.

Ici nous voyons *asteir* (adstare), au lieu de *esteir*.

5. Au lieu de *il y a*, on trouve quelquefois *il est*, etc.

Jadis avint qu'il *ert* .j. rois
Qui molt fu sages et courtois. (R. d. l. M. v. 49. 50.)

6. Je ferai encore remarquer les phrases impersonelles :

a. *Être bel à qqn.*, cela plaît, convient ; *être lait*, cela ne plaît pas, ne convient pas.

Bele, pois jeo veer l'anel ?
— Oïl dame, ceo *m'est bel*. (M. d. Fr. Fr. v. 441. 2.)
Li reis demande la despoille,
U *bel* li *seit* u pas nel voille. (Ib. Bisc. v. 275. 6.)
Cil unt sun cummandement fait
U eus *seit bel*, u eus *seit lait*. (Ib. Lanv. v. 383. 4.)
Que il *estoit* à cascun *bel*
De li veoir et esgarder. (R. d. l. M. v. 1352. 3.)
Sires, dist il, tost et isnel
Sera fait çou qui vous *est bel*. (Ib. v. 4999. 5000.)

b. *Être vis à qqn.*, sembler à qqn.

Mei *est vis*[1] que poi vos agree: (Ben. v. 15317.)
*Vis m'est* que de ton cors li sans vermauz ruissele. (Ch. d. S. II, p. 141.)
*Vis* li *fu*, là où il dormoit,
Que en haut l'air un ors avoit. (Brut. v. 11528. 9.)
*Vis* vous *fust* que lonc tens eust
Que Bretaigne poplee fust. (Ib. v. 1243. 4.)
*Vis* li *fu* k'une voix, en dormant li diseit. (R. d. R. v. 946.)

Au lieu de *vis*, qu'on croyait peut-être un substantif, on disait encore *avis :*

Ne quidom, d'autre plus te place,
N'en nule, ce nos *est avis*,
Ne sereit tis quers meuz assis. (Ben. v. 24883-5.)
Ja fust il miels en cest païs
Qu'à Romme, che m'*est avis*. (R. d. S. S. v. 443. 4.)
Bons rois, dont ne t'*est* il *avis*
Que li cenglers s'estoit occis ? (Ib. v. 1979. 80.)

Et cette phrase généralisée :

C'estoit *avis* li mons deust fenir. (G. l. L. I, p. 41.)

*Vis*, *avis* avaient un synonyme : *viaire* (opinio), *viarie*, qui s'employait de la même façon :

---

[1] Visum mihi est.

>Sire, fait ele, ce m'*est viaire*
>Que ce oi je mult bien à faire. (Ben. v. 31458. 9.)

Li uns esgardet le altre ensement cum en riant,
Que ço vus fust *viarie* que tut fussent vivant. (R. d. Ch. p. 15.)

Et encore *à viaire:*

>Mais ne nos *est* pas *à viaire*
>Que fust raisons ne biens ne dreiz
>De prendre Ernoul à ceste feiz. (Ben. v. 19525-7.)
>Kar, ce li *esteit à viaire,*
>Toz jorz retraeint.... (Ib. v. 26635. 6.)

L'exemple suivant prouve du reste que *viaire* et *avis* n'avaient pas absolument la même signification:

>Ne me *fu avis* ne *viaire*
>Que j'en deusse autre rien faire. (Ben. v. 30108. 9.)

c. *Etre tart à qqn.*, tarder à qqn.

>Moult se font tuit lie de cel plet,
>*Tart* lor *est* qu'il le voient fet. (P. d. B. v. 10439. 40.)

Si tost comme il vit le jour, il se leva pour oir messe; et moult li *estoit tart* qu'il oist son filz parler. (R. d. S. S. d. R. App. p. 97.)

7. *Estre* prenait souvent la particule réduplicative *re: restre* = être à son tour, être encore, de nouveau.

>Ex.: Baudoins et Lohoz s'i *resont* ambatu. (Ch. d. S. II, p. 82.)
>Et Guielins fu navres ens el pis,
>Que li haubers en fu envermillis
>Et ses cevals *refu* de trop laidis. (O. d. D. v. 7730-32.)
>Lai s'en va où n'a nul relais:
>De l'avoir *rest* il bone pais
>Quant gist mors desus l'echinee! (Rutb. I, p. 63.)
>Par bataille *resoit* prove
>Li quels ara la poeste. (Brut. v. 12134. 5.)

# PREMIÈRE CONJUGAISON.

On a vu au commencement de ce chapitre que les verbes de chaque conjugaison [1] forment deux classes bien distinctes : les uns appartiennent à la conjugaison forte ; les autres, à la faible. J'ai déjà expliqué ce qu'on entend par verbes forts. Les verbes *faibles* sont ceux où la voyelle radicale reste la même pour toutes les formes. On les nomme faibles, parce qu'ici la flexion ne repose que sur les terminaisons.

PARADIGME DES VERBES FAIBLES DE LA I<sup>ère</sup> CONJUGAISON
*dans les trois dialectes*

| BOURGUIGNON. | PICARD. | NORMAND. |
|---|---|---|
| | INFINITIF. | |
| chant-eir. | kant-ier [2]. | chant-er. |
| | PARTICIPE. | |
| | *Présent.* | |
| chant-ant. | kant-ant. | chant-ant. |
| | *Passé.* | |
| chant-eit, -ei (et, e). | kant-iet, -ie. | chant-ed, -e. |
| | INDICATIF. | |
| | *Présent.* | |
| chant, | kant, | chant, |
| chant-es, | kant-es, | chant-es, |
| chant-et, -e, | kant-et, -e. | chant-ed, -e, |
| chant-ons, | kant-omes, -ommes, | chant-um, |
| chant-eiz, | kant-es, | chant-ez, |
| chant-ent. | kant-ent. | chant-ent. |
| | *Imparfait.* | |
| chant-eve, -oie, (-oe), | kant-oie, (-oe), | chant-oue, (-oe), |
| chant-eves, -oies, | kant-oies, | chant-oues, (-oes), |
| chant-evet, -oit, | kant-oit, | chant-out, (-ot), |
| chant-iens, | kant-iemes, (iomes), | chant-ium, |
| chant-ieiz, | kant-ies, | chant-iez, |
| chant-event, -oient. | kant-oient. | chant-ouent, (-oent). |

---

(1) Voy. cependant la 3e conjugaison.
(2) On *cantier*.

| BOURGOGNE. | PICARDIE. | NORMANDIE. |
|---|---|---|
| | *Parfait défini.* | |
| chant-ai, | kant-ai, | chant-ai, |
| chant-ais, -as, | kant-as, | chant-as, |
| chant-ait, -at, -a, | kant-at, -a, | chant-ad, -a, |
| chant-ames (asmes), | kant-ames (asmes), | chant-ames (asmes), |
| chant-astes, | kant-astes, | chant-astes, |
| chant-erent (arent). | kant-erent. | chant-erent. |
| | *Futur simple.* | |
| chant-erai, | kant-erai, | chant-erai, |
| chant-erais, -eras, | kant-eras, | chant-eras, |
| chant-erait, erat, -era, | kant-erat, -era, | chant-erad, -era, |
| chant-erons, | kant-erommes, | chant-erum, |
| chant-ereiz, | kant-eres, | chant-erez, |
| chant-eront. | kant-eront. | chant-erunt. |
| | *Conditionnel présent.* | |
| chant-eroie, | kant-eroie, | chant-ereie, |
| chant-eroies, | kant-eroies, | chant-ereies, |
| chant-eroit, | kant-eroit, | chant-ereit, |
| chant-eriens, | kant-eriemes, | chant-erium, |
| chant-erieiz, | kant-eries, | chant-eriez, |
| chant-eroient. | kant-eroient. | chant-ereient. |
| | IMPÉRATIF. | |
| chant(-e), | kant(-e), | chant(-e), |
| chant-ons, | kant-omes, | chant-um, |
| chant-eiz. | kant-es. | chant-ez. |
| | SUBJONCTIF. | |
| | *Présent.* | |
| chant-e, | kant-e, | chant-e, |
| chant-es, | kant-es, | chant-es, |
| chant-et, -e, | kant-et, -e, | chant-ed, -e, |
| chant-iens, (-ions), | kant-iemes, (-iomes), | chant-ium, |
| chant-iciz, | kant-ies, | chant-iez, |
| chant-ent. | kant-ent. | chant-ent. |
| | *Imparfait.* | |
| chant-aisse, | kant-asse, | chant-asse, |
| chant-aisses, | kant-asses, | chant-asses, |
| chant-aist, | kant-ast, | chant-ast, |
| chant-assiens, (-assions), | kant-assiemes, | chant-assium, (-assum), |
| chant-assieiz, | kant-assies, | chant-assiez, (-assez), |
| chant-aissent. | kant-assent. | chant-assent. |

Je passe à l'exposition des formes des verbes forts de la première conjugaison, et de celles des verbes faibles qui exigent d'assez grands développements. On trouvera dans le Glossaire annexé à cet ouvrage les particularités les plus saillantes des verbes auxquels je n'ai pas cru devoir consacrer un article à part. [1]

AIMER (v. fo.), amare.

La forme primitive de ce verbe a été *ameir, amer*.

> Bien devons Diu *amer*,
> Et comme pere reclamer. (R. d. M. p. 61.)
> Oliver l'esgardet, si la prist à *amer*. (Charl. v. 404.)

Forment vos doi *amer*, qant por moi travailliez. (Ch. d. S. II, 17.)

Le présent de l'indicatif fut d'abord:

> aim,
> aimes, aimmes,
> aimmet, aimme, aime,
> amons,
> ameiz, amez,
> aiment, aimment.

Ainsi régulièrement fort. Le *m* final de la première personne se changea de bonne heure en *n* dans la Picardie: *ain*; puis le son nasal une fois introduit, on ajouta un *c* à la forme *ainc*. En Picardie, le *c* remplaçait souvent, dans ce cas, le *g* des autres provinces, et, on le sait, ce dernier servait à marquer la nasalité; aussi, lorsque les formes du dialecte picard eurent pénétré dans l'Ile-de-France, on y écrivit *aing* pour *ainc*. Toutes les formes légères prirent dans la suite ce son nasal: *ainmes, ainme, ainment*.

Les formes avec le double *m* étaient surtout bourguignonnes.

Les autres temps, le présent du subjonctif excepté (cfr. Flexion), ne renforçaient pas la voyelle; ce qui est très-régulier. (Cfr. les Observations générales.)

Ex.: Jo *aim* le rei, ben le sachez,
> E *amerai*. (Vie de St. Th. d. Cant. v. 704. 5. Ben.
> t. 3. p. 484.)

> Et vos di bien en droit foi
> Que je vos *aim* si comme moi. (P. d. B. v. 9273. 4.)

> Biaus ostes, il m'est souvenu
> De m'amie que je tant *aim*. (R. d. l. V. p. 202.)

> Ne sai se vif ou non,
> Ou se j'ai tort ou raison,
> Ou se j'*aim* ou s'est noians. (C. d. C. d. C. XV. p. 58.)

---

(1) Ceci s'applique également aux trois autres conjugaisons.

E dit al cunte: Jo ne vus *aim* nient. (Ch. d. R. p. 13. XXII.)
Je ne t'*ain* tant ne tant n'ai en cierte
Que je te die mon cuer ne mon pense. (O. d. D. v. 8786. 7.)
Et jou meismes l'*ainc* aussi
Et vous trestoutes autressi. (L. d'I. p. 13.)
J'*aing* mieux fontaine qui soronde
Que cele qu'en estei s'esgoute. (Rutb. I. p. 132.)

Tu *aimes* ces ki te heent, e hedz ces ki te *aiment*. (Q. L. d. R. II, p. 191.)
Si con tu *aimes* ton signor droiturier,
Le roi Kallon, e con tu le tiens cher. (O. d. D. v. 4108. 9.)
*Aimes* tu donc? Oïl, par fei. (Chast. VIII, v. 16.)

Par Mahomet ton deu, que tu *aimmes* et crois! (Ch. d. S. II, p. 161.)
Davant toz les altres oynst li Peires lo Fil, en cuy ses plaisirs est;
davant toz les altres, car li Peires *aimmet* lo Fil par une divine affection
cuy nul creature ne sentit onkes. (S. d. S. B. p. 563.)

Mais qui *aime* losengeor
Tost *ameroit* tot le pior. (P. d. B. v. 4331. 2.)

Li Rois ne le prent pas, cui douce France est toute,
Qui tant par *ainme* l'arme que la mort n'en redoute. (Rutb. I, p. 137.)
Se Dex *aimme* miex sacrefisce | De tor, de bouc ou de genice,
Faison le par devotion
Pour avoir miseration. (R. d. M. p. 70.)
Nos *amons* nos freires voirement. (Apocal. f. 10. r. c. 2.)
Celui servuns, celui *amons*
Qui m'a sauve. (R. d. S. G. v. 2325. 6.)
*Amez* le bien, je n'en grouz mie. (R. d. l. V. v. 3022.)
*Ames* vous dont autrui que moi? (L. d'I. p. 17.)
Se vos m'*amez* de rien, vos n'i passerez mie. (Ch. d. S. II, p. 47.)
Car miex *aimment* perdre la vie
U occirre lor anemis,
Ke estre en lor servage mis. (R. d. M. p. 66.)
Beaus fils, fait ele, nus del mont
De tos cels qui furent et sont,
N'*aiment* rien tant com mere fis. (P. d. B. v. 3855 - 7.)
Je vous *amoie* plus que rien. (Ph. M. v. 8008.)
Et li rois meismes l'*amoit*
Et sa parente le clamoit. (Ib. v. 742. 3.)
Et dist: Mout *amiez* cel homme. (R. d. S. G. v. 510.)
Vus m'*amies* tant par samblant. (R. d. S. S. v. 2270.)

Apres vont tuit si home, qui l'*amoient* de foi. (Ch. d. S. II, p. 116.)
Ainc n'*amai* à repentir,
Ne ja ne le quier savoir. (C. d. C. d. C. XV.)
Tu n'*amas* onque home s'il ne fu losangier. (Ch. d. S. II, p. 23.)
Dex *ama* Kalle e si l'avoit mult chier. (O. d. D. v. 269.)

S'onques l'*amastes*, dont l'*amez*. (Trist. I, p. 134.)
Et ses damoiseles plaissa
A çou que eles l'onourerent
Et conjoïrent et *amerent*. (R. d. l. M. v. 1318-20.)
Paiz e concorde ait entre nos
Si que *amez* mei, jo *amerai* vos. (Ben. II, v. 645. 6.)
Il coisiront, vos *ameres*. (P. d. B. v. 6741.)
Ne ja mais jor ne m'*ameront*
Tout cil qui retraire l'orront. (R. d. l. M. v. 889. 90.)
Pleust à Diu, ki ne menti,
K'il m'*amast!* que je l'*ameroie*. (R. d. l. V. p. 137.)
Or te di bien, mix *amereie* | Tun seul engieng se jou l'aveic,
Que cax dont g'ai ma pance pleine. (M. d. F. II. p. 389.)
Et qui *ameroies* tu? (R. d. S. S. d. R. p. 47.)
En trestute sa vie mes ne vus *amereit*. (Charl. v. 492.)
Et en l'escole autre *ameroit*. (Fl. et Bl. v. 372.)
*Ameries* vous un chevalier? (Th. Fr. M. A. p. 105.)
Bien *ameroient* tuit ma mort. (Dol. p. 200.)
N'aurois homme ki tant en sache,
Ne ki tant *aint* vostre avantage. (R. d. M. p. 23.)
Plainnes sommes de grant reviel,
N'i a cheli n'*aint* par amours,
Et molt est envoisies cis jours. (L. d'I. p. 8.)
Deus, qui justz est, pius e igaus . . . .
L'*aimt* e le gart e le maintienge. (Ben. II, v. 7942. 6.)
J'*amaisse* mis je perdisse Paris. (O. d. D. v. 612.)
Et ne porquant pas ne vos di
Que mielz ne l'*amasse* à ami
Que nul de cax qu'il esliront. (P. d. B. v. 6629-31.)
Jo te cherissoie et *amoie*
Plus que (?) nul autre, si quidoie
Que tu plus des autres m'*amasses*. (Brut. v. 1811-13.)
Se tu veraiement l'*amasses*,
De lui correcier te gardasses. (Chast. prol. v. 133. 4.)
Il *amast* mix estre outre la mer. (O. d. D. v. 871.)

D'une chose proiasse, se vos tenisse amie,
Que pejor n'*amassiez*: s'an fust m'arme plus lie. (Ch. d. S. II, p. 133.)

Au lieu de *ain*, *aimet*, *aime*, on trouve, en Normandie, les variantes orthographiques: *ein*, *eime*.

Tant as, tant vauz et je tant t'*ein*. (Chast. XXVII. v. 94.)
Por itels colps nos *eimet* li emperere. (Ch. d. R. p. 54. CV.)
Ne vus esmerveilliez neent, | Ke ki *eime* mut lealment,
Mut est dolenz e trespensez
Quant il n'en ad ses volentez. (Trist. II, p. 142.)

'Quant à la forme *j'am* (Trist. I, p. 69), elle est inexacte; c'est ou une faute de copiste ou une faute de lecture, comme le prouvent *aim*, *aime* qui se trouvent dans la même page.

L'affaiblissement graduel des terminaisons longues à l'origine, dont il a été question plus haut, fit que le verbe *amer* passa à la conjugaison faible. Selon Roquefort, ce n'est qu'à la fin du XVe siècle qu'on a ajouté l'*i* à l'*a*. Cette assertion est erronée. Les formes à terminaisons faibles ont eu de tout temps la diphthongaison *ai*, comme le prouvent les exemples ci-dessus; puis, au XIIIe siècle déjà, on trouve des exemples de l'infinitif faible *aimer* (L. d. Tr. p. 82. entre autres), et au XIVe, il y a une véritable confusion de la conjugaison forte et de la faible. Pour être juste, il faut dire: Ce n'est qu'à la fin du XVe siècle que ce verbe passa définitivement à la conjugaison faible.

Les principaux composés de *amer* étaient:

*Enamer*, aimer, aimer tendrement, s'amouracher.
> Comment puet plaire la dolour
> Que on sent au cuer nuit et jour?
> Ne comment puet il *enamer*
> A voir rins c'on doie clamer
> Doleur ne griete ne torment? (R. d. l. M. v. 1409-13.)
> Car or vos ai tant *enamee*,
> Tote autre rien ai olbliee. (P. d. B. v. 1431. 2.)

*Desamer*, cesser d'aimer.

*Mesamer*, ne point aimer, haïr.

*S'entramer*:
> Li doi enfant moult *s'entramoient*. (Fl. et Bl. v. 223.)

## ALLER (v. fo.)

dérivé de *ambulare*, il emprunte une partie de son présent à *vadere*, et son futur à *ire*.

Les formes de l'infinitif de ce verbe étaient, en Bourgogne, *aleir*; en Picardie; *alier*; en Normandie, *aler*.

> Estroite est li voie, et cil qui esteir welt est à enscombrement à ceos qui welent *aleir* avant et ki desirent esploitier. (S. d. S. B. p. 567.)

> Doun moi del pein, les moi *alier*. (St. N. v. 1225.)
> Jerusalem requere e la mere dame Deu
> La croiz e la sepulcre voil *aler* aürer. (Charl. v. 69. 70.)

Aujourd'hui la première personne du *présent* de l'indicatif appartient seule à la conjugaison forte: je *vais;* autrefois les trois personnes du singulier en faisaient régulièrement partie [1]:

vai — vais — vait.

La troisième personne du pluriel était déjà *vont.* (Cfr. Dérivation *D.* 1°.)

Les deux premières personnes du pluriel étaient dérivées de *aleir:*

alons — aleiz.

Ex.: A vois escrie, chevaliers, où *vais* tu?
S'ensi t'en *vais,* tu ais le san perdu. (G. d. V. v. 310. 11.)

Par la tue salud, tu ne *vaiz*[2] ne à destre ne à senestre, si par la verited nun, en quanque tu as parled. (Q. L. d. R. II, p. 170.)

Cist ordenes est molt peneuous et perillous, et ki *vait* par molt longe voie, si cume cil ki nule sente ne quierent ne nule adrece. (S. d. S. B. p. 566.)

Cant Olivier le vit soul chevachier,
Vers lui s'en *vait* à guise d'ome fier.
Onkes de rien nel doignait aramier
Ferir le *vait* sor l'escu de quartier. (G. d. V. v. 264-7.)
Nostre empereres s'est vestus et chauciez,
Messe et matinnes *vait* oïr au monstier. (A. et A. v. 233. 4.)
Par .viij. jors se sont entendu
Li baron à grant feste faire;
Puis *vait* cascuns à son repaire
Molt lie, quant le congie a pris. (R. d. M. p. 64.)

Cil ki apres *vont* lo bottent et trabuchent. (S. d. S. B. p. 567.)

Et l'*impératif:*

Enjosk'à la conponction del cuer et la confession de la boche *vai* encontre luy (ton signor). (Ib. p. 528.)

Li quens apelle Garin son escuier.
*Vai,* met ma selle sor mon corant destrier,
Et si m'aporte mes garnemans plus chier. (G. d. V. v. 404-6.)

Au lieu de *vai,* on trouve *voi, vois.* Cette orthographe, primitive dans le sud-ouest de l'Ile-de-France, avait acquis une grande extension au milieu du XIIIe siècle. D'où provient-elle? Souvent déjà j'ai parlé des orthographes en *ei* pour *ai* final; *vai* subit aussi le changement de *ai* en *ei,* et la nouvelle forme *vei,* en passant dans les cantons indiqués ci-dessus, y aura été regardée comme une orthographe normande, qui se traduisait à l'ordinaire par *oi;* de là *voi,* qu'on écrivit avec *s,* pour le distin-

---

(1) Le patois bourguignon a conservé *vai* aux trois personnes du singulier du présent de l'indicatif, et à la seconde de l'impératif: *vai t'an, vais y.*

(2) La forme *vaiz* n'appartient proprement pas au langage de ce texte.

guer de la même personne du présent de l'indicatif de *voir*. Il se pourrait aussi que cette forme *voi* dût son origine à un aplatissement pur et simple de l'*a* en *o*.

*Vois (voys)* se trouve encore dans Amyot, Montaigne et Rabelais.

Hors de l'est de la Bourgogne, de la Lorraine et du sud-est de la Champagne, la seconde personne est restée constamment *vas*.

En Normandie, la troisième personne du singulier était *vat*, *va*; dans la plus grande partie de l'Ile-de-France, *veit*, *vet*; en Picardie, *vait*, *va*. Une troisième forme: *voit*, est très-rare jusque vers la fin du XIIIe siècle, et probablement calquée sur la première, par suite de l'influence du subjonctif.

La troisième personne du pluriel avait la variante orthographique *vunt (wnt)*, en Normandie.

Ex.: Remain ici. Tu n'i porteras pas bone nuvele, si tu i *vas*. — Cil respundi: E cument, si jo i *vois*? Respundi Joab: Or en *va*, en la Deu beneiçun. (Q. L. d. R. II, p. 188.)

   *Alez* al chef, jo *vois* as piez;
   Si *alun* tost ensevelir. (R. d. S. p. 26.)
   De ci m'en *vois*. (Rutb. II, p. 87.)
   *Va* t'en.
— Je m'en *vois*. (Ib. ead. p. 88.)
Geri escrie: trop me suis atargies,
Quant ne lor *vois* ma terre chaslaingier. (R. d. C. p. 384.)
S'ensi les lait et je à tant m'en *vois*,
Tressous li mons m'en tenra à renois. (Ib. p. 132.)

A que faire te *vas* en la cite muçant? (Ch. d. S. II, p. 158.)

Jo n'iere pas si poure cum tu *vas* ci disant. (Th. Cantb. p. 77. v. 14.)

.... Car il *vat* si encontre lo malisce del ancien anemi par le mervilhose merci de sa poance .... (M. s. J. p. 505.)

   Et vers son ceval moult tost *vet*. (P. d. B. v. 3164.)
   A moi dites conment ce *vet*. (Ib. v. 4158.)
   Ploianz s'en *veit* à son ostel. (N. R. d. F. et C. I.)
   Tristan s'en *voit* à la roïne. (Trist. I, p. 63.)

Si sunt muntez Franceis, que à joie s'en *vunt*. (Charl. v. 851.)

E *wnt* s'en dreit en Engleterre. (Trist. II, p. 37.)

Le présent du subjonctif avait quatre formes: 1°. *Voise*, dérivé de *vadere* et correspondant à l'indicatif *vois*; 2°. *aille*, comme aujourd'hui, venant de *aler*, avec le renforcement régulier *i*; 3°. *alle*, sans diphthongaison; 4°. en Normandie surtout, un troisième dérivé de *aler* avec la terminaison subjonctive *ge* (cfr. p. 113, *D*.): *alge*, qui devint *auge* par le fléchissement ordinaire de *l* en *u*[1].

Exemples:

1°.  Or ne lairoie por tot l'or que Diex fit,
Que je ne *voise* à icestui païs
Où Juliien porterent sarrasin. (R. d. C. p. 296.)
Par tel convent me renderai à ti,
Que je m'en *voise* et sains et saus et vis. (G.l.L.II, p. 202.)
Or saces ke Jhesus te mande,
Par moi meisme et te commande,
E jou le voel et sel te di
Que tu *voises* sans contredi
Ma soupouture delivrer.... (Ph. M. v. 4778-82.)
Dont te convient il qu'à Faiel
T'en *voises* tout le cours isnel. (R. d. C. d. C. v. 2959. 60.)
Si te vouluns pour Dieu prier
Que le *voises* Joseph nuncier
Car nous tout si de fein moruns. (R. d. S. G. v. 2395 - 7.)
N'i demort vavassors, chevaliers ne hauz hom
Qui an bataille puist porter son confanon,
Qui ne *voist* an l'aïe l'ampereor Karlon. (Ch. d. S. II, p. 123.)

Mais ce prions nos soniousement ke cil ke ellievet sa pense al spiritueil entendement ne *roist* mie ensus del honor del hystoire. (M. s. J. p. 448.)

D'une de nous fasons nous prestre;
Seoir en *voist* en mi cel estre,
Les cele ente ki est flourie;
Chascune i *voist*, et se li die
Cui ele aimme en confession
Ne à cui ele a fait le don. (L. d'I. p. 8. 9.)

La troisième personne du singulier s'écrivait aussi *voise:*
Et dit ne laira mie q'à li parler ne *voise*. (Ch. d. S. I, 117.)
Qui vodrat elz sainz cielz semance semancier
*Voisse* aidier au buen roi qui tant fait à prisier. (Rutb. I, p. 143.)
Et non pourquant quel par qu'il *roise*. (R. d. C. d. C. v. 1478.)

Jusque vers la fin du XIIIe siècle, ce *voise* n'était guère amené que par la rime, plus tard il devint très-fréquent. Marot, Rabelais, etc. en font souvent usage.

Dist la vielle: Ja Diu ne plache
Que vous *voisies* ja en mi plache
Ou moustree soies au doi! (R. d. l. V. p. 32.)

De ceste nouvele fu li empereres mult lies et mult joians; mais pour ceu ne remaint il mie que Cuenes de Betune et li autre qui avoec lui furent noume, ne *voissent* avoec le conte à Cristople. (H. d. V. 506 ª.)

(1) Le patois d'Avranches a conservé *alge* sous la forme *oige*.

Dunc veissiez chevaliers vistement cuntenir,
Munter en lur chevaus e lur armes saisir:
N'i aura nul trestut (?) qu'il nes *voissent* ferir:
Ço que l'un d'els volt, l'autre vint à plaisir.
(Chr. d. Jordan Fautosme ds. Ben. t. 3, p. 601.)

Et lor commande qu'il trestuit
Le *voisent* querre tote nuit. (P. d. B. v. 633. 4.)

Je ferai encore remarquer l'orthographe *veise*:

Je nel lairoie por les membres trenchier
Que je n'i *veise* por ma honte vengier. (R. d. C. p. 77.)

2°. Se je ne le vos rant ançois que je m'en *aille*,
Ne randez de m'enor ne chose qui le vaille. (Ch.d.S.II,p.9.)

Volonte ei que je m'en *aille*. (R. d. S. G. v. 3446.)

Ainz que j'*aille* outremer. (C. d.C. d. C. p. 33. VI.)

Si ont à leur consel trouve
Que boins est que li rois i *aille*,
Pour destruire l'orde kienaille. (Ph. M. v. 10283-85.)

Diex otreit à toz et consente
Que i *aillons* la dreite sente. (Chast. XXV, v. 59. 60.)

Por Deu vus pri, qi nos fist à s'ymage,
Que vos sans moi n'*aillies* en la bataille. (O. d. D. v. 4991.2.)

Çi aura trop grant mesprison
S'à la sainte terre failliez.
Or covient que vous i *ailliez*. (Rutb. I, p.94.)

Ces trois derniers exemples, et d'autres encore, prouvent qu'ici la vieille langue n'était pas aussi régulière que la moderne.

Mais li riche gent nen ont mie acostume qu'il *aillent* as povres. (S. d. S. B. p. 526.)

Atant font les baniers crier
Que trestot s'*aillent* desarmer. (P. d. B. v. 2935. 6.)

Lors demande ses armes l'amperere au vis fier,
Et commande que tuit s'*aillent* aparoillier. (Ch.d. S.II,p.181.)

3°. Mais mande m'a une pucele
Que j'*alle* tost à lie parler,
Bien me mande n'i moigne per. (Trist. I, p. 94.)

Ne dot pas que je n'*alle* au plet
A tapine comme tafurs. (Ib. ead. p. 160.)

Lores dit nostre Sires: Ki deceverad le rei Achab sulunc ço que il ad deservid, que il *alt* à Ramot Galaath e là seit ocis? (Q. d. R. III, p.337.)

Et se il de ce se deffalt
Desfic l'a quel part qu'il *alt*. (Brut. v. 8837. 8.)

Seur *aut* et seur revienge
N'ait poor qu'il li mesavienge. (Chast. pr. v. 189. 90.)

A la parfin li unt loe

Que senz demore e senz tarjance
Se traie mais e *aut* vers France. (Ben. II, v. 2990-2.)
Commant que la chose *aut*, droiz est que je te die.
(Ch. d. S. II, p. 12.)

Entre .ii. liez la flor respant,
Que li pas *allent* paraisant. (Trist. I, p. 36.)

Qu'il ne soient ja si hardi
Qu'il *allent* apres lui plain pas. (Ib. ead. p. 94.)

4°. Pur ço, si grace vers tei ai truved, suffre que jo i *alge* e veie mes freres. (Q. L. d. R. I, p. 81.)

Plaist te, Sire, que jo en *alge* à une des citez de Juda? (Ib. II, p. 124.)

Mais il me mandet que en France m'en *alge*.
(Ch. d. R. p. 8, XIII.)

Jeo nel lerroie pur murir
Que jeo nel *auge* ja ferir, | Que ke mei deie avenir.
(Mort du Roi Gormont. Cité ds. Ph. M. Intr. XVII.)

Ne l'oi je unques en corage,
Que se li dux à sei ma mande,
Qui mun gent cors quert e demande,
Que je *auge* cum soudeiere
Ne cume povre chamberere. (Ben. v. 31317-21.)

Reis orguillos, nen est fins que t'en *alges*. (Ch. d. R. p. 115.)

Dunt dist Reinolz: Nos te preiom
E dulcement te requerom
Que tu *auges* ceo escercher,
E puis sil nos saches noncier. (Ben. II, v. 3265-8.)

D'une rien te voil chastier | E de par Deu dire e preier
Que tu n'en *auges*, por preiere,
Ui mais en bois ne en riviere. (Ben. v. 40733-6.)

Beste nen est nule ki encontre lui *alge*. (Ch. d. R. p. 59.)

U ke li reis *auge* en estor. (R. d. R. v. 12959.)

Un poi mangiez devant ço que vus en *algiez*. (Q. L. d. R. I, p. 111.)

Sire, que volez faire? Ne freez si grant freite
Que vus *algiez* à curt el puing l'espee treite.
(Th. Cantb. p. 17, v. 18. 19.)

Jo vos cumant qu'en Sarraguce *algez*. (Ch. d. R. p. 103.)

Pri vus quel moi pardunisez
E tresque à Tristran en *algez*. (Trist. II, p. 33.)

Quant tels en est vostre plaisir,
Funt cil, ù avez en talent
Qu'*auges* de ci premerement? (Ben. II, v. 3358-60.)

Li reis vus mande que vus *auges*
A son fiz novele coronez
Par amur. (Vie de St. Thom. ds. Ben. 3, p. 493.)

> Guardez, seigneurs, qu'il n'en *algent* vif. (Ch. d. R. p. 80.)
> E li Franceis n'unt talent que s'en *algent*. (Ib. p. 134.)
> Et si n'est ce ne bien ne bel
> Que home enbate tel morsel
> En sa gole, qui seit si grant
> Que les mies *augent* chaant
> De ci et de là. (Chast. XXII, v. 177-181.)
> Ne sunt si hardi les le rei
> Que il se *augent* mettre davant. (Ben. II, v. 902. 3.)
> En paiz *augent* et en paiz viengent,
> Si cum il unt tenu si tiengent. (R. d. R. v. 16508. 9.)

On trouve, dans la Chronique des Ducs de Normandie, *auion*, *auiom*, *auium*, comme formes de la première personne du pluriel du présent du subjonctif. *U* y provient de l'aplatissement de *l*; mais faut-il voir dans *i*, l'*i* de la flexion ou bien un adoucissement du *y* devant *o* et *u*: en d'autres termes, ces formes dérivent-elles de *alle* ou de *alge*? Si l'on considère que l'*i* de la flexion manque souvent au subjonctif, puis que la seconde personne fait *augez (algez)*, et que la forme *auge (alge)* est prédominante dans ce texte, on se décidera pour la prononciation chuintante de l'*i*.

> A Rome lo que nos *aujum*
> E si nos enseignorissum
> De li e de si faite honur
> Qu'al siecle n'est nule greignur. (Ben. I, v. 1249—52.)
> Escrit sumes tuit e nume
> A faire extermination
> Si qu'en exil nos en *aujum*. (Ib. II, v. 280-82.)
> Tu qui le sez, le nos apren
> U si ert folie u si ert sen
> Que nos *aujom* od els mesler
> Senz targer e senz demorer. (Ib. v. 3397-400.)
> E ce que nos ert mestiers
> A querre terre où nous *aujom*
> Quant de la sue partirom. (Ib. v. 24594-6.)

Le texte porte, il est vrai, pour le premier de ces exemples *avium*, ce qui est évidemment faux, pour les deux suivants, *anium*, *aniom*. On pourrait expliquer ces deux dernières formes comme dérivant du verbe *aner = aler*, en provençal *anar*; mais *aner* ne se rencontre que dans les dialectes mixtes de la langue d'oc et de la langue d'oïl, et il n'a jamais fait partie du langage pur de nos provinces du nord. M. Fr. Michel a donc eu raison d'admettre les variantes *aujum*, *aujom*. (Cfr. Chr. d. D. d. N. t. 3.)

Les autres temps ne donnent lieu à aucune observation, si ce n'est qu'en Normandie le futur et le conditionnel redoublaient ordinairement le *r*.

Ex,: Par ycel huis *aloie* au bos
Priveement esbanoier. (R. d. C. d. C. v. 2246. 7.)
Es tu ce Baudoins, que je voi là gisant,
Que nos fiez et noz terres *aloies* chalongant?
(Ch. d. S. II, p. 146.)
A lui *vont* les gens de la terre | Conseil demander et requerre;
Tous les ensaignoit, comme sages,
Selonc lor dis et lor eages,
Et quant les avoit consillies
Si s'en *raloit* chascuns toz lies. (R. d. M. p. 8.)
Vers la mer nous en *alions*. (R. d. l. M. v. 5045.)
De san et de voisdie l'*aliez* trespassant. (Ch. d. S. II, p. 158.)
Dont *alai* ma paelle querre. (Dol. p. 243.)
Dous Dex, xxxij. ans *alas*
Par le mont. et si preeças. (R. d. l. V. p. 246.)
S'*alait* ferir duc Naimes de Bawier
Sor son escut un grant cop et plainier. (G. d. V. v. 592. 3.)
Haio ki guardout l'arche *alad* devant. (Q. L. d. R. II, p. 139.)
Malvais servis le jur li rendit Guenes
Qu'en Sarraguce sa maisnee *alat* vendre. (Ch. d. R. p.55.)
U *ala* ma dame saves?
Il respondent: Ele *est alee*
En ses cambres toute effraee. (R. d. M. p. 36.)
Onques puis plein pie n'en *alames*,
Ne de ci ne nos remuames. (Chast. XVII, v. 118. 9.)
Lors quant vostre mere Costance
Vos vout de la terre chacier, | Deseriter e eissillier,
Vos *alastes* en Normendie
A lui od maisnie escharie. (Ben. v. 33145-9.)
*Alerent* eissi envaïr. (Ib. v. 33654.)
Donc firent pes, si s'acorderent,
Et ensemble al saint *alierent*. (St. N. v. 1140. 1.)
E se jo scusse ù, jo *alasee* encontre lui. (Th. Cantb. p. 38, v. 20.)
Ne savoie kel part j'*alaisse*. (Dol. p. 251.)

E fui od tei ù que tu *alasses* e ocis tuz tes enemis devant tei. (Q. L. d. R. II, p.143.)

Or sachies bien k'il li couvint
*Aler* maintes fois à s'amie,
S'à toutes fust, n'i *alast* mie. (L. d'I. p. 19.)

La queile paine nous seriens tenut de rendre et renderiens au devantdit conte s'il avenist chose, ke nous *alissiens* encontre. (1288. J. v. H. p. 469.)

Mais une chose vos voil ancor prier:
Ceste bataile feissiez respitier,
Si feissiez ces grans os desrengier,
Et k'*allisiez*[1] en douce France arier. (G. d. V. v. 1324-27.)
As rois a dit que il *alaissent*
Ourer, et par lui reparaissent. (R. d. l. V. p. 245.)
Joseph entre ses braz le prist,
Acola le, et au pere dist
Et à sa suer qu'il s'en *alassent*
Et l'enfant avec lui leissassent. (R. d. S. G. v. 2981-4.)
El respont: *Ales*, g'*irai* ja. (Fl. et Bl. v. 2528.)
E *irrai* un rei requere dount ai oï parler. (Charl. v. 72.)
Çà, frere; çà, en chartre *irras*. (R. d. S. p. 16.)
Puis li a dit: Tu t'en *iras*
A cel chastiel. (R. d. l. V. p. 20.)
O voz *irait* mes nevous Olivier. (G. d. V. v. 1048.)
Quant il le sot, errant jura
Que il querre par tout l'*ira*. (Fl. et Bl. v. 1095. 6.)
A Roem, dreit de ci qu'al pont,
*Irra*, ce dit, qui que desplace. (Ben. v. 22087. 8.)

Et nos andementiers nos *irons* esprover
Sor Saisnes noz vertuz, ses ferois esfreer. (Ch. d. S., II, p. 108.)
E nus le *irruns* asaillir fierement ù qu'il seit. (Q. L. d. R. II, 182.)
Venez; avant tut i *irrez*. (R. d. S. p. 18.)
Quant Franceis unt manget, des ore s'en *irrunt*. (Charl. v. 849.)

Il dit que il le conte de Blansdras delivrast et le remeist en possession du royaume de Salenique dont il l'avoit desaisi, et puis il s'en voist al Corthiac, et il *iront* illoec à lui pour lui droit faire. (H. d. V. 508 ͤ.)

Dou mangier k'*iroie* contant? (R. d. M. p. 33.)

Et cil por lor proiere et por lor besoing dist que il *ieroit* mult volentiers. (Villeh. 466 ᵈ.)

Lors se pourpensa qu'il *iroit* ariere, à la dame, pour conseil querre. (R. d. S. S. d. R. App. p. 83.)

(Deus out) fait mostrance
Que là ù nostre char porta
Qu'en la Virge prist e forma,
Là *iriom*, là nos prendreit
E toz nos i coronereit. (Ben. v. 21170-4.)

Pour ce qui est de la place de *en* et *i* (y) accompagnant le verbe *aler*, les exemples suivants en donneront une idée.

N'est ja toz poures ki est sains;
S'il n'a chastel, ja puet il querre,
Et *aler* s'*en* en autre terre. (R. d. S. S. v. 1490-2.)

---

(1) Pour ces formes en *i*, voy. Flexion, imparfait du subjonctif.

Il me saule que tans seroit
D'aler ent, ains qu'il ajournast. (Th. Fr. M. A. p. 84.)
Vait s'en e dit que teu folie
N'i fist mais nul jor de sa vie. (Ben. v. 33704. 5.)
Vont s'ent, que ne demeurent mes. (R. d. l. V. p. 64.)

De rechief David prist cunseil de nostre Seignur, e il respundi: *Va t'en* en Ceila, e jo te liverai à ta volented les Philistiens. (Q. L. d. R. I, p. 89.)

Cfr. Reimporte doncques... ton or et ton argent, et *t'en ra*. (Amyot. Homm. illust. Cimon.)

La vieille langue retranchait quelquefois les pronoms *nous*, *vous*, devant *en*, à l'impératif.

Dunc parla Samuel al pople, si lur dist: *Alum ent* en Galgala e renuvelum noz afaires endreit del regne. (Q. L. d. R: I, p. 38.)

Les combinaisons suivantes sont encore remarquables:

Dont dist ma dame de Coucy:
*Alons m'en*; laissons reposer
Le chevalier, tans est d'aller.
Lors se leverent etc. (R. d. C. d. C. v. 2100-4.)
Li chastelains un poy se taist,
Et puis lor a dit: *Alon m'ent*. (Ib. v. 2548. 9.)

Je passe aux constructions avec *i*:

La dame ne volt luinz aler,
Suz le degre en pout trover
Secche leine e velz marien,
E *vait i*, ne demure ren. (Trist. II, p. 30.)
Dist l'arcevesques: *Va i* tost sans delai;
Per saint Remi, ne autre n'i trametrai. (O. d. D. v. 9252. 3.)

Respundi nostre Sire: *Va i*, e les Philistiens descunfiras, e la cite salveras. (Q. L. d. R. I, p. 89.)

*Aler* se conjuguait aussi avec *avoir*:

Tant *a alé* nous et valees
Que par Arras vint dusqu'à Lens. (R. d. l. M. v. 3350. 1.)

Remarquez enfin *aler de*:

Ensi *va de* la guerre, bien pieca le savez. (Ch. d. S. II, p. 153.)
Cfr. Communement leurs favoris (des roys) regardent à soy, plus qu'au maistre: et il leur *va de bon*. (Montaigne. Essais III, 13.)

On disait, au XIIIe siècle: *près va*, *près se va*, *s'en va*, pour *peu s'en faut*.

Les principaux *composés* d'*aler* étaient:

a. *Raler*, dont on a déjà vu quelques exemples:
La roine i *revu* courant. (Fl. et Bl. v. 699.)

b. *Mésaler*, aller mal, s'égarer:

Tant voit li enfes grant beautes
Que moult cuide estre *mesales*. (P. d. B. v. 807. 8.)

c. *Tresaler*, s'en aller, se passer :
Tresvait le jur, la nuit est aserie. (Ch. d. R. p. 29.)
Sa doleur li assouaga
Et ses maus touz li *tresala*. (R. d. S. G. v. 1201. 2.)

E se Deu plest, ço dist, que ses mals *tresira*. (Th. Cant. p. 15. v. 14.)

d. *Paraler*, parvenir :
Jesqu'à Marsilie en *parvunt* les noveles. (Ch. d. R. p. 102.)

Et l'endemain jut al Corthiac.... Il fust *parales* jusques à Salenique s'il peust. (H. d. V. p. 194. XVI.)

e. *Poraler*, parcourir ; *se poraler*, se donner beaucoup de peine pour qqch. :
Tote Bretaigne *porala*,
Les contrees avironna,
Vit les marois et les boscages.... (Brut. v. 2649-51.)
Et Lubias si *s'est* tant *poralee*,
As riches homes a donnees soudees
Et as borjois pianls de martre affumblees,
Icelle gens s'est el monstier entree
Et tuit ensamble al evesque crierent. (A. et A. v. 2153-7.)

f. *Entraler* :
Ci *s'entrevunt* teus cous doner,
Des heaumes funt le feu voler. (Ben. v. 19992. 3.)

## DONNER. (v. fo.)

Les formes infinitives de ce verbe étaient, en Bourgogne: *doneir* ; en Normandie: *duner* ; en Picardie: *donier*. L'Ile-de-France et une partie de la Champagne, le Berry, l'Orléanais, et les cantons avoisinants, avaient comme variante orthographique: *doner* ; l'anglo-normand: *douner*. La forme *douner* se trouve aussi, au XIIIe siècle, dans les provinces picardes; l'*o* s'y était alors assourdi en *ou*, qui gagna toutes les formes.

Ex.: Ki lo donrat, se il *doneir* ne le puet. (S. d. S. B.)

Qui en Denelac francz home est, e il averad demi marc en argent vailant de aveir champester, se devrad *duner* le dener Seint Pere. (L. d. G. p. 180. 18.)

Voy. R. d. R. v. 7586.
De mun aveir vos voeill *duner* grant masse. (Ch. d. R. p. 26. IJ.)
Cil responent: Nus ne savon
Quiel conseil *donier* te porron. (St. N. v. 966. 7.)

En toutes ces coses renoncons nous à toutes ajuwes de loi de crestiente, et de loy mundaine, à tous privileges dounes à croisies u qui sunt[1] à *douner*. (1256. Th. N. A. I, p. 1084.)

   Tuz les oisiaus fist assanbler,
   Si lur vuleit conssel *douner*. (M. d. Fr. II, p. 121.)

  Granz cox se vont *doner* comme vassal prisiez. (Ch. d. S. II, p. 140.)

Le verbe *doneir* était un de ceux qui diphthonguaient l'*o* avec *i*, au lieu de *u*. Mais la conjugaison forte y fut altérée de bonne heure; dès le XIIIe siècle, la première personne du sing. du prés. de l'ind. est, pour ainsi dire, la seule qui prenne le renforcement, tandis que ce dernier avait déjà passé à la première et à la seconde pers. du plur. du présent du subjonctif.

   Tien, je te *doign* cest boin destrier de pris. (G. d. V. v. 861.)
   Toute ma terre te *doing* en aquitance. (R. d. C. p. 162.)
   Je la vous *doing* (ma nef) par tel couvent
   Que vous me menes sauvement
   A vile.... (R. d. l. M. v. 4879-81.)

Le *g*, qui sert simplement à marquer la nasalité, finit par repousser le *n*:

   Je vos an *doig* congie, alez, si les ferez. (Ch. d. S. II, p. 128.)
   Ma suer vos *doig* volantiers et de gre. (G. d. V. v. 3087.)

Il a été question plus haut d'un subjonctif en *se*, au lieu de *ge*. Cette forme donna lieu à une nouvelle première personne du présent de l'indicatif: *doins;* en Normandie: *duins*.

   Celui *doins* jo tote m'amor. (P. d. B. v. 6708.)
   Et je vous *doins* par fine druerie
   De douce France la grant seneschaucie. (Ch. d. R. Intr. XXVII.)
   Se trois Rollant, de mort lui *duins* fiance. (Ib. p. 36. LXXI.)

Voici quelques exemples des autres formes du présent de l'indicatif, et de celles de l'impératif:

   Ki mult te sert, malvais luer l'en *dunes*. (Ch. d. R. p. 100.)
   Tel cop li *done* devant enmi le pis,
   Par sus la croupe dou cheval l'abati. (G. d. V. v. 853. 4.)
   Li reis li *dune* ferm(e) pes. (Trist. II, p. 66.)

François facent le pont, cui vos *donez* l'or mer
Et les diapres fres qi tant font à prisier,
Qi par nuit et par jor sont à vostre maingier,
Cui vos *donez* chevax qant lor faillent destrier. (Ch. d. S. II, p. 37.)

   Paiz nos *dunez* entere e saine. (Ben. I, v. 1457.)
   Grans colz se *donent* sor les escus devant. (G. d. V. v. 299.)
   *Dune* nous faire dignement
   A cest seint cors enterrement. (R. d. S. p. 26.)
   *Dounons* le à lui. (P. d. B. v. 3959.)

*Donez* an largement vostre chevalerie. (Ch. d. S. II, p. 100.)

(1) Le texte porte *qu'il sunt*.

Les formes du présent du subjonctif correspondaient à celles de l'indicatif:

Ja n'iert si gentix hom, s'il est à assener,
Que tantost ne vos *doigne* à seignor et à per. (Ch. d. S. II, p. 166.)
Et je li donre au retor
Ce qu'il vodra que je li *doigne*. (Romv. p. 573. v. 14. 15.)
Vos me sermoneiz que le mien
*Doingne* au coc et puis si m'envole. (Rutb. I, p. 126.)
Ge sui tot prest que gage en *donge*. (Trist. I, p. 124.)
E dit al fol: Si Deu te aït,
Si jo te *doinse* la raïne
Aver e mener en ta saisine.... (Ib. II, p. 103.)

Respundi li reis: Pur quei requiers que jo li *duinse* Abisag de Sunam?
Mais requier que jo li *duinse* mun regne. (Q. L. d. R. III, p. 230.)

Sire, ço dist li moigne, de par Thiebaut te pri
Ke tu li *doinges* trieves à tant k'il vienge à tei ci. (R. d. R. v. 5095. 6.)
Ele crie: Sire, merci!
Ainz que m'i *doignes* art moi ci. (Trist. I, p. 60.)
Ce te mande, jol te retrai:
Si c'est que ta fille li *donges*... (Ben. II, v. 6446. 7.)

E pried que tu lur *duinses* un talent de argent e duble vesture à remuiers. (Q. L. d. R. IV, p. 364.)

Tant lor *doigne* dou suen que nesun ne s'an plaigne. (Ch. d. S. II, p. 100.)

Mais requier le rei qu'il me te *duinge* e il ne m'escundirad pas. (Q. L. d. R. II, p. 164.)

Se li desfent qu'ele ne *doingne* | A nul povre qui à li viengne
C'un seul denier à une voie. (Rutb. II, p. 214.)
Cuntre le ciel ambesdous ses mains juintes,
Si priet Deu que pareïs li *dunget*
E beneist Karlun e France dulce. (Ch. d. R. p. 78.)
Merciablement l'a requis
Qu'à jugement e à amende | Pait, soille, aquit e *dunge* e rende
Là ù il voudra comander
Ne sa cort saura esgarder. (Ben. v. 17614-8.)
Tristran s'en vet, Dex lor en *doige*
Male vergoigne recevoir. (Trist. I, p. 23.)
Voir, dist Bernier, qui le coraige ot fier,
Dame Aalais, qui tant vos avoit chier,
*Doinst* à autrui sa terre à justicier
Que ja de vos ne fera iretier. (R. d. C. p. 176.)
Car c'est costume à novel chevalier:
Ançois k'il doie sos garnemans baillier,
Doit oïr messe et damedeu proier
Ke il li *doinst* bien terre justicier. (G. d. V. v. 219-22.)

Ço *duinset* Deus, le filz sancte Marie. (Ch. d. R. p. 113.)

Par Deu! ço dist li eschut, cist home est enragez.

Unques Deus ne vus *duinst* cel gab cumencer! (Charl. v. 528. 9.)

Mais por ceu ke nostre Salveires dist k'en cele mesure ke nos averons mesuriet, reserat mesuriet à nos, si est bone chose à l'omme k'il cez choses *donst* à comble. (S. d. S. B. p. 568.)

E Deus le me *dunt* deservir! (Ben. II, v. 1953.)

Or vieng ci demander conseil, que vous le me *doigniez* par amour et par guerredon. (R. d. S. S. d. R. App. p. 83.)

Sire, on me fait entendant que vous avez une fille, laquelle je vous prie, s'il vous plaist, que vous me *doingnies* à moillier. (H. d. V. p. 185. X.)

Se vos mes vers tant desprisiez
Que por els rien ne me *doinsiez*,
Por mon lignage me donez,
Quer ge sui de bones genz nez. (Chast. III, v. 43-6.)

Que volez que jo vus face, e par quei vus purrai apaier que vous *duinsez* beneiçun al heritage nostre Seignur, e *pardunez* vostre maltalent? (Q. L. d. R. II, p. 201.)

Car il vient qu'il *doignent* Alein
La seignourie de leur mein
Seur leur filles, seur leur enfanz. (R. d. S. G. v. 3183-5.)

Li empereres retorne en Constantinoble et mande ses barons, et leur prie que il li *doinsent* consel se il sejournera ou chevauchera cest yver. (H. d. V. p. 189. 90. XIII.[1])

La troisième personne du subjonctif: *doint* est restée en usage jusqu'au temps de Rabelais, Amyot, Montaigne.

Excepté l'assimilation du *n* au *r*, au futur et au conditionnel, dont il a été question, les autres formes du verbe *doner* n'offrent rien de remarquable.

En voici quelques exemples:

El del sien as povres *duonoit*
Moult volentiers en bon endroit. (Ph. M. v. 28761. 2.)

Mais nos, qui somes ti feel,
Te *donions* loial consel. (Trist. I, p. 149.)

Trop li *donai* fellon entrait. (Dol. p. 244.)

Tu me *dunas* escud de salud, e ço que jo sui paisible me ad acreud e multeplied. (Q. L. d. R. II, p. 209.)

Li rois moult biaus dons lor *douna*
Et sauvement les renvoïa. (Ph. M. v. 29382. 3.)

Vus li *donastes* et argent et or fin. (O. d. D. v. 10522.)

La soe chose li quiderent
Tolir, et la lor li *doneirent*;
De lor engin les enginna. (Chast. XVII, v. 148-50.)

---

(1) Cfr. le texte de D. Brial 498 b.

Si m'aït Dex, jou ai amie,
C'autrement m'amour vous *donnaise*,
S'il vous pleust. (R. d. l. V. p. 173.)
Il me dist que de ci l'ostasse
Et que je à Joseph le *donnasse*. (R. d. S. G. v. 537. 8.)

Mais que tu me *dunasses* la meited de quanque ad en ta maisun. (Q. L. d. R. III, p. 287.)

Quant Deus del cel li mandat par sun a(n)gle
Qu'il te *dunast* à un conte cataigne. (Ch. d. R. p. 90.)

Et li haut home qui iloec estoient en present, li louent qu'il li *donist* (sa fille). (H. d. V. 496ᵉ.)

Par amours vous pri et requier
Que vus me *donnissies* m'amie. (R. d. S. S. v. 4549. 50.)
Des quant avez este si scinte,
Que *dunisez* si largement
A malade u à povre gent? (Trist. II, p. 27.)
Et prioit Dieu et nostre Dame
Qu'il gardassent son corps et s'ame
Et li *dounassent* à haïr | Çou qu'il haioient, et fuir,
Et li *dounassent* à amer
Çou k'il amoient, et garder. (Ph. M. v. 2594-9.)
Ne quit pas que cil lor *donaissent*
Ne que cil ainc la demandaissent. (Brut. v. 11279. 80.)

Et se ceu ne li est mies asseiz, se li *donrai* ancor avoc ceu lo sien cors mismes. (S. d. S. B. 549.)

Pur coi te *dunrai* je à mengier,
Qunt tu ne me pues mais aidier. (M. d. F. II, p. 124.)

E si dist: Ju li *durrai* pur ço que ele li seit à eschandele e à mal, e que li Philistien le metent à mort. (Q. L. d. R. I, p. 71.)

Ge l'ai trove, s'en criem vostre ire,
Se gel t'ensein *dorras* moi mort. (Trist. I, p. 92.)

Por ceu k'il soit del nombre de ceos à cui om *donrai* en lor sains mesure bone et plaine et chauchiee et sorussant. (S. d. S. B. p. 569.)

Dunt il semble qe bon est qe le reis envoie ses mesages pour... veer les teres q'il ad done e *dorra* à Hartman sun fiuz. (1276. Rym. I, 2. p. 154.)

Et se nos le poons avoir, | Por nul marcie de nostre avoir,
Nos en *donrons* moult largement. (Fl. et Bl. v. 1161-3.)
A lor cois vos amors *dorres*. (P. d. B. v. 6742.)
De vos bels aveirs me *dorrez*. (R. d. R. v. 15815.)
Li vostro vos *douront* mari. (P. d. B. v. 6740.)
De lur aveirs e de lur biens
Te *dorrunt* tant que ce iert ades,
Ne qu'entre vos n'aura ire mais
Ne malvoillance ne haïne. (Ben. v. 4948-51.)

Preus est li dus de Normendie,
Et se vous le volies avoir,
Jou vous *donroie* grant avoir. (Ph. M. v. 17321 - 3.)
La fame et l'aveir recevreiz
Et oncor plus, quer vous aurez
Qantque apareillie aveic
Que en doaire li *donreie*. (Chast. II, v. 77 - 80.)

Sire, cume jo fui en la bataille, un des cunestables me livrad un prisun en guarde, e dist mei que se il m'eschapout que jo en murreie u un talent de argent li *durreie*. (Q. L. d. R. III, p. 329.)

La dame dist qu'ele en voloit avoir seuretes; et li quens dist qu'il li *donroit* bones. (H. d. V. 504 d.)

Bien sai qu'il me *dorroit* la mort. (Trist. I, p. 6.)
Se veissum Rollant einz qu'il fust mort,
Ensembl'od lui i *durriums* granz colps. (Ch. d. R. p. 70.)

Si respondirent al mesage
Que par leur sanc et par leur luite
En ierent delivre et quite,
Ne jamais treu ne *donroient*
Mais quitement lor fies tenroient. (Ph. M. v. 195 - 9.)

S'*entredoner*. (Ch. d. R. p. 138.)

## ENVOYER
(in-viare, via, voie).

Le verbe *envoyer*, dit-on, est irrégulier au futur et au conditionnel. C'est une erreur; *enverrai*, *enverrais* sont des formes tout aussi régulières qu'*envoierai*, *envoierois*, dont Rabelais, Montaigne, etc. font encore usage. *Envoier*, et les autres composés de *voier* [1]: *avoier*, *ravoier*, *desvoier*, *convoier*, *forvoier*, étaient les formes picardes-bourguignonnes, qui avaient pour correspondantes, en Normandie: *enveer*, *aveer*, *raveer*, etc.; en Touraine: *envaier*, *envaer*, *avaier*, etc.; dans les provinces mixtes: *enveier*, *aveier*, etc. Chacune de ces formes avait sa conjugaison complète et régulière; ainsi, au futur: *envoierai*, *avoierai*, etc., *enverai*, *enverrai*, *enveierai*, *averrai*, *aveirai*, etc., *envaerai*, *envaierai*, etc. Le futur actuel d'*envoyer* est simplement la forme normande, qu'on a préférée, je ne sais pourquoi, au futur picard-bourguignon. La langue fixée a conservé intacte la conjugaison picarde-bourguignonne pour *dévoyer*, *fourvoyer*, etc.

Ex.: Icist esmais e cist deshaiz
Que il par out si grant de sei
Li a fait *enveier* au rei
De tote sa plus haute gent. (Ben. II, v. 13424 - 7.)

(1) Dans la seconde moitié du XIIIe siècle, on écrivit souvent *voiier* en Picardie.

De lor envians *envoierent*
Soventes foiz i *avoierent,*
Tant qu'il les firent *desvoier*
De lor voie, et *avoier*
A une pereilleuse voie. (Ruth. I, p. 308.)
Ce cil n'en pense qui se laisa drecier
En sainte crois por son peule *avoier*. (R. d. C. p. 237.)
Ne vus menbre, raïne Ysolt,
Quant li reis *envaer* me volt,
Cum si fist? Il me *envaiat*
Pur vus, ke il ore esspuse ad. (Trist. II, p. 108.)
Ke une faiz vus *envaiai*. (Ib. ead. p. 125.)

Sur ces chevals *enveium* noz messages, e espierunt cume li afaires est aled (Q. L. d. R. IV. p. 372.)

Et si qu'entre lui et le roi
Furent res et tondu andoi
Et *envoiiet*, par felounie,
En Bourgogne, en une abeie.
Puis *envoiierent* li baron
En Austrie .i. leur compagnon
Pour Cilderic, sel fisent roi. (Ph. M. v. 1582-8.)
Et nos li ferons à entendre
Que là l'*envoions* por aprendre,
Et apres lui por soie amor
Li *envoieres* Blanceflour. (Fl. et Bl. v. 331-4.)

Nous i *envoierons* de nostre conseil souffisaument. (1286 J. v. H. p. 412.)

Par .xx. hostages que li *enveiereiz*. (Ch. d. R. p. 23.)
Jo li *enverrai* mes messages. (Rym.)
Qui par maintes fois requis m'ont
Que j'*envoiaisse* en Engleterre
Une des filles le roi querre. (R. d. l. M. v. 1996-8.)
Deu prie que s'ame gardast
E ses angles lui *enveast*. (St. N. v. 620. 1.)
La Dame qui les siens *avoie*, | M'a *desvoie* de male voie
Où *avoiez*
Estoie et si *forvoiez*
Q'en enfer fusse *convoiez*
Par le deable... (Ruth. II, p. 103. 4.)

## ESTER.[1]

La forme primitive de ce verbe est *steir, ster*:

Dunkes comenzat à *steir* li chaitiz avoc sa proie culpables et loiez. (Dial. de S. Grég. l. 3. ch. 22.)

---

(1) *Ester*, dérivé de *stare*, être debout, etc. avait conservé le plus grand nombre des significations de son primitif.

Tot soi mervilherent, quar li leirres ki fut entreiz por la desserte del om Deu à sa proie *steieet* loiez. (Ib. ead.)

En mei vos *stat*, o vos chaitis, cil cui vos ne conesseiz. (S. Bern. fol. 101, V°.) [1]

Beone uret li heom ki ne alat el cunseil de feluns; e en la veie des pecheurs ne *stout*. (Trist. II, p. 241. col. 1.)

*Steir, ster*, ne fut pas de longue durée dans la langue d'oïl; dès la fin du XIIe siècle, on lui préfixa un *e*, d'où *esteir* en Bourgogne, *ester* dans les autres provinces. [2]

Ex.: Li awe mismes del fluve purist quant ele encomencet *esteir*. (S. d. S. B. p. 563.)

Conforteir lo travilhant, ce est *esteir* avoc lui en travailh, car aligemenz est del travailh la veue del travilhant companion. (M. s. J. p. 467.)

Li rois ne se pooit *ester*,
Seoir, jesir, ne reposer. (R. d. S. S. v. 1417. 8.)

Uns planchiers que aseurs fust li alers e li veurs, que l'um poust entur tres bien aler, apuier à aheise e *ester*. (Q. L. d. R. III, p. 247.)

De tes enemis est li orguilz si creuz
Que tei e les tuens heent; n'en puis plus *ester* muz. (Th. Cantb. p. 65. v. 29. 30.)

On trouve au présent de l'indicatif:

Si veirement cume Deu vit devant qui jo *estois*, rusee ne pluie ne charrad en terre si par ma parole nun. (Q. L. d. R. III, p. 310.)

(Vivit Dominus Deus Israel, in cujus conspectu *sto*, si erit annis his ros et pluvia, nisi juxta oris mei verba.)

Si veirement cume Deu vit devant qui jo *estois*, n'en prendrai rien. (Q. L. d. R. IV, p. 363.)

Dunkes n'*estat* mie, ans trespasset li espirs, car nostre contemplations aovret à noz desiers la sovraine lumiere. (M. s. J. p. 483.)

*Estait* bien à Absalon e ad il pais? (Q. L. d. R. II, p. 189.)

He, Baudoin, fait ele, malement vos *estuit*. (Ch. d. S. I, p. 237.)

Grant pose *estait*, moz ne lor sone. (Ben. v. 20773.)

Là ù li païs ert plus beaus
Est si destruit, riens n'i *estait*
Ne n'i converse ne n'i vait. (Ib. v. 22805 - 7.)

Partonopeus en pies s'*estet*,
L'escu avant, et le brant tret. (P. d. B. v. 3081. 2.)

Tant par nos a la mer gregiez | Et si nos a afebleiez
Que à grant peine *estum* sur piez. (Ben. I, v. 1447 - 9.)

Ne tant com vos ensi *estes*,
De moi adeses ne seres. (P. d. B. v. 9781. 2.)

Tutes les rues ù li burgeis *estunt*. (Ch. d. R. p. 104.)

---

(1) Ces exemples sont cités par Roquefort aux mots *steir*, *stat*.
(2) On trouve dans Tristan *esteer* (I', p. 41). Cette forme est-elle admissible?

E que Deus sout e done e rent
A ceus qui en bien *estunt* e mainent
E qui od juz faiz s'acompaignent. (Ben. v. 23864 - 6.)

L'imparfait se formait régulièrement :

A plusors geus se deportoent,
E si cum il iloc s'*estoent*,
Virent un chevalier sus Seigne.... (Ben. II, v. 7688 - 90.)

Cependant je lis, dans les Moralités sur Job, la forme *estisoie*, dont je ne saurais expliquer l'origine : [1]

Et quant il ce faudit, si com dist la Scriture, si *estisoit* il en l'uis de la caverne. (M. s. J. p. 488.)

La preuve qu'*estisoit* appartient bien à la même racine qu'*esteir*, se trouve dans la phrase explicative suivante :

*Esteir* en l'entreie de la caverne, est rapresseir lo contretenail de nostre corruption.... (Ib. ead.)

Por ce ke il par sa mervilhouse poance at porveut ke il, se il longement *estisoient* en pais et en repaus, ne poroient soffrir les temptations. (Ib. p. 489.)

Le parfait défini dérive immédiatement de *steti*: *estui*, par analogie aux parfaits définis en *ui*, venant de l'*ui* latin.

Plus fort truveras encor hui
A cui unques ne *contrestui*. (M. d. F. II, p. 278.)

Quand ce oit Helyas si covrit son viaire de son mantel, si entrat et *estieut* en l'uis de la caverne. (M. s. J. p. 488.)

Alcuns *estieut* cui viaire ge ne conissoi(e). E à droit est dit *estieut* : nule creature n'estat, anz decuert, par ce ke ele de nient est faite et par soi mimes tent à nient. (Ib. p. 485.)

Levons, amie.
Cele s'*estut* molt esbahie
Qui dou manuier n'avoit talent. (R. d. M. d'A. p. 4.)

Dous anz *estut* Absalon en Jerusalem si qu'il ne vint devant le rei. (Q. L. d. R. II, 171.)

Karle le voit venir s'ait le chief encline
Une grant piece *estuit* que il n'ait mot sonne,
Et quant il s'apansa si l'a araisonne. (Romv. p. 346. v. 28 - 30.)

Guillaumes li peires gesoit
D'un grant mal dunt mult se doleit,
Pris li esteit de longement, | Assez li *estout* malement,
N'aveit repos ne suatume. (Ben. v. 30466 - 70.)

De ce est ke li filh Israel *estieurent* en l'uis de lur pawilhons, cant il de lonz virent la nue descendant. (M. s. J. p. 488.)

Tant com li Guillemin *esturent*

---

[1] Il serait trop hardi de remonter au grec ἵστημι?

> Là où li grant preudome furent
> Sà en arriere comme reneluz,
> Itant servirent Deu et crurent. (Rutb. I, p. 168.)
> De quatre parties s'*esturent*
> Icil qui le camp garder durent. (P. d. B. 9686. 7.)

(Cfr. *estovoir*, troisième conjugaison.)

On trouve quelques traces d'un parfait défini formé dans la langue d'oïl selon les analogies de la première conjugaison; mais il ne paraît pas avoir été d'un fréquent emploi, probablement à cause de la ressemblance que la troisième pers. du sing. aurait eue avec celle du présent. Je dois cependant faire observer que les textes qui fournissent des exemples d'un parfait défini formé selon la première conjugaison, diphthonguent avec *i* l'*a* de la troisième pers. du sing. du présent de l'indicatif.

La troisième personne du pluriel est la seule dont je puisse donner des exemples, où j'ai la certitude qu'*ester* y soit au défini.

> D'ambes dous parz s'*esterent* quei. (Ben. v. 15970.)
> En un parfunt val s'enbuscherent,
> Là s'*esterent*, tant atenderent,
> Que cil s'enbatirent sor eus. (Chr. A. N. I, 260.)

Dans les phrases suivantes et semblables, on pourrait, à la rigueur, voir un parfait; cependant je crois que le présent est plus conforme au génie de la langue d'oïl.

> Devant lo roi *esta* en pies Garins,
> De la grant coupe servi le roi Pepin. (G. l. L. II, p. 15.)
> Apres Avarisce la dame
> *Esta* une vilaine fame
> Et ireuse: s'a à non Ire. (Rutb. II, p. 32.)

(Cfr. Imparfait du subjonctif.)

L'impératif avait pour formes: *esta*, *estons*, *estez*, *estes*.

> Passe avant, fist li reis, e ci *esta*. (Q. L. d. R. II, p. 189.)
> *Esta*, Cesar, n'aler avant. (Brut. v. 4896.)
> *Esta* tous cois, nous t'irons mes loier. (G. l. L. II, p. 235.)
> Avoi! dame, fait il, *esta*. (Trist. II, p. 154.)
> *Esta*, fet ele, ne bouter,
> Ne ferir, Robin, ne ferir. (Fabl. et Cont. IV, p. 193.)
> Or *eston* ci, si prenon garde. (Trist. I, p. 180.)

Lores dit Samuel: Partissez vus par voz lignages e par les maignees, e *estez* severalement devant nostre Seignur. (Q. L. d. R. I, p. 35.)

> Enmi sa voie encontra un huissier
> Qui li escrie: Vassal, *estes* arier! (O. d. D. v. 6029. 30.)

Les formes du présent et de l'imparfait du subjonctif correspondaient à celles du présent de l'indicatif et du parfait défini.

Ex. : De vos me covient departir,
            Kar Deus ne me vout consentir
            Que plus *estace* en ceste vie. (Ben. v. 20180-2.)
            Respon, pren conseil, fai en tant
            Que Deu seies reconoissant.
            Que tante grant dolor n'en faces
            E qu'en paiz maignes e *estaces*. (Ib. v. 6333-6.)
            Dites que un sol de ma compaigne
            Ne s'i *estace* ne remaigne. (Ib. v. 10487. 8.)
            Passez outre grant aleure,
            Quar ce ne vous porroit aidier;
            Qui n'aime runcune et plaidier,
            Je ne lo pas que s'i *estoise*,
            Quar prendom n'a cure de noise. (Rutb. II, 34.)

N'i ad ki *cuntrestoise* ne lui ne sa vigur. (Chr. d. J. Fant. v. 519.
            Ben. t. 3. p. 552.)

            A la parfin lors (?) mostereiz
            Que ce n'est pas raison ne dreiz
            Qu'à ma volente *contrestacent*
            Ne que il plus la paiz desfacent. (Ben. v. 24419-22.)
            Li un li loent à requerre | L'une partie de sa terre,
            Aloc ù lor gent *esteust*,
            Et quitance et francise eust. (Brut. v. 503-6.)

Mais li reis cumandad qu'il *estust* à sa maisun, si qu'il ne venist devant lui. (Q. L. d. R. II, p. 171.)

Lores cumandad li reis que l'um i enveiast un pruveire de ces d'Israel, e *estust* od els. (Ib. IV, p. 404.)

            Que s'il nos voloit trop laidir
            Nel nos *estuece* pas sofrir. (P. d. B. v. 7235. 6.)
            S'il escapast de la bataille,
            Bien l'en *estast*; mais pris i fu. (Ben. v. 2712. 3.)
            S'il ne fussent, trop mal *estast*,
            Ne quid ja piez en eschapast. (Ib. v. 2451. 2.)

Voici quelques exemples du futur et du conditionnel:

N'irrai pas od lui, mais od celui ki nostre Sire ad eslit, e li poples ki est ici, e tuit Israel, od lui *esterrai*. (Q. L. d. R. II, p. 180.)

E à curt *esterras*, e à mun deis tuz jurs mangeras. (Ib. ead. p. 150.)

E il *esterrad* à curt, e à ma table manjerad. (Ib. ead.)

E à aise i *esterrez*. (Ib. IV, p. 410.)

            Ainz que passast la matinee, | Orent lur gent tut ordenee
            Cum s'*esterunt*, ù e coment. (Ben. v. 3999-4001.)
            Kar od tant m'*esterreit* il bien. (Ib. v. 39808.)

On faisait un fréquent emploi du participe présent: *estant*.

En .j. buisson a regarde,
Un molt grant cerf i voit *estant*. (L. d. M. p. 48.)
L'enfes Gautiers est saillis *en estant*. (R. d. C. p. 192.)
Et veit tuz les evesques entur li *en estant*. (Th. Cantb. p. 23, v. 12.)
De quinze lius el rivache
Ne remest ainc ne bues ne vace
Ne castel ne vile *en estant*. (Fl. et Bl. v. 71-3.)

Pie *estant* = sans retard, incontinent.

Quelques langues romanes emploient le participe présent construit avec une préposition comme substantif abstrait. On dit encore aujourd'hui *de son vivant*, *sur son séant*, etc.; la vieille langue était de beaucoup plus riche en expressions semblables, qui dérivent sans doute de la construction latine avec l'ablatif.

*En son estant* avoit dix sept pies. (O. d. D. v. 10017.)

Cfr. plus bas, *en son dormant*, dormiente illo; *à mon escient*, me sciente; etc. (Voy. *seoir*.)

On se servait des expressions *ester à droit*, *ester à jugement*, pour dire *comparaître devant un tribunal, devant un juge*: elles restèrent en usage jusqu'au XVIIe siècle.

Il leur persuada d'*ester à droict*, et se presenter en jugement. Amyot. Hom. ill. Solon.)

Il print doncques courage, et deslibera sur la faveur du temps de se presenter et *ester à jugement*, pour repondre à qui le vouldroit accuser. (Ib. ead. Alcibiades.)

*Laisser ester qqn.*, signifiait laisser qqn. en repos, le laisser tranquille, *laisser ester*, laisser de côté.

Par amours *laissies* m'en *ester*. (R. d. C. d. C. v. 4168.)
Vassax, dit Fieramor, *lai ester* ta favele (Ch. d. S. II. p. 140.)
*Laisse* clers et prelaz *esteir*
Et te pren garde au roi de France
Qui por paradix conquesteir
Vuet metre le cors en balance. (Rutb. 1. p. 130.)
Ici *lairons* dou conte Amile *ester*. (Am. et A. v. 1229.)
*Ester laissies* ceste riole[1],
Que che seroit hui mais anuis. (R. d. l. V. p. 26.)
Sire, pour Diu! *laissie* me *ester*;
Pechies vous fait chi arester. (R. d. l. V. p. 60.)
Tais toi, fet ele, *lai ester*,
Tu nes purreies guverner. (M. d. Fr. II, p. 385. 6.)

Les principaux *composés* d'*ester* étaient:

---

(1) *Riole* pour *riote*, *bavardage*. Ce mot est ici altéré pour la rime avec *parole*, qui se trouve au vers précédent. — Ce mot *riote* me fait souvenir qu'en Franche-Comté, dans les environs de Montbéliard p. ex., le peuple dit *riote* pour *conte*, *conte de fées*, *conte bleu*. N'y a-t-il pas ici quelque rapport entre *riote* et *riole*?

1. *Contresteir, encontresteir:*
Car bien cuidoient *contrester* à nos fourriers. (H. d. V. 494°.)
Et quant nule riens ne *contrestat* al auctoriteit de sa voiz, si vat plus legier la lengue en trebuchemenz. (M. s. J. p. 472.)
Si li *encuntresturent*, e distrent que ço ne li apendeit pas à faire, mez as pruveires ki esteient del lignage Aaron, e sacrez furent pur cel servise faire à nostre Seignur. (Q. L. d. R. IV, p. 392.)

2. *Asteir*, adstare:
Alsi com vif *astons* encor al munde, cant nos en lui eissons fors par pense. (M. s. J. p. 468.)

Ci *astat* Oliver, qui dist si grant folie
Que . . . . . . (Charl. v. 693.)

3. *Consteir*, constare: être certain et évident.

4. *Paresteir*, rester davantage, persister:
Or quant li hom Deu lo chosevet assidueiement et sovent lo somonoit, et icil en nule maniere ne consentoit de *paresteir* en la congregation . . . (Dial. de S. Grég. V. Roq. s. v. *somondre*.)

5. *Aresteir*, arrêter:

E cil li unt chalenge
Qu'en la cite puis n'*arestace*. (Ben. v. 9231. 2.)

E li dux à Conan comande
Qu'il aut à eus e si lor die | De par le duc de Normendie
Que un sol dedenz ne s'*arestace*
Ne que nul de eus ennui ne face. (Ib. v. 10444-8.

6. *Resteir*, résister:
De force e de vertu m'as ceint à bataille e abaissed as desuz mei ces ki *resturent* encuntre mei. (Q. L. d. R. II, p. 209).
[. . . incurvasti resistentes mihi subtus me.]

7. *Resteir*, être de reste, demeurer.

8. Je rappellerai enfin *distant, instant* et (non) *obstant*. Roquefort donne à *obstant* (Suppl. s. v.) la signification de *à cause, relativement, moyennant;* et à l'appui de son interprétation, il renvoie à la phrase suivante:

A six femmes buresses lesquelles ont fait les buees des povres cartriers quatre fois l'an . . . 7 liv. 16 s., dont les deniers pour faire telle buee se soloient prendre sur ledit platelet desdis povres, mais *obstant* l'ordonnance de Messieurs, le recepveur a paye 7 liv. 16 s. (Compte de l'hospital des Chartriers.)

Cfr. Vray est qu'elle (l'ame) ne les (les choses) raporte en telle sincerite comme les avoit veues. *obstant* l'imperfection et fragilite des sens corporelz. (Rabelais, Pant. III, 13.)

Elles (les licornes) ne pasturent en terre, *obstant* leur longue corne on front. (Ib. ead. IV, 11.)

*Obstant* conserve ici, comme partout, sa signification primitive: *mais l'ordonnance de Messieurs mettant empêchement,* . . .

## LAISSER

dérivé du latin *laxare;* en italien, *lasciare;* en provençal, *laissar;* en valaque, *lasce*. A la signification primitive de *laxare*, *élargir*, se joignit plus tard l'idée de *lâcher*, *relâcher*, d'où se développa celle du *laisser en général*.

La forme primitive de *laisser* a été: en Bourgogne, *laier;* en Normandie, *laier*, *leier;* en Picardie, *laissier*, *laisier* [1]. *Laissier* s'introduisit de bonne heure dans les autres provinces, et prit les variantes orthographiques: *lesser*, en Normandie; *lessier*, *leissier*, dans la plus grande partie de l'Ile-de-France et quelques cantons avoisinants de l'ouest. Néanmoins le futur et le conditionnel des primitifs bourguignon et normand furent toujours d'un usage plus fréquent que les autres.

Les deux formes distinctes du verbe *laisser*, c'est-à-dire celle en *ss*, *s*, et celle sans *s*, donnent lieu à une comparaison assez intéressante avec les vieilles formes du verbe allemand *lassen*. Elles étaient: en gothique, *letan;* en anglo-saxon, *lätan;* en vieil haut-allemand, *lâzan;* en haut-allemand du moyen-âge, *luzen*, *laten*, *l a s s e n* et *l â n*.

Ex.: Quant Artus a sa gent mandee,
Et por bataille conraee,
Le petit pas le fist esrer;
N'en valt *laier* un desraer
De si qu'il vinrent al ferir,
Mais cil nel porent sostenir. (Brut. v. 9536-41.)

Cfr. S. d. S. B. p. 557: Nen ai mies grant cure del *laier*.
Mult veissiez Francheiz pener e travaillier,
Galtier en volent traire, mez lor coustent chier,
Ke Richart ne li suen ne li volent *leier*. (R. d. R. v. 4645-7.)
Se m'i volez *laissier*, ja mar puis doterez
Que de ceste partie soiez jamais grevez. (Ch. d. S. II, 49.)
Ne voleient mie *laissier*
Lur terre del tut eissillier. (Ben. v. 15398.9.)
Ogiers broce parmi la plagne,
Ne puet *laisier* sa gent ne plagne. (Ph. M. v. 7640.1.)
On en doit bien faire son lais
E tel gent *lessier* en relais
Sanz reclamer. (Ruth. I, p. 19.)
Et Joseph mout bien leur devise
Qu'il doivent *leissier* et tenir,
Comment se doivent meintenir. (R. d. S. G. v. 2954-6.)

---

(1) L a z s i e r, dans le Chant d'Eulalie. Voyez le glossaire touchant l'étymologie de *laier*.

> — Ne volent pas pur tant *lesser*,
> Einz le menerent el muster
> A grant deshait. (Vie de S. Th. d. Cantb. Ben. t. 3, p. 495.)

On trouve enfin la forme *lasser*, qui paraît être angevine et tourangelle:

> A genoillons reprent son esme,
> En maint sen s'aaise e acesme
> De *lasser* la saette aler. (Ben. v. 29101-3.)
> Ne pot *lasser* que dunc ne plurt. (Trist. II, p. 28.)

La *première* personne du singulier du *présent* de l'indicatif se terminait régulièrement par la consonne finale du radical pour les formes *laissier*, *leissier*, *lessier*, *lesser*: et en *i*, pour *laier*, *leier*.

> Dame, fait ele, ge vos *lais*. (P. d. B. v. 6669.)
> A lui *lais* jo mes honurs e mes fieus. (Ch. d. R. p. 13, XXIII.)
> Por cest siecle qui se depart
> M'en covient partir d'autre part:
> Qui que l'envie, je le *les*. (Rutb. I, p. 39.)

Ju *lai* les aurmes en pareis... (M. s. J. p. 469.)

On rencontre cependant déjà *leisse*, *laisse*.

> Meis se je or les *leisse* à tant,
> Je ne sai homme si sachant,
> Qui ne quit que soient perdues
> Ne qu'eles serunt devenues. (R. d. S. G. v. 3509-12.)

La troisième personne du singulier était: *lait*, *leit*, *let*, et *laiset*, *laisse*. A la fin du XIIIe siècle, *lest*, qui était la troisième pers. du prés. du subj., fut employé comme indicatif, au sud de la Picardie et dans l'Ile-de-France. Cet abus provenait en partie de l'oubli des bons usages orthographiques, en partie de la confusion des formes *leissier* et *leier*.

Les autres formes du présent de l'indicatif, ainsi que le reste des temps de *laisser*, ne donnent lieu à aucune observation particulière. La classification des infinitifs indiquée ci-dessus, et les règles générales de la flexion, suffisent pour expliquer les exemples que je vais citer.

> Ju sez tu bien, si tu ne *lais*
> Eir qui la terre tienge en pais,
> A dol ira ta gent normande. (Ben. v. 24850-2.)

Mais nen est encore mies asseiz se li serjanz *lait* son signor à porseure, s'il assi nel sert. (S. d. S. B. p. 557.)

> As pies le roi se *lait* chair,
> Ne se voloit pas redrecier. (L. d. M. p. 60.)
> E Anseis *laiset* le cheval curre. (Ch. d. R. p. 50.)
> De legier (il) *laisse* peire et meire. (Rutb. I, p. 48.)

De li ardoir ai cuer contraire;
Et se nous le *laissomes* vivre,
Nous ne sommes mie delivre. (R. d. l. M. v. 3545-7.)
  Et je que fais,
Qui de poyrete sent le fais?
Griesche ne m'i *lest* en pais. (Ruth. I, p. 27.)
La mort ne *lest* ne dur ne tendre,
Por avoir que l'en li aport. (Ib. ead. p. 38.)

Ensi perissent li chaitif en ceste grant mer ki si est large, quant il les choses ki perissent enseuent et les estaules *layent* aleir dont il poroyent estre delivreit del peril où il sunt, se prennoyent, et salveir lor ainrmes. (S. d. S. B. p. 522.)

Jetent armes, *laient* cevax,
Fuient par mont, fuient par vax. (Brut. v. 9414. 5.)

Et se il ne vous *lassent* ens, il me samble que il mesprenderont trop. (H. d. V. p. 209. XXIII.)

Ami, *lai* la venjance et ju te vengerai. (S. d. S. B. p. 522.)
  Fui, fait li il, *lai* l'alme ester. (Ben. v. 25578.)
  Mais or *laissons* le ramprosner. (R. d. l. V. p. 18.)
*Layez* venir à mi les petiz. (S. d. S. B. p. 513.)
  Fuies de ci, *laissies* me en pes. (P. d. B. v. 4092.)
  Pur ren del munde ne *lassez*
Que vus à lui ore ne vengez. (Trist. II, p. 68.)
*Lessez* la folie, tenez vos al saveir. (Ch. d. R. p. 23.)
S'il moi ocit, s'en *laist* aler
Ceste ost en pais oltre le mer. (P. d. B. v. 2715. 6.)
Mais or conseil le rei qu'il *lest* à saint iglise;
Si cum il ad pramis, dreiture e franchise.
      (Th. Cantb. p. 166, v. 16. 17.)
Vees moi ci devant ester,
Gardes nes en *laies* aler. (Brut. v. 13281. 2.)
Ainz me *lairoie* babtizier, | Savoir se m'auriez si chier
Que moi *laissiez* o vos aler
Le mal et la mort endurer. (P. d. B. v. 5623-6.)
Et treu par ans li soldroient
Se vis les en *laioit* aler
Et sans armes lor nes mener. (Brut. v. 9451-3.)
A tant s'est Joseph departiz | Et à Pilate revertiz,
Et li conte comment avoient
Respondu, ne ne li *leissoient*
Oster Jhesu Crist de la crouiz. (R. d. S. G. v. 491-5.)
Quant je l'eu mis ou monument,
A vos chevaliers le *leissei*
Et en ma meison m'en alei. (Ib. v. 682-4.)

Bien sai que miens en est li tors,
Quant por moi le *laissai* combatre. (R. d. l. V. p. 103.)
Où *laissas* tu le chastelain? (R. d. C. d. C. v. 7932.)
De cel caistis pule ot pitie . . .
Lor homage prist, ses *laia*. (Brut. v. 9760. 3.)
Sigebiers *laissa* Brunehaut
Et se vot marier plus haut. (Phil. M. v. 688. 9.)
Fols est li reis ki vos *laissat* as porz. (Ch. d. R. p. 47.)
Por vos *laissames* nos terres e nos fies
E nos enfans e nos gentes moilliers,
Et or nos faites à vo fil laidengier. (O. d. D. v. 1513-15.)
Nel *lessasmes* pas por parece. (Romv. p. 516, v. 10.)
En la cambre *leisastes* ovoec nus vostre espie. (Charl. v. 687.)
Par Dieu, biaus frere, vus ne m'amastes mie
Quant le *laissastes* por a perdre la vie,
Car mes conpains estoit par foi plevie. (O. d. D. v. 5460-2.)
Al soir, qant vint al avesprer,
*Laierent* lor moissons aler. (Brut. v. 14011. 2.)
Et il *laisierent* leur ausans,
Si s'entornerent lues fuiant. (Ph. M. v. 3381. 2.)
A destre *laissierent* Artois. (R. d. l. M. v. 2661.)
La nuit *laisserent* trespassier
Tresqu'al matin que fu jor cler. (Ben. v. 16012. 3.)
Ne sais por quel *laiaisse* à dire
Li uns de nous velt l'altre ocire. (Brut. v. 4535. 6.)
Et dist que ne *laissaisse* mie
Pour Diu, que ne vous saluasse
Et son esprevier vous donasse. (R. d. l. V. p. 206.)
Une vois devine li dist | *Laiast* ceste oire, autre prensist;
L'oire d'Engletere *laiast*, | A l'apostoire à Rome alast,
Ses pecies li ert pardones,
S'ame ert od les bons eures. (Brut. v. 15220-5.)
Puis dist itant: Se je pooie
Husdent par paine metre en voie
Que il *laisast* cri por silence . . . (Trist. I, p. 78.)
Volenteres la *leisast*, mais que muer n'en osed. (Charl. v. 44.)
Mais car fuist ce ke nos az malz cui nos avons faiz n'ajostissiens altres,
mais solz *laisseissiens* ceaz cui noz aviens faiz. (M. s. J. p. 462.)
Bernart respont: Mult me penai,
Mult m'entremis e esforçai
Que vos *laisisseiz*, c'en fust mon voil,
Vostre conte de Musterol. (Ben. v. 16120-3.)
Li prelat sorent cele guerre:
Si commencierent à requerre

L'universite et les freres | Qui sont de plus de .iiij. meres,
Qu'il lor *lessaissent* la pais faire. (Rutb. I, p. 74.)
Ains se *laissascent* tot morir
Qu'il me soufrissent ahonir. (P. d. B. v. 2617. 18.)
Et lor dist qu'en pais le *laissaissent*,
Pour Diu, que plus ne l'adesaissent. (R. d. l. V. p. 213.)
Saches tu bien, se tu le fais,
Toi et les tiens *lairai* em pais. (R. d. M. p. 48.)
Melions dist: Jel toucherai | De la piere, ja nel *lairai*.
Artus li a dit: Non feres,
Por vos beaus enfans le *laires*. (L. d. M. p. 66.)
De la plus haulte tur de Paris la citez
Me *larrai* cuntreval par creance devaler
Que pur vostre hunte ne fud dit ne pensed. (Charl. p. 2.)
E *lerrai* les destrers aler à lur bandun. (Ib. p. 21.)
Ja vif ne mort ne vos *lerai*,
Ne por mort ne vos guerpirai. (P. d. B. v. 5621. 2.)
Meis or d'eus vous *leirei* ici. (R. d. S. G. v. 3272.)
Kar jamais nul jor de ma vie
Ne m'en *laisserai* dessaisir
Por tant cum je le puisse tenir. (Ben. v. 29344-6.)
Seit dit de ta boche e nomez
Qui tu nos *lairas* à seignor
Qui apres tei tienge l'onnor. (Ben. v. 26343-5.)
Ta terre grant e riche e bele
Qui *laisseras* ne coment? (Ib. v. 31611-12.)
Mais ja ne *larra* ses reneiz. (Ib. v. 39608.)
Ayes fiance k'il ne te *lairat* mies geun. (S. d. S. B. p. 560.)
S'arere guarde *lerrat* derere sei. (Ch. d. R. p. 23.)
Li rois tendra de ça concile . . . .
Et *lera* semer par doutance,
Ypocrisie, sa semance,
Qui est dame de ceste vile. (Rutb. I, p. 102. 3.)[1]
Mais or *lairons* ci ester d'Olivier. (G. d. V. v. 280.)
De li *lairomes* à itant,
De Melion dirons avant. (L. d. M. p. 51.)
C'est essemple à Pierre *leirons*. (R. d. S. G. v. 357.)
Avant paller me *leisserez*
As Juis, si que vous orrez
Ce que direi et il dirunt. (R. d. S. G. v. 1411-3.)

E nus le irrums asaillir fierement à qu'il seit; si cuverums chalt pas, si cume la rusee cuvred la terre, e ne *larrums* neis un vivre de tuz ces ki od lui sunt. (Q. L. d. R. II, p. 182.)

---

(1) *Lairra* se trouve encore dans Rabelais. Garg. I, 58.

Ne (la) *lurrez* à vostre vie. (Trist. II, p. 13.)
Ainçois *leront* aus Beduins
Maintenir la terre absolue,
Qui par defaut nous est toluc. (Ruth. I, p. 98.)
Je nel *laroie* por l'or de .x. citeiz:
K'à couardie me seroit reproveiz. (G. d. V. v. 620. 1.)
Mais anchois me *lairoie* pendre,
Que trop par est lais et crueus. (R. d. l. V. p. 82.)
Mieuz lor *larreie* Normendie
Que ja Lohier en ait baillie. (Ben. v. 23011. 12.)
Jo ne *lerreie* por tut l'ort (?) que Deus fist. (Ch. d. R. p. 19.)
Porquoi *lairoies* à saisir
Ice que Dex te velt largir? (Brut. v. 11220. 1.)
Itant la crei, que jol sai ben,
Qu'ele ne *larreit* pur nul ren
Ne m'aidast à ceste dolur. (Trist. II, p. 54.)
Chaucuns ha la seue espousee,
Fors c'un, qui avant escorchier
Se *leiroit* et tout detrenchier
Que femme espousast ne preist. (R. d. S. G. v. 2958-61.)

Si prist conseil et dist que ja ne se *lerroit* assegier, ains istroit fors. (Villeh. p. 106. CXXXII.)

Consel prisent quel plait feroient,
Lor robe et lor armes *lairoient*. (Brut. v. 9445. 6.)
Ja entreus plus nel *laireient*. (Ben. v. 40112.)
Por vos, ço dient, avancier, | Se *lerreient* en mer neier
U en feu ardent geter. (R. d. R. v. 11244-6.)

Et distrent qu'il remaindroient en l'isle, au conduit à ceus de Corfol, et en *laisseroient* l'ost aler. (Villeh. p. 35. LVIII.)

Privéement avoit proies
Tos ses amis qu'il ot *laies*,
Qu'à lor pooir s'entremeissent
Que Trahen por lui oceissent. (Brut. v. 5902-5.)
Cesar ne les osa attendre
N'il ne se pot de rien desfendre;
L'espee a en l'escu *laie*,
Et Nennius qui ot aïe,
Torna l'escu, l'espee prist,
De coi puis maint Romains ocist. (Ib. v. 4165-70.)

Des composés de *laisser*, je ne citerai ici que *delaisser, entrelaisser*.

Ex.: On *delaira* par toi batesme
Et la sainte onction de cresme. (R. d. M. p. 10.)
Segnor, ne vos anuit, por Deu,

Se j'*entrelais* Partonopeu
Et paroil de ço dont plus pens. (P. d. B. v. 3431-3.)

## PARLER.

Le verbe *parler* avait trois formes, qu'on trouve constamment mélangées : *paroler*, de *parabola*, *parabolare*, forme primitive, qui se contracta en *parler*, d'où par attraction, *paller*.

Il se test, em bas resgarde ; | De *parler* j. petit se tarde ;
Ses iex eslieve, apres *parole*
A sa dame ki n'est pas fole. (R. d. M. p. 24.)
Li prevos molt bel le salue,
Qui mout avoit lange esmolue
A *paller* bel et sagement. (R. d. l. M. v. 1199-1201.)
Si haut *parole* que li palais fremi. (R. d. C. p. 27.)
Par grant saveir *parolet* li uns al altre. (Ch. d. R. p. 15.)

Et avec diphthongaison :

Et (jo) *paroil* de ço dont plus pens. (P. d. B. v. 3433.)
Un preudomme ou païs avoit,
Qui seut que on de ce *palloit*,
Mout durement s'en merveilla ;
As deus serours vint et *palla*
Ki estoient de remennant,
Et mout les ala confortant. (R. d. S. G. v. 3881-6.)
Tant l'a destraint et demene
Que le roy a à chou mene
Que il en *pallera* à sa fille,
Pour qui amour son cuer essille. (R. d. l. M. v. 499-502.)

Le présent du subjonctif se formait régulièrement ou prenait la terminaison *ge*.

Ex. : Guardet arere, veit le glutun gesir,
Ne laisserat que n'i *parolt*, ço dit. (Ch. d. R. p. 49.)

Et par suite de l'aplatissement de *l*.

La puissance de Jhesu Crist,
Le nostre sauveeur eslist,
S'il li pleist qu'il *parout* à moi,
Si fera il, si cum je croi. (R. d. S. G. v. 2997-3000.)

Respundi la femme : Sueffre, sire, que jo *parolge* à tei ? *Parole*, fist li reis. (Q. L. d. R. II, p. 169.)

As tu nul busuin à faire que jo *parolge* pur tei al rei u al cunestable de la chevalerie ? (Ib. IV, p. 357.)

Plus tard on retrancha la lettre *l* : *paroge*, forme assez commune à la fin du XIIIe siècle.

Les principaux composés de *parler* étaient :

1. *Aparler*, *aparoler*, adresser la parole à qqn., entretenir; verbe qui mériterait d'être réhabilité pour sa concision:

Quant voit li hostes qu'il a tot aloe,
Dont l'*aparole* com ja oïr porrez. (Th. Fr. M. A. p. 111. Rem. c. 2.)

Li concilles respondi au saint evesque: Sers Dieu, por coi m'*aparoles tu* en tel maniere e sans ço que jo ne l'avoie mie desservi? (La Vie S. Nicholai, éd. Monmerqué, p. 233.)

N'*aparla* pas od lui li dux. (Ben. v. 7764.)

2. *Emparler*, parler, raisonner — savoir bien parler, être éloquent:

Dix vos benie, fait li uns qui plus fu *emparles* des autres. (Fabl. et cont. t. I, p. 398.)

Seras tu mes si *emparlee*
Com tu as este juzqu'à ore. (Ib. t. III, p. 390.)

3. *Mesparler*, mal parler, médire:

Si jangleur u si losengier
Le me volent à mal turner
Ceo est lur dreit de *mesparler*. (M. d. F. I, p. 48.)

4. *Porparler*, traiter, pourparler, parler, décider:

Là *purparolent* la traïsun seinz dreit. (Ch. d. R. p. 21.)
Sil *purparlat* Oger de Denemarche.
E puis demandent lur chevals e lur armes. (Ib. p. 149.)

5. *Contreparler*:

Tu me salveras, Sire, de mun pople ki me *cuntreparlerad*. (Q. L. d. R. II, p. 209.)

(Salvabis me a contradictionibus populi mei.)

## TROUVER (v. fo.)

(en italien *trovare*; en provençal *trobar*.)

Toutes les recherches qu'on a faites jusqu'ici pour découvrir l'origine de *trouver* n'ont conduit à aucun résultat certain. La racine la plus probable de ce verbe est le vieux haut-allemand *trefan*[1] (part. *getrofan*) = *frapper, toucher;* bien que le *f* allemand (proprement *p*) se change rarement en *v* dans les langues romanes[2].

*Trouver* était dans le principe un verbe fort: *troveir*. L'*o* du radical s'y renforçait régulièrement en *ue*, plus tard *eu*, devant les terminaisons légères (cfr. cependant ci-dessous la 1re pers. du sing. du prés. de l'ind.); mais dès le premier quart du XIIIe siècle, l'*o* s'était assourdi en *ou* dans la Picardie, et cet *ou* finit par passer aux formes à terminaisons légères, où on ne le renforça pas.

---

(1) Cfr. Grimm Mythologie 853.
(2) Cfr. l'anglais *to drub*, battre; *to drip* — le bas-saxon *drapon* — le suédois *draepa* — le vieux scandinave *drepa*.

Les infinitifs de *trouver* étaient: en Bourgogne, *troveir;* en Normandie, *truver;* en Picardie, *trovier*, *trover*, puis *trouver*.

Ex.: Je ne sai: je nou puis *troveir*. (Rutb. 1, p. 117.)
Tant i poent tresors *truver*
Nes en purrunt demi porter. (Ben. I, v. 1757. 8.)
Emperere, dist ele, ja nel puis jo *truver*. (Charl. p. 2.)
Se le cuidames *trover* vuit. (R. l. d. M. v. 5050.)
Mais à paiunes porres *trouver*
Se li vrais Dex n'i velt ouvrer. (R. d. M. p. 19.)
Car en mon cuer ne porroie *trouver*
Que je de li partisse mon desir. (C. d. C. d. C. p. 74.)

Au lieu du renforcement régulier de l'*o* en *(uo)* ue ou eu, à la première personne du singulier du présent de l'indicatif, on trouve, à dater des premières années du XIIIe siècle, *ui* en Bourgogne: *truis*. Les provinces voisines de la Normandie, au contraire, qui avaient l'habitude de l'*u* normand, diphthonguent cette forme en *oi: trois;* soit comme moyen de distinction, soit par suite d'une confusion entre l'*u* bourguignon et l'*u* normand, que ces dialectes traduisaient souvent en *o*. Le subjonctif, qui est constamment en *ui*, sert de preuve à ce que j'avance ici.

On se souvient que la première personne du prés. de l'ind. des verbes de la première conjugaison se terminait ordinairement par la consonne ou la voyelle finale du radical; or *trover* aurait dû produire *(truov)* truev ou *truef*, formes dont je ne connais aucun exemple. Les Sermons de S. Bernard donnent *troz:*

Mais en vos, chier frere, rent je graces à Deu, quant ju vrayement ja *troz* les oreilles d'oïr. (Roquefort t. 2. s. v.)

Le *z* étant irrégulier, on perdit bientôt le sentiment de sa valeur, et lorsque la diphthongaison *uo* eut été remplacée par *ue*, on fit subir une nouvelle permutation à la première personne. On la traita comme si le *v* (*f*) y eût été syncopé de nouveau, et, par analogie aux cas où l'on diphthonguait avec *i* après la syncope de *c, d, m, p, t* (voy. Dér. p. 28, 2°), on diphthongua l'*u* avec *i*. Le *z* était alors devenu *s* par suite de l'influence picarde. (Voy. au verbe *mourir* une remarque touchant la première pers. du sing. du prés. de l'ind. de certains verbes forts.)

Je passe aux exemples du présent de l'indicatif:

Se voz i *truis* demain apres maingier
Je vos ferai ou pandre ou graelier. (G. d. V. v. 2743. 4.)

Si *trois* en l'ethimologie
Que... (Ben. I, v. 904.)
Se *trois* Rollant, n'enporterat la teste. (Ch. d. R. p. 37.)
Por ce vous vueil dire orendroit
De sa vie ce que j'en *truis*.
Ne dites pas que je *contruis*,
Ainz sachiez bien, en verite,
C'est droiz escriz d'auctorite. (Rutb. II, p. 219.)
Et se tu *trueves* Peronnele,
Me compaignesse, si l'apele. (Th. Fr. M. A. p. 110.)

Et por ceu *atruevet* ou si sovent en la loy: Je suys sires, je suys sires. (S. d. S. B. p. 536.)

Et l'emperes est cele part venus;
Son nief ostait le hiaume qu'ait fanlu:
Kant sain le *trueve*, grant joie en ait eu. (G. d. V. v. 713-5.)
Mais ne *trueve* ki s'i accorde
Mahons nus en la compaignie. (R. S. M. p. 66.)
Dites! saveiz vos en queil livre
Hom *trueve* combien hon doit vivre? (Rutb. I, p. 117.)
Mais il n'en *treuve* mie. (A. et A. v. 50.)

Et là fu nes Alixandres, si comme on *treuve*. (H. d. V. p. 193. XV.)
Ke nos *trovons* as escriptures. (R. d. R. v. 10466.)

Vos *troveiz* vos hui, cheir frere, à ceste assembleie. (S. d. S. B.)
Qu'en sa vie *trouvons* lisant. (Th. Fr. M. A. p. 162.)
Kant ne le *truevent*, forment en sont dolant. (G. d. V. v. 3794.)
Par la foriest, le trot menu,
S'en sont arriere revenu;
Ne *truevent* riens, ne sont pas lie. (R. d. M. p. 12. 3.)
A lendemain povre se *truevent*. (Rutb. I, p. 33.)
Mais il n'i *treuvent* ne foi ne loiaute. (A. et A. v. 716.)

Les raisons que j'ai données pour justifier la forme *trois*, s'appliquent aux formes en *oe*, au lieu de *ue*, dans les mêmes provinces. Mais l'emploi de *oe* n'est pas aussi restreint que celui de *trois*; *troeves*, *troevet*, etc., sont des formes picardes-bourguignonnes. Quelques-uns des exemples qu'on en rencontre dans des textes où *ue* est prédominant, doivent sans doute être attribués à des erreurs de copistes, qui, à l'époque où les règles des bons temps n'étaient plus entendues, ne pouvaient s'expliquer cet *ue* pour une forme en *o* pur. *Oe* n'a rien d'exceptionnel: on l'a déjà vu employé dans les substantifs; p. ex. *cuens*, *coens*; *suer*, *soer*; etc. et j'ai fait observer à la dérivation que *o* et *u* se diphthonguaient également en *ue* et *oe*. Cet *oe* provient en Bourgogne de l'influence picarde; car la Picardie est celle de toutes nos provinces où l'*u* latin ou français se permutait le plus ordinairement en *o*, et où, par compensation, l'*o* latin était le plus stable [1].

 Ex.: Molt fu dolans, ne set que face
   Quant il ne le *troeve* en la place. (L. d. M. p. 51.)

Et si conoisset lo tresor de vertut ki li cret repuns, legierement *troevet* en soi la pense lo tresor cui ele quiert, se ele lo faihs des terriens penseirs ki l'appresset gettet en sus de soi (M. s. J. p. 467) [2].

  Et mult sunt liet quant il *troevent* lo sepulcre.
  Lor frere *troevent* mort el sablon gisant,
  Et lors (?) parens dont i ot ocis tant. (R. d. C. p. 137.)
  Tels .iiij. cenz i *troeret* entur lui,
  Alquanz nafrez, alquanz parmi ferut,
  Si ont d'icels ki les chefs unt perdut. (Ch. d. R. p. 81.)

La Normandie propre n'avait aucun renforcement:
  Il est à sun hostel venus,
  Ses humes *truve* bien vestus. (M. d. F. I, p. 218.)

De là, lorsque ces formes normandes subirent l'influence des autres dialectes, l'*o* simple au lieu de l'*ue* ou de l'*oe*; p. ex. *trovent* (R. d. R. v. 10028) [3].

On a quelques exemples où le *v* est syncopé à la première personne du pluriel:
  Or *troüm* que li dux Robert
  De la seror al cunte Herbert
  Aveit un fiz... (Ben. II, v. 7626-8.)

(Cfr. *faire*.)

La forme *treufve* (Les fils Haymon, dans Bekker Fierabras, v. 579. 81. 4. etc.), très-commune au XIVe siècle, n'a pas été en usage au XIIIe. Elle est incorrecte, car elle contient deux fois la même lettre radicale: *f = v* et *v*.

Le présent du subjonctif se modelait sur la forme de l'indicatif *truis*.

 Ex.: Le quel que *truisse*, par le cors saint Denis,
   Tantost sera detranchies et ocis. (R. d. C. p. 82.)
   Por Deu vos pri qi en crois fu penes
   Que envers vos ne *truisse* fausetes. (O. d. D. v. 4919. 20.)
   Eissi cum je vos sai retraire
   Senz dire i chose que je puisse
   Que je en l'estoire ne *truisse*. (Ben. v. 30912-4.)

---

(1) L'assourdissement de l'*o* en *ou* n'entre pas en question.
(2) Le *Livre de Job* a d'abord été écrit en dialecte bourguignon, cela ne souffre aucun doute; mais le manuscrit qui nous en est parvenu a passé par les mains d'un copiste picard. L'article, les pronoms, etc. en fournissent les preuves les plus évidentes.
(3) Cfr. *mourir*.

Et la spouse ki lo quiert (l'espous) soffret atarjance del *troveir*, ke ele par sa atarjance devenget plus granz, et plus plantivement *truist*, kanke soit, ce ke ele queroit. (M. s. J. p. 466.)

>Beau sire, e s'il te vient à gre
>Que tu le voilles e que te place
>Que merci *truist* vers tei e grace,
>Il les chacera del pais
>Aussi cum mortels enemis. (Ben. v. 13464-8.)

Et déjà au XIIIe siècle, *truisse* au lieu de *truist*:

>Fil, fait il, ice n'avendra ja que l'en nos i *truisse*.
>(R. d. S. S. d. R. p. 30.)

>Duskes à tant que ele *truise*
>Plus lie qu'el n'est maintenant. (R. d. l. M. v. 1314. 5.)

En Normandie *truse*:

Uncore le mande l'un que il plege *truse* e vienge à dreit. (L. d. G. p. 187, 45.)

>Amis, biax frere, sez noz tu conseillier
>D'unne tel terre où *truisonz* à mengier? (A. et A. v. 2612. 13.)
>Se ce est que nos i *truisson*. (Chast. XIV. v. 212.)
>Or sachiez, sire duc Reinier,
>Ne vos en savez tant purchacier
>Ja *truissiez* arme ne cheval
>Dunt purchacier puissiez mun mal. (Ben. II, v. 2891-4.)
>Anchois soies bien porpense,
>Si sui jugies à desraison,
>Que vous *truisies* tele ochoison,
>Que me fachois cel jor passer,
>Ne me laissies pas tormenter. (R. d. S. S. v. 585-9.)

Les celes metent, fort les ont recengles (les destriers)
Que au besoing les *truissent* aprestez. (R. d. C. p. 170.)

>Ja pour ice nou leisserunt
>Que il les ordoiez ne puissent
>Laver, en quel liu que les *truissent*. (R. d. S. G. v. 350-2.)

Lorsque les formes en *eu*, au lieu de *ue*, se furent introduites à l'indicatif, on créa un nouveau subjonctif correspondant: *treuse*, qui fut toujours d'un emploi très-restreint. On rencontre aussi quelques exemples de *troeffe*, dérivé des indicatifs en *oe*.

Je passe aux autres temps.

>Que se desloyaute
>*Trouvoie* en vous ne fausseté... (R. d. C. d. C. v. 3539. 40.)
>N'onques dusque ci en cest lit
>N'i *trovai* de rien contredit,
>Ne à cui demander congie,
>Quant jo de rien n'i *trovai* vie. (P. d. B. v. 1175-8.)

Hui main par un ajornant | Chevauchai ma mule anblant,
*Trouvai* gentil pastorele et avenant. (Th. Fr. M. A. p. 44.)
Ce *truvai* lisant eu latin
Que li dux rout un suen cosin. (Ben. v. 34949. 50.)

Iloec *truvat* Gerin e Gerer sun cumpaignun,
E si *truvat* Berenger e Atuin.... (Ch. d. R. p. 85.)
L'ampereor *trovames* sa main à sa maissele,
Pansif et sospirant do cuer desoz l'aissele. (Ch. d. S. I, p. 69.)

Ceste dame ci i *trouvames*. (R. d. l. M. v. 5054.)

Qant vos nos *trovastes* gisant
Dedanz la foilliee estandu. (Trist. I, p. 224.)

Ainz ne *troverent* gent au bien faire si fiere. (Ch. d. S. I, p. 154.)

E vindrent encuntre Hyeu, sil *truverent* el champ Naboth de Jesrael. (Q. L. d. R. IV, p. 377.)

Quant aux formes du parfait défini: *truvolt* (Ben. I, v. 770), *trueva* (G. l. L. I, p. 74), *treuverent* (R. d. R. v. 2758), etc.; elles sont tout à fait incorrectes dans des textes du XIIIe siècle.

Ainc tant n'i soi aler querant
Que g'i *trovaisce* rien vivant. (P. d. B. v. 1173. 4.)
Je chantasse volentiers liement,
Se j'en *trouvasse* en mon cuer l'achoison. (C. d. C. d. C. p. 42.)
.... Que je *trouvaisce* son pareil
De biaute, de fait, d'apareil. (R. d. l. M. v. 231. 2.)
Vint al estauble, si *trova* .i. destrier
Le plus isnel et tot le plus legier
Que on *trovast* en trestout le resnier. (Romv. p. 210. v. 14-16.)
Dame, dient il, se nos sire,
Ki si estoit sages et fors,
Par le plaisir Diu ne fust mors,
A painnes *trouvissies* nului
Ki ja vous osast faire anui. (R. d. M. p. 26.)
Ja tant n'esgardissies sa vie,
Ja i *trovissies* vilonie. (P. d. B. v. 549. 50.)

A paine *truveissiez* plus fort ne plus hardie. (R. d. R. v. 1195.)

Assez se porroit ja debatre
Et Jacobins et Cordeliers,
Qu'il *trovaissent* nus Angeliers. (Rutb. I. 97.)
Jamais ne *trouvaiscent* nule ame
Ki lor feist si loiaument
Lor choses, ne si saghement. (R. d. M. p. 6.)

E comanda à cels qui l'orent à baillier
Que tut ço li *trovassent* dunt il aureit mestier. (Th. Cantb. p. 90. v. 4. 5.)

Tu *troveras* le ciel olvert,
Où cil entre ki bien me sert. (Brut. v. 14211. 2.)

> Par Mahom! dist li rois, molt desire sa mort;
> Par tans la *trovera* se ne mentent mi sort. (Ch. d. S. I. p. 92.)
>> Cuntre un des noz en *truverat* morz. .xv.. (Ch. d. R. p. 75.)
>> Et si verrons
>> Se nul pesceur *trouverons*. (R. d. l. M. v. 4995. 6.)
>> Puignez, puignez, els *truvereiz*. (R. d. R. v. 6825.)
>> Je cuit que vous l'i *trouveres*. (Th. Fr. M. A. p. 113.)

Ne n'en *atroverunt* mies trop estroite la sente del pont, cil qui par lei vorront corre. (S. d. S. B. p. 568.)

> Nostre Franceis i descendrunt à pied,
> *Truverunt* nos e morz e detrenchez. (Ch. d. R. p. 68.)

Beals reis, se tu voleies encerchier les escriz,
Plusurs rois *trovereies* que Deus out ainz esliz. (Th. Cant. p.62. v.21.2.)

L'ancienne langue avait un verbe fort: *rover* (rogare), qui se conjuguait exactement comme *trover*. *Rover* ayant disparu sans laisser aucune trace, je me contenterai de citer ici quelques exemples pour en prouver l'existence.

> Geris s'en torne, n'i vost plus demorer;
> Mal del congie que il volsist *rover*. (R. d. C. p. 13.)
> Ne jou pas tolir ne li *ruis*. (Poit. p. 63.)
> De cel honor ne quer ne *ruis*
> Dunt à cent mile fust depuis. (Ben. v. 16714. 5.)
> Jo ne te *rois* ne te comant,
> Ne jo crei ne ço vals pas tant,
> Ke tu faces ço ke jo di,
> Mais jo l'eusse fait issi. (R. d. R. v. 14640-3.)

Le seul exemple jusqu'ici connu de la diphthongaison régulière *uo*, nous a été conservé avec ce verbe dans le Chant d'Eulalie:

> Volt lo seule lazsier, si *ruovet* Krist. (v. 21.)
> Gerars de chou que li rois *rueve*
> Ne fist pas longhement dangier. (R. d. l. V. p. 284.)
> Merci e aïe li *roeve*. (Ben. v. 17087.)
> Quant li rois volt aler colchier,
> Son lit *rova* apareillier. (L. d. M. p. 62.)
> Grant paour ot li damoisiaus,
> Car molt estoit de la mort pries.
> Coisir li *rouverent* apries.
> U cheli ki mius li plairoit,
> Toute seule li remanroit. (L. d'I. p. 21.)
> Ad une spede li *roveret* tolir lo chief. (Eul. v. 22.)

Ge *roverai* le pere et il vos donrat un altre conforteor, ki avoc vos manget permanablement, l'espir de veriteit cui li mundes ne puet penre. (M. s. J. p. 477.)

Outre les verbes forts énumérés ci-dessus, l'ancienne langue en comptait encore plusieurs, qui sont devenus faibles, soit par suite de l'assourdissement de l'*o* en *ou*, lequel s'introduisit sans renforcement devant les terminaisons légères, comme je l'ai déjà dit à l'occasion de *trover;* soit parce que le renforcement *eu* (de *ue*) passa aux formes faibles: *demeurer*, autrefois *demorer*, mais aussi *demourer* (R. d. l. V. p. 82), etc.

## SECONDE CONJUGAISON.

PARADIGME DES VERBES FAIBLES DE LA II$^{\text{DE}}$ CONJUGAISON.
*dans les trois dialectes*

| BOURGUIGNON. | PICARD. | NORMAND. |
|---|---|---|
| | INFINITIF. | |
| ment-ir. [1] | ment-ir. | ment-ir. |
| | PARTICIPE. | |
| | *Présent.* | |
| ment-ant. | ment-ant. | ment-ant. |
| | *Passé.* | |
| ment-it, -i. [2] | ment-it, -i. | ment-id, -i. |
| | INDICATIF. | |
| | *Présent.* | |
| ment (men), | menc, mench, | ment (men), |
| men-z, | men-s, | men-z, |
| ment, | ment, | ment, |
| ment-ons, | ment-omes, omnes, | ment-um, |
| ment-eiz, | ment-es, | ment-ez, |
| ment-ent. | ment-ent. | ment-ent. |
| | *Imparfait.* | |
| ment-oie, (-oe), | ment-oie, (-oe), | ment-eie, |
| ment-oies, | ment-oies, | ment-eies, |
| ment-oit, | ment-oit, | ment-eit, |
| ment-iens, | ment-iemes (-iomes), | ment-ium, |
| ment-iciz, | ment-ies, | ment-iez, |
| ment-oient. | ment-oient. | ment-eient. |
| | *Parfait défini.* | |
| ment-i, | ment-i, | ment-i, |
| ment-is, | ment-is, | ment-is, |
| ment-it, -i, | ment-it, -i, | ment-id, -i, |
| ment-imes (-ismes), | ment-imes (-ismes), | ment-imes (-ismes), |
| ment-istes, | ment-istes, | ment-istes, |
| ment-irent. | ment-irent. | ment-irent. |

(1) On *mantir* au XIII<sup>e</sup> siècle, en Champagne surtout.
(2) Cfr. ci-dessous une remarque sur les participes de la seconde conjugaison.

## DU VERBE.

| BOURGOGNE. | PICARDIE. | NORMANDIE. |
|---|---|---|
| | *Futur simple.* | |
| ment-irai, | ment-irai, | ment-irai, |
| ment-irais, -iras, | ment-iras, | ment-iras, |
| ment-irait, -irat, -ira, | ment-irat, -ira, | ment-irad, -ira, |
| ment-irons, | ment-irommes, | ment-irum, |
| ment-ireiz, | ment-ires, | ment-irez, |
| ment-iront. | ment-iront. | ment-irunt. |
| | *Conditionnel présent.* | |
| ment-iroie, | ment-iroie, | ment-ireie, |
| ment-iroies, | ment-iroies, | ment-ireies, |
| ment-iroit, | ment-iroit. | ment-ireit, |
| ment-iriens, | ment-iriemes, | ment-irium, |
| ment-irieiz, | ment-iries, | ment-iriez, |
| ment-iroient. | ment-iroient. | ment-ireient. |
| | IMPÉRATIF. | |
| ment (men), | menc, mench, | ment (men), |
| ment-ons, | ment-omes, | ment-um, |
| ment-eiz. | ment-es. | ment-ez, |
| | SUBJONCTIF. | |
| | *Présent.* | |
| ment-e, | menc-e, mench-e, | ment-e, |
| ment-es, | menc-es, mench-es, | ment-es, |
| ment-et, -e, | menc-et, -e, mench-et, -e, | ment-ed, -e, |
| ment-iens (-ions), | menc-iemes, mench-iemes (-iomes), | ment-ium, |
| ment-ieiz, | menc-ies, mench-ies, | ment-iez, |
| ment-ent. | menc-ent, mench-ent. | ment-ent. |
| | *Imparfait.* | |
| ment-isse, | ment-isse, | ment-isse, |
| ment-isses, | ment-isses, | ment-isses, |
| ment-ist, | ment-ist, | ment-ist, |
| ment-issiens(issions), | ment-issiemes, | ment-issium, issum, |
| ment-issieiz, | ment-issies, | ment-issiez, issez, |
| ment-issent. | ment-issent. | ment-issent. |

J'ai dit dans les considérations préliminaires de ce chapitre que la division des verbes de la seconde conjugaison, en verbes *simples* et verbes *inchoatifs*, proposée par M. Diez, était juste et même nécessaire; mais je dois ajouter ici que le paradigme qu'il donne de ces derniers n'est pas admissible pour l'ancienne langue.

L'addition de la syllabe *iss (is)* n'était d'abord qu'un moyen de renforcer le radical; en conséquence, nos plus anciens textes ne nous la montrent avec quelque suite qu'aux formes légères des présents (Cfr. l'italien). Vers le second quart du XIIIe siècle, en Picardie surtout, elle avait déjà perdu de sa valeur primitive; on la voit souvent intercalée à des formes qui ne devaient pas la recevoir, et dès lors elle se propage à un grand nombre de verbes faibles. L'emploi irrégulier et toujours de plus en plus confus de *iss*, dura pendant tout le XIIIe siècle; la forme inchoative telle que nous l'avons ne se fixa que fort tard. En prenant différents verbes dans les divers textes de la seconde moitié du XIIIe siècle, il serait très-facile, je le sais, de reconstruire ce mode de conjugaison; mais on aurait un tableau complet, qui serait loin de répondre à la vérité et donnerait une idée tout à fait fausse de l'état des choses, non seulement dans l'âge d'or de la première période de notre langue, mais encore dans la seconde moitié du XIIIe siècle et les âges suivants. Cfr. p. ex. *hunesistes* (M. d. Fr. II, p. 148.), *choisisismes* (Ib. II, 151.), *garesist* (L. d'I. v. 188.), *garessist* et *garissist* (R. d. S. G. v. 1038. 1154), *souffrisist* (Hav. 31.) etc. Quoi qu'on en ait dit, ces formes, dont je pourrais multiplier de beaucoup les exemples, sont aussi authentiques et ont la même valeur que toutes celles qu'on cite à l'appui de la conjugaison inchoative ordinaire. Je ne donnerai donc pas de paradigme des verbes inchoatifs; je me contenterai d'indiquer en leur lieu les formes qui s'y rapportent.

Le participe passé des verbes de la seconde conjugaison n'était pas invariablement fixé; il flottait entre *i* et *u*. Cette incertitude dura, pour quelques verbes, jusqu'à la fin du XVIe siècle, et aujourd'hui même il n'est pas rare d'entendre le peuple de certaines provinces prononcer *sentu*, *mentu*, *repentu*, etc., au lieu de *senti*, *menti*, *repenti*, etc. Tous nos participes en *u* de la seconde conjugaison sont des restes de ce double mode de formation.

## BÉNIR (benedicere).

La forme primitive de ce verbe a été *beneir*, en Bourgogne et en Picardie.

Si nous puisses tu *beneir*. (Rutb. II, p. 135.)

Certes, ensi *beneirat* mon aiurme nostre Signor, et totes celes choses ke dedens mi sunt son nom. (S. d. S. B. p. 531.)

*Beneis* moi, je te le proi. (Rutb. II, 135.)
Bien vegnies, sire, vos et vo compaignie !
— Ma bele fille, et Dex vos *beneie*. (R. d. C. p. 218.)
Sire, dist elle, Jhesus vous *beneie*. (Ch. d. R. Intr. XXVIII.)
Nostre sire a sacre cest liu,
De fin cuer amiable et piu,
Et si l'a bien sanctifiie
Et *beneit* et dediie. (Ph. M. v. 3420-3.)
A une nuit que cele eglise
Devoit l'endemain, par devise,
Iestre *beneie* et sacree,
Li rois.... (Ib. v. 3404-7.)

Ce participe est formé d'après l'infinitif *beneir*. Il y en avait deux autres: *benoiz*, *beneoiz*, qui dérivaient en droite ligne du participe latin; le premier ne diffère du second que par la syncope de l'*e*.

*Benoiz* soit cil ki venuiz est el nom nostre Signor Deus li sire, et si est apparuiz à nos; et *benoiz* soit li nons de sa glore ki sainz est. (S. d. S. B. p. 542.)

Li arseveskes suz en piez se dresca,
El fadestuel maintenant en monta ;
Molt gentement à parler commença :
*Beneoiz* soit c'à moi entandera. (G. d. V. v. 3999-4002.)
Hé ! *benoite* soit la corone
De Jesu Christ qui environe
Le vostre chief ! (Rutb. II, p. 5.)
Et la Vierge que je priai,
Par qui ma queste chevic ai,
Soit *benevite* de son Fil. (R. d. l. M. v. 6521-3.)

Sur les confins de la Normandie: *beneeiz*, *beneiz*.

*Beneiz* fu mult icel jor
Et beneeiz li son repaire. (Ben. v. 17280. 1.)
En *beneeite* hore fu nez. (Ib. v. 37843.)

On trouve enfin *benooiz*, forme dégénérée des précédentes:

Et dist: Cil Diex *benooiz* soit
Qui t'a sauve ici endroit ! (R. d. S. G. v. 2049-50.)

La Normandie donnait à *benir* la forme de la quatrième conjugaison: *beniser*, *benistre*, qui prit le *t* intercalaire, d'où *benistre*, et avec l'*e* de *bene*: *beneistre*,

Pur li honurer le feseit
Kar l'ercevéske i esteit
Pur eus *beneistre* e enseiner. (M. d. Fr. I, p. 168.)

Li poples jesque il vienge ne mangerad, kar il la viande *benistrad*, puis od ses hostes se dignerad. (Q. L. d. R. 1, p. 30.)

Dans le dialecte normand, le parfait défini de *benir* dérivait immédiatement du parfait latin: *benesqui*,[1]

E la remest treis meis, e nostre Sire *benesquid* Obededom e sa maisun. (Q. L. d. R. II, p. 140.)

   Le corn *benesquit* et seigna. (L. d'Havelok. p. 27.)
   Tuit cil qui le chevalier virent
   Lur creatur si *benesquirent*
   Pur lui qui ert entreus venuz
   Cum lur frere de mort eissuz. (M. d. F. II, p. 474. 5.)

Et le participe passé correspondant:

   Matin freit l'um messe chanter,
   E cels desqu'al autel mener
   Pur estre ja communiez,
   E *benescuz* e seigniez. (Ib. ead. p. 430.)

La forme *benistre* paraît aussi avoir été employée quelquefois dans certaines contrées de la Bourgogne.

De ce dist bien li prophetes; Tu *benistras* la coroune del an de ta benigniteit. (M. s. J. p. 461.)

Le même texte donne le participe *benit*, de l'infinitif *benir* (p. 492).

Dont sera *benite* alsi com la coroune del an, cant li tens de cest travailh serat fineiz et li guerredons des travalz doneiz. (Ib. ead.)

*Benistre* se conserva longtemps dans la langue; Rabelais et Marot en font encore usage:

Ilz l'admonestent donner ordre à sa maison, exhorter et *benistre* ses enfans. (Rabelais. Pant. IV, 27.)

Participe *benist* ou *benoist*.

Pain *benist*, eaue *beniste*. (Ib. Pant. II, 12. 21.) Et *benoiste* soit la vieille. (Ib. ead. III, 18.) Eaue *benoiste*. (Ib. ead. II, 2.)

Au XIIIe siècle, *beneir* prit l'intercalation *iss*, dans le dialecte picard et les provinces le plus soumises à son influence.

   Les fons *beneissoit* apres. (R. d. l. M. v. 7412.)
   Mult *beneissent* lor seignor
   Qui si tient terre dreitement
   E si bien la garde e defent. (Ben. v. 22781-3.)
   Prie li qu'el le *beneisse*. (Rutb. II, p. 134.)

Au contraire, encore dans Amyot:

.... Vos tres heureusement nez enfants que Dieu *benie*.... (Epistre au Roy.)

Le contraire de *beneir* était *maleir* (maledicere):

Deu benir ce est Deu *malir*, ce est de son don penre glore à soi. (M. s. J. p. 492.)

---

(1) Cfr. *naître*.

Je sai mout bien qu'ele croit les felons,
Les losengiers, que Diex puist *maleir!* (C. d. C. d. C. p. 53.)
  Bien me cuidierent ocirre par envie
  Li traïtor, cui Jhesus *maleie!* (Ch. d. R. Intr. XXVII.)
*Maleit* seit oi cil aucidenz
  Qu'eisi comperent tantes genz! (Ben. v. 11591. 2.)
 Tranche, fiert et abat cele gent *maleie.* (Ch. d. S. II, p. 132.)

*Maleir* ne paraît pas avoir été d'un fréquent usage; on abandonna de bonne heure la dernière partie de la composition, dérivée d'une manière propre du latin *dicere*, et on la remplaça par la forme du simple français, venant également de *dicere*, mais qui s'était développé tout autrement. (Voy. 4ᵉ conj. *Dire, maldire.*)

## BOUILLIR (bullire).

Dans la langue d'oïl: *bolir, bollir, boillir, bulir, buillir.*
 Ex.: Et fis *boillir* moult largement. (Dol. p. 243.)
A la foiz avient que la ire ki est close par silence, *bult* plus forment dedenz la pense et ele taisanz formet criouses voiz. (M. s. J. p. 514.)
  La mere Yseut, qui le *bolli* (le vin herbez),
  A .iii. anz d'amistié le fist,
  Por Marc le fist et por sa fille. (Trist. I, p. 104.)
  Desuz le frunt li *buillit* la cervele. (Ch. d. R. p. 87.)
Et par suite de l'aplatissement de la lettre *l*:
  La fontaine verras, qui *bout*
  Et est plus froide, que nus marbres. (Romv. p. 526. 7.)
  Li feus esprist, l'eve chauffa,
  Apres commencea à *boillir*
  A esmoveir e à fremir,
  E li enfez qui dedenz fu
  Qui out le cors tendre e neu
  En l'eve *boillant* si seeit,
  As boillons jueit, sis perneit,
  Onques en cel eve *boillant*
  Ne senti de mal tant ne quant. (St. N. v. 173-81.)

Vers la fin du XIIIe siècle, on avait perdu l'origine de l'*u* des formes en *ou*; *ou* s'introduisit dans toute la conjugaison, et alors on trouve le nouvel infinitif *boullir*:
Sire, dist Mellins, vos veez bien ces boullons qui *boullent.* (R. d. S. S. d. R. p. 62.)
Et li sage i furent et plusorz genz qui virent celle merveille, et esgarderent celle chaudiere qui *bouloit.* (Ib. p. 62.)
Dans l'exemple suivant, l'*u* peut représenter le premier *l* de la forme *bollir*: cependant elle est très-rare, et je serais plus disposé à croire que l'addition du *l* est irrégulière. (Cfr. Subst.)

De la fontaine poez croire,
Qu'ele *boult* com eve chaude. (Romv. p. 528, v. 15. 16.)

## COURIR (v. fo.)

(provençal, espagnol, portugais: *correr*; italien: *correre*).

Le verbe *courir* a appartenu à la quatrième conjugaison, non-seulement durant tout le XIIIe siècle, mais encore longtemps après, et nous l'avons conservé sous la forme *courre* dans quelques locutions consacrées. Comment a-t-il donc passé à la seconde conjugaison? On se souvient que le dialecte normand employait *er* pour *re*, d'où *curer* pour *cure*. *Curer* pénétra dans l'Ile-de-France, où il s'orthographia: *corer*, *correr*, forme qui était aussi celle des dialectes de la langue d'oc pour le même verbe. C'est sans doute l'influence de ces formes en *er* qui occasionna le changement de conjugaison.

Les formes de l'infinitif de *courir* étaient: *corre*, en Bourgogne; *corre*, puis *courre*, en Picardie; *curre*, *cure*, en Normandie.

Ex.: Car à la fontaine retornent li fluve dont il issent, por ceu qu'il lo parax poient *corre*. (S. d. S. B. p. 563.)

Et fait le destrier *corre* com .i. aleiion. (Ch. d. S. I, p. 142.)
Puis trouva il une valee
Tenebrouse et hideuse et lee.
La vit il *courre* une fontainne... (Ph. M. v. 12609-11.)

Li Philistien apresterent treis cunreis, pur *curre* par la terre. (Q. L. d. R. I, p. 44.)

Brochent ad eit, lor cevals laissent *cure*. (Ch. d. R. p. 137.)

Au milieu du XIIIe siècle, la forme picarde avait pénétré en Bourgogne, sans toutefois faire disparaître la primitive de cette province.

Il laissent *coure* les boins destriez de pris. (G. d. V. v. 1487.)

Le Livre de Job donne *cuerre*, forme certainement fautive dans un texte de cet âge:

Si que il *cuerre* ne puist avoc lui. (Pag. 510.)

*Colre* pour *corre*, forme constante du Roman de Brut et de quelques autres textes, est un exemple de la permutation de la liquide *r* en *l*, permutation usuelle dans les langues romanes.

Il ot tot la novele oie,
Que des Romains une partie
Estoient us prisons *socolre*;
Cele part laient cevax *colre*,
Od lui trois mil chevaliers
Et la maisnie et li archiers. (Brut. v. 12612-17.)

Le présent de l'indicatif était d'abord régulièrement fort: *cuer*, *cueur*, *queur* ou *kueur*, *cuers*, *cueurs*, *cuert*, *cueurt*, *corons*, *corez*, *cuerent*, *cueurent*; plus tard *ceur*, *qeur* ou *keur*, *ceurs*, etc. Enfin, comme je l'ai expliqué à l'occasion du verbe *trouver*, l'o s'assourdit en *ou*: *cour*, *cours*, *court*, *courons*, etc.

 Ex.: Se tu ne me *sequeurs* molt tost,
   Il me honira devant toi. (Romv. p. 460, v. 27. 8.)
   En l'escu se joint, puis ala
   Vers Lisiart, se li *queurt* seure, | Desos esme, puis fiert deseure
   J. molt grant cop parmi le chief. (R. d. l. V. p. 300.)
   Li rois l'entent si le *cuert* acoler. (Romv. v. 227, v. 27.)
   Li serjant *queurent*, quant l'oïrent,
   Et errant depecier la firent. (R. d. S. G. v. 2251. 2.)
   Certes j'*ukeur* plus que le pas,
   Et s'aport dez de deus et d'as
   Por vos faire jeter del mains. (V. s. l. M. XV.)
   Mors, tu *keurs* là où orguel fume
   Por estaindre quanqu'il alume. (Ib. XLI.)
   Lors li *qeurt* seure Gauteles fieremant. (R. d. C. p. 179.)
   Quar l'ierbe vers en fu viermelle
   Del sanc ki partout *ceurt* à riu. (Ph. M. v. 7037. 8.)
   As hueses traire *qeurent* cil esquier. (R. d. C. p. 61.)
   As armes *ceurent*, si s'atornent
   Et droit en Rainscevaus retornent. (Ph. M. v. 8366. 7.)
   Où *keurent* karoler ces garces,
   Beatris, Marot, Margueçon? (R. d. l. M. v. 2170. 1.)
   Vers le chastelain trestous *keurent*. (R. d. C. d. C. v. 445.)
   Li sans en *court* aval la pree. (R. d. M. p. 74.)

En Normandie:
   Jo n'ai pas trait m'espee, ne jo ne li *cur* sure.
           (Th. Cantb. p. 18, v. 7.)
   Li veneor *curent* devant. (M. d. F. I, p. 54.)

Le présent du subjonctif avait deux formes, l'une en *e* simple, l'autre en *ge*:
 Ex.: N'est mie raisons que je *queure*
   A li, ne que je li desfende. (R. d. l. V. p. 163.)
   A Mahom vient, agenoillies
   S'est devant lui, et si l'aeure:
   N'i remaint nus ki n'i *aqueure*. (R. d. M. p. 62.)
   As brans vienent, si s'entrasalent
   Si fort que, se Dex me *seceure*,
   Poi a lui sor iaus sanc ne *keure*. (R. d. l. V. p. 96.)
   Il samble que l'ymage pleure
   Et prit Dieu que il la *sekeure*. (R. d. l. M. v. 3901. 2.)

Quant tu si oies coment li vait,
Dulce preiere e grant te fait
Quel *secorges* senz demorance. (Ben. II, v. 4291-3.)
Tot le laisse ester, ne t'en chaut;
Mais pense cum ta gent s'en raut,
E ce senz terme e senz demore,
Ainz que Normanz nus *corgent* sore. (Ib. v. 19542-5.)

Voici quelques exemples des autres formes:

Taisies, il nous *couroit* ja seure. (Th. Fr. M. A. p. 115.)
Et si i aveit amenez
Les ruisseaus qui par mi *coreient*
Des fonteines qui pres esteient. (Chast. XIX, v. 4-6.)
Apres le leu par ci *courui*
Tant que le lassai et recrui. (Chr. d. Tr. III, p. 170.)
Au descendre *corut* Sebile la cortoise. (Ch. d. S. I, p. 118.)
Et li uns *curut* encuntre la veie Effraim, à la terre Saul. (Q. L. d. R. I, p. 44.)
Atant *courut* por l'esprevier. (R. d. l. V. p. 121.)
Mes puis que il l'out encerchie
*Coreut* vers lui, si l'at beisie. (St. N. v. 1062. 3.)
E nus si *curumes* al sud de la cuntree de Cerethi... (Q. L. d. R. I, p. 115.)
Ben le quiderent aver escuz, | Si *corerent* fermer les us
Et els desturber. (St. Th. ds. Ben. t. 3, p. 495.)
Et *soucorurent* sans faintise
Lor bon roi en la tiere estrange. (Ph. M. v. 4683. 4.)
Mais Deus voleit que cil murussent
Et qu'autres genz le *sucurrusent*. (Romv. p. 413, v. 32. 3.)
*Succurrat* nos li reis od tut sun barnet. (Ch. d. R. p. 42.)
Dist à sa gent: Signour, *corons*. (R. d. l. V. p. 182.)

Je n'ai vu aucun inconvénient à admettre parmi les exemples qui précèdent le verbe *secourir* (succurrere), dont la conjugaison était naturellement tout à fait semblable à celle de *courir*. Les formes infinitives de *secourir* étaient les suivantes:

A mon oncle direz le mien contenement,
An Soissoigne me vaigne *socorre* maintenant. (Ch. d. S. II, p. 109.)
Nostre sire Dieus entendi
Çou que li rois i despondi:
Si vot lui et sa gent *soucorre* (Ph. M. v. 3316-8.)
Il s'an issi armes sor son destrier
Et auvec lui ne sai quant chevallier.
Là fors le prirent li cuvers losaingier
Qu'ainc ne li pot *secore* ne aidier. (R. d. C. p. 316.)

L'empereres manda Henri son frere qui ere à l'Andremite, que il guerpist quanque il y avoit conquis, et le venist *secourre*. (Villeh. 473ᵃ.)

En Sarraguce alt *sucurre* li ber. (Ch. d. R. p. 101.)
Dunc senz demore e senz contraire
Porrum en Engleterre aler
Le rei *securre* e ajuer. (Ben. II, v. 4360-2.)
Kar tut leialment vos ottrei
Que nuls plus n'iert à vos joïr
N'à vos aider ne maintenir
N'à vos *socurre* pres ne loing
Quant mestier vos ert e besoing. (Ib. ead. v. 1916-20.)
Uter valt sa cite *socolre*
Et ses amis dedens rescolre. (Brut. v. 8655. 6.)

Tout à la fin du XIIIe siècle, on commence à voir paraître, en Picardie, la forme infinitive *keure*, *sekeure*, etc. calquée sur celles du présent de l'indicatif:

Car je voeil Marion *sekeure*. (Th. F. M. A. p. 116.)

Des composés de *currere*, *courir*, je citerai encore:

1. *Recourir*, avoir recours à.

Et de la main de cel anemi n'escapet l'om mie se om tost ne *recuert* à repentance. (M. s. J. p. 446.)

2. *Decourir*, découler.

Des que cil en eissil ala,
L'oilles à *decourre* cessa. (St. N. v. 644. 5. Cfr. M. s. J. p. 450.)
Car de l'un basmes *decouroit*,
Et de l'autre cresmes caoit. (Fl. et Bl. v. 625. 6.)

3. *Discourir*, courir çà et là; vaguer.

Les justes resplendirount et il *discurrerount* et roseal come estencelles. (Cité par Roquefort. s. v. *Discurir*.)

On a vu plus haut des exemples d'*accourir*.

## CUEILLIR.

*Cueillir*, du latin *colligere*, conserva longtemps les significations de son primitif. Les formes de l'infinitif de *cueillir* étaient: *coillir*, *quellir*, *cuellir*, *cuillir*, *cueillir*.

Mais les armes e la despuille
Firent *coillir* e amasser. (Ben. v. 37624. 5.)
De sa queue (le lion) se selt ferir
Por ire et por corroz *cuillir*. (P. d. B. v. 5777. 8.)
Suvent te voi brebis *cueillir*
Aingniax e mutons retenir. (M. d. Fr. II, p. 390.)
Lors fait *cueillir* ses tentes, et le siege desfaire.
(Ch. d. S. I, p. 136.)
Tel los doit l'en querre et *quellir*
Qui unques ne puisse fallir. (Chast. pr. v. 179. 180.)
Ne porteray autre (cuevrechief) endroit my

>     Que celuy que par vo plaisir
>     Me donres, bien en doi *quellir*
>     En moy volente de bien faire. (R. d. C. d. C. v. 5142-5.)
>     Mais li termes moult lons estoit,
>     Çou li ert vis, du fruit *cuellir*. (Fl. et Bl. v. 386. 7.)

On trouve aussi ce verbe avec la forme de la première conjugaison:

>     Trestuit keurent sour le rivage
>     Pour *recuellier* leur signerage. (R. d. l. M. v. 8397. 8.)

Quelques auteurs des XIVe et XVe siècles s'en sont toujours servis de cette manière.

Les principaux composés de *cueillir* étaient:

1. *Concueillir* = cueillir, ramasser, rassembler:

Lors vont *concueillir* des sechons. (Fab. et C. IV, p. 246.)

Feble gent sunt, mauvais et *concueillis*. (G. l. L. I, p. 100.)

Nous disons encore dans le même sens défavorable, *un ramas*.

2. *Acueillir*, 3. *escueillir*, 4. *recueillir*, dont les exemples ci-dessous feront connaître les divers emplois et les significations.

>     Mais d'envaïr vostre cite
>     N'avum corage ne pense,
>     Ne d'eforcer ne de tolir
>     Ne de vostre preie *aquillir*. (Ben. I, v. 1441-4.)
>     Mais il saut outre, bien se set *escoillir*. (Romv. p. 205.)

La lettre *l* s'aplatissait ordinairement en *u* à la troisième personne du singulier du présent de l'indicatif de ces verbes; puis, vers la fin du XIIIe siècle, l'irrégularité que j'ai déjà fait observer plusieurs fois, se montre de nouveau ici, c'est-à-dire qu'on rétablit le *l* à côté de l'*u*.

>     Dunc dist Raol: Cest conseil *coil*. (Ben. v. 33390.)
>     Le gravier *aquelt* à foïr,
>     Et ne fine onques de henir. (P. d. B. v. 5805. 6.)
>     L'agait *esquielt*, d'autre part est tornes;
>     Par mi les tres est coiement passes. (O. d. D. v. 8958. 9.)
>     *Escuelt* le bras, et laist l'espiel aler. (Ib. v. 8968.)
>     En camp flori le trovera,
>     U el *keut* encontre moi flors. (Fl. et Bl. v. 786. 7.)
>     Car cil *rekeut* ki plus semne. (R. d. M. p. 75.)
>     Li senescauls dist bien le veu',
>     Et li cartriers sa voic *akeut*. (R. d. l. M. v. 959. 60.)[1]
>     Ainsi bel cascuns les *akeut*. (Ib. v. 2200.)

---

(1) Cfr. Maleureus, fui, *tien ta voie*
    Ançois que li gaians te voie. (Brut. v. 11688. 9)
    A *retorner la veie* entent. (Ben. v. 25314.)

> Qui vilain aluche et *aqueut*,
> La verge qui puis le bat *queut*. (N. R. d. F. et C. II, 251.)
> Et *kieult* le fleur devant le fruit. (V. s. l. M. XXIII.)
> Quar s'on *rekiout* çou que sien est
> Là n'a mie moult grant conquest;
> Mais cil est lies de se bargagne
> Ki sa grant pierde regaagne. (Ph. M. v. 3836-9.)
> Qui petit seme petit *quialt*. (Brut. I, L.)

Sur cette dernière forme, voy. *vouloir*.

> Li valet et li esquier
> De buis le *cuilent* arocher. (Trist. II, p. 101.)
> Apres le cers *aquellent* lor sentier. (O. d. D. v. 277.)
> La fuite *aquellent*, si se traient arier. (Ib. v. 5358.)
> Parmi la lande *aqueullent* lor chemin. (R. d. C. p. 324.)

Cuidiez que venu soient por moissoner vos blez?
> Par Mahom! s'il les *cuillent*, petit prou i aurez. (Ch. d. S. II, 48.)
> Les napes *coillent* quant vint apres mengier. (Romv. p. 231. v. 33.)

Dont voient descendre les Lombars qui lor viennent à l'encontre; et li nostre, comme preu et hardi, les *recueillent* as glaives. (H. d. V. p. 222. XXX.)

> Quatre serjanz les *acoeillent* devant
> Devers un ewe ki est enmi un camp. (Ch. d. R. p. 153.)
> L'erbe *quelloient* por les cevals repaistre. (O. d. D. v. 8646.)
> Cist veissiaus où men sanc meis,
> Quant de men cors le *requeillis*,
> Calices apelez sera. (R. d. S. G. v. 907-9.)

Li chevaliers estoit espris de sa fame que il creoit quanqu'ele disoit, e *cueilli* son fillz *en haine*, pour l'amour de sa feme. (R. d. S. S. d. R. p. 66.)

On disait encore: *cueillir en he* (Ib. ead. Ben. v. 28929), *cueillir en haür* (Ch. d. R. p. 146), expressions qui signifiaient: prendre en aversion, concevoir de la haine. On trouvera plus bas *cueillir en ire, en amour*, pour se fâcher, se courroucer contre qqn., et prendre en amitié, aimer, concevoir de l'amour pour qqn.

> Cil Guillaumes, apries .i. pou,
> Contre le duc s'enorguelli,
> Et de guerre moult l'*aquelli*. (Ph. M. v. 16649-51.)
> Par la fenestre jus des murs s'an avale,
> Par le vergier *aqueulli* son voiaige,
> Fors de la ville, à .i. prioraige. (R. d. C. p. 285.)
> Quant on seoit en la salle au mangier,
> Auberiet jetent maint pain entier.....
> Tant en *coilli*, ce oi tesmoignier,
> Qu'il en *coilli* trestot plain .i. doublier. (Romv. p. 207. 8.)

Li maistres sist en un batel;
O soi *cuelli* le damoisel,
Li serjant o les escuiers. (Fl. et Bl. v. 1515-7.)
Quer bien et aumosne feistes,
Qant vos caienz le *requellistes*. (Chast. IX. v. 91. 2.)
(Si me dites)
... Pourquoi en si grant haine
Le *queillites* n'en teu cuerine. (R. d. S. G. v. 1823. 4.)

Cil qui eschamperent s'en vindrent fuiant à la Rousse, et se *recoillirent* avec lor genz qui là dedenz estoient. (Villeh. 481ᵃ.)

Tute sa gent fist eissir el champ e firent cil un fier asult sur le ost, sil descumfistrent, e cil de Syrie *acuillirent* à fuie. (Q. L. d. R. III, 325.)

Tes privileges as e leis e poeste:
N'*acuil* al devin ordre rien encontre sun gre. (Th. Cantb. p. 61. v. 11. 12.)

Por Deu! beau sire,
Confortez vos, n'*acuelliez* ire. (Trist. I, p. 49.)
Di li, fait il, que à s'ovraigne
Me met le pople e acompaigne,
Quident que od lui m'en *acoille*
Et que je la consente e voille. (Ben. II, v. 13015-18.)
Deus dunt, si seit e si le voilles,
Que nostre conte en amor *quoilles!* (Ib. II, v. 12135. 6.)
Nostre sire, tis hoem domaines......
Te mande servises feeiz
Se, s'il te plaist, que tu les *recoilles*
E que de lui prendre les voilles. (Ben. II, v. 13433. 6-8.)
Ducement te requert e mande,
Des que le fort iver s'espande,
Qu'en ceste terre nos *aquilles*. (Ib. ead. v. 1773-5.)

Le futur se présente sous les formes: *cuellera;* avec intercalation de *d* entre *l* et *r*, *cueldra, coildra;* puis par suite de l'aplatissement du *l, keudra;* enfin, pendant les dernières années du XIIIe siècle et plus tard, avec rejet complet du *l: quedrai, quidrai* (cuillir).

Le fruit de l'ente *cuellera*. (Fl. et Bl. v. 390.)

*Cuellera* reporte à l'infinitif *cueller*, quoique quatre vers plus haut on lise *cuellir*.

Et il *cueldra* les fruiz. (M. s. J. p. 492.)
Car Perrins se va vantant | Ke de çou dont me vois penant
K'il en *keudra* la graine. (Th. Fr. M. A. p. 41.)
Oncles, dist il, je le (l'erbe) *quidrai*,
Et pries de vous l'aporterai. (R. d. S. S. v. 1839. 40.)

*Quedrai* est très-fréquent dans le Roman de la Rose.

La terminaison ordinaire du participe passé est *i*; cependant on trouve aussi *u*, et même *eit* en Normandie. Cette dernière forme est dérivée directement du participe latin.

A ces paroles ont lor voie *aqueullie*. (R. d. C. p. 295.)

Bavier et Alemant ont lor place *acoillie*. (Ch. d. S. II, p. 47.)

Grant duel a por nient *acoilli*
De ce que l'oiselet crei. (Chast. XIX. v. 127. 8.)

Le porc a ses ciens *aquelli*. (Ph. M. v. 2088.)

Tant s'umelie e tant s'encline
Li quens Roberz vers son seignor
Qu'il le ra *coilli* en s'amor. (Ben. v. 29980-2.)

Mais Deus, qui tot orguil aprient
E qui humilete maintient,
A ses preieres si *quillies*
Cum si seront apres oies. (Ib. v. 22268-71.)

Là peri la bele jovante
Que rois Artus avoit norie
Et de pluisors teres *coillie*. (Brut. v. 13672-4.)

Leva l'escu, le cief covri,
Frolle à l'espee *recoilli*. (Ib. v. 10325. 6.)

[1] Sire, ce dit la dame, por Deu le fil Marie,
Et por cele creance que je ai *recuillie!*
Se nos avons mestier de secors ne d'aïe... (Ch. d. S. II, p. 103.)

Bien vos gardez, bien serez *recoilli*:
Chascuns de nos a son hauberc vesti. (R. d. C. p. 87.)

Si ont veu Lombars descendre qui lor venoient à l'encontre, et li nostre come preu et hardi les ont *recoeillis* à lor glaves mult fierement. (H. d. V. 509[d].)

S'en sunt à Rou dreit venu çai,
Qui merveilles les a joïz
E joiosement *recoilliz*. (Ben. II, 976-8.)

Del damage, de la soffrance
Que par mei unt paens en France
E sor Tiebaut, ç'ai je mult dreit,
Kar trop m'aveient *acoilleit*. (Ib. v. 22995-8.)

Mes rentes ad *cuilleites* tutes par plusurs anz. (Th. Cantb. p. 14. v. 12.)

Où li saintimes sans estoit
Que Joseph *requeillu* avoit. (R. d. S. G. v. 853. 4.)

## FAILLIR.

Le primitive de ce verbe, *fallere*, a donné naissance à deux verbes: *faillir* et *falloir*,[2] ou pour parler plus juste, *falloir* s'est développé peu à peu de *faillir*. La langue d'oïl, comme les autres langues romanes, ne connaît que *faillir*; ce ne fut que

---

(1) Ce sont les paroles de la reine Sébile, nouvellement convertie au christianisme.
(2) Cfr. Diez, II. p. 206.

bien longtemps après l'époque qui nous occupe, que le français établit les deux formes et encore pour l'infinitif seul.[1]

Les formes infinitives de *faillir* étaient : *falir*, *fallir*, dans la Bourgogne proprement dite, la Normandie, la plus grande partie de la Picardie ; *faillir*, vers 1250, dans l'Ile-de-France et les provinces avoisinantes au nord et au sud.

Ex. : Cant li corages est extenduz de granz questions, si lasset perturbee la foiz alsi com ele doeit *falir*. (M. s. J. p. 504.)

Se m'en vient mix asses tenir
Que *falir* et à mort venir. (R. d. l. M. v. 1731. 2.)

Se muir, vostre ame en peechie
En sera, ce ne puet *fallir*. (R. d. C. d. C. v. 528. 9.)

Il n'i voit nule rien *faillir*
Dont l'on doit bon roi servir. (P. d. B. v. 969. 70.)

Mult fait l'amours que vilaine
Qui comence por *faillir*. (C. d. C. d. C. p. 30.)

La première personne du singulier du présent de l'indicatif faisait : *fal*, *fail*, ou *faill*, à la fin du XIIIe siècle, surtout dans l'Ile-de-France.

Et li tramist, se jou n'i *fal*,
J. moult rice horloge d'arkal. (Phil. M. v. 2560. 1.)

Et, se g'i *fail*, morz sui et mar vos vi. (C. d. C. d. C. p. 37.)

Amis, jo *fail* à mun desir,
Car en voz braz quidai murrir
En un sarcu enseveiliz. (Trist. II, p. 77.)

Et si comme vos estes loiaus emperères, tenez li droit, se ge *faill*. (R. d. S. S. d. R. p. 75.)

La seconde et la troisième personne du même temps étaient d'abord : *fals*, *falt* ; plus tard *faus*, *faut*, par suite de l'aplatissement du *l*.

Se tu lor *fauz*, morz sunt, ço dient. (R. d. R. v. 10906.)

Li conselz est bons, car la valor de la force est avoc, car ce ke il troevet en cerchant ne permoinet il mie à perfection d'oevre, se force li *falt*. (M. s. J. p. 497.)

*Falt* li vitaille, ne set mais qe il face. (O. d. D. v. 8510.)

Donkes en cele niant parfaite volenteit où il conseut salvement, lai où li pooirs *defalt* de l'oyvre, ne poroit il jai mies estre salveiz par lo defaillement de l'oyvre, ou por l'oyvre del defaillement. (S. d. S. B. p. 544.)

Povres sui, despense me *faut*,
Asez demand, mes poi ne[2] vaut. (R. d. S. p. 12.)

---

(1) L'Académie conjugue encore : *faillir* ; je *faux*, tu *faux*, il *faut*, nous *faillons*, vous *faillez*, ils *faillent* ; je *faillais* ; je *faudrai*. Ces formes sont très-françaises, comme on le verra ; mais, il faut l'avouer, l'usage général est contre l'Académie.

(2) Lisez *me*.

> Or à l'asaut, franc chevalier menbré;
> Ki or me *faut*, n'ait point de m'arite. (G. d. V. v. 1729.30.)
>
> Chi *faut* li Romans de Mahon. (R. d. M. p. 84.)
>
> Riches hom qui flateour croit
> Fait de legier plus tort que droit,
> Et de legier *faut* à droiture
> Quant de legier croit et mescroit. (Rutb. I, p. 22.)

Les formes du pluriel du présent et celles de l'imparfait de l'indicatif n'offraient d'autres variations que celles indiquées pour le radical de l'infinitif.

> Porres vos mais vostre signor aidier?
> Se me *falles*, je n'ai nul recovrier. (O. d. D. v. 6277.8.)

Mais les pics penses ne quierent mie cant eles lur *fulent*. (M. s. J. p. 473.)

*Faillent* nus dunc humes forsenez? (Q. L. d. R. I, p. 85.)
[An desunt nobis furiosi...?]

> Tele eure est que cele esperance
> De leur desirier les avance,
> Et tele eure est que il i *faillent*
> Et en vain lonc tans se travaillent. (R. d. l. M. v. 1471-4.)
> Li escuiers as armes cort
> Et au cheval, si monte sus, | Que demorei n'i ot plus,
> Qu'il n'i *falloit* ne fer ne clous. (Rom. p. 540, v. 4-7.)
> Quant li dux s'ert de li loigniez,
> S'alout cent tanz, n'en *failleit* gaires,
> Par li mult mieuz toz li afaires
> Que quant li suens cors i esteit. (Ben. v. 41464-7.)
> Tuit li *failleient* si ami. (Ib. x. 30711.)
> Cil del Poitou les asailloient
> Et li Breton ne lor *failloient*. (Brut. v. 12630. 1.)

Le présent du subjonctif faisait *faille*.

> Granz rois, c'il avient qu'à vos *faille*,
> A touz ai ge *failli* sanz faille:
> Vivres me *faut* et est *failliz*. (Rutb. I, p. 3.)
> Sire, e se vos le comandez,
> G'irai, n'est droiz que vos en *faille*. (Ben. v. 37171.2.)
> Ne set sos cel cum il li *faille*
> N'encontre lui aut à bataille. (Ib. v. 33356. 7.)
> Et cil folement se contient
> Qui croit que cil siecles ne *faille*. (V. s. l. M. XXXIII.)

E quidez que David, ki est hardiz cume liuns, que il se *defaille* de pour? (Q. L. d. R. II, p. 182.)
[... pavore solvetur.]

> Trestot autresi s'entrasaillent,

E por crieme que il n'i *faillent*
S'esvertuent de lor poeirs. (Ben. v. 33582-4.)

Le futur était primitivement *falrai* ou, avec le *d* intercalaire, *faldrai;* puis *faurai*, *faurrai*, *faudrai*, formes où l'*u* provient de l'aplatissement du *l*. Les Sermons de St. Bernard et quelques autres textes bourguignons donnent *farrai*, qui s'explique par l'assimilation de *l* à *r*.

Mult, dist il, te donrai, | Ne jamais jor ne te *falrai*,
Se tu ta parole acomplis
Que li rois soit par toi ocis. (Brut. v. 8451-4.)
Certes, ja ne vous en *faurrai*,
Dist Meliatirs, de bataille. (R. d. l. V. p. 258.)
Je ne li *faurai* mais, tant com vive, nul jor. (Ch. d. S. II, p. 184.)
Sor tote joie est cele couronnee
Que j'ai d'amours: Dex! i *faudrai* je donc? (C. d. C. d. C. p. 34.)
Or rent le sorplus, puis auras
Les cent besanz, ja n'i *faudras*. (Chast. XV, v. 71. 2.)
„Or te proi et quier et demant,
Se tu sez, que tu me conselles. | Ou d'aventure ou de mervelles".
„A cest conseil *faudras* tu bien;
Que d'aventure ne sai rien ... (Romv. p. 526, v. 13-7.)

Mais jai à nul jor, si cum nos veons avuertement, ne *farrat* li persecutions al cristien nen à Crist assi. (S. d. S. p. 555.)

Et totevoies ne *defarrat* mies cil ki porpraignet cest abandoneit membre, ensi k'il nès dons ne soit mies senz chief. (Ib. p. 561.)

Toz soit honis, Ogier, qui te *falra!* (O. d. D. v. 569.)
Va, si fas cumencer; ja n'en *faldrat* uns. (Charl. p. 28.)
Jameis honneur ne li *faura*. (R. d. S. G. v. 1530.)
Avoec sa mere seses bien,
Le ne vous *faurra* il ja riens. (R. d. l. M. v. 1219. 20.)
Quant pour vous me *faudra* morir,
Dame, ce seroit grans pechies. (R. d. C. d. C. v. 530. 1.)
Ne me *faudrait* por home ke soit neiz. (G. d. V. v. 1210.)
Por mort reçolvre, certes, ne vos *falron*. (O. d. D. v. 6493.)
Seient certainz
Que tant cum serrom seinz
Ne vus *faldrom*. (St. Th. ds. Ben. t. 3, p. 476.)
Qar nos li *faudrons* tuit, s'an irons de cest ost. (Ch. d. S. I, p. 31.)
Se il vuelent bataille, mi ne lor *fauron*. (Ib. II, p. 130.)
Car cevaliers eslis seres,
Et sai tres bien, ja n'i *faures*,
Et plus beaus que n'est riens el monde. (P. d. B. v. 1495-7.)
Et vous l'orrois
Par tans, que vous ja n'i *faurrois*. (R. d. S. S. v. 3912. 3.)

Mes mout ainceis, dit il, vendreiz | A la cite, ja n'i *faudreiz*,
Se vos le grant chemin tenez,
Que se par la sentele alez. (Chast. XVI, v. 21 - 4.)
Par foi plevie, par itel convenant
Ne se *falront* dusqu'as menbres perdant. (O. d. D. v.5423.4.)
Il l'ament tant ne li *faldrunt* nient. (Ch. d. R. p. 16.)
Bien sont .L. qui sont charnel ami,
Que trestuit ont et jure et plevi,
Ne se *fauront* tant com il soient vif. (R. d. C. p. 65.)
Joseph dist: En la compeignie
Serunt de Dieu, n'i *faurrunt* mie. (R. d. S. G. v.2869.70.)
En ma compaingne mil chevaliers armez
     Qui ne me *faudront* mie. (A. et A. v. 893. 4.)

Les formes du conditionnel étaient naturellement semblables.

Ne vos *falroie*, que je sui vos jures. (O. d. D. v. 4934.)
Et dit Fromons: Mes cuers ne puet mentir,
Ne vous *fauroie*, por les membres tollir. (G. l. L. I, p. 111.)
Si saches que tu comperreies
Ou tost ou tart, ja n'i *faudreies*. (Chast. XI, v. 351. 2.)
Jai n'en *farroit* vaillant .i. pois. (Dol. p. 216.)

Ki seroit nuls ki seeuement ne puist savoir k'ele (la creature) *defarroit* et renoyeroit, et k'ele iroit en dampnation, si ele en cest poent moroit? (S. d. S. B. p. 544.)

Quant ales s'en fu, si dist on
Pour le demande et pour raisson,
Que jusques en .vii. oirs durroit
La Rou lignie et dont *fauroit*. (Phil. M. v. 13973 - 6.)
Ke voz *faudroit* isi, soit recreant. (G. d. V. v. 461.)
Que dotes tu? de quoi t'esmaies?
Ne te *falrions* por nos vies. (Brut. v. 2432. 3.)
Que puis li seriez garant,
N'en *faudriez* ne tant ne quant. (Trist. 1, p. 164.)

Le parfait défini et l'imparfait du subjonctif avaient deux formes bien distinctes; l'une régulière, l'autre avec un *s* intercalaire: *fali, failli, falsi, fausi; faillisse, falsisse, fausisse*. La forme avec le *s* intercalaire était avant tout picarde.

En ton palais où cre alez por toi,
Com li hom qui sa terre en tenoit;
Là me *faucis*, te faurai ci à toi. (R. d. C. p. 232.)
Si ala leur afeires bien
Grant tens, et ne leur *falli* rien. (R. d. S. G. v. 2371. 2.)
Et vostre fil que vees chi
Si deboinairement nouri
Que onques ne li *fali* riens. (R. d. l. M. v. 6535 - 7.)

Tut le quer li *faillid* de si grant chose penser, e ne se pout asez esmerveiller. (Q. L. d. R. III, p. 272.)

Vous me *faillistes* et il me garentit. (G. l. L. I, p. 172.)

Tot voudrent prendre, à tot *fallirent*. (Chast. XVII, v. 159.)

Cuidiez vos, chier frere, ke li cramme *faillist* el baptisme de Crist? (S. d. S. B. p. 563.)

Or voles prendre au Danois aatie:
Se fust uns autres, certes n'i *falsist* mie. (O. d. D. v. 4368. 9.)
N'avoie garde ne porpens
Que james *fausist* cel bel tens. (Chast. pr. v. 208. 9.)
Ne me feist si longuement doloir,
S'ele seust con s'amors me justise,
Ja ne *faussist* pitiez ne l'en fust prise. (C. d. C. d. C. p. 65.)
Puis apres unt Londres asise
Par teu maniere e par tel guise
Que l'estoire, li fiers naveiz,
Les unt par l'eve si destreiz
Que je ne quit ja lor *faillisent*
D'icele par nes asaillissent. (Ben. v. 27740-5.)
Dieux recevez em paradis
Aus et lor armes à tous dis,
Quar il vous ont servi de cuer,
Ne vous *fausisent* à nul fuer. (Ph. M. v. 8138-41.)

## FÉRIR (v. fo.), ferire.

*Férir*, n'est d'usage aujourd'hui qu'à l'infinitif, dans cette expression familière: *sans coup férir*, et au participe passé avec deux ou trois significations; l'ancienne langue le conjuguait d'un bout à l'autre et il était d'un emploi très-fréquent.

Mais n'est mie si pruz ne si bon chevalers
Pur *ferir* en bataile ne pur encaucer. (Charl. p. 2.)

Et par tant ke il ne trovat pas la verge dont il poist *ferir*, il prist un escamel de dessoz les piez, si li ferit son chief et sa face. (S. Grégoire. v. Roquefort s. v.)

Au lieu de *ferir*, on trouve *ferre*:

Durement à *ferre* s'essaient. (N. R. d. C. p. 27.)

Mais cette forme est rare, ainsi que la suivante en *ier*:

Chius qui un baston trait ou lieve pour un autre blechier, sens *ferier*, il est à .x. s.; qui un autre fiert du baston sens sanc faire il est à .XX. s. (J. v. H. p. 549.)

Le présent de l'indicatif se conjuguait régulièrement fort: *fier, fiers, fiert, ferons, fereiz, fierent*: et l'impératif: *fier, ferons, fereiz*.

Sire, ce n'est mie avenant
Que vous si vostre cuer plaisies | Que dusk'à moi vous abaissies,
Car je n'*afier* à vous de riens. (R. d. l. M. v. 1958-61.)

Tu vois bien de queil flael je te *fier*, mais tu ne vues esgardeir de com grant anemi je toi garde parmi mon flael. (M. s. J. p. 490.)

....Si li dist: *Fier* me sur le chief, mais cil nel volt pas *ferir*. (Q. L. d. R. III, p. 328.)

Puis trait l'espee dont à or est li pon,
Et *fiert* un autre sor son elme reon,
Ke tout envers le rabait ou sablon.
Viane! escrie: *fereiz* avant, bairon. (G. d. V. v. 1641-4.)
*Fereiz* les bien, nes espairgnies vos mic. (Ib. v. 1622.)
La mors ne fait nule attendue,
Ainz *fiert* à massue estandue. (Rutb. I, p. 62.)
*Fierent* et chaplent des brans d'acier forbis. (G. d. V. v. 814.)

Ces formes étaient picardes et bourguignonnes; le dialecte normand proprement dit ne diphthonguait pas.

Si galerne de mer, bise ne altre vent
Ki *ferent* al paleis devers occident,
Il le funt turner e menut e suvent
Cumme roe de char qui à tere decent. (Charl. p. 15.)

Le présent du subjonctif faisait: *fiere* et *fierge*; *ferge*, en Normandie.

(Dex) Ensi pardouna à saint Piere:
Plus espouronne q'il ne *fiere*. (R. d. M. p. 68.)
N'i ad celoi que n'i *fierge* o n'i capleit. (Ch. d. R. p. 134.)
Tant par ert fort ma aleine e li venz si bruant,
Que tute la cite, que si est ample e grant,
N'i remaindrat ja porte ne postits en astant;
Ne quivee ne acer, tant seit fort ne pesant,
Ke le un ne *ferge* al altre par le vent qui ert si bruant. (Charl. p. 19.)

Les terminaisons du parfait défini et du participe passé oscillaient entre *i* et *u*; cependant *i* est le plus ordinaire au parfait défini, et *u* au participe passé.

Où Olivier? aveiz le vos vancu?
Nenil voir, sire, Rollan ait respondu,
Ke damedeus ne l'ait pais consentu;
Par un sien aingle le m'ait bien desfandu,
Car une nue antre nos se *feru*. (G. d. V. v. 3167-71.)
Li escuiers ki fu maris | Sa mere avoit *feru* dou pie:
Or en a este bien paie.
Dou pie *feri* à tort sa mere,
C'est à bon droit s'il le compere. (R. d. M. p. 14.)
Adam tint la verge en sa main, | En mer *feri* devant Evain:

Si tost con en la mer *feri*
Une brebiz fors en sailli. (Ren. t. I, p. 3.)
Tant i *ferimes* trestuit comunalment
Au branc d'acier dont li fer sunt tranchant,
Que tuit sunt mort destranchie et sanglant. (G. l. L. I, p. 122.)
De cele part m'ait *ferut* sans espee. (G. d. V. v. 1025.)
Kant ot Gerars les mos e la raison,
K'il ot *feruit* le riche roi Karlon,
Mist pie à terre dou destrier aragon. (Ib. v. 1589-91.)
Car si radement l'a *feru*
Que duske à tere a abatu
Le chevalier et le cheval. (R. d. l. M. v. 2755-7.)
Mes encor (la dame de Faiel) n'estoit pas *ferue*
Du dart d'amours de coi argue
Les (?) siens (cuers). (R. d. C. d. C. v. 351-3.)

Rabelais emploie encore le parfait défini *ferut*.

Les autres formes de *ferir* n'offrent rien de remarquable; je me contenterai d'en citer quelques exemples pour prouver leur existence.

Breton *feroient* à desroi,
N'i voloient tenir conroi. (Brut. v. 12362. 3.)
Et, se voles, je le *ferrai*
Tout maintenant, sans nul delai. (R. d. S. S. v. 3868. 9.)
Occirrai toi, se je t'ai encontre;
De mon espiel te *ferrai* el coste. (O. d. D. v. 8831. 2.)
Richard li velz les guierat el camp,
Il i *ferrat* de sun espiet trenchant. (Ch. d. R. p. 118.)
Dist Aiglente: Je me *ferroie*
El cuer, s'il vous voloit amer
Pour moi laissier. (R. d. l. V. v. 3027-9.)
Pitiez l'em prist, si lor dona | Une verge, si lor mostra
Qant il de riens mestiers auroient,
De cete verge en mer *ferroient*. (Ren. t. I, p. 3.)
Ne trovai prince, tant fuist de grant renon
Ke me *ferist* sor mon hiaume à bandon,
Si ce ne fuisent li Sarrazin fellon. (G. d. V. v. 1582-4.)
Tenir la (l'espee) valt qu'il nel *ferist*. (Brut. v. 4600.)
Dusqu'à Monjoie si *ferrant* les mena;
N'i ot païen qui ainc i demorast
Por gaaig faire. (O. d. D. v. 947-9.)
Il vindrent *ferant* des esperons vers nous. (Joinville, p. 34.)

Les composés de *férir* étaient: 1. *referir*, férir de nouveau; 2. *s'entreferir*: Si tost s'en vont *entreferir* (Ren. III, p. 262); 3. *aferir*, *afferir*, appartenir, convenir; avec son réitératif *raferir*. On a déjà trouvé un exemple d'*aferir*; j'en citerai encore quelques-uns, parce que ce verbe jouait un assez grand rôle dans la vieille langue.

Et nos lour devons soignier molins et mounier soffisant, et quant qu'il y *affiert*. (1282. M. et D. p. 463.)

  Car qu'il firent n'où il alerent ! Ne saveir où il s'aresterent
  N'ai à dire, kar n'*afiert* mie
  Al estoire de Normendie. (Ben. v. 24734-7.)
  Que sour leur vie couvent m'ont
  Que il vous garderont si bien
  Que il ne vous faurra ja rien
  Qui à nule roïne *afiere*. (R. d. l. M. v. 2578-81.)
  Car il n'*afiert* à nesun roy
  Que il pleure pour nul desroy. (Ib. v. 3239. 40.)

### FINIR (finire).

La langue d'oïl avait deux formes bien distinctes pour ce verbe: *finer* et *fenir*; la première était même la plus employée, en Bourgogne surtout.

  Jouenes hom sui, nel vuel encor morir....
  — Voir! dist Raous, il te covient *fenir*,
  A ceste espee le chief del bu partir. (R. d. C. p. 118.)
  Se je le puis as poinz tenir,
  Par feu ferai son cors *fenir*. (Trist. I, p. 16.)

Or meismes lai où il en luy, et en ayer lui vit plus bienaurousement ne *finet* il ancor de convertir les hommes, par example, par oreson et par doctrine. (S. d. S. B. p. 554.)

  De ci à soir ke il fuit avespreiz,
  Ne *finent* il de venir ne d'aler. (G. d. V. v. 3909. 10.)
  Et il montait tantost sor un destrier,
  Jusc'à la neif ne *finait* de brochier. (Ib. 2715. 16.)

Ensi *fina* cis parlement. (Villeh. 438<sup>c</sup>.)

  Ja mais ne *finerai* d'aler
  Tant que noveles en orrai. (R. d. l. M. v. 4332. 3.)
  Vous *fineres* moult bien chaiens. (Th. F. M. A. p. 88.)
  Duce dame, *finum* cest plait. (M. d. F. I, p. 86.)
  La dame a sa raison *finee*. (L. d. T. p. 82.)
  Li reis le commence à haster
  Et de ce forment à blasmer
  Que la fable ne *fenisseit*
  Que commencee li aveit. (Chast. X. v. 70-3.)

Il faut bien remarquer que durant tout le XIIIe siècle, on écrivit constamment *finer* et *fenir*; ce n'est guère que dans les premières années du XIVe, qu'on trouve des exemples de *finir*.

Marot et Rabelais emploient encore *finer*.

*Finer* avait pour composés: *definer*, finir, cesser, terminer, borner, mourir; et *afiner*, approcher de la fin, achever.

    C'est la matere de cel lay;
    Ichi le vous *definerai*. (L. d'I. p. 30.)
    Que quant plus tost *definera*
    Plus tost en paradis ira. (Rom. de la Rose. v. 5037.)

Tant fist li chevaliers par ses armes, et par sa proesce, que il prist les anemis à cel haut home, et *afina* la guerre du tout à sa volente. (R. d. S. S. d. R. p. 90. App.)

REMARQUE. Il y avait encore, dans la vieille langue, un verbe *finer*, qui signifiait *financer*, *payer*. (Cfr. Du Cange s. v. *finare*.)

Que mes sires de Guelre desseur dis nous doie *finer* et faire grei... de douze cens mars de Bragbensons. (1286. J. v. II. p. 438.)

Des quatre cens mars de Ligois, ke nos aviens *fineis* et paies à Liege. (1284. 1b. p. 426.)

Et s'il avenoit que je acensesisse men winage: cil à qui je consiroie, *fineroit* au gret doudit Bouchart, des devantdis trois cens libres. (1238. Th. N. A. I, 1007.)

    Il *finaissent* miex d'une lerme
    Que d'une mine ou d'un sestier
    De forment, s'il lor fust mestier. (Rutb. II, p. 128.)

## FUIR.

Les dialectes bourguignon, normand et picard donnaient d'abord au verbe *fuir*, dérivé du latin *fugere*, la forme qu'il a actuellement. Au milieu du XIIIe siècle, le dialecte tourangeau changeait l'*u* en *o*: *foir*, forme qui passa dans les contrées voisines, et surtout dans l'Ile-de-France. De l'Ile-de-France, *foir* pénétra en Picardie, où l'*o* s'assourdit en *ou*: *fouir*.

Ex.: Où te torneras tu de son espirit, et où *furaz* tu de davant sa fazon? Ne *fuir* mies, ne ne dotteir mies, il ne vient mies à armes. (S. d. S. B. p. 536. 7.)

    Teus set ceuz laissent le deffendre
    Qui ne quierent autre deport,
    Mais *foir* puissent à la mort. (Ben. v. 28409-11.)
    Ausi com par ci le me taille,
    Cuides *foir* d'enfer la flame
    Et acroire, et metre à la taille,
    Et faire de la char ta dame. (Rutb. I, p. 133.)
    Tant que je vis outreemant
    Que vers lui garir ne pooie
    Ne por *foir* n'eschaperoie. (Dol. p. 245.)

DU VERBE.  341

   Qant li vilain voit si fuliez | Que ja s'estoit tant aprochiez
   Qu'il se cuida lessier chair | Sus Renart que il vit *fouir*,
   Tot vif le cuidoit as mains prendre. (Ren. I, p. 296.)
   *Fuit* s'*en* del champ senz compaignie
   Fors de ceus qui les quors trenbloent,
   Qui apres lui s'acheminoent. (Ben. v. 33709-11.)
   Il *fuient* dusqu'à lor conroi. (P. d. B. v. 2205.)

 Ne *furoie* je dons si cum Adans fist, ki de davant sa fazon *fuit*, et totesvoies n'en exapat mies? (S. d. S. B. p. 548.)

   Adonc li conte com Fromons s'en *fouit*. (G. l. L. I, p. 220.)
   Que par promesse, que par don,
   La garde des prisons guerpirent
   Et o les prisons s'en *foirent*. (Brut. v. 9072-4.)
   Tant com droit vissent l'estendart,
   Ne *fuissent* pour nule painne. (Ph. M. v. 6125. 6.)
   *Fui* t'ent en sus de moi. (R. d. M. p. 8.)

 Que ferons nos? *fuions* nos en. (R. d. S. S. d. R. p. 20.)
   *Fuies* vos ent à Cambrai, je vos di. (R. d. C. p. 90.)

 Et je à mon pooir le *fuoie* | Qui en *fuant* ades huchoie. (Dol. p. 250.)

 Participe *fuioit* et *fui*:
   *Fuioit* s'en son(t) toute la nuit;
   A Celpri n'oserent aler. (Phil. M. v. 961. 2.)

 Les composés de *fuir* étaient: *Refuir*, fuir, éviter, abhorrer; verbe qu'on rencontre souvent encore dans Amyot (Vie d'Antonius), Rabelais (Liv. V, ch. 25.), etc.

 *Afuir*, *s'afuir*, *en afuir*, se réfugier, accourir:
 La furent trovees les plus hautes dames dou monde, qui estoient *afuies* ou chastel. (Villeh. p. 81. CVII.)

 En cele cite avoit mout grant peuple de la gent du païs, qui estoient tuit *afui*. (Ib. p. 139. CLIX.)

   Là trova Kalles l'apostole Simon
   E gent de Rome qui *afui* en sont. (O. d. D. v. 322. 3.)
   Puis m'a fait Kalles mult pener et cachier,
   A Garlandon me vint il asegier,
   Il et Callos que je n'ai gaires chier.
   J'en *afui* à cest roi Desier,
   Passai Mongieu por ma vie alonger. (Ib. v. 4420-4)

 *Defuir*, fuir, éviter, fuir qqch. de toute sa force:
   Les bones (femes) devons, ce me semble,
   Enorer de tot no pooir;
   Mais des foles, nes les vooir
   Tuit clerc devomes *defoir*,
   Car l'ame font à De puir. (Ben. t. 3, p. 527.)

REMARQUE. Il faut se garder de confondre les verbes *fuir* et *fouir (fodere*, prov. *foire)*, ce qui arriverait infailliblement si l'on n'avait pas égard aux différences dialectales; car, pour l'un et pour l'autre, on trouve les formes *foir* et *fuir*. On doit bien remarquer que les dialectes qui écrivaient *fuir* avec o, se servaient de formes en u pour *fouir*, et vice versâ.

Ex.: Si com cil ki *foent* li tresor. Cascuns de ceaz ki en *foant* quiert tresor, enard plus enchalceanment al travailh, quant il plus parfont commencet à *foir;* car com plus aesment ke il plus aprochent al tresor, plus fortement travaillent al *foir*. (M. s. J. p. 466. 7.)

<blockquote>
Dou cors qu'il voit que l'en *enfuet*. (Romv. p. 558, v. 6.)<br>
Puis prenent le cors si l'*enfuent*. (Ib. p. 555, v. 10.)<br>
Aliaume *enfuent* al entrant d'un mostier. (R. d. C. p. 187.)
</blockquote>

Or, sire, la teste son pere por coi n'*enfoit* il en .i. cimetiere? (R. d. S. S. d. R. p. 33.)

Si le menerent hors de Rome, si l'*enfoirent*. (Ib. ead.)

<blockquote>
Il iert à nuit à chandoiles gaities<br>
Et, le matin, l'*enfuirons* el mostier. (G. l. L. II, p. 243.)<br>
Quant en ot *enfoi* le mort,<br>
S'en partirent toutes les genz. (Romv. p. 560, v. 3. 4.)<br>
Li rois Clotaires dont moru<br>
Et à Paris *enfouois* fu... (Phil. M. v. 1300. 1.)<br>
Et ele vesqui saintement<br>
Et siervi Dieu moult longement,<br>
Sous Valenciennes, au Ruel,<br>
Fu *enfouoite* par consel. (Ib. v. 1878-81.)
</blockquote>

## GARIR.

Ce verbe signifiait *guérir; préserver; racheter, sauver, échapper; garantir, se garantir*. Garir (dans la basse latinité *garire*) dérive, selon ses significations, du vieux haut-allemand *wâron*, voir[1], regarder, protéger; et *werên*, durer; accorder, fournir (rendre sûr, être garant de quelque chose)[2].

Les formes infinitives de ce verbe étaient: en Bourgogne, *garir* (au milieu du XIIIe siècle, *guarir*); en Picardie, *garir* et *warir;* en Normandie, *guarir* (anglo-normand *gaurir, guaurir*).

---

(1) L'idée de *voir* est intimément unie à celle de *prendre des précautions, faire attention* (en vieux haut-allemand *kiwari*, prévoyant, prudent).

(2) Cfr. *Garnir*, en v. fr. prémunir (Fl. et B. v. 1051) avertir (P. d. B. v. 1935), garnir, munir, etc.; du haut-allemand *war-nôn* protéger, défendre, être sur ses gardes. *Garant, guarant*, d'où *garantir, guarantir*, appartient à la même racine que *garir, garnir* (*vair, var*). Cfr. le prov. *guiren*, garant, protecteur, *guirentir*, garantir.

Et se Dix veut que je vous raie,
Ainsi porra *garir* la plaie
Que j'ai au cuer sans ja rissir
Se vous ne l'en faites issir. (R. d. l. M. v. 4335-8.)
Et quant vous dites que sante
Vous puis donner, forment m'apens
Où je prendroie si grant sens
De faire malades *garir*. (R. d. C. d. C. v. 540-3.)
Le siege voloit departir
Et ses homes dedens *garir*. (Brut. v. 9504-5.)
Biaus nies Rocous, bien me devez *garir*
Envers Raoul qui ne me veut guerpir.
Ce m'a tolu, dont devoie *garir*,
Mon poing senestre à mon escu tenir:
Or me menace de la teste tolir. (R. d. C. p. 114.)
*Gairir*. (Ib. p. 289.)

Perdu avons l'empereor Baudoins et le conte Loys, et lo plus de nostre gent et de la meillor. Or pensons del remainant *garir*, que se Dieu n'en prent pitiez, nos sommes perdu. (Villeh. 475ᵈ.)

Et l'empereres en fist moult que gentis,
Que les viandes fist aus borjois *garir*. (G. l. L. I, p. 142.)
De cent millers n'en poent *guarir* dous. (Ch. d. R. p. 56.)
Si vus ore nel sucurez | Jamais certes nel recovrez,
Senz vus ne puet il pas *gaurir*. (Trist. II, p. 69.)
Or entent ben qu'il pert la vie,
S'il de plus tot n'ad aïe,
Et veit que nuls nel puet *guaurir*,
E pur ço l'en covent murir. (Ib. ead. p. 51.)

Le verbe *garir* avait deux formes au parfait défini: *gari* et *garesis* ou *garisis*, qui s'employaient indifféremment dans toutes les significations.

La forme ordinaire du futur était *garrai*; cependant *garirai* n'est pas rare.

Voici des exemples des différents temps de ce verbe.

Chanson m'estuet chanteir de la meilleur
Qui onques fust ne qui jamais sera;
Li siens douz chanz *garit* toute douleur:
Bien iert *gariz* cui ele *garira*. (Rutb. II, p. 7.)
Dex, ce dist Karles, mon bairon me *garis*
Ke il ne soit afoleiz ne malmis. (G. d. V. v. 841. 2.)
Gloriouz peires ke soufris passion,
Et suscitais de mort S. Lazaron,
La Madelaine feistes vrai pardon,
Jonas *guaris* el vantre del poison;

Si com c'est voirs et nos bien le creon,
*Guariseiz* hue de mort mon chanpion,
Ke ne l'ocie Rollans li niés Karlon. (Ib. v. 2402-8.)
Veire pate(r)ne, ki unkes ne mentis,
Seint Lazaron de mort resurrexis,
E Daniel des lions *guaresis*. (Ch. d. R. p. 92.)
Veire paterne, hoi cest jor me defend,
Ki *guaresis* Jonas tut veirement
De la baleine, ki en sun cors l'aveit[1]. (Ib. p. 120.)
Deus le *guarit* que mort nel acraventet. (Ib. p. 152.)
Vostre mere e vous me vistes
E de la mort me *guaristes*. (Trist. II, p. 109.)
Dist l'uns à l'autre, ci ait boin chevalier:
Dex le *guarise*, ke tot ait à jugier. (G. d. V. v. 241. 2.)
Cil vos *garise* qui en la crois fu mis. (Romv. p. 215.)
Porpenses me sui que j'ai tort ; De traire si mon cors à mort:
Se tu m'aides, bien *garrai*,
Et se ce non, tost i morrai. (P. d. B. v. 5519-22.)

Va, si baigne set feiz el flum Jurdan, si *guarras*. (Q. L. d. R. IV, p. 362.)

Cil qui t'ara (Durendal), ja n'iert vencus,
Ne n'en *garra* qu'en ert ferus. (Phil. M. v. 8018. 9.)

Mais ço que devez pur vostre pecchie, bonement rendez, et tost de vostre enfermeté *guarrez*. (Q. L. d. R. I, p. 20.)

Et ne place à Dieu que Lombart aient jamais sour iaus signourie ne pooir, car or primes se *gariront* il à hounour, ensi qu'il dient, mais que Diex lor *gart* tant seulement lor signour l'empereour. (H. d. V. 510ᶜ. 511ᵃ.)

Il ne sevent ù il *garront*
Ne en quel leu se defendront. (Ben. II, v. 5495. 6.)
James de cest mal ne *garroie*
Par tel marchie. (Rutb. 1, p. 27.)

Toi ne autrui ne prisent .i. denier:
Ainz te manascent la teste à rooignier
Ce (se) il te puent ne tenir ne baillier;
Ne te *garroit* tot l'or de Monpeslier. (R. d. C. p. 57.)
Me *gart* cil Diex en mon droit san
Qui por nous ot paine et ahan
Et me *gart* l'ame. (Rutb. 1, p. 15.)

---

(1) Cfr. *noresis* de *nourrir*, *guerpesis* de *guerpir*:
Oncles, dist l'enfes, ci a mal soldee
Que Berniers li bastars t'a donnee,
Que *nouresis* en ta sale pavee. (R. d. C. p. 142.)
Tant que tu fus petiz en ma baillie,
Te *norresimes* par molt grant signorie;
Et quant fus grans en ta bachelerie,
Nos *guerpesis* par ta large folie. (R. d. C. p. 74.)

>Meis il ne *garissoit* neent,
>Ne *garessist* entierement. (R. d. S. G. v. 1037. 8.)
>Et a dist que, quant il estoit
>Lau Pilates povoir avoit,
>L'empereres force ne fist,
>Meis que son fil li *garissist*. (Ib. v. 1151-4.)

Si out al brief que ço seust li reis de Israel que li reis de Syrie li out enveied Naaman que il le *guaresist*[1] de sa liepre e de sa enfermeted. (Q. L. d. R. IV, p. 362.)

>Mais se Dex *garist* moi et vous,
>Biens scrons des Romains rescols. (Brut. v. 11082. 3.)

## GEHIR, JEHIR.

Ce verbe, très-usité dans la vieille langue, signifie *avouer*, *confesser*, et dérive du vieux haut-allemand *gehan*, *jehan*, confesser. Il avait un composé: *regehir*, dont la signification était la même.

>Bien deit cil gesir en langor
>Qui ne veut au mire *gehir*
>Quel mal ce est qui fet languir. (Chast. XI. v. 210-2.)
>Et plus diriens, mais tant plorons
>Que les larmes et li souspir
>Ne nos en laisent plus *jehir*. (Phil. M. v. 10159-61.)

Dans la seconde partie de Raoul de Cambrai (p. 289), je trouve la forme *jeichir*:

>Et dist li abbes: pelerin, biax amis,
>De la fontaine, por quel vos ce dit,
>Tot ton afaire nos pues bien *jeichir*.

Voy. *gehi* (ib. p. 28), *gehirai* (R. d. l. M. v. 6754), *jehiras* (L. d. M. p. 64), *jehiroit* (R. d. l. M. v. 6197), *gehis*, *regehirent* (Rutb. II, p. 140. 206), *gehist* (ib. I, p. 171), *regeiseit* (M. d. Fr. II, p. 420), etc.

## GÉSIR (jacere).

La forme ordinaire de l'infinitif était *gesir* et *jesir*. L'e radical éprouva de bonne heure un changement en *i*, d'où *gisir*, *gire*.

>*Gesir* soloit en la vermine. (Rutb. I, p. 204.)
>En seint Pere de Gloecestre
>Deit li suen cors *gesir* e estre. (Ben. 41521. 2.)
>As pies le roi en vait *gesir*. (L. d. M. p. 62.)

---

(1) Cfr. *peresist* de *perir*: Et cil ki par orguelh puet perir fut essaiez ke li ne *peresist*. (M. s. J. p. 508.)

> Asses puis *jesir* et chi estre,
> Ja ne sarai ne liu ne l'estre
> Où m'amie puisse trouver. (R. d. l. V. v. 2320-2.)
> Avez veu ù il pout *gisir?* (R. d. S. p. 26.)
> Un escu prist qu'il vist *gisir*
> Et une lance et une espee. (Chr. A. N. I. p. 24.)
> Car je duc *gire* o la pucele. (R. d. M. d'A. p. 12.)

*Gessir* (R. d. S. S. v. 1559), pour *gesir*, est une orthographe dont j'ai déjà parlé plusieurs fois.

La forme du présent de l'indicatif de *gesir* a toujours été *giz*, *gis*, dans les trois dialectes. Le Roman de Rou, il est vrai, donne *gies*, forme qui pourrait faire supposer que le dialecte normand a eu d'abord *ges*. Mais *gies* est une forme mélangée des plus bas temps, dérivée d'un nouvel infinitiv *giesir*, formé de *gesir*, par suite de l'influence picarde. (Cfr. *giesceit*, p. 347.)

Le parfait défini était *jui*, en Bourgogne et en Normandie (Cfr. *devoir*, parfait défini); *juc* et *jiu*, *giu*, dans le dialecte picard; ces deux derniers, au milieu du XIIIe siècle, particulièrement dans le Hainaut, l'ouest de l'Artois, le centre de la Picardie, d'où ils passèrent dans l'Ile-de-France. Le dialecte de Touraine avait *jeu*.

> Pertonopeus li dist: Amis,
> Je fac que fols, que jo ci *gis*. (P. d. B. 5515. 6.)
> Mais jo *gis* quant je vuel tos nus... (Poit. p. 3.)
> Dame suis, si *gies* en mun lit. (R. d. R. v. 5797.)

Cfr. *giz*. (Ib. v. 5795.)

> Naymes lieve la dame, qi *gist* desor le cors. (Ch. d. S. II, p. 156.)
> Tant grate chievre que mal *gist*. (R. d. l. M. v. 2475.)
> Il *gist* el feu, et il n'art mie. (Dol. p. 168.)
> Encore i *giest* li cors, e li ovres (?) i perrent. (R. d. R. v. 2763.)

Sire, fet Mellins, souz vostre lit où vos *gissez*, si a une chaudiere qui bout à grant undes. (R. d. S. S. d. R. p. 61.)

L'arche Deu e Israel e Juda meinent en paveilluns e mis sires Joab e tes serfs, bels sires, *gissent* à terre. (Q. L. d. R. II, p. 155.)

> Troverent Haubert mort a Hernaut le cortois
> Et bien .xx. de ces autres qi *gisent* mort tuit frois. (Ch. d. S. I, p. 199.)

Cil ki *giesent*, en dormant n'ont mie de vertu. (R. d. R. v. 1761.)

> Je me *gisoie* endementier
> En l'autre lit. (Rutb. I, p. 17.)

Cet exemple prouve que *gesir* s'employait aussi comme verbe réfléchi. On en verra encore d'autres.

Maintenant les dames monterent | En la salle, et apres alerent
Dedens la chambre où il *gisoit*
A qui on le pris aportoit. (R. d. C. d. C. v. 2059-62.)

Lendemain matin, cil de Azote truverent Dagon lur deu, ù adenz *se giseit* à terre, devant l'arche al alt Deu. (Q. L. d. R. I, 17.)

Guillaumes li peres *geseit*
D'un grant mal dunt mult se doleit. (Ben. v. 30466. 7.)

D'une fosse ot faite maison,
Lai *gissoit* chascune saison. (Dol. p. 272.)

Et il meisme se *gieseit*. (R. d. R. v. 8808.)

Cfr. *geseit* (Ib. v. 945.)

Ensemble *gisoient* les nuis. (R. d. l. M. v. 2109.)

Sa teste mist enz por oïr
Et escouter se cil dormeient
Qui dedenz la maison *geseient*. (Chast. XXI, v. 8-10.)

Et si me dist, quant à li *jui*,
Si que certains et fins en sui... (R. d. l. V. v. 959. 60.)

Unkes mez asseur n'i *jui*,
Ne sainz poor od vus ne fui. (R. d. R. v. 5801. 2.)

Car jo *juc* nus entre ses bras. (Poit. p. 16.)

l'aumez *me jeu* lez le chemin. (Trist. II, p. 109.)

Trois moys a que ne *giu* au roi. (R. d. S. S. v. 795.)

Cil dont li angele font tez festes
*Jut* en la creche avoec les bestes. (R. d. M. p. 39.)

Mais cele nuit que il fist si grant froit com je vous di, il *jut* à Naples. (H. d. V. 498ᵉ.)

Ensi remest qu'il nes sivi,
Malades *giut*, l'ost departi. (Brut. v. 9181. 2.)

Et Rollans *giut* les le perron,
Tous armes, cauciet l'esporon. (Phil. M. v. 8232. 3.)

Mais une chose voirement i failli
Qu'ains ne *geumes* en .i. lit moi et li. (R. d. C. p. 241.)

Nus i *geumes* mainte nuit
En nostre lit que nos fist faire. (Trist. I, p. 135.)

Tenu vous estes ambedoi | Maugre vostre, si com je croi,
Que vous ensamble ne *jeustes*. (R. d. l. M. v. 6637-9.)

Onques à son cors ne *geustes*. (Poit. p. 48.)

La nuit i *jurent*, mais al main
Vers Melcum se racheminent. (R. d. l. V. v. 795. 6.)

Là fors es prez fisent lor tre drecier:
La nuit i *giurent* de ci à l'esclairier. (R. d. C. p. 50.)

Joïant de çou que si haut oste
*Giurent* là dedens coste à coste. (Ph. M. v. 27473. 4.)

Le présent du subjonctif avait les formes *gise*, *giese*, qui correspondaient à celles de l'indicatif *gis*, *gies;* l'imparfait faisait *jeuisse*, *geusse* (cfr. *devoir*, imp. du subj.).

>Se tu nel fais, malement est baillis,
>Ne te lairas où tu te *gises* vis. (G. l. L. I, p. 212.)
>Son sarcou fist metre en l'iglise
>U il voudra que sis cors *gise*. (Ben. v. 26284. 5.)
>Li rois entra en jalousie,
>Crient qu'aucuns *gise* o s'amie. (Fl. et Bl. v. 2605. 6.)
>N'en a de terre quite tant
>U sis cors *giese* al morant. (R. d. R. V. 14448. 9.)
>Molt me sermonna longhement
>C'à li *jeuisse* carnelment. (R. d. S. S. v. 5018. 19.).
>Nuns ne l'avoit desoz s'oreille
>Que jai ce (se) crollaist, ne meust,
>Tant com sor la plumme *geust*. (Dol. p. 213.)
>Pleust à Dieu qu'entre nous dous
>*Geussiens* ore braz à braz. (Fab. et C. III, p. 155.)

Je passe au futur et au conditionnel.

>Si me *gerrai*
>Sur kel coste ke jo voldrai. (R. d. R. v. 5795. 6.)
>Là fors, là ù chet li degoz
>*Girrai*, là ert mies monumenz. (Ben. v. 26423. 4.)
>Ains que tu voies Santers ne Vermandois...
>En *girras* tu mors et sanglens tos frois. (O. d. D. v. 11184. 88.)
>Et trova ci *gerra* Gauvains, | Ci Amaugis et ci Yvains,
>Et apres *gerra* Meraliz... (Romv. p. 483, v. 10 - 2.)
>La platine ki sus *girra*
>Iert la pierre senefiee
>Qui fu deseur moi seelee. (R. d. S. G. v. 910 - 2.)

Biau signor... *girons* nous donques as chans autresi come chiens mastins? — Vous *girez*... au miex que vous porrez et sarez. (H. d. V. 502ᵃ.)

>Vos *gerrez* avec le roi, annuit solement. (R. d. S. S. d. R. p. 40.)
>Jamais od moi ne vus *girrois*. (R. d. S. S. v. 2204.)
>Comment ele prophecia
>Qu'il *girroit* en la quarantaine. (Rutb. II, p. 149.)

Le participe présent était *gesant*, moins souvent *gisant;* le participe passé *geut*, *geu*, *jeut*, quelquefois *jut*.

>En une espeisse esteit *gesant*. (Ben. v. 26948.)

De rechief al demain truverent Dagon à terre, *gisant* devant l'arche. (Q. L. d. R. I, p. 17.)

>Maint home an furent deceut
>Qui delez li orent *geut*. (Dol. p. 213.)

En cel termine si avint un grant domage en Constantinople, que li cuens Hues de Sain Pol, qui avoit longuement *geu* d'une maladie de gote, fina et morut. (Villeh. 472ᶜ.)

Sospris fu une matinee
A la dame ù il ot *jeut*. (L. d'I. p. 23.)
Las! fait il, cis maus m'a dechut
Quant jou ai si longhement *jut*. (R. d. l. V. v. 2318. 9.)

*Gesir* signifiait souvent *être en couches, accoucher: gerroit* d'enfants (M. s. P. II, p. 558); et le substantif *gesine* se disait pour *couches* (Voy. Dol. p. 269; R. d. R. v. 15455 et suiv.; 15761) [1].

Remarquez encore l'expression *gesir à lit*:

Kar d'une mult grant maladie
*Jut* en la vile Alvrez *à lit*
Senz nul repos e senz delit. (Ben. v. 27993-5.)

Les composés de *gesir* étaient:

1. *Agesir*, accoucher:

D'un fil s'*agiut*, s'ot non Guillaumes,
Qui puis porta escus et hiaumes. (Phil. M. v. 16332. 3.)
Mehales est *agute*
M'amie, et s'a este dechute;
Car on dist que ch'est de no prestre. (Th. Fr. M. A. p. 129.)

2. *Porgesir*, forcer, violer:

Vilains pernent, fames *porgiesent*,
Celes retienent k'il esliesent. (R. d. R. v. 10007. 8.)

3. *Regesir*, gésir (de son côté), être de nouveau couché:

Et d'autre part *regisoient* li chien. (G. l. L. II, p. 234.)
La dame *regist* en son lit
Les son mari. (R. d. C. d. C. v. 777. 8.)

## HAÏR.

Les Goths exprimaient cette action par *hatjan*, qui, dans le vieux haut-allemand, devint *hazôn*, d'où nos pères ont dérivé *haïr*.

La forme infinitive de ce verbe a été *haïr* dès les plus anciens temps, dans les dialectes bourguignon et picard.

Li Grieu les commencierent à *haïr* et à porter malvais cuer. (Villeh.469[b].)
Deus! dunt avient qu'en pot *haïr*
Ceo que l'on devreit plus joïr? (Ben. II. v. 11577. 8.)

En Normandie, on a dit *heïr*:

Gohier, un mult boen chevalier,
Et ki mult esteit à preisier,
Et ki ert un de ses amis,
A Garin sudeement ocis,
Si k'il nel aveit defie,
Ne de *heïr* semblant munstre. (R. d. R. v. 7629-34.)

(1) La Fontaine emploie encore ce mot dans la fable VI du liv. III. Aujourd'hui l'on ne s'en sert qu'en termes de palais et dans cette seule phrase: *payer les frais de gésine*.

La forme *heïr* [1] n'est cependant pas la primitive de cette province; *haïr* l'avait précédée. L'influence des formes de l'indicatif, où l'*a* s'était aplati en *e*, donna probablement lieu au changement de la voyelle radicale à l'infinitif.

Au XIIIe siècle, on ne trouve aucune trace de l'intercalation *iss* dans la conjugaison de *haïr*.

Le tableau le plus ancien des formes de l'indicatif auquel il soit permis de remonter, est le suivant:

haz, has,
hez, hes,
het,
haons,
haez, haes,
heent.

*Haz* resta en usage pendant tout le XIIIe siècle; mais dès 1240, on le remplaça souvent par *he*. Vers la fin de l'époque qui nous occupe, les dialectes du nord de l'Ile-de-France et du sud de la Picardie commencent à employer *haie*, sans toutefois donner une forme correspondante à la seconde et à la troisième personne du singulier, et à la troisième du pluriel.

Vers 1250, les dialectes d'une partie de la Champagne bourguignonne et de l'Ile-de-France commencèrent à écrire *heis*, *heit*, *heient*. Au premier abord, ce renforcement semble prouver que l'*e* se prononçait *ê*, et alors *haïr* rentrerait dans la classe des verbes forts. Cependant l'apparition de la diphthongue *ei* est trop tardive et d'un emploi trop restreint, pour permettre une telle conclusion; les formes *heis*, *heit*, *heient*, sont des analogies irrégulières aux nombreuses diphthongaisons de ces dialectes.

Ex.: Respundi Achab: Un i ad encore remes, Michee le fiz Hiemla, mais jol *haz*, pur ço que tuz jurs me prophetized mal e nul bien. (Q. L. d. R. III, p. 335.)

Gentix pucele, dist li rois Loeys,
Vos estes fille au riche sor Geri,
Et estes femme Bernier le hardi
Que je plus *has* que home qui soit vis. (R. d. C. p. 240.)
Je te *has* tant, ne te puis esgarder,
Car tu me fais mon duel renoveler. (O. d. D. v. 8812. 13.)
Qar je te *he* à mort por la toe folor. (Ch. d. S. II, p. 163.)
Por ce, si *he* moi et ma garison;
Et quant mi mal li sont bel et plaisanz,
Por ce me *he*, et sui mes mal vuillanz. (C. d. C. d. C. p. 74.)
Des or mais *haic* jou ceste vie,
Quant j'ai perdu ma douce amie. (Fl. et Bl. v. 783. 4.)

(1) Le patois d'Avranches a *heguir*.

*Hez* tu dunc plus à estre en pais
Nobles dux, riches e puissanz,
Entre tes granz poples Normanz,
Qu'à estre en loinz, en eissil fors,
Pastor de chievres ou de pors? (Ben. v. 20762-6.)
Tu *hez* orgueil et felonie
　　Seur toute chose. (Ruth. II, p. 5.)
— (Jouene dame)
Avoec le viellart *het* sa vie. (R. d. M. p. 21.)
Et traïteur et traïson
*Het* Dix plus qu'autre mesproison;
Et puisque Dix traïteur *het*,
Qui quanques on fait voit et set,
Mout est cis fax qui s'i embat. (R d. l. M. v. 4531-5.)
Karle voz *heit* de la teste tranchier. (G. d. V. v. 412.)
Je cuic bien que vous ne *haes*
Chelui cui li aneles fu. (L. d'I. p. 11.)
Ne sai, fait ele, cui ames;
Mais je sai bien cui vous *haes*. (P. d. B. v. 6701. 2.)

Sachiez, se vos me laissiez, li Grieu me *heent* por vos, je reperdrai la terre, et si m'ociront. (Villeh. 455ᵉ.)
　　Ne li volent pas consentir
Qu'en la terre dous jorz remaigne:
Mult *heent* lui e sa compaigne. (Ben. II, v. 1086-8.)
Il et sa gent vos *heient* durement. (G. d. V. v. 444.)

Le subjonctif était *hasse*, qu'on écrivait ordinairement *hace;* de là une double forme à la troisième personne du singulier: *hast* et *hace*. La Picardie avait *hache*. Lorsque *he* se fut introduit à l'indicatif, on créa une nouvelle forme de subjonctif: *hee;* mais on l'employa toujours beaucoup plus rarement que *hace*.

Ex.: Dex ne fist riens, que (je) *hache* tant. (R. d. S. S. v. 3638.)
Vos sereiz forjugie en court,
Où la riegle faut qui or court:
„Por ce te fais que tu me faces,
Non pas por ce que tu me *haces*." (Rutb. I, p. 118.)
Cist sevent la deite e l'onor
Qu'il quiert, qu'il volt que l'om li face,
E que l'om aimt e que l'om *hace*. (Ben. I, v. 204-6.)
N'i a un sol qui mult nel *hace*. (Ib. II, v. 10734.)
Alon au roi et si li dimes,
Ou il nous aint ou il nous *hast*,
Nos volon son nevo enchast. (Trist. I, p. 31.)
Ne cuidies mie que Dex *hache*
Gerart, qui tant avoit sousfert... (R. d. l. V. p. 145.)

N'i a prince ne baron | N'ait vers le duc le cor felon,
E qui amerement nel *hee*
Dunt cest amor est ajostee. (Ben. v. 10723-6.)
Et joie a povre savor
Qui en tel lieu est gastee,
S'en li a tant de vigor
Qu'el *hee* sa deshenor. (C. d. C. d. C. p. 19. 20.)
Je ne di pas que plus en facent,
Mes il samble que pas nes *hacent*. (Rutb. I, p. 194.)

Voici des exemples des autres formes, qui ne donnent lieu à aucune remarque particulière.

(Oies) Du duc Ogier que li rois *haoit* tant. (O. d. D. v. 5895.)
Mais ele le *haoit*,
Ne nule raison n'i veoit. (R. d. l. M. v. 4349. 50.)
Vous esties sire de biaute
Et d'ounour et de loiaute;
Vous *haies* honte et couardise,
Si amies douçor et francise. (Phil. M. v. 8794-7.)
Mult l'en *haeient* li baron,
Mult lur desplaiseit cel ovraigne. (Ben. v. 8439. 40.)
Et bien entendre me faisoit
Que tuit mi home me *haoient*. (P. d. B. v. 2562. 3.)
(Je) N'entendi mie la parole,
Ains la *haï* et tine por fole. (Brut. v. 1989. 90.)
Nus ne maintint, que nos sachons,
Plus jor saintes religions,
Ne traïson ne felonie
Ne *haï* nul plus à sa vie. (Ben. v. 40917-20.)
Asses longement nous *haïmes*
Quant je et te nos combatimes. (Brut. v. 4533. 4.)
Car por cel fis, je vos afi,
Qu'à tort *haïstes* vostre amie,
Et vos voloie corecier
Por ses paines auques vengier. (P. d. B. v. 8569-72.)
Mult *haïrent* estrangement
E lui e son seignorement. (Ben. v. 10075. 6.)
Dist Ydel, li fiex Yrien:
Segnor, ne faites mie bien;
Sil nel *haïst* nel touchast pas. (L. d. M. p. 64.)
Car je ne sai qui la *haïst* | Tant que tel traïson feist,
Fors li. (R. d. l. M. v. 4347-9.)
Kar riens el siecle nel orreit
Qui à merveille nel tenist
E en son quor n'os[1] en *haïst*. (Ben. v. 14535-7.)

---

[1] Ne vos.

Mais une n'oïstes un sol plai
. Que cil de France plus *haïssent*
Ne où plus volentiers noisissent. (Ben. v. 10720 - 2.)
Se il me het je *harrai* lui. (Rutb. II, p. 84.)
Mais ja mon ami ne *harrai*. (P. d. B. v. 6672.)
Jamez ne te *hairai*, ainz le jure et affi. (R. d. R. v. 5113.)
A toz ses jorz mais de sa vie
En *harra* nostre compaignie. (Ben. v. 24555. 6.)
Lors *harra* Diex qui le haï. (Rutb. I, p. 104.)
Se bien nos en vient, bien sera,
Se malement, il nos *hara*. (Brut. v. 12390. 1.)
Et mes linages t'en *hara*,
Et se devient, il t'ocirra. (R. d. S. S. 2223. 4.)
Cui vos *haires*, mar i serait troveiz,
Ainz s'en irait povres desariteiz. (G. d. V. v. 3896. 7.)
Ja ne me *harreiz* por lui mais,
Si n'i a el nul endreit sei
Senz faille qui plus l'aimt de mei. (Ben. v. 13090 - 2.)
S'ai por vos mes Diex relenqui,
Si m'en *harront* tuit mi ami. (P. d. B. v. 5699. 700.)
Et tu meismes me *heïreies*,
E pur trahitor me tenreies. (M. d. F. II, p. 154.)
S'or fust, fait ele, ci ma suer,
Mult se *haroit* ens en son cuer
Qui si cruelment vous a mis | A erbes querre en tel païs
U rien n'a se diables non. (P. d. B. v. 6113 - 7.)

Sire, dist mesires Baucilas, .v.c. merciz, et vos feroiz que sages; car tout li mondes vos *harroit* et vos maudiroit. (R. d. S. S. d. R. p. 21.)

Pur ço diseient tuit, li petit e li grant,
Que jamais nel *harreit* li reis à sun vivant. (Th. Cantb. p. 112. v. 7. 8.)

Des composés de *haïr*, je citerai:

*Enhaïr*, prendre en aversion:

Et quant les puceles l'oïrent,
Molt durement l'en *enhaïrent*. (L. d. M. p. 44.)

*S'entrehaïr*, se haïr l'un l'autre:

Ce selt as pluisors avenir.
Qu'il se solent *entrehaïr*. (Brut. v. 4531. 2.)

## ISSIR.

Ce verbe, dont il ne nous reste que le participe présent *issant*, et le participe passé *issu*, dérive du latin *exire*, et signifie *sortir, se retirer, s'en aller, partir*.

La forme primitive d'*issir* (iscir) a été: *eissir*, dans la Champagne bourguignonne, l'Ile-de-France (au sud de la Seine), l'Orléanais, le Maine, l'Anjou, la Touraine et une partie de la Normandie. La Picardie avait *issir;* la Bourgogne proprement dite, d'abord *ussir,* qui disparut avant la fin du XIIIe siècle, et fut remplacé par *issir*; le centre de la Normandie *essir*, d'où vint *iessir*, après que le dialecte normand eut subi l'influence picarde. Au XIIIe siècle, *issir* était d'un emploi général, pour ainsi dire; la Touraine seule et les contrées avoisinantes conservèrent *eissir*.

Outre ces formes, on trouve, après 1250, *oissir*, surtout dans le nord-ouest de l'Ile-de-France; *isser*, dans les chartes picardes-normandes.

Enfin, on rapportait *issir* à la quatrième conjugaison: *istre*. Cette forme, qui a toujours été très-rare, provient, je crois, de l'influence de celles du futur et du conditionnel, où l'on intercalait un *t* entre le *s* et le *r*.

Ex.: Esteir en l'entreie de la caverne est rapresseir lo contretenail de nostre corruption, comencier fors à *eissir* à la conissance de veriteit. (M. s. J. p. 48.)

E clost de mur Rama, si que nuls ne pout del regne Asa aseurement ne entrer ne *eissir*. (Q. L. d. R. III, p. 303.)

Li plus villart encommencerent tot davant fors à *ussir*. (S. Bern. v. Roq. s. v. *ussir*.)

    Delciz les murs commance à chevachier,
    Que de l'oist voit *issir* un chevalier. (G. d. V. v. 258. 9.)
    N'en laissoit cevalier *iscir*. (P. d. B. v. 2137.)
    Di li que de lui doit *oissir*
    Un oir malle, qui doit venir. (R. d. S. G. v. 3091. 2.)

Or poez veoir, fet Ypocras, que je puis ceste fontaine estangchier si que point n'en puet *oissir* (d'eve). (R. d. S. S. d. R. p. 28.)

    Si fait blasme e si hontos
    Ne deust mais *istre* de vos. (B. ll, v. 14548. 9.)

E porra les murs de la vile parchier ou faire parchier, e faire une posterne, pur *isser* de son manoir. (1281. Rym. I, 2. p. 193.)

La forme ordinaire du présent de l'indicatif était: *is, is, ist, issons, isseiz, issent;* cependant *eis* et *ies* ne sont pas rares.

    Dont j'ai tel duel et tel eschar,
    Qu'à poi que de mon sens n'*is* hors. (Fab. et C. II. p. 162.)
Et se ge *eis* fors de cestui, en cui enterrai? (M. s. J. p. 446.)
    A ces paroles s'en tornait Olivier;
    Parmi la porte s'en *ist* sor son destrier. (G. d. V. v. 256. 7.)
    Ja n'iert li tans si anublis
    Que on asses cler n'i veist
    De la grant clarte qui en *ist*. (R. d. l. M. v. 2210-12.)
De tote guarde guarde ton cuer; car de lui *eist* la vie. (M. s. J. p. 444.)
    O tot s'en *iest* de la meson. (Chast. XIII. v. 233.)

Dunkes respondit icil, filz, tu moi fais dolent, car se nos n'*eissons* hui cest jor, ja demain n'*eisserons* nos mie. (St. Greg. v. Roquefort s. v. *eissir*.)

   Del jardin *issent*, si s'en vont. (L. d'I. p. 13.)
   Si s'en *iscent* moult volentiers. (P. d. B. v. 7594.)

Le présent du subjonctif était *isse, eisse*.

   Ains que je *isse* de la cort Desier. (O. d. D. v. 4222.)
   Ci sui et nuit et jur enclose,
   Ja ne serai nul fiez si ose,
   Que j'en *isse* s'il nel comande. (M. d. Fr I, p. 74.)

Hostels de fai en Jerusalem, si i surjurne, e guarde que tu n'en *isses* ne chà ne là. (Q. L. d. R. III, p. 232.)

   N'i remainrait chevalier ne serjant,
   Ke puist porter armes ne garnemant,
   Ke ne s'an *isse* armes de maintenant. (G. d. V. v. 451-3.)

Quar à la foiz navret il l'entencion en la bone oevre, ke tote li oevre ki apres siut *eisset* fors en tant moins pure et moins nette ke ele est corrumpue en la naiscance. (M. s. J. p. 445.)

   E voil premiers nos en *eissons*,
   Entre mei e mes compaignons,
   Estreit, serré, qui que nos veie. (Ben. v. 28220-2.)
   Il vous mande que maintenant
   Que vous aures fait le service
   Que vous *issies* de ceste yglize. (R. d. l. M. v. 7590-2.)

Le parfait défini varia d'abord entre *i* et *u*; mais, dès le commencement du XIIIe siècle, la terminaison *i* était constante.

Sire, sire, ne pernez guarde de la meie felenie, e de ma iniquited, ne de la torcenerie que jo te fis, al jur jue tu *eissis* de Jerusalem. (Q. L. d. R. II, p. 193.)

Lors *eissi* Johannis à totes ses hoz et à grant ost de Cumains qui venu li erent. (Villeh. 486 <sup>e</sup>.)

Et de cel verge *issut* une flors sor cuy les set donnes del Saint Esperit se reposerent. (S. d. S. B. f. 6. v.)

   *Issi* s'en, qu'issir l'en covint. (Rutb. II, p. 194.)
   Que au tierz jour resurrexi
   Et dou sepulchre hors *oissi*. (R. d. S. G. v. 1979. 80.)
   Li rois de la prison *oissi*
   Joseph amena avec lui. (Ib. v. 2253. 4.)

Et s'il n'en *oissi* onques goutes d'eve. (R. d. S. S. d. R. p. 28.)

   As mains ensemble nus preimes
   E hors de la sale en *eissimes*. (Trist. II, p. 130.)
   Quant vus *eisistes* de la nef,
   Entre mes bras vus tint (?) suef. (Ib. II, p. 128.)

Sire, *eissistes*[1] de France pur nus femes ocire? (Charl. v. 712.)

(1) Le texte porte *eissistis*.

A vos nature devez bien revenir,
Car vous *issites* des hoirs aus Poitevins:
Onques n'amerent ne parens ne voisins. (G. l. L. II, p. 137.)

Un jor feisoient li Borguoignon l'agait, et li Grieu lor firent une assaillie, et *issirent* de lor meillor genz une partie fors. (Villeh. 451ᵈ.)

Si s'an *issirent* permi la porte errant. (G. d. V v. 463.)

Il *issirent* de France e Burgoine guerpirent. (Charl. v. 100.)

E li fiz as princes de Samarie *eissirent* hors de la cited vers cel ost (Q. L. d. R. III, p. 325.)

Li vallez estoit enz, et les .ii. filles *oissirent* hors. (R. d. S. S. d. R. p.33.)

L'imparfait du subjonctif était: *issise*, *ississe*; *eississe*; et certainement *oississe*, bien que je ne puisse citer aucun exemple de cette dernière forme.

Del castel sans congie tornai | Si que à hom n'em parlai,
Ne dis mie que fors *issise* | Ne que jo çà à vous venisse,
Car de traïson me dotoie. (Brut. v. 8997-9001.)

De laians issir ne pooie,
N'i avoit c'une soule entree,
Et celle estoit moult bien fermee.
N'an *issise* por nule chose. (Dol. p. 245.)

Vos dirai k'il m'avint, de voir,
Ançois c'an mon manoir venisse
Ne fors de la forest *ississe*. (Ib. p. 251.)

Et se voloies faire ce que je te demant,
Que çà fors en *ississes* sor ton cheval corant... (Ch. d. S. II, p. 159.)

Et je le te di voirement
Se je n'i fusse o mon esfors
Ja n'*ississes* por lui des pors. (Brut. v. 4544-6.)

Ke ne laroit por les menbres copeir
Ke n'*isist* fors à miez de son barne. (G. d. V. v. 373.4.)

Onques ne le vi si plain d'ire
C'onques li *issist* de sa bouche
Choze qui tornast à reprouche. (Rutb. I, p. 50.)

Bien quid qu'*eissist* del sen maneis. (Ben. II, v. 2771.)

Lores li tramist Ezechias ses messages, e requist que il de sa terre *eissist*, e tut freit quantque li plarreit. (Q. L. d. R. IV, p. 407.)

Artus dota que s'an fuissent
Et que par nuit del bois *ississent*. (Brut. v. 9428.9.)

Et quant elles (les os) furent assemblees, il (li empereres) commanda que tout s'en *ississent* apres lui, et il fisent son commendement. (H. d. V. 491ᵈ.)

Ainz qu'il *eississent* d'Avrencin
Fu teus l'occise e le traïn
Que poi s'en eschapa des siens. (Ben. v. 31006-8.)

Imparfait de l'indicatif: *eissoie*, *eisseie*, *issoie*, *isseie*.

La dame acostumee esteit, | Si tost comme cil s'en *eisseit*
Q'à la fenestrele montout
Et ceus de defors esgardout. (Chast. XII. v. 47-50.)
Totes foiz que il *issoient*, y perdoient li Grieu. (Villeh. 451ᵈ.)
Des cors lor *eisseient* li rai
A plusors de cler sanc vermeil. (Ben. v. 29650. 1.)

Le futur faisait *eisserai*, *isserai*, et, avec le *t* intercalaire, *isterai*, *istrai*, *iestrai*. L'avant-dernière de ces formes est la plus ordinaire, dans les provinces de l'est surtout.

Sainte Marie, dist Bernier li jantis,
N'*istrai* de painne tant com je soie vis. (R. d. C. p. 275.)
Se je m'en vois encui par nuit,
Jou *isterai* don sens, je cuit. (R. d. M. d'A. v. 63. 4.)
Joseph dist: Si tost cumme *istras*
De ci et de moi partiras,
Quier les deciples Jhesu Crist
Qui tiennent ce que il leur dist. (R. d. S. G. v. 2225-8.)
Se cil te poent ja truver,
Ja n'*iestras* mez de Costentin,
Ne ne verras tresqu'al matin. (R. d. R. v. 8819-21.)
C'est Olivier de Viane la grant,
Ke s'an *istrait*, se cuit, prochainemant
Toz adoubeiz sor le destrier corant. (G. d. V. v. 1950-2.)

Chis qui on aidera pourverra et estoffera le chevauchie à son frait, depuis que li chevauchie *istera* de la terre al aideur, duskes adonc k'elle i sera rentree. (1291. J. v. H. p. 540.)

.... Ki (li pople) tant iert estreit mened que li cuvendrad od vus mangier sa fiente demeine e le urine beivre ki li *isterad* del cors? (Q. L. d. R. IV, p. 409.)

Car quant en vo liu le tenres,
N'en *isterra* se vous voles. (R. d. C. d. C. v 4347. 8.)
Faitez le maitre en celle tor aval
Où il ne voie ne clarte ne solail
Fors la verminne qui *istra* dou terrail. (Ch. d. R. Intr. XXII.)
Tost *istrons* ja hors au batel,
Quar tens avons claret et bel. (P. d. B. 5839. 40.)
Dedans Viane sereiz bien osteleiz,
Ke n'en *istres* devant un mois passey. (G. d. V. v. 786. 7.)
Jamez de ma prison n'*iestreiz*. (R. d. R. v. 15143.)

Demain *isterez* encuntre els, e nostre Sires iert od vus. (Q. L. d. R. IV, p. 341.)

.... N'arcsterent desci qu'à Saint Quentin.
Bernier en jure cel qui le monde fit,
N'an *isteront* tant com il soit vis.... (R. d. C. p. 254.)

Nos volons et ottrions qe.... le remanant soit vendu par noz gens franchement, sanz encombrement de nulli, e les deniers qi en *istront* soient renduz au roy, ou à son commandement en aquit du prest devant dit. (1269. Rym. I, 2. p. 113.)

Voici quelques exemples du conditionnel:

Dun ne te jurai par nostre Seignur que al jur que tu *istereies* de Jerusalem que tu i murreies, e tu respundis que bien le grantas. (Q. L. d. R. III. p. 233.)

Henris.... dist qu'il ne se lairoit ja laienz enfermer, ainz dist que il *istroit* fors. (Villeh. 471ᵃ.)

Et s'il avenoit que chils qui aroit meffait, ne requist truwes, à le noe que li fais serat fais, u à le jour que les truwes *isteroient*, u anchois, il averoit furfait à signeur .xxx. liv. (1312. J. v. H. p. 553.)

Que trois roi de Bretraigne *istroient*,
Qui Rome à force conquerroient. (Brut. v. 11210. 11.)

Le singulier de l'impératif était *is*, *eis*:

O t'en *is* tost del seintuarie, e ne l'aies en despit, kar cist afaires ne te revertirad pas à hunur devant nostre Seignur. (Q. L. d. R. IV, 392.)

La seconde personne plurielle de l'impératif prenait ordinairement *i* avant la terminaison, c'est-à-dire qu'elle était empruntée au subjonctif.

Mais *issies* tost de ma cite. (Poit. p. 11.)

Or en penseiz, franc chevalier,
*Eissiez* des portes senz delai. (Ben. v. 19767. 8.)

Le participe passé se terminait en *u*, très-rarement en *i*.

Li premiers *issuz* estoit fors
Et retornoit li darreniers. (Rutb. I, p. 43.)

*Issue* est li malvesticz des plus anciens juges. (S. d. S. B. p. 555.)

En sa maison cele nuit jurent,
Quant il hors de mer *issu* furent. (Fl. et Bl. v. 1427. 8.)

N'ert uncor mie *iessu* d'enfance
Quant li reis Henris, filz Cunstance
Od grant maisnie vint à Dreus. (R. d. R. v. 8445. 6.)

Crie, à poi n'est del sen *esue*. (Trist. II, p. 30.)

Mais encore ne se fud il pas *eissuz* hors de la curt, quant nostre Sires li fist sa revelatiun. (Q. L. d. R. IV, p. 416.)

Le composé *rissir*, *reissir* était d'un fréquent emploi.

Et se Dix veut que je vous raie,
Ainsi porra garir la plaie
Que j'ai au cuer sans ja *rissir*
Se vous ne l'en faites issir. (R. d. l. M. v. 4335-8.)

Des Goz qui Canze orent saisie
E d'els poplee e replenie

*Reissi* à milliers e à cenz
Uns poples puis e unes genz
Fervestuz d'armes e garniz. (Ben. I, v. 455-9.)
Merveilles fu de grant saveir,
Mult *reissirent* de li buen eir. (Ib. v. 35055. 6.)

On trouve encore *sorussir*, *sorissir*, sortir, jaillir en abondance.

Restroiz est, chier Sires, tes sainz par jugement, deslace ta cinture et si vien habondanz de pitiet et *soroussanz* de chariteit. (S. d. S. B. p. 536.)

Ensi non pramat nostre Sires en l'ewangile mesure senz mesure; mesure, dist il, acmplie et chaucheie et *sorussant* donront en vostre sain. (St. Bern. v. Rochefort. s. v. *sorussant*.)

## MOURIR (v. fo.),

dérivé de *moriri*, vieille forme qui se trouve encore dans Ovide, Met. 14, 215, et que la langue vulgaire avait conservée. En italien, *morire*; en espagnol et en provençal, *morir*; en portugais, *morrer*.

La forme infinitive de ce verbe était: *morir*, en Bourgogne et en Picardie; *murir*, *murrir*, en Normandie. L'*o* radical se conserva assez pur pendant tout le XIIIe siècle; ce ne fut qu'au commencement du XIVe qu'il s'assourdit en *ou* avec quelque fréquence, dans les provinces picardes.

Donqes si aparu, sans faille,
Sour cascun de çaus une crois
Ki *morir* durent cele fois. (Phil. M. v. 5703-5.)
Vous dites que vous fai *morir*. (R. d. C. d. C. v. 544.)
Meilz voelt *murir* que guerpir sun barnetz. (Ch. d. R. p. 21.)
Kar en la cruiz deignat pur nus *murir*. (Ben. t. 3, p. 459.)
E ben sai que tost *murrir* dei. (Trist. II, p. 77.)

C'est un fait digne de remarque, que souvent la forme de la première personne du sing. du prés. de l'ind. des verbes forts ne concorde pas avec celle des autres personnes à terminaison légère. Quelquefois on la fait dériver directement de la forme latine correspondante, tout en lui donnant la première voyelle de la diphthongaison régulière; en d'autres cas, on lui conserve la voyelle radicale sans la diphthonguer; ou bien enfin on diphthongue régulièrement la voyelle radicale, tandis qu'aux autres formes à terminaison légère, la voyelle radicale éprouve une permutation.

D'où proviennent ces différences? Je n'ai pu encore résoudre cette question d'une manière satisfaisante; cependant je crois que le manque de terminaison joue ici un grand rôle. Quoi qu'il en soit, la première personne du sing. du prés. de l'ind. de *morir* avait la diphthongaison *ui* au lieu de *ue: muir*, au lieu de *muer;* c'est-à-dire qu'on lui donnait l'*u* du renforcement régulier de l'*o* en *ue*, et qu'on remplaçait l'*e* par l'*i* de *morior*. (Cfr. Dérivation p. 30, 3.)

*Muer* existait, il est vrai; mais, qu'on y fasse bien attention, dans les dialectes du Maine et des provinces normandes qui avoisinaient la Touraine à l'ouest, lorsque les formes bourguignonnes y eurent pénétré. Ici l'*e* ne provient pas de la diphthongaison de l'*o* en *ue;* c'est l'aplatissement pur et simple de la voyelle pleine *i* en *e: muer* est égal à *muir*.

On trouve encore *moer;* j'ai expliqué ces formes en *o* pour *u* à l'occasion du verbe *trouver*.

    Ex.: Quant je me *muir*, que devenras? (Phil. M. v. 8042.)
        Vers Berneçon ai bataille aatie.
        Vos remanres en ma sale garnie:
        Se je i *muir*, s'arez ma signorie,
        Toute ma terre en la vostre baillie. (R. d. C. p. 168.)
        Si je *muir* à si bieles mains
        G'iere martyrs avoec les sains. (L. d'I. p. 18.)
        Se je *muir* antre Saisnes, que cuides gaaignier?
                              (Ch. d. S. II. p. 23.)
        Ço est ma dolur e ma grevance
        E al cuer en a(i) grant pesance
        Que vus n'aurez, amis, confort,
        Quant jo *muer*, contre vostre mort. (Trist. II, p. 76.)
        Se jo i *moerc*, dire poet ki l'averat (Durendal)
        E purrunt dire que ele fut à noble vassal. (Ch. d. R. p. 44.)

Les seconde et troisième personnes du singulier, et la troisième du pluriel, diphthonguaient régulièrement en *ue*.

    Ex.: Se tu i *muers*, moi en convient fuir. (O. d. D. p. 2953.)
        T'eil coutume a et clers et lais,
        Et quant il *muert* et fait son lais,
        Si lait sales, maisons, palais,
        A doleur, à fort destinée. (Rutb. I, p. 62.)
        Larguesce *muert* et Amors change. (Ib. II, p. 47.)

Avec ce .... li octroyons que se notre chier fils Renals *muert* sans hoirs.... (1278. M. s. P. I, 364.)

Apres lo deces dud. Estenne s'il *muert* sans hoirs. (1278. Ib. I, 365.)
        Se li enfes *muert* à tel tort,
        Trop aura chi vilain confort. (R. d. S. S. v. 1867. 8.)
        Riche borjois d'autrui sustance,
        Qui faites Dieu de vostre pance,

> Li povre dieu chiez vos s'aünent
> Qui de fain *muerent* et geunent
> Por atendre vostre gragan. (Ruth. I, p. 120.)

Cil qi à cel pont *muerent*, corone auront de flor. (Ch. d. S. II, p. 50.)

Et, de même qu'à la première personne, avec *oe* au lieu de *ue* :

> Ferir, ne issir ne lor list,
> Et sempres *moert* cil qi en ist. (Brut. v. 13499. 500.)
> *Moerent* paien e alquant en i pasment. (Ch. d. R. p. 53.)
> Asez i *moerent* e des uns e des altres. (Ib. p. 134.)

La Normandie, comme à l'ordinaire, ne diphthonguait pas et les formes normandes, qui étaient en *u*, prirent souvent *o* en passant dans les dialectes mixtes, ou après que le dialecte normand eut subi l'influence du picard; aussi n'est-il pas rare de rencontrer des formes en *o* pur où le radical devrait être renforcé. Cela ne contredit en rien les règles que j'établis, pourvu que l'on fasse attention à la manière dont ces exceptions apparentes ont pris naissance.[1]

> Las! ja me *mur* (jo) chescun jur. (Trist. II, p. 97.)
> Certes à poi (ke) ne me *mor*. (Ib. ead. p. 115.)
> Sun curage li descovri,
> Savoir li fet qu'il *murt* pur li. (M. d. Fr. I, p. 122.)
> De faim i *murt* la gent enflec. (Ben. v. 27765.)

Si homme *mort* senz devise si departent les enfans l'erite entre se per ywel. (L. d. G. p. 184, 36.)

> Ja por plainte ne vivront
> Cil ki *morent* e ki mort sont. (R. d. R. v. 15362. 3.)

Enfin les deux premières personnes du pluriel conservaient régulièrement l'*o* radical.

Car al munde *morons* nos parmi lo nient veable savoir. (M. s. J. p. 467.)

> Aucun novel aves veu
> Cui vos aves coisi à dru;
> Si vos encovres par cestui,
> Et dites que *mores* por lui. (P. d. B. v. 7019-22.)

L'assourdissement de l'*o* en *ou*, à ces deux personnes, se montre vers la fin du XIIIe siècle, mais les exemples n'en sont pas fréquents.

Les formes du présent du subjonctif correspondaient à celles de l'indicatif: *muire, muere*; en Normandie, et sur les confins de cette province: *murge, moerge*.

La forme *muere* était surtout en usage dans la Bourgogne

---

[1] Cette remarque s'applique à tous les verbes dont la voyelle radicale était *u* en Normandie, et *o* dans les autres dialectes. Je ne la répéterai plus.

proprement dite, la Franche-Comté, la Suisse, et le sud de la Champagne; mais seulement à la seconde et à la troisième personne du singulier, et à la troisième du pluriel. Il y avait un autre *muere*, qui s'employait à la première personne et se rapportait à la forme *muer* de l'indicatif.

> Ains que je *muire* me venderai moult chier. (G. l. L. II, p. 235.)
> Et, se lui pleist que pour lui *muire*,
> Bien sai ce ne me puet rien nuire. (R. d. S. G. v. 693. 4.)
> Mais tant pri à toz e soplei
> Que je n'i *muire* à tel deslei. (Ben. v. 13067. 8.)
> De son avoir un hospital me face
> Fors de la ville à la porte de Blaivies,
> Et si m'otroit le relief de sa table,
> Que je n'i *muire* à dolor et à glaive. (A. et A. v. 2180-4.)
> Por ce m'estuet ains que je *muire*
> Fere .i. ditie d'une aventure | De la plus bele creature
> Que l'en puisse trover ne querre
> De Paris jusqu'en Engleterre. (Rutb. 1, p. 261.)
> Qar j'ai tel duel c'onques le roi
> Out mal pense de vos vers moi,
> Qu'il n'i a el fors que je *muere*. (Trist. I, p. 8.)
> Mielz est que sul *moerge* que tant bon chevaler. (Ch. d. R. p. 15.)
> Li quel qui *muire* de nos deus el praaige,
> Cist autre dui le diront le paraige. (R. d. C. p. 172.)

Baudoins se commande au roi pere Jhesu,
Que durement se dote que n'i soit retenu;
Mes, se puet, ainz que *muire* se sera cher vandu. (Ch. d. S. II, p. 14.)

Se ainsi estoit que lid. Estennes *muere* sans hoirs... (1278. M. P. I, p. 365.)

> Sainte Marie dame, dist Aude la sence,
> Je voi conbatre mon freire en cele pree,
> Et mon amin ke m'avoit anamee:
> Li kelz ke *muere*, je serai forsence. (G. d. V. v. 2571-4.)

Si veirement cume nostre Sire vit, si Deus meisme ne l'ocist, u il *murged* de sa dreite mort, u en bataille... (Q. L. d. R. I, p. 103.)

Nus ne vus demandums ne or ne argent; ne ne volum pas que huem de Israel i *murged*. (Ib. II, p. 201.)

Pur ço tu li fras sulun tun sen ço que il ad deservid, que il ne *murged* en pais e que il ne cumpered ses males ovres. (Ib. III, p. 228.)

Et s'il aveigne qe les enfauntz soient esposez, e li un de eaus *moerge* sans heir de lor cors, ausi volums e grauntoms estre tenu à rendre e à paer 25 mile livres... (1278. Rym. I, 2. p. 169.)

> Sor tuit li altre l'unt otriet li Franc
> Que Guenes *moerget* par merveillus ahan. (Ch. d. R. p. 153.)

Prie Dieu pur nus, tes serfs, que tuit n'i *murium*,[1] en ço que rei demandames, mal sur mal fait avum. (Q. L. d. R. I, p. 40.)

Asez est mielz que *moerium* cumbatant. (Ch. d. R. p. 59.)

Einz que il *moergent* se vendrunt mult cher. (Ib. p. 66.)

Mais ço iert à lur cunfusiun que les oilz lur defaillent par plur e *murgent* de duel, quant verrunt altre aveir la seignurie qu'il n'averunt mie. (Q. L. d. R. I, p. 10.)

La forme *moire*, qu'on va lire, provient simplement d'une permutation de l'*u* en *o*, par suite de la confusion de l'*u* normand et de l'*u* bourguignon.

E plus, s'ele vout que il ne *moire*,
L'or e l'argent de cest empire
En utre m'enveit e amast. (Ben. II, v. 2803-5.)

Le parfait défini était en *ui*, plus tard *us*, ou en *i*; cependant cette dernière forme est assez rare.

Porquoi ne *morui* es desers
En Ardenois, es granz convers,
Ainz que veisse Melior. (P. d. B. v. 5185-7.)

Devant ce que nos avions ici conte, si vint une novele en l'ost, dont il furent mult dolent, li Baron et les autres genz, que messire Folques li bons hom, li saint hom, qui parla premierement des croiz, fina et *mori*. (Villeh. 441ª.)

Amer pot il, mes il n'en *morut* mie. (C. d. C. d. C. p. 78.)

Ja cevauçoient si .iii. fil
Quant la mere al cors signoril,
Femme le roi Charlon, *moru*. (Phil. M. v. 2742-4.)

Ici truis en l'estoire e lis | Que li empereres Henris
*Murut* anques de grant aë. (Ben. v. 41711-3.)

Des morz ki par li païs jurent
E des nafrez ki puiz *morurent*,
Ne sai le nombre... (R. d. R. v. 7889-91.)

Puis *mururent* en un jur. (Trist. II, p. 141.)

Outre les formes en *i* et en *u*, on trouve, à l'imparfait du subjonctif, la diphthongaison *eu* dans les chartes picardes-normandes de la seconde moitié du XIIIe siècle. L'*i* est plus commun à ce temps qu'au parfait défini. (Cfr. Flexion, imp. du subj.)

Dame, fait il, tous sui garis, | Mais molt ai este esmaris
Que jou des plaies ne *morusse*. (R. d. l. V. p. 107.)

Je *morusce* sains mal sentir,
S'il me deignast un poi tenir. (P. d. B. v. 6991.2.)

Ne vous sai les mors aconter,
Ne les mius combatans nommer,

---

(1) *Murjum?* Cfr. *aller*, prés. du subj. p. 286.

Mais mult i caoient sovent | Et *moroient* espessement,
Et plus en i *morust* asses
Se li nuis nes eust sevres. (Brut. v. 4181-6.)

Et sachiez bien, Amors, veraiement
Se nus *morist* por avoir cuer dolent,
James par moi n'iert leus vers ne lais. (C. d. C. d. C. p. 79.)

E, s'il avenoit que nous *moreussons* avant qe nous venissons au roy, ou autre esoigne, par quei li roys nous tenist por eschusez, nous avenist... li enfant serra tut quite delivre à nous, ou à sa mere,... ou au roy d'Engleterre nostre pere, ou la reine nostre mere, ou à leur mandement, s'il avenoit einsi qe la mere à l'enfant *moreust* avant. (1269. Rym. I, 1. p. 113.)

Mes por cestui devon ovrer
Autresi com se pension
Que nos jamais ne *morisson*. (Chast. XXIII, 156-8.)

Com se vos *morissiez* e fort vos complaingniez. (R. d. R. v. 3129.)
S'à Roem *morussiez* ù vos fustes norriz. (Ib. v. 3146.)

A cest sun seneschal cumandad Achab que il alast par tutes les funtaines e les vals de la terre pour cerchier si herbe i poust truver à ses chevals e à ses muls que il ne *murussent* del tut en tut. (Q. L. d. R. III, p. 313.)

Je passe aux formes de l'imparfait de l'indicatif, du futur et du conditionnel.

Grans duels seroit se je *moroie* ensi. (O. d. D. v. 7777.)
Et si *moroie* trop de faim. (Dol. p. 262.)
Cil *moreit* de duel et de honte
Qui à grant tort blasmez esteit. (Chast. XII, v. 228. 9.)
Suer, fait la dame, ensi *morrai*
Que ja confort de vos n'aurai. (P. d. B. v. 7025. 6.)
Ou je *morrai* avec, ou il seront vangiez. (Ch. d. S. II, p. 77.)
E jo *murrai* od ma grant peine. (Trist. II, p. 57.)
De cest mal ne *morras* tu mie. (Phil. M. v. 2228.)
Fai mon commant, che dist li prestre,
U tu *morras* ja, par ma teste. (L. d'I. p. 18.)

Fai ta devise e tun plaisir de ço que est en ta maisun, kar tu *murras*, e nient ne viveras. (Q. L. d. R. IV, p. 416.)

Tous li mondes est entechies
De mal et de vilains pechies,
Et Jhesucris ne *morra* mais
Por rachater bons ne malvais. (R. d. M. p. 43.)

E, se il poet, *murrat* i veirement. (Ch. d. R. p. 25.)
Ço dist li quens: Or sai jo veirement
Que hoi *murrum* par le mien escient. (Ib. p. 75.)

Se Dex ne nos aïe, tuit *morrons* à tormant. (Ch. d. S. II, p. 79.)

Car nous *morerons* en haine mortel li uns viers l'autre. (H. d. V. 199. XVIII.)

Cette dernière forme est des plus bas temps.

Ge dis ke vos estes Deu et filh del Altisme tuit, mais vos *morreiz* si coin homme. (M. s. J. p. 456.)

Jo sai ben que vus en *murrez*. (Trist. II. p. 76.)

Mais n'a cuer que por ce antrelait son labor,
Et dit que tuit *morront*, ne lor chaille à quel jor. (Ch. d. S. II, p. 50.)

Franceis *murrunt*, e France en ert deserte. (Ch. d. R. p. 39.)

Je *morroie* ains que le contaisse. (R. d. l. M. v. 1304.)

Or en ai honte or en ai doel, | Tel que ge *morroie*, mon voel,
Que j'ai tant demore ici. (Romv. p. 461, v. 29-31.)

E dist mei que se il m'eschapout que jo en *murreie* u un talent de argent li durreie. (Q. L. d. R. III, p. 329.)

Ja ne *murreit* en estrange regnet. (Ch. d. R. p. 110.)

Diex merci, fait la damoisele,
Tuit *morrion* de mort novele. (P. d. B. v. 5841. 2.)

Quant je voz fiz fors de Blaivies gietier,
Disoient moi serjant et chevalier,
Que *morriez* tost, gaires ne viveriez. (A. et A. v. 2349-51.)

La nuit fist à Dieu s'orison
Que çaus li demostrat, par non,
Ki *morroient* en la bataille. (Phil. M. v. 5700-2.)

Tant en porreit faire venir
Que sul od force de paiens,
Estre chevaliers crestiens,
Perdreient les chies, tuit *morreient*
Icil qui ateint i serreient. (Ben. v. 20602-6.)

Le verbe *morir* s'employait activement et signifiait *tuer*, *faire mourir*.

Les chevax font aler de trestouz lez
Por le glouton *morir* à grant vilte. (Chr. d. R. Intr. XXIII.)

Avecques Karlemaine deussiez champeler,
Qui *a mort* vostre pere... (Ch. d. S. II, 95.)

N'as tu fait grant desconvenue
Quant tu l'*as mort* en sa venu? (Rutb. I, p. 43.)

Cels qu'il *unt mort*, ben les poet hom preiser. (Ch. d. R. p. 66.)

Cfr.  Car or le voellent il honnir,
Et pendre as forches, et *perir*. (R. d. S. S. v. 3646. 7.)

Seignor, por Dieu ne *perissons* l'honor que Dieus nos a faite. (Villeh. 455ᵈ.)

Por Deu! gardez la moi (Helissant), qu'ele ne soit *perie*.
(Ch. d. S. I, p. 15.)

Et cette phrase de Rabelais:

Voilà le trou de la sibylle, là où plusieurs *ont este periz* pour y aller veoir. (Pantagruel. III, 17.)

## OUÏR.

*Ouïr*, dérivé de *audire*, a déjà la forme *oïr* dans les plus anciens monuments de notre langue.

Qui ne trembleroit toz de ceu à *oïr* solement? (S. d. S. B. p. 562.)
Por messe *oïr* l'en moinent à mostier. (G. d. V. v. 218.)

Ne me asavure ne delite mais ne beivre ne mangier, ne quer mais *oïr* chanteresse ne chantur, ne les altres deduiz de la curt. (Q. L. d. R. II, p. 195.)

A painnes puet il *oïr* goute
Et si le tient souvent la goute. (R. d. M. p. 21.)[1]

Au XIIIe siècle, on trouve par-ci par-là quelques exemples de l'assourdissement de l'*o* en *ou*; mais ce n'est que bien avant dans le XIVe, que la forme actuelle devint générale.

La Chanson de Roland et la Chronique des Ducs de Normandie ont, par exception, une forme avec *d:*

De cels de France *odum* les graisles clers. (Ch. d. R. p. 83.)
Le grant deslei del duc ocis
Sout e *odi* reis Loewis. (Ben. v. 12809. 10.)

Le Fragment de Valenciennes a le participe passé *odit*. (27.)

Le présent de l'indicatif se conjuguait de la manière suivante: *oi*, *oz*, *os*, *ot*, et, au milieu du XIIIe siècle, dans l'Ile-de-France, la Picardie orientale et la Champagne bourguignonne, *oit; oons, oez, oent*, et *oient*, dans les provinces où la troisième personne du singulier faisait *oit*. Je ne connais aucun exemple d'une seconde personne du singulier: *ois*.

N'en *oi* nelui parler qui molt de bien n'an die. (Ch.d.S.I,p.15.)
Ce dist li fiz, merveilles *oi*,
Si sachiez que mout m'en esjoi. (Chast. VIII, v. 71. 2.)
Bernart, fait li dux, ç'*oi* e vei
Que des or gabez de mei. (Ben. v. 15358. 9.)
C'est merveille que je vos *oi* dire. (Ib. v. 29267.)
Dist Oliver: Or vos *oi* jo parler,
Jo ne vos vei: veied vus danne-Deu! (Ch. d. R. p. 78.)

Ne t'esmerveiller de ço que tu *oz*[2] que la sorciere Samuel suscitad, quant tu sez que deable ncis Nostre Seignur d'un liu à altre portad. (Q. L. d. R. I, p. 111.)

E si tu *oz* de quer mes cumandemenz e faiz dreiture en terre e ma volented, od tei serrai e edificerai à tun oes maisun de lealted. (Ib. eud. III, p. 280.)

---

(1) Le texte de Portonopeus de Blois donne *ooir* (v. 5814), ce qui est certainement une faute.

(2) Cfr. le provençal *aus* de *auzir* = ouïr.

Si tu *oz* verite conter,
Ne la deiz nient destorber,
Ainceis deiz volentiers aidier
A la verite essaucier. (Chast. II, v. 363 - 6.)
Ave, Maria, *os* tu, dame
Par qui est sauvee mainte ame. (R. d. l. M. v. 5611. 2.)
*Os* tu, Sathanz? (Rutb. II, p. 84.)
Ne m'*os* tu pas? (Ib. ead. p. 85.)
Il est de si grant eloquenche
Que merveille est se la gens toute
Ne le croit, ki l'*ot* et escoute. (R. d. M. p. 57.)
L'offre, le dun, le mandement
*Ot* li reis Othes e entent. (Ben. v. 18232. 3.)
Mais n'*ot* s'amie ne ne voit. (P. d. B. v. 1584.)
Ele *oit* le palefroi hennir,
Qui fait le rocher retenir.
*Oez*, fait el à ses notons;
Est ce cheval que nos *oons*? (P. d. P. v. 5823 - 6.)
Pilates les nouveles *oit*
Que ses acointes li mandoit. (R. d. S. G. v. 1253. 4.)
Se c'est voirs que t'*oons* conter. (Ib. v. 1382.)
Sovent crient: seint Nicholas,
Socour nus, saint Nicholas, sire,
Se tiels es cum *oomes* dire! (S. N. v. 253 - 5.)
Sachies bien que toutes les fois
Qu'*oommes* bien dire de vous,
Plus lie en sommes que de nous. (R. d. M. p. 56.)
Dame, dist il, n'*oes* vous goute? (Ib. p. 36.)
Trestot eissi, en teu maniere
Cum vos *oez*, se corent sore. (Ben. v. 33493. 4.)
Quant li soen *oent* la manace
Qu'autre fin n'i porra trover, | Ne li oserent pas loer
Que il s'i laissast asaillir. (Ib. II, v. 9233 - 6.)
Quant eles l'*oent*, chascune pleure. (L. d'I. p. 18.)
Quant c'il l'*oent*, lors s'en tornerent,
Et le preudomme od iaus menerent. (R. d. S. S. v. 2308. 9.)
Kant au mostier *oient* les S. soner,
La messe vont li bairon escouter. (G. d. V. v. 967. 8.)

Le présent du subjonctif était *oie*.

Que je ne quie jamais que j'*oie*
Tel joie com font el chastiel. (R. d. l. V. p. 101.)
Dist li dus: Je desir que j'*oie*
Dont vous estes, de quel païs. (Ib. p. 147.)

On trouve quelquefois *oe*, au lieu de *oie*:

Ne puis estre si encombre, | Si jeo *oe* vostre volente,
Tot ne lais por le acomplir
E por faire vostre plaisir. (Ben. II, v. 10713-6.)

A la parsomme, si aucuens est de si petit sen k'il cuist ke ceu li soit asseiz, s'il Nostre Signor ne porseut ne nule aine ne li fait, *oyet* ceu k'il mismes dist... (S. d. S. B. p. 557.)

Sire, fait ele, cil vous *oie*
Que vous en aves apele! (R. d. l. M. v. 1204. 5.)
Mais ne li caut de riens qu'il *oie*. (Fl. et Bl. v. 366.)
Et commande que on les *oie*. (R. d. S. G. v. 1217.)
Dex vos en *oie !* sire, se (ce) dist Gautier. (R. d. C. p. 149.)

L'impératif faisait *oi*, *oons*, *oez*, ou *oies*, *oions*, *oiez*.

Pur ço *oi* e entent sa parole. (Q. L. d. R. I, p. 53.)
*Oi* del ciel ù est lu tue maisun, ma preiere. (Ib. III, p. 261.)

Se tu oz faire question,
En plai ou en desputeison,
Ne scies pas trop prinsaittier
De sallir avant por jugier
Se plus sage de tei i a,
Mes *oies* ainz que il dira. (Chast. II, v. 351-6.)
Sire, il nos a tramis à tei;
E, s'il te plaist, *oies* à quei. (Ben. II, v. 1689. 90.)
*Oiuns* Deu qui nus rove à murir pur justise. (Th. Cant. p. 82, 19.)
Pernez conseil, si 'n responcz
E si 'n *oium* vos volentez. (Ben. v. 23525. 6.)
Sire, ce dit Girarz, or *oez* ma devise. (Ch. d. S. I, p. 40.)
*Oiez* prelat et prince et roi,
La desreson et le desroi
C'on a fet à mestre Guillaume. (Rutb. I, p. 71.)
Chevalier, ales as moustiers;
S'*oies* messe dou Saint Espir,
Que toutes malvaisties guerpir
Vous otroit Dex... (R. d. l. V. p. 274.)

Le parfait défini se terminait en *i (o-i)* :

Si m'a li mals d'amer ataint
Puis que j'*oi* de vous parler. (R. d. l. V. p. 22.)

E dist al rei: Veire est la renumee que *oi* de tei en ma terre. (Q. L. d. R. III, p. 272.)

Tandis con dura li tornois
Vos *oi* dire mainte fois
Li quels en estoit vostre eslis,
Ne s'ai s'en estes resortis. (P. d. B. v. 9075-8.)
Quant *ois* ore ton signor demander
Au roi Desier le mesage porter,

Que ne t'alas devant lui presenter,
Le gant reçoivre du message porter. (O. d. D. v. 3610-3.)
*Ois* les parler s'il remaindrunt à mi? (Charl. p. 26.)
Tuz les cuntat quanque il en *oïd*. (Ib. ead.)
Naimes li duc l'*oïd*, si l'escultent li Franc. (Ch. d. R. p. 69.)
Deu l'*oïd* e sa gent salva. (Q. L. d. R. I, p. 25.)
Quant li rois *oi* la novele,
Sachies durement li fu bele. (Poit. p. 62.)
Dire *oimes* c'uns joians
Riches de merveillox tresor,
De deniers et d'argent et d'or,
Manoit dedans une fourest. (Dol. p. 240.)
Il distrent à la dame: ja n'*oimes* nus hom parler de la vilenie vostre seingnor. (R. d. S. S. d. R. p. 37.)
De cele marche somes de là la mer,
De vostre guerre *oimmes* là parler,
Venut i somes soudees conquester. (Romv. p. 227, v. 24-6.)
N'*oistes* tele desconfiture. (Ben. II, v. 7600.)
Ne sai s'il vos fist çà venir,
Par ce que l'*oistes* hanir. (P. d. B. v. 6128. 9.)
Dist Gerars: Or vous deman gie,
Puciele, s'onques jour veïstes
Ne de femme parler *oistes*
Qui Eurias eust à non. (R. d. l. V. p. 117.)
Puis prist le cor, si l'ait .iij. fois sone
Par tel air et par si grant fierte
Que tuit l'*oirent* as loges et as treiz. (G. d. V. v. 2175-7.)
Pur Franceis ki l'*oirent*, mult est enbrunchez. (Charl. p. 2.)

Faut-il voir un présent ou un parfait défini dans les exemples suivants? Le présent me semble plus conforme au génie de la langue d'oïl, et j'aime mieux admettre un assourdissement de l'*o* en *ou* qu'un parfait défini en *u*. Et puis, on ne trouve aucune trace d'un *u* à l'imparfait du subjonctif.

Quant ce *out* la reïne ke Charles est si irrez,
Forment s'en repent, vuelt li chaïr as pez. (Charl. p. 2.)
Li emperere de France i *out* tant demured
De sa muller li membret ke il *out* parler. (Ib. p. 10.)
Li rois quant l'*out* mult fut marri,
Sus un cheval est tost sailli,
A Hamtone s'en est alez,
Ses soudeers i ad mandez. (Chr. A. N. I, p. 33.)
Gugemer fu forment blesciez,
De çou k'il *out* est esmaiez. (M. d. F. I, p. 58.)

L'imparfait du subjonctif avait la forme *o-isse*.

En ne crei pas ço qu'en oï jesque.... de tei meime le *oisse*. (Q. L. d. R. III, p. 272.)

Onques n'i ot parole dite
Ge n'*oise*, grant ne petite. (Trist. I, p. 25.)
Et ki l'*oist* crier et braire,
Il cuidast ke ce fussent tor. (Dol. p. 244.)
Adonc *oissiez* dol mener,
Et tirer barbes e chevous. (Ben. v. 12440. 1.)
Dont *oissies* hardis vassals
Crier as armes, as cevals. (Brut. v. 12172. 3.)
I *oissez* tel chanteis.
L'un chantot bas, l'autre à hauz criz. (Chast. XIX. v. 15. 16.)

E enveiad chalt pas ses messages par tutes les lignees de Israel, si lur mandad que si tost cume il *oissent* la busine suner que il criassent que Absalon regnereit en Ebron. (Q. L. d. R. II, p. 173.)

Puis assembla bien mil homes el moustier Saint Marc, et leur dit qu'il *oissent* messe du Saint Esperit et proiassent à nostre Seigneur que il les conseillast. (Villeh. p. 8. XV.)

Je passe aux autres temps, et je fais observer que, dans la Bourgogne propre surtout, on ne donnait d'abord régulièrement qu'un seul *r* au futur et au conditionnel. Les dialectes picard et normand redoublaient le *r* à ces deux temps, et, vers la fin du XIIIe siècle, les formes avec le double *r* s'étaient aussi introduites en Bourgogne. Tous les verbes qui avaient *o* avant la terminaison *ir* s'orthographiaient de même.

De la geste Francor *orrai* à la foie. (Ch. d. S. I, p. 16.)
Por Dieu, dites encor avant | Ne vos arestez pas à tant:
Car tant comme plus en *orrai*,
E graignor profit i aurai.
Bel filz, le tierz fablel *orras*,
Et à itant me sofferas. (Chast. VIII. v. 73-8.)
Car lor Peires de ciel les *orat* en tens convenaule. (S. d. S. B. p. 560.)
Soneiz ces cors, si que chascuns l'*ora*. (G. d. V. v. 1511.)
Et selonc chou que nous *orrons*,
Le droit jugement en ferons. (R. d. S. S. v. 920. 1.)
Sire, fait elle, à tant vos en taisiez,
Jamais un mot ne m'en *orcis* plaidier,
Que vos iestes mes freires. (G. d. V. v. 421-3.)
Signor, fait il, or escoutes;
Puis jugies droit de çou k'*orres*. (Fl. et Bl. v. 2707. 8.)
Baron, ceste chançons n'est mie de gabois,
Ainz est de vielle estoire; ja si fiere n'*orrois*. (Ch. d. S. II, p. 187.)
Car ta delivrance tenrunt
A merveille cil qui l'*orrunt*. (R. d. S. G. v. 957. 8.)

*Ourront.* (1293. H. d. B. II, 631.)

> De lor engienz et de lor mors
> *Orreie* volentiers parler. (Chast. VI. v. 88. 9.)

Coment poroit desperer por nule malice k'il aust fait, cil ki *oroit* ke Saulus fust devenuz vaissels d'election. (S. d. S. B. p. 554.)

> U soit à certes u à gas,
> Par aucun l'amiraus l'*orroit*,
> Qui ta folie conistroit. (Fl. et Bl. v. 1610-12.)
> Tant de paroles *orriies*
> Et de ma dame et d'autre gent | Qu'il vous toldroient le talent,
> Dont vous me dites vo voloir. (R. d. l. M. v. 1966-9.)
> Comme home parler l'*ooie*
> Et comme home le santoie. (Brut. v. 7613. 4.)
> Mais moult tres grant paor avoie,
> Quant crier et braire l'*ooie*. (Dol. p. 244.)
> Lai venoit où ma vois *ooit*. (Ib. p. 250.)
> La dame souvent *ooit*
> Maint recort qu'al cuer li touchoit. (R. d. C. d. C. v. 349. 50.)

et avec *ou*, au lieu de *o*:

> La dame de sa chambre *ouoit*
> Che que li chastelains disoit. (Ib. v. 4601. 2.)
> Quer ne les dons ne receveit
> Ne les preieres n'en *oeit*. (Chast. XI. v. 291. 2.)
> Pour la dolour d'eles plouroient.
> Tout cil ki les regres *ooient*. (L. d'I. p. 28.)

Le participe passé avait les terminaisons *i* et *u* (*o-i*, *o-u*).

> Certes jo prierai al seignur de vertuz:
> Venge le sanc des tuens, Deus, qui est espanduz,
> E les afflictiuns, dunt numbres n'est *ouz*. (Th. Canth. p. 65. v. 26-8.)
> Lisiars a la vois *oue*. (R. d. l. V. p. 20.)

Les parties appellees, et nos raisons et defenses *oues* d'une part et d'autre. (1318. H. d. Ver. p. 19.)

Or l'ai *oid* e esperimented que la meited ne m'en fud mustred: greignure asez est ta sapience e tes ovres que la nuvele qu'en ai *oie*. (Q. L. d. R. III, p. 272.)

> Nequedent pas *oï* n'avoient
> Tout chou que lor femmes savoient,
> Ki apres à lor signor dirent
> Chou que de Mahommet *oirent*. (R. d. M. p. 54.)

Dans le Livre de Job, on trouve *ooit*:

Dunkes cant la divine aspirations ellievet la pense senz frinte, si est la repunse parole *ooite*; car la parole del espir sonet taisamment en l'oreilhe del cuer. (M. s. J. p. 477.)

Des composés d'*oïr*, je citerai:

*Roïr*, entendre encore, de nouveau:
>Dunc *roïssez* mener grant dol. (Ben. I, v. 1695.)

*Tresoïr*, ouïr, entendre distinctement:
>Mais adonc encor seoit on
>En l'ostel, si qu'on *tresoi*
>L'uis du bercil, quant il l'ouvri. (Fab. et C. III, 394.)

*Mesoïr*, mal entendre; ne pas exaucer.
*Entroïr*. Voy. le Dictionnaire de l'Académie à ce mot.

## QUÉRIR (v. fo.)

La forme primitive de ce verbe, dérivé du latin *quaerere*, a été *querre*, dans tous les dialectes.[1]

Au lieu de *querre*, on a dit aussi *querer* en Normandie.

Après 1250, on lui trouve les formes *quierre*, *quire*, *quirre*. *Quire*, *quirre* étaient surtout en usage dans l'Artois, la Picardie occidentale, et le nord-est de la Normandie; *quierre*, dans le nord de l'Ile-de-France, et le reste des provinces du dialecte picard.

*Querir* ne se montre que tout à la fin du XIIIe siècle, et encore est-il fort rare. C'est dans l'Orléanais et au sud-ouest de l'Ile-de-France, que l'on en rencontre les premières traces.

Ex.: Hui vinrent li troi roi por *querre* lo soloil de justise qui neiz estoit. (S. d. S. B. p. 550.)

Il vint en haste des montaignes por *querre* la centisme berbix ke perie estoit. (Ib. p. 526.)

>Li dus Gerars à haute vois s'escrie:
>Ke faites vos, ma manie hardie,
>Ke souliez *querre* pris de chevalerie. (G. d. V. v. 1619-21.)

>Et quant tornoi estoient pris,
>Il i aloit *querre* son pris. (L. d'I. p. 7.)

E si volons.... ke li cuens de Pontif.... puist faire chastel, se il lui plest, et firmete en son manoir d'Abevile, e es teres, queles il porra entour *acquire*. (1281. Rym. I, 2. p. 193.)

Par Diu, sire cuens, il ne m'est pas avis que il ait en vostre requeste raison, ne que vous mie doussiez telle chose *requierre* à bregiers, que vous voles avoir les cites et les castiaus et toute la seignorie de la terre, sauf chou que nous n'i partons. (H. d. V. p. 199. XVIII.)

>Il a passe .vii. ans touz acomplis,
>Que ne finai d'aler par le païs,
>De vostre non demander et *querir*. (A. et A. v. 189-91.)

Au lieu de la voyelle radicale *e*, les Sermons de saint Bernard mettent quelquefois *a*:

---

(1) *Queire*, à la rime, dans M. d. F. II. p. 398, est une forme de plus bas temps, et en outre tout à fait inexacte dans ce texte.

Par droit dist donkes li apostles ke nos *quariens* les choses ki desore sunt, lai où Criz est seanz en la dextre de Deu. (S. d. S. B. p. 525.)

Or *quarons* apres la quarte (fontaine). (Ib. p. 539.)

Cet emploi de l'*a* n'a rien d'extraordinaire dans le dialecte bourguignon, ici surtout où la forme latine le favorisait; nous le retrouverons encore pour d'autres voyelles. Cependant de pareilles formes amènent naturellement la question: N'existait-il pas un infinitif *quarre?* Je ne l'ai vu dans aucun texte un peu ancien; mais il se trouve dans quelques textes et chartes de la fin du XIIIe siècle. *Quarre* paraît avoir appartenu au langage des campagnes.

Sire, par la foi que vos me devez, envoyez le *quarre* — Dame, dist l'empereres, je l'envoiere demein *quarre*. (R. d. S. S. d. R. p. 6.)

Les dialectes bourguignon et picard conjuguaient le présent de l'indicatif de la manière suivante:

> quier,
> quierz, quiers,
> quiert,
> querons, querommes,
> quereiz, queres,
> quierent;

c'est-à-dire qu'ils renforçaient régulièrement l'*e* par *i* devant les terminaisons légères.

Ex.: Sire, ce dit li Saisnes, je ne le *qier* veer. (Ch. d. S. II, 189.)

> Molt sui en tres douche prison,
> Issir n'en *quier* par raenchon. (L. d'I. p. 30.)
> Ne ja li n'en *quier* faire tort. (Poit. p. 63.)
> Bele dame, che poise moi;
> Mais par amors vous *quier* et proi
> Que me dites dont estes nee.... (R. d. l. M. v. 4851-3.)

Q'est ce, dit Karlemaines, *qierz* tu ja compaignie? (Ch. d. S. II, 160.)

> (Mors) Qui *quiers* les voies et les sentes
> Où l'en se siant empaluer,
> Je wuel mes amis saluer
> Par toi que tu les espoentes. (V. s. l. M. p. 17. III.)

Mais acomblemenz est quant il en ceu mismes s'esjoïst, et il volentiers *quiert* coment uns altres ait plus parmei sa besoigne mismes. (S. d. S. B. p. 569.)

Qui droit refuse, guerre *quiert*. (Ruth. I, p. 71.)

Car quant l'om *quiert* plainement la voie de droiture, si est adurcie tote la vaine suggestion de malvaiseteit. (M. s. J. p. 454.)

> Devotement Diu *requerommes*
> Que, s'il li plaist, en ceste plache
> Auchun signe certain nous fache,

>U auchune senefianche
>Par coi soions en esperanche
>De la loy k'il a à donner. (R. d. M. p. 59.)

Et dont atochons nos par sapience et consiewons nostre mortification, se nos laissons les veables choses; si nos repunons es nient veables, se nos par la fossion del cuer lo *querons*, si ke li cuers gettet en sus de soi tot ce ke il penset de terriene chose. (M. s. J. p. 467.)

Vos *quereiz* lo tresor, mais tant deveiz plus ardanment foir, ke vos en foant estes parvenut pres de l'or cui vos *quereiz*. (Ib. cad.)

La glore del munde *quierent*, et neqnedent ne la puent avoir. (Ib. p. 510.)

>Par cel apostre que *quierent* peneant,
>Se Deus ceu done per son commandemant,
>Que je passe outre icele awe molt grant,
>Mors est Gerard et Harnaus le ferrant. (G. d. V. v. 102-5.)

La Normandie ne diphthonguait pas:

>Iluec te veil oïr chanter,
>Quer el n'i *quer* ge conquester. (Chast. XIX, v. 53. 4.)
>Vers lui *quert* noises e tençons. (Ben. v. 20376.)
>Si sunt felon e orgoillos
>Que paix, conduit ne seurtance
>Ne *querent* vers le rei de France. (Ib. II, v. 3378-80.)

On trouve quelquefois *quir*, au lieu de *quier*; cette forme provient sans doute de l'influence de l'infinitif *quirre*.

>De cels qui en la cort estoient,
>Et qui le cors au roi servoient,
>Qui sont de la roonde table,
>Ne *quir* jo mie faire fable. (Brut. v. 10553-6.)

Le présent du subjonctif se réglait sur l'indicatif; en Normandie, il prenait la terminaison *ge*.

>Je ne lairoie por tot l'or que Diex fit
>Que je nel *quiere* anuit o le matin. (G. l. L. II, p. 251.)

Oyng ton chief, c'est si aucune grace est en ti, retorne lai à lui, ensi ke tu ne *quieres* mies ta glore, mais la seye. (S. d. S. B. p. 563.)

Ensi que tu davant les oylz des homes ne *quieres* mies ta propre glore, mais la glore de ton creator. (Ib. p. 565.)

*Quieret* dons les awes de devotion cil qui semeit at la semance de bones oyvres. (Ib. p. 538.)

>Mais s'ele est bele u del endroit,
>Con l'en *quiere*, si l'otroit. (P. d. B. v. 3423. 4.)
>Mais ne purveit de nule part
>U *querge* force ne gent truisse
>Que la terre veer lur puisse. (Ben. I. v. 1908-10.)

Pur ço jo, tun serf, ai pris alches de hardement que jo te *requerge* e face ceste ureisun. (Q. L. d. R. II, p. 146.)

Deu reclement devotement,
Seint Nicholas, e seint Clement
E Madame Scinte Marie,
Que vers sun Fiz lur *querge* aïe. (M. d. Fr. I, p. 458.)
Sire arcevesque, se vos requer
Sur Deu e sur le saint mestier,
Sur la scinte paternite
Dunt sur nos avez poeste,
Que envers Rou paiz nos *quergez*. (Ben. II, v. 4915-9.)
Se volez que jeo vos aie chiers,
Ne m'amor *quergeiz* ne ma grace . . . .
S'alez tost e delivrement,
Si vos armez por assaillir. (Ib. v. 11821. 2. 7. 8.)
Ne vos en sai pas conseil doner,
Fors tant trametez lor messages
Buens parlers, corteis e sages,
Qui *enquergent* lor volentez. (Ib. v. 3256-9.)

Dans un texte picard de la seconde moitié du XIIIe siècle, je trouve *enquiercent*:

Nous consentons et octreons, que doi preudomme soient pris . . . . ki pur diligence *enquiercent* la verite des devantdis debas, et la verite enquise . . . . (1283. J. v. II. p. 423.)

Impératif: *quier, querons, quereiz.*

Si or t'avoie vancu nen afole,
A toz jors mais me seroit reprove
K'ossis auroie un homme desarme:
*Kier* une espee tot à ta volante. (G. d. V. v. 2607-10.)
*Quier* moi, fait il, un palefroi,
Bon et soef et sains derroi. (P. d. B. v. 5527. 8.)

*Querons* lo tresor de vertut. (M. s. J. p. 469.)

Or me *queres* donques personne
Ki me soit avenans et bonne,
A moi et à vous pourfitable. (R. d. M. p. 28.)
Aillors autre amie *queres*
Où puissies mener vo dosnoi. (R. d. l. V. p. 26.)

J'ai parlé à l'article Flexion des parfaits définis avec *s* intercalaire; voici la manière dont ils se conjuguaient dans la langue d'oïl:

quis,
quesis, queis,
quist,
quesimes, queimes, quesismes, queismes,
quesistes, queistes,
quistrent, quisrent, quirent, quisent, quissent.

Les formes avec *s* intercalaire: *esis, esimes, esistes*, sont propres à la Picardie, d'où elles passèrent dans les autres dialectes; cependant elles n'y firent pas de grands progrès, et les formes sans *s* furent toujours prédominantes dans la Bourgogne et la Normandie.

La forme de la troisième personne du pluriel, *quistrent*, c'est-à-dire celle avec le *t* intercalaire, était avant tout bourguignonne et normande; *quisrent* était celle de l'Artois, de l'ouest de la Picardie proprement dite, et d'une partie de l'Ile-de-France; *quisent* et *quissent*, où le *r* de la flexion est syncopé, étaient celles du nord-est de l'Ile-de-France, de la Champagne picarde et du reste des provinces françaises et belges que je range dans le dialecte picard.

Pour *queismes*, *quesismes*, voy. la Flexion.

Les formes *queis*, *queismes*, *queistes*, *quisrent*, sont, à proprement parler, les primitives du français moderne. *Quirent* existait déjà dans la vieille langue; on trouve cette forme sans *s* dès le milieu du XIIIe siècle.

L'imparfait du subjonctif se réglait sur le parfait défini:

quesisse, queisse,
quesisses, queisses,
quesist, queist,
quesissiens, queissiens,
quesissiez, queissiez,
quesissent, queissent.

Je passe aux exemples, et je renvoie aux verbes *dire*, *faire*, *clore*, *mettre*, *occire*, *prendre*, *seoir*, *traire*, etc. pour les preuves des formes qu'on ne trouvera pas ici.

Respundi la dame: Sire, sire, *requis* jo tei de fiz aveir, dunt te priai que jo ne fusse deceue e gabee e traveillee. (Q. L. d. R. IV, p. 358.)

Pois lui a dit: or tu, amis,
Jo t'ai fait ceo que tu *quesis*. (St. N. v. 1440. 1.)

Merveillouse fust li dignations de Deu ke l'omme *quist*, et granz fu li digniteiz de l'omme ki ensi fust quis. (S. d. S. B. p. 526.)

Sa gent manda, *quist* chevaliers.

Proia voisins, *quist* soldiers. (Brut. v. 2745. 6.)

*Quist* de Nostre Seignur cunseil, mais respuns nul ne l'en fist, ne par sunge, ne par pruveire, ne par prophete. (Q. L. d. R. I, p. 109.)

Abner parlad as baruns de Israel, si lur dist: N'ad guaires que vus *queistes* David qu'il regnast sur vus. (Ib. II, p. 130.)

Seignur custes debonere
Vileinement le hunesistes,
Or l'aiez tel cum le *quesistes*. (M. d. F. II, p. 148.)

Gascelin sire, moult vos doi avoir cher,
Fait la pucelle où n'ot que enseingner,
Que vos m'aidastez comme g'en oi mestier
Et *conquesistez* au fer et à l'acier. (Ch. d. R. Intr. XXXVII.)
Li baron la *quistrent* et la li amenerent. (R. d. S. S. d. R. p. 6.)

Al matin si fu le (li) parlemens en un vergier.... enqui *requistrent* le marchis.... que il preigne la croiz. (Villeh. 438ᵈ.)

Remede *quistrent* du mesfet
Que sanz reson avoient fet. (Rut. II, p. 206.)
No crestiien se deffendirent | Et li Sesne si leur *requisent*
Que il widasent lor castiel,
Si s'en alasent sans apiel. ((Ph. M. v. 3334-7.)
Si les vont ferir sans sejor,
Que il ains n'i *quisent* essone,
Es gens le roi de Babilone. (Poit. p. 66. 7.)
Cil de Gabion merci *quisrent*
Quant Giu jadis les *conquisrent*;
Merci *quisrent*, merci troverent,
Et vie quite lor clamerent. (Brut. v. 8153-6.)
Ne james por nul estovoir
Ne m'en *queisse* removoir. (Rom. p. 522, v. 8. 9.)

Veire est la renumee que oï de tei en ma terre, de tun grant sens e tun bel parler; e ne crei pas ço qu'en oï jesque ci venisse, e espermentasse, e *enqueisse*. (Q. L. d. R. III, p. 272.)

Si m'a cumandé et enjoint
Que sans cesser je vous *quesisse*
Et où que trouver vous peuisse. (R. d. C. d. C. v. 6543-5.)

Pur ço cumandad Saul que l'um li *queist* une femme ki soust de sorcerie que par sun devinement seust cume la bataille se prendreit. (Q. L. d. R. 1, p. 109.)

Honte a e ire tant e dol
Ne *queist* vivre ore son voil. (Ben. v. 16870. 1.)
Pour noient *quesist* on plus bel chevalier de lui. (H. d. V. 496ᵃ.)
Rollans li dist que il *quesist* de l'aigue, car moroit de soif.
(Cité ds. Phil. M. I, p. 472.)

Puis lui dist: Sire, par ma foit
Je vorroie que grant honnour
*Conquesissies* demain el jor. (R. d. C. d. C. v. 1032-4.)

Si ami vindrent à lui et li distrent qu'il preist fame de coi il eust qui tenist son tenement, apres lui; et il lor dist qu'il la prendroit volantiers, *queissent* la. (R. d. S. S. d. R. p. 35.)

Mout est li siecles de mal aire,
Que tote joie fine en doel: | Ja ne *queissent* mes, lor voel,
Departir; mais il le covint. (Romv. p. 588, v. 2-5.)

Mires voleit qu'il li *quesissent*
E de sun mal le garesissent. (M. d. F. II, p. 258.)

Les textes de la seconde moitié du XIIIe siècle fournissent des exemples d'une forme en *r* au lieu de *s*, à l'imparfait du subjonctif. Bien que fort singulière, en ce qu'il lui manque un parfait correspondant, elle se rencontre trop souvent pour être regardée comme une faute des copistes. Le mélange des différentes formes de ce verbe a causé une assez grande confusion dans leur emploi, et les auteurs de cette époque de décadence ne pouvant sans doute s'expliquer le *s* régulier, ont introduit le *r* du radical à l'imparfait du subjonctif.

Que je vous *enquerisse* rien. (Fab. et Cont. IV, p. 314.)
Si commanda c'on les *querrist*. (Rutb. II, p. 205.)
Baignoient soi, si garissoient,
Ja por enferte qu'il sentissent,
Altre mechine n'i *querissent*. (Brut. v. 8280-2.)

Le futur et le conditionnel avaient naturellement deux *r*. Cette réduplication du *r* se retrouve aussi à l'imparfait et même aux deux premières personnes du pluriel du présent de l'indicatif; mais, en ce cas, on doit la considérer comme une faute, dont voici quelques exemples.

S'espee est fraite joste le poig d'arjant;
*Querreiz* l'an une tost et isnelemant. (G. d. V. v. 2647. 8.)
Et tuit nos guerpirent la place,
Si qu'avoec moi et avoec li
Ne remaint nus, ce m'abeli,
Que plus n'i *querroie* veoir. (Romv. p. 521. v. 22-5.)

Ju *querroie* ancuen solaz dont ju vos puisse solacier, et li corporels me vint davant. (S. d. S. B. p. 572.)

Quar maintes fois avient que il brisiet par lur aversiteit, returnent à lur penses, et repairiet en eas mismes, esgardent cum astoient vaines choses cui il *querroient*. (M. s. J. p. 510.)

Je passe aux formes correctes de l'imparfait, et à celles du futur et du conditionnel.

Dunkes cant sainz Paules *queroit* iceaz ki lo confortaissent el travaillu, si dist il.... (M. s. J. p. 467.)

Et s'en tourne vers le bos droit,
Et tant et sus et jus et là
Que la damoiselle encontra,
Qui un gant la dame *queroit*,
Qui en la court cheus estoit. (R. d. C. d. C. v. 3006-10.)

Si dist que li reis Benadab l'out à lui enveied od riches duns e *enquereit* si guarir poust de cele sue enfermeted. (Q. L. d. R. IV. p. 375.)

De ce est ke sainz Paules disoit az alkanz ki *queroient* lo repuns tresor tel celeste païs. (M. s. J. p. 467.)

> Lors cuidoient bien estre cerz,
> Que, quant li huis seroit overz,
> Que dedens celui trovcroient,
> Que li por destruire *queroient*. (Romv. p. 550, v. 19-22.)
> Maiz quant il sout ke il *quereient*. (R. d. R. v. 12228.)
> Je la *querrai* tant que ge l'aic. (Romv. p. 460. v. 8.)
> Tant le *querrai* que jou l'arai. (R. d. l. V. p. 115.)
> Sire Lanbert, ne soies jai pansis;
> Li dus Gerard est chevalier gentis,
> Ne vos *querrait* chose, jel vos afi,
> Don voz soies durement apovris. (G. d. V. v. 904-7.)
> Puis *querra*, selonc son lignage,
> A son fil feme de parage. (Fl. et Bl. v. 283. 4.)
> Coument *querreiz* à Dieu merci,
> Se la mors en voz liz voz tue? (Rutb. I, p. 61.)
> Je conbatroie .iiij. jors toz antier,
> Jai ne *querroie* n'à boivre n'à maingier. (G. d. V. v. 2985. 6.)
> Je me pansai que je *querroie*
> .I. mouton et si m'ancloroie
> Dedans la pel, et je si fis, (Dol. p. 247.)

Guiteclin, fait il, sire, molt le te dis sovant,
Que tu *querroies* chose don seriens dolant. (Ch. d. S. I, p. 93.)

> Tant que li boins rois jura Dieu
> Que jamais nes *kerroit* nul lieu. (Phil. M. v. 4192. 3.)
> Porpensa sei que il *querreit*
> Aucun engien, se il poeit,
> Par quei il aureit acheison
> De geter le de la meison. (Chast. XIV. 27-30.)
> Que il li *querroient* amie. (R. d. l. V. p. 65.)
> Tant chevalcherent Guenes e Blancandrins
> Que l'un à l'altre la sue feit plevit
> Que il *querreient* que Rollans fust ocis. (Ch. d. R. p. 16.)

Le participe présent était *querant*, le participe passé *quis*.

> Et s'a le sien signeur trouve,
> Merci *querant* du grant mesfait
> Qu'il li avoit sans raison fait. (R. d. l. M. v. 7516-8.)
> Il et Fursin l'ont partot *quis*,
> Et cuident bien qu'il soit ocis. (P. d. B. v. 3649. 50.)

Au lieu de l'*ue* radical, on trouve *ui* dans les chartes picardes de la seconde moitié du XIIIe siècle. Cet *ui* provient certainement de l'influence de l'infinitif *quirre*, bien qu'on voie souvent les formes en *ui* à côté de l'infinitif *querre* et de ses dérivés.

Ce fait nous li *requisimes* qu'il mesist en no main ledit conte de Ghelre. (1298. J. v. H. p. 469.)

Li dus nous a enconvent, ke se nous aviens mestir de gens d'armes, pour faire aucune chevauchie, et nous li *requisissions*, ou feissiens *requerre*, il nous devroit aidier de deux cens armures de fer, de bonnes gens, à nos frais et nos despens, toutes fois ke nous l'en *requerriens*. (1287. Ib. p. 450.)

Et s'il avenoit, que ja n'aviegne, ke Henris mes fius, deseurdiz et ci devant nomet, ou aucun ou aulcuns d'iaus, ou lor hoir, demandast ou demandassent, *requesist* ou *requisissent* riens, orre ou cha en arriere par iaus ou par aultruy.... (1289. Ib. p. 496.)

E ce donra seurte li rois d'Angleterre des chevaliers des terres devantdites e des villes, selonc ce que nous l'en *requirrons*. (1259. Rym. I, 2. p. 51.)

Et doivent li doi preudomme, pris et eslut pour ces debas acorder, au commencement jurer seur sains k'il bien et loialment *enquirront* des debas, ke nous, parties devant dites, proposerons, ou ferons proposer devant eaus.... (1283. J. v. H. p. 424.)

Ces formes en *ui* étaient fort communes dans l'Ile-de-France, au commencement du XIVe siècle.

Les *composés* de *querre* étaient nombreux et d'un fréquent emploi.

1. *Conquerre*, qui, outre sa signification actuelle, avait celle de *vaincre* un seul homme, s'employait souvent dans un sens général pour *gagner, s'attirer;* p. ex. *conquerre pais, haine*, etc.

(Goliath) vint e escriad vers cels de Israel, si lur dist: Pur quei estes ci venud e à bataille apareilled? Jo sui Philistien, e vus estes de la gent Saul. Eslisez un de vus, e vienge encuntre mei, en bataille, sul a sul. S'il me put *cunquerre*, e rendre recreant, nus Philistiens, vus serrums des ore servant. (Q. L. d. R. I, p. 62.)

Miex vos amaise *conquerre* au branc forbi d'acier,
Ke d'autre chose euxies anconbrier. (G. d. V. v. 2976. 7.)

La loi commanda cristiainne
A ses apostles par la terre
Semer et les ames *conquerre*. (R. d. M. p. 41.)

De *conquerre, conqueste*, dérive *conquester, conquister*.

Ales avant, por la noise lever;
Se en l'agait les poons amener,
Dont les porrons ocirre et decoper,
Et ben porrons le castel *conquester*. (O. d. D. v. 7630-3.)

Al tans que rois Artus regnoit,
Cil ki les terres *conquetoit*,
Et qui dona les riches dons
As chevaliers et as barons,

> Avoit od lui .j. bacheler,
> Melion l'ai oï nommer. (L. d. M. p. 43.)
> Molt durement les envaïrent,
> Molt en occirent et navrerent,
> Et grant avoir i *conquisterent*. (R. d. S. S. v. 2431-3.)

On a déjà vu des exemples de 2. *Enquerre*, et de 3. *Requerre*

4. *Aquerre*.

> Tous tans ai mis ma chose à terre
> Pour le vostre pourfit *aquerre*, (R. d. M. p. 22.)
> Maint duel, mainte paine, maint grief
> Auront ains que vienent a cief
> De la queste qu'il ont *aquise*. (R. d. l. M. v. 5437-9.)

5. *Desaquerre*.

6. *Esquerre*, faire une recherche exacte, examiner avec soin.

Espiez e veez tuz les repostailles ù il se tapist; puis à mei returnez, e chose certeine m'anunciez que jo en vienge ensemble od vus, kar ja seit iço qu'il se esfundre en terre, jo l'*esquerrai* od tut l'ost de Juda. (Q. L. d. R. I, p. 92.)

Si se partirent li reis e li seneschals pur aviruner e *esquerre* tut le pais. (Ib. III, p. 313.)

7. *Porquerre*, chercher partout, fouiller, rechercher, poursuivre.

> Or set li rois tout vraiement
> Que sa mere ce mariment
> Li a *pourquis* et pourcacie. (Q. d. l. M. v. 4455-7.)
> Or pense que tu *pourquis* has,
> Vers moi ainsi le trouveras. (R. d. S. G. v. 2827. 8.)
> Fis à putain, maleurous chaitis!
> A grant dollor nos avez hui *porquis*. (G. l. L. II, p. 175.)
> Ogier le voit, qi l'aloit *porquerant*,
> Tot droit vers lui a torne le bauçant. (O. d. D. v. 12060. 1.)
> Fui, fait ele, moult es enfans,
> Quant de ta mort es *porquerans*. (Fl. et Bl. v. 1017. 8.)

8. *Sorquerre*, demander trop, interroger.

> Sire, dist il, tu nos *sorquiers*,
> Tu *sorquiers* mult à mon seignor. (R. d. R. v. 12000. 1.)
> Par saint Estiene le martir!
> Vos me *sorquerez*, ce me poise. (Trist. 1, p. 147.)

## SAILLIR (salire).

La conjugaison de ce verbe était exactement semblable à celle de *faillir*.

> Li rois est *resaillis* en pies;
> Partonopeus requiert iries:

Si a un ruiste colp feru | En le penne de son escu,
Si qu'il en trence et fer et quir,
Et qu'il en fait le fu *sallir*. (P. d. B. v. 3151-7.)
Or puis mieus coure et lever et *sallir*. (G. l. L. II, p. 181.)
Li enfant qu'avoec li estoient
.J. gen soventes foiz fesoient,
Si com de *saillir* à .i. pie. (Rutb. II, 162.)

De ce avient à la foiz ke en ces pius ploremenz *salt* fors la clarteiz de la deventrienc joie. (M. s. J. p. 470.)

L'eve sempre vole si halt
Que sor ses dras et sor lui *salt*. (Brut. v. 9810. 11.)

Ore *sailt* sus en peez, unkes plus sain ne fud. (Charl. v. 195.)

On li amainne .i. auferrant destrier ;
Gautiers i *saut* qu'estrier n'i vost baillier. (R. d. C. p. 149.)
Il *saut* en pies, si a trait le branc nu. (Ib. p. 182.)
Mais li sans ki del cors li *saut*
L'afebloie moult.... (Phil. M. v. 7258. 9.)
Sus *salent*, si se vont requerre. (R. d. l. V. v. 1808.)
Andui s'abatent sans nule demorance.
Em pie *resaillent*, molt sunt de grant puissance. (R. d. C. p. 110.)
Et sa feme à l'encontre cort,
Et si fill et ses filles *saillent*.. (Romv. p. 488. v. 29. 30.)
Li serjant *sallent* entor et environ. (G. l. L. II. p. 187.)

On retrouve pour *saillir*, comme dans tous les verbes de cette espèce, des orthographes où le *l* reparaît à côté de l'*u*:

Li agais *sault*, qui s'est el bruillet mis. (G. l. L. II, p. 198.)

Ce que j'ai dit plus haut de ces formes n'est pas tout à fait exact; j'ajouterai ici quelques explications que je prie d'appliquer aux cas précédents.

Les verbes *faillir*, *saillir*, et semblables, s'écrivaient tantôt avec un seul *l*, tantôt avec deux *l*; mais, dans le principe, l'orthographe avec un seul *l* était la seule en usage. Ce n'est qu'au XIIIe siècle, à l'époque surtout où les formes infinitives diphthonguèrent la voyelle radicale, que l'emploi des deux *l* devient ordinaire. Les trois personnes du sing. du prés. de l'ind., où le *l* subit plus tard son fléchissement ordinaire en *u*, n'avaient donc d'abord qu'un *l*, qui fut remplacé par *u*: *fals*, *salt*, *faus*, *saut*, etc. Tout à la fin du XIIIe siècle, comme je l'ai fait observer pour *faillir*, on introduisait les deux *l* à la prem. pers. du sing., et, de proche en proche, aux deux autres: *fauls*, *sault*, etc. En ce sens, ces formes sont correctes; cependant, je crois qu'ici, comme en tant d'autres cas, c'est moins le sentiment de la régularité que l'ignorance de la valeur de l'*u*, qui a fait introduire la lettre *l* à côté de l'*u*. Les autres formes où le *l* avait subi le fléchissement en *u*, n'admirent fréquemment le *l* que bien avant dans le XIVe siècle.

    Ne se poeient departir
    N'igaument charger ne enplir,
    Mais ainz *sailleient* tuit à fais:
    Si tres par ert grant lor esmais! (Ben. v. 38301-4.)
    L'enfes estoit legiers et fors;
    De la riviere *sailli* fors.
    A .ij. pies encontre mont saut. (R. d. l. V. v. 1827-9.)
    Quant fu armes, sor son cheval *salli*,
    Ains ne fina, jusqu'as hauberges vint,
    Et apres lui s'arouterent set vint. (G. l. L. II, p. 185.)
    S'uns escureus de lui (du mont) *sausist*,
    Si fust il mort, ja n'en garist. (Trist. I, p. 46.)
    Et quant il là venu seront
    De mon embuscement *saldrai*
    Et tous ensamble les prandrai. (Brut. v. 396-8.)
    Si m'aït Diex, g'i *saudrai* ja
    Se ne me venez l'us ovrir. (Chast. XII. v. 140. 1.)
    Je voi un puis, ja i *saurrai*,
    Tout maintenant m'i noierai. (R. d. S. S. v. 2239. 40.)
    Cil qui quidierent faire geu
    Ont mis es estoupes le feu,
    Qui des estoupes *saudra* fors. (Phil. M. v. 25191-3.)
    Et quant Brutus se combatroit,
    Corineus del bois *saldroit*. (Brut. v. 989. 90.)
    Porpensa soi que là iroit | Et dedens la fosse *sauroit*,
    As lions se feroit mangier. (Fl. et Bl. v. 913-5.)

Endroit aus avoit l'empereres Alexis atorne granz genz qui *saldroient* par trois portes fors. (Villeh. 453.[b])

Le composé le plus important de *saillir* étoit *assaillir*, qui s'écrivait souvent avec un seul *s*: *asalir* (Brut. v. 4093).

    Or si tant est que il te plaise,
    Refraigne sei tis mautalanz
    E *ussaut* les tei e tes genz. (Ben. II, v. 5602-4.)

Se on les *assaut*, il se defendront, ceu disent il, mult bien et courtoisement. (H. d. V. 507[d].)

Et non pourquant ot fait deffendre que on n'*assaille* pas le chastel. (Ib. 499[c].)

    Quident del duc Richart senz faille
    Qu'od sa fiere gent les *asaille*. (Ben. v. 19672. 3.)
    Merveilles s'en sunt effree,
    Quident e creient tot en fin

Qu'il les *asaillent* par matin

E qu'il en facent l'apareil. (Ib. v. 19709-12.)

Je vos deffent de par l'apostoille de Rome que vos ne *assailliez* ceste cite. (Villeh. 442ᵈ.)

La cite estoit si fors et si close de murs et de bones tours que il ne trovassent ja qui les *asausist*. (Villeh. p. 138. CLVIII.)

Adonc pristrent cil de l'ost conseil qu'il porroient faire, s'il *assaudroient* la vile ou par mer ou par terre: et li Venicien s'acorderent à ce qu'il *asausissent* par mer. (Ib. p. 49. LXXIII.)

Et par engiens u autrement,

*Asaloit* on les tors sovent. (Phil. M. v. 19622. 3.)

On li conta que ceu estoit robeour de vaissiaus qui *assaloient* une grant nef el port. (H. d. V. 511ᵃ.)

Que vous diroie jou? Se chil defors *assaillisent* ausi asprement com chil dedens se deffendoient, li castiaus ot este tos pris; mais il *assailloient* lentement et pereceusement. (H. d. V. p. 230. XXXIV.)

Ja l'*usarrai* en cel palais plus grant. (O. d. D. v. 2034.)

Et le matin san plus d'arestison

Ceste cite de Viane *usaudron*. (G. d. V. v. 1350. 1.)

Baron, dist il, en l'ost ires

Et de trois pars les *asalres*. (Brut. v. 443. 4.)

De cele part de là ireiz,

De cele part les *assaldreiz*. (R. d. R. v. 12787. 8.)

La vile esgardent, de quel part l'*usalront*. (O. d. D. v. 7255.)

Li pelerin ne vos *assailliront* mie. (Villeh. 442ᶜ.)

Li pelerin ne vous *asaudront* mie. (Villeh. p. 25. XLVII.)

De cele part, par Deu le fil Marie,

N'iert mais la vile ne prise ne saisie:

Devers les dames n'*asaudroie* je mie. (G. d. V. v. 1783-5.)

A cascun dist où il seroit

Et de quel part il *assaldroit*. (Brut. v. 319. 20.)

Qui maisons *assaudroit* de jour.... il en seroit à .x. livres. (1312. J. v. II. p. 550.)

Puis ist hors du moustier, et fait asseoir le castiel, et dist que il l'*assauroit* se il ne li rendent. (H. d. V. p. 229. XXXIV.)

Ensi *assauroient* deux nes à une tor, por ce que il orent veu que à cel jor n'avoit *assailli* que une nes à une tor. (Villeh. 460ᶜ.)

Je citerai encore *tressaillir*, qui, outre sa signification ordinaire, avait celle de *franchir*, *passer outre*, et, au figuré, *passer sous silence*.

Fait sun eslais, si *tressalt* un fosset. (Ch. d. R. p. 122.)

Trop volent *tressaillir* lor umbre. (Ben. v. 26795.)

Il n'est pas droi que jou *tressaille*

Deus coses dont orgieus travaille. (Miserere du Reclus de
　　　　　　　　　　　　　　　　　　　　　　Moliens.)

## TENIR, VENIR (v. fo.)

La conjugaison de ces deux verbes étant à peu près identique, j'ai jugé à propos de ne les séparer pas, pour éviter des répétitions.

La forme infinitive de *tenir* a très-peu varié: on a dit quelquefois *tener* en Normandie, et *tenier* en Picardie, vers la fin du XIIIe siècle et au commencement du XIVe; voilà tous les changements qu'il y a à remarquer. Quant à *tenoir*, qui se lit au vers 1061 de la Chevalerie Ogier de Danemarche, et à la page 150 de Raoul de Cambrai, il n'est là que pour la rime; aussi, bien que cette forme ne soit pas impossible, je pense qu'il faut attendre pour l'admettre qu'on en ait fourni d'autres preuves.

*Venir* n'a jamais changé.

Ex.: Sainz Johan, ce dist li ewangelistes, lo vit *venir* à luy. (S. d. S. B. p. 551.)

La duchesse d'Ardane, fame Tierri le ber,
Vodra son covenant *tenir* tot sanz fauser. (Ch. d. S. II, p. 166.)

*Tenier* (J. v. H. p. 549 et suiv.).

Le présent de l'indicatif de *tenir* et *venir* était régulièrement fort en Bourgogne et en Picardie, et il l'est resté dans la langue fixée. Le dialecte normand, comme toujours, ne renforçait pas le radical devant les terminaisons légères. Ainsi *tien*, *vien*, etc. en Bourgogne et en Picardie; *ten*, *ven*, etc. en Normandie. Mais, ainsi que je l'ai déjà fait observer plusieurs fois, au lieu de *n*, on écrivait *ng*, *gn*, *ngn*, ou simplement *g*, d'où les formes: *tieng*, *tieg*, *vieng*, *vieg*: et pour n'être pas obligé de revenir là-dessus, au défini *ting*, *tig*, *ving*, *vig*;[1] au subjonctif *tiegne*, *tiengne*, *viegne*, *viengne*, etc., qui ne diffèrent que pour l'oeil.

Les dialectes de l'ouest de la Picardie surtout remplaçaient le *g* par *c*, *ch*, à la première personne du singulier du présent de l'indicatif de *venir* et *tenir*. (Cfr. Aimer.)

Au lieu de *tieg*, on trouve, en Champagne, vers le milieu du XIIIe siècle, la forme *teig*,[2] qui s'écrivait aussi *taig*, *taing*, conformément aux usages orthographiques de cette province. De même *veig*, *vaing*, pour *vieg*.

Je passe aux exemples.

Sire, fait il, noveles me sont venues de Salenike, que les genz del

---

(1) On trouve aussi *vig*, *tig*, avec la signification du présent; mais les exemples en sont peu nombreux et probablement des fautes de copistes.
(2) Cette forme est également renforcée. (Voy. p. 199.)

païs me mandent que il me recevront volentiers à *seignor*, et je en sui vostre hom et la *tieng* de vos. (Villeh. 465ᵈ.)

    Cil (li rosegniols) nos semont d'amer ades
    Et d'entendre i del tot ases,
    Et nuit et jor tot à bataille,
    Et jo li *tieng* ceste enviaille. (P. d. B. v. 35 - 8.)
    Prou furent et vous fustes pros,
    Et jo vous *tien* à vaillans tos. (Brut. v. 12898. 9.)

Sire, ce dit dus Naymes, ce consoil *tieg* à sage. (Ch. d. S. I, p. 101.)
Je vos *tieg* à musart, qi que vos taigne à sage. (Ib. II, p. 38.)

    Biau sire Deus, por coi pri je merci?
    Por fol me *teig*, recreant et mati. (G. d. V. v. 2336. 7.)

Par Mahom! dist li rois, molt le *taig* à enfant! (Ch. d. S. I, p. 162.)

    Celui m'ont mort que je amoie tant:
    Se je nel venge, *taing* moi à recreant. (R. d. C. p. 127.)
    Or le croi je, dist Wedes au vis fier,
    Que Bernier ne *taing* pas à legier. (Ib. p. 80.)
    Tote la terre que tu *tiens*
    Te garderai cume la meie,
    Ton bon voudrai ù que je seie. (Ben. v. 23282 - 4.)
    Ce que tu *tiens* presentement
    Ne deiz pas lessier ne guerpir
    Por chose qui est à venir. (Chast. XX. v. 2 - 4.)

Et se li hom *tient* ceu à non creaule chose, li oyl mismes conferment la foit. (S. d. S. B. p. 532.)

Kiconques vos *tient* pour sage, je vos *tieng* por fol. (H. d. V. 492ᶜ.)

    Sebile et Helissanz desor Rune ou sablon.
    De lui et de Berart sont an grant contançon,
    Lor proeces recordent, ne lor *taint* se d'ax non. (Ch. d. S. I, 183.)
    Maint en ocit, maint en ateint:
    Bien lor mostre qu'au quor li *teint*. (Ben. v. 16270. 1.)

*Teint* n'est ici que pour la rime, mais la forme en elle-même n'a rien d'exceptionnel.

    Emperere est de Grece e de Costuntinoble,
    Il *tent* tute Perse tresque en Capadoce,
    N'a tant bel chevaler de ci en Antioche. (Charl. v. 47-49.)
    La femme lu rei Hugun, ke sa corune emportet,
    Par la main *tent* sa fille, ke ad le crin bloie. (Ib. v. 822. 3.)
    Puis receverat la lei que nus *tenum*. (Ch. d. R. p. 9.)
    Et c'est la riens ù plus me fi
    Que vos me *tenes* à ami. (P. d. B. v. 1429. 30.)

Tes nons est jai renomez par tot lo munde, et à bien aurouse te *tiennent* totes les generations. (S. d. S. B. p. 532.)

Mais or sunt doneit li saint ordene en ockeson de luit waing, et l'aquest *tienent* à pitiet. (Ib. p. 556.)

Encor en *tiennent* les honors
Li kanone, en feront tos jors. (Phil. M. v. 1166. 7.)
Dreit à Paris *tenent* lur curs. (Ben. II, v. 3917.)
E treis mile puceles à or freis relusant,
Vestues sunt de pailes e ount les cors avenanz
E *tenent* lur amis, si se vunt deportant. (Charl. v. 272-4.)
He! las! fait il, je *vieng* molt tempre,
Quant ma viele m'estuet traire! (R. d. l. V. p. 71.)
Douche dame, je *vieng* d'Espagne,
Si vuel en Normendie aler,
Mais ains vaurrai à vous parler. (Poit. p. 7.)
Sire rois, dist li garz, je *vieg* d'otre les ruz. (Ch. d. S. II, p. 5.)
Sire, fait il, moult sui de loig;
Mais de pres *vieg*, de Tenedom,
Où pou ai eu de mon bon. (P. d. B. v. 7800-2.)
Quant *veng* arere à mun ostel,
Dunc sai ben eskermir de pel. (Trist. II, p. 114.)
Jo ai à nun Carlemaines, Rolland si est mis nes;
*Venc* de Jerusalem, si m'en voil retorner. (Charl. p. 13.)
Que queres vous, che dist li maistres?
— A confesse *vienc*, sire prestres. (L. d'I. p. 9.)
Sire, je *viench* à amendanche. (Ib. p. 10.)
Mais je ne sueffre nule painne,
Et lues qu'el ciel s'en vait arriere,
*Revaing* del tout à ma maniere,
Et molt ai dedens moi grant feste.
Que je sai le secre celeste. (R. d. M. p. 43. 4.)
Dist la pucelle: Dont *venes* vos, amis?
Dame, dist il, je *vains* de Saint-Quentin. (R. d. C. p. 246.)

Li reis vit en cel çunrei Ethai de Geth, si li dist: Pur quei *viens* tu od nus? (Q. L. d. R. II, p. 175.)

Quareiz et encerchiez ke cest soit ki *vient*, et dont il *vient*, où il *vient*, et por kai il *vient*. (S. d. S. B. p. 522.)

Il *vent* curant al ewe, si ad les guez seignez. (Charl. v. 773.)
N'i ad Franceis, si à lui *vent* juster,
Vocillet o nun n'i perdet sun edet. (Ch. d. R. p. 122.)
Nos *venons* por le regne avoir. (P. d. B. v. 2415.)
Quant on n'i contredist nient,
Li roi *vienent* al sairement. (Ib. v. 2925. 6.)
Trestout ensanle à sa cort *vienent*. (Fl. et Bl. v. 1374.)
Al secund jur *venent* al port,
A Tintagel, si droit record. (Trist. II, p. 93.)

Li jours fu beaus e clers, herberges unt purprises
E *venent* al muster, lur offerendes i unt mises. (Charl. v. 109. 10.)

La forme *vinent*, qui se trouve dans le Livre de Job, est évidemment une faute:

25*

Dont maldient li filh en lor cuers; com nos droites oevres ne *vinent* mie de droites penses. (p. 444.)

Les formes du présent du subjonctif sont aussi variées que celles de l'indicatif.

Le dialecte bourguignon ne diphthonguait pas dans le principe; *tigne* et *vigne* sont les formes des S. d. S. B.; mais dès le second quart du XIIIe siècle, elles furent remplacées, pour ainsi dire, par celles de la Picardie, mélangées avec celles de l'Ile-de-France et de la Champagne. Les formes de la Picardie occidentale et de l'ouest de l'Ile-de-France, et ensuite de la Touraine et des contrées voisines, avaient le renforcement régulier *ie;* tandis que dans la partie orientale du dialecte picard, de l'Ile-de-France, on renversait *ie* en *ei*, lequel devenait *ai* en Champagne. Après 1250, le dialecte picard écrivait même *iei* au lieu de *ie* ou *ei*.

Les formes en *gne* sont inconnues au dialecte normand; il emploie toujours *ge*, dont la prononciation était plus dure que dans les autres provinces où *ge* se rencontre.

> Ouvres vos iex, chaingnies vos rains
> Anchois que je vos *tiegne* as frains,
> Ke ne vos face crier, las! (V. s. l. M. p. 23.)
> Par cel apostre que quierent peneant,
> Se Diex ce done que puisse vivre tant
> Que *taigne* terre, je vos ferai dolant
> Ou escorchier ou metre en feu ardant. (Romv. p. 218. v. 21-4.)
> Al roi servir ai mis m'entente,
> Si n'ai pas de lui tant de rente
> Dont jo *tigne* honoreement
> Quarante sergans solement. (Brut. v. 6785 - 8.)
> Pour ce, ne puis faire lie chanson
> Qu'Amours le me desenseigne,
> Qui veut que j'aim, et ne veut que je *tiengne*. (C. d. C. d.C.p.42.)
> Prie e requiert, humles vers tei,
> Que li *tienges* amor e fei. (Ben. II, v. 4297. 8.)
> A parlement pris comunal
> Vendrai por tei qu'en fine pes
> *Tienges* ta terre des or mais. (Ib. v. 11955 - 7.)

Et si vos wardeiz desormais k'aucuens de vos ne *tignet* à petit cum petit k'il assiantre forfacet. (S. d. S. B. p. 557.)

> Se li esquievin li otrient,
> Communaument ensanble dient
> Que il li *tiegne* ses markies. (R. d. M. d'A. p. 13.)

Et jou pri, fait ele à monseignour l'empereour, come à mon droit avoue, qu'il me *tiengne* à droit. — Dame, fait li quens, jou voel volentiers que il à droit vous *tiegne*, car la vostre baillie pocz vous avoir à moi pour assez petit. (H. d. V. 504 d. e.)

    Riens ne l'orra conter ne dire
    Qu'estre peust n'eissi avienge
    Qui à merveille ne le *tienge*. (Ben. v. 31796-8.)

E devons faire savoir soffisaument.... ke hom li *teigne* bone pais des ore en avant. (1281. Rym. I, 2. p. 193.)

..... Que li rois d'Angleterre *tieigne* qui soient del roialme de France. (1259. Ib. ead. p. 50.)

Je vos tieg à musart, qi que vos *taigne* à sage. (Ch. d. S. II, p. 38.)[1]

    Là vois jo, quei que m'en avenge,
    Ki que fole ou sage me *tenge*. (Trist. II, p. 152.)

Et, par ceste pais faisant, a quite e quite de tot en tot, li rois d'Engleterre.... se ils (?) roys d'Angleterre, ou ses ancessors aucune droiture ont ou orent onques en chose que nos *teigniens*, ou teignissens onques.... (1259. Rym. I, 2. p. 51.)

    Pour çou qu'en bien nous *maintegnons*,
    Lo bien que nous (nous) en *tegnons*. (R. d. l. M. v. 6669. 70.)

    Jo n'en quier altre vengement
    Fors que mes liges homes soies,
    Et de moi vos terres *teignies*. (P. d. B. v. 3622-4.)

Mes que vos eussiez la loi Mahom guerpie,
Et *taigniez* à Seignor le Fil sainte Marie,
Qant vos serez an fonz sacree et benoie,
Dex sera avec vos qi tot le siegle guie. (Ch. d. S. II, p. 85.)

Vos et sa suer que vers nos nel *taignies*. (Romv. p. 226. v. 13.)

E vous prioms.... qe vous nous *teignez* pur escuse, si nus ne fesums en ceste chose requeste. (1283. Rym. I, 2. p. 218.)

Et puis qu'il aura toute la terre, moult li sera pou de vos, ne li chaudra quel part vos alliez; ne quel voie vos *teingnoiz*. (R. d. S. S. d. R. p. 33.)

Par sainte obedience defent nes *tiengiez* mie. (Th. Cant. p. 23. v. 30.)

Ay! cum poc atruevet om de ceos ki *tignent* la forme de ceste parfeite obedience. (S. d. S. B. p. 558.)

Premiers esgarderont il les grandes forces de cel ancien serpent, ke il ne *tengent* à vil chose ce dont il sont escapeit. (M. s. J. p. 491.)

    Dunc ad fait devant sei venir li reis Henris
    Les evesques; sis ad forment à raisun mis,
    E volt que il li *tiengent* ço qu'il li unt pramis... (Th. Cant. p. 22. v. 6-8.)

E le reçoivent et le *tiengnent* por signour. (1256. Th. N. A. I, 1080.)

    Par douce parole les (les?) chastie et sermone
    Que il *taignent* an droit foi les droiz de la corone. (Ch. d. S. II, p. 105.)

---

(1) **La forme suivante est-elle exacte?**
Et tout prison et tout astaige quiconques les *tingue* par le okison de ceste werre quite et delivre par mi leur despens paiant raisenauble. (1284. J. v. H. p. 431.)

Jesque jo *vienge* atenderas, e musterai tei que faire deveras. (Q. L. d. R. I, p. 33.)

Pour Dieu, vous pri en quel lieu que je soie,
Que nos convens tenez, *vieigne* ou demor. (C. d. C. d. C. p. 84.)

Soiez en pes, tant que je *vieigne*,
Que vos n'i plus arester. (Romv. p. 557. v. 28. 9.)

Huem Deu, huem Deu, li reis cumande que tu *vienges* à lui; pur ço si te haste, si t'en vien. (Q. L. d. R. IV, p. 346.)

Preiom, s'aveir veus seignorie
Jamais en tote Normendie,
Que tu od force, senz demore,
La *vienges* defendre e secorre. (Ben. v. 15818-21.)

Je te semons que tu *viegnes* o mi
Et ti sergent, quanque j'en vois ici. (G. l. L. II, p. 19.)

Gentils damoisiax, car t'efforce,
Fet li chevaliers à son frere,
Tant que tu *viegnes* à ton pere. (Romv. p. 494. v. 4-6.)

Fil, fait il, ...... ge veil que tu i *veingnes*. (R. d. S. S. d. R. p. 30.)

Sire, il me fist acroire menzonge, mais *vignet* la veriteiz et cele me deliverrat. (S. d. S. B. p. 524.)

Por Deu vos pri, ki an la crois fut mis,
K'i apres moi ne *vigne* hom ke soit vis. (G. d. V. v. 2220. 1.)

En vain cuert ki laisset lo curre anzois ke il *venget* al bone. (M. s. J. p. 448.)

Si vous devez grantment duter
Que vous ne *venge* grant encombrer. (R. d. S. p. 8.)

Nus lui avons maunde ..... ke il face vostre volunte, e qu'il *vienge* à nus al jur avant nume. (1281. Rym. I, 2. p. 196.)

Li chastelains el ne demande
Mais que la dame *viegne* hors,
Qu'en li est sa vie et sa mors. (R. d. C. d. C. v. 146-8.)

Li empereres li manda que il *viegne* parler à lui, et il respondit qu'il n'i venroit pas. (H. d. V. 499 d.)

Esclas s'en vint droit à Salembrie pour sa feme, dont l'a prise par la main, et lui dist qu'il voet qu'elle *viengne* en Constantinople. (Ib. 497e.)

D'ileuc aille, d'ileuc *vieinge*, là *vieingne*, là retort. (R. d. R. v. 1202.)

Se par devant propos eusse | Que marier ne me deusse,
Si l'auroie jou tost laissie | Et par raison et pour pitie;
Mais talent n'ai que propos *tengne*
Ki de vostre conseil ne *vengne*. (R. d. M. p. 28.)

Va, si me di mon frere dant Wedon,
Qu'il *vaigne* à moi, par le cors saint Simon. (R. d. C. p. 78.)

Quant tu veras que tans et lius en iert,
Sus el palais m'en iras à Bernier.

Di li par moi salus et amistie,
Et qu'en mes chambres se *vaigne* esbanoier. (R. d. C. p. 220.)

Atendez jesque à vus *vienium*, nus i aresterrum, e à els n'aprecerum. (Q. L. d. R. I, p. 46.)

Nu faire, bel fiz, ne requier pas que tuit i *vengums*, si te grevuns. (Ib. II, p. 165.)

Et dist: L'empereres vous mande
Par moi, et si le vous commande
Que vous *vigniez* à lui paller. (R. d. S. G. v. 1105-7.)

Sire, fait il, ains que *viegnois*
En Babiloine, troverois
Un flun moult le et moult parfont. (Fl. et Bl. v. 1553-5.)

Nous l'otroions einsi, et nous vos prions por Dieu, chiers sire, que vous preigniez la crois et que vous en *vengniez* avec nous. (Villeh. p. 21. XXXIX.)

Pur ren del munde ne lassez
Que vus à lui ore ne *vengez*. (Trist, II, p. 68.)

Li empere vos mande saluz; et si voz mande que vos *veingniez* à cort, à tout son fill. (R. d. S. S. d. R. p. 7.)

Anz rendons grace.... à nostre salvaor.... ki welt ke tuit li homme soyent salf et k'il *vignent* à sa conissance. (S. d. S. B. p. 545.)

Dunkes digne chose est ke nos à la naissence de le intencion prendons soniousement guarde az vertuz ke nos faisons ke de male racine ne *vengent*. (M. s. J. p. 444.)

Mais cil ki ce font sentent encor les paterneiz flaialz, ke il en tant *vengent* plus parfit al heritage. (Ib. p. 474.)

Si me *veignent* secorre, qar li besoinz est grans. (Ch. d. S. I, p. 150.)

De cest jor an un mois, sanz plus de delaier,
As prez desoz Golane se *vaignent* hebergier,
Tuit garni de lor armes si com por ostoier. (Ib. I, p. 13.)

Qar mande Salemon et Huon le Mansois.....
Qu'il vos *caignent* secorre et lor riche hernois. (Ib. I, p. 149.)

El roi de France n'en ot que courecier:
Les barons mande qu'à lui *vegnent* plaidier,
Et il si font qu'il ne l'osent laissier. (R. d. C. p. 211.)

Et li rois mande à Sornegur
Qu'en pais *viegnent* tot à seur
Hors de lor ost, enmi les cans. (P. d. B. v. 2913-5.)

Envoie e tramet un message
Que sus amunt el maistre estage
*Veingent* à lui senz demorer. (Ben. v. 13123-5.)

E ce's acore e espoente,
Qu'il ne sevent queu part aler,
Cum atendre n'où arester,
Qu'il n'unt leisir ne tant d'espace
Qu'armez *viengent* contreus en place. (Ib. v. 22369-73.)

Fai tost, ainçois que autre gent *viengnent*. (R. d. S. S. d. R. p. 32.)

Il est si de els cume del fain del champ e cume des herbes ki sur maisuns creissent ki flaistrissent devant ço que *vingent* à maürted. (Q. L. d. R. IV, p. 414.)

Impératif: *tien, ten; vien, ven.*

Or hauce plus, or *tien* en pes. (P. d. B. v. 10681.)

Ja dit on que tant as valor et cortoisie:
*Vien* à moi, si me fier sor la targe florie. (Ch. d. S. II, p. 27.)

E li reis s'en aperceit ben,
Al fol ad dit: Musart, çà *ven*. (Trist. II, p. 107.)

Le parfait défini de *tenir* avait trois formes: *tenui, teni, tin (tinc, ting, tig)*. La première n'a laissé que fort peu de traces; elle se retrouve de loin à loin dans les sermons de St. Bernard. Pendant tout le XIIIe siècle, *teni* fut seulement en usage à la seconde personne du singulier, à la première et à la seconde du pluriel; *tin* le remplaçait à la première et à la troisième personne du singulier, et à la troisième du pluriel. Au XIVe siècle, *teni* s'introduisit à toutes les personnes.

*Venir* n'a jamais eu que deux formes au parfait défini: *veni* et *vin (vinc, ving, vig)*. Ce que je viens de dire de *teni* et *tin* s'applique à *veni* et *vin*.

Au lieu de *tint, vint, tinrent, vinrent*, on écrivait, après 1250, *tiunt, viunt, tiunrent, viunrent*, dans la Flandre orientale et le Hainaut.

La troisième personne du pluriel prenait souvent le *d* intercalaire, entre *n* et *r*.

Les formes *tin, vin*, sont sans doute contractées de *tien, vien*, parce que si on eût fait le renforcement régulier de *e* en *ie*, le parfait défini aurait été semblable au présent de l'indicatif.

Le chemin *ting* à destre main. (Rutb. II, p. 26.)

A vous alai, par li reving:
Dont lendemain pour fol me *ting*. (R. d. l. M. v. 4435. 6.)

Tant le *ting* à preu, à loial,
Que primes le fis senescal. (P. d. B. v. 3585. 6.)

Ne lor *tinc* foi ne covenance,
Por vos les ai mis en olbli. (Ib. v. 4172. 3.)

Au revenir por fol me *tig*;
Si vous ai conte come fous,
Ce c'onques mes conter ne vous. (Romv. p. 534. v. 3-5.)

Vers li *tig* ma voie. (Th. Fr. a. M. A. p. 44.)

Se je bien m'i *contig*, miaz vos i contenez. (Ch. d. S. II, p. 1.)

Quant tu *tenis* et acolas
Ton cher fils, tu les afolas
Et maumeis. (Rutb. II, p. 6.)

Quer se tu eusses veu
Dedenz mei qant tu me *tenis*,
Riches fusses mes à toz dis. (Chast. XIX. v. 112-4.)
Une verge d'or fin *tint* li reis en sa main. (Charl. v. 295.)
Ce fuit avis l'empereor poissant
Ke sor son poig *tint* son ostor volànt. (G. d. V. v. 1912. 3.)

Et si se *tiunt* cil Jehans bien apaijet de tous les deniers dou vendange de le rente devant noumee. (1280. Charte de Tournay, citée dans Phil. M. t. 2. suppl. p. 28.)

Ensi ot Robiers li Frisons
Flandres, maugre tous les barons;
Sa vie le *tiunt*, bien le sai,
Et s'ot la conte de Kambrai,
Que l'empereres li donna,
Pour çou que durement l'ama. (Phil. M. v. 17952-7.)
Le vesques de Cartres ausi | Fu mors: si demora ensi.
Et li rois *tiunt* çaus de Biauves
En prison, com faus et mauves. (Ib. v. 29202-5.)

Quels chose nos puet estre à plus grant glore ke ceu fait ke Deus nos *tenuit* si chiers? (S. d. S. B. fol. 69. vo. Roquefort. s. v. *tenuit*.)

Nous avons vendut à noble home, Guyon . . . . . nostre maison de Lonchin . . . et toute le proprise, ensi comme elle s'estent, et si avant ke nous le *tenimes*, au jour ke nous le *tenimes* onques plus en pais. (1289. J. v. H. p. 497.)

.xx.M. Saisne fumes o .v.M. des lor;
Onques, se petit non, ne lor *tenimes* tor. (Ch. d. S. II, p. 115.)
Et Pylates leur respondi: | Ne vous *tenistes* pas à lui,
Ainçois le feistes garder. (R. d. S. G. v. 1911-13.)
Pres sui vers vos à mostrer orendroit
Que vus *tenistes* le bachin à vos dois
Où li pertuis fu fais à vostre otroi. (O. d. D. v. 2174-6.)

Cil qui guenchirent à la tor, cil de l'ost les *tindrent* si pres, que il ne porent la porte fermer. (Villeh. 450e.)

Omques Gauwains ne Lancelos
Ne *tindrent* d'armes plus grant los
Que cilz ot de tous en son temps. (R. d. C. d. C. v. 63-5.)

Helas! come malement il *tinrent* ce qu'il avoient devise le soir devant. (Villeh. p. 118. CXLIII.)

Ne se *tinrent* à si lasse,
C'outre ne voisent sans demour. (R. d. l. M. v. 4040. 1.)
Or m'en irai sor mon destrier norois
Asez plus povres que je n'i *ving* ançois. (R. d. C. p. 30.)
Sire Bertran, dist li Danois Ogiers,
Je ne *ving* mie çà à vous por tencher. (O. d. D. v. 4570. 1.)

*Vinc* en Jerusalem pur l'amistet de Deu,
La croiz e le sepulcre sui venuz aürer. (Charl. v. 154. 5.)
Par mun saveir *vinc* jo à guarisun. (Ch. d. R. p. 146.)
He, lasse! dit Sebile, tant me va malement!
Molt doi maudire l'ore que *vig* à naissement. (Ch. d. S. II, p. 167.)
Mais ne me chalt, quar tant me duill,
Por ce *vig* çà que morir vueill. (P. d. B. v. 5703. 4.)
Pelerin, frere, li cors Dieu te maudie!
Mal soit de l'eure que *venis* en la ville. (R. d. C. p. 284.)
Di ton mesaige, et molt bien le fornis,
Et puis t'en vai de lai où tu *venis*. (G. d. V. v. 1155. 6.)

E mettrai anel en tes orilles, si te enfrenerai, e ariere te merrai là dun tu *venis*. (Q. L. d. R. IV, p. 414.)

Si nos *vint* davant une granz maisteiz, et cuy om ne puet par parole descrivre. (S. d. S. B. p. 525.)

Trestout ensi remest le soir,
Mais une espie s'en torna,
A Tornai *viunt*, si leur conta... (Phil. M. v. 21282-4.)
L'empereres de Pulle *viunt*;
L'empereis biau se contiunt,
Comme simple dame et onniestre,
C'on ne perciust de son iestre. (Ib. v. 28445-8.)

Veez ici vostre seignor naturel, et sachiez nos ne *venimes* por vos mal faire, ainz *venimes* por vos garder et por vos defendre, si vos faites ce que vos devez. (Villeh. 449ᵉ.)

Por ço ni puet bataille avoir, | Se li esgars doit rien valoir,
Et s'il ne valt rien, por nient
*Venimes* faire jugement. (P. d. B. v. 9095-8.)
Ill (?) a .i. an accomplit et antier
Que à Saint-Gile *venimes* Dieu proier. (R. d. C. p. 276.)

Gardeiz dont vos *venistes* et où vous revandroiz. (Rutb. I, p. 141.)

Et por ce que vos ne le feistes, quant vos en *venistes* en leu et en aise, si vos en put (?) ausint avenir comme il fist au pin de son pineau. (R. d. S. S. d. R. p. 15.)

La gent ki estoit el boscage | Virent des bestes le damage;
Corant *vindrent* à la cite,
Al roi l'ont dit et aconte,
Qu'en la forest .j. leu avoit
Ki le païs tot escilloit,
Molt a ocis de lor almaille. (L. d. M. p. 53.) [1]

Ha! cum grant domage fu, quant li autre qui alerent as autres porz ne *vindrent* illuec. (Villeh. 440ᵃ.)

---

(1) *Vintrent* pour *vindrent* dans le R. d. S. G. v. 1851, est une exception amenée par la rime.

Quant il *vendrent* devant la croix
Une lance li mistrent es poinz. (R. d. S. p. 12.)

Cume li message *viendrent* en terre des fiz Amon e devant le rei Annon, li barun de la terre parlerent al rei. (Q. L. d. R. II, p. 151.)

*Vendrent* est une forme normande, à laquelle on ajouta *i*, comme dans l'exemple tiré de la traduction des Livres des Rois, lorsque le dialecte picard eut étendu son influence jusque dans la Normandie.

Quant il *vinrent* en mi la citeit, si les ocist. (M. s. J. p. 446.)

. . . . . Molt bien garni d'armeures
S'en *vinrent*, molt grans aleures,
Pour les gens Mahom assaillir. (R. d. M. p. 65.)
Ne sai par con faite aventure
*Vinrent* en avant les paroles
Qu'à confiesse disent les foles,
Senes furent, ens el vregie. (L. d'I. p. 19.)
Par la tiere des Esclavons
S'en *viunrent*, de fi le savons,
Et puis trespaserent Hungrie. (Phil. M. v. 10192-4.)
Et quant devant le paumier *viunrent*,
Ne il ne ele nel connurent. (Ib. v. 24687. 8.)

L'imparfait du subjonctif était en *isse*: *tenisse*, *venisse*; seulement, comme pour le parfait défini, on trouve, dans les Sermons de St. Bernard, quelques traces de la forme en *u* à l'imparfait de *tenir*. *Tinsse*, *vinsse* ne se montrent que longtemps après le XIIIe siècle.

He, Dex! dist Karle, vrais rois de majeste,
Ke ceu voisistes par la vostre bonte,
Ke jo *tenisse* corone et roialte;
Consilliez moi, et k'il vos vigne an gre
Qu'aie l'orgoil de cele gent mate,
Ki à tel tort sont an ma terre antre. (G. d. V. v. 3984-9.)
Plust al rei de glorie, de sancte majestet,
Que la *tenise* en France u à Dun la citet,
Ka(r) jo en freie pus tutes mes voluntez! (Charl. p. 17.)
Iluec li dient li diable, | Qui sunt felun e decevable,
E encore te loruns nus
Que tu te *tenisses* à nus. (M. d. F. II, p. 464.)
Li rois Charles, à bon destin,
I ala (à Constantinoble) et par sa devise,
Commanda que de sainte glise
*Tenist* on les commandemens,
A tous jors, par amendemens;

Et gardast on, et *tenist* bien | Les kanons que li anciien
Avoient tenus et assis. (Phil. M. v. 3463-70.)
De la citeit issi un fauconier . . . . .
.iij. fois huchait, et fist si grant nosier,
Ke l'oï Karle et tuit si chevalier;
Si le *tenist* l'emperere à vis fier,
Ne le randist por l'or de Monpellier,
Enz en feist grant joie. (G. d. V. v. 1903. 4. 6-10.)

L'une des parties se travailla à ce que l'ost se departist, et li autre à ce qu'ele se *tenist* ensemble. (Villeh. 444°.)

E, s'il avenoit, avant qe les deniers devauntdiz feussent paiez, qe nous *tenisons* plus de terre que nous ne tenons en tens d'ore en reaume de France, nous volons qe ele soit ausint obligee por la paie desus dite. (1269. Rym. I, 2. p. 113.)

Si savion de verite
Q'ancies mienuit i fusson
Se le grant chemin *tenisson*. (Chast. XVI. v. 38-40.)
Ne vos voel plus loer le rue
Que nel *tenissies* à falue. (P. d. B. v. 859. 60.)

Il dient que je monterai encore si hautement, et serai encore si hauz homs que vous seriez forment liez, se je daignoie tant soufrir que vous me *tenissiez* mes manches, quant je devroie laver mes mains. (R. d. S. S. d. R. App. p. 98.)

Certes, chier frere, bien faisoit à dotteir ke cist ne fussent escandalizict et k'il ne se *tenussent* por escharniz quant il si grant vilteit et si grant povertet virent. (S. d. S. B. p. 550.)

Jeroboam s'en orguillid de cez paroles nostre Seignur, e parlad en al pople que rei le fissent, e od lur seignur lige mais ne se *tenissent*. (Q. L. d. R. III, p. 280.)

E cumandad à cez de Juda que il la volented Deu enqueissent e sa lei e ses cumandemenz *tenissent*. (Ib. ead. p. 300.)

Donc dist à cels dedenz ke Paris li rendissent,
La cite li rendissent, e de li la *tensissent*. (R. d. R. v. 1368. 9.)

Cette forme *tensissent* pour *tenissent*, c'est-à-dire avec un *s* intercalaire, est une orthographe des plus bas temps.

Et li enfes recommance et dist: Sire, quant vos m'eustes mande que je *venisse* a vos, ge i ving, mes je ne parlai pas; car je fusse morz. (R. d. S. S. d. R. p. 73.)

Respundi Absalon: Jo enveiai à tei, e requis que *venisses* à mei, kar enveier te voil al rei pur dire lui que pur nient sui venuz de Gessur, u jo fui en eissil, quant jo ne puis venir devant le rei. (Q. L. d. R. II, 172.)

Melx fust que tu te purchacasses | En mois d'aoust e gaaignasses
Ke *venisses* de freit murant
A mun wuis viande querant. (M. d. F. II, p. 124.)

Ne fut mies totevoies petite chose ceu qu'il aportat et k'il nos donat, ancor *venist* il petiz à nos. (S. d. S. B. p. 538.)

Et molt fut convenaule chose ke li colons *venist* por faire conissant l'aignel de Deu, car nule chose ne se concordet miez al agnel ke fait li colons. (Ib. p. 552.)

  Quant, beau maistre, fait li dux,
  Ce ne fu pas ordre ne us
  Que si moilliez ne si fumos
  *Venisseiz* ici entre nos. (Ben. v. 25886 - 9.)
  Car bien cuidoie en aventure,
  Se Deus eust de vos pris cure,
  Que vos et vis et srins fuissies,
  Qu'à ceste place *venissies*. (P. d. B. v. 9291 - 4.)
  Or auroie ge grant mestier
  Que vos me *venissiez* aidier. (Romv. p. 496. v. 34. 5.)

Et l'empereres.... manda en Equise, où li plus de sa gent ere, que il s'en *venissent* à lui; et il s'en commencierent à venir par mer. (Villeh. 487ª.)

  S'il conneussent l'aigue au gue de Montester,
  Il *venissent* çà outre le tornoi commencier. (Ch. d. S. I, p. 104.)
  Si manderent et nuit et jour
  Lor gent, et de pries et de loing,
  Que *venisent* à cel besoing. (Phil. M. v. 4571 - 3.)

L'imparfait de l'indicatif ne donne lieu à aucune remarque.

  Et il par tot si me traï
  Que lui seul *tenoie* à ami. (P. d. B. v. 3601. 2.)
  Od lui estoit uns escuiers,
  En sa main *tenoit* .ij. levriers. (L. d. M. p. 46.)
  Qant je *reneie* à la maison,
  Eneslepas montoue(e?) en son. (Chast. XXI. v. 49. 50.)
  Mais par l'apostre c'on à Rome requiert,
  Se jo *venoie* à l'estor comencer
  Et je veisse Sarrasins et païens,
  S'eusse o moi ou ronchin ou somer
  Et en mes poins un grant pel aguise,
  Si ferrai je devant el primier cief. (O. d. D. v. 375 - 80.)

Et quant nos eswardames dont il *venoit*, si nos aparut une molt granz voie. (S. d. S. B. p. 525.)

Le futur avait trois formes: l'une simple, *tenrai, venrai*; l'autre avec un *d* intercalaire, *tendrai, vendrai*; la troisième, dérivant de la première, où le *n* était assimilé, *terrai, verrai*. Les formes avec *d* intercalaire étaient les seules dont on fît usage en Normandie. Les dialectes du sud de la Picardie se servaient de *terrai, verrai*, vers le milieu du XIIIe siècle; et, à la même époque, on écrivait *tanrai, vanrai*, dans la Champagne.

Ces orthographes en *a* pénétrèrent dans l'Ile-de-France, où on les employa souvent jusque bien après 1300.

On voit que le futur de ces verbes était régulier dans l'ancienne langue; mais comme on craignait une confusion avec les futurs de *tendre* et *vendre*, on ajouta plus tard un *i* au radical de *tenir* et *venir*.

> Ce me desfent sor tote rien,
> Et jo *tenrai* son desfens bien. (P. d. B. v. 3895. 6.)

E *tendrai* quatre pumes mult grosses en mun puin. (Charl. v. 500.)

> Saisi en suis e si *teindrai*
> Si jo poiz tant ke dreit aurai. (R. d. R. v. 11997. 8.)
> Ains ai signeur qui je pramis | A tenir loiaute toudis:
> Se li *terrai*, que ja pour tort,
> Pour paine, pour peril de mort,
> Ne li mentirai ma fiance. (R. d. l. M. v. 5165-9.)

Bien le sei certeinement que tu sur Israel regneras, e en ta main la terre *tenderas* [1]. (Q. L. d. R. I, p. 96.)

> Par foit! dit Baudoins, tu as fait estoutie;
> C'est marchie *tanras* tu, je cuit, à musardie. (Ch. d. S. II, p. 12.)
> Et s'Oliviers est conquis en sa vie,
> Li dus Gerars, que tant ait seignorie,
> Larait Viane, la fort cite garnie,
> K'il n'en *tanrait* valisant une alie,
> Ainz s'an irait an Puele. (G. d. V. 1307-11.)
> A Mahommet voient tenir
> Li Persant, par barat, lor terre:
> Mais ne le *tenra* pas sans guerre. (R. d. M. p. 65.)
> Ci auroit trop dure atendance,
> Car li termes vient durement,
> Que Dieux *tanrra* son jugement. (Rutb. I, p. 113.)

Ce redoublement du *r* au futur de *tenir* et de *venir* était commun dans l'Ile-de-France, à la fin du XIIIe siècle.

A toz le jor de sa vie *tendra* cinq cens chevaliers en la terre d'oltremer, qui garderont la terre, si les *tendra* al suen. (Villeh. 443e.)

> Quant cascuns ert à sun meillor repaire,
> Carles serat ad Ais à sa capele,
> A seint Michel *tendrat* mult halte feste. (Ch. d. R. p. 3.)
> Par nos te mande et te desfant,
> Et sacent tuit chertainement,

---

(1) Cette intercalation d'un *e* au futur, que l'on retrouvera souvent dans les deux dernières conjugaisons, était surtout propre à la Normandie, et provient, en premier lieu, des infinitifs normands en *er* pour différentes terminaisons infinitives des autres dialectes. Hors de la Normandie, l'*e* intercalaire, au futur et au conditionnel, ne se montre guère dans la première moitié du XIIIe siècle, qu'en poésie, pour satisfaire aux exigences de la mesure. Plus tard, il devint très-fréquent, même en prose.

Que en France ton pie ne metes, | Ne ja de ce ne t'entremetes,
Car il la tient et desfandra,
Ne ja de toi ne la *tandra*. (Brut. v. 12120-5.)
Il est bien raisons que je vielle,
Tant com je sui jouenes, m'onnour:
Se m'en *terra* on à millour. (R. d. l. M. v. 2510-2.)
Pendus iert Kalles et ocis si François;
Ja de sa terre ne *terra* mais plain doit,
S'il ne guerpist son Deu et Mahon croit. (O.d.D.v.11168-70.)

Toute ceste navie vous *tenrons* nous pour un an, des le jor que nous du port de Venise departirons, pour faire le service de Dieu et des pelerins. (Villeh. p. 7. XIV.)

Nous le *tanrons* et ferons tenir et accomplir quant à nos en apartient. (1259. Th. N. A. p. 1108.)

Nos pormettons.... que nos cex convenences et tute la tenour de cex lettres lour *tainrons* et guarderons fermement. (1282. M. et D. i. I, p. 464.)

En cors le garderons et *tendrons*; et quant à ce tenir et garder nos nos obligons à ladite yglise. (1285. H. d. M. p. 182.)

Nos nos *tenron* à nos rainez,
Si ne vos *tendron* nule pez. (Trist. I, p. 32.)
Se vos ne me randez Karlon an mon demaine,
Vos ne *tanrez* jamais plain pie de mon demaine. (Ch. d. S. II, p. 64.)
Si li dist: Vous vous en *tenres*,
U à mort prochaine venres. (R. d. l. M. v. 1843. 4.)
Vostre fei me plevistes, ne sai s'ous la *teindrez*. (R. d. R. v. 3487.)

L'*ei* provient ici de l'influence picarde sur le dialecte normand; *teindrai, teindrez*, etc. ne sont que les formes normandes, qu'on a rendues pleines en diphthonguant l'*e* sec de la Normandie avec l'*i* picard.

Mais seulement ce m'acontes
Qui *tenra* le tornoi de çà,
Et quel gent se *tenront* de là. (P. d. B. v. 6954-6.)
Se ne retornent tost, je lor promet .i. don:
Ne *tanront* an lor vie an pais lor region. (Ch. d. S. II, p. 41.)

Et il nous mandent que nous creons certainement ce que nous dires de par aus et feres, et il *tendront* fermement. (Villeh. p. 5. XI.)

E propice lur serras, e grace lur durras envers ces ki en chaitivier les *tendrunt*. (Q. L. d. R. III, p. 264.)

Mostrent que tant cum il porrunt
Fei ne amor ne lor *tindrunt*. (Ben. II, v. 5027. 8.)
Ju voil qu'il ensi maignet enjosk'à tant ke ju *venrai*. (S. d. S. B. 543.)
Je vos *vanrai* aidier par terre et par navie. (Ch. d. S. II, p. 100.)
Mult volenters od vous *vendrai*,
Car del gainnier grant mester ai. (R. d. S. p. 12.)

Jo *vendrai* od vus, à la bataille. (Q. L. d. R. II, p. 185.)
>La moie foi loialment vus plevis,
>Si con doi faire un autre Sarrasin,
>Quant la bataille et li cans ert fenis,
>Je *reverrai* ains que past li tiers dis,
>Se ne raves Ogier le palasin. (O. d. D. v. 2619-23.)
>Si t'en *venras* à pie od moi
>Deduire es cans tot à secroi. (P. d. B. v. 5533. 4.)

Au jugement *vanras* ton pueple chalongier. (Ch. d. S. II, p. 145.)
>Ami, dist il, tu i *vendras*
>O nos, et si nos aideras. (Chast. XIV. v. 83. 4.)

E tu pur ço i *vendras*, que offrande face à Deu, e oblatiuns, e sacrefises set jurs, si cume raisun cundune à vostre real sacrement. (Q. L. d. R. I, p. 33.)

Il nés oblierat mies en la fin, anz *venrat*, et si n'en atarzerat mies. (S. d. S. B. p. 560.)

Et se je mant mon oncle, il *vanra*, ce cuit, lant. (Ch. d. S. II, p. 109.)
>Li clerc de Paris la citei . . . . .
>Ont empris .i. contans encemble:
>Ja bien n'en *vanrra*, ce me cemble,
>Ainz en *vanrra* mauz et anuiz. (Rutb. I, p. 155.)
>Par cel seignor ke tot ait à jugier,
>Ainz que m'en parte, jai nel te quier noier,
>Iert si aquis Dan Gerard le guerrier,
>Que devant moi *vendra* 'ngenoilier
>Et à nus piez por la merci crier,
>La sele à col, k'il *tendrait* por l'estrier,
>D'un ronsin graile ou d'un povre somier. (G. d. V. v. 1179-85.)
>Si ceste acorde ne volez otrier,
>En Sarraguce vus *vendrat* aseger. (Ch. d. R. p. 19.)
>De là *vandra*, encor puet vivre. (Brut. v. 13687.)
>Se vos n'ales chest mesfait adrecher,
>En dolce France Kallemaine proier,
>Et le Danois ne li fais envoier,
>Qui tant l'a fait par maintes fois irier,
>Et encaynne come vialtre ou levrer,
>Sus vos *verra* en cest este premier. (O. d. D. v. 4138-43.)
>Bertrans parole qui ot hardi corage:
>Ahi, Ogier! mult es plains de folage
>Et outrageus, si t'en *verra* damage. (Ib. v. 4289-91.)
>Gel voi tut seus (le muton) sanz cumpaignie,
>Ce m'est avis si jeo nel gart, | Tix i *vienra* d'aucune part
>Qui l'enmenra ensanble od sei,
>Si n'en laira noient pur mei. (M. d. F. II, p. 311.)
>Encor *viendra* tout à tens l'eure. (Rutb. I, p. 109.)

Ces deux dernières formes, *vienra*, *viendra* sont de la fin du XIIIe siècle et assez rares.

>Mahommet ai entrelaissie, | J. example ai entrelachie
>Bien couvignable à ma maniere.
>A Mahom *revenrons* arriere. (R. d. M. p. 17.)
>Forment à haute voiz t'escrie
>Et nos te *vendrons* en aïe. (Dol. p. 184.)

Ja ne *vendrum* en terre, nostre ne seit li los. (Charl. v. 815.)

>Je irai, dist Artus, avant, | Si me combatrai al gaiant,
>Vous *venres* apres moi, ariere. (Brut. v. 11854-6.)

Ampereres de Rome, dist Baudoins le ber,
Trop *vanrez* mais à tart vostre gent aider. (Ch. d. S. II, p. 120.)

>Desouz Viane, la fort cite antie,
>*Vendreiz* an l'île toz souz san compaignie. (G. d. V. v. 1242.3.)

Dis bachilers i tramist, si lur dist: En Carmele en irez, e jesques à Nabal *vendrez*, e de la meie part le saluerez. (Q. L. d. R. I, p. 97.)

>Dist à Ogier: Ne soies en esfroi:
>Tot droit à Rains en *verres* avoc moi;
>Ens en ma cartre vos garderai estroit. (O. d. D. v. 9364-6.)
>Demain matinet al cler jor
>Aurai de vos grant deshonor
>Quant *venront* à grant contençon
>Trestot mi conte et mi baron.... (P. d. B. v. 4667-70.)

Espoir il manderont par tot lor baronie
Et *vanront* an Soissoigne voir por vos faire aïe. (Ch. d. S. I, p. 36.)

>Cil puent bien de fi savoir,
>Qui *vendront* sa deresne prendre,
>Que ges ferai encore pendre
>Qui la reteront de folie... (Trist. I, p. 197.)

E quant enterras en la cite, encunteras les prophetes ki d'amunt *vendrunt* à estrumenz, psalterie, tympans, frestels e harpe; si prophetizerunt. (Q. L. d. R. I, p. 33.)

Monteis sai et je vos mostrerai les choses qui *vandront* tost apres ceste vie. (Apocal. f. 7. v. c. 1.)

>Demain, quant chi *vierront* les gens,
>Demaintenant le connistront,
>Tout aussi tost com·le verront. (R. d. S. S. v. 3877-9.)
>Des or mais *tenroie* à anoi
>Se plus maintenes tel parole. (R. d. l. V. p. 26.)
>Mais, ains qu'ele fust trespassee,
>Li euc couvent que me *tendroie*
>De marier, ne ne prendroie
>Jamais femme en tout mon vivant,
>Se ne trouvoie son samblant. (R. d. l. M. v. 6994-8.)

Por Diu! puciele, or vous taisies;
Qu'espoir à fole vous *tenroit*
Auchuns qui vous escouteroit. (R. d. l. V. p. 164.)

Qar qi donroit à Karle .i. mui d'or espanois,
Ne *tanroit* il le siege antre ci à .x. mois. (Ch. d. S. I, p. 105. 6.)

Ou li rois d'Engleterre *tendroit* et auroit la ferme tant qu'il eust en ce qu'il auroit mis par cele gagiere. (1259. Rym. I, 2. p. 50.)

S'un poi avies de ma cure, | Moult perderies l'envoiseure,
N'en *tenries* tel baptestal:
Soef conforte qui n'a mal. (P. d. B. v. 4941 - 4.)

Por ço ke jo vos aim e crei, | Li deniers quites vos otrei
Ke vos rendre me deviez,
Tant com cest regne *tendriez*. (R. d. R. v. 15804 - 7.)

A un acort ne se *tendroient*,
Ne ne s'entreconsentiroient. (Chast. pr. v. 13. 4.)

E maldistrent cez ki Deu guerpireient, e jurerent que à Deu se *tendreient* e de quer le servireient. (Q. L. d. R. III, p. 302.)

Por coart, ço dist, le *teindreient*... (R. d. R. v. 12092.)

Car je sai bien, s'il le savoient,
Que pour escuse me *terroient*. (R. d. l. M. Pref. VI.)

La somme de leur conseil fu tiex que se Johannis li Blas venoit seur els, qu'il istroient fors et se rengeroient devant leur ost, et qu'il là se *tienroient*, ne d'illuec ne se mouveroient. (Villeh. p. 117. CXLII.)

Ce que j'ai dit plus haut de *vienra*, *viendra*, s'applique également aux formes en *ie* du futur et du conditionnel de *tenir*.

Et là, sire, me commandastes,
Quant vous ce veissel m'aportastes,
Toutes les foiz que je vourroie
Secrez de vous, que je *venroie*
Devant ce veissel precieus
Où est vostre sans glorieus. (R. d. S. G. v. 2448 - 53.)

Et je li dis
Que grant folie avoit requis,
Que je à lui mais ne *vendroie*
Ne ja à toi ne parleroie. (Trist. I, p. 20.)

Mes se tu voloies aler
Ci pres jusqu'à une fontaine,
N'en *revendroies* pas sanz paine,
Se tu li rendoies son droit. (Romv. p. 526. v. 19 - 22.)

Car dont *venroit* ne sens ne vie à celei partie del cors ki al chief nen est aherse. (S. d. S. B. fol. 111. n.)

Qant il vit c'à chief n'en *vanroit*,
Ne ke nule oevre n'an feroit,
Dolans fut et si l'an pesait. (Dol. p. 280.)

Uns seinz angles del ciel li dist | Qu'il par matin celui preist
Qui premiers al mustier *vendroit*,
Ceo iert cil qui Dex esliroit. (St. N. v. 146 - 9.)

Quer jo voi e sai bien ke grant mal en *veindreit*. (R. d. R. v. 2480.)

Et vos *vanroiz* si tost com chevax porra randre. (Ch. d. S.I, p. 107.)

Quar il soi astoient entrafieit ke il ensemble *venroient*, et si lo conforteroient. (M. s. J. p. 453.)

Le participe passé se terminait en *u* (*ui*, voy. l'article flexion, p. 212.)

Où est ceu tant poc de farine dont li prophete fut *sostenuiz*? (S. d. S. B. p. 572.)

Dont t'est *venuiz* cist pechiez par kai tu aies mestier de baptisme? (Ib. p. 551.)

Nous sommes *tenuit* de tenir et faire tenir à wardeir, sans aleir encontre. (1283. J. v. H. p. 423.)

Et ne demorroit mie la paine fourfaite, ke li dis ou li ordenance ne deust estre *tenue*. (Ib. ead.)

E cume il fud *venuz* aurer Neserath sun Deu en sun temple, dous de ses fiz, Adramelech e Sarasar, le ocistrent. (Q. L. d. R. IV, p. 416.)

Le Roman de Rou donne le participe passé *tins*, que Roquefort indique sans en citer d'exemple:

Sire, li dist Bernart, mult est grant Normendie;
Al duc Huon l'avez por poi tote guerpie:
N'en avez por vos *retint* ke seziesme partie,
E ço est la plus povre ke ke nus vos en die. (v. 3389 - 92.)

REMARQUES. *a*. Au XIIIe siècle, l'influence des formes du présent de l'ind. et du subj. avait fait introduire *gn*, *ng*, à d'autres temps.

Ex.: Des soens mesfaiz se reperneit,
Les autrui pas ne consenteit,
Jeo di d'ovraignes de malice
Qui *teigneient* à sa justice. (Ben. v. 20930-3.)

*Teignissens*. (Rym. I, 2. p. 51.)

A tant es vous Burille *vengant* à tout .xxxiii. mile homes dont il avoit fait .xxxvi. batailles. (H. d. V. 494e.)

Ces formes doivent sans doute être considérées comme des fautes.

*b*. Les locutions suivantes méritent d'être remarquées:

*Viengne qu'aviegne*, or y venes,
Li huis vous sera deffremes. (R. d. C. d. C. v. 2311. 2.)

Or *aviegne qu'avenir peut*. (Ib. v. 2700.)

c'est-à-dire *advienne que pourra*.

Il *venist miex* k'il fust noiies. (R. d. l. M. v. 3485.)

pour *mieux vaudrait*.

   E cil responent: *Que te teint*
   Mais que chascuns fecument t'aimt
   E t'onor voil e ton mal hace? (Ben. 20779-81.)

c'est-à-dire *que t'importe* pourvu que, etc.

   Quar s'amours par sa signourie
   Vous fait gerres, *à moi qu'en tient*. (R. d. C. d. C. v. 558. 9.)

 *c. Se venir* se disait pour *revenir à soi, revenir:*

   Carles li reis *se vint* de pasmeisuns. (Ch. d. R. p. 112.)

Cfr. *se revenir* dans Amyot:

(Pyrrhus) voulant empescher que Demetrius ne se remeit suz une austre fois, et qu'il ne *se revint* comme d'une longue et perilleuse maladie, il alla secourir les Grecs contre luy. (Homm. ill. Pyrrhus.)

Romulus commençoit desja à *se revenir* du coup qu'il avoit receu, et vouloit retourner au combat. (Ib. Romulus.)

Soubdain qu'il (Alcibiades) apperceut qu'ils (les Atheniens) se repentoyent du tort qu'ils luy avoyent faict, il *se revint* aussy. (Ib. Comp. d'Alcibiades avec G. M. Coriolanus.)

Des nombreux composés de *tenir* et *venir*, je citerai:

1. *Contretenir*, s'opposer, empêcher, contenir:

   Et dient q'en ceste contree
   S'est .i. chevaliers embatuz,
   Qui en mainz lieus s'est combatuz;
   Nus ne le puet *contretenir*... (Romv. p. 495. v. 20-3.)

 Sire, ce dit li Saisnes, bien vuel que soit tenuz,
Et cestui covenant mar iert *contretenuz*. (Ch. d. S. II, p. 182.)

   De si al bos dura li cace,
   Qu'il ne lor porent tenir place;
   Al bois se sunt *contretenu*
   Et iloc se sunt desfendu. (Brut. v. 12322-5.)

 2. *Destenir*, arrêter, prendre, retenir:

   Mors sui se il me pot *destenir* u abatre. (R. d. R. v. 2182.)

Il s'en va outre meir, que riens ne le *detient*. (Rutb. I, p. 138.)

 3. *Entretenir (s')*, se tenir ensemble, se tenir mutuellement, tenir l'un à l'autre:

   Li Romain erent en esfroi | N'osent atendre son conroi;
   En deus moities les fist partir
   Ne se porent *entretenir*. (Brut. v. 5090-3.)

   D'or i avoit platine mainte
   Qui *s'entretienent* à carnieres
   D'esmeraudes bonnes et cieres. (R. d. l. M. v. 2218-20.)

 4. *Maintenir*, fréquenter, conduire, entretenir, soutenir, continuer — se comporter, en user.

5. *Partenir*, appartenir, être lié à quelqu'un par l'amitié, par la parenté — se comporter.

Voy. Roquefort s. v. *maintenir*, *partenir*.

    S'il se vest bien et noblement,
    Il se *maintient* trop cointement;
    Et s'il ne se revest souvent,
    Il se *partient* trop malement. (R. d. l. M. Préf. IX. X.)

6. *Avenir*, plus tard *advenir*, outre la signification qu'il a conservée, se disait pour *atteindre, parvenir, arriver, seoir, convenir, plaire*. Rabelais et Amyot emploient encore *advenir* de la même manière.

    La rien dunt il plus or se haste
    S'est d'eus esloignier, de foïr,
    Qu'à lui ne puissent *avenir*. (Ben. v. 33699-701.)

Vout mei fere destruire, mez n'i pout *avenir*. (R. d. R. v. 5038.)

Li peres marche avant, si chiet en la chaudiere; et i *avint* tres qu'à la gorge. (R. d. S. S. d. R. p. 32.)

Cfr. Amyot: Homm. ill., M. Cato, Demetrius, Marcus Crassus; Rabelais: Pantagruel III, 24; III, 47; V, 7; Gargantua I, 58.

7. *S'entrevenir*, venir l'un contre l'autre:

    Donc *s'entrevienent* par si grant maltalant,
    Grans cols se donent sor les escuz devant. (R. d. C. p. 173.)
    A cel cop nos *entrevenismes*
    Les escuz embraciez tenismes. (Romv. p. 531. v. 27. 8.)

*Entrevenir*, survenir. Voy. Amyot, Homm. ill., Cicero.

8. *Devenir*, arriver (dans un endroit situé plus bas):

En cele meisme contreie de Samnii, cui ge ci dessovre ramenbrai, ciz meismes beirs Libertins por la utiliteit de l'abie prendoit voie; et quant Darita, li Dux des Gothes, avoc son ost *devenist* en cel liu, li sers de Deu de son cheval, sur cui il seoit, fut jus getteiz des homes de celui. (Dial. de S. Grégoire. II.)

9. *Mesavenir*, mal réussir:

    Car du corps et de son linage
    Li poroit bien *mesavenir*
    S'il veult à moy guerre tenir. (R. d. C. d. C. v. 4816-8.)

Que vaut ce? Mout leur *mesavint*; car ases i ot blecies des leur.... (Villeh. p. 131. CLIII.)

Au lieu de *mesavenir*, La Fontaine a employé mévenir
    .... quelle apparence
    Qu'il en *mevienne*, en effet moi présent?
               Contes. Le Magnifique.

10. *Parvenir*, remplir, accomplir:

    Dist à Ogier: Frans hon, or t'esvertue;
    Ta volonte te sera *parvenue*. (O. d. D. v. 10359. 60.)

11. *Convenir*, se rassembler, se réunir; citer, assigner.

Encore dans Amyot: Homm. ill., Demetrius; Rabelais: Gargantua I, 26; I, 48; Pantagruel IV, 26; V, 13; etc.

12. *Survenir*, qui se trouve encore dans Amyot avec le sens de *pourvoir à, aider, secourir*: Homm. ill., Cimon, Agesilaus.

13. Dans l'ancienne langue, on se servait du subjonctif de *venir* avec l'adverbe *bien*, pour saluer quelqu'un qu'on accueillait avec plaisir.

*Bien vignies* vous, dist il lues. (L. d'I. p. 16.)
  Et sa fame
Me dist: Pelerins, *bien viegniez!* (Rutb. II, p. 27.)
Se le dist: Sire, *bien vieignies*. (R. d. l. M. v. 5993.)

On employait encore, dans le même sens, le participe passé *venu* avec *bien* et le subjonctif des verbes *être, pouvoir*, etc.

*Bien soies* vous venue, amie! (R. d. M. d'A. p. 5.)
Sire, *bien puissiez* vous *venir!* (Rutb. II, p. 92.)
Si est mol lies et molt joians,
Et li dist: Dame, bien viegnans!
— Sire, et vos *soiies bien venus!* (Chr. A. N. III, p. 160.)

Cfr.: Nayme, ce dit li rois, *mal soiez vos venu*
De ce que vos venistes sox à cest mescreu! (Ch. d. S. II, p. 179.)
M'amie la bien esprovee,
Dist li rois, *bien soiies trouvee!* (R. d. l. M. v. 6519. 20.)

Mais, au XIIIe siècle déjà, on forma sur le subjonctif de *venir*, joint à l'adverbe *bien*, un verbe propre, qui resta en usage jusqu'au XVIIe siècle; *bienvigner, bienviegner, bienveigner, bienviner*, etc. = souhaiter la bienvenue, accueillir avec bienveillance et affection, complimenter, féliciter.

Quant en la salle fu entres
Chascuns s'est contre lui leves,
Moult le *bienviegnent* et festient,
Et puis tout erramment li dient
Que li sires n'est pas leens. (R. d. C. d. C. v. 121-5.)
Et Aiglente premierement
Saut contre lui, si le *bienvigne*. (R. d. l. V. v. 3259. 60.)
Li empereres s'en ala
A la femme et la *bienvigna*. (R. d. S. G. v. 1657. 8.)
Qant la dame perçut les a
Sachies ke pas nes *bienvina*. (R. d. M. d'A. p. 11.)

## VÉTIR.

Le futur de ce verbe était *vestirai* ou *vesterai;* le participe passé *vesti* ou *vestu*. Les autres formes n'ont rien de remarquable.

Puis *vesti* .i. hauberc treslis | Qui fu l'emperour Alis;

Sour la cuirie *vest* la cote
C'outre la mer fist une Escote
Rainse, ki fu mere Talas. (R. d. l. V. v. 1765-9.)
En son dos *veist* un hauberc jaserois,
En son chief lace .i. elme paviois. (R. d. C. p. 84.)
Mult se *vest* tost e apareille. (Ben. v. 14115.)
Les osbers traient des forreiaus
Blans e rollez e jenz e beaus,
*Vestent* les sus les aucotons
De cendaus freis e d'amituns. (Ib. v. 22284-7.)
   Jel te ruis,
*Vies* toi et cauce et pren ta cape. (Phil. M. v. 24102.3.)
Mais cist iert mes amins et mes cuer l'amera
Qui tost et vestement son habert *vestera*. (Romv. p. 345. v. 33.4.)
 Ostez vos dras et les miens *vestirez*. (A. et A. v. 1054.)

Dunc cumandad li reis à Joab e à tut le pople, ki od li esteit, k'il desirassent[1] lur guarnemenz, e *restissent* sei de sacs e feissant lur plainte devant le cors Abner; e meismes li reis siweit la bierre. (Q. L. d. R. II, p.132.)

Tant que de bas vespre trova
Une damoisele venant
Molt tres bele, molt avenant,
Molt acesmee, bien *vestue*... (Romv. v. 456. v. 27-30.)
Gerars, li viex quens de Melans,
Amena ses filles vaillans,
.Vij. en a, çou dist li escris,
*Vestues* de cendaus partis. (Poit. p. 55.)

Por ceu si fust il *vestiz* de beateit quant il relevat, ne mies envolepez en dias, si cum il fut en sa neissance. (S. d. S. B. p. 537.)

 La dame s'est sempre *vestie*. (R. d. C. d. C. v. 2667.)

Le verbe *vestir* formait avec le substantif *fer* un composé d'un emploi très-fréquent, qui signifiait *armer de fer*.

Lors se font tantost *fervestir*
Li chevalier l'empereour. (Poit. p. 66.)
Reissi à milliers e à cenz
Uns poples puis e unes genz
*Fervestuz* d'armes e garniz. (Ben. I, v. 457-9.)

---

(1) Ce mot *desirassent* = *dechirassent*, me fait souvenir d'une erreur inconcevable où est tombé M. Diez (III, 120). Pour montrer la construction du verbe *désirer* (desiderare), il cite ce fragment de vers tiré de Gerars de Viane: *li dessirent son bliaut*. *Dessirent*, dans cet exemple, ne signifie pas *désirer*, mais *déchirer*. Voici la phrase complète:
  Granz fut la presse, molt i ot de marchis;
  De toutes pars fuit asallis et pris,
  Tout li *dessirent* son bliaut de samis
  Et par desoz son boin pelison gris. (G. d. V. v. 1426—29.)
Cfr. encore: Li hume Joab le virent e *desirerent* lur vesture. (Q. L. d. R. II, 171.)
 Pur quei as ta vesture *desciree*? (Ib. IV, p. 362.)

Les boinz escus ont par devant ealz mis;
François encontrent arme et *fervestis*. (G. d. V. v. 1485. 6.)
*Desvestir, Revestir:*
Il se *desvest* sans nul respit. (Poit. p. 34.)
Et dou fief de Sessoigne serez ja *revestuz*. (Ch. d. S. II, p. 182.)

---

Voy. le Glossaire aux mots: *mentir, sentir, repentir, dormir, partir.*

---

La seconde conjugaison comptait encore cinq verbes forts: *ovrir, covrir, soffrir, offrir* et *florir*, qui aujourd'hui sont faibles. Les trois premiers ont passé d'une conjugaison à l'autre, par suite de l'assourdissement de l'*o* en *ou* (cfr. Trouver); *offrir* perdit le renforcement devant les terminaisons légères et admit partout *o; florir* prit aux formes faibles le renforcement *eu* de *ue*.

Voici quelques exemples.

D'un mantel le firent *covrir*. (L. d. M. p. 66.)

Car alsi com la longe cotte *cuevret* lo cors juske al talun, alsi nos *coevret*[1] devant les oez Deu la bone oevre ki duret juske à la fin. (M. s. J. p. 448.)

Cil arbre se *cuevrent* de fueille
Et de flor la terre s'orgueille,
Si se *cuevre* de flors diverses,
D'indes, de jaunes et de perses. (Rutb. II, p. 24.)

Quant tuit li orent en convent
K'il li aideront loiaument,
Tout son corage lor *descuevre*. (R. d. M. p. 26.)

*Ovrir* s'écrivait *avrir, aovrir (auvrir, aouvrir), ovrir, ouvrir.*

Les portes *oevrent* à bandon,
Si s'en issent lor gonfanon
Cinc cenz e plus trestut d'un front. (Ben. 5363-5.)

Car alsi com par un son cist il fors à nos cant il nos mostret ses oevres por eles à esgardeir, et par mi ço nos ensenget il soi mimes, comment ke soit, car il nos *aoevret* com nient comprendables il soit. (M. s. J. p. 478.)

Cume il furent entrez, li pruzdum refist ses uraisuns que nostre Sires *auverist* lur oilz qu'il veissent u il les out menez, e nostre Sires le fist si. (Q. L. d. R. IV, p. 368.)

Coment puist *soffrir* cil enfes ki por nos fu neiz, ke cil enfant ki estoient de son aaige fussent por luy ocis, ki par sa sole volenteit lo poïst avoir defendui(s?)t. (S. d. S. B. p. 543.)

[1] Sur cet *oe* pour *ue* voy. *trouver, mourir.*

Ne porries vo terre tenir
Seule, ne la painne *souffrir*. (R. d. M. p. 27.)
Mais je ne *sueffre* nule painne. (Ib. p. 43.)
Ensi juge li rois celestes.
En cest siecle maintes molestes
*Sueffrent* li ami Jhesucrist. (Ib. p. 14.)
Quant Diex ce *suefre*, ce est grant diablie,
Terre ne erbe n'est soz ces pies partie. (R. d. C. p. 75.)
Diex *resueffre* novel martire. (Rutb. I, p. 103.)

*Offrir* et *soffrir* faisaient *offrer* et *soffrer* dans la Normandie.

E cil mectom
Que *soffrer* devez le jugement
De nus e des eveques ensement
Qui od nus sunt. (V. d. St. Th. d. Cantb. ds. Ben. t. 3. p. 481.)

A la fin du XIIIe siècle, on trouve même, dans les différents dialectes, *offerre*, *sofferre*, à la rime.

Se il (Dieu) vous demande la terre
Où por vous vout la mort *soufferre*,
Que direz vous? (Rutb. I, p. 97. cfr. I, p. 84.)
Puisqu'il se veut à nous *offerre*. (Rutb. II. p. 86.)

Pour le futur de ces verbes, voy. p. 214. E.

Le participe passé d'*offrir* et *soffrir* était: *offert* ou *offri*, *soffert* ou *soffri*.

La paiz d'un an lur unt *offrie*:
A itant lor sera plevie. (Ben. II, v. 4083. 4.)
Kar folie resemble e lait
De tanz deniers aveir *offerz*
Cum li tramist li dux Roberz. (Ib. v. 30095-7.)

Cfr. Ib. v. 24665. 30989.

Gerart, qui tant avoit *sousfert*
Et tant cop donne et *offert*,
K'il a eu sour tous le pris. (R. d. l. V. p. 145.)

www.ingramcontent.com/pod-product-compliance
Lightning Source LLC
Chambersburg PA
CBHW051835230426
43671CB00008B/966